UNDERSTANDING FRANCHISE BUSINESS

CUSTOMER–ORIENTED FRANCHISE BUSINESS

2판

프랜차이즈 경영의 이해

고객지향적 프랜차이즈 경영

| 최용훼 · 이강원 공저 |

한 경 사

프랜차이즈 경영의 이해(2판)

저자 최용훼, 이강원
발행일 2018년 2월 28일
발행처 **한경사**
발행인 이계남
등록사항 제10-1951호 2000년 4월 14일
주소 서울시 마포구 신수로 59-1 (3층)
전화번호 02_717_7264~5
팩스번호 02_717_7226
홈페이지 hankyungsa.co.kr
전자우편 hankyungsa@hanmail.net
ISBN 978-89-6844-172-1 93320
가격 33,000원

/차례/

2부 프랜차이즈 가맹본부 구축

3부 프랜차이즈 경영 활동

4부 프랜차이즈 경영관리

머·리·말/2판

2013년에 〈프랜차이즈 경영의 이해〉의 초판이 나온 이후 많은 독자께서 격려와 질책을 해 주셨다. 먼저 독자 여러분께 감사드린다.

초판에서 지적했던 프랜차이즈 시스템에서의 문제점과 가맹본부의 불공정행위와 가맹본부와 가맹점사업자 그리고 독립 자영업자들 간의 동반성장을 위한 의사소통을 통한 신뢰 구축의 중요성이 정부, 기업, 소비자에게 널리 인식되고 있다는 사실이다. 정부도 과거의 제조업 중심의 산업정책에서 부가가치가 높은 서비스산업의 중요성을 인식하면서 프랜차이즈산업의 고용창출에 많은 관심을 가지고 있다. 또한 국내기업들은 기업의 경쟁력 향상과 기업 성장을 위해서는 프랜차이즈 산업의 경영시스템이 절대적으로 필요하다는 것을 인식하고 있으며, 전문가들은 4차 산업혁명과 더불어 프랜차이즈 경영시스템이 지속가능 경영에 절대적으로 필요하다고 지적하고 있다.

그리고 4차 산업혁명과 더불어 기업의 경영시스템의 변화도 많을 것으로 예측되는 시점이다. 4차 산업혁명은 제조 및 서비스뿐 만아니라 경제, 사회, 문화, 고용, 노동시스템 등 일류 삶의 전반에 걸친 변화를 초래할 것이며, 이에 따라 저자는 빠르게 변화하는 시장 환경과 급속하게 진전되는 연구 성과를 반영하여 개정판을 낼 필요성을 가지게 되었다.

이 책의 특징을 간략하게 소개하면 다음과 같다.

첫째, 1판에서의 프랜차이즈 경영의 이해 책 구성을 독자들이 쉽게 접근할 수 있도록 고객지향적 프랜차이즈 경영으로 재구성하였다. 1판의 3부 프랜차이즈 경영관리와 4부 프랜차이즈 경영활동을 2판에서는 3부 프랜차이즈 경영활동과 4부 프랜차이즈 경영관리로 재구성하였다. 그리고 부록은 최근 새로 개정된 유통산업 발전법, 가맹사업진흥에 관한 법률, 가맹사업거래의 공정화에 관한 법률을 추가하였으며, 프랜차이즈 표준계약서도 포함하였다.

둘째, 이 책의 내용을 더욱 충실하게 하기 위하여 각 장의 내용을 최근의 연구 결과와 업계 동향을 반영하여 많은 부문을 수정 보완하였다. 예를 들면 2장의 국내 프랜차이즈 산업현황과 미래성장의 내용을 2010년 사례를 2014년 사례로 정리하였다.

셋째, 각 장 앞 부문에 프롤로그를 삽입하여 각 장의 내용을 쉽게 이해할 수 있도록 하였다. 그리고 프랜차이즈 기업의 다양한 사례를 소개하여 현장에서 실제로 프랜차이즈 가맹본부들이 프랜차이즈 시스템을 어떻게 실천하고 있는가를 보여주려고 하였다.

이상과 같은 특징을 가진 제2판이 초판에 비해 내용이나 형식 면에서 향상시키려고 노력했지만 아직도 미비한 점이 많을 것으로 생각된다. 앞으로 이 책을 이용하는 프랜차이즈 학문을 연구하고, 교육하는 교수님들과 교육을 받는 학생들, 프랜차이즈 사업을 운영하고 있는 가맹본부 임직원 및 가맹점사업자, 그리고 프랜차이즈 사업에 관심을 가지고 있는 많은 독자 여러분들의 건설적인 비평과 지도편달을 부탁드린다. 제2판의 출간을 위해 많은 도움을 준 공동저자 이강원 소장에게도 감사드린다. 그리고 항상 말없이 묵묵하게 친구처럼 내조해 주는 아내와 우리 집 막내딸 귀염둥이 가은이에게 사랑하는 마음을 전한다. 끝으로 이 책이 출판되기까지 많은 노력을 기울여주신 한경사 이계남 사장님과 전 직원의 노고에 진심으로 감사드린다.

2018년 1월
최 용 훼

머·리·말/1판

21세기 들어서면서 프랜차이즈 산업은 온라인 산업과 더불어 유통산업을 주도하고 있다. 특히 프랜차이즈 시스템은 1997년 IMF 이후 한국 경영분야에서 가장 괄목할 만한 변화와 성장 그리고 확산을 가져왔으며, 지식기반 사업 형태의 유망사업으로 학계와 정부 및 업계에서도 많은 관심의 대상이 되고 있다.

국내 프랜차이즈 산업은 2000년도 국민 소득 1만 달러 시대의 도래와 함께 소비문화의 질적 향상과 소비패턴의 다양화, 시장개방에 따른 해외업체의 진출과 여성의 사회 참여에 따른 편의성 추구, 젊은 세대들의 소비지향주의, 고객들의 까다로운 욕구변화 및 식생활의 서구화, 소비자층의 세분화와 가맹본부들의 현대화, 인터넷 보급과 디지털화 등으로 급속한 발전을 가져오고 있다.

국내 프랜차이즈 사업은 전체유통 산업의 13% 이상을 점하고 있을 뿐만 아니라, 연평균 10%이상 고도성장을 가져오고 있는 등 단기간에 급성장한 산업으로, 매출을 보면 2002년 41조, 2008년 77조, 2010년 87조 등 매년 가파른 성장세를 보여 왔으며, 2016년에는 123조로 명목 GDP대비 10.3% 로, 가맹점 41만개에 종업원만도 159만 명에 육박할 것으로 예상하고 있다(지식경제부, 상공회의소, 2008).

하지만 이러한 양적인 성장에 비해 프랜차이즈 가맹본부의 경영 노하우 부족이나 각종 시스템 부재 등과 같이 질적인 측면에서의 성장은 미흡한 부분으로 지적되어 왔다. 프랜차이즈 일부 가맹본부는 가맹점사업자에게 일방적 계약 해지, 부당광고, 초기의 높은 가맹비와 인테리어 비용, 영업권 보장 불이행, 본부의 취약한 영업 노하우 등 우월적 지위를 행사하여 불공정행위를 발생시키기도 하고, 프랜차이즈 기업을 성장시키겠다는 목적보다는 가맹비 취득목적으로 사업을 전개하여 프랜차이즈 산업 전체에 대한 부정적인 인식을 초래하여 신뢰도를 떨어뜨리고 있다. 프랜차이즈 가맹본부와 가맹점사업자는 앞으로 동반성장을 위해서 가맹본부와 가맹점사업자 그리고 독립 자영업자들 간의 정기적 의사소통을 통한 신뢰 구축이 필요하다.

2002년 가맹사업의 공정한 거래질서를 확립하고 가맹본부와 가맹점사업자가 대등한 지위에서 상호보완적으로 균형 있게 발전하도록 함으로써 소비자 복지의 증진과 국민경제의 건전한 발전에 이바지함을 목적으로 '가맹사업 거래의 공정화에 관한 법률'을 제정하여 가맹본부의 무분별한 시장 활동을 규제하고, 2007년 가맹사업 발전의 기반을 조성하고 가맹사업의 경쟁력을 강화함으로써 국민경제의 건전한 발전에 이바지함을 목적으로 가맹사업 진흥에 관한 법률을 제정하여 공포하였다.

최근 들어 경기침체로 자영업자들의 경영이 악화되면서 프랜차이즈 가맹본부의 신규가맹점 모집이 주춤하고 있다. 정보공개서 등록 취소 건수를 보면 2009년 155개, 2010년 226개, 2011년 451개, 2012년 548개로 매년 크게 증가하고 있다. 2012년은 2011년보다 21.5%가 증가되었으며 2011년 말 동록된 2,816개 프랜차이즈 브랜드 중 18.6%가 등록 취소되었다. 이는 프랜차이즈 가맹본부의 경영부실로 사업 중단이나 폐업된 것으로 볼 수 있다. 이는 내수경기의 악화와 프랜차이즈 브랜드 간 경쟁이 치열해지면서 가맹점들의 폐업이 증가되고, 이에 따라 가맹점 수수료를 제대로 받지 못한 가맹본부의 경영상태도 함께 악화되고 있는 이유라 할 수 있다.

이에 저자는 프랜차이즈 가맹본부와 가맹점사업자 간 상생을 통하여 공동의 이익을 영위할 수 있는 프랜차이즈 경영을 이해시킬 교재의 필요성을 인식하고, 프랜차이즈의 기본적인 개념과 프랜차이즈 가맹본부 및 가맹점의 경영관리 그리고 프랜차이즈 경영활동 등을 대학교에서의 정규 교육과정으로, 프랜차이즈 기업에서의 프랜차이즈 경영교육이 종업원들에게 올바르게 이루어 질수 있도록 지난 27년여 동안 산업계에서의 유통관련 실무경험과 대학에서의 강의 경험을 바탕으로 2011년 '프랜차이즈 창업과 경영'에 이어 두 번째로 '프랜차이즈경영의 이해'라는 제목으로 책을 완성하였다.

이 책은 크게 4부 16장으로 구성되어 있다. 1부 프랜차이즈의 전반적 이해에서는 프랜차이즈의 개요(1장)와 국내 프랜차이즈산업 현황과 전망(2장), 프랜차이즈 시스템(3장), 가맹본부의 이해(4장)로 구성되어 있다. 2부 프랜차이즈 가맹본부의 구축에서는 프랜차이즈 아이템 선정(5장), 프랜차이즈 조직구축(6장), 프랜차이즈 브랜드 구축 및 매뉴얼 작성(7장), 직영 모델점 개발 및 가맹점 모집(8장), 3부 프랜차이즈 경영관리에서는 프랜차이즈 인적자원 관리(9장), 프랜차이즈 회계·재무관리(10장), 프랜차이즈 마케팅 관리(11장), 프랜차이즈 경영정보와 물류관리(12장)을 서술하였다. 4부 프랜차이즈 경영활동에서는 경영 전략의 이해(13장), 프랜차이즈 경영 계획(14장), 프랜차이즈 해외진출 전략(15장), 프랜차이즈 가맹점 운영전략(16장)으로 구성되었다. 그리고 마지막으로 부록은 최근 새로 개정된 유통산업 발전법, 가맹사업 진흥에 관한 법률, 가맹사업거래의 공정화에 관한 법률을 추가하였으며, 프랜차이즈 표준계약서도 포함하였다.

이 책은 프랜차이즈 학문을 연구하고, 교육하는 교수님들과 교육을 받는 학생들, 프랜차이즈 사업을 운영하고 있는 가맹본부 임직원 및 가맹점사업자, 그리고 프랜차이즈 사업에 관심을 가지고 있는 많은 독자 여러분께는 조금이나마 도움이 되길 진심으로 바란다. 이 책은 프랜차이즈 경영 관련 이론뿐만 아니라 실제 가맹본부와 가맹점 현장에서 수행되고 있는 업무적 관점에서 구성하였으며, 독자들의 이해를 높이기 위해 프랜차이즈 사례를 제시함으로써 독자 여러분들의 이해를 돕고자 했다.

그리고 이 책에 수록된 많은 사례들은 저자가 재직하고 있는 대학의 경영학과 학생들과 대학원생들의 도움이 많았다. 학생들의 도움에 진심으로 감사드린다. 끝으로 이 책이 출판되기까지 많은 노력을 기울여주신 한경사 이계남 사장님과 직원들에게 진심으로 감사드린다.

2013년 5월
광개토관 연구실에서
저자 씀

봄은 매화(梅)
여름은 난초(蘭)
가을은 국화(菊)
겨울은 대나무(竹)
우리의 아름다운 덕목(德目)이다.

1부 프랜차이즈의 전반적 이해

1장 프랜차이즈 개요

2장 국내 프랜차이즈 산업 현황과 미래 성장

3장 프랜차이즈 시스템

4장 가맹본부의 이해

제1장 프랜차이즈 개요

PROLOGUE

도미노피자, 인공지능 주문 '도미챗' … 푸드테크 선도

도미노피자(대표 오광현)는 1990년 한국 시장에 진출했다. 배달 피자 개념이 없던 시장에 새로운 모델을 선보이며 피자 대중화에 앞장선 피자배달 전문기업이다.도미노피자는 올해 새로운 브랜드 슬로건 '위 메이크 와우(We Make Wow)'를 발표했다. 소비자들에게 놀라움을 전달하겠다는 의지를 담았다. 인공지능 채팅 주문 서비스 '도미챗', 맞춤형 주문 서비스 '마이키친', 간편결제 서비스 '도미노페이' 등 피자업계 정보기술(IT)을 지속적으로 선보이며 '푸드테크' 기업으로 거듭나고 있다. 도미노피자는 12월 현재 전국 443개 매장을 갖고 있다. 한국 진출 28년 동안 도미노피자는 매년 성장을 거듭하고 있다. 혁신적이고 체계적인 시스템 구축, IT를 활용한 서비스 차별화, 소비자 중심의 커뮤니케이션 전략, 지역사회를 돕는 다양한 사회공헌 활동 등이 성장의 원동력이다.

도미노피자는 건강한 식재료로 안전한 먹거리를 만드는 데도 주력했다. 이를 위해 자체 위생 감사제도 OER(Operations Evaluation Report) 시스템을 도입했다. 매장 외부와 피자 만드는 라인, 도우, 피자 소스, 유통기한, 매장 내외부 청소 상황 등을 매일 철저히 점검한다. 식자재 이물질 유입을 사전에 예방하는 등 업계 최고 수준의 매장 위생 시스템을 갖추고 있다. 도미노피자는 또 피자 토핑에 고급 식자재를 사용하는 등 새로운 시도를 이어가고 있다. 업계 최초로 새우, 가리비, 꽃게살 등 신선한 해산물이나 각양각색의 다채로운 치즈를 사용, 프리미엄 피자의 수준을 높여가고 있다. 도미노피자는 IT를 식품과 결합한 '푸드테크'를 선도하고 있다. 지난 7월 피자업계 최초로 인공지능 채팅주문 서비스 '도미챗(DomiChat)'을 도입했다. 도미챗은 도미노피자 홈페이지, 모바일 웹, 앱(응용프로그램)에서 채팅으로 재미있고 간편하게 주문할 수 있는 신개념 주문 서비스다. 도미챗은 실용성과 소비자 트렌드를 잘 반영한 도미챗만의 특징을 높이 평가받아 '앱어워드코리아 2017 올해의 앱' 프랜차이즈 분야 피자 부문에서 대상을 받았다.

지난 2월에는 국내 외식업계 최초로 쉽고 빠르게 주문할 수 있는 웹 기반 신개념 채팅 주문서비스도 론칭했다. 도미노피자는 웹 기반 채팅 서비스 '네이버 톡톡'을 통해 4단계(제품 선택, 주문방법 선택, 수령지 선택, 주문확인 및 결정)만으로 주문이 가능하다. 별도의 앱 다운로드 없이 PC와 모바일에서 간편하게 도미노피자를 이용할 수 있도록 했다. DIY 주문 서비스 '마이키친' 앱도 화제를 모았다. 2015년 4월 출시한 마이키친은 앱을 통해 직접 재료를 리스트에서 고르고, 사이즈를 선택할 수 있다. 손가락으로 도우를 펴거나 스마트폰을 흔들어 토핑을 올릴 수 있다.

도미노피자는 소비자 중심의 커뮤니케이션 전략으로 2010년 5월 기업 공식 트위터를, 2011년 1월 페이스북 팬페이지를 열었다. 인스타그램과 카카오스토리 등 공식 채널도 운영 중이다. 도미노피자는 SNS와 오프라인을 연계한 마케팅 프로모션과 소비자 참여형 콘텐츠를 통해 업계 최고의 SNS 활용 기업으로 평가받고 있다. 그 결과 2010년부터 2014년까지 5년 연속 '대한민국 인터넷 소통대상', '대한민국 소셜미디어 대상', '2014년 한국에서 가장 공감받는 기업' 등을 받았다.

자료: 한국경제, 2017년 12월 18일자.

1-1 프랜차이즈의 유래와 태동

1-1-1 프랜차이즈 어원의 유래

프랜차이즈(franchise)라는 말은 "자유를 주다(to free), 구애를 받지 않다"라는 프랑스어인 프랑(franc)에서 유래한 것으로 권리, 권한, 면책, 특권 등의 의미로 사용되었다. 중세 카톨릭 교회가 세금을 징수하는 관리에게 권한을 부여하고, 수수한 세금의 일정 부분을 세금으로 징수하여 관리의 몫으로 하고 나머지는 교황에게 납부했던 것에서 프랜차이즈의 어원이 시작되었다는 것이 일반적인 견해이다.

프랜차이즈는 계급적·봉건적 사회질서 내에서 군주나 봉건적 지배로부터 상호교환(특권과 보답)의 의미로 사용되었다.

프랜차이즈는 사람이나 단체에게 부여하는 '특권'으로 중세 유럽 상업에서 정기시장의 개최권이나 선박통행권 또는 길드(Guild: 중세의 상업 조합) 등에 부여, 특정 행위를 할 수 있는 특권으로 사용하였다.

유럽의 소매업 트랜드는 계약적인 관계를 가지고 있는 프랜차이징이다. 이는 수직적인 마케팅 시스템(VMS) 제도라고도 한다. 생산자 입장에서는 자체적으로 대리점을 만들어 자신이 생산한 제품만 직접 판매하기도 하지만 큰 자본과 많은 인력과 시스템 구성에 많은 시간과 자금이 소요되어 사업적 위험이 커지게 되고, 소비자 입장에서는 생산자로부터 직접 구매하는 것이 불가능하기 때문에 생산자와 소비자의 중간에 중간기관인 프랜차이즈 사업이 대안으로 대두되었다. 프랜차이즈 기업은 프랜차이즈 사업을 시작하고 가맹점에게 제조와 유통에 대한 연결고리를 정해준다. 프랜차이징은 처음에 영국에서 개발되어 'tied public house' 시스템이라는 제도로 시작되었다. 지주들이 자기의 땅에서 나오는 제품들만 살 수 있도록 계약을 맺은 것이다. 그렇지만 현대적 프랜차이징은 미국에서 생긴 것이다. 영국에서 확립된 프랜차이즈의 개념을 미국에서도 사용하게 되어 19세기 후반의 개척시대에 철도 등 각종 공공사업의 인가와 관련하여 프랜차이즈의 문구를 사용하기 시작하였다.

1-1-2 프랜차이즈의 태동

프랜차이즈 비즈니스 개념을 최초로 도입한 기업은 1850년대 미국의 싱거 재봉틀 회사(Singer sewing machine company)이다. 싱거사는 재봉틀을 개발한 후 특정지역에 대한 판매권의 독점적 지위를 부여한 대가로 프랜차이지로부터 재봉틀의 대량 생산에 필요한 자금을 확보하기 위해 프랜차이즈 시스템을 활용함으로써 전통적 프랜차이즈 시스템의 효시가 되었다.

1890년 초 코카콜라(coca cola)사는 싱거사의 사업 확장 모델을 벤치마킹하여 콜라의 생산, 보관, 유통을 현지 기업인에 맡겨 제품 판매에 대한 권한을 부여함으로써 코카콜라의 제품이 고객에게 급속히 알려지는 계기가 되었고, 1920년대 2,000개 이상의 지역사업자가 있었다. 사업 위험부담과 자본출현의 대가로 보틀러(bottler)는 해당 지역에서 판매에 대한 권한을 부여받았다.

20세기 초 헨리 포드(Henry Ford)는 수작업으로 생산되던 자동차 생산시스템에 혁신적인 조립방식을 도입하여 자동차의 대량 생산을 가능하게 하였다. 그는 자동차의 대량생산에 필요한 조립라인의 설비 시스템 설치를 위한 막대한 자본의 충당을 위하여 독립적인 딜러들과 프랜차이즈 가맹계약을 체결함으로써 이들 딜러들이 제공한 자본을 이용하여 대량으로 생산한 저가의 자동차를 판매하기 위한 전국적인 유통망을 구축할 수 있었다.

이러한 유통 체계를 통하여 미국인들의 전반적인 문화생활에 변화를 가져왔고, 이러한 새로운 유통형태가 프랜차이즈 시스템의 도입으로 그 효율성을 인정받기 시작하면서 자동차의 부품 공급, 약국, 아이스크림, 의류 화장품 등 다양한 업종과 서비스 분야까지 프랜차이즈 산업이 파급되는 결과를 가져오게 되었다.

프랜차이즈 발전 초기에는 자동차와 관련된 부품 및 주유서비스, 맥주나 청량음료(soft drink)와 같은 음료수 유통, 편의점 등의 업종에 적용되었으며, 가맹본부(franchisor)에 의한 가맹점사업자(franchisee)들의 자율성이나 독립성이 통제받지 않았다.

현대적 프랜차이즈 시스템은 맥도널드 형제인 리처드(Richard)와 모리스(Morice)가 1937년 미국 켈리포니아 샌버너디노에서 시작한 드라이브인(drive in) 형태의 햄버거 가게의 운영권을 레이 크록(Ray Kroc)이 인수하여 1955년 일리노이주 드플레인에 1호점 개설함으로써 획기적인 프랜차이즈 시스템이 탄생하였다. 이후 미국의 프랜차이즈 기업들은 2차 세계대전 초기에 자국의 기업보호 정책을 심하게 펼쳤던 아시아 및 유럽 시장 진출을 위한 교두보로 프랜차이즈를 활용하기 시작하였다.

우리나라 프랜차이즈 사업의 시작은 1977년 개점한 '림스치킨 1호점(신세계백화점)'으로 시작하여, 1979년 커피전문점 '난다랑(동숭동 대학로)'을 비롯하여 1979년 10월 '롯데리아(소공동 롯데백화점 지하상가)' 개점으로 기업형 외식 프랜차이즈 사업 출범되었다. 이후 우리나라 프랜차이즈 산업은 외식산업과 관련한 업종을 중심으로 발달하여 도·소매업, 서비스 등 사회 전반에 걸쳐 프랜차이즈 산업이 성장하고 있다.

1-2 프랜차이즈의 정의 및 용어

프랜차이즈 사업에 대한 정의는 국가, 기관 및 학자에 따라 약간의 차이는 있다. 하지만 프랜차이즈 사업은 가맹본부와 가맹점사업자 간에 서로의 이익이 되는 방법으로 가맹본부는 공동의 상표 및 제품 및 서비스 제공뿐만 아니라 경영 노하우를 지원과 관리 및 통제를 하며 독립된 사업자인 가맹점사업자는 그 대가로 수수료를 지불하는 프랜차이즈 계약에 의해 운영하는 방법은 유사하다고 볼 수 있다. 각국 프랜차이즈협회와 학자들의 프랜차이즈 사업 에 대한 정의를 보면 다음과 같다.

1-2-1 각국 프랜차이즈협회의 정의

1) AFA(미국 프랜차이즈협회)의 정의

미국 프랜차이즈협회는 "프랜차이즈 사업이란 가맹본부(franchisor)와 가맹점사업자(franchisee) 사이의 계약 관계이고, 가맹본부는 경영 노하우와 훈련 등의 업무에 관하여 계속적으로 이익을 제공하고 또는 이를 유지할 의무를 지며, 가맹점사업자는 가맹본부의 소유 또는 관리하에 있는 공동의 상표 및 기준에 따라 영업을 하며 프랜차이즈 사업에 대하여 자신의 자본을 실질적으로 출자하는 것이다."라고 정의하고 있다. 이는 가맹본부와 가맹점사업자 간의 독립적 계약 관계를 중시하고 있으며, 또한 가맹본부는 가맹점사업자에게 이익의 제공 및 지속적인 유지를 의무로 명확히 밝히고 있으며, 가맹점사업자는 가맹본부의 소유 또는 관리 하에서 실질적인 자본의 출자를 명확하게 정의하고 있는 것이 특징이라 볼 수 있다.

2) JFA(일본 프랜차이즈협회)의 정의

일본 프랜차이즈협회는 "프랜차이즈란 가맹본부(franchisor)가 가맹점사업자(franchisee)와의 사이에 계약을 체결하고 가맹본부는 자기의 상표, 서비스, 마크, 상호 및 영업의 상징이 될 만한 것과 경영 노하우를 사용하여 동일한 이미지의 상품 판매 및 사업을 운영할 권리를 부여하는 대가로 가맹점사업자에게 일정한 수수료를 받고, 가맹점사업자는 사업에 필요한 자금을 투입하여 가맹본부의 지도 및 지원하에 사업을 영위하는 양자 간의 지속적인 관계이다."라고 정의하고 있다. 이는 미국 프랜차이즈협회의 정의와 마찬가지로 가맹본부와 가맹점사업자 간의 계약 관계를 중시하고 있으며, 가맹본부와 가맹점사업자 간의 구체적인 권리와 의무를 부여하고 있다.

3) IFA(국제 프랜차이즈협회)의 정의

국제 프랜차이즈협회는 "프랜차이즈는 가맹본부가 가맹사업자로부터 일정한 대가를 받고, 영업할 수 있는 특권을 부여함과 동시에 교육, 관리 및 경영, 상품화 등의 협조를 제공하는 지속적인 관계이다."라고 정의하고 있다.

4) KFA(한국 프랜차이즈협회)의 정의

한국 프랜차이즈협회는 "프랜차이즈 산업이란 프랜차이저가 프랜차이즈를 사는 사람에게 프랜차이즈 회사의 이름, 상호, 영업 방법 등을 제공하여 상품과 서비스를 시장에 판매하거나, 기타 영업을 할 수 있는 권리를 부여하며, 영업에 관하여 일정한 통제 또는 지원을 하고, 이러한 포괄적인 관계에 따라 일정한 대가를 수수하는 계속적 채권 관계이다."라고 정의하고 있다. 이는 미국이나 일본 프랜차이즈협회에서 정의하고 있는 가맹본부와 가맹점 간의 독립적인 계약 관계와는 달리 가맹본부 입장에서 채권·채무 관계로 정의한 것으로 볼 수 있다. 그 이유는 가맹본부와 가맹점사업자 간의 관계를 계약 관계가 아닌 프랜차이즈 시스템을 판매하고 구입하는 채권 관계로 규정함으로써 채권·채무 관계의 사법적 관계로 정의하고 있다고 볼 수 있다.

5) '가맹사업거래의 공정화에 관한 법률'에서의 정의

가맹사업거래의 공정화에 의한 법률에서는 "가맹사업이란 가맹본부가 가맹사업자로 하여금 자기의 상표, 서비스 표, 상호, 간판 그 밖의 영업표지를 사용하여 일정한 품질기준이나 영업 방식에 따라 상품(원재료 및 부재료 포함) 또는 용역을 판매하도록 함과 아울러 이에 따른 경영 및 영업 활동 등에 대한 지원·교육과 통제를 하며, 가맹사업자는 영업표지의 사용과 경영 및 영업 활동 등에 대한 지원·교육에 대한 대가로 가맹본부에 가맹금을 지급하는 계속적인 거래 관계이다."라고 정의하고 있다. 이는 한국프랜차이즈협회의 정의보다는 완화된 표현으로 정의하고는 있으나 경영 및 영업 활동 등에 대한 통제라는 의미를 부여함으로써 독립적인 관계보다 강한 의미로 정의하고 있다.

1-2-2 학자들에 의한 정의

1) 스턴과 엘엔써리(Stern & EL-Ansary,1982)

프랜차이즈 시스템은 가맹본부가 가맹점사업자에게 상호, 상표, 서비스마크, 노하우, 그리고 기타의 기업운영방식을 사용하여 상품이나 서비스를 판매할 수 있도록 하는 포괄적인 기업운영방식을 허가하는 것이다.

2) 셀츠(Seltz, 1982)

프랜차이즈는 상표가 있는 제품이나 서비스의 독점 사업자 혹은 생산자가 독립 소매사업자로부터 수수료의 지불 대가를 받고 그들에게 표준화된 영업절차와 지역분배를 할 수 있는 독점권을 주는 협정이다.

3) 본(Vaughn, 1979)

프랜차이즈는 특정지역 내에서 일정기간이상 모기업이 개인이나 혹은 비교적 작은 기업에게 규정된 방법대로 사업을 할 수 있는 권한이나 특권을 허가해 주는 마케팅 혹은 분배의 형태이다.

4) 헌트와 네빈(Hunt & Nevin, 1976)

프랜차이즈 시스템은 가맹본부가 가맹점에게 상호, 상표, 노하우, 그리고 기타의 기업경영방식을 사용하여 제품이나 서비스를 판매할 수 있도록 허가하고 그 대가로 가맹비나 사용료 등 금전적 대가를 받는 계약 관계에 기반을 둔 유통조직 형태이다.

5) 크니게(Knigge, 1973)

프랜차이즈는 가맹본부에 의한 판매조직을 형성하기 위한 독립당사자 간의 지속적 채무 관계로서 수직적 기업협동제도의 적용이며, 가맹본부는 유상으로 가맹점사업자에게 지속적으로 적용할 수 있는 경영관리 및 마케팅에 관한 지식을 전달하며, 가맹점사업자에게 자기의 상호, 상표, 기타 보호권을 이용할 권리를 인정하고 가맹점사업자는 자기에게 인정된 권리의 이용과 가맹본부에 의하여 발전된 경영·경제적, 조직체적 계획을 고려하여 자기의 명의와 자기의 계산으로 제3자에게 계약 재화를 판매할 의무를 부담한다.

6) 김기홍(2006)

프랜차이즈 시스템은 프랜차이저의 상호, 상표, 경험, 마케팅 기술 등을 바탕으로 하여 상품화를 위한 제 지식이나 제 정보에 관한 특권이나 특허를 프랜차이지에게 계약으로 부여하는 계약 제도이다.

1-2-3 프랜차이즈의 종합적 정의

위에서 정의한 각 나라의 프랜차이즈 정의와 학자들이 정의하고 있는 프랜차이즈의 정의를 종합하여 프랜차이즈의 개념을 새롭게 정의하면 '프랜차이즈(가맹사업)란 가맹본부와 가맹점사업자는 독립적 관계로, 공동의 이익목표를 달성하기 위해 지속적인 계약 관계를 맺고, 가맹본부는 가맹점사업자에게 공통의 상표, 상호, 마크, 동질의 상품 및 서비스 제공과 경영 노하우 및 교육훈련 등을 제공하고, 이를 관리 통제함으로써 계속적인 이익을 제공하며, 가맹점사업자는 가맹본부가 제공하는 모든 지원과 관리의 대가로 사업에 필요한 자금투자 및 수수료(가맹비, 사용료, 보증금 등)를 지불하는 기업 경영 방식'이라고 정의할 수 있으며 이를 도식화하면 〈그림 1-1〉과 같이 표현할 수 있다.

〈그림 1-1〉 프랜차이즈 구조

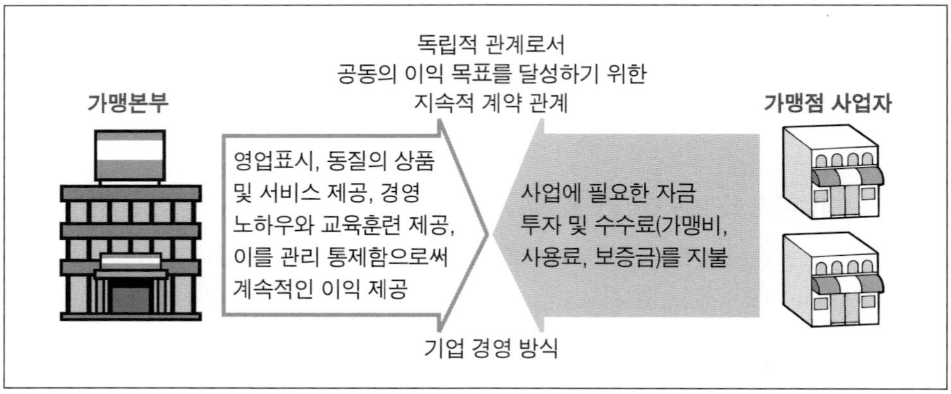

1-2-4 프랜차이즈 시스템의 성립 요건

가맹사업의 종합적인 정의에 의한 가맹사업의 성립 조건은 첫째, 영업표지의 상표 등록 여부와 관계없이 제3자가 독립적으로 인식할 수 있을 정도의 영업표지(브랜드)의 사용권을 가맹본부가 가맹점사업자에 부여하여야 한다. 즉 가맹점사업자가 자신의 상호만을 사용하는 경우 외관상 가맹본부의 영업표지를 사용하는 것으로 보기 어렵고 가맹본부가 공급하는 상품 등에만 간접적으로 사용하는 경우에는 가맹사업에 해당하지 않는다.

둘째, 가맹점사업자는 가맹본부가 제공하는 일정한 품질기준이나 영업 방식에 따라 상품 또는 서비스를 판매해야 한다. 즉 가맹본부가 가맹점사업자의 주된 사업과 무관한 상품 등을 공급하는 경우에는 가맹사업에 해당하지 않는다.

셋째, 가맹본부는 경영 및 영업 활동 등에 대한 경영 지도와 교육훈련을 통해 관리 및 통제를 수행해야 한다. 즉 가맹본부의 영업방침에 따르지 않는 경우 아무런 불이익이 없다면 가맹사업에 해당하지 않는다.

넷째, 가맹점사업자는 가맹본부로부터 영업표지 사용 및 경영·영업 활동 등에 대한 지원·교육의 대가로 사업에 필요한 자금투자 및 가맹비, 사용료, 보증금 등 수수료를 지급해야 한다. 즉 가맹본부가 다른 대가 없이 보증금만 받는 경우는 가맹사업에 해당하지 않는다.

다섯째, 각자 독립적 사업자로서 상호 독립성을 가지고 공동의 이익을 목표로 사업을 영위해야 한다. 즉 동일 사업자로 지점 또는 가맹점 전부를 직영점형태로 사업을 영위하는 경우는 가맹사업에 해당하지 않는다.

여섯째, 물류공급 등 계속적 거래 관계를 위한 계약 관계여야 한다. 즉 계약 관계가 없이 일시적인 경영 지원이나 물류 지원만 하는 경우는 가맹사업에 해당하지 않는다.

1-2-5 프랜차이즈 구조와 여타 산업구조 비교

프랜차이즈 시스템은 수직통합 기업의 지배구조와 독립소매상 간의 시장경제의 중간 형태로 독립적 관계에 의한 지속적인 계약 관계로 프랜차이즈의 네트워크 형태로 볼 수 있다. 수직통합 기업은 유통계열화를 통하여 직영점 형태로 상·하 명령체계의 지배구조를 말하며, 자유경쟁시장의 독립소매상은 때로는 경쟁하기도 하고, 때로는 협력하면서 서로의 관계를 유지하는 형태이다. 이를 도식화하면 〈그림 1-2〉와 같다. 중소서비스 기업들이 프랜차이즈 형태로 조직화되면 구매 관리, 금융, 인력 등을 공동 활용함으로써 규모의 경제 달성 및 생산성 제고가 가능하다.

1-2-6 프랜차이즈 관련 용어

1) 체인사업

같은 업종의 여러 소매점포를 직영(자기가 소유하거나 임차한 매장에서 자기의 책임과 계산 아래 직접 매장을 운영하는 것)하거나 같은 업종의 여러 소매 점포에 대하여 계속적으로 경영을 지도하고 상품·원재료 또는 용역을 공급하는 사업(유통산업 발전법 제2조)

- **직영점형 체인사업**: 체인본부가 주로 소매점포를 직영하되, 가맹계약을 체결한 일부 소매점포(가맹점)에 대하여 상품의 공급 및 경영 지도를 계속하는 형태의 체인사업
- **프랜차이즈형 체인사업**: 독자적인 상품 또는 판매·경영 기법을 개발한 체인본부가 상호·판매방법·매장운영 및 광고방법 등을 결정하고, 가맹점으로 하여금 그 결정과 지도에 따라 운영하도록 하는 형태의 체인사업
- **임의 가맹점형 체인사업**: 체인본부의 계속적인 경영지도 및 체인본부와 가맹점 간의

〈그림 1-2〉 프랜차이즈 구조와 여타 산업구조와 비교

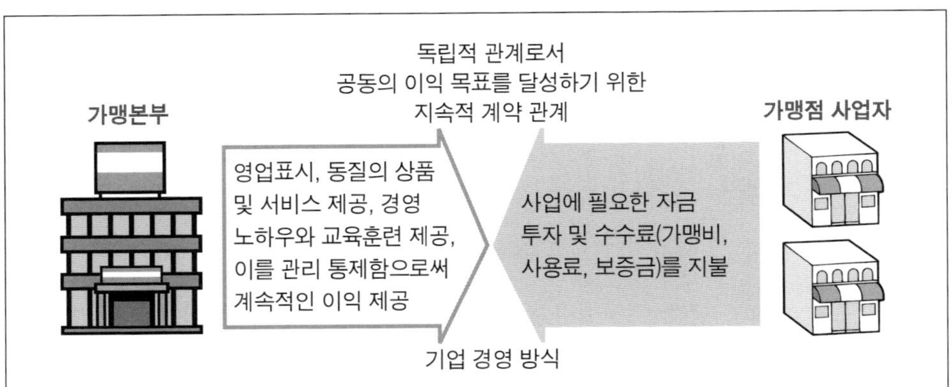

자료: 삼성경제연구소(2008). 서비스 산업의 동반성장 방안: 프랜차이즈.

협업에 의하여 가맹점의 취급품목·영업방식 등의 표준화사업과 공동구매·공동판매·공동시설활용 등 공동사업을 수행하는 형태의 체인사업

- **조합형 체인사업**: 같은 업종의 소매점들이 「중소기업협동조합법」 제3조에 따른 중소기업협동조합을 설립하여 공동구매·공동판매·공동시설활용 등 사업을 수행하는 형태의 체인사업

2) 가맹사업(franchise)

가맹본부가 가맹점사업자로 하여금 자기의 상표·서비스표·상호·간판 그 밖의 영업표지를 사용하여 일정한 품질기준이나 영업 방식에 따라 상품(원재료 및 부재료를 포함) 또는 용역을 판매하도록 함과 아울러 이에 따른 경영 및 영업 활동 등에 대한 지원·교육과 통제를 하며, 가맹점사업자는 영업표지의 사용과 경영 및 영업 활동 등에 대한 지원·교육의 대가로 가맹본부에 가맹금을 지급하는 계속적인 거래 관계(가맹사업 공정화에 관한 법률 제2조)

3) 가맹본부(franchiser)

가맹사업과 관련하여 가맹점사업자에게 가맹점 운영권을 부여하는 사업자

4) 가맹점사업자(franchisee)

가맹사업과 관련하여 가맹본부로부터 가맹점 운영권을 부여받은 사업자

5) 가맹희망자

가맹계약을 체결하기 위하여 가맹본부나 가맹지역본부와 상담하거나 협의하는 자

6) 가맹점 운영권

가맹점사업자가 가맹본부의 가맹사업과 관련하여 가맹점을 운영할 수 있는 계약상의 권리

7) 가맹금

명칭이나 지급형태가 어떻든 간에 다음에 해당하는 대가

- 가입비·입회비·가맹비·교육비 또는 계약금 등 가맹점사업자가 영업표지의 사용 허락 등 가맹점 운영권이나 영업 활동에 대한 지원·교육 등을 받기 위하여 가맹본부에 지급하는 대가

- 가맹점사업자가 가맹본부로부터 공급받는 상품의 대금 등에 관한 채무액이나 손해배상액의 지급을 담보하기 위하여 가맹본부에 지급하는 대가
- 가맹점사업자가 가맹점 운영권을 부여받을 당시에 가맹사업을 착수하기 위하여 가맹본부로부터 공급받는 정착물·설비·상품의 가격 또는 부동산의 임차료 명목으로 가맹본부에 지급하는 대가
- 가맹점사업자가 가맹본부와의 계약에 의하여 허락받은 영업표지의 사용과 영업 활동 등에 관한 지원·교육, 그 밖의 사항에 대하여 가맹본부에 정기적으로 또는 비정기적으로 지급하는 대가로서 대통령령으로 정하는 것
- 그 밖에 가맹희망자나 가맹점사업자가 가맹점 운영권을 취득하거나 유지하기 위하여 가맹본부에 지급하는 모든 대가

8) 가맹지역본부

가맹본부와의 계약에 의하여 일정한 지역 안에서 가맹점사업자의 모집, 상품 또는 용역의 품질 유지, 가맹점사업자에 대한 경영 및 영업 활동의 지원·교육·통제 등 가맹본부의 업무의 전부 또는 일부를 대행하는 사업자

9) 가맹중개인

가맹본부 또는 가맹지역본부로부터 가맹점사업자를 모집하거나 가맹계약을 준비 또는 체결하는 업무를 위탁받은 자

10) 가맹계약서

가맹사업의 구체적 내용과 조건 등에 있어 가맹본부 또는 가맹점사업자의 권리와 의무에 관한 사항(특수한 거래 조건이나 유의사항이 있는 경우에는 이를 포함)을 기재한 문서

1-3 프랜차이즈의 도입 이론

프랜차이즈 도입에 대한 이론적 배경은 기업이 사업을 확장하는 데 왜 직영점이 아닌 가맹점을 선택하느냐는 것이다. 이와 관련하여 학계에서는 많은 연구가 진행되어 왔는데, 크게는 자원부족이론, 대리인이론, 거래비용이론, 탐색비용이론으로 그 이유를 설명하고 있다.

1-3-1 자원부족이론

자원부족이론(resource scarcity theory)은 기업이 활용할 수 있는 자원이 제한되어 있어, 특정 시점에는 자원이 부족할 수밖에 없기 때문에 부족한 자원을 늘리기 위해서 프랜차이즈 사업을 한다고 보는 이론이다. 자원부족이론 연구 초기에는 기업이 여러 가지 자원 중 자금부족에 초점을 맞추어 연구가 진행되었다(Oxenfelt & Kelly, 1969). 이 연구에 의하면 기업은 가맹점사업자(franchisee)로부터 가맹비와 사용료 등 수수료를 받아 적은 자금으로 사업을 확장시킬 수 있기 때문에 프랜차이즈 사업을 한다고 주장하였다. 즉 제한된 자원을 가진 사업초기에는 가맹점사업자로부터 가맹비와 사용료 등의 수수료를 받아 성장하다가 프랜차이즈가 성숙되고 자원이 축척되면 가맹본부는 프랜차이즈 시스템에 대한 욕구가 감소되고, 이에 따라 프랜차이즈 시스템보다는 직영점 형태로 사업을 전환한다고 보는 견해이다.

자원부족이론이란 가맹본부가 가맹점의 물적·인적자원을 이용하여 프랜차이즈 사업의 성장을 가속화시키고, 최소한의 효율적인 규모와 브랜드 자산의 가치 상승을 달성하기 위해 프랜차이즈 시스템을 채택한다고 보는 견해이다(Hunt, 1973; Norton, 1988; Oxenfeldt & Thompson, 1968).

자원부족이론은 브랜드 자산, 점포 수 증가에 따른 규모의 경제를 중요시한다. 경쟁이 치열한 환경에서 경쟁자보다 더 빨리 사업을 성장시키기 위해서는 사업의 확대에 따른 브랜드력과 규모의 경제 달성이 필수적이기 때문이다. 자원이 부족한 상황에서의 직영점 운영은 프랜차이즈 시스템보다 사업 확장이 용이하지 않다(Oxenfeldt & Kelly, 1969; Hunt, 1973; Cave & Murphy, 1976). 궁극적으로 가맹본부가 프랜차이즈 시스템을 도입하는 이유는 인적·물적 자원을 포함한 자원의 부족에서 발생한다는 것이다(Dant et al., 1966) 가맹본부가 이러한 인적·물적 자원을 활용하여 사업을 빨리 전개할 수 있으며, 광고나 구매에서도 규모의 경제를 달성할 수 있다.

자원부족이론은 자금부족 외에도 시장 확대 시 특정지역에 대한 지식이 부족할 때에도 지역에 대한 지식을 많이 보유하고 있는 가맹점사업자(franchisee)를 활용하는 것이 유리하기 때문에 프랜차이즈를 한다고 주장하였다(Combs & Castrogiovanni, 1994).

그러나 자원부족이론에 대한 비판도 만만치 않다. 자원부족이론에 대한 비판은 주로 프랜차이즈가 성립되기 위해 설정하고 있는 자본시장이나 기업 조건 등의 전제가 실제 현실과 많은 차이를 보이는데 집중되고 있다. 예를 들면 프랜차이즈가 사업 초기나 성장단계에 국한되지 않고 성공적이고 성숙한 맥도널드처럼 자본 조달에 어려움이 없는 거대기업도 지속적으로 프랜차이즈 시스템을 이용하고 있다는 것이다.

가맹본부는 전체 시스템에 투자함으로써 사업 전체의 리스크를 줄일 수 있으며, 따라서 가맹본부가 가맹점사업자보다 저렴한 비용으로 자본을 조달할 수 있기 때문에 자원부족이론과 일치하지 않다고 주장하고 있다(Rubin, 1978). 또한 Brickly(1987)는 사업 확장에 필요한 자금의 조달 방법으로 자본시장을 통하여 자금을 조달하는 것이 프랜차이즈 시스템을 통해 조달하는 것보다 효율적이다 라고 주장하였다. 한편 가맹본부가 자본시장이 불안전한 상황에서 직영점을 개설하는 것보다 프랜차이즈 시스템을 선호하는 것은 가맹본부가 가맹점사업자보다 위험을 회피하려는 성향이 강하기 때문이라고 주장하고 있다(Norton, 1988)

1-3-2 대리인이론

대리인이론(agency theory)은 프랜차이즈 시스템을 가맹본부가 계약 관계를 통하여 가맹점사업자에게 권한을 위임하는 대리관계라고 보는 이론이다. 즉 프랜차이즈 시스템은 가맹본부와 가맹점사업자의 관계에서 재무적 성과를 상호 극대화하려는 목적을 갖고 있으며, 가맹본부는 가맹점사업자가 이익의 극대화를 위해 최선을 다하도록 가맹점사업자의 행동을 감시·감독하거나 인센티브를 제공해야 한다고 설명하고 있다(Bergen, D. & Walker, 1992).

대리인이론이란 가맹본부가 가맹점사업자에게 직접 자본 출자와 점포 관리에 참여시킴으로써 가맹본부의 직원인 점포 관리자들을 모니터링하는 비용을 감소시킬 수 있다고 보는 견해이다(Rubin, 1978; Hoover et al., 2003) 대리인이론은 위험 분담, 한쪽 측면에서는 도덕적 해이, 양쪽에서의 도덕적 해이를 고려한 대리인 모형을 통해 프랜차이즈 시스템을 설명하고, 이러한 문제 해결을 위해 사용료율(royalty rate)과 프랜차이즈 수수료(franchise fee)가 이용될 수 있음을 보여 주었다(Lafontaine, 1992).

가맹본부는 가맹점사업자를 활용하면 직영점을 운영할 때보다 관리비, 인건비 등의 비용 절감, 지역정보 탐색이나 종업원 교육비용의 절약 등의 혜택을 보는 반면 가맹점사업자는 대리인 입장에서 일정 지역의 독점 판매권 획득, 본사 보유자산의 사용권을 부여받는 혜택을 보게 되는 것이다.

대리인이론에서는 가맹본부의 직영점이 다양한 지역에 분포되어 있을 경우 종업원을 관리하는 비용이 크기 때문에 이러한 관리비용의 절감을 위해 가맹점사업자에게 대리하게 하는 프랜차이즈 시스템을 활용한다는 설명하고 있다. 또한 가맹본부에서 파견한 직영점 관리자가 자신의 이익을 위해 행동하는 데 기인하고 있다. 특히 직영점 관리자의 보상이 고정적일 때 그들의 의무를 회피하는 경향이 존재한다. 이러한 문제를 해결하기 위해 자신의 이익을 위해 행동하는 가맹점사업자를 프랜차이즈 시스템 안에서 활용함으로써 대리 비용을 최소화한다는 것이 핵심이다(Brickley et al., 1991; Lafontaine, 1992; Shane,

1998; Hoover et al., 2003; Hsu and Jang, 2009).

그러나 이러한 긍정적인 방법에도 대리인이론에 비판도 있다. 대리인이론에 대한 비판을 보면 주로 가맹점사업자가 이익을 위해 최선을 다한다, 가맹본부는 잘 알려진 브랜드명을 가지고 있다, 가맹본부는 가맹점사업자에게 일방적인 통제기능을 가지고 있다 등의 가정에 집중되고 있다.

첫째, 대리인이론에서 가맹점사업자가 이익을 위해 최선을 다한다는 가정은 현실적으로 괴리감을 나타내는 경우가 많으며 오히려 기회주의적 행위를 할 가능성이 더 높다고 할 수 있다.

둘째, 대리인이론에서 가맹본부는 잘 알려진 브랜드명을 가지고 있다는 가정은 초기 프랜차이즈를 전개하는 대부분의 소규모·신생기업은 알려진 브랜드명이나 동질의 제품 품질을 갖고 있지 않기 때문에 비판을 받는다.

셋째, 대리인이론에서 가맹본부는 가맹점사업자에게 일방적인 통제기능을 가지고 있다는 가정은 프랜차이즈협회의 등장, 프랜차이즈 권한 보호책 확대, 감시·관리의 어려움 등으로 실제로는 그렇지 않다고 할 수 있다.

1-3-3 거래비용이론

거래비용이론(transaction cost theory)은 대리인이론과 마찬가지로 미시적 측면에서 기업 운영비용의 절감을 목적으로 하고 있다. 그러므로 거래비용이론은 가맹본부의 성과에 영향을 미치는 요소로 가맹점사업자의 기회주의를 들고 있다. 따라서 가맹본부는 가맹점사업자의 기회주의적 행동을 감시하고 통제하는 다양한 메커니즘을 효율적으로 개발·운영하는 능력을 가져야 가맹본부가 성공할 가능성이 크다.

올리버 윌리암슨(O. E. Williamson)는 거래비용이란 '경제제도를 운영하는 비용'이다라고 설명하고 있다. 구체적으로 사전적 거래비용(거래 조건에 대한 협상·합의작성 비용)과 사후적 거래비용(분쟁관련비용, 계약이행보증비용 등)이 있다.

로널드 코즈(Romald Coase)에 따르면 시장에서의 거래비용을 고려할 때, 기업이라는 위계적인 체제를 사용하는 것이 시장 기구를 사용하는 것보다 더 경제적일 수 있기 때문에 기업이 존재한다는 것으로 보고 있다.

거래비용이론은 거래 관계의 구조와 특성을 분석하여 기업의 형성 이유를 설명하는 이론이다. 즉 기업이 시장을 통해 독립된 사업자와 거래 관계를 맺는 것보다 하나의 위계와 조직 내에서 거래가 이루어지도록 하는 것이 거래비용을 줄일 수 있다고 보는 이론이다(Coase, 1937; Williamson, 1985).

거래비용이론은 프랜차이즈 시스템 내의 가맹본부와 가맹점사업자 간의 기회주의적

관리 형태가 협상비용, 조정비용, 수용거부비용 측면에서의 거래비용을 증가시킨다는 것을 설명하고 있다(dahlstrom & Nygaard, 1999)

1-3-4 탐색비용이론

탐색비용이론(search cost theory)은 프랜차이즈의 구성 원인을 시장기회의 탐색비용에서 찾는 이론이다(Minkler, 1992; Martin, 1988). 일반적으로 특정 사업자가 점포망 확장 등 사업을 확장할 경우 많은 시장탐색비용을 사용하는데, 이 경우 프랜차이즈 시스템을 활용하면 기업의 시장조사비용을 절감 할 수 있다는 것이다. 가맹본부와 가맹점사업자는 상호 협력관계가 가능해져 일정한 기준 내지 규범 설정을 통해 관계가 유지되며 장기적인 관계에서 수익과 비용 분담이 이루어진다.

1-3-5 자원부족이론과 대리인이론의 시사점

프랜차이즈 도입에 대한 이론 중 이론적·실무적으로 타당성을 인정받고 있는 자원부족이론(resource scarcity theory)과 대리인이론(agency theory)은 자원의 제약에 따른 투자기회의 상실 그리고 프로모션의 제약 등의 문제와 가맹본부와 가맹점사업자 간의 정보 불균형에 따른 대리인 문제를 해결하는 데 실무적 시사점 도출이 가능하다.

〈표 1-1〉에서 보는 바와 같이 자원부족이론은 프랜차이즈를 통해서 자본을 비롯한 인적자원 등 경영자원 취득이 용이하다. 따라서 소규모 신생기업은 자원부족의 문제를 해결하기 위해 프랜차이즈 방식으로 성장을 추구할 가능성이 높다.

대리인이론은 가맹점사업자들이 공동의 이익을 위해 합리적인 의사결정을 한다는 가

〈표 1-1〉 양대 이론의 주요 가정과 예측

구분	자원부족이론	대리인이론
주요 가정	• 가맹본부는 규모의 경제 실현 가능하다 • 가맹본부는 소유보다 이익에 더 관심이 있다 • 프랜차이즈 인적자원, 경영 능력, 현지 시장지식, 자본 취득이 용이해서 성장이 가능하다	• 가맹점사업자는 이익을 위해 최선을 다한다 • 가맹본부는 잘 알려진 브랜드명을 가지고 있다 • 가맹본부는 가맹점에 일방적인 통제 기능을 가지고 있다
주요 예측	• 소규모 신생 가맹본부는 대형 가맹본부로 성장하는 경향이 있다 • 가맹본부는 성장과 생존에 관심을 갖는다 • 가맹본부의 성장은 직접소유와 기존 가맹점의 재구매로 성장한다	• 가맹본부와 가맹점사업자는 서로 다른 이익을 추구한다 • 소규모 신생 가맹본부는 유명 브랜드나 동질의 상품을 가지고 있지 않다 • 프랜차이즈협회 등장, 가맹점사업자의 권한 보호 확대, 가맹본부의 통제 관리의 어려움

정에서 출발하므로 직영점의 관리자는 인센티브가 일치하지 않아 책임을 게을리할 가능성이 높다. 따라서 가맹점 방식은 시장탐색비용이 많이 드는 직영점 방식의 대안으로 제공한다.

1-4 프랜차이즈의 효과

프랜차이즈의 효과는 프랜차이즈의 두 축인 가맹본부(franchisor)와 가맹점(franchisee) 측면에서 긍정적인 효과와 부정적인 효과를 나누어 볼 수 있다 또한 가맹본부와 가맹점의 마케팅 대상인 소비자 측면에서도 긍정적인 효과와 부정적인 효과를 구분하여 볼 수 있다.

〈표 1-2〉에서 보는 바와 같이 가맹본부는 첫째, 직접 판매하는 것보다 자본과 노력이 절약되며, 규모의 경제를 실현할 수 있고, 둘째, 가맹점은 독립된 사업체이므로 적극적인 영업 활동을 기대할 수 있으며, 셋째, 프랜차이즈 프로그램의 개발에 전념할 수 있다는 긍정적인 효과가 있는가 하면, 또 다른 한편으로는 가맹본부는 가맹점에 대한 계속적인 지도와 교육에 비용과 노력이 많이 들 수 있으며, 가맹점이 가맹본부에 대해 지나치게 의존하려할 수 있다는 부정적인 효과도 있다.

또한 가맹점 측면에서 보면 첫째, 가맹본부의 경영지도 등으로 부족한 경험으로도 쉽게 사업 운영에 적응할 수 있고, 둘째, 처음부터 전문적인 경영 활동이 이루어지므로 실패의 위험성이 적고, 셋째, 가맹본부의 일괄적인 광고를 통해 효과적인 촉진 활동의 수행이

〈표 1-2〉 가맹본부와 가맹점의 효과

구분	가맹본부(Franchisor)	가맹점(Franchisee)
긍정적 효과	• 가맹본부는 직접 판매하는 것보다 자본과 노력이 절약되며, 규모의 경제 실현 • 가맹점은 독립된 사업이므로 적극적인 영업 활동 기대 • 가맹본부는 프랜차이즈 프로그램의 개발에 전념	• 가맹본부의 경영지도 등으로 부족한 경험으로도 쉽게 적응 가능 • 처음부터 전문적인 경영 활동이 이루어지므로 실패의 위험성이 적음 • 가맹본부의 일괄적인 광고를 통해 효과적인 촉진 활동의 수행이 가능 • 품질에 대한 소비자들의 신뢰도가 높으므로 판매에 유리 • 가맹본부가 판촉 등 기타의 활동을 대신해 주므로 판매 활동에만 전념
부정적 효과	• 계속적인 지도와 교육에 과다한 비용과 많은 노력이 필요 • 가맹점이 본부에 대해 지나치게 의존	• 가맹점 자체의 문제 해결이나 경영 개선에 대한 능력 저하 • 전체적인 관점에서 이루어지는 가맹본부의 정책이 가맹점 각각의 실정에 맞지 않을 수도 있음

가능하며, 넷째, 품질에 대한 소비자들의 신뢰도가 높으므로 판매에 유리하며, 다섯째, 가맹본부가 판매촉진 활동 등 기타의 활동을 대신해 주므로 판매 활동에만 전념할 수 있다는 긍정적인 효과가 있는 반면에 가맹점 자체의 문제 해결이나 경영개선에 대한 능력이 저하 될 수 있으며, 전체적인 관점에서 이루어지는 가맹본부의 정책이 가맹점의 실정에 맞지 않을 수도 있다는 부정적인 효과도 있다.

소비자 측면에서 보면, 첫째, 보다 높은 수준의 서비스를 제공받을 수 있다는 점, 둘째, 표준화된 서비스와 상품을 비교적 염가로 공급받을 수가 있다는 점 등 긍정적인 효과가 있다. 그러나 가맹본부의 힘이 지나치게 커지게 되면 거래상 가맹점은 불리한 입장에 놓이게 되어 결과적으로 가격·서비스의 면에서 소비자에게 불이익을 줄 수 있고, 가맹점이 프랜차이즈 시스템을 악용하게 되면 소비자에게도 나쁜 영향을 줄 수도 있으며, 영업상 책임의 소재가 불분명하여 소비자의 불만 처리 창구가 불명확할 수 있다는 부정적인 효과도 있다.

제2장 국내 프랜차이즈 산업 현황과 미래 성장

PROLOGUE

2018년 3대 소비트렌드, '소소한 행복·플라시보·무인점포'

1. 욜로 열풍 이어갈 '소확행'

'소소하게 즐기는 확실한 행복'. 서울대 소비트렌드 연구소가 펴낸 〈트렌드코리아 2018〉은 가장 중요한 키워드로 '소확행(小確幸)'을 꼽았다. 올해 '지금 하고 싶은 것을 하면서 살자'는 욜로(YOLO: You Only Live Once) 문화에 이어 2018년에는 실현 가능한 행복을 일상에서 찾는 성향이 번져 나갈 것이라 내다봤다. 소확행은 1990년대 일본의 소설가 무라카미 하루키가 발간한 수필집 〈랑게르한스섬의 오후〉에서 처음 소개된 신조어다. 당시에는 큰 주목을 받지 못했으나 2010년 이후 경기 부흥 이후의 시대를 견뎌냈던 대만에서 더 큰 반향을 일으켰다.

당시 대중가요, 책, 영화, 광고 등에 등장하며 중국 본토에까지 전파되어 중국 고도성장기 이후를 살아가는 20~30대의 밀레니얼 세대의 공감을 얻은 바 있다. 빡빡해진 살림살이와 취업난, 빈부격차의 심화, 정치적 이슈 등이 겹치며 소확행이란 키워드가 국내에도 유효하게 적용되리란 것이 책이 밝힌 요지다. 행복에 대한 대중적인 인식이 '미래에서 지금으로' '특별함에서 평범함으로' '강도에서 빈도'로 변화하면서 일상에서 누리는 사소한 행복감이 중요해질 것이란 설명이다. 이러한 키워드에 맞춰 나타날 구체적인 소비 트렌드 중 하나로는 '홈루덴스'가 지목됐다. 집(Home)과 유희(Ludens)를 합성한 홈루덴스는 사회적 관심이 패션과 미식 열풍에 이어 '주거생활(Living)'로 옮겨 가며 집이 소확행을 경험하는 플랫폼의 역할을 할 것이란 의미다. 가장 개인적이고 사적인 영역이었던 집이 타인과 교류하는 장소로 활용되며 일상을 공유하는 사회적 친목활동이 집안에서 활발하게 이뤄지는 트렌드가 자리 잡을 것이란 예상이다.

'팜캉스·팜핑' 즐기는 슬로컬리제이션. 도시에서 느린 삶을 경험한다는 의미의 슬로컬리제이션(Slowcalization)은 소소한 행복을 즐기는 소비문화에 새로운 트렌드 키워드로 부상하고 있다. 기존 들로 산으로 경치 좋은 곳을 찾아 떠나던 캠핑족들이 점차 가까운 근교의 농장으로 향하고 있다는 것도 이러한 트렌드와 궤를 같이 한다. 농장을 뜻하는 팜(Farm)에 캠핑을 뜻하는 캠핑(Camping)을 더한 팜핑(Farmping)이나 휴가를 의미하는 바캉스(vacance)를 결합한 팜캉스(Farmcance)와 같은 신조어도 생겼다. 제주도나 강원도 같은 국내 휴양지는 물론 쿠알라룸푸르, 다낭, 발리 등 해외에서 한 달 살기가 초등학생 이상의 자녀를 키우는 맘카페의 단골 주제로 자리 잡았다.

PROLOGUE

2. '시발비용·탕진잼'의 진화, 늘어나는 플라시보 소비

올 한 해 소비시장을 관통한 키워드 중 하나는 '가성비'였다. 단순히 제품의 성능이 아닌 가격에 대비한 만족감이 핵심이다. 김난도 서울대 소비자학과 교수는 "성능의 객관적인 표준이 아닌 소비자의 만족감을 극대화하는 이른바 플라시보 소비가 2018년도에 중요한 키워드로 떠오를 것"이라 내다봤다. 가성비의 시대에서 일종의 가심비(價心費)를 추구하는 경향이 강해질 것이란 분석이다. 이러한 트렌드는 자신이 선호하는 특정 인물이나 콘텐츠, 브랜드와 연관된 '굿즈' 소비로 이어질 것이라 예상했다.

특정 브랜드보다 자신이 아끼는 분야나 팬심에 따라 소비가 움직일 것이란 이야기다. 실제 관련업계는 아이돌 상품으로 시작된 굿즈 시장이 향후 1000억 원 이상으로 확대될 것이라 전망하고 있다. 같은 맥락에서 탕진소비와 시발비용(스트레스를 받지 않았으면 쓰지 않았을 비용)은 더욱 늘어날 것이라 전망했다. 스트레스를 해소하거나 재미를 추구하기 위해 계획하지 않은 곳에 돈을 사용한다는 의미의 '탕진잼'은 2030세대에게는 익숙한 소비패턴으로 자리 잡았다. 탕진소비가 일어나는 성지로 불리는 다이소나 인형뽑기방 등이 대표적이다. 모으는 것보다는 쓰는 행위에 초점을 두는 것이다. 심리적 만족감을 얻기 위한 일종의 플라시보 소비의 배경에는 "저성장 속 깊어지는 상대적 박탈감과, 해체되는 소속감, 과도한 경쟁 등 암울한 사회적 현실 속에서 느끼는 공허함"이라는 것이 책의 설명이다. 이에 따라 김 교수는 "소비주체자의 존재감 회복과 정신적 만족을 주는 소비트렌드가 부상할 것"이라 전망했다.

3.'점원이 사라진다' 확대되는 무인점포

중국 전자상거래 업체 알리바바는 최근 무인상점 브랜드인 타오카페(TaoCafe)를 공개했다. 타오카페라는 카페나 식당이 아닌 편의점이나 마트와 유사하다. 폰을 대고 입장해서 필요한 제품을 고르고 그냥 나오면 되는 무인상점으로 아마존이 선보인 '아마존 고'와 유사하다. 이러한 무인점포는 국내에서도 점차 도입이 가속화되고 있다. 신세계 계열 이마트24의 서울조선호텔점과 전주교대점은 24시간 내내, 성수백영점과 장안메트로점은 심야와 새벽 시간대에 점원을 두지 않는다. 손님이 셀프계산대에서 신용카드나 후불 교통카드로 결제하는 방식이다. 롯데 계열의 편의점 세븐일레븐은 지난 5월 서울 잠실 롯데월드타워에 문을 열며 '세븐일레븐 시그니처'라는 정맥인증 결제 시스템을 채택해 화제가 되기도 했다. 편의점이나 마트만의 영역도 아니다. 지난해 7월 알리바바가 출시한 바이플러스(buy+) 프로젝트는 VR헤드셋을 머리에 쓰고 쇼핑몰에 있는 것처럼 쇼핑을 즐기는 플랫폼이다. 3차원 영상을 통해 가상으로 옷을 입어보고 결제까지 하는 것이다. 직접 매장에 방문해 옷을 입어보고 무인단말기인 키오스크(KIOSK)를 통해 구매할 수 있다. 점차 오프라인 매장이 고객경험을 위한 체험공간으로 바뀌며, 상담원이나 점원을 거칠 필요 없는 비대면점포의 확산이 점점 빨라지고 있다.

자료: 매일경제, 2017년 12월 8일자.

2-1 프랜차이즈 산업의 분류와 현황

2-1-1 프랜차이즈 산업의 업종별 분류

국내 프랜차이즈 업종은 크게 외식업, 도·소매업, 서비스업으로 분류한다. 한국프랜차이즈협회 2018년 1월 현재 업종 분류방법에 따르면 외식업은 한식, 분식, 중식, 일식, 서양식, 기타외국식, 패스트푸드, 치킨, 피자, 제과제빵, 아이스크림/빙수, 커피, 음료(커피 제외), 주점, 기타외식으로 분류하며, 도·소매업은 편의점, 의류/패션, 화장품, 농수산물, 건강식품, 종합소매점, 기타 도·소매로 분류하고, 서비스업은 교육(교과), 교육(외국어), 기타 교육서비스, 유아 관련(교육 외), 부동산 중개, 임대, 숙박, 스포츠 관련, 이·미용서비스, 자동차관련, PC방, 오락, 배달서비스, 안경, 세탁, 이사, 운송, 반려동물 관련, 약국, 인력파견, 기타 서비스업으로 분류하고 있다. 이는 지난 2013년 업종 분류보다 세분화하고 있다.

2013년 5월 업종 분류를 보면 외식업은 패스트푸드, 주류, 제과/제빵, 기타 외식으로 분류하고, 도·소매업은 편의점, 농수산, 건강식품, 의류/패션, 화장품, 기타 도·소매로 분류하고, 서비스업은 교육서비스, 유아 관련, 스포츠, 유지관리서비스, 자동차 관련, 이·미용서비스, 컴퓨터 관련, 배달서비스, 기타 서비스업으로 분류하였다.

한편, 산업통상자원부의 프랜차이즈 실태조사에서의 업종 구분은 한국표준산업분류(KSIC) 기준에 따른 통계청의 가맹점 조사 관련 업종분류를 참고하여 19개 업종(한식, 일식·서양식, 분식·김밥, 피자·햄버거, 치킨, 주점, 커피전문점, 기타외식업, 편의점, 문구점, 제과·제빵업, 위약품, 안경, 기타도·소매업, 교육, 두발미용, 가정용세탁, 자동차수리, 기타서비스)으로 구분하고 있다.

2-1-2 프랜차이즈 산업의 현황

20세기 유통시스템의 핵이 백화점과 할인점이라면, 21세기 유통시스템의 핵은 프랜차이즈와 온라인시스템이라 할 수 있다.

프랜차이즈 산업 실태조사(2014년 기준)에 의하면 우리나라 프랜차이즈 산업 현황은 가맹본부 3,360개(브랜드수는 4,199개), 임직원 수는 174,542명, 매출액은 50.1조원에 달하며, 통계청의 프랜차이즈 가맹점 통계에 따르면, 가맹점 수는 18만 1천개, 종사자 수는 66만명, 가맹점 매출액은 50조 1천억 원을 달성하여 꾸준히 증가하고 있다.

1) 국내 프랜차이즈 가맹본부 수

2014년 프랜차이즈 실태조사에 의하면, 국내 프랜차이즈 가맹본부 수는 〈표 2-1〉에서 보는 바와 같이 2014년말 현재 3,360개로 2013년말 3,166개에 비해 6.1%가 증가하였다. 업

〈표 2-1〉 국내 프랜차이즈 가맹본부 수

(단위: 개, %)

구분	2013년	2014년		
			구성비	증감률
합계	3,166	3,360	100	6.1
도·소매업	389	445	13.2	14.4
서비스업	602	548	16.3	-9.0
외식업	2,175	2,367	70.4	8.8

자료: 2014년 프랜차이즈 산업 실태조사, 산업통상자원부.

종별로 보면 도·소매업에서는 14.4% 증가, 외식업에서는 8.8% 증가하였으나, 서비스업에서는 9.0%가 감소하였다.

외식업의 가맹본부 수가 지속적으로 증가하는 이유는 일반적으로 먹는 장사는 밑지지 않는다는 속설과 자영업의 가맹본부화가 가속화되고 있고, 외식업은 타 업종에 비해 소자본으로 모방 및 유사창업이 가능하기 때문이다.

도·소매업 가맹본부의 수가 외식업이나 서비스업보다 상대적으로 적은 이유는 대형할인점을 비롯하여 SSM(super supermarket) 등 직영점의 확대에도 영향이 있을 뿐만 아니라 홈쇼핑, 모바일 쇼핑, 전자상거래 등 on-line shopping mall의 활성화 때문이다. 또한 가맹본부의 자금투자가 타 업종에 비해 많으며, 제조회사가 직접 전문점 및 대리점과 직접 거래하는 형태가 많기 때문이다.

또한 서비스업 가맹본부의 감소는 사업 자체가 기술 지향적이며, 동질의 품질 제공이 어렵고, 자영업 형태로 유지하는 경우기 많을 뿐만 아니라 가맹본부가 가맹점을 통제하기 어렵고 서비스 제공에 대한 수익도 낮기 때문이다.

2) 국내 프랜차이즈 가맹점 수

2014년 프랜차이즈 실태조사에 의하면, 국내 프랜차이즈 가맹점 수는 〈표 2-2〉에서 보는 바와 같이 2014말 212,758개로 2013년말 199,902개에 비해 6.4% 증가하였다. 업종별로 보면 도·소매업과 외식업에서는 12.3%, 7.2%가 각각 증가하였으며, 서비스업에서는 0.2%가 감소하였다.

3) 국내 프랜차이즈 산업의 매출액

2014년 프랜차이즈 실태조사에 의하면, 국내 프랜차이즈 산업의 매출액은 〈표 2-3〉에서 보는 바와 같이 2014년말 50.1조 원으로 2013년말 48.3조 원에 비해 3.7%가 증가하였다.

〈표 2-2〉 국내 프랜차이즈 가맹점 수(가맹점과 직영점 포함)

(단위: 개, %)

구분	2013년	2014년		
			구성비	증감률
합계	199,902	212,758	100	6.4
도·소매업	54,062	60,731	28.5	12.3
서비스업	58,219	58,083	27.3	-0.2
외식업	87,621	93,944	44.2	7.2

자료: 2014년 프랜차이즈 산업 실태조사, 산업통상자원부.

〈표 2-3〉 국내 프랜차이즈 산업 매출액

(단위: 백만 원, %)

산업 분류	가맹본부 총매출액				가맹본부 평균 매출액		
	2013년	2014년			2013년	2014년	
			구성비	증감률			증감률
합계	48,317,342	50,099,167	100.0	3.7	17,462	17,046	-2.40
외식업	11,957,255	12,607,478	25.2	5.4	6,387	6,153	-3.7
한식	1,739,962	2,146,513	4.3	23.4	2,681	2,766	3.2
일식/서양식	2,461,932	2,452,115	4.9	-0.4	14,831	12,511	-15.6
분식/김밥	480,391	474,582	0.9	-1.2	3,753	3,042	-18.9
피자/햄버거	3,116,743	2,453,168	4.9	-21.3	32,808	22,101	-32.6
치킨	1,457,743	1,507,264	3.0	3.4	6,479	5,888	-9.1
주점	253,571	296,071	0.6	16.8	1,702	1,600	-6.0
커피	1,357,492	1,725,749	3.4	27.1	7,626	7,102	-6.9
기타 외식업	1,089,421	1,552,017	3.1	42.5	3,863	12,318	218.9
도·소매업	30,787,005	32,424,438	64.7	5.3	88,723	82,296	-7.2
편의점	11,630,296	13,581,535	27.1	16.8	401,045	522,367	30.3
문구점	585,592	486,597	1.0	-16.9	29,280	23,171	-20.9
제과/제빵	3,097,135	4,231,880	8.4	36.6	43,622	35,562	-18.5
의약품	1,440,799	1,460,809	2.9	1.4	80,044	104,344	30.4
안경	141,737	294,439	0.6	107.7	7,460	11,325	51.8
기타 도·소매업	13,891,446	12,369,179	24.7	-11.0	73,113	65,794	-10.0

〈표 2-3〉 국내 프랜차이즈 산업 매출액 〈계속〉

(단위: 백만 원, %)

산업 분류	가맹본부 총매출액				가맹본부 평균 매출액		
	2013년	2014년			2013년	2014년	
			구성비	증감률			증감률
서비스업	5,573,082	5,067,251	10.1	-9.1	10,170	10,216	0.5
교육	3,284,834	3,360,012	6.7	2.3	16,590	16,077	-3.1
두발미용	128,927	424,708	0.8	229.4	1,842	4,378	137.7
가정용 세탁	47,993	49,371	0.1	2.9	3,692	3,527	-4.5
자동차/수리	469,676	840,524	1.7	79.0	13,047	19,103	46.4
기타 서비스업	1,641,652	392,635	0.8	-76.1	7,107	2,975	-58.1

자료: 2014년 프랜차이즈 산업 실태조사, 산업통상자원부.

4) 국내 프랜차이즈 산업 종사자 수

2014년 프랜차이즈 실태조사와 프랜차이즈가맹점통계에 따르면 프랜차이즈 본부 임직원 수와 가맹점 종사자 수, 가맹점당 종사자 수는 〈표 2-4〉, 〈표 2-5〉, 〈표 2-6〉과 같다.

〈표 2-4〉 국내 프랜차이즈 임직원 수

(단위: 명, %)

구분	2013년	2014년		
			구성비	증감률
합계	162,855	174,542	100	7.2
도·소매업	59,507	80,271	46.0	34.9
서비스업	30,140	22,886	13.1	-24.1
외식업	73,208	71,385	40.9	-2.5

자료: 2014년 프랜차이즈 산업 실태조사, 산업통상자원부.

〈표 2-5〉 주요 업종별 종사자 수

(단위: 명, %)

구분	2013년	2014년	2015년		
				구성비	증감률
전체	511,173	576,555	660,483	100.0	14.6
편의점	94,735	98,863	116,978	17.7	18.3
문구점	4,878	4,785	4,600	0.7	-3.9
의약품	9,894	11,031	11,792	1.8	6.9

〈표 2-5〉 주요 업종별 종사자 수

(단위: 명, %)

구분	2013년	2014년	2015년		
				구성비	증감률
안경	5,368	6,266	7,080	1.1	13.0
한식	75,279	87,040	100,208	15.2	15.1
일식/서양식	13,923	14,679	18,762	2.8	27.8
제빵/제과	38,025	40,329	40,308	6.1	-0.1
피자/햄버거	38,836	43,174	48,153	7.3	11.5
치킨	52,736	57,131	62,926	9.5	10.1
분식/김밥	20,136	24,552	25,419	3.8	3.5
주점	27,417	29,584	31,357	4.7	6.0
커피전문점	36,673	54,616	59,034	8.9	8.1

자료: 2015년 프랜차이즈가맹점 통계, 통계청.

〈표 2-6〉 주요 업종별 가맹점당 종사자 수

(단위: 명, %)

구분	2013년	2014년	2015년		
				증감	증감률
전체	3.4	3.5	3.7	0.2	5.7
편의점	3.8	3.8	3.9	0.1	2.6
문구점	2.5	2.4	2.6	0.2	8.3
의약품	2.8	3.0	3.2	0.2	6.7
안경	2.7	2.8	2.8	0.0	0.0
한식	3.7	3.9	4.1	0.2	5.1
일식/서양식	5.5	5.2	5.8	0.6	11.5
제빵/제과	4.6	4.8	4.8	0.0	0.0
피자/햄버거	4.5	4.7	5.2	0.5	10.6
치킨	2.3	2.3	2.5	0.2	8.7
분식/김밥	3.1	3.0	3.1	0.1	3.3
주점	2.5	2.5	2.6	0.1	4.0
커피전문점	4.3	4.5	4.2	-0.3	-6.7

자료: 2015년 프랜차이즈가맹점 통계, 통계청.

〈표 2-7〉 해외 진출 방식

구분		사례 수	마스터 프랜차이즈 방식	현지가맹 진출 방식	합작 투자 방식	현지 법인 설립 방식	직접 직영점 진출	기술 전수 (라이선스)	기타
전체		(54)	35.2	27.8	13.0	7.4	5.6	9.3	1.9
업종 분류	도·소매업	(7)	28.6	57.1	0.0	0.0	0.0	0.0	14.3
	서비스업	(3)	0.0	33.3	0.0	33.3	0.0	33.3	0.0
	외식업	(44)	38.6	22.7	15.9	6.8	6.8	9.1	0.0
브랜드 수	단일브랜드	(23)	26.1	39.1	8.7	4.3	13.0	4.3	4.3
	다중브랜드	(31)	41.9	19.4	16.1	9.7	0.0	12.9	0.0
회사 규모	중견기업	(2)	0.0	0.0	100.0	0.0	0.0	0.0	0.0
	중소기업	(27)	37.0	22.2	18.5	7.4	3.7	7.4	3.7
	소기업	(25)	36.0	36.0	0.0	8.0	8.0	12.0	0.0
해외 진출 프랜차이즈 업종	도·소매업	(2)	0.0	100.0	0.0	0.0	0.0	0.0	0.0
	서비스업	(3)	0.0	33.3	0.0	33.3	0.0	33.3	0.0
	외식업	(52)	38.5	23.1	13.5	9.6	5.8	7.7	1.9

자료: 2014년 프랜차이즈 산업 실태조사, 산업통상자원부.

5) 해외진출 현황

2014년 프랜차이즈 실태조사에 따르면, 가맹본부의 6.8%가 해외 진출한 것으로 나타났다. 그중 외식업이 7.7%, 서비스업 7.4%, 도·소매업이 2.2%이며, 업종을 보면 한식(24.6%), 치킨(19.3%), 커피(10.5%), 분식김밥(7.0%) 순으로 나타났다.

해외 진출국가로는 중국(75.4%)이 가망 많았으며, 필리핀(21.2%), 싱가포르(19.3%) 순으로 조사됐다. 해외 진출방식으로는 마스터 프랜차이즈 방식이 35.2%로 가장 많았고, 현지가맹 진출방식(27.8%), 합작투자방식(13.0%) 순으로 나타났다.

2-2 국내 프랜차이즈 산업의 성장

2-2-1 프랜차이즈 산업의 성장 배경

프랜차이즈 산업의 현황에서 나타난 것처럼 국내에서 프랜차이즈 산업이 성장하게 된 배경을 보면 첫째, 프랜차이즈 산업 자체의 시스템적 특징인 가맹점 모집을 통해 급속한 성장 가능하고, 자금 조달이 용이하고, 가맹점을 통해서 위험을 분산시킬 수 있으며, 규모의 경제 실현이 가능하다는 것이다.

둘째, 소비자는 편의성과 품질에 대한 일관성을 선호한다는 것이다. 즉 소비자는 보다 잘 알려지고, 믿을 만하며, 동질의 상품을 편리하게 구매하려고 한다는 것이다. 따라서 프랜차이즈 시스템은 동일한 품질의 상품이나 서비스를 동일한 브랜드로 어디서나 편리한 장소에서 구매할 수 있게 한다는 것이다.

셋째, 경제적 환경과 인구 통계적 환경이 개인의 소자본 창업을 촉진하고 있다. 1998년 외환위기 이후와 2008년 세계금융위기를 거치면서 평생직장으로만 알고 있던 직장에서 퇴출되면서, 직장에 대한 생각이 언제든지 물러날 수 있다는 생각으로 바뀌면서 많은 직장인이 소자본 창업을 생각하게 되는 계기가 되었다. 즉 개인의 창업자는 누구나 프랜차이즈 본부로부터 공통의 상표, 상호, 제품, 서비스 제공, 경영 노하우와 훈련 등을 통한 계속적인 이익을 제공받고 지원받는 조건으로 가맹비, 보증금, 로얄티 등 수수료를 지급하고, 사업에 필요한 자금 투여로 창업이 가능하다는 것이다.

넷째, 산업의 구조가 20세기 후반 들어 제조업 중심의 경제에서 서비스 중심 경제로 변화하고 있다는 것이다. 따라서 외식업, 도·소매업, 서비스업의 프랜차이즈 시스템은 개인 창업의 중요한 수단이고, 소자본 창업이 가능하다는 것이다.

다섯째, 정보통신 기술의 발달에 따라 전문품에 대한 수요가 증가하고 있다는 것이다. 즉 전문품의 판매는 전문지식과 서비스를 필요하므로 소수의 잘 훈련된 딜러에 의해 동일한 서비스가 제공되는 프랜차이즈 시스템 필요하게 된다는 것이다.

여섯째, 프랜차이즈 사업의 해외진출 증가로 유망 수출사업으로 발전하고 있다는 것이다. 그리고 마지막으로 프랜차이즈 시스템이 지역개발과 고용창출 효과를 유발하기 때문에 정부의 지원을 받고 있다는 것이다.

2-2-2 프랜차이즈 산업의 발전 단계

국내 프랜차이즈는 미국에 비해 짧은 역사에도 불구하고 급속한 양적·질적 성장을 이루었다. 1970년대 들어서면서 국내 산업이 빠르게 성장하며 전자산업과 의류산업에서 대리점 또는 전문점이라는 이름으로 유통경로를 확장하였다. 1970년대만 하더라도 국내에 프랜차이즈라는 용어가 없어 대리점 또는 전문점이라는 명칭으로 유통경로상 중간상을 두었는데 이런 형태가 실제적으로는 프랜차이즈 방식의 가맹점이라 볼 수 있다. 당시 대리점이나 전문점은 일정한 지역에서 한 개인 사업자나 법인의 특정 상품만을 독점적으로 판매했다는 것은 프랜차이즈를 의미한다고 할 수 있다. 1980년대 삼성전자나 LG전자(당시 금성사) 등 전자업계 및 논노, 페페 등 의류업계에서는 대리점 및 전문점 모집을 통하여 프랜차이즈 하였고, 1980년대 중반과 1990년대 초반에 외식업계 프랜차이즈 붐이 일면서 본격적으로 프랜차이즈라는 용어를 사용하게 되었다. 1990년대 후반기부터 현재까지 다양한 업종으로 시도되면서 발전을 지속하고 있다. 국내 프랜차이즈 산업의 발전은 1970년대를 태동기, 1980년대를 도입기, 1990년대를 성장기, 2000년대를 도약기, 2010년대를 확장기로 볼 수 있다.

1) 태동기: 1970년대

국내 프랜차이즈의 태동기는 1970년대 후반 신세계백화점 지하에서 시작한 림스치킨, 동숭동 대학로에 유럽풍의 현대식 인테리어로 고급화 및 차별화로 시작한 커피전문점 난다랑, 소공동 롯데백화점 지하상가에서 햄버거의 돌풍을 일으키며 시작한 롯데리아가 기업형 프랜차이즈를 시작하면서 프랜차이즈 사업 모델의 국내 첫선과 기업형 프랜차이즈 등장으로 시작하였다.

- 1977년 림스치킨
- 1979년7월 난다랑
- 1979년10월 롯데리아

2) 도입기: 1980년대

국내 프랜차이즈는 1970년대 후반 림스치킨, 난다랑, 롯데리아가 기업형 프랜차이즈를 시작한 이후 1980년대 외식업, 도·소매업, 서비스업 등의 다양한 분야에서 급속히 성장한 시기로 국내 프랜차이즈의 도입기라 볼 수 있다. 이 시기는 해외 브랜드의 국내 진출과 88 올림픽에 의한 외식문화 발달로 1980년대 외식업 분야는 새롭게 시장에 선보인 업종들이 두각을 나타내면서 패스트푸드 계통의 치킨, 햄버거 등이 소비자의 사랑을 받기 시작하였다. 국내 브랜드 치킨전문점(맥시카나, 페리카나), 외국계 패스트푸드(KFC, 웬디스, 버거킹, 맥도널드, 피자헛, 도미노)가 진출하고 그리고 한식브랜드 놀부가 1987년 창업했다.

- 1981년 페리카나
- 1984년 KFC
- 1985년 피자헛
- 1986년 파리바게트
- 1987년 투다리
- 1988년 맥도널드국내진출
- 1989년 놀부(상도점)

3) 성장기: 1990년대

성장기는 국내 프랜차이즈 산업의 양적 성장으로 프랜차이즈의 기반을 구축하였고,

1998년 외환위기 속에 전업하는 직장인들에 의해 프랜차이즈 산업이 크게 성장하는 계기가 되었다. 이 시기에는 업종이 다양화되고 대기업의 진출이 확대되며, 외식 프랜차이즈 산업의 급속한 확대와 외국계 브랜드의 본격적인 상륙이 시작된 시기로 볼 수 있다. 롯데리아가 사세를 확장하고, BBQ치킨, TGI 프라이데이즈 등이 시장에 진출한 시기이다. 도·소매업에서는 1990년대 중반 국내 유통시장의 개방이 전체 시장에 큰 충격을 주면서 편의점 프랜차이즈가 치열한 경쟁을 하며 훼미리마트, 미니스톱, 로손, LG25 등이 영역을 확장했다. 서비스업에서도 이·미용업은 이가자헤어비스, 부동산 중개업은 센츄리 21, 교육서비스는 YBM시사영어사, 정철외국어 학원 등 그리고 세탁프랜차이즈 등이 출현한 시기이다.

- 1990년 훼미리마트
- 1990년 도미노피자
- 1991년 원할머니보쌈, 교촌치킨
- 1992년 맥도널드사업개시
- 1993년 한솥도시락
- 1994년 던킨도너츠
- 1995년 BBQ
- 1995년 이가자헤어비스
- 1996년 김가네
- 1999년 쪼끼쪼끼, (사)한국프랜차이즈협회 인가

4) 도약기: 2000년대

도약기는 국내 프랜차이즈 산업의 질적 성장을 가져온 시기로 외환위기 속에 전업 직장인들의 프랜차이즈 창업에 폭발적인 시장 성장을 가져왔으며, 외식업을 중심으로 퓨전현상이 생겨났고 테이크아웃 업종들이 등장하기 시작하였으며 해외 유명 브랜드인 스타벅스가 1999년 국내 진출한 대표적 사례다. 또한 이 시기에는 프랜차이즈 산업에 대한 소비자들의 인식이 확산되고, 전체 시장이 확대되면서 부실기업들이 자연스럽게 도태되었다. 특히 2008년부터는 '가맹사업 거래의 공정화에 관한 법률'과 '가맹사업 진흥에 관한 법률'이 마련되어 프랜차이즈 사업의 질적 도약과 기초가 확립되었다. 그리고 삶의 질에 대한 관심이 커짐에 따라 웰빙 트랜드가 확대되었으며, 테이크 아웃이 유행하고 실용성과 간편함을 추구하는 젊은 세대의 욕구가 반영되었다. 또한 가격경쟁이 심화되면서 업체마다 브랜드 이미지를 향상시키기 위해 패스트푸드점을 비롯한 영양정보 공개, 환경캠페인 등 다양한 프로모션을 진행하고 세트메뉴 개발 등 활발한 움직임을 보였다.

이 시기에는 서비스업의 창업과 무점포 형태의 창업도 큰 인기를 얻고 있으며, 여성 창업자들도 꾸준히 증가하였으며, 틈새시장을 겨냥한 새로운 업종의 등장과 고급화 추세가 나타난 시기라 할 수 있다.

국내 프랜차이즈 기업 등은 중국 등 해외진출을 가속화한 시기로 볼 수 있다. 국내 프랜차이즈가 해외에 진출한 것은 2000년대에 들어서면서부터이다. 2000년 투다리의 중국진출을 필두로 2003년 BBQ 중국진출, 2004년 김가네 중국진출을 비롯하여 본죽, 놀부, 바비큐보스치킨, 채선당, 잉크천국 등 많은 업체들이 해외에 진출해 한국 프랜차이즈의 힘을 보여주고 있다. 2010년 12월말 기준으로 현재 96개 업체가 해외진출에 나섰다.

- 2000년 투다리 중국 청도 진출
- 2002년 분쟁조정협의회 설치
- 2003년 BBQ 중국진출
- 2004년 (주)제너시스 BHC인수/합병
- 2004년 김가네 중국진출
- 2008년 카페베네
- 2008년 가맹사업 거래의 공정화에 관한 법률, 가맹사업 진흥에 관한 법률 제정

5) 확장기: 2010년대 이후

확장기는 해외시장 진출을 통해 질적·양적 성장을 이루어 나갈 것으로 보인다. 국내 프랜차이즈 산업은 2010년을 기점으로 프랜차이즈 세계화로 확장기에 접어들고 있다고 볼 수 있다. 프랜차이즈의 양적인 성장과 더불어 2010년 국내 토종 프랜차이즈의 해외 진출 촉진 및 글로벌 브랜드 육성을 위한 프랜차이즈 해외 1호점 개설지원 사업과 한류 열풍을 타고 많은 프랜차이즈 기업들이 해외에 진출하는 시기라 할 수 있다.

KOTRA와 정부는 프랜차이즈 기업의 해외 진출을 위해서 해외시장조사는 물론, 상권분석, 현지진출절차, 법률·회계정보, 현지 파트너 발굴, 매장홍보 대행 등의 맞춤형 밀착 서비스를 지속적으로 지원하고 있다.

2-2-3 프랜차이즈 산업의 성장요인

프랜차이즈 산업은 연평균 10% 이상 고도 성장을 가져오고 있으며, 프랜차이즈 시장 또한 50.1조원(2014년 기준)의 매출을 기록하는 등 계속으로 발전하고 있다. 이러한 프랜차이즈 산업의 성장은 여러 요인이 복합적으로 상승작용을 하며 높은 성장세를 가져 왔다. 프랜차이즈 산업의 성장 요인은 사회·경제적 측면에서 경제적 요인, 사회적 요인, 문화적 요인, 정보·기술적 요인과 소비자 측면에서 찾아 볼 수 있다.

1) 사회·경제적 측면

경제적 요인. 프랜차이즈 산업의 성장요인을 경제적인 측면에서 보면 먼저 국내경제의 서비스화를 들 수 있다. 이는 산업의 전문화와 소비자의 선택의 폭을 넓게 할 뿐만 아니라 업종의 세분화를 이루면서 전문서비스에 대한 수요를 증가시키고 있다. 또한 2000년 국민소득 1만 달러 시대, 2010년 국민소득 2만 달러 시대가 시작되고, 2018년 국민소득 3만 달러를 앞두면서 식문화의 질적 향상과 외식에 대한 욕구를 증가시켰다. 서비스 시장 개방에 따른 해외 프랜차이즈 업체의 국내진출과 글로벌 경제의 가속화는 프랜차이즈 산업의 성장요인이 되었으며, 공공부문에서의 정부규제의 완화 및 민간기업 참여 확대와 정부의 프랜차이즈 산업에 대한 적극적 지원이 프랜차이즈 산업을 성장하게 하는 요인이 되었다.

사회적 요인. 프랜차이즈 산업의 성장요인을 사회적인 측면에서 보면 먼저 친환경 삶의 질 추구, 사회의 다양성 추구 및 소비자의 개성화, 소비의 고도화에 따른 다양한 산업기회 출현, 소비자의 도시화와 레저 지향 추세, 여성의 사회 진출 확대와 맞벌이 부부 증가, 핵가족화와 자가용의 증가, 신 소비층 확대 및 사회 여건의 변화 및 소비자 편의주의 확산 등을 들 수 있다.

문화적 요인. 프랜차이즈 산업의 성장요인을 문화적인 측면에서 보면 문화생활과 외식가치관의 변화, 식생활 패턴의 서구화, 외식사업에 있어서 전통메뉴의 개발과 현대화, 소비자의 부가가치 높은 다양한 서비스 상품 요구 등이라 할 수 있다.

정보·기술적 요인. 프랜차이즈 산업의 성장요인을 정보·기술적인 측면에서 보면 IT 산업과 기술의 진보, 인터넷 보급과 디지털화, 첨단 주방설비 및 기기 자동화, 정보통신기기의 기술혁신이 정보서비스 수요를 증대, 셀프 시스템 도입, CRM, ERP 등 선진 경영기법 도입 등을 들 수 있다.

2) 소비자 측면

소비자는 소득수준이 증가함에 따라 개인기업보다는 대기업을 선호하고 신뢰하듯이 개인의 단일 점포보다는 다점포의 프랜차이즈 가맹점을 선호한다. 또한 소비자들은 사회가 발전됨에 따라 편리성을 추구한다. 즉 소비자는 자기 중심적인 성향에 의해 점포 선택에 편리성을 선호한다. 소비자는 문화생활의 변화에 따라 전통적이고 현대화된 서비스 품질의 일관성을 요구한다. 즉 소비자는 웰빙 트랜드의 확대 및 식생활 패턴의 서구화로 전통음식의 현대화와 다양한 서비스 품질 향상에 따른 품질의 일관성을 요구하고 있다. 소비자는 정보기술의 발전에 따라 전문화를 요구한다는 것이다. 즉 소비자는 전문화되어 있는 상품 구매를 위해 전문 기술적 상담이 가능한 전문화된 점포에서 상품 구매를 원하고 있다. 또한 소비자들은 21세기 들어서면서 시간의 중요성을 인식하게 되었다. 즉 빠른 처리와 한 번에 여러 가지를 활용할 수 있는 시간 활용 방법이 증대되고 있다.

2-3 국내 프랜차이즈 산업의 문제점 및 활성화 방안

2-3-1 프랜차이즈 산업의 문제점

국내 프랜차이즈 산업은 짧은 기간 동안에 오랫동안 형성되어 온 기존의 유통구조나 상거래 질서와 융합되면서 자연스럽게 한국적인 프랜차이즈 시스템 모델을 형성하게 되었다. 국내 프랜차이즈 산업은 외국계 프랜차이즈 산업과 경쟁을 통해 한국적인 프랜차이즈 시스템으로 성장하였지만 많은 문제점도 안고 있다.

국내 프랜차이즈 산업의 문제점 중 하나는 외식업 비중이 지나치게 높고 고부가가치 서비스업종 취약하다는 것이다. 2014년도 가맹본부 수 기준으로 외식업의 비중이 전체의 70.4%로서 서비스업 16.3%, 도·소매업 13.2%에 비해 매우 높다. 〈표 2-1〉에서 보는 바와 같이 업종별 불균형은 2013년도에 비해 더욱 심화되고 있다.

미국의 경우는 프랜차이즈 산업에서 외식업이 차지하는 비중이 서비스업에 비해 낮다. 즉 단일 업종으로는 18개 업종 중 패스트푸드가 차지하는 비중이 18%이며, 가맹본부 수 기준으로 볼 때 외식업 28.9%, 도·소매업 16.0%, 서비스업 55.1%이다 (IFA 2000). 일본의 경우 가맹본부 수 기준 외식업이 39.8%, 도·소매업 31.8%, 서비스업 28.5%이다(JFA 2004).

미국이나 일본에 비해 외식업의 비중이 상대적 여타 산업에 비해 지나치게 높은 경우 업종의 다양성이 낮아 프랜차이즈 산업의 안정적 성장을 저해할 가능성이 높을 수 있다 따라서 업계의 저변 확대를 위해서는 향후 서비스 업종을 다양화할 필요가 있다.

둘째, 가맹본부의 경쟁력이 취약하고 경영관리가 미흡하다는 것이다. 자본·인력 등 규모가 영세하여 가맹점 지원 역량 부족하고, 경영능력, 전문지식 등 부족으로 노하우 전수와 지속 성장에 한계가 있다고 할 수 있다. 국내 가맹본부의 평균 자본금은 18억 원이며, 10억 미만의 가맹본부가 약 72%에 해당한다(자영업자의 경쟁력 강화를 위한 프랜차이즈 산업 활성화 방안, 2009. 9). 프랜차이즈 사업이 성공하기 위해서는 먼저 가맹본부의 경영관리가 체계적이고 과학적이어야 한다. 가맹본부는 인적자원관리, 생산관리 시스템, 재무관리, 마케팅관리 등 경영 전반에 걸친 효율적인 경영관리 시스템이 필요하다. 그러나 대부분의 가맹본부 경영관리 시스템은 타 산업의 기업들에 비해 체계적이지 못하고 조직과 인력 측면에서도 전문요원 확보가 어렵다.

셋째, 물류 정보화 인프라 및 제도적 기반이 부족하다는 것이다. 프랜차이즈 시스템구축을 위한 막대한 초기비용과 불확실성으로 인한 물류, 정보화 등 인프라 투자를 기피하는 실정이다. 그리고 프랜차이즈 산업의 발전을 지원할 수 있는 제도적 기반이 미흡하다. 즉 유통산업발전법이 제정되어 있으나 프랜차이즈 산업에의 적용이 어렵고, "가맹사업거래의공정화에관한법률"이 있으나, 진흥법의 성격은 아니다. 외식업과 서비스산업은 중소기업

업종에 포함되지 않아, 금융 및 세제지원이 혜택을 받지 못하고 있는 실정이다. 또한 산업 분류, 통계조사 등 정책지원 기반이 취약하다.

넷째, 가맹본부의 규모의 영세성과 전문 경영인력 부족 등으로 해외진출 부진하다는 것이다. 해외진출 국내 가맹본부의 수가 전체 추정가맹본부 수(3,360개)의 약 6.8%만이 해외에 진출한 것으로 조사되어 선진국인 미국의 약 20%와 비교할 때 매우 저조하다.

마지막으로는 사회적 신뢰 부족이다. 즉 가맹본부의 과장 허위광고 등으로 가맹본부와 가맹점사업자 간에 신뢰가 미흡하고 모방 창업에 따른 유사 가맹본부의 난립으로 예비 창업자에 대한 신뢰도 저하되고 있다. 또한, 가맹본부의 불공정거래 행위로 프랜차이즈 산업의 유용성에 대한 사회적 인식이 부정적이다. 그리고 사업경험이 일천하고 관리 시스템을 갖추지 못한 가맹본부가 사업초기에 충분한 사업 분석 없이 가맹점사업자와의 무분별한 계약 체결, 능력 없는 가맹본부와 가맹점의 증가, 전체 프랜차이즈시스템의 부실과 도산을 초래하는 등 무리하게 빠른 성장을 추구하면서 부정적인 사회인식을 유발하고 있다.

일부 가맹본부는 〈표 2-8〉에서 보는 바와 같이 주요 정보를 제공하지 않거나 수익률에 대한 과대광고, 거래 조건의 임의 변경, 가맹점사업자에게 일방적 계약 해지, 부당광고·판촉비용의 전가, 계약 종료 후 유사영업 금지 등 우월적 지위를 행사하여 불공정행위를 발생시키기도 하고, 시스템을 성장시키겠다는 목적보다는 가맹비 취득목적으로 사업을 전개하여 프랜차이즈 산업 전체에 대한 부정적인 인식을 초래하여 신뢰도를 떨어뜨리고 있다.

〈표 2-8〉 거래 단계별 가맹점 피해 사례

가맹점 모집 및 계약체결 단계	거래과정 및 거래종료 단계
• 주요정보(수익률, 본부경영상태, 거래 조건 등)의 미제공 • 예상수익률에 대한 과대광고 • 가맹비 사취, 일방적 계약 해지	• 원자재의 공급처 제한, 구입 강제 • 거래 조건의 임의 변경 • 계약종료 후 유사영업 금지 • 부당광고, 판촉비 등의 비용의 전가

2-3-2 국내 프랜차이즈 산업의 활성화 방안

2009년 9월 지식경제부, 공정거래위원회, 농림수산부, 중소기업청 등 관계부처 합동으로 마련한 프랜차이즈 산업 활성화 방안으로는 「고부가가치 프랜차이즈」 기업의 창업 및 사업화 추진, 자영업자 생계안정을 위한 「가맹점 창업」 활성화, 규제 완화 및 인프라 확충으로 사업하기 좋은 환경 구축, 해외시장 진출 지원으로 「글로벌 브랜드」 육성이며 주요 내용은 다음과 같다.

1) 「고부가가치 프랜차이즈」 기업의 창업 및 사업화 추진

「고부가가치 프랜차이즈」 기업의 창업 및 사업화 추진을 위한 방안으로는 첫째, 혁신적 아이디어가 경쟁력 있는 기업으로 성장할 수 있도록 하는 것이다. 즉 창의성, 사업성이 뛰어난 유망 업종을 발굴하여 초기 창업비용의 70%를 지원하고, 프랜차이즈 특화 창업보육센터를 지정하여 사무 공간 임대 및 경영 컨설팅 등을 중점 지원하고, 시범점포 개설 및 운영자금에 대해서는 융자를 지원하고, 프랜차이즈 전문 인력 양성을 위한 「프랜차이즈 아카데미」 설립 및 가맹본부의 가맹점 영업지도 비용 등을 지원하여 사업을 활성화시킬 수 있을 것이다.

둘째, 우수한 중소 프랜차이즈 기업은 '선택과 집중'을 통해 전략적으로 육성하는 것이 필요하다. 즉 경영 혁신 역량 등을 종합 판단하여 선정된 우수 프랜차이즈 기업에 대해서는 제조업에 준하는 수준으로 인력, R&D 등의 지원을 강화시키고, 프랜차이즈 우수 기업 사례집을 발간하여 보급하고, 국내 100대 프랜차이즈 기업을 선정하여 성공사례 발표를 통하여 전파 및 확산시키고, 셋째, 영세한 개별 자영업자와 중소 서비스 기업의 프랜차이즈화를 적극 유도하여 확산하는 것이 필요하다. 즉 동네 상권을 형성하고 있는 수퍼마켓은 프랜차이즈화를 추진하는 점포집단을 대상으로 점포 리뉴얼을 위한 자금을 융자해주고, 공동정보 관리 시스템을 개발하여 보급하고, 화물운송 부문은 가맹점 가입 대상을 현행 사업자(운송사업자, 운송주선사업자)에서 차량의 실질소유자인 '지입차주'까지 확대시키는 것도 필요하다. 또한 택시 부문은 가맹사업 지원을 위해 전국통합 대표 전화번호(Call 번호)를 확보하는 등 세부 운영방안을 마련하고, 중저가 관광호텔 부문은 공동브랜드 확산을 위해 가맹 호텔에 대한 직원 서비스 교육, 운영 매뉴얼 제공 등 다양한 인센티브 제공하여 전환 프랜차이징으로 변경하는 것도 필요하다. 그리고 기타 직업소개소, 육아서비스, 청소용역 등 고부가가치 서비스 사업에 대해서는 프랜차이즈화를 지속적으로 발굴하여 지원하는 방안을 마련해 나갈 필요가 있다

2) 자영업자 생계안정을 위한 「가맹점 창업」 활성화

자영업자 생계안정을 위한 「가맹점 창업」 활성화 방안으로는 첫째, 가맹점 창업 및 전환 희망자를 대상으로 「정보제공→사전교육→자금지원→사후관리」까지 패키지 지원으로 사업 추진하여 예비창업자에게 유용한 상권정보를 제공하고, 가맹점 창업 컨설팅 지원(50% 이내) 및 가맹점 전환 교육 등을 실시하고, 가맹점 전환 시 점포 정비, 인테리어 개선 등 시설개선 자금의 융자를 지원하고, 창업 이후 매장관리, 고객서비스 등에 대한 가맹점사업자 및 종업원 교육과 지속적으로 매출 증대를 위한 경영 컨설팅 지원이 필요하다. 둘째, 가맹본부와 관계에서 가맹점사업자의 권익을 보호할 수 있는 제도를 마련하여 예비창업자의 프랜차이즈에 대한 신뢰도를 높일 필요도 있다. 즉 모든 가맹본부가 정보공개서를

등록하도록 적극 유도하고, 미등록시 정부 지원 사업에서 배제하는 등 가맹본부-가맹점사업자 간 갈등 방지를 위해 분쟁예방교육을 확대하고, 분쟁조정기간을 현행 78일에서 50일 이내로 대폭 단축하고, 현재 외식업, 도·소매업, 교육서비스업 등 「업종별 표준약관」을 제작하여 보급하고 있으나 세부업종별 표준약관을 작성·보급하고 및 가맹본부와 가맹점 간 정례 협의체 구성을 유도한다.

3) 규제 완화 및 인프라 확충으로 사업하기 좋은 환경 구축

규제 완화 및 인프라 확충으로 사업하기 좋은 환경 구축하기 위해서는 첫째, 법·제도적 규제 완화로 모든 가맹본부에 대해 적용하던 '가맹금 예치제'를 개선하여, 현실적으로 적용이 어려운 경우 즉 가맹점 운영권 양도, 가맹계약 갱신(재계약), 가맹점 영업시작 후 가맹금 지급 등은 예치제 적용 제외하는 방법도 강구해야 한다. 또한 정보공개서 변경사항 제공방법을 등기우편에서 인터넷이나 전자우편 등으로 다양화 하는 등 현실화할 필요가 있다.

가맹금 예치제도란 가맹점 창업자가 가맹본부에 지급하는 가맹금을 금융기관 등에 2월간 예치토록 하여, 유사시 이를 쉽게 돌려받도록 하는 제도이다.

둘째, 산업 기반 인프라 확충이다. 즉 물류비용 감소를 위해 가맹본부가 공동으로 이용할 수 있는 물류센터 건립 지원 및 ERP, e-SCM 등 프랜차이즈에 특화된 정보시스템 개발하여 구축 지원, 창업, 법률 등 종합정보 제공을 위한 인터넷 포털 구축 등의 프랜차이즈 사업 활성화를 위한 인프라를 구축하여 지원할 필요가 있다.

셋째, 정책 지원 기반 마련이다. 즉 공정계약, 점포 운영 매뉴얼화 등 프랜차이즈 시스템에 적합한 가맹본부에 대한 인증을 부여하고, 업종분류 세분화를 통하여 매년 현실성 있는 실태조사 실시가 필요하다. 현행은 외식업, 소매업, 서비스업 등 3종으로 분류되어 있으나 앞으로는 표준산업분류에 따라 10~15종으로 업종을 세분화하여야 한다. 또한 범정부적 지원 및 정책 종합과 조정을 위한 「프랜차이즈 산업 진흥협의회」 운영 및 산업계, 학계, 연구기관, 정부기관 등 전문가로 구성된 「프랜차이즈 리더스 클럽」 등의 전문적인 협의체를 구성하여 프랜차이즈 사업 발전을 위한 논의가 필요하다.

4) 해외시장 진출 지원으로 「글로벌 브랜드」 육성

프랜차이즈 기업의 해외시장 진출 지원으로 「글로벌 브랜드」 육성을 위해서는 첫째, 프랜차이즈 기업별 맞춤형 종합지원서비스 제공이 필요하다. 즉 국가별, 업종별 해외진출 가이드북, 분쟁사례집, 표준계약서 등을 제작·보급하여 실효성 있는 정보를 제공하고, 시장조사부터 현지 파트너 모집까지 전 과정에 대한 컨설팅 제공을 위한 국가적인 차원(KOTRA)의 프랜차이즈 전담창구를 개설이 필요하다. 예를 들면 KOTRA 등의 현지 직원을 미스터리쇼퍼(mystery shopper)로 활용하여 가맹점 품질관리 지원 및 저렴한 물류서비스 이용, 해외 마케팅 등 다양한 부가서비스 제공을 위한 해외 공동물류센터 지원 등 가맹점 개설 이후 현지 경쟁력을 높일 수 있는 실질적인 지원과 국제 프랜차이즈 박람회 참가 지원 등 Global 홍보 지원 등이 있을 수 있다.

둘째, 해외시장 「한식 프랜차이즈」 육성이 필요하다. 즉 해외에 기 진출한 식당의 프랜차이즈화를 위한 컨설팅 및 시설자금 지원, 해외 외식 정보 DB 구축 및 프랜차이즈 기업 공동조리시설 설치 지원, 유명호텔 및 조리전문 대학과 연계하여 가맹점 조리사에 대한 한식조리 교육 실시 등의 지원을 생각해 볼 수 있다.

셋째, 재외동포 프랜차이즈 사업 지원이다. 해외 1호점 개설을 희망하는 국내 유망 브랜드를 현지교포와 연계하고, 수출 인큐베이터를 가맹본부로 활용하여 1:1 밀착지원을 추진하는 방법도 필요하다.

2-4 프랜차이즈 산업의 미래 성장 동력

국내 프랜차이즈 산업은 짧은 기간 동안에 오랫동안 형성되어 온 기존의 유통구조나 상거래 질서와 융합되면서 자연스럽게 한국적인 프랜차이즈 시스템 모델을 형성하게 되었다. 국내 프랜차이즈 산업은 외국계 프랜차이즈 산업과 경쟁을 통해 한국적인 프랜차이즈 시스템으로 급속히 성장하였다.

중소벤처기업부에서 프랜차이즈 수준평가제도를 실시하면서 프랜차이즈 기업들의 투명성도 높아지고 있다. 최근에는 한류 열풍을 등에 업고 국내 시장을 넘어 동남아, 싱가포르, 홍콩, 중국 등 해외 각지로 진출하고 있는 프랜차이즈 성공 사례도 부쩍 늘고 있다.

이렇듯 국내 프랜차이즈 산업은 21세기 서비스 산업의 주도적인 역할뿐만 아니라 서비스 경제 성장을 주도하며, 국내 경제의 한 축으로 성장했다. 특히 외환위기를 거치면서 양적으로 팽창한 프랜차이즈는 2000년대 이후 대기업의 시장 진입과 과학적인 경영기법 도입, 프랜차이즈 관련 법규제정과 정비 등으로 질적인 측면에서도 한 단계 도약하는 성과를 거두고 있다.

국내 프랜차이즈 위상이 점차 높아지는 반면 프랜차이즈 가맹본부와 가맹점을 갑과 을의 관계로 보는 사회적인 인식도 확산되고 있다. 특히 일부 프랜차이즈 기업들의 무분별한 가맹점 확장으로 인해 프랜차이즈에 대한 부정적인 여론이 형성되고 있는 것도 사실이다. 여기에는 프랜차이즈 업계의 자정노력이 절대적으로 필요하다. 우리나라의 경우 선진국에서는 정착된 로열티 제도의 미 정착, 프랜차이즈 사업법, 제도 개선 등 앞으로 국내 프랜차이즈 업계가 양적 성장을 넘어서 질적 성장을 지속하기 위해서 풀어나가야 할 과제가 여전히 쌓여 있기 때문이다.

2-4-1 가맹점사업자와 가맹본부의 동반성장

프랜차이즈 일부 가맹본부는 가맹점사업자에게 일방적 계약 해지, 부당광고·판촉비용의 전가 등 우월적 지위를 행사하여 불공정행위를 발생시키기도 하고, 프랜차이즈 기업을 성장시키겠다는 목적보다는 가맹비 취득 목적으로 사업을 전개하여 프랜차이즈 산업 전체에 대한 부정적인 인식을 초래하여 신뢰도를 떨어뜨리고 있다. 프랜차이즈 가맹본부와 가맹점사업자 간의 동반성장을 위해서는 가맹본부와 가맹점사업자 그리고 독립 자영업자들 간의 정기적 의사소통을 통한 신뢰 구축이 필요하다. 프랜차이즈 업계가 동반성장을 이루기 위해 필요한 첫 번째 방법은 가맹본부의 사전 승인제도 도입이라 할 수 있다. 어느 정도 규모화 되어 있는 가맹본부가 가맹점을 모집함으로써 가맹점 예비 창업자가 신뢰를 갖고 창업할 수 있을 것이다. 즉 가맹본부 등록 시 직영점 운영경험의 최소 1년 이상이고, 직영점 운영을 통한 가맹점 운영매뉴얼이 확립되어 가맹점사업자에게 경영 노하우를 전수할 수 있는 능력을 갖추어야 하며, 이를 통해 가맹본부는 프랜차이즈 사업을 위한 기본인프라 구축하고 있어야 한다. 두 번째 방법은 가맹점사업자의 안정적 사업진입을 위해서 가맹본부는 가맹점사업자에 일정기간 최저 이익 보장제를 실시하는 것이다. 즉 가맹본부와 가맹점사업자는 공동의 이익을 목표로 사업을 영위하기 때문에 가맹점사업자의 이익이 투자대비 최저 수익이 보장되지 않을 경우 가맹본부가 일정기간(창업 후 1년) 이익을 보전해 주어야 한다. 세 번째 방법은 가맹점사업자와 독립자영업자의 영업보호를 위해 영업권을 법적으로 보장할 필요가 있다. 즉 법적인 보호를 거리기준에 의한 가맹점사업자 영업권보다는 상권 내 수요를 중심으로 영업권을 보호하는 것이 필요하며, 동일브랜드에 대한 상권 내 영업권 보호뿐만 아니라 동일 아이템에 대한 영업권 보호로 독립자영업자도 함께 보호해야 할 필요가 있다. 네 번째 방법은 프랜차이즈 가맹점을 창업한 이후, 가맹점사업자가 일정기간 동안 가맹본부의 기준으로 설정한 매출을 올리지 못했을 경우 가맹본부에서 가맹점을 다시 사들이는 환불 보증 프로그램을 실시하는 것도 필요하다. 다섯 번째 방법은 가맹본부와 자영업자간의 상생의 협력 구축이 필요하다. 즉 가맹본부가 가맹점을 모집할 경우 동일지역에 동일업종으로 사업을 하는 자영업자에게 먼저 가맹점 운영을 위한 우선권 부여할 필요가 있다. 여섯 번째 방법은 프랜차이즈 시스템으로 사업을 하고 있는 가맹본부는 직영점 비율을 제한할 필요가 있다. 일부 가맹본부들은 이익이 되는 상권의 입지에는 직영점으로 운영하고 그렇지 않은 곳은 가맹점사업자를 모집하여 운영하고 있어 가맹점사업자의 수익이 줄어드는 이유이기도 하다.

2-4-2 체계적 교육으로 우수 인재 양성

프랜차이즈 시스템은 지식산업의 꽃으로 불린다. 무형의 지식을 표준화·단순화·전문화·통일화를 통해서 소규모 점포들을 시스템화하여 공유하기 때문이다. 향후 진정한 지식산업으로 프랜차이즈가 발전하기 위해서 무엇보다 중요한 것이 바로 우수한 인재의 양성이다. 현재 국내 프랜차이즈 가맹본부에서 근무하는 인원은 약 17만 명 정도이지만 이들을 위한 체계적인 교육과정은 아직 부족한 상태이다. 연세대학교 프랜차이즈 CEO과정, 성균관대학교 프랜차이즈 전문가 과정, 세종대학교에서 경영대학원에 FCMBA과정을 개설 프랜차이즈 기업의 최고경영자(CEO)와 중간관리자들을 위해 교육을 실시하고 있다. 그러나 가맹점사업자나 가맹점 종업원, 그리고 가맹본부 직원들을 위한 체계적인 교육과정이 없어 이들을 재교육할 교육기관이 필요한 실정이며, 프랜차이즈 기업의 신입사원 양성을 위한 대학교육 과정을 신설하여 프랜차이즈 기업에 맞는 맞춤교육을 시행해야 한다.

2-4-3 서비스분야에서 기회 창출

미국 창업전문지 기업가(entrepreneur)가 발표한 향후 유망 프랜차이즈 업종에서 8개 중 6개가 시니어케어, 애완동물, 어린이 서비스, 파티 비즈니스 등의 아이디어 및 서비스 사업분야였다. 하지만 국내 프랜차이즈는 외식업에 브랜드가 편중돼 있다.

국내 프랜차이즈 산업은 매년 성장을 거듭하면서 국가적인 성장 동력으로 떠오르고 있다. 특히 고용 없는 성장 시대에 창업 활성화와 일자리 창출이라는 정부의 정책 목표와도 궤를 같이하면서 주목받고 있다.

한편 프랜차이즈 산업은 중장년층의 새로운 취업 창구가 되고 있다. 재취업이 힘든 국내 경제 구조로 인해 550만명이 넘는 비임금 근로자들로 형성되는 국내 자영업 시장에 베이비부머(1956년~1962년)들이 해마다 70만여 명씩 쏟아져 나오고 있는데 이들이 프랜차이즈 가맹점 창업과 프랜차이즈 업계의 전문 인력으로 재취업이 가능하다.

특히 프랜차이즈 서비스 분야에서의 새로운 아이템의 개발과 기존 아이템의 프랜차이즈화을 통해서 고부가가치 서비스 분야의 확대가 필요하다. 서비스분야의 새로운 아이템의 개발과 관리 시스템에 대한 특허지원 지적재산권 보호 등을 통해서 우수한 아이템이 지속적으로 개발될 수 있도록 정부의 적극적인 지원도 필요하다.

2-4-4 해외진출로 새로운 성장 기반 발굴

최근에는 국내 프랜차이즈 시장을 넘어 중국과 동남아시아 등 해외로 진출하고 있는 프랜차이즈 사례가 늘고 있다. 국내에서 성숙기에 도달한 프랜차이즈의 경우 그간 쌓은 노하우를 바탕으로 해외에서 새로운 도약 기회를 찾고 있는 것이다. 특히 최근의 한류 붐은 프랜차이즈의 해외 진출에 매우 긍정적인 환경을 조성하고 있다.

또한 해외 진출 계약에 관한 지원도 필요하다. 해외 진출 브랜드에 대한 상표등록을 지원함으로써 국내 브랜드의 국제적 지적재산권을 보호해야 한다.

2-4-5 지적재산권·사용료 제도화

프랜차이즈 가맹본부는 다른 가맹본부와의 차별적 우위방법으로 프랜차이즈시스템을 보유하고 있다. 이는 오랜 기간 연구와 노력 끝에 개발된 지적재산권이기 때문에 무단 도용 시 가맹본부는 치명적인 손실을 입게 된다. 이에 따라 가맹본부의 지적재산권 범위를 선정하고, 지적재산권을 법제화해 보호해야 할 필요성이 있다.

한국 프랜차이즈 가맹본부들은 미국과 달리 로열티 문화가 정착돼 있지 않아 수익원이 부실하다. 미국의 경우 서비스 프랜차이즈 기업은 가맹점 총매출의 10~30%를 로열티(loyalty)로 받으면서 이를 가맹점사업자들이 가맹점을 손쉽게 운영하도록 돕는 관리 시스템에 투자해 전 세계에서 다국적인 사업을 전개하고 있다.

가맹본부가 글로벌 수준의 로열티 제도를 정착시키려면, 가맹본부들의 기술개발 및 전문 경영시스템으로 로열티를 받을 만한 노하우를 쌓는 것은 물론 선투자 후수익의 마인드로 사업을 전개해야 한다는 것이다.

2-4-6 프랜차이즈 기본 인프라 구축

프랜차이즈 사업의 성장을 위해서 가장 시급한 것은 프랜차이즈 모델 개발과 매뉴얼 제작 및 공동물류센터와 정보화 시스템을 개발하는 인프라 구축이다. 우량 프랜차이즈 기업을 육성하기 위해서는 첫째, 프랜차이즈 모델과 매뉴얼 제작 등 각 영역의 연구개발(R&D) 부문에 대한 적극적인 지원이 필요하다.

둘째, 물류비용 감소를 위해 가맹본부가 공동으로 이용할 수 있는 정부·지자체·민간 사업자의 매칭펀드로 자금을 조성해 공동 물류센터를 구축할 필요가 있다. 이를 통해 중소 가맹본부의 물류비용을 낮추면 가맹점사업자의 원재료 구입비도 절감할 수 있다.

셋째, ERP, e-SCM 등 프랜차이즈에 특화된 정보시스템 개발하여 구축 지원, 창업, 법률 등 종합정보 제공을 위한 인터넷 포털 구축 등의 프랜차이즈 사업 성장을 위한 인프라 구축을 위한 적극적인 지원이 필요하다.

이러한 기본적인 인프라 구축을 위해서는 프랜차이즈 시장의 정확한 실태조사 및 통계시스템 구축도 중요하다. 외식업, 도·소매업, 서비스업 등 세 가지로 나뉜 업종 분류 기준을 더 세분류하여 체계적이고 현실성 있는 실태조사를 하고 조사주기를 정기적으로 실시하여 정확한 정보를 기반으로 프랜차이즈 산업 발전방향을 수립해야 한다.

제3장 프랜차이즈 시스템

PROLOGUE

최저임금 인상·각종 간섭에 가맹점 창업 엄두 못 낸다

지난달 22일 제빵업체 A사의 프랜차이즈 가맹점 설명회장. 좌석은 50여 개에 달했지만 참석자는 7명에 그쳐 행사장은 썰렁했다. 이 회사는 매주 수요일 가맹점 개설을 위한 설명회를 열고 있지만 요즘처럼 참석자가 적어 고민한 적은 없었다고 했다. 이날 강사로 나온 직원은 "거리 제한 등으로 추가로 출점할 지역이 한정되다 보니 예전만큼 설명회장이 북적이지 않는다"면서 "최저임금 인상이나 오너 갑질 등 프랜차이즈와 관련된 부정적 이슈가 터지면서 설명회를 열어도 점포 오픈까지 이어지는 사례는 매우 드물다"고 털어놨다. 이날 행사장에서는 어두운 사업 전망을 묻는 질문이 많았다.

서울 옥수동에서 왔다는 A씨는 "남편 퇴직금을 갖고 뭐라도 해볼까 해서 나왔지만 경기도 불황이고 장사 여건도 나빠지고 있어 솔직히 매장을 운영해 볼 엄두가 나지 않는다"고 말했다. 프랜차이즈 업계가 사업 확장에 속도를 내지 못하고 있다. 유사한 업체가 홍수를 이뤄 경쟁이 치열해진 데다 최저임금 인상 등 경영 활동에 불리한 악재가 불거지고 있기 때문이다. 실제 매일경제신문이 100대 프랜차이즈 업체를 대상으로 설문조사한 결과, 내년도 경영환경이 올해보다 나아질 것이라는 답변은 전체 응답 기업 38곳 중 5곳(13%)에 그쳤다. 최근 3개월째 파리바게뜨 사태가 해결되지 않는 등 정부 압박이 계속되면서 대다수 기업이 내년 사업 전망이 녹록지 않다고 보고 있는 것이다.

프랜차이즈 업계가 예상하는 내년도 최대 경영 악재가 '최저임금 인상'이라고 답한 비율은 76%(복수응답)로 가장 많았다. 또 기업 4곳 중 1곳은 가맹사업법 강화나 법인세 인상 등 정부 규제가 프랜차이즈 사업 미래를 불투명하게 하는 요인이라고 지적했다. 이는 파리바게뜨 사태가 3개월 넘도록 해결점을 찾지 못하고 해를 넘겨 장기화할 것으로 예상되면서 정부 개입이 언제든 '블랙스완(예상하지 못한 악재)'이 될 수 있다는 우려를 표시한 것이다. 설문에 답한 업체 관계자는 "최저임금은 상수지만 파리바게뜨 사태처럼 갑작스러운 규제 리스크는 한 번 맞으면 피해가 크다"면서 "거리 500m 제한 같은 출점 제한 규제는 많아지는데 제품 생산 등에서 업종 간 경계는 사라져 경쟁은 날로 치열해지고 있다"고 말했다. 이 밖에 국내외 경제성장 둔화, 중국 등 해외사업 부진, 소비인구 감소 등도 내년 경영 여건을 어둡게 만드는 요소로 꼽혔다. 반면 온라인 유통채널 확대, 해외시

내년 최저임금 인상과 출점 제한 등 정부 규제가 강화되면서 프랜차이즈 산업이 어려움을 겪고 있다. 사진은 최근 제빵사 직접고용 문제로 곤혹스러운 파리바게뜨의 한 매장. [한주형 기자]

PROLOGUE

장 진출 등으로 내년도 사업 전망이 개선될 것이라는 답변은 소수였다. 공정거래위원회 가맹사업정보에 따르면 프랜차이즈 업종 가운데 영업기간이 상대적으로 짧은 외식업 브랜드는 그 활동 주기가 점차 단축되고 있다. 2015년 7년 7개월이던 외식업 브랜드의 평균 영업기간은 2016년 6년 8개월로 줄어들더니 올해는 5년11개월로 단축됐다. 치킨 브랜드 영업 주기는 같은 기간 8년8개월, 7년11개월, 7년2개월로 해마다 줄고 있다. 상대적으로 프랜차이즈 매장 개설이 수월할 것으로 보이는 신도시에서도 신규 출점은 '그림의 떡'이다. 기존 상권이 포화상태라 신도시를 타깃으로 하지만 비싼 임대료 때문에 신도시 상가에 들어가기가 힘들다. 스테이크 프랜차이즈를 하는 B사는 최근 경기도 신도시에 가맹점을 내려고 광고를 냈지만 사업자 모집에 실패했다. 매장 개설 문의는 여러 통 있었지만 외식 업황 부진 속에 비싼 상가 임차료까지 감당해야 하는 투자자들이 가맹점 개설을 망설였기 때문이다. 회사 측은 "광교나 위례처럼 대규모 상가가 들어선 곳에서도 프랜차이즈 매장을 새로 내기가 힘들다"면서 "대기업 프랜차이즈도 시장을 비관적으로 보고 입점을 주저하는 상황에서 하위 업체는 더 조심할 수밖에 없다"고 말했다. 보름 앞으로 다가온 최저임금 인상을 놓고 폐업을 걱정하는 가맹점주도 늘고 있다.

가맹점주가 다른 사람에게 매장을 양도하기 위해 내놓은 매물이 쌓이고 있지만 거래는 쉽지 않다. 제빵업체 C사는 전국 20여 개 구역별로 매물로 나온 매장이 각 30개에 달한다고 전했다. 가맹점주가 나이가 들어 권리금을 받고 그만두려는 곳도 있지만 최근엔 영업환경이 어려워질 것에 대비해 미리 발을 빼는 경우도 많다. 치킨 업체 관계자는 "과거 양수도 계약에는 권리금이 1억 원씩 붙기도 했지만 요즘엔 크게 낮아졌다"면서 "본사가 중간에 나서도 매매 계약이 성사되기가 쉽지 않다"고 털어놨다.

자료: 매일경제, '설땅 좁아지는 프랜차이즈 (下)', 2017년 12월 20일자.

프랜차이즈 업계가 꼽은 내년도 경영악재(단위=개사)

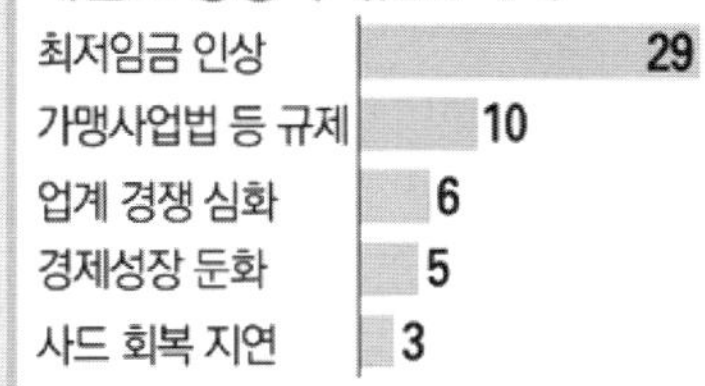

*복수응답, 매경 100대 프랜차이즈 대상(총 38개사 답변).

늘어나는 가맹점 폐점(단위=개)

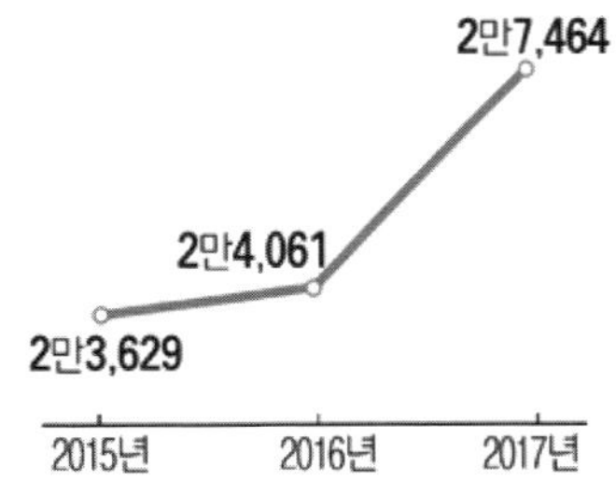

증가하는 가맹본부 등록취소
(단위=개)

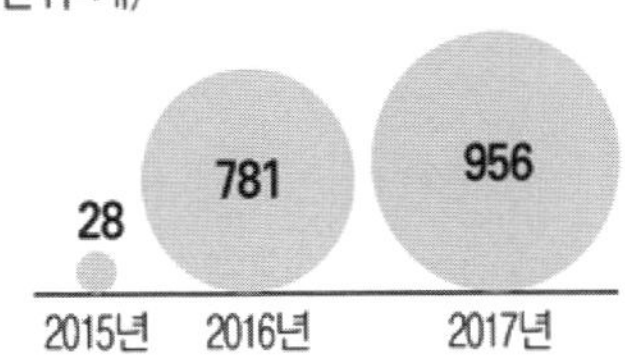

*외식 · 도소매 · 서비스 모든 프랜차이즈 대상.
자료=공정위 가맹사업정보제공시스템

3-1 일반 시스템 이론

3-1-1 시스템 이론의 정의와 특징

일반 시스템의 이론은 어떤 하나의 목적을 가지고 이를 성취하기 위하여 여러 구성인자가 유기적으로 연결되어 외부환경과 상호작용하는 통합체이다. 이러한 접근방식은 곧 경영학의 대상을 작업 효율성이나 인간관계처럼 경영의 어느 단편적인 부분만을 본 것이 아니라 조직체 자체의 경영을 대상으로 하며, 시간에 따라서 진화하는 것까지를 고려하는 개념이다. 예컨대 R&D부서가 구매부서 또는 마케팅부서의 협조나 상의 없이 문제를 단편적으로 접근하지 않고, 기업 또는 경영 전체 차원에서 상호 관련하에 접근하는 방식이다.

시스템의 기본적인 특징은 다음과 같다.

- 시스템은 환경으로부터 얻은 투입물(inputs)을 변환(process)시켜 그 산출물(outputs)을 환경으로 내보낸다.
- 시스템은 개별 요소로서가 아니라 하나의 전체로서 인식되어야 한다.
- 시스템은 계층적(hierarchical) 특성을 갖는다. 즉 상위 시스템이 있고 그 아래 분할된 작은 시스템인 하위 시스템이 존재하는 것이다.
- 시스템은 상승효과(synergy)를 발휘한다.
- 시스템은 통제되어야 한다.

3-1-2 시스템 이론의 등장 배경

시스템 이론(system theory)은 1930년 독일의 생물학자 베르탈란피(L. Von Bertalanffy)가 여러 학문 분야를 통합할 수 있는 통합사고와 연구의 틀을 모색하는 과정에서 처음으로 주창하였다. 1950년대에 들어서 여러 학문 분야로 급속히 확산되어가던 중 경제학자 보울딩(Kenneth Boulding)이 시스템 이론의 목적과 기본적인 골격을 작성하여 일반 시스템 이론(General Systems Theory)을 체계적으로 정립하였다.

그 후 존슨(Richard Johnson), 카스트(Fremont Kast)와 로젠즈웨이그(James Rosenzweig) 등의 학자들이 시스템 이론을 경영학 분야에 적용하는 데 선두적 역할을 하여 경영조직에서 시스템 이론을 정립하는 데 크게 기여하였다.

시스템 이론에서 경영 이론의 개발에 크게 공헌한 부분은 개방 시스템(open system) 개념과 피드백 시스템(feed-back system) 개념이다. 개방 시스템 개념은 기업이라는 조직체가 외부환경과 끊임없는 관계를 맺고 상호작용한다는 개념이며, 피드백 시스템 개념이란 투입으로 들어온 인적 및 물적 자원을 변환 공정을 거쳐서 최종 산출물을 산출한 후, 이 산출물이

외부환경에 영향을 미쳐 다시 기업의 투입자원으로 되돌아온다는 개념이다.

3-1-3 시스템 이론의 속성

1) 목표 지향성

조직과 그 하위 시스템은 목표 지향적이라 할 수 있다. 일반적으로 시스템의 목적은 부분 간의 균형을 통하여 시스템 자체를 계속 유지하고 발전시켜 전체적 조직을 더욱 성장시키는 것이다. 각 시스템은 모두 다 목적성을 가지고 있는데 그중에서도 기본적인 중심 업무가 있다. 예컨대 자동차의 목표 지향적 중심 업무는 운반이며 기업은 경제적 상품 또는 서비스를 생산하는 데 있으며 우리 인간에게는 행복한 삶의 생활이라는 목적이 있다. 그런데 시스템의 목적은 각 시스템의 가치기준에 따라 우선순위를 결정하게 되는데, 가치기준의 설정에는 양과 질, 시간 그리고 비용의 네 가지 척도가 주로 이용된다.

2) 전체성

전체성은 부분의 합 이상의 것이라는 개념으로 하나의 전체는 부분의 합보다 크다는 뜻으로 시스템의 유기적 결합은 단순한 합의 개념이 아닌 승의 개념으로 소위 조직의 상승효과, 즉 시너지 효과를 지니고 있다. 이것은 시스템 내부의 분화에 따른 통합의 중요성을 나타내는 것이다. 부분의 수준에서 결정된 것은 항상 상호의존적으로 상호작용하는 다른 부분의 영향을 고려하여 전체 수준에서 검토되어야 한다. 부분과 부분 간의 대립적 요소를 전체 수준에서 통합·조정함으로써 조직의 유효성이 증대되는 것이다.

3) 개방성

환경과 부단히 상호작용하는 것은 개방 시스템의 본질적인 특징이다. 조직이 생존과 성장을 하기 위해서는 조직 외적인 여건과 상호작용하면서 동태적인 균형(dynamic equilibrium)을 유지해야 한다. 즉 시스템이 형성 유지되기 위해서는 구성인자가 유기적으로 연결된 구조를 지니고 있어야 하는데 이들 구조는 부문, 그리고 부문과 전체 간의 상호 관련성을 가지게 된다. 이러한 동태적인 균형의 유지가 조직의 존속에 필연적이므로 시스템으로서의 조직은 안정과 적응을 위한 다양한 메커니즘을 지녀야 한다.

또한 시스템은 변화하는 환경과 내부의 요구에 민감하게 반응하여 안정적 균형을 유지해야 한다. 시스템이 유지, 존속하기 위해서는 피드백을 통한 자기 통제적 수단을 지녀야 한다는 것이다. 즉 환경이나 시스템 내부의 변화에 대응하여 안정을 유지하고, 적응을 통하여 성장하기 위해서는 조직에 투입된 것과 산출된 것을 끊임없이 분석하고 조정하는 피드백이 지속되어야 한다.

시스템의 구성요소는 항상 어느 정도로 시스템 외부의 영향을 받는다. 개방 시스템은 외부환경에 의하여 영향을 받는 시스템이다. 즉 이것은 시스템이고 환경 사이에 동태적 상호작용관계를 인정하는 것으로서 이러한 개방 시스템은 자원, 에너지, 정보를 받아들이고 이를 전환시켜 재화와 서비스의 형태로 산출한다. 이때 계속적으로 피드백이 이루어져서 환경과 균형 상태를 유지하게 된다.

4) 상호 관련성

상호 관련성은 시스템과 환경과의 상호작용뿐만 아니라 시스템 내 여러 부분 간의 상호작용과 상호의존성에 관한 것이다. 조직은 같은 수준의 시스템 또는 높은 수준의 상위 시스템(higher-level subsystem)과 낮은 수준의 하위 시스템(lower-level subsystem)으로 구성되어 있다고 볼 수 있다. 이때 한 하위 시스템의 산출은 다른 하위 시스템의 투입이 되는 등의 관계가 존재하는 것이다.

3-1-4 시스템의 사례 비교

일반적 시스템 이론에 근거하여 시스템의 관계를 나타내면 〈표 3-1〉과 같다. 즉 각 시스템은 목표가 있으며, 전체 시스템을 구성하는 하위 시스템이 있고 이들 하위 시스템 간의 관계가 명확하게 설정되어야 한다.

〈표 3-1〉에서 보는 바와 같이 프랜차이즈 시스템은 공동의 이익, 즉 이익 창출과 고객가치의 극대화라는 목표가 있으며, 하위 시스템은 가맹본부, 가맹점, 공급업체, 고객으로

〈표 3-1〉 시스템 사례

시스템	목표	하위 시스템	하위 시스템 간의 관계
인체 시스템	생명의 유지	호흡계 신경계 소화계 순환계	유기적 관계
물류 시스템	고객서비스 향상 효율성 제고	운송 시스템 보관 시스템 하역 시스템 정보 시스템 가공 시스템	상생적 관계
프랜차이즈 시스템	공동의 이익	가맹본부 시스템 가맹점 시스템 공급업체 시스템 고객 시스템	공생적 관계

구성되어 있으며 하위 시스템 간의 관계는 공생적 관계(symbiotic relationship)라 할 수 있다.

3-2 프랜차이즈 시스템

3-2-1 프랜차이즈 시스템의 구성요소

프랜차이즈 시스템의 구성은 〈그림 3-1〉과 같이 가맹본부(franchisor), 가맹점(franchisee), 공급업체(vendor), 고객(customer) 등 4개의 하위 시스템의 구성요소로 되어 있다. 하위 시스템 간의 관계는 공생적 관계(symbiotic relationship)를 유지하며, 하위 시스템 간의 목표인 공동이익, 즉 이익 창출과 고객가치의 극대화를 위해 노력하는 것이다. 〈그림 3-1〉에서 실선은 직접적인 거래 관계를, 점선은 간접적인 거래 관계를 나타내고 있다.

프랜차이즈 시스템은 하위 시스템 간 공동이익이라는 전체 목표를 달성하기 위해 가맹본부(franchisor)는 하위 시스템 간의 중심에 있어야 하고, 가맹점(franchisee)은 수익모델의 중심이 되어야 하며, 공급업체(vendor)는 SCM(공급사슬관리) 관점에서 최종 효율성 제고와 고객가치를 창출하는 고객서비스의 중심이 되고, 마지막으로 고객(customer)의 입장에서는 고객가치가 가장 높은 프랜차이즈 기업을 선택하는 것이다.

〈그림 3-1〉에서 프랜차이즈 시스템의 하위 시스템은 상호 독립적인 별도의 요소이지만 전체 시스템의 목표인 공동의 이익을 달성하기 위해서 마치 하나의 시스템처럼 유기적으로 움직여야 한다. 〈그림 3-1〉에서 4개의 하위 시스템을 둘러싸고 있는 큰 사각형은 프랜차이즈 기업이라 볼 수 있다.

〈그림 3-1〉 프랜차이즈 시스템의 구성 관계

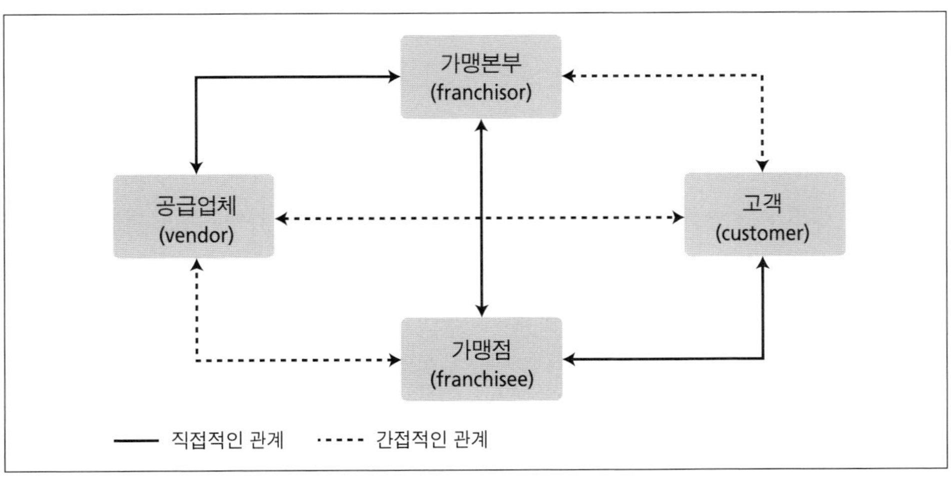

3-2-2 프랜차이즈 시스템 구성요소의 특징

프랜차이즈 시스템을 구성하고 있는 가맹본부, 가맹점, 공급업체, 고객 등 4개의 하위 시스템의 특징을 알아본다.

1) 가맹본부

가맹본부(franchisor)는 가맹사업과 관련하여 가맹점사업자에게 가맹점 운영권을 부여하는 사업자로써 프랜차이즈 시스템의 중심이며, 프랜차이즈 경영의 본체이다. 가맹본부의 주요 기능은 첫째, 가맹점을 모집해서 가맹점에 공통의 상표, 상호, 마크, 동질의 제품 및 서비스를 제공하고, 교육훈련 및 가맹점을 오픈하여 지속적으로 가맹점사업자에 경영 노하우를 지원하고 관리해야 하며, 둘째, 마케팅, 홍보, 연구개발, 정보, 물류 시스템, 구매 및 머천다이징, 인사, 재무 업무 등을 통해 계속적인 이익을 제공한다.

가맹본부의 고객은 가맹점으로, 가맹점이 많아야 가맹본부가 지속적인 발전을 하게 된다.

2) 가맹점

가맹점(franchisee)은 가맹사업과 관련하여 가맹본부로부터 가맹점 운영권을 부여받은 사업자가 운영하는 점포로써 프랜차이즈 수익모델의 중심으로 가맹점 경영 및 운영이 성공해야 가맹본부도 성공한다. 가맹점의 주요 경영 기능은 점포 관리, 고객관리 및 고객서비스이며, 가맹본부가 제공하는 모든 지원과 관리의 대가로 사업에 필요한 자금 투여 및 수수료(가맹비, 사용료, 보증금 등)를 지불하고, 가맹본부와의 지속적인 관계에 의해서 발전하게 된다. 가맹점의 고객은 최종 소비자로, 가맹점의 고객이 많아야 가맹점이 지속적인 발전을 하게 되고, 가맹본부도 발전하게 되는 것이다.

3) 공급업체

공급업체(vendor)는 가맹본부의 사업파트너로, 고객서비스의 최초이며, 중심이 된다. 가맹본부는 공급업체의 고객이며, 공급업체가 발전해야 가맹본부도 발전할 수 있다.

SCM(supply chain management) 관점에서 본 공급업체의 중요한 목적은 최종 소비자가 외식 메뉴, 상품, 서비스를 취득하게 되는 과정을 보면, 공급업체에서 가맹본부로, 가맹본부에서 가맹점으로, 가맹점에서 고객으로의 과정을 거치게 됨으로써, 공급업체의 공급 상품이나 서비스의 가격 및 품질 경쟁력이 최종 소비자에게 잘 전달되어 고객의 입장에서 "고객가치"가 극대화되도록 공급망에 참여하고, 공급업체, 가맹본부, 가맹점이 서로 협력해야 한다.

4) 고객

고객(customer)은 가맹본부의 최종 고객으로서 가맹점은 가맹본부의 전략에 맞추어 고객 중심의 마케팅 전략을 구사해야 한다.

가맹점은 고객서비스 접점(customer service encounter)에 있으므로 가맹점사업자와 종업원의 역할이 매우 중요하다. 이를 위해서 가맹점사업자는 고객과의 관계를 지속적으로 유지할 수 있는 고객관계관리가 필요하다. 고객관계관리(CRM)란 고객과 관련된 기업의 내·외부 자료를 분석, 통합 및 세분화하여 고객 특성에 기초한 마케팅 활동을 계획, 지원함으로써 잠재고객의 활성화, 신규고객 획득, 우수고객을 유지할 수 있도록 고객을 적극적으로 관리, 유지하여 궁극적으로 한 번 고객은 평생고객이 될 수 있도록 고객의 가치를 극대화하는 전략이다.

3-2-3 프랜차이즈 구성요소 간의 관계

1) 가맹본부와 가맹점 간의 관계

프랜차이즈 시스템 내의 구성원 관계 중 가맹본부와 가맹점과의 관계는 직접적인 관계로 양 당사자 간의 계약을 근간으로 하고 있으며 가장 핵심적인 관계이다. 가맹본부와 가맹점의 성과는 가맹본부 자체요인, 그리고 가맹본부와 가맹점 간의 관계요인에 의하여 결정된다. 이러한 관계는 계약 내용과 법률에 의해서 규정하고 있는 준수사항을 가맹본부와 가맹점사업자 간에 서로 잘 지켜야 좋은 과계가 형성된다.

「가맹사업거래의 공정화에 관한 법률」 제5조에 의한 가맹본부의 준수사항은 다음과 같다.

- 가맹사업의 성공을 위한 사업구상
- 상품이나 용역의 품질관리와 판매 기법의 개발을 위한 계속적인 노력
- 가맹점사업자에 대하여 합리적 가격과 비용에 의한 점포설비의 설치, 상품 또는 용역 등의 공급
- 가맹점사업자와 그 직원에 대한 교육·훈련
- 가맹점사업자의 경영·영업 활동에 대한 지속적인 조언과 지원
- 가맹계약기간 중 가맹점사업자의 영업지역 안에서 자기의 직영점을 설치하거나 가맹점사업자와 유사한 업종의 가맹점을 설치하는 행위의 금지
- 가맹점사업자와의 대화와 협상을 통한 분쟁 해결 노력

「가맹사업거래의 공정화에 관한 법률」 제6조에 의한 가맹점사업자의 준수사항은 다음과 같다.

- 가맹사업의 통일성 및 가맹본부의 명성을 유지하기 위한 노력
- 가맹본부의 공급 계획과 소비자의 수요 충족에 필요한 적정한 재고 유지 및 상품 진열
- 가맹본부가 상품 또는 용역에 대하여 제시하는 적절한 품질기준의 준수
- 제3호의 규정에 의한 품질기준의 상품 또는 용역을 구입하지 못하는 경우 가맹본부가 제공하는 상품 또는 용역의 사용
- 가맹본부가 사업장의 설비와 외관, 운송 수단에 대하여 제시하는 적절한 기준의 준수
- 취급하는 상품·용역이나 영업 활동을 변경하는 경우 가맹본부와의 사전 협의
- 상품 및 용역의 구입과 판매에 관한 회계장부 등 가맹본부의 통일적 사업경영 및 판매 전략의 수립에 필요한 자료의 유지와 제공
- 가맹점사업자의 업무 현황 및 제7호의 규정에 의한 자료의 확인과 기록을 위한 가맹본부의 임직원 그 밖의 대리인의 사업장 출입 허용
- 가맹본부의 동의를 얻지 아니한 경우 사업장의 위치 변경 또는 가맹점 운영권의 양도 금지
- 가맹계약기간 중 가맹본부와 동일한 업종을 영위하는 행위의 금지
- 가맹본부의 영업 기술이나 영업 비밀의 누설 금지
- 영업표지에 대한 제3자의 침해 사실을 인지하는 경우 가맹본부에 대한 영업표지 침해 사실의 통보와 금지 조치에 필요한 적절한 협력

2) 가맹본부와 공급업체와의 관계

가맹본부와 공급업체의 관계는 직접적인 관계로 B2B(business to business) 거래를 근간으로 하고 있다. SCM 관점에서 공급업체는 최종 소비자인 고객에게 고객의 가치를 극대화하도록 공급체인을 관리해야 한다. 가맹본부와 가맹점, 그리고 공급업체 간의 협력 관계를 보면 〈그림 3-2〉와 같다.

3) 가맹점과 고객과의 관계

가맹점과 고객과의 관계는 직접거래 관계로 B2C(business to consumer) 거래를 근간으로 하고 있다. 가맹점은 고객서비스의 접점에 있으므로 고객 중심의 마케팅 전략인 고객관계관리를 구축하는 것이 중요하다. 즉 고객에 대한 정보를 수집하고, 수집한 정보를 분석한 후 효과적으로 활용함으로써 고객을 적극적으로 관리하고 고객의 가치를 기술하거나 증가시켜 충성고객으로 하여금 계속 구매, 즉 충성하도록 유도해야 한다. 마케팅관리자의 입장에서 본 충성고객은 매출 증대, 구전(입소문) 마케팅, 마케팅 비용 절감 등에서 매우 중요하다.

고객의 종류를 보면 고객의 충성도에 따라 잠재고객, 가망고객, 구매고객, 충성고객, 옹호자로 구분할 수 있다. 잠재고객(suspect customer)이란 자사 제품에 대해 관심을 가지고 있는

〈그림 3-2〉 편의점(CVS) 협력 관계

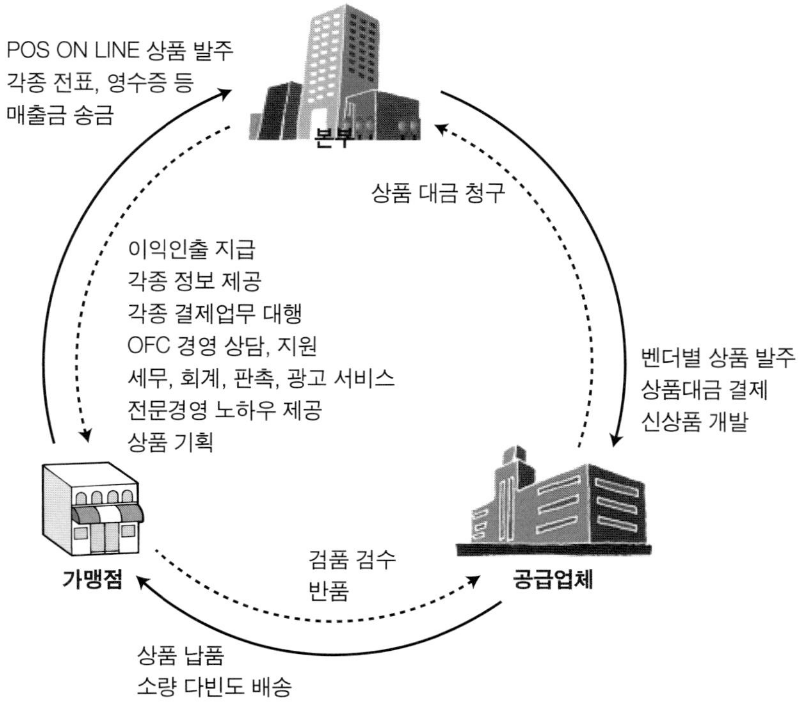

가맹점	본부	공급업체
• 점포의 운영 • 상품의 판매/발주 • 매출금 송금	• C · Space 시스템 개발 • 다빈도 배송 시스템 구축 • 각종 가맹점 지원 서비스 • 상품 머천다이징	• 본부 MD정책에 의한 상품 공급 • 본부의 발주에 따른 소량 다빈도 배송 실시

자료: www.cspace.co.kr(2018.01.19.)

고객을 말하며, 가망고객(prospect customer)이란 미래의 고객으로 자사의 제품을 구매할 가능성이 매우 높은 고객을 말하며, 구매고객(customer)이란 자사의 제품을 한 번이라도 구매한 고객을 말하며, 충성고객(loyal customer)이란 일명 단골로 자사의 제품을 지속적으로 구매하여 매출 증대에 기여 및 구전 마케팅을 하며, 마케팅 비용을 절감시키는 역할을 한다. 또한 옹호자(champion)는 자사와 함께하는 동반자로 자사의 제품이나 경영에 협력적인 최고의 고객을 말한다.

가맹점은 〈그림 3-3〉에서 보는 바와 같이 고객이 상품을 주문하고 결제하게 되면 가맹점 POS를 통해서 매출, 매입, 주문 판매관리를 하게 된다.

〈그림 3-3〉 가맹점과 고객의 관계

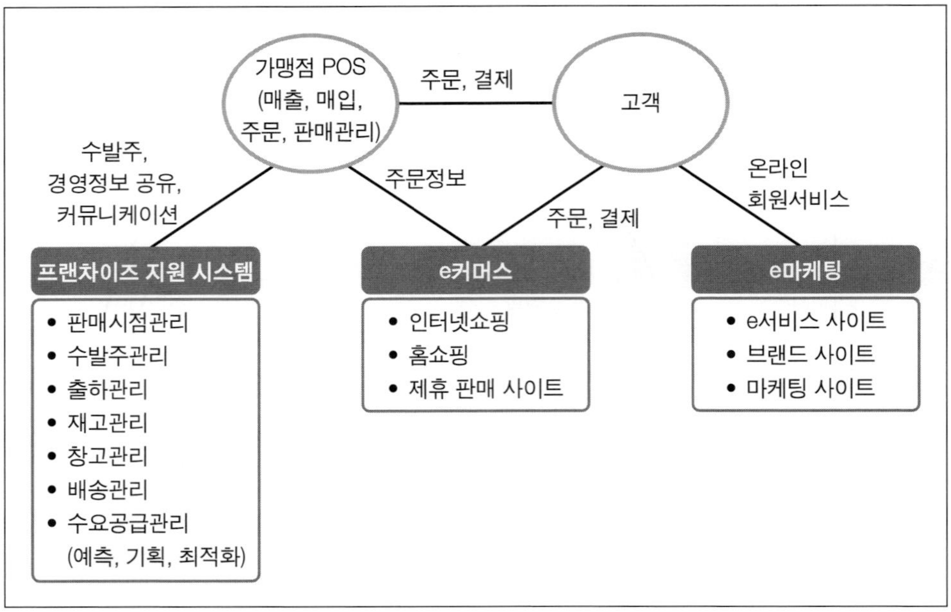

4) 가맹본부와 고객 간의 관계

가맹본부와 고객과의 관계는 간접적인 관계로 고객의 관점에서 가맹본부는 가맹점과 동일하다고 할 수 있다. 고객은 가맹점의 운영 상태, 고객서비스 수준을 보고 가맹본부를 평가하게 된다. 가맹본부 차원의 이미지 광고, 홍보(publicity), 기업의 사회적 책임 활동, 친환경 활동, 윤리경영 등이 가맹점 및 가맹본부에 대한 고객의 신뢰에 영향을 준다.

따라서 가맹본부에게 가맹점은 사업파트너이자 중간 유통기관으로서 중요한 역할도 하지만 최종 소비자에 의하여 상품이나 서비스가 구매되기 때문에 고객은 가맹본부에 있어서 가장 중요한 존재이다. 가맹본부는 고객이 원하는 바가 무엇인지를 파악하여 고객이 만족할 수 있는 상품이나 서비스를 개발하여 가맹점을 통하여 고객에게 판매하는 것이다. 가맹본부는 지속적으로 고객에게 제공할 상품과 서비스 등의 가치를 상승시킬 수 있도록 모니터링하고 그 결과를 반영하여 새로운 상품과 경쟁력 있는 가치를 창출해야 한다.

〈그림 3-4〉의 프랜차이즈 마케팅의 삼위일체는 프랜차이즈 시스템이 성공하기 위해 가맹본부, 가맹점사업자, 고객이 수행해야 할 마케팅의 세 가지 유형을 설명하고 있다.

먼저 프랜차이즈 마케팅의 삼위일체 오른쪽은 외부 마케팅으로 이는 가맹본부가 고객의 기대를 설정하고 고객에게 제공해야 하는 것과 관련하여 약속하기 위해 노력한다는 의미이다. 가맹본부는 광고, 촉진, 판매 그리고 홍보 등의 전통적인 요소 외에도 가맹본부의 물리적 설비 등과 같이 고객들에게 의사를 전달하는 많은 요소가 존재한다. 프랜차이즈 마케팅의 삼위일체의 왼쪽은 내부 마케팅으로 가맹점사업자들이 가맹본부가 고객에게 했

〈그림 3-4〉 프랜차이즈 마케팅의 삼위일체

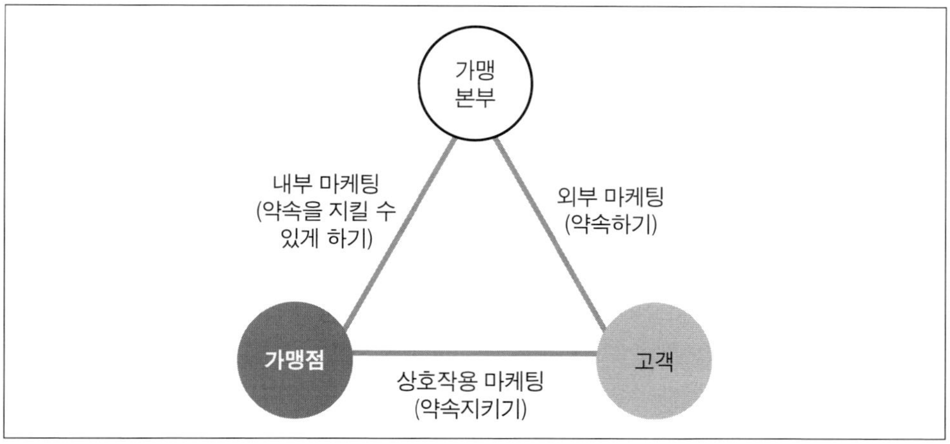

던 약속을 지킬 수 있게 하는 마케팅 활동이다. 내부 마케팅은 가맹본부가 가맹점사업자와 종업원들을 교육시키고, 동기를 부여하고, 보상하는 활동을 말한다. 만일 가맹점사업자들이 고객에게 한 약속을 기꺼이 전달할 준비가 되어 있지 않고, 그럴만한 능력도 되지 않는다면 고객과의 약속을 지키는 데 실패하는 것이고 결국 마케팅 삼위일체는 무너지게 될 것이다. 프랜차이즈의 서비스 삼위일체의 아래쪽은 상호작용 마케팅으로 고객접점 마케팅이라고도 한다. 상호작용 마케팅은 가맹점사업자나 종업원들이 직접적으로 고객과 접촉하면서 실제 서비스 제공이 이루어지게 된다. 즉 고객과의 약속이 이행되고, 전달되는 곳이 여기다. 따라서 외부 마케팅을 통해서 약속되는 것과 상호작용 마케팅을 통해서 전달되는 것 사이에 능동적인 관계를 갖는 것이 매우 중요하다.

프랜차이즈 마케팅의 삼위일체가 의미하는 것은 이 모든 부분 중 어느 한 부분이 없다거나 모든 부분이 열심히 노력하지 않는다면 프랜차이즈 마케팅관리는 불가능하다.

5) 공급업체와 가맹점 간의 관계

공급업체와 가맹점의 관계는 간접거래 관계(일부는 직접거래 발생)로 공급업체는 가맹본부와 거래약정서를 체결하고 상품을 공급한다. 상류의 관점에서 보면 공급업체는 가맹점과의 가격 및 품질에 대해 상호 협의하게 되고, 상품의 공급은 가맹점, 더 나아가서 고객의 관점에서 보면 경쟁력에 대한 문제이다.

물류의 관점에서는 직영물류와 위탁물류가 있는데, 직영물류는 가맹본부가 물류 시스템을 자기 투자 및 비용으로 직접운영하고, 위탁물류(3자 물류third party logistics)는 물류 시스템의 전부 또는 일부를 제3의 물류 전문회사에 위탁하는 시스템으로 대부분의 외식 프랜차이즈 가맹본부는 위탁물류를 이용하고 있다. 직영물류의 사례로는 BBQ, 원할머니보쌈,

김家네 등 일부 외식 프랜차이즈 기업과 편의점 등 도·소매 프랜차이즈 기업 등이 있다.

6) 공급업체와 고객과의 관계

공급업체와 고객과의 관계는 간접거래 관계로 공급업체→가맹본부→가맹점→고객의 공급사슬관리(SCM) 관점에서 보면, 공급업체는 고객과의 직접거래는 가격경쟁력, 품질경쟁력 등 고객이 가치 있게 생각하는 요인들에 대해 관계가 있다. 고객의 입장에서 우수한 공급업체와 거래를 하고 있는 가맹본부에 대한 신뢰나 기업이미지는 매우 중요하다. 즉 외식 프랜차이즈 가맹본부가 유기농 식자재 전문 공급업체나 친환경 상품 공급업체와 거래한다면 가맹본부의 신뢰와 이미지는 한층 향상될 것이다.

3-3 프랜차이즈 시스템의 특성

3-3-1 프랜차이즈 시스템의 일반적 특성

프랜차이즈 시스템은 가맹점의 영업 활동에 따라 서로 공동으로 협력하면서 개별적인 이익을 보장받을 수 있는 비즈니스 형태로써 창업이나 사업에 대한 불확실성을 감소시키기 때문에, 가맹점사업자는 비교적 소액의 투자와 최소의 인력으로 단기간에 창업할 수 있으며, 가맹본부는 가맹비, 사용료, 보증금 등 수수료를 통한 수익구조로 사업을 확장시킬 수 있다는 일반적인 특성을 가지고 있다.

즉 이와 같은 프랜차이즈의 일반적인 특성을 정리하면 가맹본부와 가맹점은 서로 독립적 사업자로 사업을 영위하는 독립성, 가맹본부가 제공하는 상품이나 서비스에 대한 가맹점 간의 동질성이나 통일성, 가맹본부와 가맹점사업자 간의 공동의 이익을 달성하기 위한 협동성과 공동성, 가맹본부는 시장에 대한 불확실성, 가맹점사업자는 점포 운영에 대한 불확실성을 감소시키고, 가맹본부는 가맹점 수수료를 기반으로, 가맹점사업자는 가맹본부의 전반적인 점포경영 노하우로 창업이 가능하므로 서로 적은 자본으로 단기간 창업이 가능하다.

1) 가맹본부와 가맹점의 독립성

프랜차이즈 시스템은 가맹본부와 가맹점 간의 독립적 사업으로 운영되므로 자율성이 인정되고 각자의 이익을 보장받는다는 점에서 수직적 기업의 지배구조와는 다르다. 가맹본부가 가맹점에게 허가하는 공통의 상표, 상호, 제품 및 서비스 제공 및 경영 노하우와 훈련 등 경영기법은 계약기간 동안 가맹본부를 통해 이용할 수 있다.

2) 상품이나 서비스의 동질성

프랜차이즈 시스템은 독립적인 경영자와 사업 주체들로 구성되어 있지만 소비자는 가맹본부와 가맹점이 공통의 상표, 상호, 제품 및 서비스에 대해 동일하게 사용하고 있으므로, 시스템 전체를 동질적인 것으로 인식하고 있다. 소비자가 전체 시스템을 동질적으로 인식함으로써 마케팅 활동에 얻어지는 효과 역시 일반적인 기업의 경우보다 훨씬 높다고 할 수 있다.

3) 협동성과 공동성

프랜차이즈 시스템은 가맹본부와 가맹점 간의 장기적 계약에 의한 공동의 이익을 목적으로 하는 일반적 특성을 가지므로 거래 쌍방이 상호 조정과 환경에 대응하기 위해서 가맹본부는 항상 변화하는 환경에 알맞은 교육 프로그램이나 마케팅 프로그램 개발하여 가맹점에 제공해야 한다. 가맹점사업자는 고객과의 협동 관계를 통하여 공동이익, 즉 이익 창출과 고객가치 극대화를 위해 가맹본부와 협동해야 하며, 항상 가맹본부와 가맹점사업자 간에 공동으로 노력을 기울여야 한다.

4) 불확실성의 감소

프랜차이즈 시스템은 가맹본부 입장에서는 가맹본부가 영업을 지속적으로 확장하고자 할 때 가맹본부는 자금 조달에 대한 위험성과 해당 지역의 시장성 및 문화적 특성 등을 정확하게 예측할 수 없다. 이러한 경우 해당 지역의 가맹점사업자들을 모집하여 영업 활동을 허가해 줌으로써 자금 조달의 위험성과 정보의 부족에서 생기는 전반적인 불확실성을 감소시킬 수 있으며, 가맹점사업자 입장에서는 사업 아이템의 결정, 브랜드의 등록 및 사용, 점포를 운영하기 위한 경영 노하우가 부족하여 생기는 불확실성을 감소시킬 수 있다.

5) 가맹본부의 소자본과 가맹점사업자의 단기간 창업

프랜차이즈 시스템은 가맹본부가 공통의 상표, 상호, 제품 및 서비스 제공 및 경영 노하우와 훈련 등을 통한 계속적인 이익 제공과 지원 및 관리를 해주기 때문에 가맹점은 점포 창업에 필요한 자금과 수수료(가맹비, 사용료, 보증금 등) 지불 등으로 단기간 창업이 가능하다. 또한 가맹본부는 가맹점사업자로부터 수수료(가맹비, 사용료, 보증금 등) 받아 필요한 자금을 조달할 수 있기 때문에 상대적인 소자본으로 사업 확장이 가능하다.

3-3-2 프랜차이즈 시스템의 관계 특성

프랜차이즈 시스템은 가맹본부(franchisor), 가맹점(franchisee), 공급업체(vendor), 고객(customer)

등 4개의 하위 시스템으로 구성되어 있으며, 하위 시스템 간의 관계는 공생적 관계(symbiotic relationship)를 유지하며, 공동의 이익을 목적으로 전체의 이익을 우선시하면서 단기적 이익을 최소화시키며, 서로 신뢰와 협력하는 관계로 장기적인 성과를 지향하고 있다. 특히 가맹본부와 가맹점의 관계는 서로 자본을 달리하는 독립 사업자로서 상호 협력적인 공생의 관계를 통해 가맹본부의 전문성과 경영 노하우 및 경험을 바탕으로 가맹점을 운영함으로써 직영점과 같은 효과를 얻을 수 있다. 이는 가맹본부와 가맹점 간의 경영과 영업 활동의 범위가 명확하고, 가맹점사업자의 계속적 이익 증진 활동으로 공동의 이익을 추구하기 위한 공생적 관계이고 계약의 범위가 경영 활동의 전반적인 영역을 포함하고 있기 때문이다.

또한 프랜차이즈 시스템은 상호 협력적 조직관계로 가맹본부와 가맹점 사이에 강력하고 계속적인 협력 관계가 존재한다. 따라서 프랜차이즈 시스템에서 중심이면서 중요한 관계를 가지고 있는 가맹본부와 가맹점 간에는 독립적 관계, 수직적 관계, 상호의존성 등의 관계 특성을 가지고 있다. 관계 특성이란 상호의존성, 몰입 수준, 장기적 성향 등과 같이 가맹본부와 가맹점 간에 계약 관계가 효율적으로 이루어짐으로써 강력하고도 지속적인 상호 의존관계가 유지되는 것을 말한다.

관계 특성은 관계투자 보호를 위한 교환 당사자들의 협력 관계를 증진시키며 현존 파트너와의 관계 강화에 대한 선호도를 강화시켜 단기적 이익 추구를 배제하게 하고 기회주의적 성향의 억제와 자신의 이익보다 시스템 전체의 성과를 중시하게 하며 이를 통해 결과적으로 관계 마케팅의 효율성, 생산성, 성과 향상을 가져오게 한다(Morgan & Hunt, 1994). 연구에서 제시된 관계 마케팅의 효율성, 생산성, 성과 향상은 프랜차이즈 기본 전제에서 설명하고 있는 개인적인 사업의 수행보다는 전문성과 경험을 통한 가맹본부와의 관계와 협력이 보다 높은 수준의 성과를 나타낼 수 있음을 설명하고 있다.

1) 독립적 계약 관계

가맹본부와 가맹점은 서로 독립적 사업자로서 프랜차이즈 시스템을 계약하기 때문에 계약서에 명확하게 명시되지 않은 것에 대해 독자적으로 활동할 수 있는 법적으로 독립적인 관계를 가지고 있으며, 또한 가맹점에 투자되는 창업자금 및 운영자금은 100% 가맹점사업자에 의하여 이루어져 가맹본부는 가맹점의 내부 운영에 절대적인 영향력 행사할 수 없는 서로의 운영상 독립적 관계를 가지고 있다. 이를 극복하기 위해서 편의점 업계에서는 가맹본부가 가맹점에 일부분을 투자하여, 가맹본부가 가맹점 내부 의사결정에 영향을 미치기도 한다.

예를 들면 GS25의 경우 가맹 유형에 의해 가맹 조건을 달리하며 가맹점 내부 의사결정에 영향을 미치고 있다. 가맹 유형과 가맹계약 조건을 구체적으로 알아보면 〈표 3-2〉와 같다.

〈표 3-2〉 가맹점 타입과 가맹계약 조건 사례

<table>
<tr><th colspan="2">항목</th><th>수익추구형 H-TYPE</th><th>G-TYPE</th><th>안정추구형 A-TYPE</th><th>공동투자형 R-TYPE</th></tr>
<tr><td rowspan="7">가맹점 투자 금액</td><td>점포 임차비용</td><td>경영주 임차</td><td>경영주 임차</td><td>본부 임차</td><td>본부 임차 (경영주 50%)</td></tr>
<tr><td>가맹비</td><td>770만 원(VAT 포함)</td><td>770만 원(VAT 포함)</td><td>770만 원(VAT 포함)</td><td>770만 원(VAT 포함)</td></tr>
<tr><td>상품 준비금</td><td>1,400만 원</td><td>1,400만 원</td><td>1,400만 원</td><td>1,400만 원</td></tr>
<tr><td>소모품 준비금</td><td>100만 원</td><td>100만 원</td><td>100만 원</td><td>100만 원</td></tr>
<tr><td>보증금</td><td>없음</td><td>없음</td><td>최소1,000만 원</td><td>최소2,000만 원</td></tr>
<tr><td>시설/집기/인테리어</td><td>경영주 투자(선택 가능)</td><td>본부 지원</td><td>본부 지원</td><td>본부 지원</td></tr>
<tr><td>합계</td><td>점포 임차 + 시설/집기/인테리어 + 2,270만 원</td><td>점포 임차 + 2,270만 원</td><td>예치보증금 + 2,270만 원</td><td>전대보증금 + 2,270만 원</td></tr>
<tr><td rowspan="4">가맹 계약 조건</td><td>수익 배분(매출 총이익 기준)</td><td>80%</td><td>65%</td><td>45%</td><td>60%</td></tr>
<tr><td>계약기간</td><td>5년</td><td>5년</td><td>2년</td><td>4년</td></tr>
<tr><td>담보 설정(근저당기준)</td><td>5,000만 원</td><td>5,000만 원</td><td>2,000만 원</td><td>3,000만 원</td></tr>
<tr><td>각종 지원 제도</td><td>미오출 보상금
FreshFood 폐기 지원
상품 판매, 발주 장려금</td><td colspan="3">전기료 50% 지원
미오출 보상금
FreshFood 폐기 지원
상품 판매, 발주 장려금</td></tr>
</table>

자료: www.gs25.gsretail.com(2018.01.19.)

2) 수직적 관계

가맹점이 가맹본부가 제공하는 공동의 영업표지와 동질의 상품이나 서비스를 소비자에게 공급하기 위해 가맹본부는 강력한 힘을 바탕으로 가맹점사업자를 통제하기 때문에 가맹본부와 가맹점은 수직적 상하 관계가 강하다.

가맹본부는 수직적 관계를 유지하기 위해서 법적 통제, 관리적 통제, 경제적 통제를 하고 있다.

첫째, 가맹본부와 가맹점사업자가 서로 프랜차이즈 계약서에 서명함으로써 서로가 법적 통제를 받게 된다. 그러나 계약서 자체가 가맹본부에 의하여 만들어지기 때문에 가맹점사업자에게 불리한 내용이 있을 수도 있다. 이러한 불합리한 내용을 없애기 위해 2011년 공정거래위원회에서 프랜차이즈 표준계약서를 만들어 가맹본부에게 이용하게 함으로써 양자 간의 공정성과 균형성을 확립하고는 있다. 그러나 가맹본부는 품질관리와 브랜드 보호를 이유로 가맹점을 감사하거나 가맹계약 해지 권한을 통해 가맹점사업자를 법적으로 통제한다.

둘째, 가맹본부는 가맹점사업자나 종업원에게 교육훈련을 지속적으로 시키고, 슈퍼바이저 방문을 통하여 경영지도와 가맹점의 의견 수렴 및 문제점을 해결하기도 한다. 이런 일상의 업무를 통하여 가맹본부는 가맹점사업자에게 업무를 지시하는 등 관리적 통제한다.

셋째, 가맹본부는 가맹점사업자에게 사용료(royalty), 광고비, 교육비, 인테리어 비용 등의 부과를 통해 경제적인 통제를 가하기도 한다.

3) 상호의존적 관계

프랜차이즈 시스템에서 가맹본부는 가맹점사업자에 대해 단순하게 프랜차이즈 계약 관계 또는 수직적 상하 관계로만 보아서는 안 된다. 프랜차이즈 시스템이 성공하기 위해서는 가맹본부와 가맹점 서로가 강한 결합 관계에 있어야 하고 상호의존적이어야 한다.

상호의존성이 높아지면 몰입도와 장기적 협력 관계의 수준도 높아진다. 장기적 협력 관계의 수준이 높아지면 가맹본부와 가맹점 간의 평등성이 높아져 진정한 사업파트너가 되어 각자의 권리와 이익을 생각하기보다는 장기적 최상의 이익을 위하여 양보하고 협력한다.

가맹본부와 가맹점 간의 친밀한 업무 관계는 프랜차이즈 사업에 있어서 가장 중요한 요소이며, 양자의 사업성과는 이러한 협력 관계에 달려 있고 가맹본부와 가맹점 간의 관계에 있어 상호의존성을 이해할 때에 프랜차이즈 성과가 만족할 만한 효과를 나타낼 수 있다.

3-3-3 프랜차이즈 시스템의 갈등관계

가맹본부와 가맹점은 프랜차이즈 계약에 의해 자신의 역할을 전문화시키고 상호의존하며 공동의 이익목표 달성을 위해 서로의 노력을 필요로 하지만 또 그 안에서 서로가 추구하는 목표와 역할이 다르고 때로는 상충되어 갈등이 발생된다. 가맹본부와 가맹점 모두 프랜차이즈 시스템 전체의 효율성과 양자 간 협조의 필요성을 공감하지만 각자 자신의 이익 추구를 위해 자신의 경영 권한을 최대화시키고자 한다. 가맹본부와 가맹점 간의 관계 특성상 단기적 이익 추구를 배제하고, 기회주의적 성향의 억제와 자신의 이익보다 시스템 전체의 성과를 중시해야 하지만, 서로 배타적이고 불가능한 목표, 이해와 역할의 불일치에 의해 갈등이 발생한다.

프랜차이즈 시스템 내에서 가맹본부와 가맹점은 각각 유통경로상 구성원으로서의 위치에 있기 때문에 다른 유통조직에서 일어나는 경로갈등이 이들 사이에서도 역시 발생하고 있다. 이들 간의 관계는 상호의존성은 깊지만, 언제나 호의적인 관계로 지속되는 것은 아니다. 경로구성원 일방 또는 양자의 잘못된 의사결정 또는 과욕으로 갈등이 유발된다.

1) 갈등의 정의

갈등은 심리적 용어로 개인의 정서(情緖)나 동기(動機)가 다른 정서나 동기와 모순되어 그 표현이 저지되는 현상을 말하며, 이는 서로 다른 두 가지가 충돌하는 것을 의미한다. 유통경로에서의 경로갈등의 정의는 한 경로구성원이 자기의 목표를 달성이나 혹은 행동패턴의 효과적인 수행을 다른 경로구성원이 방해하거나 해로운 행위를 하고 있다고 지각하는 상태이다. 프랜차이즈 시스템에서도 경로갈등의 정의를 적용할 수 있다.

프랜차이즈 시스템에서의 갈등이란 프랜차이즈 운영·영업 정책 등에 관한 가맹본부와 가맹점 간의 기대 미충족과 의견 불일치라고 정의할 수 있다. 그리고 계약을 체결한 가맹점의 70%가 가맹본부로부터 제품의 구입을 강요받고 있고, 47%의 가맹점은 일반시장의 가격보다 높은 가격으로 제품을 제공받고 있다고 믿고 있으며, 강요받은 가맹점은 가맹점 운영에 대해 불만족하고 있음을 밝혔다(Hunt, & Nevin, 1976).

2) 갈등 발생의 원인

프랜차이즈 시스템 내에서 갈등이 발생하는 원인은 가맹본부와 가맹점이 서로에 대해 가지고 있는 기대가 충족되지 않기 때문인데, 이는 프랜차이즈 계약을 맺을 때, 계약 내용과 별도로 가맹본부는 가맹점이 적정 투자를 하고 표준화된 시스템 운영 매뉴얼을 준수할 것을 기대하는 반면 가맹점은 가맹본부가 프랜차이즈 시스템 전체의 경쟁력을 강화하고 가맹점의 요구사항들을 충분히 지원해 줄 것을 기대하게 되는데 이러한 서로의 기대가 충족되지 않으면 갈등관계가 발생하게 된다.

또한 갈등이 발생하는 원인은 일반적으로 경로구성원들 간의 역할의 불일치, 목표의 불일치, 그리고 지각의 불일치로 구분된다.

갈등의 정도는 불일치의 심각성, 불일치 빈도, 불일치 기간 그리고 갈등 이슈의 중요성에 의해 측정된다.

역할 불일치. 가맹본부와 가맹점 간의 역할에 대한 합의가 이루어지지 않았거나 역할 규정이 모호하여 견해 차이가 생길 때 발생한다. 양자가 각자의 권리와 의무를 사전에 명시하고 수행할 때 양자의 갈등은 줄어들 것이다. 즉 목표시장이 중복될 경우 가맹본부와 가맹점사업자 간에 갈등을 야기하기도 한다. 또 하나는 가맹본부와 가맹점 각각이 자신의 고유 기능이 있는데 어느 일방이 이를 무시하고 다른 일방에게 무리한 결과를 요구하여 생기는 갈등 유형이다. 특정 상품에 대한 가맹본부의 마케팅 활동이나 교육 없이 가맹점에 특정 상품의 매출 증대를 요구하여 가맹점사업자가 반발하여 생기는 갈등이다.

목표 불일치. 가맹본부와 가맹점의 목표가 서로 다르고 양자가 동시에 이 목표를 달성할 수 없을 때나 상충될 때 갈등이 생긴다. 외식업 프랜차이즈의 경우에 메뉴의 판매가격은 이미 정해져 있는데 가맹본부가 원자재 가격을 인상하면 가맹점사업자는 그만큼 마진폭이 줄어들어 갈등의 소지가 된다. L햄버거는 본부의 성장 전략에 의하여 동일 상권 내 3개의 가맹점포를 개설하여 본부의 전체적 매출은 늘었지만 같은 상권 내에 있는 3개 점포의 각각 매출은 줄어 가맹본부와 가맹점사업자 간에 심한 갈등이 생기기도 하였다.

지각 불일치. 가맹본부와 가맹점사업자는 각자의 개성, 환경, 그리고 역할에 따라 동일한 사실이나 실체를 서로 다르게 지각하여 양자 간에 오해가 발생하는 경우가 있다. 이는 커뮤니케이션 방법 또는 커뮤니케이션 부족 시 발생할 수 있어 커뮤니케이션 시스템의 개선을 통하여 해결할 수 있다.

3) 프랜차이즈 시스템 갈등의 관리

가맹본부와 가맹점사업자는 프랜차이즈 계약 관계를 떠나서는 법적으로 서로 독립적인 사업자이고 상하 관계가 아니기 때문에 갈등이 생기기 쉽고 갈등의 해결에 어려울 수 있으며 때에 따라서는 법적 소송까지 갈 수 있어 가맹본부와 가맹점사업자 사이의 갈등은 관리되어야 한다. 갈등의 적절한 관리는 프랜차이즈 시스템을 한 단계 발전시킬 수 있는 계기가 된다. 따라서 갈등관리는 갈등이 심각해져 역기능이 나타나기 전에 효과적으로 통제하고 조정하여 협력 관계를 유지 강화시켜 주는 것이다.

해결. 가맹본부와 가맹점사업자가 서로 신뢰하고 협조하여 상위 공동목표를 설정하고 이를 추구하여 양자가 만족할 수 있는 해결 방법을 찾는 활동이다. 상대의 목표와 우선순위에 양보적 행위 등이 이에 속한다.

설득. 하위 목표상의 차이가 정보 교환만으로 해결되지 않을 때, 이러한 차이를 줄이기 위하여 상위의 공동목표에 연관시켜 상대방의 관점이나 의사결정기준을 바꾸려는 시도이다. 비강압적 영향력의 원천을 바탕으로 상대방의 인식을 수정하거나 리더십을 바탕으로 상대방의 인식을 수정한다.

협상. 가맹본부와 가맹점사업자 간의 목표 차이가 상당히 커서 공동의 목표 추구가 어려워 새로운 협의를 통해 갈등이 최소화되도록 하지만 미래에 또 다른 갈등의 여지가 남겨져 있고 긴장 상태도 유지된다. 이런 경우는 제로섬 게임으로 상호 간에 일부 양보하고 넘어가는 것이다.

정치적 해결. 갈등이 양자 간에 제대로 안 풀려 제3자가 개입하게 되는 과정이다. 가맹점들이 연합체를 만들어 가맹본부와 대등한 상태에서 문제를 해결하려는 상황이다. 또는 가맹사업거래 분쟁조정협의회에 조정 신청을 하여 해결하는 것으로 조정은 법적 효과가 있는 것이다.

공동회원제. 가맹본부와 가맹점사업자 각각이 상대의 협회나 모임에 가입하여 상대의 입장을 이해함으로써 갈등을 줄일 수 있다.

인적 교류. 가맹본부의 임직원과 가맹점사업자 또는 직원이 일정 기간 동안 서로 인적 교류를 하여 상대의 역할을 수행해 봄에 따라 상대에 대한 이해도를 높이는 것이다. 효율적인 인적 교류가 되기 위해서는 인적 교류 전에 갈등 원인을 정확하게 규명하여 인지하고 있어야 하며 인적 교류 프로그램에 참여한 인력이 자신의 회사로 복귀한 후 그 직무를 계속해야 효과적이다.

4) 갈등 해결 방법

가맹본부와 가맹점사업자 간에 갈등관리가 이루어지지 않는 경우 해결 방법을 찾아야 하는데, 갈등 해결 방법에는 자신의 목적만을 추구하는 정도와 상대방의 목적을 배려하는 정도에 따라 문제 해결 과정과 경쟁 해결 과정으로 구분하였다.

첫째, 문제 해결 방법은 상호 협조에 의해 프랜차이즈 시스템의 상호의존성과 시스템 전체의 목적 달성을 위해 양자가 모두 만족하고 수용할 수 있는 해결책을 강구하는 방법이다. 이는 갈등의 역기능을 감소시키고 가맹본부와 가맹점 모두를 만족시킬 수 있으므로 시스템의 효율성 측면에서 권장할 만한 방법이라 할 수 있다.

둘째, 경쟁 해결 방법은 가맹본부가 가맹점에 대한 배려 없이 힘의 우위를 이용하여 강압적으로 자신의 이익을 위해 가맹점의 희생만을 강요하는 일방적인 방법으로 상호 불신을 초래하고 잠재적인 갈등을 더 악화시키므로 상호 간 피해야 할 방법이다.

갈등 해결과 관련한 선행연구를 보면 가맹본부와 가맹점 간의 갈등이 프랜차이즈 시스템의 효율성에 부정적인 것만은 아니며, 문제가 더 악화되기 전에 갈등이 적절히 해결될 경우 서로에 관한 만족감과 신뢰가 커지고 프랜차이즈 시스템 전체의 효율성을 증가시키는 순기능적인 역할을 할 수 있다고 하였다(김상현, 1995). 가맹본부는 프랜차이즈 시스템의 중심인 관리자로서 가맹점과의 갈등을 적절히 해결해야 할 책임이 있다.

또한 문제 해결 갈등 방식은 가맹본부와 가맹점 모두에게 만족할 수 있는 결과를 제공함으로써 시스템에서의 협조적 관계를 강화하는 기반을 조성할 수 있고 서로에 대한 만족과 협력 관계 증진은 상호 신뢰와 심리적 결합을 가져와 태도 몰입을 강화시킨다.

3-4 프랜차이즈 시스템 유형

프랜차이즈 시스템은 가맹본부가 가맹점사업자에게 특정 상품을 유통하거나 서비스의 수행 또는 일정방식에 의해서 사업을 할 수 있는 권리를 계약을 통해서 부여하는 경로 시스템의 한 형태이다(Peter Hall & Rob Dixon, 1989). 〈그림 3-5〉와 같이 유통경로 형태별 분류하면, 유통경로 시스템은 수직적 마케팅 시스템(Vertical Marketing System)과 수평적 마케팅 시스템(Horizontal Marketing System), 통합적 마케팅 경로 시스템(Integrated Marketing Channel System)으로 구성되어 있으며, 수직적 마케팅 시스템은 관리형 수직적 마케팅 시스템(Administered VMS)과 계약형 수직적 마케팅 시스템(Contractual VMS), 기업형 수직적 마케팅 시스템(Corporate VMS)으로 구성되어 있으며, 프랜차이즈 시스템은 유통경로상 수직적 마케팅 시스템의 하부 경로 시스템인 계약형 수직적 마케팅 시스템에 구성되어 있다(P. Kotler & K. L. Keller, 2009).

3-4-1 수직적 마케팅 시스템

수직적 마케팅 시스템(vertical marketing system)은 마케팅 경로상에서 지도자격인 구성원이 전문적으로 관리되고 집중적으로 계획된 유통망을 주도적으로 형성하는 수직적 결합으로 수직적 마케팅 시스템의 장점으로는 첫째, 생산-유통-소비에 이르는 전체 과정에서 일관성

〈그림 3-5〉 유통경로 형태별 분류

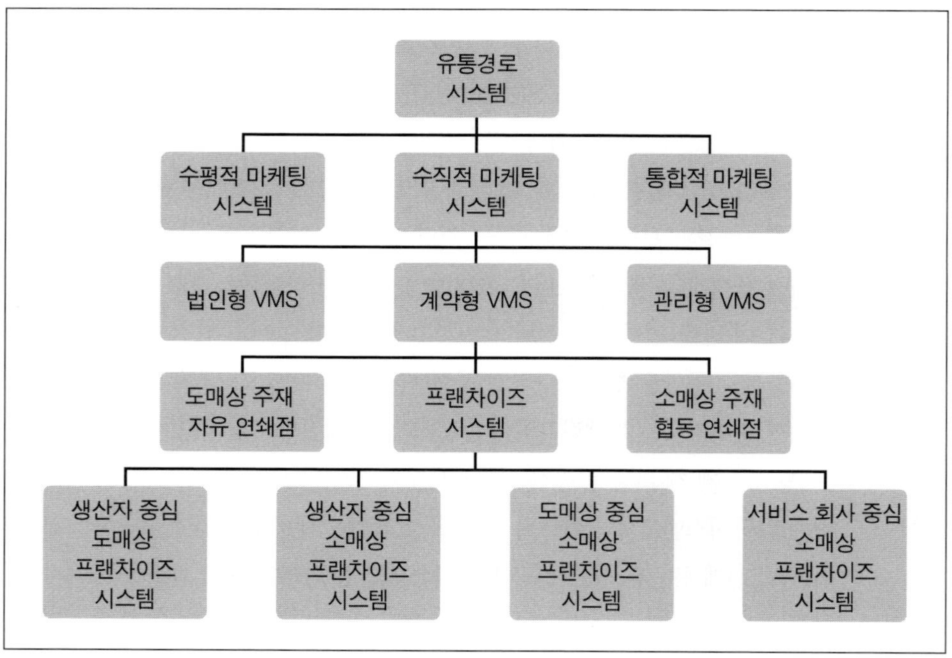

을 도모하고 비효율성을 제거하고, 둘째, 규모의 경제를 실현하고 적시에 적량의 상품 유통을 보장하며, 셋째, 마케팅 비용을 절감하고 전체 경로의 시장 영향력을 강화하는 것이다. 수직적 마케팅 시스템의 유형에는 법인형, 관리형, 계약형 VMS이 있다.

- 법인형 수직적 마케팅 시스템(corporate VMS): 생산과 유통의 연속적인 단계를 하나의 소유권 및 자본 참여를 통해 결합하는 형태이다. 예로서는 생산자가 직접 자신의 소매점을 여러 지역에 개설하는 것이다.
- 관리형 수직적 마케팅 시스템(administered VMS): 경로구성원들 중에서 가장 규모가 크거나 시장영향력이 큰 구성원이 다른 구성원들에게 비공식적으로 영향을 미쳐 생산이나 유통 활동을 조정하는 형태이다. 예로서는 유명상표 생산자의 경우 상품의 진열, 촉진, 가격정책에 관하여 도매상이나 소매상으로부터 특별한 협동과 지지를 받아내는 것이다.
- 계약형 수직적 마케팅 시스템(contractual VMS): 공식적인 계약을 근거로 생산과 유통의 연속적인 단계에 참여하는 경로구성원들이 결합하는 형태이다.

계약형 VMS는 소매상 주재의 협동연쇄점, 도매상 주재의 자유연쇄점, 프랜차이즈 시스템으로 구분할 수 있다.

- 소매상 주재의 협동연쇄점: 소매상들은 도매상의 기능은 물론, 가능하다면 생산 기능까지 수행할 수 있는 주도권을 갖는 소매상 조합을 구성하여, 이를 통해 일괄 구매하고, 공동 광고 계획을 수립하고, 이윤은 구매비율에 따라 각 구성원에게 분배하는 형태이다.
- 도매상 주재의 자유연쇄점: 도매상들은 독립된 소매상들로 하여금 대규모 연쇄조직과 경쟁할 수 있도록 도와주기 위해 임의적인 체인을 조직하여 판매행위를 표준화하고, 구매의 경제성을 달성하기 위한 프로그램을 개발한다.
- 프랜차이즈 시스템: 마케팅 경로상 상위단계의 경로구성원(가맹본부franchisor)이 하위단계의 구성원(가맹점franchisee)들을 계약을 통해 계열화함으로써 마케팅 효율과 시장영향력을 증대하는 형태이다.

프랜차이즈 시스템은 경로구성원 간의 협력 구성에 따라 구분하면 생산자 중심 도매상 프랜차이즈 시스템, 생산자 중심 소매상 프랜차이즈 시스템, 도매상 중심 소매상 프랜차이즈 시스템, 서비스회사 중심 소매상 프랜차이즈 시스템으로 구분할 수 있다(Vaughn, 1979).

- 생산자 중심 도매상 프랜차이즈 시스템: 소매상의 수가 지역적으로 너무 분산되어 있거나 소량을 취급할 때에 생산자인 가맹본부가 도매상을 가맹점으로 체계화하는 사업

형태

- 생산자 중심 소매상 프랜차이즈 시스템: 생산자가 소매취급자에게 판매권을 주고 생산자인 가맹본부가 그 취급점을 가맹점으로 여러 가지 판매 및 서비스 조건을 체계화하여 따르게 한 독립적인 사업 형태
- 도매상 중심 소매상 프랜차이즈 시스템: 도매업자가 다수의 제조업자로부터 다양한 품목을 제공받아 도매업자가 가맹본부가 되고 그 상품을 취급하는 소매상을 가맹점으로 계열화하는 사업 형태
- 서비스회사 중심 소매상 프랜차이즈 시스템: 서비스회사가 공동적 상표나 표준화된 영업 방법을 만들어 서비스회사가 가맹본부가 되고, 이를 취급하는 소매업자를 가맹점으로 공통의 상호와 상표를 사용하게 하고 서비스를 표준화하여 영업을 하게 하는 사업 형태

3-4-2 수평적 마케팅 시스템

수평적 마케팅 시스템(horizontal marketing system)은 새로운 마케팅 기회를 개발하기 위해 같은 경로 단계에 있는 2개 이상의 무관한 개별기업들이 재원이나 프로그램을 결합하고자 하는 사업 형태이다. 즉 새로운 마케팅 기회를 활용하는 일이 자본, 노하우, 생산설비, 인적자원 등의 측면에서 한 기업의 능력을 넘어설 경우나 위험을 다른 기업과 분담하고자 할 때, 다른 기업과 상호협동의 시너지즘을 얻고자 할 때 공동적으로 마케팅 기회를 발굴하고 활용할 수 있다.

3-4-3 통합적 마케팅 시스템

통합적 마케팅 시스템(integrated marketing system)은 하나의 경로를 통해 판매하는 전략과 전술이 다른 경로를 통해 판매하는 전략과 전술을 반영하여 초래하는 경우의 시스템적 사업 형태이다. 기업들이 더 많은 경로를 추가함으로써 얻을 수 있는 이점은 첫째, 더 많은 고객이 많은 장소에서 자사의 상품을 쇼핑할 수 있게 시장범위를 확대하는 것이고, 둘째, 기업들이 소규모의 고객을 개별적으로 방문하는 것보다 전화를 이용해 판매하는 등 경로 비용을 절감하는 것이고, 셋째, 기업들은 보다 복잡한 설비를 판매하기 위해 기술판매원을 이용하는 등 고객 판매를 증대시키는 것이다. 새로운 경로의 추가는 이러한 이점에도 불구하고 경로갈등과 통제의 문제를 발생시킨다.

3-5 프랜차이즈 시스템 분류

3-5-1 사업구조별 분류

프랜차이즈 사업구조별 분류는 가맹본부가 가맹점에 상품을 공급하고 가맹점으로부터 받는 수수료의 성질에 따라 크게 상품 형태 프랜차이즈(product format franchises)와 사업 형태 프랜차이즈(business format franchise), 두 가지로 구분할 수 있다. 그러나 상품 형태 프랜차이즈는 현대적 의미의 프랜차이즈 시스템이라기보다는 공급자와 판매자의 관계로 대리점이라 할 수 있다. 본서에서는 사업 형태 프랜차이즈를 프랜차이즈 시스템으로 정의하고 전개하기로 한다.

1) 상품 형태 프랜차이즈

상품 형태의 유통을 목적으로 하는 프랜차이즈 시스템은 상품 제조업자 또는 도매업자가 자기회사의 상품을 유통시키기 위해서 어떤 지역에 존재하는 소매업자에게 그 지역에서의 상품 판매권을 부여하는 형식으로 가맹점을 운영한다. 이러한 시스템은 상품의 판매가 효과적일 수 있는 방향으로 개발되어 이를 바탕으로 가맹본부로부터 각종 지도 및 지원을 받게 되며 통일된 상표, 상호 아래 가맹점이 영업을 하게 된다. 대표적인 예로는 주유소, 가전 상품 대리점, 의류 대리점 등을 들 수 있다.

이러한 상품 형태 프랜차이즈의 주요한 점은 가맹점사업자가 가맹본부의 상호와 로고 등을 사용하는 것을 허락하지만, 그들의 사업 운영 시스템 전부를 제공하지 않는다는 것이다.

상품 형태 프랜차이즈는 프랜차이즈의 초기 형태로 상호, 상표 등의 사용을 허락함과 동시에 상품만을 공급하고 그 영업에 관한 노하우를 제공하지 아니하는 형태로서 가맹점사업자가 상품을 팔기 전에 필요한 준비나 판매 이후의 추가적인 서비스 등을 하도록 한다. 상품 형태 프랜차이즈는 공급자-딜러(supplier-dealer) 관계와 유사한 성격을 지니고 있지만, 공급자와 딜러의 관계는 몇 종류의 상품을 취급하거나 경쟁자의 상품까지 취급하는 반면에 상품 형태의 프랜차이즈는 상품을 독점적이거나 반독점적 판매를 하고 있으며, 가맹점과 더욱 밀접한 관계를 갖고 다양한 서비스와 지원을 한다는 데 차이가 있다.

2) 사업 형태 프랜차이즈

미국 맥도널드, KFC 등이 사업 형태의 가맹점이다. 가맹본부는 가맹점들에 대하여 상품이나 서비스뿐만 아니라 가맹본부가 개발한 특정의 비즈니스 방법을 전수해 주는 것이다. 즉 가맹본부는 가맹점을 경영하기 위해 필요한 사업 개념을 설계하고 이를 구체화한 매뉴얼을 교부하고, 연수와 훈련을 실시하여 노하우를 익히게 하고, 가맹본부의 숙달된 슈퍼바이저를 파견하여 현장지도를 실시하고, 상품 구매에서 판매, 운영 등의 업무 전반에 걸친 지도 및 관리를 실시한다.

따라서 가맹본부에서 개발된 기준 품질을 유지하기 위하여 가맹본부는 상품 발주 방법과 장소, 상품을 준비하는 방법, 상품을 고객에게 제공하는 방법 등의 시스템을 일관성 있게 동일한 수준으로 기술을 유지하는 것이 필요하며, 프랜차이즈 시스템은 이러한 운영의 최소 수준을 유지하는 일관성 있는 표준화가 유지된다.

상품 형태 프랜차이즈와 사업 형태 프랜차이즈를 가맹본부와 가맹점으로 나누어 비교하면 〈표 3-3〉과 같다.

〈표 3-3〉 프랜차이즈 사업의 형태 비교

구분	상품 형태 프랜차이즈(product format franchises)	사업 형태 프랜차이즈(business format franchise)
가맹본부 (franchisor)	• 상품을 공급 • 등록상표의 사용 • 사업 운영시스템은 제공하지 않음 • 고객에 상품 판매 방법 전수	• 상품이나 서비스 공급 • 등록상표의 사용 • 사업 운영 시스템 제공 • 경영 노하우, 교육훈련, 점포운영, 판매 기법 등에 관련된 매뉴얼 제공
가맹점 (franchisee)	• 가맹본부와 1년 단위 계약 • 상품 대금 지급 • 담보는 제공하나 가맹비나 사용료는 지급하지 않음	• 가맹본부와 3년, 5년 단위의 장기계약 • 상품이나 서비스 대금 지급 • 보증금, 가맹비, 사용료 등 수수료 지급
예	• 청량음료 • 자동차 • 주유소 • 의류 브랜드숍 등	• 패스트푸드 • 소매업 • 서비스업 등

3-5-2 서비스 제공에 따른 분류

프랜차이즈 사업을 가맹본부가 가맹점에 제공하는 서비스 형태와 사업 전개 방법에 따라 전환 프랜차이징(conversion franchising), 마스터 프랜차이징(master franchising), 두 가지 개념의 프랜차이징(dual concept or co-brand franchising), 인터내셔널 프랜차이징(international franchising)로 구분할 수 있다.

1) 전환 프랜차이징

전환 프랜차이징(conversion franchising)은 표준적인 프랜차이즈 관계를 조금 수정한 형태의 프랜차이즈 시스템으로 기존의 독립 사업체를 모집하여 자신의 프랜차이즈 구성원으로 전환한 형태로서 부동산이나 호텔 같은 서비스 산업에서 체인수를 늘리기 위해 널리 이용하는 프랜차이즈 시스템이다.

가맹점사업자는 가맹본부의 브랜드 인지도나 서비스, 매뉴얼화 된 운영 방법을 통해 수익의 극대화시키기 위해 프랜차이즈 시스템에 가입하게 되고, 가맹본부는 규모의 경제로 얻을 수 있는 다양한 혜택을 누리기 위해 독립 사업체를 체인화한다. 관련 사업에 경험이 없는 가맹점사업자는 기존의 가맹점사업자와 동일성을 유지하기 위한 중요한 변화나 전환을 기피하는 경우 가맹본부는 이를 강력히 통제할 수 없다는 단점이 있다.

전환 프랜차이징의 대표적인 예로는 인터콘티넨털 호텔을 들 수 있다. 〈그림 3-6〉과 같이 인터콘티넨털 호텔은 1946년 4월 인터콘티넨털 호텔 & 리조트가 인터콘티넨털 호텔 기업(International Hotels Corporation)으로 탄생하였으며, 1963년 라틴아메리카 이외 지역에 최초로 인터콘티넨털 호텔 & 리조트가 문을 열게 됨으로써 중동, 아시아, 태평양 및 아프리카 지역에 체인을 갖춘 최초의 세계적인 호텔이 되었다. 인터콘티넨털 호텔 & 리조트는 전 세계 65개 국가에 150개 호텔을 운영하고 있으며 반세기가 넘는 세월 동안 해외 출장자들을 동반자 역할을 수행하고 있다.

2) 마스터 프랜차이징

마스터 프랜차이징(master franchising)은 가맹본부가 관리하기 어려운 지역이나 장소 등에

〈그림 3-6〉 전환 프랜차이징 의 예

자료: www.hoteljoin.com(2018.01.19.)

한 사람이나 그룹을 가맹점사업자로 훈련시켜서 그 지역에 대해서는 가맹본부가 해야 할 모든 역할을 대신해서 할 수 있도록 고안된 프랜차이즈 시스템이다.

마스터 프랜차이징은 가맹점사업자를 선택하는 일부터 장소 선택, 장비 구입 및 훈련 제공 등 모든 일을 스스로 알아서 한다. 이 같은 마스터 프랜차이징은 국외에서 프랜차이즈에 대한 수요가 있을 때 효과적이다. 예를 들어, 미국의 유명 프랜차이즈를 한국 전체에 대해 독자적으로 운영할 수 있는 마스터 프랜차이징 계약을 맺고 한국 내에서 가맹본부의 역할을 하는 경우가 마스터 프랜차이징이다.

3) 두 가지 개념의 프랜차이징

두 가지 개념의 프랜차이징(dual concept or co-brand franchising)은 한 장소에서 두 개의 프랜차이즈 개념이 동시에 비즈니스를 하는 것을 말한다. 최근에는 두 개의 브랜드가 한 곳에서 비즈니스를 하는 듀얼(Dual)뿐만이 아니고, 3개 혹은 그 이상이 한 곳에서 운영되는 복수(Multiple) 개념까지 생겨서 운영 중이다.

이 같은 프랜차이즈 개념의 장점은 두 가지 브랜드를 따로 오픈하는 것보다 비용을 절감할 수 있고 노동력 및 공간 그리고 시간의 활용을 최대화시킬 수 있고 소비자들에게 폭넓은 선택과 새로운 제품이나 서비스를 제공함으로써 매출 및 이익을 증대시킬 수 있다. 두 가지 개념의 프랜차이징의 대표적인 예로는 〈그림 3-7〉과 같이 얼라이드 도멕 리테일링 유에스에이(Allied Domeg Retailing USA)를 들 수 있다. 여기에서 판매하고 있는 던킨 도넛은 도넛과 커피를 판매하며 새벽이나 아침 혹은 밤늦게 오는 고객을 상대로 판매하며, 베스킨 라빈스는 아이스크림, 요구르트 그리고 스무디를 판매하며 점심시간부터 저녁시간 전까지 오는 고객을 상대로 판매하며, 토고는 샌드위치와 샐러드를 판매하며, 점심시간에 몰리고 저녁 시간에 약간 오는 고객을 대상으로 판매한다.

〈그림 3-7〉 두 가지 개념의 프랜차이징의 예

4) 인터내셔널 프랜차이징

인터내셔널 프랜차이징(international franchising) 시스템은 특히, 미국식 패스트푸드 프랜차이즈 가맹점은 이제 세계의 어디를 가도 볼 수 있을 정도로 보편화되었다. 최근 들어 미국이 만든 제품이나 서비스 중 가장 세계적으로 보급되고 인기를 끌고 있는 것이 프랜차이즈 시스템이 아닌가 한다. 한 조사에 의하면 약 200개 정도의 미국 식품 관련 회사가 국제적

으로 영업을 하고 있는데 그중에서 가장 빠른 속도로 성장을 하고 있는 것이 패스트푸드 식당이다.

3-5-3 체인별 분류

프랜차이즈 시스템을 체인별로 분류하면 직영 체인, 자발적 체인, 프랜차이즈 체인, 임의 가맹점 체인, 조합형 체인으로 구분할 수 있다.

1) 직영 체인

직영 체인(regular chain)은 가맹본부가 직접 점포마다 투자를 하여 운영을 하는 형태이다. 브랜드 이미지를 일관성 있게 유지하고 보다 강력한 점포 운영계획에 따라 성과를 극대화하기 위해 실시하는 사업 운영 형태로서 직영점의 설치, 운영에 막대한 자금이 소요되는 단점이 있으나 본사의 철저한 통제 아래 운영됨으로 효율성이 뛰어나다는 장점이 있으며 주로 대기업에서 자사 직영점 형태로 운영하고 있다.

2) 자발적 체인

자발적 체인(voluntary chain)은 독립 점포와 프랜차이즈 체인의 중간적 성격을 띠고 있으며, 공동 브랜드나 동일업종 조합하여 운영하는 형태로 가맹본사는 최소한의 기능만 하고 점포주가 자기만의 특징을 살려 융통성 있게 경영하는 사업 운영 형태로 장점으로는 지역의 특성에 맞는 점포 이미지를 만들고 가격 책정이나 상품 취급 등의 한계를 극복할 수 있고, 단점으로는 체인본부의 매뉴얼화된 운영 방법과 통제가 어려워 통일화된 브랜드 이미지를 만들 수 없다는 것이다. 예로는 최근 소규모 슈퍼마켓이 조합을 결성하여 자발적인 체인을 운영하기도 하고, 즉 대기업의 SSM(super-super market)과 경쟁하기 위한 스마트숍(나들가게) 또한 정부가 직접 운영을 지원하는 정부 주도의 자발적 체인이라 볼 수 있다.

3) 프랜차이즈 체인

프랜차이즈 체인(franchise chain)은 일반적으로 프랜차이즈를 대표하는 사업 형태로서 가맹본부와 가맹점이 결합된 상호보완적인 운영방식을 채택하고 있다. 가맹본부는 자신의 성공적인 창업 노하우를 전수해 주는 대가로 가맹점사업자에게 일정한 수수료를 지급받으며, 가맹점사업자는 창업의 불완전한 면을 보장받음으로써 보다 쉽게 안정적인 사업 기반을 구축할 수 있는 기회를 받을 수 있다.

프랜차이즈 체인을 유형별로 분류하면 〈표 3-4〉와 같다.

이 밖의 분류 방법으로는 가맹본부의 업종·업태별에 의한 분류로는 서비스업, 도·소매

〈표 3-4〉 프랜차이즈 시스템의 분류

분류	종류
사업구조에 따른 분류	① 상품 형태 프랜차이즈 ② 사업 형태 프랜차이즈
서비스 제공에 따른 유형	① 전환 프랜차이징 ② 마스터 프랜차이징 ③ 두 가지 개념 프랜차이징 ④ 인터내셔널 프랜차이징
체인 형태에 따른 분류	① 직영 체인 ② 자발적 체인 ③ 프랜차이즈 체인
업종·업태별 유형	① 서비스업 프랜차이즈 ② 도·소매업 프랜차이즈 ③ 외식업 프랜차이즈
계약 내용에 따른 분류	① 상품형 프랜차이즈 ② 영업형 프랜차이즈 ③ 생산형 프랜차이즈
권한에 따른 분류	① 단일 프랜차이즈 ② 복수 프랜차이즈(지역/마스터)

업, 외식업 프랜차이즈로 분류하고, 가맹본부와 가맹사업자 간의 계약내용에 의한 분류로는 상품형, 영업형, 생산형 프랜차이즈로 분류하고, 가맹본부의 권한에 의한 분류는 단일 프랜차이즈와 복수(마스터, 두 가지 개념) 프랜차이즈로 구분한다.

4) 임의 가맹점 체인

임의 가맹점 체인은 가맹본부의 계속적인 경영지도 및 가맹본부와 가맹점 간의 협업에 의하여 가맹점의 취급품목, 영업 방식 등의 표준화 사업과 공동구매, 공동판매, 공동시설 활용 등 공동사업을 수행하는 형태의 체인사업이다.

5) 조합형 체인

조합형 체인은 같은 업종의 소매점들이 「중소기업협동조합법」 제3조에 따른 중소기업 협동조합을 설립하여 공동구매, 공동판매, 공동시설 활용 등 사업을 수행하는 형태의 체인 사업이다.

제4장 가맹본부의 이해

PROLOGUE

외식프랜차이즈 '깜깜이' 가맹금으로 '땅짚고 헤엄치기' 영업

가맹점주 잘 모르는 '차액가맹금' 받는 가맹본부 대부분
물품 공급은 총수 친인척으로부터 … 리베이트까지 '꿀꺽'

주요 외식업종 가맹본부 대부분은 가맹점주가 의무적으로 사도록 하는 필수품목에 이윤을 붙이는 방식으로 '깜깜이' 가맹금을 받는 것으로 나타났다. 가맹본부 절반은 이 물품을 총수 배우자나 친인척 등 특수 관계인을 통해서 공급하고 있었다. 공정거래위원회는 이러한 내용이 담긴 '구입요구 품목 거래실태' 조사 결과를 29일 발표했다. 공정위는 지난 7월부터 정보공개서 기재 내용을 확대하는 가맹사업법 시행령 개정을 추진하면서 처음으로 실태 조사를 벌였다.

비교적 규모가 큰 피자, 치킨, 분식, 커피, 제빵, 햄버거, 한식 등 7개 외식업종 50개 가맹본부를 대상으로 '구입요구 품목'(필수품목) 거래실태를 들여다봤다. 조사 결과 필수품목의 유통이윤, 즉 차액가맹금을 통해 일부라도 가맹금을 받는 가맹본부는 대다수인 94%에 달했다. 차액가맹금이란 필수품목을 공급하면서 이윤을 붙이는 방식으로 받는 가맹금을 말한다. 공정위가 최근 서울과 경기 가맹점 2천여 곳을 조사한 결과 가맹점주 74.3%가 차액가맹금의 존재를 몰랐다는 점에 비춰보면, 가맹본부 대부분은 '깜깜이' 가맹금을 받는 셈이다. 차액가맹금으로만 가맹금 전부를 받는 가맹본부도 전체의 32%에 달했다. 가맹본부 연간 매출액에서 차액가맹금이 차지하는 비율이 가장 높았던 업종은 치킨으로 27.1%를 차지했다. 이어 한식(20.3%), 분식(20.0%) 등이 20%를 넘었다.가맹점주가 올린 매출액 중 가맹본부에 낸 차액가맹금 액수의 비율도 치킨(10.6%)이 가장 높았다. 패스트푸드(8.6%), 한식(7.5%)도 높은 편이었다. 필수품목을 배우자·친인척·계열회사 등 특수관계인을 통해 공급하는 가맹본부는 전체의 절반에 가까운 48%였다. 이러한 필수품목을 업체로부터 사들이면서 리베이트(판매장려금)를 받는 가맹본부도 44%나 됐다. 공정위는 이번 조사에서 필수품목 중 브랜드 동일성이나 상품의 동질성 유지와는 관련이 있다고 보기 어려운 품목도 상당수 확인했다고 밝혔다. 예를 들어 행주와 같은 주방용품, 테이프 등 사무용품, 종이컵이나 빨대 등 1회용품은 인근 마트·홈쇼핑에서도 쉽게 구할 수 있지만 본부를 통해서만 사도록 하는 곳이 있었다.

이는 가맹사업법으로 금지하는 '구속조건부 거래행위'에 해당할 수 있다. 공정위는 이런 혐의가 있는 가맹본부에 대해서는 조속히 자진 시정을 유도하고, 응하지 않은 본부는 추가로 조사를 해 조치할 계획이다.현재 입법예고 중인 개정 가맹사업법 시행령이 시행되면 가맹점주 1인당 전년도 평균 차액가맹금 액수 등을 가맹본부는 정보공개서를 통해 반드시 공개해야 한다. 김대영 공정위 가맹거래과장은 "실태 조사를 통해 가맹점주들이 가맹금 거래조건 협상에서 상당한 도움을 받을 것으로 기대된다"며 "앞으로 가맹금 형태를 차액가맹금이 아닌 매출에 따라 지급하는 로열티 방식으로 전환하도록 유도할 계획"이라고 말했다.

자료: 매일경제, 2017년 12월 29일자.

4-1 가맹본부의 개념과 기능

4-1-1 가맹본부의 개념

"가맹본부"라 함은 가맹사업과 관련하여 가맹점사업자에게 가맹점 운영권을 부여하는 사업자를 말한다(가맹사업 거래의 공정화에 관한 법률 제2조 2).

여기서 가맹사업은 1장에서 종합적인 정의를 내렸듯이 '가맹사업(프랜차이즈)이란 가맹본부와 가맹점사업자 간의 독립적 관계로 공동의 이익목표를 달성하기 위해 지속적인 계약 관계를 맺고, 가맹본부는 공통의 상표, 상호, 마크, 동질의 제품 및 서비스 제공과 경영 노하우 및 교육훈련 등을 제공하고, 이를 관리 통제함으로써 계속적인 이익을 제공하며, 가맹점사업자는 가맹본부가 제공하는 모든 지원과 관리의 대가로 사업에 필요한 자금투자 및 수수료(가맹비, 사용료, 보증금 등)를 지불하는 기업경영방식'으로 가맹본부와 가맹점사업자 간의 계속적인 거래 관계를 말한다.

가맹본부의 경영자는 경쟁에서 이길 수 있는 경쟁력을 가져야 한다. 즉 경쟁에서 이길 수 있는 창의력을 기반으로 타 가맹본부와의 차별화 전략이 필요하다. 차별화 전략은 프랜차이즈 기업을 성공시킬 수 있는 필수적 요소이지만 이는 경영자의 부단한 노력 없이는 이루어질 수 없으며, 이를 실천하려는 노력 없이는 불가능하다.

우리나라의 프랜차이즈 산업은 부실 경영과 경쟁력 없는 프랜차이즈 시스템, 그리고 부도덕한 경영자들로 인해 가맹점을 모집한 후 얼마가지 않아 도산하거나 파산하는 가맹본부들로 인해 많은 가맹점사업자들이 피해를 입고 있다. 가맹본부가 도산하지 않으려면 지속적으로 프랜차이즈 시스템의 기술을 개발하고 차별화된 상품을 개발하여 계속 성장하고 수익을 올려야 한다. 또한 이러한 기술과 상품 개발을 위해서는 부단한 투자가 필요하며, 종업원과 기업을 이어주는 기업문화 형성과 경영 전략이 필요하다.

가맹본부의 가장 중요한 것은 영속성과 지속성이다. 가맹본부는 생존과 성장을 통하여 고용을 창출하고 국민경제를 발전시키고 사회적 책임을 완수하는 것이 필요하다. 프랜차이즈 가맹본부 또한 이러한 기업의 중요한 사명에서 제외될 수는 없다. 특히 프랜차이즈 사업은 3년, 5년, 10년 혹은 수십 년을 계약 관계를 통해 지속해야 하므로 프랜차이즈 시스템을 구축하기 위한 시행착오의 수정이나 사업 노하우의 구축기간이 필요하다. 미국의 가맹본부들은 평균 5년에서 7년간의 기간을 통해서 사업 아이템의 시스템화와 검증 그리고 수정, 보완한다. 또한 충분한 시험기간을 거쳤음에도 불구하고 가맹점 수 증가보다는 시스템의 안정화와 가맹점의 수익증대를 위해 많은 투자와 시간을 투자한다(장재남, 2011).

4-1-2 가맹본부 수익구조

가맹본부는 가맹점사업자로 하여금 자기의 상표, 서비스표, 상호, 간판 그 밖의 영업표지를 사용하여 일정한 품질기준이나 영업 방식에 따라 상품(원재료 및 부재료를 포함) 또는 서비스를 판매하도록 함과 아울러 이에 따른 경영 및 영업 활동 등에 대한 지원 및 교육의 대가로 가맹사업자로부터 여러 가지 수수료를 지급받아 운영하는 기업의 하나이다.

가맹본부의 수익구조는 가맹점사업자가 지불하는 여러 가지 수수료에 의존하게 되는데 가맹본부는 가맹비, 사용료, 보증금, 광고 분담금, 상품이나 서비스 공급 마진, 교육훈련비, 인테리어 시설비 등의 수익구조를 적절하게 세워야 한다. 가맹본부의 수익 원천의 법률적 의미를 보면 〈표 4-1〉과 같다.

가맹본부가 이러한 여러 가지 수수료를 결정하는 데 있어서 가맹본부에 대한 서비스 비용, 가맹본부의 상품과 서비스의 품질, 가맹본부의 재무구조, 가맹점사업자의 지불 능력, 경쟁비용, 상표의 가치, 가맹점사업자의 선호도, 제한되는 지역의 크기, 계약기간 등을 고려하여 결정해야 한다.

가맹본부는 프랜차이즈 사업으로부터 발생하는 총수입으로 가맹본부의 시스템을 유지하고 경쟁력 있는 네트워크를 구축하는 데 사용하게 된다.

가맹본부가 가맹비, 사용료, 광고료 등을 받지 않는다면, 가맹본부는 가맹점사업자에

〈표 4-1〉 가맹본부의 수익 원천의 법률적 의미

수익 원천	법률적 의미
가맹비	가맹점사업자가 영업표지의 사용 허락 등 가맹점 운영권이나 영업 활동에 대한 지원·교육 등을 받기 위하여 가맹본부에 지급하는 대가
사용료	가맹점사업자가 가맹본부와의 계약에 의하여 허락받은 영업표지의 사용에 대하여 가맹본부에 정기적으로 또는 비정기적으로 지급하는 대가로서 대통령령으로 정하는 것
보증금	가맹점사업자가 가맹본부로부터 공급받는 상품 등에 관한 채무액이나 손해배상액의 지급을 담보하기 위하여 가맹본부에 지급하는 대가
교육비	가맹본부가 가맹점사업자 및 가맹점 종업원의 교육의 대가
광고 분담금	가맹점의 매출 증대를 위한 광고, 홍보, 판촉비용에 대한 대가
인테리어 비용	가맹점사업자가 가맹점 운영권을 부여받을 당시에 가맹사업을 착수하기 위하여 가맹본부로부터 공급받는 정착물·설비 명목으로 가맹본부에 지급하는 대가
초도 상품비	가맹점사업자가 가맹점 운영권을 부여받을 당시에 가맹사업을 착수하기 위하여 가맹본부로부터 공급받는 상품이나 물품의 가격을 가맹본부에 지급하는 대가
상품(물류) 공급 마진	가맹점사업자가 가맹점 운영권을 취득하거나 유지하기 위하여 가맹본부에 지급하는 모든 대가

게 판매하는 상품이나 서비스에 대해서 비용을 부과하게 될 것이다.

1) 가맹비

가맹비(franchise fee)는 가맹점사업자가 영업표지의 사용 허락 등 가맹점 운영권이나 영업 활동에 대한 지원·교육 등을 받기 위하여 가맹본부에 지급하는 대가로 가맹점사업자가 가맹본부에 가맹가입비를 납부하면 돌려받지 못하는 돈으로 업종과 가맹본부 시스템에 따라 다르다.

모든 가맹본부가 가맹가입비를 받는 것은 아니다. 특히 우리나라의 경우 현실적으로 지적소유권이나 지적재산권에 대한 가치 인정이 미약한 사회분위기와 가맹가입비를 지급하면 돌려받을 수 없다는 가맹사업자의 부정적인 심리 탓에 가맹가입비를 받지 않는 가맹본부도 있다. 그러나 이런 경우에는 가맹가입비에 해당하는 비용을 인테리어 설비 및 초도 상품비 등에 전가하여 받기 때문에 명목상 가맹비가 없는 것이지 실제 투자비용이 줄어들거나 가맹본부의 개설 이익이 줄어드는 것은 아니다.

2) 사용료

사용료(royalty)는 가맹점사업자가 가맹본부와의 계약에 의하여 허락받은 영업표지의 사용과 영업 활동 등에 관한 지원·교육, 그 밖의 사항에 대하여 가맹본부에 정기적으로 또는 비정기적으로 지급하는 대가이다.

프랜차이즈에 있어서 사용료는 가맹본부의 지속적 운영과 성장에 있어서 매우 중요하다. 가맹사업자가 정기적으로 또는 비정기적으로 지급하는 사용료를 가지고 가맹본부는 가맹점사업자를 위해 새로운 상품과 서비스를 개발하고, 브랜드 확산을 위한 마케팅, 지속적인 영업 지원과 교육, 훈련 등을 제공하게 된다. 따라서 사용료는 프랜차이즈 시스템의 지속적인 경쟁력 확보와 가맹점 성공을 위한 지원 활동, 그리고 가맹본부의 적절한 수익을 위해서 필요하다.

가맹본부가 가맹점사업자에 책정하는 사용료 방법에는 첫째, 매출액을 기준으로 하여 일정비율을 지불하는 방식, 둘째, 매출 총이익의 일정비율을 지불하는 방식인 퍼센트 방식, 셋째, 매월 일정 금액을 지불하는 방식인 고정액 방식, 넷째, 가맹사업자가 매월 가맹본부로부터 구입한 상품(원재료 및 부재료 포함) 금액을 기초로 일정한 비율을 산정하는 방식인 구입액 기준 방식이 있다.

3) 보증금

보증금(guaranteed fee)은 가맹점사업자가 가맹본부로부터 공급받는 상품의 대금 등에 관한 채무액이나 손해배상액의 지급을 담보하기 위하여 가맹본부에 지급하는 대가이다.

보증금은 가맹점사업자가 가맹본부에 납부하는 비용 중 유일하게 돌려받을 수 있는 것으로 외식업의 경우 원재료 및 부재료 공급에 따른 외상 공급이 발생하므로 이에 대한 보증금을 가맹본부가 미리 받아 두는 것이다. 소매업의 경우 매장에서 판매하는 상품의 외상 매출금에 대한 보증금의 성격으로 보증금의 규모에 따라 현금 또는 부동산 담보, 유가증권 담보 등으로 받아 둔다. 서비스업의 경우는 가맹본부로부터 공급받는 물품이 많지 않아 보증금의 규모가 매우 낮거나 없는 경우가 있어 보증금 대신 현금거래를 하고 있다.

4) 교육비

교육비는 가맹본부가 가맹점사업자 및 가맹점 종업원 교육의 대가로 받는 비용으로 가맹점의 동기부여, 가맹본부에 대한 이해증진, 상품, 영업 방법, 경영 방법의 이해 증진 등을 목적으로 가맹본부가 가맹점사업자와 종업원에 대해 정기적이고 지속적으로 교육을 시키고 받는 대가이다.

5) 광고 분담금

광고 분담금은 가맹점의 매출 증대를 위한 광고, 홍보, 판매촉진 비용에 대한 대가이다. 가맹점사업자는 가맹점 창업의 가장 큰 장점 중 하나가 가맹본부의 브랜드 인지도와 가맹본부의 광고, 홍보 및 판매촉진 능력이다. 그러나 가맹본부가 광고비 전액을 부담하여 브랜드를 알리기 위한 홍보나 광고, 가맹점의 매출액 증대를 위한 프로모션 활동을 하기는 쉽지 않다. 따라서 가맹본부는 광고의 목적과 성격에 따라 광고비, 홍보비, 판매촉진비의 일정비율의 금액을 가맹점사업자들에게 분담시켜 공동으로 마케팅 활동을 수행하게 된다.

가맹본부가 가맹점사업자에 책정하는 광고 분담금 방식에는 가맹점의 년 매출액을 기준으로 하는 매출액 기준 방식과 가맹점마다 일정한 금액을 부과하는 고정액 방식이 있다. 광고 분담금을 결정함에 있어 가맹본부는 지역 또는 전국 광고 프로그램 비용뿐만 아니라 광고물이나 프로모션 제작비용도 광고 분담금에 포함하여야 한다.

6) 인테리어 비용

인테리어 비용은 가맹점사업자가 가맹점 운영권을 부여받을 당시에 가맹사업을 착수하기 위하여 가맹본부로부터 공급받는 정착물·설비 명목으로 가맹본부에 지급하는 대가로 가맹본부의 프랜차이즈 시스템의 일관성을 유지하는 데 필요한 요소이다. 인테리어 비용은 가맹점사업자가 창업하는 데 부동산 비용을 제외하고 가장 많이 부담하는 비용 중 하나이다.

가맹본부는 인테리어를 통해서 매장과 상품 또는 시스템의 이미지를 부각시킬 수 있도록 디자인되어야 하며 소비자의 욕구를 충족시키고 동기유발을 일으켜야 한다. 그런데 가맹본부와 가맹점사업자 사이에 인테리어 비용으로 갈등을 빚기도 한다. 가맹본부가 실내외 인테리어를 하면서 비용을 과다하게 청구하는 경우가 종종 있기 때문이다. 이는 가맹본부가 지정 인테리어 업체를 선정하여 시설을 시행뿐만 아니라 가맹점사업자가 실내외 인테리어에 대한 전문지식이 없기 때문에 빚어지는 일이라 할 수 있다.

7) 초도 상품비

초도 상품비는 가맹점사업자가 가맹점 운영권을 부여받을 당시에 가맹사업을 착수하기 위하여 가맹본부로부터 공급받는 상품이나 원부자재의 가격을 가맹본부에 지급하는 대가로 외식 가맹점의 경우 최초로 회사 로고가 새겨진 그릇, 접시, 물컵 등과 같이 영업을 위해 준비되는 상품이나, 음식을 제조하기 위한 원재료나 부자재 등이다.

8) 상품공급 마진

상품공급 마진은 가맹희망자나 가맹점사업자가 가맹점 운영권을 취득하거나 유지하기 위하여 공급받는 상품에 대하여 가맹본부에 지급하는 대가로 가맹본부는 가맹점사업자에게 제공하는 상품과 서비스에서 이익발생을 기대한다. 가맹점사업자는 가맹본부로부터 상품 원재료, 소모품, 비품, 그 밖의 물품을 구입하는 데 타 유통보다 저렴하게 구입하게 되면 이익이 될 수 있다. 이에 대한 구입대금을 지급해야 한다.

4-1-3 가맹본부의 기능

가맹본부는 프랜차이즈 관리 패키지를 지속적으로 개발하여 그것을 가맹점사업자에게 계속적으로 제공하여야 한다. 따라서 가맹본부는 프랜차이즈 관리 패키지를 통해서 수익을 창출하는 기업이라고 할 수 있으며, 이 관리 패키지의 지속적인 개발과 혁신이 무엇보다도 중요하다. 가맹본부의 기능은 프랜차이즈 관리시스템 개발, 원재료 개발능력, 상품 및 서비스 개발능력, 교육훈련 및 지도 기능, 판매촉진 기능, 금융 기능, 정보 기능 등의 개개의 기능을 유기적으로 통합시킨 '프랜차이즈 관리 패키지'를 만들어 내는 것이다. 가맹본부의 기능을 세부적으로 보면 〈표 4-2〉와 같다.

〈표 4-2〉 가맹본부의 기능

구분	내용
프랜차이즈 관리시스템 개발	• 프랜차이즈 시스템을 올바르게 운영하기 위한 노하우의 개발 • 물류관리시스템, 재고관리시스템, 경영정보시스템
원재료 개발	• 상품의 원재료, 점포운영을 위한 재료의 개발
상품 및 서비스 개발	• 차별화된 새로운 상품, 적절한 가격의 공급, 상품의 적절한 구색, 조건 변경에 따른 제공 방법
교육훈련·운영지도	• 가맹점 판매 활동 및 서비스 활동에 대한 교육훈련 및 경영지도
판매촉진	• 프랜차이즈 전체의 이미지 개선 • 신상품의 보급을 위한 판매촉진
금융 기능	• 가맹점 창업에 필요한 대출, 설비, 기기, 비품구입을 위한 대출 • 가맹점 운영자금 대출
정보 기능	• 가맹점의 판매정보, 일일상황 시장조사 등의 정보 제공 • 경쟁사의 시장정보 제공 • 소비자 트렌드에 관한 정보 제공

4-2 가맹본부의 경영자

4-2-1 경영자의 경영철학

가맹본부의 경영자와 가맹점사업자의 경영철학은 상호작용이나 다양한 태도에 의해서 명백하게 나타난다. 비록 프랜차이즈 관계가 계약에 의해 지배되고 있지만 그 계약이 모든 가능성이나 문제를 예측할 수는 없다.

성공적인 프랜차이즈 관계는 가맹본부의 경영자와 가맹점사업자가 서로 신뢰하고 존경해야 하며 시장에서의 경쟁우위를 유지할 수 있도록 해준다.

가맹본부 경영자의 경영철학에는 가맹점사업자에 대한 존중, 고객에 대한 최고의 서비스, 가맹본부의 성장을 통한 영속성과 지속성, 미래지향적인 경영, 국가 및 사회에 대한 책임과 의무, 공정거래를 최우선으로 하는 기업윤리 등의 내용이 포함되어야 한다.

가맹본부는 가맹점사업자들에게 그들의 의견이 존중되고 있음을 알게 해주어야 하며, 가맹점의 문제점들을 접근하는 데 유연해야 하고, 이러한 문제점의 해결에 적극적인 문화를 형성하는 것도 필요하다. 특히 프랜차이즈 시스템은 내부의 갈등과 분쟁을 해결하는 데 공정해야 하며 분쟁이 원만하게 해결되도록 가맹본부는 진지한 자세로 임해야 한다. 또한 가맹본부와 가맹점사업자에 의해 제시되는 아이디어들을 공유하고 평가하며 획득할 수 있는 시스템이 필요하다. 또한 가맹점사업자들이 창의성을 발휘하고 의사결정에 참여할 수 있는 기회를 제공하는 것도 필요하다.

가맹본부 경영자는 가맹점사업자들의 수익 증대와 성장을 위해 노력해야 한다. 가맹본부의 경영자는 가맹점사업자들의 성공을 위해서 단기적인 이익도 희생할 각오를 갖고 있어야 한다. 가맹본부와 가맹점사업자는 각자 공동운명체로서 상호의존적인 사업들의 네트워크를 지원해야 할 책임을 갖고 있다.

아직까지 우리나라의 가맹본부는 경쟁력이 취약하고 경영관리가 미흡하다. 이는 자본, 인력 등 규모가 영세하여 가맹점 지원에 대한 역량이 부족하고, 경영능력, 전문지식 등의 부족으로 노하우 전수와 지속 성장에 한계가 있다고 할 수 있다.

따라서 프랜차이즈 사업을 하고자 하는 기업가 그리고 가맹본부의 경영자, 가맹점 희망자, 가맹점사업자들은 경쟁력 향상과 효율적인 경영관리를 위해서 프랜차이즈에 대한 정확한 이해와 프랜차이즈 사업에 대한 필요성에 대해 확고한 의지를 가지고 있어야 한다.

4-2-2 창업자로서 경영자

창업자는 사업의 주체이며 능동적인 조직가로서 사업 아이템과 사업 자본을 결합하여 사업성 분석과 사업계획을 수립, 실행을 주도하는 사람이다. 창업자는 기업의 설립에 필요한 유·무형의 자원을 동원하고 이를 적절히 결합하여 기업이 목표하는 시스템을 만들고, 관리하는 역할을 수행하여야 한다. 창업에 있어서 핵심적인 요인으로는 창의성(creativity), 혁신성(innovation), 기업가 정신(entrepreneurship)이다. 창의성은 새로운 것을 고안해 내는 능력을 말하며, 혁신성은 새로운 생각을 실천에 옮기는 것을 말하며, 기업가 정신은 새로운 상품이나 서비스를 시장에서 화폐적 가치로 실현해 내는 것을 말한다.

1) 창의성

창의성(creativity)이란 새롭고 남다른 것을 고안해 내는 능력을 말하며, 이는 이전에 없었던 것을 생각하거나 혹은 원하는 만큼 충족되지 못한 욕구가 무엇인가를 생각해 내어 기발한 사업 아이디어를 만드는 것을 말한다. 오늘날 창의성은 기업 경쟁력의 중요한 요소로서 기업 내에서 창의성을 키우기 위해서는 다양한 개성과 사고발상의 창조능력을 갖춘 인재의 개발을 위한 조직적 학습이 매우 중요하다. 또한 창업자는 창의성뿐만 아니라 자질과 능력도 갖추어야 한다. 창업자가 갖추어야 할 자질과 능력은 다음과 같다.

첫째, 새로운 시대에 부응하는 경영감각과 신뢰받을 수 있는 경영자로서의 인격을 갖춘 사람이어야 한다.

둘째, 미래 경영환경 변화에 대한 통찰력과 판단력을 통하여 장기경영 목표를 세우고,

경영목표를 달성할 수 있는 자질과 능력을 갖춘 사람이어야 한다.

셋째, 탁월한 창의력과 추진력을 갖추고, 환경 변화에 도전적이고 새로운 기회를 능동적으로 대처하며, 투자와 희생을 감수할 수 있는 기업가 정신을 갖춘 사람이어야 한다.

넷째, 영리추구의 정당성을 확보하고 사회적 책임 인식과 높은 성취욕구와 강한 독립심의 갖춘 사람이어야 한다.

2) 혁신성

혁신성(innovation)이란 오래된 생각을 탈피하여 새로운 생각을 실천에 옮기는 것을 말하며, 창의성으로부터 출발하여 새로운 아이디어를 실행하는 것을 의미한다. 혁신은 부를 창출하기 위한 새로운 능력을 갖춘 자원을 얻으려는 행위라고 정의할 수 있으며, 이는 이미 존재하고 있는 자원으로부터 부를 창조하는 잠재력을 새롭게 변화시키는 행위로서 기술, 서비스, 유통, 종업원의 훈련 기준 등 매우 다양한 부문에 적용될 수 있다.

3) 기업가 정신

기업가 정신(entrepreneurship)은 새로운 상품이나 서비스를 계획하여, 시장에서 화폐적 가치로 실현해 내는 회사를 설립하는 것을 말한다. 즉 혁신된 것을 가지고 상업적으로 상품을 출현시켜 시장 영역을 형성하고 소비자에게 새로운 만족감을 부여하거나 신규 수요고객을 창출하는 것을 말한다. 창업자는 전문경영자와는 달리 기업의 실질적인 소유자이므로 다음과 같은 기업가 정신이 필요하다.

첫째, 창업자는 강한 모험심과 위험을 무릅쓰고 과감하게 투자할 수 있는 도전력이 필요하다.

둘째, 창업자는 혁신자가 되어야 한다. 이는 여러 가지 위험요소를 기회로 전환시킬 능력을 말한다. 혁신이란 창의성을 바탕으로 새로운 제품 및 서비스의 개발, 새로운 생산 공정의 개발, 새로운 자원의 개발과 발명, 새로운 시장개척과 확장, 새로운 산업조직 및 경영관리 시스템의 개발 등이다.

셋째, 창업자는 미래 지향적인 비전과 정신을 가지고 있어야 한다. 창업자는 모험을 극복하는 강력한 자신감, 추진력, 성공한다는 정신으로 집약되는 '나는 할 수 있다'는 정신이 충만 되어 있는 행동가 이어야 한다.

기업이 창업시장에서 성공하기 위해서는 창의성, 혁신 및 가치창출을 위한 기업가 정신이 서로 연결될 때 가능해지는 것이다.

4-2-3 가맹본부 경영자가 갖추어야 할 자질과 능력

경영자는 기업 내의 근로자를 지휘 감독하는 관리자로부터 가장 중요한 의사결정을 담당하는 최고경영자에 이르는 집단을 말하는데 일반적으로 좁은 의미의 경영자는 최고경영자를 말한다. 가맹본부의 경영은 경영자의 자질과 능력에 의해 직·간접적으로 많은 영향을 미친다. 일반적으로 성공한 경영자가 되기 위한 자질은 정직성, 비전 제시 능력, 공정성, 지성, 솔직성, 대담성, 신뢰감, 협동성, 창의력, 배려, 결단력, 야망, 자제력, 독립성 등 여러 가지가 있다.

경영자에게 요구되는 능력은 미래의 환경 변화에 어떻게 미래비전을 접목시켜 갈 것인가를 판단하는 선견력(foresight), 미래비전이 조직의 전통 문화와 잘 조화를 이룰 수 있는 통찰력(hindsight), 새로운 발명품이나 트렌드로 인한 충격을 해석하는 세계관(world view), 전체적인 그림을 적절한 수준으로 자세히, 그리고 전체적으로 볼 수 있는 깊은 인식능력(depth perception), 새로운 방향에 대한 경쟁자들과 다른 당사자들의 반응들을 이해하는 주변 파악능력(peripheral vision), 환경이 변함에 따라 이전에 종합되어 수립된 방향을 지속적으로 재검토하고 재수립하는 능력(revision) 등이다.

일반적으로 가맹본부와 가맹점사업자의 경영을 책임지고 있는 가맹본부의 경영자의 자질로는 위에서 얘기한 창의성, 혁신성 기업가 정신 외에도 전문지식, 분석능력, 능동적 자세, 강한 정신력, 원만한 인간관계, 강력한 리더십, 불필요한 과시의 절제 등을 들 수 있다(가맹본부 창업과 경영 전략(2011), p. 121).

1) 전문지식

프랜차이즈 기업은 다른 사업의 기업경영과는 매우 다르기 때문에 가맹본부의 경영자는 프랜차이즈 시스템에 대한 충분한 이해와 프랜차이즈에 관련된 전문지식이 필요하다. 경영자가 자신의 직무를 수행하는 데 전문성이 부족하면 구성원이나 조직 및 가맹점사업자에게 영향력을 행사하지 못한다.

2) 분석능력

급변하는 시장 환경에서 소비자의 트랜드 및 시장변화 추이를 정확히 분석해야 할 필요가 있다. 가맹본부의 경영자는 프랜차이즈 사업에 진출하기 전에도 관련 사업에 대한 충분한 검토와 분석이 필요하며, 프랜차이즈 기업 경영에 있어서도 시장 상황을 신속 정확하게 파악하여 조직의 발전의 기회로 삼는 분석기술이 필요하다.

3) 능동적 자세

가맹본부의 경영자는 가맹본부뿐만 아니라 가맹점 성과에도 많은 영향을 미치기 때문에 강인하고 능동적인 자세로 경영을 하여야 한다. 특히 현대 기업경영에 있어서 경영자는 현실유지를 위한 수동적인 자세보다는 시장 환경의 변화를 즐기면서 변화를 창조하는 능동적인 자세가 필요하다.

4) 강한 정신력

가맹본부 경영자는 프랜차이즈 사업의 특성상 가맹본부뿐만 아니라 가맹점사업자, 공급업체 등과의 공동이익을 목표로 하기 때문에 일반기업보다는 더 강인한 정신력을 갖추어야 한다. 특히 경영자는 사고를 통해 가맹본부와 가맹점의 조직을 거시적이고 전체적인 관점에서 바라볼 수 있는 강한 정신적 능력을 갖추어야 한다.

5) 원만한 인간관계

가맹본부의 경영자는 가맹본부 구성원뿐만 아니라 가맹점사업자와 종업원과도 원만한 인간관계를 갖추기 위해서는 소통할 수 있는 능력, 동기부여와 구성원을 리드할 수 있는 능력을 갖추어야 한다. 또한 가맹본부의 경영자는 공동의 이익을 목표로 하는 프랜차이즈 시스템 구성원(가맹본부 직원, 가맹점사업자와 종업원, 공급업체, 고객)과의 주기적인 관계를 통해서 신뢰성을 증가시켜야 할 것이다.

6) 강력한 리더십

가맹본부의 경영자는 프랜차이즈 시스템 구성원(가맹본부 직원, 가맹점사업자와 종업원, 공급업체, 고객)과의 관계가 원만하게 유지되고, 생산성이 높은 조직문화를 만들기 위해서는 강력한 리더십을 가져야 한다. 지도력(leadership)은 조직의 문제점을 개선하고, 조직이 환경 변화에 적응하도록 하며, 구성원에게 동기를 부여하는 등의 기능을 가진다.

7) 불필요한 과시의 절제

가맹본부의 경영자는 자신의 기업과 경영능력에 맞는 지속적인 관리가 필요하다. 자신의 기업과 경영능력을 과시하기 위해서 너무 많은 비용을 들여서는 안 된다. 가맹본부의 수익은 가맹점사업자가 지불하는 가맹비나 수수료에 의존하기 때문에 불필요한 과욕은 기업의 이익을 감소시킬 뿐만 아니라 기업경영을 위태롭게 만들기도 한다.

4-3 가맹본부의 성장단계

프랜차이즈 사업의 환경은 빠른 속도로 변화고 있으며 시장의 급속한 성장만큼이나 경쟁 또한 치열하다. 기업이 프랜차이즈 시스템을 통하여 사업을 확장하고자 하는 가장 큰 이유는 가맹점 확장을 통하여 규모의 경제를 달성하고 브랜드의 위상을 정립하고 공동구매를 통한 소매경쟁력 확보 및 안정적인 물류 시스템의 구축으로 시장경쟁력에 있어서 우위를 차지함과 동시에 가맹점을 통하여 얻어진 자금력을 바탕으로 가맹본부의 사업을 지속적으로 성장시켜 나가기 위해서이다.

4-3-1 성장주기별 분류

일반적으로 프랜차이즈 기업의 성장과정은 프랜차이즈 시스템을 구축하기 위해 하나의 제품을 개발하여 가맹점을 개설하기 위한 잠복기, 제품을 시장에 출시해 가맹점 개설을 준비하는 태동기, 프랜차이즈 시스템 형태를 갖추고 가맹점을 개설하는 발전기, 가맹점의 확대와 가맹점의 지도업무를 강화하는 성숙기, 장기적인 경영 전략을 구축하고 가맹본부가 안정적 단계로 진입하는 완성기 등 5단계를 거치게 되는데 단계별 특징은 다음과 같다(박주영 외2009, 프랜차이즈 창업론).

1) 프랜차이즈 잠복기

프랜차이즈 잠복기는 한 개의 생계형 점포를 성공시키고, 수년간 어떤 독립적 자영업을 운영해 오면서 나름대로의 연구로 고객들로부터 사랑을 받기 시작하고 주변으로부터 프랜차이즈 가맹점을 개설해 달라는 부탁을 많이 받는 시기이다. 그러나 프랜차이즈 가맹본부를 운영하기 위한 시스템 구축이 전혀 안된 상태이며, 생업으로서 어느 정도 부(富)도 축적했으므로 프랜차이즈 사업을 해보려는 욕구가 생기는 단계로 프랜차이즈 시스템화를 위한 개념적 잠복기에 해당된다.

2) 프랜차이즈 태동기

프랜차이즈 태동기는 다른 가맹본부를 보아도 별다른 시스템 구축 없이 단기간에 많은 점포 수를 개점하고 있는 것처럼 보이며, 주변의 지인이나 친·인척에게 프랜차이즈의 조직적 형태를 갖추지는 않았어도 우선 가맹점을 개설해주는 시기이다. 또 2~3개 점포 혹은 4~5개 점포를 운영해 보니 원자재 공급문제(물류 문제), 요리의 맛 문제(자기의 직영점과 동일한 맛이 나오지 않는다)가 발생하며, 가맹본부에서 제공하는 원자재나 일부 특수 원자재(예컨대 맛을 내는 소스)의 보관상태가 나빠 변질 등의 문제가 발생한다. 간판이나 상호 정도를 빌려주는 상표 분할형태가 대부분이며, 가맹점으로부터 기술 전수나 경영 노하우의 전수 대가로 약간의 교육비와 가맹비 등을 받아 축적된 자금으로 직영점 1~2개를 추가 개점하나, 전문 프랜차이즈 운영시스템은 아직도 미비상태이다.

3) 프랜차이즈 발전기

프랜차이즈 발전기는 다행히 태동기에서 실패하지 않고 우선 성공한 것처럼 보이며, 가맹점 모집광고를 내고 타 업체로부터 프랜차이즈 관련 업무를 경험한 간부직원을 채용하며 프랜차이즈 시스템의 형태를 갖추며 발전하려고 시도하는 시기이다. 그러나 프랜차이즈 시스템을 구축한다고 하나 가맹점별로 들쑥날쑥하여 통일이 안 된 상태다. 직영 1호점은 이익이 발생했으나 직영 2호점부터는 이익이 최소규모이거나 발생하지 않으며, 무리하게 직영점을 개설하기 위하여 은행융자나 타인자금을 사용하게 됨으로써 이자비용이 증가된다.

프랜차이즈 가맹점에 발송할 원자재 창고임대료 또는 창고건설비, 가맹본부 직원 인건비가 커져서 가맹본부 경영자가 자금 조달에 매달리게 된다.

태동기를 거쳐 프랜차이즈 발전기에서는 가맹본부의 약 80% 이상이 소멸되며, 성공한 가맹본부는 직영점 2~3개, 가맹점 20~30개가 운영된다.

4) 프랜차이즈 성숙기

프랜차이즈 성숙기에는 보통은 직영점 3~4개, 가맹점 15~20개 점포의 운영상태가 된다(소규모 가맹점을 포함하면 30~50개 수준). 교육시스템을 갖추고 각종 운영매뉴얼을 정비시켜 전체 업무진행수준을 높이며, 신문이나 TV에 가맹점 모집광고를 하며, 박람회 참가 및 사업설명회 등도 개최한다.

SV(supervisor)시스템을 구축하여 가맹점 지도업무를 강화하고 가맹본부 경영방침을 전달하고, 가맹본부의 신규 사업계획을 추진하면서 상권분석 및 입지 선정에 대한 정밀도 높은 노하우를 구축한다.

가맹본부의 임원진도 구성하는 등 간부를 한 단계 더 높은 수준으로 끌어올리며, 각종 전산 정보시스템을 구축하고, 모델점포의 확실한 정립을 이룩한다.

5) 프랜차이즈 완성기

프랜차이즈 완성기에는 직영점과 가맹점 합쳐서 점포 수가 최소 30~50개 점포에 이르게 되며(소규모 가맹점을 포함하면 80~100개 수준), 시장상황 및 프랜차이즈 시스템에 대한 여건 변화에 따른 매뉴얼 수정작업이 이루어진다.

핵심고객을 파악하여 고정고객을 만들어 가는 판매촉진 전략을 구사하며, 프랜차이즈 시스템 구축 및 가맹점 개설에 자신감을 갖고 TV 및 신문 등 언론매체에 광고 및 홍보활동을 강화한다.

또한 완성기에서는 프랜차이즈 기반의 안정단계로 장기 경영 전략을 구축하며, 단계별 업무집행내역은 업종 및 업태의 종류, 모델점포의 규모에 따라 단계별 상황이 단축되거나 더 연장될 것이다.

예컨대 가맹본부를 운영하려는 경영자들은 프랜차이즈 시스템 전개에 있어 이러한 성장단계별 기간이 필요하다는 점과 적어도 이러한 5단계에 이르기까지 어떤 프랜차이즈 업무가 단계별로 요구되는지에 대한 뚜렷한 이해가 있어야 한다.

몇 개의 직영점을 운영하면서 사업을 확장하려는 경영자나 직영 1호점을 운영하면서 쌓아 올린 실적을 프랜차이즈화해서 더 큰 이익을 확보해 보려는 프랜차이즈 가맹본부 창업 희망자는 프랜차이즈 성장과 발전에 단계별로 필요한 조직과 업무를 연구해야 할 것이다.

4-3-2 브랜드 존속기간에 의한 분류

2010년 전국 프랜차이즈 브랜드 실태조사에 따르면 국내 프랜차이즈 가맹본부의 브랜드 존속 기관을 보면 총 2,346개 브랜드 중 2010년 생성된 브랜드 169개를 제외한 2,177개 브랜드 중 1년 미만 351개, 1년에서 5년 미만 1,019개, 5년에서 10년 미만 519개, 10년 이상 288개 브랜드로 나타났으며, 브랜드별 총 가맹점 보유현황을 보면 총 2,346개 브랜드 중 결측치 179개 브랜드를 제외한 2,167개의 브랜드가 보유하고 있는 가맹점 수는 25개 미만이 1,367개 브랜드, 25개에서 50개 미만이 309개 브랜드, 50개에서 100개 미만이 238개 브랜드, 100개 이상이 273개 브랜드로 나타났다.

국내 프랜차이즈 가맹본부의 브랜드 존속기간과 가맹점 보유 수로 프랜차이즈 성장과정을 구분하여 보면, 프랜차이즈 상품개발단계, 프랜차이즈 도입단계, 프랜차이즈 확장단계, 프랜차이즈 안전단계, 프랜차이즈 강화단계 등 다섯 단계로 구분할 수 있다.

1) 프랜차이즈 상품개발단계

상품개발단계는 상품을 시장에 도입하기 전에 상품 개발과 브랜드 구축, 매뉴얼 작성 등 프랜차이즈 가맹본부를 준비하는 단계라 할 수 있다. 이는 프랜차이즈 산업이 가맹본부와 가맹점 간의 공동 이익을 목표로 공생적 관계의 시스템적 특징을 가지고 있기 때문이다. 상품 개발단계에서 가맹점에 이익이 되는 상품을 제공하기 위해서 1~2개의 시범점포나 직영점포를 통해 개발된 상품이나 서비스를 시험판매 후 소비자의 반응이 좋은 상품을 상품화하는 단계이다.

2) 프랜차이즈 도입단계

프랜차이즈 도입단계는 상품개발 단계에서 개발한 상품이나 서비스가 소비자 반응이 좋을 경우, 구축된 브랜드와 매뉴얼을 바탕으로 가맹본부를 설립하는 단계이다. 이 단계에는 가맹점을 모집하기 위한 인력과 가맹점 관리를 위한 인력을 채용하면서 가맹점 모집 광고 및 홍보에 주력하게 된다. 브랜드 존속기간이 1년 미만이고, 가맹점 보유수가 25개 미만인 경우가 여기에 속하게 된다. 우리나라의 경우 브랜드 존속기간이 1년 미만인 브랜드는 351개로 16.1%가 이 단계에 속한다고 볼 수 있다.

3) 프랜차이즈 확장단계

프랜차이즈 확장단계는 도입단계에서 가맹점 모집을 통한 소비자 반응과 브랜드 인지도 등을 바탕으로 가맹점을 확장 및 매출 증대에 주력하는 단계이다. 이 단계에는 절대적으로 자본이 충분해야 한다. 가맹점 모집 확대 및 인적자원관리, 정보화관리, 물류관리 등 인프라 구축과 지역별 직영점 개설 및 상품개발이 지속적으로 이루어지는 단계이다. 브랜드 존속기간이 1년에서 5년 미만이고, 가맹점 보유수가 50개 정도인 경우가 여기에 속하게 된다. 우리나라의 경우 존속기간이 1년에서 5년 미만의 브랜드인 1,019개로 46.8%가 이 단계에 속한다고 볼 수 있다. 이 단계에서 상당히 많은 브랜드가 소멸되고 있다.

4) 프랜차이즈 안정단계

프랜차이즈 안전단계는 가맹점 모집 확대를 통한 경영 노하우와 자금의 축척, 인력의 안정화 등으로 안정된 발전이 지속되는 단계라 할 수 있다. 가맹점 모집 확대에 따른 가맹점 관리 등 그동안 나타난 문제점들을 신속하게 해결하고 경쟁상품이나 서비스 등 대체상품 또는 유사브랜드에 대해 신속하게 대응하고, 경영 전략을 체계화하여 안정을 기하는 단계이다. 브랜드 존속기간이 5년에서 10년 미만이고, 가맹점 보유수가 100개 정도인 경우가 여기에 속하게 된다. 우리나라의 경우 존속기간이 5년에서 10년 미만의 브랜드인 519개로 23.8%가 이 단계에 속한다고 볼 수 있다.

5) 프랜차이즈 강화단계

프랜차이즈 강화단계는 프랜차이즈 가맹본부로써 안정화되어 소비자로부터 신뢰를 받는 기업으로 강화된 단계이다. 이 단계에서는 사회공헌 활동 등 기업 이미지를 강화하면서, 상품 개발 및 원부자재 개발 등 연구개발 활동과 제2, 제3의 브랜드 런칭을 준비하는 도약 단계이다. 브랜드 존속기간이 10년 이상이고, 가맹점 보유수가 100개 이상인 경우가 여기에 속하게 된다. 우리나라의 경우 존속기간이 10년 이상인 브랜드는 288개로 13.3%가 이 단계에 속한다고 볼 수 있다.

4-4 프랜차이즈 캐즘이론

4-4-1 캐즘이론

실리콘밸리에서 활동하는 컨설턴트인 조프리 무어(G.A. Moore) 박사가 주창한 캐즘(chasm) 이론은 로저스(rogers)의 수용자의 범주 분포와 기존의 상품수명주기 모델과 소비자 집단의 유형을 결합하여 소비자층을 크게 혁신수용자, 조기수용자, 전기다수수용자, 후기다수수용자, 지각수용자 등 다섯 가지 유형으로 나누어 모형화시킨 것이다. 각 소비자층의 행동과 태도는 각각 다르게 나타난다.

- 혁신수용자(innovators)는 기술애호가라고도 하며 수용자 중 2.5%에 해당하는 사람들로 거의 강박관념으로 새로운 아이디어와 제품을 사용하려고 하며, 그들은 소득 수준이 높고 고등교육을 받았으며, 더욱 범세계적이며 자기 과신이 강하며 과학적인 원천과 전문가들로부터 정보를 획득할 가능성이 높다.
- 조기수용자(early adopters)는 선각자라고도하며 제품을 수용하는 두 번째 집단으로 평균 13.5% 정도 되며 혁신수용자보다는 집단규범과 가치관에 의존적이며 그들의 밀접한 결연관계 때문에 의견 선도자가 될 가능성이 매우 크다.
- 전기다수수용자(early majority)는 실용주의자라고도 하며 소비자 집단 중 34%에 해당하는 집단으로 신제품은 채택하기 전에 심사숙고한다. 그들은 조기수용자보다 많은 정보를 수집하고 또한 많은 브랜드를 평가한다. 따라서 수용과정이 오래 걸린다.
- 후기다수수용자(late majority)는 보수주의자라고도 하며 소비자 집단 중 34%에 해당하는 집단으로 회의적인 소비자이며 대부분의 친구들이 이미 그렇게 행했기 때문에 수용하며 집단규범에 의존하는 정도가 강하기 때문에 수용은 어느 정도 압력의 결과라 할 수 있다.
- 지각수용자(laggards)는 회의론자라고도 하며 마지막으로 수용하는 16%로에 해당하며 집단의 규범에 의존하지 않는다는 면에서 혁신수용자와 유사하지만 전통을 고수하는 독립성 때문에 지각수용자는 과거에 기준하여 의사결정을 한다.

스마트폰을 예로 들어 설명해보자. 스마트폰이 처음 출시될 때, 이를 바로 구매하는 계층은 혁신수용자 집단이다. 이 계층의 소비자는 기술 애호가로, 스마트폰이라는 새로운 기술이 상품화되어 나온 것에 기쁨을 느끼고 이를 구매하거나 사용해보고자 하는 집단이다. 혁신자 계층은 자신이 새로운 기술을 테스트한다는 사실에 기쁨을 느끼며 사용 소감을 주변에 알리고자 하는 욕구가 강하다.

이러한 혁신자 계층에 영향을 받아서 신기술 상품을 구매하게 되는 집단이 조기수용자 집단이다. 조기수용자는 신기술이 가지는 잠재적 이익과 응용성을 보고 신제품을 구입한다. 스마트폰이 실용성은 아직 없어도, 스마트폰이 앞으로 보편화되리라는 전망을 높이 사서 이를 구매하고, 사용해 보는 집단인 것이다.

그 다음의 전기다수수용자는 실용적인 구매 성향을 보이는 계층으로, 스마트폰의 경우 통화의 질이나 인터넷을 통한 정보의 전달 속도가 빨라지고, 구매하고자 하는 점포 수가 많아지고 여러 브랜드 상품이 출시되는 시점이 되어야 스마트폰을 구매하겠다는 마음을 먹고 있는 집단이다. 중요한 사실 중의 하나는 전기다수수용자는 자기참조 성향을 가진다는 것이다. 즉 전기다수수용자는 어떤 상품을 구매할 때, 자기와 비슷한 실용주의자가 비슷한 상품을 구매하는지 보고, 이를 참조하여 구매한다는 것이다. 바꿔 말하면, 전기다수수용자는 혁신수용자나 조기수용자들이 구매한다고 해서 어떤 상품을 따라 구매하는 성향을 보이지는 않는다. 전기다수수용자는 전체 소비자의 34%를 차지하는 대규모의 집단으로, 이 집단이 구매하기 시작해야 기업의 수익성이 좋아지기 시작한다.

스마트폰이 일반 휴대폰보다 월등히 많아지기 시작하여, 휴대폰 판매점과 A/S점도 별로 없고 해서, 휴대폰을 사용하는 것이 너무 불편해질 때 스마트폰으로 바꾸는 집단이 있는데, 이 집단이 후기다수수용자에 해당되는 집단으로, 이 집단은 실용적이라기보다는 보수적인 집단이라고 볼 수 있으며, 표준으로 굳어진 제품을 구매하는 이른바 표준 선호자라고 할 수 있다. 이 집단 역시 전체 소비자의 34%를 차지하는 집단이다.

마지막으로는 지각수용자가 있는데 마케팅 관점에서는 구제불능 집단으로, 마케팅 노력을 들일 필요가 없는 집단이다. 그러면, 캐즘이 이 소비자 계층 구분과 무슨 관계가 있는가가 중요해진다.

캐즘이론(chasm theory)이란 어떤 기업의 소비자 계층이 조기수용자에서 전기다수수용자로 이행하는 과정에서 넘기 쉽지 않은 캐즘 즉 깊은 협곡이 존재한다는 것이다. 즉 많은 벤처기업이 혁신수용자와 조기수용자를 합한 16%의 고객을 합친 상황에서 향후 실용적인 구매 계층인 전기 다수수용자를 확보하는 과정에서 쓰러져간다는 것이다.

이러한 캐즘이론은 현재의 우리나라의 디지털 경제 상황을 판단하는 하나의 준거가 될 수 있다. 현재 우리나라의 디지털 경제의 참여자가 평균적인 조기수용자의 수준인지 전기다수의 수준인지 논란의 여지가 있다. 물론 각 분야마다 다르다. 스마트폰의 경우는 확산속도가 매우 빨라 스마트폰 사용자는 조기수용자에서 전기다수수용자까지와 있다고 판단되며, 인터넷 쇼핑과 온라인 주식거래, E-mail 사용자는 후기다수수용자 집단의 시장까지 와 있다고 볼 수 있다. 이렇듯, 각 분야에서 또는 각 기업이 캐즘이론에 근거하여 자신의 고객 계층이 어떤 상황에 와 있으며, 다음 계층을 자신의 고객으로 끌어들이기 위해서는 어떤 노력을 해야 할 것인지를 판단하는 것은 매우 중요한 전략적 결정이 된다. 캐즘이론 모형을 그림으로 나타내면 〈그림 4-1〉과 같다.

〈그림 4-1〉 캐즘이론 모형

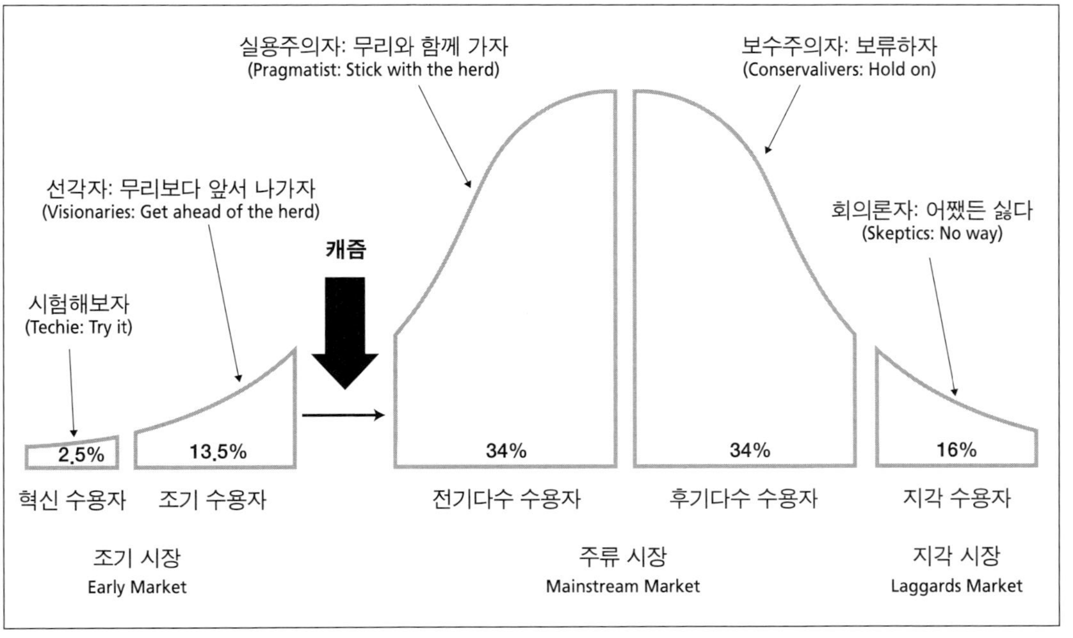

4-4-2 프랜차이즈 캐즘

프랜차이즈 사업은 상품수명주기(product life cycle)와 같이 프랜차이즈 시스템을 이루는 하나의 제품이 개발되어 시장에 도입된 후 성장과 성숙과정을 거쳐 결국은 쇠퇴하여 시장에서 사라지는 과정을 거치는 데 도입기와 성장기 사이에 캐즘이 존재하는 캐즘이론이 나타나고 있다. 캐즘은 하이테크한 상품의 구매자 성향에 의해 나타나는 깊은 계곡과 같은 것으로, 많은 연구비와 개발비를 투자한 상품이 실용성을 갖추지 못했을 때, 제품이 시장에 출시되어 성장하지 못하고 다수의 구매자들로부터 외면을 받게 됨으로써 시장에서 조기에 퇴출되는 현상을 일컫는다.

프랜차이즈 사업은 사업초기 상품개발비 및 직영 모델점에 대한 많은 투자와 가맹점 수익모델 개발을 위한 자본과 시간을 많이 투자하게 된다. 캐즘 현상이 프랜차이즈 시스템에서 이러나는 이유는 첫째, 벤치마킹에 의한 사업 아이템의 손쉬운 모방과 사업아이디어의 창의성 부재에 있다고 볼 수 있다. 가맹본부 또는 자영업자가 수년에 걸쳐서 상품이나 서비스 개발에 많은 시간과 자본을 투자하여 새로운 상품이나 서비스를 시장에 내놓게 되면 유사한 아이템으로 가맹본부의 난립하여 치열한 경쟁이 이루어지고 있다. 한 가지 아이템이 소비자로부터 좋은 반응을 얻게 되면, 유사한 아이템들이 우후죽순(雨後竹筍) 격으로 시장에 출시되어 고객들은 이러한 상황에 식상하게 되고 공급과잉에 의해 시장에 도입된 지 얼마 되지 않아 새로운 아이템들이 퇴출되는 위기를 맞게 된다.

둘째, 경쟁적인 시장상황에서 아이템과 매뉴얼의 분명한 차별화가 없다는 것이다. 즉 프랜차이즈 산업은 상품 및 서비스의 특성상 의장등록과 특허를 보장받을 수 있는 한계상황이 모호하고 제품의 형태를 조금만 변형해도 이를 제지할 수 있는 방법이 없기 때문에 모방이 쉽게 이루어질 수 있다는 것이다.

이에 따른 대책으로는 시장 진입 시 경쟁사에 의한 모방이 쉽게 이루어지지 않도록 자사만의 노하우 구축과 사업 아이템이 고객의 트랜드를 반영한 혁신적인 아이템으로서 시장 환경에 적응할 수 있도록 구성되어야 한다.

4-5 프랜차이즈 가맹본부의 성공과 실패요인

프랜차이즈 사업의 경우 수많은 기업이 다양한 형태의 업종과 시스템으로 사업을 전개하고 있다. 매년 생겨나는 수많은 프랜차이즈 기업 중 어떤 프랜차이즈 시스템이 성공할 것인가에 대한 답을 얻기는 어려우나, 일반적으로 오래된 프랜차이즈 기업, 많은 수의 가맹점을 확보한 프랜차이즈 기업, 평판이 좋은 프랜차이즈 가맹본부가 장기간에 걸쳐 생존·성장할 가능성이 높은 것으로 보고 있다(Shane & Foo, 1999).

프랜차이즈 사업의 실패요인을 분석한 결과 프랜차이즈 시스템은 첫째, 가맹점사업자가 제3자로 하여금 점포 관리를 허용하였을 때, 둘째, 가맹점사업자의 현금 투자 수준이 낮은 경우, 셋째, 가맹점사업자의 프랜차이즈 사업 경험이 없는 경우, 넷째, 가맹점들이 지리적으로 분산되어 있는 경우, 다섯째, 계약상 가맹본부가 지원하기로 한 품목이 많은 경우, 여섯째, 가맹본부가 국내 마스터 프랜차이징을 활용하는 경우에는 실패할 가능성이 높은 것으로 나타났다(Shane, 1998)

프랜차이즈 시스템이 시장에 새로 도입되어 실패하는 확률이 적게는 연간 4~5%에서 많게는 25~35%까지 보고 있다. 이렇듯 실패율의 차이가 큰 것은 연구마다 분석에 활용된 자료, 실패에 대한 개념 정의, 분석방법이 다르기 때문이다.

일반적으로 가맹점사업자의 실패는 폐업했을 경우를 말한다. 폐업은 가맹본부와 프랜차이즈 계약을 통해 지속적으로 영업을 하다가 영업을 그만두는 것을 말한다. 즉 구체적으로 보면 폐업의 경우는 ① 가맹본부와의 거래종결, ② 가맹본부에 의한 계약종결, ③ 가맹본부에 의한 인수, ④ 가맹본부와의 재계약 실패, ⑤ 타인에게 영업권 양도, ⑥ 질병 등의 사유로 사업 포기 등 영업을 그만 두는 것을 말한다.

4-5-1 가맹본부의 성공에 미치는 요인

가맹본부의 시스템 규모가 커야 한다. 가맹본부의 시스템 규모 즉 직영 및 가맹점 점포 수가 많아야 인력, 물류, 광고 등 관리적인 측면에서 규모의 경제가 실현되기 때문이다.

가맹점에 대한 가맹본부의 지원이나 간섭이 많지 않아야 한다. 가맹점에 대한 많은 지원은 가맹본부의 많은 비용지출을 유발하여 프랜차이즈 시스템 강화에 집중하지 못하고 또 가맹점 지원에 대한 많은 가맹금 요구 및 간섭으로 가맹점에게 손해가 된다.

가맹본부의 브랜드 인지도가 높아야 한다. 브랜드 인지도가 높아야 최종 소비자의 쉽게 접근할 수 있고, 소비자의 선택이 많아지기 때문이다.

가맹점과의 계약기간이 되도록 장기여야 한다. 가맹본부와 가맹점 간의 계약기간이 길어야 서로 간의 신뢰가 증진되고 장기적 협력이 가능해 진다. 계약기간이 짧으면 동일지역 내에 가맹점이 자주 변경되거나 가맹점 이탈 등 도덕적 해이가 발생할 우려가 있다.

가맹본부의 점포 파견 또는 관리 인력이 적어야 한다. 가맹본부가 가맹점에 점장이나 주방장 등 많은 인력을 파견하여 상품의 구매를 통제하는 경우 가맹점은 인력운영에 대한 효율성이 떨어지고 관리비용이 많이 든다.

4-5-2 가맹본부의 중장기 성공요인

새로운 프랜차이즈가 시장에 성공적으로 출시된 후 프랜차이즈 시스템이 중장기적으로 성공하기 위해서는 경쟁우위와 지속가능성 확보가 매우 중요하다. 첫째, 경쟁우위란 경쟁사와 비교하여 차별적이고 독특한 기업 능력으로서 비용 혹은 가격 우위 및 상품과 서비스 차별적 우위를 말한다. 가맹본부가 해당 사업에서 지속적인 경쟁우위를 확보할 수 있도록 하는 전략이 포터의 본원적 경쟁 전략(generic competitive strategy)이라 할 수 있다. 본원적 경쟁 전략에는 원가우위 전략, 차별화 전략, 집중화 전략의 세 가지가 있다.

원가우위 전략(overall cost leadership strategy)은 단위당 원가를 최소화하고 낮은 가격을 책정함으로써 매출액을 극대화하는 전략으로서 낮은 가격으로 판매하고 기업의 저 원가를 촉진시킴으로써 뛰어난 경쟁자가 되려는 것이다. 가맹본부가 원가 우위전략을 실현하기 위해서는 가맹점 모집 확대를 통하여 규모의 경제를 실현해야 한다.

차별화 전략(differentiation strategy)의 목적은 경쟁제품에 비해 아주 독특하다는 인식을 고객에게 심어 줄 제품이나 서비스를 제공함으로써 경쟁우위를 확보하려는 것이다. 기업이 제공할 수 있는 차별화의 특성은 고품질, 월등한 고객서비스, 시장에의 제품출하 속도, 혁신적인 디자인, 기술적 성능, 선풍적인 상표 이미지, 차별화된 유통 등이다. 가맹본부가 차별화 전략을 실현하기 위해서는 고품질의 상품과 서비스 개발과 가맹점 운영을 위한 프랜차이즈 시스템 개발이 우선되어야 한다.

집중화 전략(focus strategy)의 원가 집중 전략(cost focus strategy)은 특정시장, 특정소비자집단, 일부제품 등을 공략대상으로 하는 특정 세분시장에만 비용 상 우위를 추구하는 저 원가 경쟁 전략이며, 집중 차별적 전략(focused differentiation strategy) 특정시장, 특정소비자집단, 일부제품 등을 공략대상으로 하는 특정 세분시장에 차별적 우위를 추구하는 차별화 전략이다. 가맹본부가 집중화 전략을 실현하기 위해서는 특정 세분시장에서 차별적 생산 판매를 통한 원가 우위전략를 실행하든지, 차별적 우위 요소를 발견하여 상품과 서비스 차별화를 실현해야 한다.

둘째, 지속가능성이란 장기간에 걸친 지속 가능한 이익과 생산의 증가로 경쟁우위를 확보함으로서 경쟁사보다 경쟁우위를 확보하고, 경쟁사가 동일한 자산과 역량을 획득하지 않을 가능성을 말한다. 즉 가맹본부는 가맹점사업자와 장기간의 계약을 통해서 지속적으로 가맹점과 공동의 이익을 목적으로 하기 때문에 지속 가능한 성장을 통한 경영을 추구해야 한다.

지속가능경영이란 기업이 경영에 영향을 미치는 경제적, 환경적, 사회적, 기술적 이슈들을 종합적으로 균형 있게 고려하면서 기업의 지속가능성을 추구하는 경영 활동이다. 즉 기업들이 전통적으로 중요하게 생각했던 매출과 이익 등 재무성과뿐 아니라 윤리, 환경, 사회문제 등 비재무성과에 대해서도 함께 고려하는 경영을 통해 기업의 가치를 지속적으로 향상시키려는 경영기법이다. 지속가능경영은 기존의 재무성과 위주의 경영에 비해 중장기적 성과를 중시하고 미래고객을 포함하며 정보공개를 전략적으로 실시하고 커뮤니케이션도 기업 외부로 확대하는 경향을 보인다.

4-5-3 가맹본부의 업종별 성공요인

프랜차이즈 업종에 따라 성공요인을 체계적으로 연구한 보고서가 많지 않지만 일부 보고서에 의하면 업종별 성공·실패요인을 통계적으로 분석한 결과 업종별 차이가 거의 없고 브랜드 차이가 더욱 중요한 것으로 보고되고 있으며 현실적으로는 업종별로 영업의 형태 및 마케팅 방법이 다르기 때문에 성공을 위해 중요시해야 하는 요인이 다를 수밖에 없다. 그러나 외식, 도·소매업, 서비스업 중 외식 프랜차이즈의 초기 실패율이 도·소매업이나 서비스업에 비해 다소 높은 것으로 나타나고 있으나 실패율 자체는 빠르게 감소하는 것으로 나타났다(Shane & Spell,1988).

1) 외식업에서의 성공요인

외식업 프랜차이즈는 국내 프랜차이즈 산업에 차지하는 비중이 매우 높으나, 첫째, 소비자의 선호가 다양하고, 둘째, 세분시장의 규모가 작고, 셋째, 가맹본부가 대부분 영세하고, 넷째, 외식 프랜차이즈 기업 간 경쟁강도가 높기 때문에 정확한 수요를 예측하기가 어렵다는 문제점을 안고 있다.

〈표4-3〉 외식업 프랜차이즈의 사례 — BBQ

브랜드명	BBQ
회사명	(주)제너시스비비큐
대표자	윤경주, 김태천
가맹점 수	1,512개점(직영점 22개 포함): 2016년
홈페이지	www. bbq.co.kr
브랜드 설명	Best of Best Quality, BBQ 최고 품질 중에서도 최고
차별적 요인	1. 엑스트라 버진 올리브유 사용 2. 30분이면 찾아오는 신나는 배달 3. 세련된 감각의 스타일리쉬 푸드공간 4. 캐릭터 상품이 가득, 아이들의 꿈동산 5. 커피향기로 하루의 피로를 푸는 휴식공간 6. 시원한 호프와 함께 즐기는 대화광장

자료: www.bbq.co.kr

연구 보고서에 의하면 외식업의 성공요인을 우수한 품질, 확고한 브랜드 컨셉, 적응성, 제품의 서비스 차별화, 가맹점에 대한 강력한 지원, 표준화 정도, 마케팅의 주도성, 물류 시스템, 수퍼바이징 제도, 영역권 보장 등으로 제시하고 있다.

〈표 4-3〉에서 보듯이 BBQ치킨는 다른 가맹본부와 차별화할 수 있는 엑스트라 버진 올리브유 사용, 30분이면 찾아오는 신나는 배달, 세련된 감각의 스타일 리쉬 푸드 공간, 캐릭터 상품이 가득, 아이들의 꿈동산, 커피향기로 하루의 피로를 푸는 휴식 공간, 시원한 호프와 함께 즐기는 대화광장 등으로 품질과 브랜드 컨셉, 그리고 서비스에 대한 차별화를 실행하고 있다.

또한 BBQ치킨은 2012년 새로운 개념의 멀티 컨셉 카페인 bbq cafe로 재탄생하고 있다. 즉 점심시간의 캐주얼 레스토랑(casual restaurant), 오후시간의 커피전문점(cafe), 저녁시간의 패밀리 레스토랑(family restaurant), 밤 시간의 비어 바(beer bar) 등 시간대의 확대와 풍부한 매뉴 구성 및 다채널 판매네트워크를 통하여 가맹점의 안정적 매출과 이익을 증대시키고자 한 것이라 볼 수 있다. 또한 고품격 식문화의 공간과 풍부한 메뉴구성을 통하여 소비자에 대한 서비스 확대를 꾀하고 있다.

2) 도·소매업에서의 성공요인

도·소매업 프랜차이즈는 가맹본부가 도매 기능을 하는 시스템으로 강력한 물류 및 정보시스템의 구축과 머천다이징을 할 수 있는 내부화와 시스템화, 그리고 가맹점사업자는 소매상의 기능을 하는 시스템으로서 배송, 보관, 집하 등 물류기능이 타 업종에 비해 중요하다.

〈표 4-4〉에서 보듯이 GS25는 공급업체와 가맹점사업자 원활한 프랜차이즈 시스템 운영을 위하여 온라인 상담 및 전자계약시스템 운영으로 가맹점과 상품 및 업체선정 과정의 투명성을 확보하고, Web-EDI와 전자대금결제방식 운영으로 수·발주 및 매입확인 작업 등의 업무처리 리드타임 단축과 업무정확도가 향상되고, 매입업체에 대한 10일 단위 현금지급이 가능해졌으며, 물류 ABC시스템 구축을 통한 물류원가 표준화로 원가의 정확성과 신뢰성을 확보하였으며, 물류센터 안전진단 활동, 위탁벤더 운영, 물류비용 절감 및 적재효율을 위해 센터 간 연계배송 및 Back-hauling을 운영하고 있다.

그리고 고객의 편의 제공을 위해 PB(private brand) 상품의 지속적인 개발, 공공요금 수납, 택배 및 픽업서비스, 상품권 판매서비스, 프로스포츠 입장권 등 티켓 발매서비스 등 생활 속의 GS25를 실현하고 있다. 생활편의 서비스에는 편의점 캐쉬 구입 및 충전, 현금인출(CD), 교통카드 충전, 휴대폰 충전 서비스가 있다.

택배 및 픽업 서비스는 GS25에서 24시간 택배를 접수하고, 주문한 상품을 가까운 편의점에서 수령할 수 있도록 하는 서비스이다. 공공요금수납 서비스는 지로에 있는 바코드 정보를 통해 고객이 언제 어디서나, GS25편의점에서 세금 및 공과금을 납부하는 것으로, 이 서비스는 1996년 2월 GS25에서 최초로 도입한 서비스이다. 상품권 판매 서비스는 도서음

〈표 4-4〉 도·소매업 프랜차이즈 사례 — GS25

구분	내용
브랜드명	GS25
회사명	(주)GS리테일
대표자	허연수
가맹점 수	10,728개점(직영점 125개 포함): 2016년
홈페이지	www.gs25.gsretail.com
브랜드 설명	Gold Star의 약자 함께하는 GS25, 미래를 설계하는 기업 밝은 미래를 함께하는 GS25
차별적 요인	1. 온라인 상담 및 전자계약시스템 운영 2. Web-EDI와 전자대금 결제 운영 3. 물류 ABC시스템 구축 4. 물류센터 안전진단 활동 5. 위탁벤더 운영 6. 센터 간 연계배송 및 Back-hauling 운영 7. 고객편의 제공을 위한 생활서비스 제공

자료: www.gsretail.com

반, 영화 티켓 구입, 외식(일부 가능), 인터넷(게임, 포탈)에서 사용가능한 도서문화, 해피머니, 문화상품권(5천 원권, 1만 원권)을 판매하고, 금강제화상품권(5만 원권, 7만 원권, 10만 원권), 전국 신세계백화점, 이마트에서 사용가능한 신세계상품권(5만 원권, 10만 원권)을 판매하는 서비스이다. 티켓 발권 서비스는 프로 스포츠 입장권이나 국내 최대의 테마파크인 에버랜드와 캐리비안 베이의 티켓을 발권할 수 있다.

3) 서비스업에서의 성공요인

서비스업의 프랜차이즈는 서비스의 특징인 무형성, 비분리성, 이질성, 소멸성 등의 특징으로 볼 때, 고객관계관리를 높이기 위한 인적자원관리와 이를 위한 교육훈련, 강력한 브랜드 이미지 구축 및 서비스 품질의 표준화 등이 중요한 성공요인이 된다.

〈표 4-5〉의 GnB어학원은 인적자원관리와 이를 위한 교육훈련, 강력한 브랜드 이미지 구축 및 서비스 품질의 표준화를 위해 생각단위와 연결질문을 통한 영어문장 생성능력 제공, 원어민에 의한 영어교육, Phonics(파닉스) 교육, 영어평가시스템을 통한 학부모 확인, 단계별 교육목표 적용과정 등을 운영하고 있다.

〈표 4-5〉 서비스업 프랜차이즈 사례 — GnB어학원

브랜드명	GnB
회사명	지엔비교육(주)
대표자	박정훈
가맹점 수	831개점: 2016년
홈페이지	www.gnbenglish.com
브랜드 설명	Girls and Boys의 약자 참교육으로 미래를 열어주는 영어교육
차별적 요인	1. 생각단위와 연결질문을 통한 영어문장 생성능력 제공 2. 원어민에 의한 영어교육 3. Phonics(파닉스) 교육 4. 영어평가시스템을 통한 학부모 확인 5. 단계별 교육목표 적용과정 운영

자료: www.gnbenglish.com

4-5-4 프랜차이즈 실패의 8단계

프랜차이즈 실패는 보통 8단계로 진행된다고 볼 수 있다. 첫 단계는 가맹점사업자의 핵심역량과 능력 부족으로 인한 목표매출을 달성하지 못하는 경우이다. 두 번째 단계는 가맹점사업자와 가맹본부 간에 만족을 못하는 단계로 가맹점사업자는 창업이후 가맹본부의 경영지원에 대해 불만을 갖게 되고 가맹본부는 가맹점사업자의 능력과 행동에 대해 만족을 못하는 경우이다. 세 번째 단계는 가맹점사업자가 가맹본부에 불평을 토로하는 단계로 가맹본부에 대한 불만을 슈퍼바이저나 가맹본부에 불만족에 대한 시정을 직접 전달하는 경우이다. 네 번째 단계는 사용료나 상품 대금 등을 체납하는 단계로 불만족이 시정되지 않을 경우 가맹본부에 불이익이 가도록 사용료나 상품 대금을 체납하는 등 행동으로 표현하는 경우이다. 다섯 번째 단계는 가맹점사업자가 공정거래위원회(Fair Trade Commission: FTC) 등에 고소하는 단계로 법적인 해결을 요구하는 경우이다. 여섯 번째 단계는 가맹점사업자가 채무불이행이나 신용불량 단계로 가맹점 사업으로 인한 손실 등을 이유로 가맹점사업자가 가맹본부와의 채무를 이행하지 않아 불량거래처가 된 경우이다. 일곱 번째 단계는 계약해지 단계로 가맹본부와 거래 관계를 그만 두려고 하거나 가맹본부와 계약을 해지하려는 경우이다. 마지막으로 여덟 번째 단계는 폐업이나 폐점하는 단계로 프랜차이즈를 운영하고 있는 점포에서 프랜차이즈 가맹본부와 거래를 완전히 종결하고 다른 프랜차이즈 가맹본부와 계약하여 영업을 지속한다거나 아니면 그 점포에서 자기사업을 운영하는 경우이다.

위의 여덟 단계 중 여섯 번째 단계인 채무 불이행이나 신용불량 상태를 실제적인 프랜차이즈의 실패로 볼 수 있다.

4-5-5 프랜차이즈 시스템 성패에 영향을 미치는 주요 변수

프랜차이즈 시스템 성패에 영향을 미치는 주요 변수로는 업종(business type), 규모(총 점포수), 직영점 수, 가맹점 증가율, 사업 경험(동종사업 기간 및 가맹사업 기간), 초기 투자비(가입비, 점포 개설비 등), 브랜드 인지도, 기업공개 여부, 계약기간, 가맹본부의 보유자원과 능력 등이 있다.

1) 업종

외식, 도·소매, 서비스업에 따라 가맹점 폐업률에 차이가 있다(Castrogiovanni et al, 1993). 이는 업종별, 산업별 상품이나 서비스별 라이프 사이클, 그리고 여러 환경요인이 산업마다 다르게 영향을 미치기 때문이다.

외식 프랜차이즈의 초기 실패율이 도·소매나 서비스에 비해 다소 높게 나타나고 있으나 실패율 자체는 빠르게 감소하고 있는 것으로 나타났다(Shane and Spell, 1988).

2) 규모

총 점포 수가 많을수록 가맹점 폐업률은 낮다(Mitenko, 1991; Fulop and Forward 1997). 이는 가맹본부의 총 점포 수가 많을수록 가맹점사업자나 예비 창업자가 가맹본부에 더 신뢰하게 되고, 학습곡선 효과가 커지고 표준화된 운영이 가능하기 때문이다. 그리고 점포 수가 늘어날수록 표준화된 운영으로 동질의 품질유지가 가능하고, 점포 수가 늘어날수록 소비자의 구매력이 증가하여 가맹본부와 가맹점의 수익이 증가하고, 점포 수가 늘어날수록 광고 및 촉진의 횟수가 늘어남에 따라 브랜드 인지도 및 광고효과가 증가한다.

3) 직영점 수

가맹점 수와는 별도로 프랜차이저가 직접 운영하는 직영점 수가 증가할수록 가맹점 폐업률은 감소한다(Mitenko, 1991; Fulop and Forward 1997). 이는 가맹점 성공에 필요한 가치 있는 경험을 제공하고, 신상품 및 서비스의 시험마케팅 장소로 활용하며, 신규 가맹점사업자 및 종업원의 교육훈련 장소로 활용하며, 그 지역의 소비자 동향과 시장상황을 파악하는 수단으로 활용하기 때문이다.

4) 가맹점 증가율

가맹점 증가율이 높을수록 폐업률은 감소한다(Shane and Spell 1977, 1988). 이는 가맹점이 빨리 증가할수록 브랜드 인지도가 높아지고 가맹점당 수익이 높아지며 규모의 경제에 의해 점포당 광고비용과 운영비용이 감소하기 때문이다.

또한 가맹점 증가율이 높을수록 최소 규모를 확보하였을 가능성이 높고 따라서 생존 가능성이 높다(Shane and Spell, 1988).

프랜차이즈 가맹점수의 증가는 신규 가맹본부의 브랜드 형성에 매우 중요하기 때문에 가맹점의 증가율이 높을수록 규모를 확보하였을 가능성이 높고 따라서 생존 가능성이 높다. 그러나 가맹점수를 무리하게 확대해 나갈 경우 가맹점사업자의 선정과정에서 가맹점사업자의 능력이나 동기에 대한 검토가 충분히 이루어지지 못해 부적격한 가맹점사업자를 선택하는 경우도 있을 뿐만 아니라 가맹본부의 능력 부족으로 적기에 신규 가맹점 개설 지원이 되지 않아 가맹점사업자의 불만이 가맹점 실패로 이어질 수 있다.

5) 사업 경험

가맹본부의 동종사업 기간 및 가맹사업 기간이 길수록 폐업률은 감소한다(Stanworth and Curran, 1999; Lafontaine and Shaw, 1988). 이는 가맹본부의 사업기간이 길수록 가맹점사업자에 제공할 상품이나 서비스의 품질, 점포 운영 경영 노하우, 교육 훈련 등의 매뉴얼을 충분히 갖출 시간을 가질 수 있기 때문이다. 또한 사업기간이 길수록 인지적 정당성이 높다(Shane and Foo, 1999).

6) 초기 투자비

가맹점 사업의 초기 투자규모 즉 가입비, 점포 개설비 등이 클수록 이해관계가 크므로 폐업률은 감소한다(Castrogiovanni et al, 1995). 이는 초기 투자규모가 클수록 사전 사업계획 준비나 경영을 위한 마케팅 전략 등에 최선을 다하는 경향이 강하고 중도에서 사업을 중단하기 어렵기 때문에 폐업률이 낮아질 수 있다. 그러나 가맹점 사업의 초기 투자규모가 너무 크면 가맹점 모집이 어려워 성장률에 부정적인 영향을 미칠 수 있다.

7) 브랜드 인지도

일반적으로 브랜드의 명성이 높고 가치가 있을수록 폐업률은 감소한다(Mathewson and Winter, 1985). 특히 프랜차이즈 시스템은 가맹본부와 가맹점사업자 간에 브랜드를 공유하고 있기 때문에 브랜드의 명성이 높고 가치가 있을수록 성공할 가능성이 높다. 또한 광고비 지출규모가 클수록 생존가능성이 높을 것으로 기대된다. 이는 광고비 지출 규모가 큰 기업일수록 브랜드 인지도가 높고 소비자의 충성도가 높기 때문이다.

8) 기업공개 여부

기업공개를 하고 있는 기업의 경우에는 생존의 가능성이 높다(Shane and Foo, 1999). 이는 기업을 공개하고 있는 기업은 비공개기업에 비해 사회 정치적 정당성이 높기 때문이다. 대부분의 신생기업은 기업 경영과 관련된 정보가 부족하고, 타인에게 기업의 정당성을 올바르게 확신시켜 주기 힘들기 때문에 주주나 투자자의 지원을 받는 것이 어렵기 때문에 기업을 공개한 기업보다 실패율이 높을 수 있다.

9) 계약기간

일반적으로 계약기간이 길수록 생존가능성이 높다. 이는 가맹본부와 가맹점사업자 간에 계약기간이 길수록 초기 형성된 이미지에 의한 효과가 발생하기 때문에 실패율이 낮다. 그리고 사람은 예측 가능성과 신뢰성을 선호하기 때문에 계약기간이 길면 기업은 초기 정책에서의 일관성을 유지하여 계속적으로 성장할 수 있다.

10) 가맹본부의 보유자원과 능력

일반적으로 타 가맹본부에 비해 탁월한 자원이나 능력을 지니고 있는 경우 폐업률이 낮다. 가맹본부의 자원에는 가맹본부의 비전과 미션, 능력이 탁월한 수퍼바이저 등 종업원 수, 관리 시스템(재고관리 시스템, 정보시스템 등)의 보유 여부, 지적재산권의 수 등과 새로운 능력을 개발하고 혁신할 수 있는 역량 등 잠재력을 의미한다. 이러한 탁월한 자원이나 능력을 지니고 있는 가맹본부는 생존가능성이 높다고 할 수 있다.

2부 프랜차이즈 가맹본부 구축

제5장 프랜차이즈 아이템 선정과 창업계획서

PROLOGUE

'실속형' 가치소비 겨냥 프랜차이즈가 성공한다

실속형 가치소비를 지향하는 소비자들을 위한 프랜차이즈들이 주목을 받고 있다. 실속형 가치소비는 가격에 비해 우수한 가치를 제공하는 상품을 선호하는 소비경향을 일컫는다. 계속되는 불황 속에 프랜차이즈 업계도 적잖은 타격을 받고 있다. 최근 발생한 포항 지진사태로 남부지역의 소비심리는 눈에 띄는 폭으로 크게 위축됐다.

이에 따라 가성비가 좋은 제품 및 서비스에 대한 수요가 크게 늘며, 실속형 프랜차이즈 브랜드에 대한 관심 또한 증가하고 있다.

'피자마루'는 저렴하면서도 푸짐한 토핑으로, 국민 피자 브랜드로 자리매김했다. '피자마루'는 타사의 도우에 비해 소화가 잘 되는 그린티 웰빙도우를 사용, 온 가족이 함께 즐길 수 있는 실속형 브랜드로 인정받아 왔다. 최근 '피자마루'에서 출시한 몬스터피자는 피자 가장자리까지 꽉 찬 토핑으로 주목을 받은 바 있다. 현재 몬스터피자는 뛰어난 가성비와 비주얼로 SNS상에서 폭발적인 반응을 보이고 있다. 프리미엄 닭가슴살 브랜드 '코어닭'은 뛰어난 품질과 저렴한 가격으로, 출시 5개월 만에 기록적인 성과를 올리고 있다.

사진 제공: 시계방향으로부터 '피자마루', '리테리어', '코어닭'

'코어닭'은 본사의 관리하에 직접 사육한 닭으로 제품을 생산한다. 때문에 모든 제품은 순수 100% 국내산 생닭으로 만들어진다. '코어닭'의 닭가슴살 소시지와 큐브는 촉촉한 식감으로 다이어터들 사이에서 이미 소문이 자자하다. '코어닭'은 현재 전품목에 40% 이상의 할인율을 적용하고 있어, 다이어트 업계의 대표적인 실속형 브랜드로 입지를 굳혔다.

수리 및 보수 전문 업체 '리테리어'는 저렴하면서도 전문적인 기술로 인테리어 시장의 강자로 떠올랐다. '리테리어'의 가장 큰 특징은 지점 간의 긴밀한 연결로, 최고의 인력을 공급받을 수 있다는 점이다. 예를 들어 가까운 지점에 타일 수리를 맡기면, '리테리어'에서 보유하고 있는 인력 중 타일 수리에 가장 특화돼 있는 전문가에게 수리를 받을 수 있다. '리테리어'는 품앗이 개념을 통해 최상의 기술력을 자랑, 실속을 중시하는 주부들 사이에서 빠르게 인지도를 높이고 있다. 김동현 창업디렉터는 "불황이 길어질수록 프랜차이즈 업계는 고객에게 더 낮은 자세로 다가가야 한다"며 "고객이 만족할 수 있는 실속형 제품 및 서비스를 통해 고객과의 유대관계를 다진다면, 탄탄한 고객층 확보에 더해 입소문 마케팅 효과도 톡톡히 볼 것"이라고 전했다.

자료: 매일경제, 2017년 12월 12일자.

5-1 아이템 선택기준

프랜차이즈 사업 추진은 아이템 선정에서부터 시작된다. 아이템(item)이란 업종이나 판매할 상품이나 서비스를 말한다. '어떤 아이템으로 프랜차이즈 사업을 시작할 것인가?'는 프랜차이즈 가맹본부 창업자에게 향후 인생의 방향을 결정하는 것으로 매우 중요한 사항이기 때문에 창업하고자 하는 아이템이 프랜차이즈 사업을 통해서 프랜차이즈 사업 확대 및 사업 추진이 가능한지 검토하는 일이다.

이러한 프랜차이즈 사업 사례로는 Ray Kroc의 맥도널드 프랜차이즈 시스템이 있다. 크록은 전국의 교차로와 고속도로 주위에서 간단하고 누구나 쉽게 들어올 수 있는 식당이면서 친절한 서비스와 저렴한 가격, 오래 줄 서서 기다릴 필요도 없고, 예약할 필요도 없는 식당을 프랜차이즈 시스템화하기 위해, 1년 여 동안 미국의 전역을 돌면서 사업의 가능성을 점검한 후 확신을 갖고 사업을 전개하였다. 이 외에도 던킨도너츠, KFC, 버거킹 등은 프랜차이즈 사업을 전개하기 전에 최소한 5년 이상 직영점을 통해 사업 아이템의 프랜차이즈 시스템 가능성을 조사하였다.

국내 대부분의 가맹본부는 사업의 가능성을 검증하기 위한 직영점 운영이나 사업의 타당성 조사를 충분히 하지 않은 채 사업을 전개함으로써 사업 개시 후 5년도 지나지 않아 사업을 포기하거나 실패하는 경우가 많이 발생하고 있다. 국내 프랜차이즈 브랜드의 평균 존속기간은 5.38년이며, 1년 미만이 16.1%, 1년 이상 5년 미만이 46.8%로 5년 미만의 존속기간을 가지고 있는 브랜드는 무려 62.9%에 달한다(2010년 전국 프랜차이즈 브랜드 실태조사).

사업 아이템 선정에 있어서 무엇보다도 중요한 것은 창업자가 어느 분야에서 경쟁력이 있는가 하는 것이다. 인터넷 분야가 각광을 받고 있다고 생명공학을 전공한 전문가가 인터넷 분야를 선택하여 창업한다면 실패할 확률은 매우 높다. 사업 아이템 선정의 기본은 최소한 다음과 같은 기준에 부합되어야 성공률이 높다고 할 수 있다.

5-1-1 성장과 지속 가능한 아이템

창업 아이템이 도입기나 쇠퇴기에 있는 경우는 한번쯤 생각해 볼 필요가 있다. 도입기에 있는 아이템은 투자금액의 회수가 늦을 뿐만 아니라 가맹점 희망자가 가맹점 선택을 미루는 경향이 있다. 쇠퇴기에 있는 아이템은 경쟁이 격화되어 이익이 감소되어 가맹점 희망자가 가맹점 선택을 하지 않는다. 성숙기의 경우는 아이템 간 경쟁이 심하고, 경쟁기업 간에 탈락하는 기업의 출현 등 이익이 저하되기 때문에 가맹점 희망자가 가맹점 선택에 신중을 기하게 된다. 또한 관련 사업과 연계하여 성장 가능하고 지속 가능한 아이템이어야 가맹점사업자가 선택 가능하며 가맹점과 시너지 효과를 기대할 수 있다. 가맹본부 창업 아이템 선정으로는 성장기의 업종이 가장 적합하다고 할 수 있다. 즉 성장기에 있는 아이템은 소비자의 수요가 급증하고, 신규로 참여하려는 가맹점이 증가하여 가맹본부의 이익도 증가한다.

5-1-2 점포운영 경험이나 직장 경력을 활용할 수 있는 아이템

성장성이 아무리 높은 아이템이고 다른 사람이 성공했다고 하더라도 나도 성공할 수 있을 거라고 기대해서는 안 된다. 창업자 자신의 직장 경력을 통한 경험과 지식, 그리고 기술이나 자격증 등이 결합될 때 성공할 확률이 높다. 특히 가맹본부 사업 아이템의 경우 창업자가 직접 점포를 운영하면서 얻은 경험과 기술을 바탕으로 가맹본부를 창업하는 것이 성공 확률을 높일 수 있는 방법임을 명심해야 한다.

5-1-3 창업자의 적성이나 연령에 맞는 아이템

프랜차이즈 창업 아이템 선정 시 중요한 것 중 하나는 창업자의 적성과 능력 그리고 연령이다. 창업자의 적성과 능력은 사업가적 적성뿐만 아니라 사업 분야에 대한 적성도 함께 고려되어야 한다. 창업가의 적성과 능력은 계속적인 능력개발에 도움이 될 뿐만 아니라 시간적·물리적 투자비용을 줄일 수 있다. 창업자의 연령도 창업 아이템 선정 시 고려되어야 하며, 연령에 맞는 업종은 안정적인 창업을 할 수 있다. 특히 가맹본부 사업 아이템의 경우 사업추진 기간을 단축시키는 것이 무엇보다도 중요하기 때문에 창업자의 적성과 능력, 그리고 연령을 고려하여 아이템을 선정하여야 한다.

5-1-4 시대흐름에 맞는 아이템

아무리 기발한 아이템이라 하더라도 시대를 너무 앞서가는 업종이나 일시적으로 유행을 타는 업종은 성공보다는 실패할 확률이 높다. 특히 가맹본부 사업 아이템의 경우 가맹점 희망자가 가맹점 선택을 해야 성공할 수 있다. 시대를 너무 앞서가는 업종은 수요가 적어 투자비용을 회수하는 데 많은 시간을 요하므로 가맹점 희망자가 가맹점 선택을 기피하고, 일시적으로 유행을 타는 업종은 시장 진입장벽이 낮아 경쟁업체의 신규시장 진입이 쉽기 때문에 경쟁이 심하고, 가맹본부와 가맹점사업자 간에 지속적인 계약에 의한 수익을 보장받을 수 없기 때문에 가맹점 선택을 하지 않는다. 또한 일시적인 수요가 심한 업종이나 지나치게 가격 경쟁에만 의존하는 업종, 전화방과 같은 법규가 미비한 틈새업종도 피하는 것이 좋다.

5-1-5 자금 회전이 빠르고 계절성이 없는 아이템

자금 회전이 느린 아이템은 자금이 어느 한 순간 막히게 되면 부도 직전까지 몰리는 경우가 많다. 그리고 지나치게 계절을 타는 사업은 성수기에는 자금이 넘치다가 비수기에는 자금부족으로 자금 회전 악화를 가져 올 수 있다. 특히 가맹본부 사업 아이템의 경우 자금회전이 너무 느리거나 계절을 타는 업종은 가맹점 희망자가 가맹점 선택을 하지 않을 수 있기 때문이다.

5-1-6 창업자의 자격이나 인·허가가 필요한 아이템인지 확인

아무리 아이템이 좋고 사업 준비에 만전을 기했다 하더라도 제도적인 절차, 즉 창업자의 자격이나 아이템에 대한 인·허가에 소홀하여 창업 시기를 놓치는 경우가 종종 있다. 법적으로 창업자의 자격을 요하거나, 허가, 인가, 면허 등이 없으면 창업을 할 수 없는 아이템이 있으므로, 창업자는 해당 아이템에 대한 법적 요건을 사전에 확인해야 한다.

5-2 아이템 선정 방법

프랜차이즈 기업을 창업하려는 사람들은 창업의 기회를 무엇으로 어떻게 이용하느냐에 따라 사업의 성패를 좌우할 수 있다. 즉 프랜차이즈 창업 아이템 선정은 누가(who), 무엇(what)으로, 언제(when), 어디서(where), 어떻게(how), 왜(why) 하는지를 명확히 해야 한다. 누가(who)는 경영능력을 갖춘 창업자를 말하며, 무엇(what)은 창업자에 알맞은 아이템을 선정하는 것이며, 언제(when)는 창업 시기를 결정하는 것이고, 어디서(where)는 좋은 상권에서의 점포입지 결정을 말하고, 어떻게(how)는 최적의 사업규모를 결정하여 사업 형태를 결정하는 것이며, 왜(why)는 사업의 목적 즉 경영철학을 결정하는 것이다. 이 중에서도 무엇(what)으로 사업을 할 것인가는 창업 성공의 열쇠라 할 수 있다. 프랜차이즈 창업 아이템을 발굴하는 데는 다음과 같은 여러 가지 방법이 있다.

5-2-1 자영업을 통한 아이템 선정

독립적으로 자영업을 영위하는 사업자들이 그들의 활동과 경험으로부터 사업의 기회를 찾아내는 것으로 자영업으로 운영하고 있는 아이템을 소비자의 욕구와 트랜드에 맞게 확대하여 프랜차이즈 가맹본부 아이템으로 운영하는 경우이다.

아딸은 1972년 개업한 경기도 문산의 문산 튀김집이라는 자영업에서부터 출발한다. 그 후 30여년이 지난 2000년 11월 서울 금호동 아버지의 노하우와 딸과 사위의 아이디어를 담아 〈자유시간〉이라는 분식점을 오픈하고, 그 이후 2002년 4월에 젊은이들이 가장 많이 찾아온다는 이화여대 앞에 〈아버지튀김 딸떡볶기〉라고 이름을 바꿔 개업하게 된다. 아딸은 기존의 분식점 장점을 극대화하고, 단점을 보완하여 한층 업그레이드된 메뉴를 개발하였다. 튀김은 두꺼운 튀김옷에 눅눅한 일반 튀김과는 달리 바삭한 느낌의 튀김을 만들어 식감을 살렸고 웰빙 트렌드에 맞추어 허브를 첨가해 향과 맛을 더했으며, 볶이는 먹고 나면 개운한 뒷맛을 느낄 수 있는 천연 양념장 개발로 소비자의 입맛에 맞게 만들었다. 아딸은 한국인의 대표적인 간식거리로 어느 지역에서나 판매가 가능한 품목으로 프랜차이즈 가맹본부 아이템으로 재탄생하였다.

5-2-2 직장 경험을 통한 아이템 선정

대부분의 사람은 학교를 졸업한 후 직장생활을 하게 되며, 직장생활을 하면서 아니면 직장생활 후 독립적인 경제생활을 위해 창업을 하는 경우 직장생활에서의 경험을 바탕으로 프랜차이즈 아이템을 얻는 경우가 많다. 직장 경험이 프랜차이즈 창업 아이템의 중요한 바탕이 될 수 있는 것은 전문적인 지식과 기술을 경험으로 습득할 수 있고, 경쟁사에 대해서도 대응할 수 있는 자신감을 갖게 하기 때문이다. 특정한 업무를 수행하다 보면 취급하는 상품이나 서비스의 기술적인 현황과 보완점, 발전 가능성에 대해 파악할 수 있고, 여러 가지 상품이나 서비스에 대한 장·단점에 대해서도 비교 분석이 가능하여 프랜차이즈 아이템으로 선정하는 데 유리하다. 이러한 경우 잘못하면 유사 창업이나 모방 창업으로 전직 회사로부터 재산권 침해에 대한 소송에 휘말릴 수 있으므로 각별히 조심해야 한다.

5-2-3 창업박람회나 사업설명회를 통한 아이템 선정

프랜차이즈 창업박람회나 프랜차이즈 가맹본부 사업설명회를 통해서 자기와 연관된 아이템에 대한 아이디어를 찾아 낼 수도 있다. 즉 프랜차이즈 창업박람회의 경우 전시 아이템들이 현재 가맹본부 아이템으로 사업을 영위하고 있는 외식업, 도·소매업, 서비스업뿐만 아니라 주방기기, 인테리어, 간판, 가구, POS 등 프랜차이즈 산업 관련 연관기업들이 참여하므로 창업 아이템 선정뿐만 아니라 사업을 운영할 수 있는 여러 가지 관련 기업들을 알아볼 수 있는 좋은 기회가 된다.

5-2-4 취미생활이나 관심사항을 통한 아이템 선정

자신이 즐겨하는 취미생활이나 관심사항을 통해서 프랜차이즈 아이템을 구체화할 수 있다. 자신이 좋아하는 특정한 아이템을 만들고 다듬고 주변 사람들과 교감을 통해서 프랜차이즈 사업화하는 경우가 있다. 예를 들면 자기가 좋아하는 음식을 만들어 주변의 여러 사람과 교감을 통하여 좋은 반응을 얻으면, 자영업 창업 아이템으로 사업을 시작하여 가맹본부 아이템으로 확장하기도 한다.

5-3 아이템 점검

가맹본부의 아이템으로 선정된 사업 아이템은 다음 점검 항목으로 가맹점 희망자 입장에서 충분히 검토해야 한다.

- 가맹점 창업비용
- 가맹점 수익성과 사업타당성
- 브랜드 인지도
- 최소한의 직원을 고용하고 직접 운영할 수 있는 아이템
- 추가 매출이 가능한 것
- 쉽게 가르칠 수 있는 판매방법 및 점포운영 방법
- 단순화, 표준화, 전문화 가능
- 미래지향적 아이템

또한 사업 결정에 영향을 미치는 요소도 함께 분석할 필요가 있다.

- 경기 침체에도 크게 영향을 받지 않는 아이템인가?
- 소비자의 반복 구매가 가능한 아이템인가?
- 적은 비용으로 가맹점 창업이 가능한 아이템인가?
- 도입기의 상품보다는 성장기나 성숙기의 상품으로 수익성과 안정성이 있는 아이템인가?
- 현재 잘 팔리는 상품의 아이템인가?
- 소비자에 인기를 끌고 있는 아이템인가?

이러한 것들을 파악하기 위해 경기 동향, 소비자의 소비성향을 면밀히 조사하고 새로운 시장에 참여할 수 있는 아이템인지를 분석하여야 한다.

5-4 사업 아이템 타당성 분석

사업타당성 분석이란 창업 및 신규로 진출하고자 하는 사업의 가치를 평가하는 것으로 시장성 측면, 기술적인 측면, 경제적인 측면에서 가치를 측정하고, 창업 후 경영 활동의

결과 목표이익의 달성 여부를 사전에 객관적으로 조사·검토하는 과정을 말한다. 사업타당성 분석은 창업자 자신의 주관적인 사업구상이 아닌 객관적이고 체계적인 사업타당성 분석을 통해 창업회사의 성공률을 높일 수 있다. 사업타당성 분석은 창업계획서 작성하기 전에 반드시 분석해야 할 필수적인 요건이며, 창업의 실패 위험으로부터 사전에 방지할 수 있는 역할을 한다.

창업 및 사업성공 여부는 창업자 자신과 창업과 관련된 사람은 물론 경제적·사회적 측면에서도 매우 중요하기 때문에 사업타당성 분석은 필요하다. 첫째, 사업타당성 분석은 사업계획의 필요요소를 명확히 파악해 준다. 즉 사업타당성 분석은 창업이나 사업에 필요한 생산설비에서 소요자금까지 수많은 요소들을 전체적으로 고려하여 분야별로 기술성, 시장성, 경제성을 분석하므로 이들 요소들을 빠짐없이 점검해 준다. 둘째, 창업자나 경영자는 사업타당성 분석을 통해 자신의 사업 분야에 있어서 운영능력을 향상시킬 수 있다. 셋째, 사업타당성 분석은 창업계획의 수립과 개선의 기회를 부여한다.

사업타당성 분석에는 사업 아이템에 대한 분석을 기초로 하여 기타 창업요소와 요건에 대한 타당성을 검토하면서 〈그림 5-1〉과 같이 내부여건 및 외부환경 분석, 시장타당성 분석, 기술타당성 분석, 경제성 분석 등을 단계적으로 수행해야 한다.

〈그림 5-1〉 사업타당성 분석의 내용

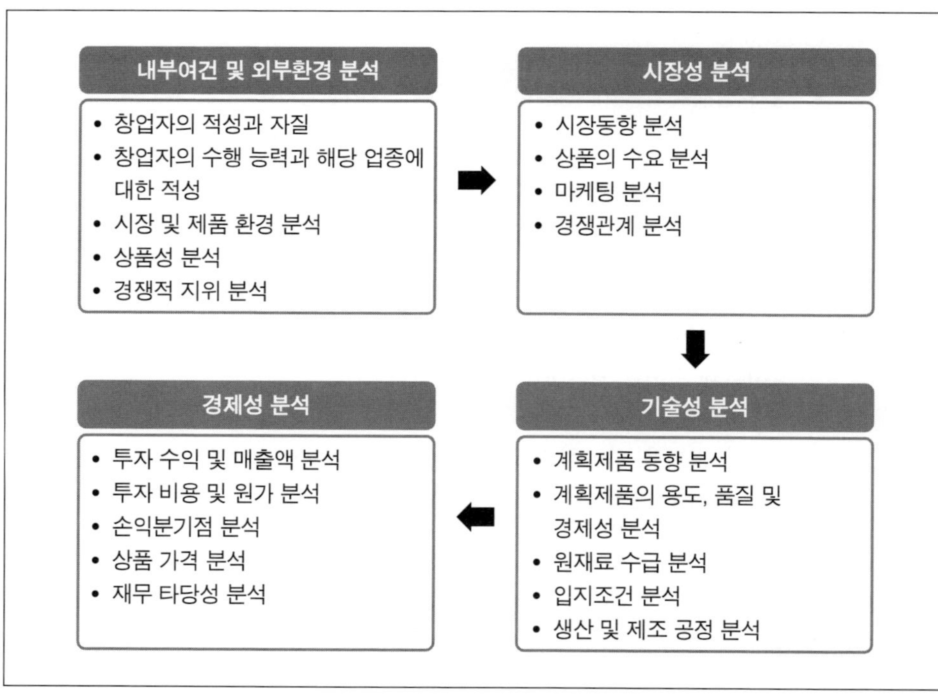

5-4-1 내부여건 및 외부환경 분석

사업타당성 분석은 내부여건 및 외부환경 분석에서 출발한다. 내부여건 분석은 창업자의 적성과 자질, 창업자의 수행능력과 해당업종에 대한 적성 등을 분석해야 한다. 개인이든 기업이든 계획된 일의 성공과 실패는 일을 추진하는 주체와 참여인력 등 인적 요인에 의해 좌우된다. 그러나 문제는 계획한 사업의 수행능력과 그 사업에 창업자가 과연 적합한지를 누가 판정할 것인가 하는 점이다. 자기를 가장 잘 아는 사람은 바로 자신이다. 사업이란 혼자서 하는 것이 아니고 고객·소비자·거래처와의 상호이해 관계가 얽혀 있기 때문에 창업자 혼자만의 생각으로 사업 참여를 결정해서는 안 된다. 따라서 창업자 자신은 물론 현재 자기를 잘 알고 있는 직장 동료나 상사 등의 의견도 중요하며 전문 컨설턴트 등과 충분히 상담해 평가하는 것이 가장 합리적인 방법이다.

외부 환경 분석은 시장 및 상품 환경 분석, 상품성 분석, 경쟁적 지위 분석을 하는 것이다. 시장 및 상품 환경 분석은 창업 아이템과 관련된 인구·통계적 요소, 경제적 요소, 기술적 환경요소, 자연적 환경요소, 사회·문화적 요소, 정치적·법적 요소 등을 분석하여야 한다. 상품성 분석은 상품의 특성과 품질을 고려한 상품의 강약점과 상품의 수명주기, 상품의 보급률에 대한 분석을 말한다. 경쟁적 지위분석은 계획상품을 생산하는 경쟁기업의 범위와 경쟁요소를 분석하는 것이다.

5-4-2 시장성 분석

시장성 분석은 창업 아이템이 얼마나 팔릴 수 있는지를 알아보는 일이며, 시장조사는 창업 아이템의 채택 수단으로 이용한다. 상품이나 서비스를 시장에 내놓았을 때 대부분 소비자에게 생소한 것이 보통이며 품질이 확인되기 전까지는 판매가 결코 쉽지 않다. 따라서 사업 성공의 관건이 바로 시장성과 판로확보이기 때문에 시장성 분석이 무엇보다 중요하다.

시장성 분석은 창업계획의 타당성을 마케팅의 측면에서 분석하는 것으로서 사업 아이템 채택 여부를 판단하는 중요한 기준이 된다. 시장조사를 통하여 시장의 규모와 특징, 수요와 공급의 구조, 경쟁관계, 시장진입가능성, 시장점유율 등을 파악하고 결정하는 데 필요한 자료를 수집·정리·요약하여 유용한 정보를 획득하고 해석하는 과정이라고 할 수 있다.

시장성 분석에는 수요예측, 시장 및 상품 환경 분석, 판매 전략으로 구분된다. 〈표 5-1〉은 시장성 분석의 내용을 정리한 자료이다.

〈표 5-1〉 시장성 평가요소 및 세부평가항목

평가요소		세부평가항목
시장 동향 분석	시장조사	• 시장의 전체적 규모 추정 • 시장 변화 추세 • 시장특성 및 구조
	시장전망	• 인적자원(경영층, 사무직 및 생산직) 확보 전망 • 원재료 수급 용이성 전망 • 경쟁제품과 유사품의 특성 및 구조
상품의 수요 분석	시장점유율 분석	• 국내 주요 경쟁업체의 시장점유율분석 • 최근 3년간 주요 경쟁업체의 시장점유율 변동 추이 분석 • 시장점유율 확보가능성 분석
	수요예측	• 소비자 성향 변화추이 분석(상품 소비형태, 구매동기 분석, 소비자 연령분포, 소비자 세분화, 기초 변화 등) • 대체상품의 동향 및 출현 가능성(수입대체품 포함) • 경쟁사와 광고전략 비교
	판매전망	• 각 판매영역에 있어서의 상품별 판매 가능령 추이(향후 3년간) • 연도별 판매전망
마케팅 분석	상품분석	• 상품 품질 및 특성분석 • 상품 포지셔닝 • 상품 디자인 • 상품관련 서비스 방법
	가격분석	• 국내외 가격구조 분석 • 가격 결정 • 할인 및 공제 방법 • 할부 및 신용 조간
	유통 및 판매 분석	• 상품의 유통경로 • 판매방법 및 판매전략 • 판매대금의 회수방법 • 외상매출금 및 외상매입금의 효율적 관리방안 • 어음, 수표관리 및 부실채권의 예방대책
	광고 및 촉진 분석	• 광고 및 판매촉진 • 인적판매 및 직접 마케팅 • 공중관계
경쟁 관계 분석	경쟁사 현황	• 경쟁사 재무상태, 영업실적, 가격경쟁력 현황 • 유사제품과의 경쟁상태 현황
	경쟁상품 비교	• 경쟁상품과 자사 상품의 장·단점 분석 • 품질 수준 비교

5-4-3 기술성 분석

기술성 분석은 계획하고 있는 제품이나 서비스에 대한 기술적 측면에서의 사업타당성 평가부분으로서 일반적으로 계획하고 있는 제품이나 서비스의 기술동향 분석, 계획하고 있는 제품이나 서비스의 특성 및 용도, 품질 및 경쟁성 분석, 원재료의 수급계획, 입지조건 분석, 생산 및 제조공정 분석 등을 검토 대상으로 하고 있다. 〈표 5-2〉는 기술성 평가요소 및 세부평가항목에 대한 자료이다.

〈표 5-2〉 기술성 평가요소 및 세부평가항목

평가요소	세부평가항목
계획제품 기술동향 분석	• 국내외 경쟁업체 현황 • 기술의 장래성 • 계획제품의 규격, 표준규격과의 관계, 품질 또는 표준의 상이(相異)에서 오는 가격경쟁성 • 계획사업 기술에 대한 대체기술 여부 및 출현가능성 • 보유 기술의 기술변화 사이클상의 단계
계획제품의 용도, 품질 및 경쟁성 분석	• 제품의 용도 및 주요 소비처 • 제품의 기능·물리·화학적 특징 • 품질 및 기술의 수준 • 도입기술의 합리성 • 품질수준과 수요영향의 상관관계 및 영향력 정도 • 특허, 실용신안 등 산업재산권 보유 여부 • 제품 및 기술의 경쟁성 • 계열 산업에 공통적인 표준제품 존재 여부 • 신기술, 공업기반기술 및 기술 집약형 품목 해당 여부 • 경쟁상의 제품, 수입품과의 비교우위성(원가, 품질, 공정 채택 원료상) 여부
원재료 수급 계획	• 소요 노동력 • 원재료 특성 및 수급관계와 공급체계 확보 • 원재료 조달 가능성
입지조건 분석	• 일반적 입지요인분석 • 자연적·경제적·사회적 입지요인 • 제조업의 주요 입지요인 • 공장부지 • 교통·용수·전력 • 관계 법규상의 제약요인분석 • 정부시책 관련 사항 • 토지 이용상 제한조건
생산 및 제조 공정 분석	• 생산일정 및 공장규모 • 생산기계 및 장비선정 • 생산설비와 장비 • 공장 건설계획 • 생산능력 및 조업도

5-4-4 경제성 분석

경제성 분석은 시장타당성 분석과 기술타당성 분석에서 나타난 결과를 가지고 창업 업종의 사업화에 필요한 소요자금 및 창업 후의 수익성을 평가하기 위한 분석이다. 창업 업종이 시장타당성과 기술타당성을 만족시킨다 하더라도 최종적인 사업 추진결정은 경제성 분석에 의한 자금수지와 자금 조달 능력을 통한 수익성 판단 여부에 있다고 할 수 있다. 따라서 경제성 분석은 매우 신중하게 결정되어야 한다.

수익성 검토요소는 대부분의 전망을 지금 관점에서 분석하는 것이기 때문에 이의 근거 자료가 되는 추정손익계산서, 추정대차대조표, 자금수지 등 추정재무제표 작성이 핵심과제가 된다. 가장 중요한 자금 조달과 운용에는 먼저 사업에 필요한 총 소요자금의 적정규모 산정과 더불어 조달가능성을 자금 조달의 위험분석과 함께 추정하고 이들 자료를 중심으로 자금 조달계획서와 운용계획서를 작성해야 한다.

경제성 분석의 평가요소는 투자수익 및 매출액 분석, 투자비용 및 원가분석, 손익분기점 분석, 재무타당성 분석 등으로 구분할 수 있다. 〈표 5-3〉은 경제성 평가 요소 및 세부평가 항목에 대한 자료이다.

〈표 5-3〉 경제성 평가 요소 및 세부평가항목

평가요소	세부평가항목
투자수익 및 매출액 추정	• 매출목표 및 매출액 추이를 토대로 한 손익계산서
투자비용 및 원가 추정	• 원가 및 비용추정 • 원부자재 소요량 추정 • 생산인력에 대한 인건비 추정 • 투자시설에 대한 감가상각비 • 생산 활동에 필요한 생산경비 추정 • 판매활동에 필요한 판매관리비 추정 • 원리금 상환 및 기술료 지급 등 영업외 비용 추정 • 생산, 판매, 재고수준에 의한 제조원가 추정
손익분기점 분석	• 운영자금 흐름을 파악하기 위한 현금흐름표 • 예상사업의 손익분석 • 추정 재무재표작성 • 재무상태 및 경영성과 분석 • 경제적·재무적 타당성 분석
재무 분석	• 자금수지분석 • 할인율 추정 • 투자·수익·비용분석 • 위험분석

5-5 창업계획서 작성

5-5-1 창업계획서의 의미와 필요성

1) 창업계획서 의미

창업계획서는 창업자가 기업을 설립하기 위해 작성하는 계획서이며, 자신의 사업을 지속적으로 성장시키기 위한 구체적인 의지를 체계적으로 정리한 계획서이다. 창업계획서는 가맹본부 창업자 자신을 위해 사업성공의 가능성을 높여 주는 동시에 계획적인 창업을 가능케 하여 창업기간을 단축해 주고, 창업 성공 및 사업지속 가능성에 긍정적인 영향을 미친다. 또한, 창업에 도움을 줄 제3자, 즉 동업자, 출자자, 금융기관, 매입처, 더 나아가 일반고객에게 이르기까지 투자의 관심유도와 설득자료로 활용도가 매우 높다.

창업계획서가 가지고 있는 의미는 첫째, 창업에 관련된 제반사항을 객관적·체계적으로 작성하는 사업계획의 청사진으로서 매우 중요하다. 둘째, 창업에 도움을 줄 제3자에게 투자 및 구매의 관심유도와 설득자료로 활용되는 필수적인 자료이며 사업성공의 지침서이다. 셋째, 창업지원 자금신청, 각종 인허가 신청용 등 정부 창업지원정책 관련 기본 신청서류가 된다. 넷째, 사업타당성 분석과 밀접한 연관성을 가지며, 창업자 자신을 위한 것이다.

2) 창업계획서의 필요성

창업계획서는 창업자가 기업 설립과 자신의 사업을 지속적으로 성장시키기 위해 창업자의 의지를 체계적으로 정리한 계획서이다. 창업계획서가 중요함에도 불구하고 많은 창업자들이 주먹구구식의 창업을 결행함으로써 실패하는 경우가 많다. 창업계획서의 필요성을 보면, 첫째, 체계적인 사업 준비를 하는 데 유리하다. 즉 창업절차는 매우 복잡하고 시행절차상 예상치 못한 문제로 어려움을 겪을 수 있는 경우가 발생할 수 있으므로 철저한 창업계획서 준비가 필요하다. 둘째, 사업 성공 가능성을 높여 준다. 즉 예비창업자가 창업계획서를 작성함으로써 사업과 관련한 성공 가능성, 위험부담, 시장조건 등을 객관적으로 살펴볼 기회를 갖게 됨으로 사전에 위험요소를 체크할 수 있다. 셋째, 자본 조달 수단이다. 즉 사업의 효율적 전개를 위해 도움을 줄 동업자, 일반고객 등에게 자신의 사업을 설명하고 홍보할 때에 더욱 큰 신뢰감을 심어 줄 수 있다.

5-5-2 창업계획서 작성 기준 및 요령

1) 창업계획서의 작성 기준

창업계획서는 고려하고 있는 사업을 위해 앞으로 창업할 일련의 활동에 대한 계획이다. 창업계획을 기록해 놓은 서류를 창업계획서라고하며 창업계획과 창업계획서는 같은 의미로 사용되기도 한다.

창업계획서는 사업의 실현을 위한 행동계획서이다. 그러므로 창업계획서는 조리 있게 준비되어야 한다. 아무리 좋은 사업이라 하더라도 그 실행계획이 잘 짜이지 못하면 성공하기 어렵다. 또 아무리 짜임새 있는 계획을 구상하였다 하더라도 그것이 창업계획서에 잘 표현되지 못하면 관계자로부터 그 사업의 우월성을 인정받지 못하게 될 것이다.

창업계획서는 창업자 자신을 위한 것이다. 창업계획을 타인에게 보이기 위한 것, 실제 내용보다는 형식을 위한 것으로 생각하는 소극적인 태도는 버려야 한다. 창업계획서는 자금동원이나 동업자를 구할 목적으로 작성하여 관계기관에 제출하거나 관계자에게 보이는 경우도 많은데, 그런 경우에도 그것은 남을 위한 것이 아니고 자신을 위한 행위라는 점을 인식해야 한다. 아무리 간단해 보이는 사업이라 하더라도 계획을 세우지 아니하고 즉흥적으로 행동하면 성공하기는 어렵다. 그러므로 창업자 단독으로 사업을 추진하는 경우라 하더라도 창업계획은 작성하여야 한다.

창업계획서는 문서화하는 것이 좋다. 머릿속에 작성한 창업계획만으로도 훌륭히 사업을 성공시킬 수 있는 능력을 갖춘 사람도 있다. 그러나 대부분의 사람은 그러하지 못하며 사업은 그 규모가 커지면 창업자 자신뿐만 아니라 타인을 움직여야 하므로 기록으로 표현된 행동지침은 문서화된 창업계획이 필요하다.

2) 창업계획서의 작성요령

창업계획서 작성은 구상하고 있는 기업의 형성요소를 구체적으로 파악할 수 있으며, 창업자 자신의 주관적인 사업구상이 아닌 객관적이고 체계적인 사업성 분석을 통하여 사업계획에 대한 창업투자의 위험을 줄이고 수익성을 향상시킬 수 있다. 따라서 창업계획서를 작성하기 위해서는 다음과 같은 요령으로 작성해야 한다.

- 창업계획서는 살아있어야 한다. 창업계획서는 한번 만들면 끝나는 것이 아니라 상황에 따라서 새로운 요소가 발견되면 그때그때 고쳐서 써야 한다. 그리고 계획 사업에 잠재되어 있는 문제점에 대해 항상 열린 마음을 가지고 점검, 작성되어야 한다.
- 창업계획서는 자신감을 바탕으로 작성되어야 한다. 창업자 자신이 가지고 있는 목표 아이템을 제3자에게 설득력 있게 납득시키는 것이 창업계획서의 제1의 목표이다.
- 창업계획서는 객관성이 결여되어서는 안 된다. 자신감이 너무 지나쳐 자만심이 되거나 자신의 의견에 몰입되어 갇혀버린다면 창업계획서의 신뢰성에 큰 타격을 미칠 수 있다. 창업계획서는 정확한 자료에 의거한 객관적인 것이어야 한다.
- 창업계획서는 핵심내용을 강조, 부각시켜야 하며 전문용어의 사용을 피하고 보편적으로 설득력 있게 작성되어야 한다. 남들과는 다른 자신의 아이템의 핵심을 중점 부각시

키고 그것이 기술적 내용일 경우라도 투자자 및 관련 당사자가 알기 쉽게 작성되어야 한다.

- 창업계획서의 자금 조달 운용계획은 정확하고 실현가능성이 있어야 한다. 창업계획서 작성 시 가정을 배제해야 한다. '이렇게 되면 자금 조달은 순조로울 것이다.' '무엇이 어떻게 된다면 판매에는 아무 문제가 없을 것이다'라는 식의 가정을 바탕으로 작성되어서는 안 된다. 특히 자금 조달 및 운용 부분에 있어서는 더욱 그 원칙이 중요하다.
- 창업계획서의 내용은 차별화되도록 노력한다.
- 창업계획서는 틈새시장을 집중적으로 공략할 전략을 제시해도 좋다.
- 창업계획서는 계량적으로 표시 가능해야 한다.
- 창업계획서는 예상되는 경쟁관계를 평가해서 객관적으로 작성되어야 한다.

5-5-3 창업계획서의 주요 내용

1) 창업계획서 요약문

요약문은 계획사업의 핵심내용과 그 가치를 집약해서 설명한 부문이다. 따라서 창업하고자 하는 아이템이 왜 필요하고 누가 어떻게 실행하며, 그렇게 함으로써 사업을 성공시킬 수 있다는 것을 간결하고 설득력 있게 기술해야 한다. 특히, 투자자들에게 창업계획서의 얼굴이라고 할 수 있는 요약문은 매우 중요하다. 요약문은 되도록 간결할수록 더 좋다. 창업계획서의 요약부분은 작성자가 계획사업을 완전히 이해하고 그것의 핵심내용을 축약하는 부분이므로 창업계획서의 다른 부분이 완성된 후에 작성하는 것이 바람직하다.

2) 산업, 기업 및 상품과 서비스에 대한 분석

관련 산업 상황. 해당 산업의 구조를 파악하고 현재의 상황과 앞으로의 전망을 제시한다. 그리고 시장 규모, 성장 추세, 경쟁업체 등에 대해서 간단히 언급한다.

회사와 사업의 개념. 창업하고자 하는 사업 아이템의 개념을 기술한다. 즉 창업할 회사가 무슨 사업을 하려고하며 어떤 상품과 서비스를 제공할 것인지 그리고 주요고객은 누구이고 누가 될 것인지에 대해 설명한다.

주력 상품 및 서비스. 주력 상품과 서비스를 설명하고 차기 아이템에 대해서도 언급한다. 상품과 서비스의 특성을 강조하고, 만약 이들의 경쟁상품이 있다면, 기존의 상품과 서비스와의 차별성을 설명한다. 그리고 향후 상품과 서비스의 개발계획에 대해서도 언급한다.

시장진입 및 성장 전략. 상품과 서비스의 혁신, 시기적인 이점 등 마케팅 계획서에서의 주요성공변수를 제시 하고, 가격 책정과 유통, 촉진 및 광고 전략을 설명한다. 그리고 최소한 5년 동안의 성장목표와 전략을 제시한다.

3) 시장조사와 분석

창업계획서 작성에서 시장조사와 분석은 가장 어려운 부분인 동시에 가장 중요한 부분의 하나이다. 시장조사와 분석을 잘하려면 충분한 시간을 갖고 시장과 관련된 다양한 자료를 면밀하게 분석할 필요가 있다. 창업계획의 다른 부분들은 시장조사와 분석에 크게 의존한다.

이를테면 예상 매출액 수준은 제조 및 운영계획, 마케팅 계획, 재무계획 등에 직접적으로 영향을 미친다. 그러므로 시장 조사와 분석은 창업계획의 다른 부분에 앞서 작성하는 것이 바람직하다.

고객. 상품과 서비스에 대한 고객이 누구이고 누가 될 것인지에 대해 구체적으로 논의한다. 잠재고객은 공통적인 성격을 가진 상대적으로 동질적인 그룹으로 분류할 필요가 있다. 고객에 대한 접근 난이도, 고객의 규모, 구매결정까지 걸리는 시간 등을 살펴본다. 그리고 가격, 품질, 서비스 등에 구매결정에 영향을 미치는 요인을 기초로 고객의 구매과정을 설명한다.

시장 규모와 전망. 창업 이후 5년 동안의 전체 시장의 규모를 추정하고 상품과 서비스에 대한 시장 부문별, 지역별 시장점유율을 물량과 금액 면에서 전망한다. 그리고 산업동향, 사회경제적 추이, 인구이동 등 시장변동에 영향을 미치는 요소들을 살펴보고 최소한 향후 3년 동안의 연간 성장율을 예상한다.

경쟁자분석. 경쟁자의 강점과 약점에 대해서 평가한다. 대체 가능한 상품과 서비스, 그리고 그것들을 공급하는 회사를 열거한다. 그리고 시장점유율, 품질, 가격, 유통방법, 서비스 등에 기초해서 경쟁적인 혹은 대체 가능한 상품 및 서비스와 비교한다. 또한 이들 상품과 서비스의 장점과 약점을 분석하고 그것들이 고객의 욕구를 충족시키지 못하는 이유를 설명한다. 그리고 최근에 어떤 회사가 진입하고 이탈했으며, 그 이유가 무엇이었는지에 대해 살펴본다. 또한 3~4개의 주요 경쟁자를 선정해서 시장진입의 성공과 실패요인을 분석한다. 경쟁자를 분석함으로써 얻을 수 있는 이익은 새로운 혹은 개선된 상품과 서비스를 개발할 수 있으며 상대적으로 우월한 위치를 확보할 수 있다는 것이다.

예상 시장점유율과 매출액. 현재 혹은 장래에 예상되는 경쟁에 직면해서 팔 수 있는 상품과 서비스에 관해서 요약한다. 상품과 서비스의 시장 규모와 전망, 고객, 경쟁자와 그들의 매출 추이에 기초해서 향후 최소한 3년 동안의 시장점유율과 매출액을 수량과 금액

면에서 추정한다.

4) 마케팅 계획

타켓시장의 가격 체계와 유통경로하에서 회사의 특별한 마케팅 철학과 전략을 제시한다. 잠재고객이 누구이며 그들과 어떻게 접촉하고 서비스, 품질, 가격, 배달 보증제도 등을 어떻게 판매에 연결시킬 것인지에 대해 계획한다. 만약에 혁신적이고 비상한 마케팅 전략이 있다면 그것에 대해서도 설명한다.

상품 전략. 전국적 혹은 지역적으로 처음 도입한 상품과 서비스를 설명하고 추후의 판매확대에 대한 계획도 논의한다. 즉 상품에 대한 특성, 다양성, 품질, 디자인, 상품명, 포장, 크기, 보증이나 반품에 관해서도 충분히 논의해야 한다. 또한 계절적인 추이에 대해서도 살펴보고 시즌이 아닐 때 촉진할 방법을 제시한다.

가격 전략. 상품과 서비스에 붙일 가격에 대해 논의하고 주요 경쟁자의 가격정책과 비교한다. 그리고 매출총이익 유통과 판매, 보증제도, 서비스, 개발 및 설비비용의 상환 등을 허용할 만큼 충분한지에 대해서도 논의한다. 또한 책정된 가격이 상품과 서비스를 받아들이고 경쟁에 직면해서 시장점유율을 유지하고 발전시키며 이윤을 낳을 수 있는지에 대해 검토한다.

유통 전략. 자체 판매, 판매 대리점, 유통업자, 기존업체의 판매조직, 다이렉트 판매 등 이용 가능한 판매수단을 열거하고 유통경로를 설명한다. 그리고 유통업자, 판매대리점 등의 선정방법을 밝히고 그들 각자가 올릴 예상 판매액을 제시한다. 자체판매의 경우 판매사원 당 연간 판매액을 제시하고 업종평균과 비교한다. 다이렉트 판매를 이용한다면 이용 가능한 매체를 열거하고 예상반응을 밝힌다. 또한 초기 및 장기 판매 계획을 제시한다.

광고 및 촉진 전략. 상품이나 서비스가 잠재고객의 관심을 불러일으킬 수 있는 방법을 제시한다. 매체 광고, 다이렉트 메일링, 텔레마케팅, 카탈로그, 판촉, 인쇄물, 광고 대행사의 활용 등에 대한 계획을 세운다. 촉진 및 광고 캠페인의 일정과 비용을 제시한다.

5) 조직 및 인원계획

경영진의 상세한 경력과 조직을 이끄는 힘, 구성원에게 동기를 부여할 수 있는 성과급 보상 프로그램과 인원 충원 및 개발에 대한 인원계획을 작성해야 한다. 이 부분은 가능한 한 짧으면서도 초점을 맞춰 작성되어야 한다.

가맹본부의 조직은 사업초기부터 각 가맹점사업자의 욕구를 충족시키고 효과적이고 효율적으로 운영할 수 있는 지원조직을 유지하고 개발하는 것이 필요하다. 가맹점사업자를 위한 효과적인 지원조직을 갖추기 위해서 가맹본부는 프랜차이즈 사업에 필요한 부문의 상호의존성을 보여 줄 수 있는 조직을 갖추고, 각 부문별 인원을 확정한 뒤 기업 능력에 맞는 인재를 확보해야 한다.

경영진에 대해서는 직접적으로 관련된 경험 특히 동일 사업에 대한 검증된 과거경력에 주안점을 두어야 한다. 경영진의 적절하지 않은 경험은 아예 생략하는 것도 좋다. 경력직 직원은 관련분야의 전문지식과 추진하고자 하는 사업에 대한 풍부한 경험을 가지고 있어야 한다. 특히 판매하거나 상담하는 세일즈맨과 가맹점사업자들을 담당하는 슈퍼바이저는 프랜차이즈 시스템의 성공과 발전에 반드시 필요하기 때문에 전문지식과 경험이 풍부한 인재를 채용해야 한다.

6) 재무계획

재무계획은 추정 재무제표의 작성을 통해서 계획사업의 향후 재무 상태와 경영성과 등을 제시하는 것이다. 이 같은 재무계획의 목적은 계획사업의 잠재력을 보여주고 구체적으로 소요자금의 규모와 그 타당성을 제시하기 위한 것이다.

특히, 재무계획을 준비하는 데 있어 가장 어려운 부분은 그 메커니즘에 있는 것이 아니라 좋은 데이터를 얻는데 있다. 또한 재무계획을 세우기 전, 타겟 시장과 경쟁구도를 명확히 이해해야 한다. 엔지니어들은 판매와 관련된 문제들은 차후문제라 생각하며 비즈니스에 있어 마케팅과 같은 부분을 무시하는 경향이 있다.

재무계획에는 창업계획서의 각 부문계획에 기초하여 추정 손익계산서, 추정 대차대조표, 추정현금 흐름표 그리고 손익 분기점 분석이 포함되어야 한다. 추정 손익계산서는 수익과 비용의 측면에서 계획사업의 경영성과를 파악하는 데 사용되며, 계획사업의 자본구조를 보여주는 추정 대차대조표는 부채항목을 통해서 자금 조달계획을 세우는데 유용하게 사용된다. 그리고 현금의 유입과 유출을 예측하는 추정 현금 흐름표는 계획사업에서의 현금의 운영과정을 보여주고 있다. 또한 손익분기점 분석은 예상 매출액과 비용구조 하에서 모든 비용을 커버하는 매출액 수준을 보여준다.

추정손익계산서. 손익계산서(income statement)는 기업의 비용, 지출, 세금 이후의 이익 등 총결산을 보여주는 재무제표이다. 손익계산서는 기업의 경영 활동으로 인해 들어온 모든 수익, 사용된 자금, 사업 활동을 영위하는 데 있어 발생한 비용, 세금을 포함한 모든 비용 지출을 제하고 남은 자원에 대한 모든 것을 요약한 것이다.

예상 매출액과 그에 따른 제조 및 운영비용을 기초로 하여 최소한 5년 동안의 추정 손익계산서를 작성한다. 그리고 추정손익계산서 작성의 기초가 된 제조원가 명세서 판매비 및 일반 관리비 등에 대해서도 논의한다. 또한 예상 매출액이나 이익목표를 저해하는 주요 위험요소에 대해서도 살펴본다.

추정 대차대조표. 대차대조표(balance sheet)는 일정시점에서의 기업의 재정 상태를 나타내주는 보고서로 크게 자산, 부채, 자본의 세 가지의 주요 계정으로 나누어진다. 대차대조표는 한 쪽에는 기업의 자산을, 다른 쪽에는 부채와 자본의 합을 나타내고 이들의 균형을 보여주기 때문에 대차대조표라 한다. 최소한 향후 3년 동안의 대차대조표를 작성한다.

추정 현금흐름표. 현금흐름표(statement of cash flows)는 영업, 투자, 재무 활동에 관련된 현금 유입과 유출을 보여주는 것이다. 즉 영업은 사업을 운영하는 데 관련된 현금을 말하며, 투자는 기업이 투자활동을 통해 사용되거나 유입되는 현금을 말하고, 재무는 새로운 채권이나 주식을 발행하여 유입된 현금, 운영비용, 과거 발행 채권의 상환, 배당 지급 등에 사용된 현금을 말한다.

사업 첫 해에는 매달 그리고 다음 2년 동안은 적어도 각 분기마다 현금의 유입과 유출을 분석한다.

7) 위험도 및 특수 고려사항

새로운 사업을 시작함에 있어 그 사업의 내포하고 있는 위험요소와 문제점들을 사전에 가정해보고, 그 대책을 강구하는 과정은 매우 중요하다. 계획사업에 내포되어 있는 문제점과 위험요소에 대해 고찰하는 것은 그 충격을 최소화할 수 있는 가장 효과적인 방법이다.

이러한 과정을 통해서 계획사업에 대해 보다 깊은 이해를 할 수 있을 뿐만 아니라 외부의 이해 당사자들에게 자신감을 가질 수 있을 것이다. 잠재적인 투자자들의 최대의 관심은 창업계획서에 언급되지 않은 위험요소와 문제점들이며, 그들은 확신하게 될 때까지 그것들에 대해 집요하게 추적하고 문제를 제기할 것이다. 이들 문제점과 위험요소는 불리한 경기변동, 제조일정의 차질, 경쟁자의 의한 가격인하, 원자재나 부품조달의 어려움, 자금의 고갈 등 사업영역에 걸쳐 다양한 형태로 존재한다. 사업의 성패 여부는 이같은 문제점과 위험요소를 어떻게 제거하고 극복하느냐에 달려있다.

제6장 가맹본부의 조직 구축

PROLOGUE

설땅 좁아지는 프랜차이즈

1. 일반 자영업보다 프랜차이즈 고용효과 더 커

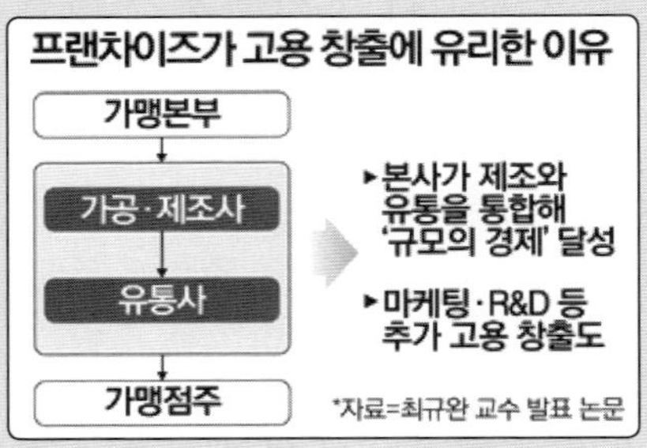

"불황기 고용 창출에는 프랜차이즈가 지름길이다." 전문가들은 문재인정부의 일자리 늘리기 정책을 실현하는 데 프랜차이즈 산업의 외연을 넓히는 것이 필요하다고 강조한다. 가맹본부 지원 없이 자영업에 뛰어들어 창업과 폐업을 반복하기보다는 고도화된 프랜차이즈 영업 시스템을 통해 지원을 받으면서 비교적 장기간 사업을 운영할 수 있기 때문이다. 임영태 프랜차이즈산업협회 사무총장은 "프랜차이즈는 브랜드만 잘 선택하면 사업을 안정적으로 지속할 수 있는 강점이 있다"면서 "제대로 된 가맹본부가 많이 출현한다면 프랜차이즈가 청·장년층 고용문제를 해결하는 데 큰 역할을 할 수 있다"고 밝혔다.

프랜차이즈 관련 정부 연구용역을 맡았던 최규완 경희대 경영학과 교수도 프랜차이즈 산업이 발달했을 때 고용 효과가 프랜차이즈가 없을 때보다 훨씬 크다고 설명한다. 최 교수에 따르면 프랜차이즈 시스템은 제품 기획부터 생산, 판매까지 일관된 산업적 체인 속에서 후방 분야를 수직적으로 통합하는 효과가 크기 때문에 일반 자영업에 없는 기능과 역할이 생겨난다. 가맹본부가 상권 개발, 메뉴 개발, 홍보·마케팅, 품질 관리 등의 일을 하는 과정에서 고부가가치 일자리가 생겨난다는 것이다. 예컨대 가맹본부가 없다면 베이커리 프랜차이즈는 '핑크퐁 아기상어' '카카오프렌즈' 등 캐릭터를 활용한 제품을 기획하기 힘들다. 여기에는 많은 돈과 기획력이 필요하기 때문이다. 하지만 가맹본부가 좋은 상품을 개발하고, 마케팅을 성공적으로 진행하면 가맹점 매출이 늘어나고 덩달아 본부 매출도 증가한다. 프랜차이즈산업협회에 따르면 2014년 기준으로 국내 프랜차이즈를 통한 직접고용은 75만 명, 연관산업 고용까지 감안한 프랜차이즈 종사자는 약 140만 명에 달할 것으로 추정된다. 파리바게뜨의 본사 직원은 6000여 명이지만 제빵기사 등이 속해 있는 협력업체 인원이 5500명, 가맹점 인력 2만5500명 등 총 3만7000여 명의 일자리를 만들어 내고 있다. 프랜차이즈는 은퇴자들이 나 홀로 창업할 때보다 위험성도 훨씬 낮다.

최근 가맹점을 해도 예전보다 어렵지만 프랜차이즈가 아닌 일반 자영업과 비교하면 생존율이 높다. 공정거래위원회 정보공개서를 토대로 최규완 교수가 분석한 자료를 보면 2015년 전체 외식업 폐점률이 23.5%인 가운데 프랜차이즈로 운영되는 외식업 폐점률은 11.1%로 전체 평균을 크게 밑돌았다. 만일 프랜차이즈 상위 업체들을 기준으로 한다면 폐점률은 더 낮아질 수도 있다고 최 교수는 분석했다. 이는 프랜차이즈가 창업을 위한 각종 노하우를 전달할 뿐만 아니라 유명 프랜차이즈일수록 강력한 브랜드와 마케팅 능력을 갖추고 있기 때문이다.

2. 포화된 프랜차이즈 틈새시장서 돌파구

공정거래위원회에 등록된 프랜차이즈 브랜드만 5000개가 넘을 정도로 포화 상태다. 잘되는 업종일수록 신규 업체 진입으로 수익성이 하락하고 있다. 프랜차이즈는 시대별 소비 흐름을 반영한다. 커피, 빵, 치킨 등 먹거리 위주에서 새로운 소비문화 트렌드를 반영한 비외식 분야로 확대되고 있다.

일부는 오래된 업종이지만 새로운 콘셉트를 접목해 창업시장의 블루오션으로 떠오르고 있다. 프리미엄 독서실을 비롯해 만화방, 당구장, 세탁전

PROLOGUE

문점 등이 대표적이다.

독서실은 과거 어두컴컴하고 답답한 분위기였지만 이제는 고급 인테리어에 최신 시설을 갖춘 프랜차이즈로 진화하고 있다. 칸막이 책상을 갖춘 열람실뿐만 아니라 1인 독립실 형태도 있다. '아카데미라운지'는 2014년부터 프랜차이즈를 해온 독서실 업계 1세대다. 회사 관계자는 "비교적 신규 업종이지만 최근 업체 진출이 늘어 수익은 정체상태"라면서 "교육회사들과 공동 사업을 통해 새 활로를 모색하고 있다"고 밝혔다. 아카데미라운지는 대입학원인 종로학원과 협약을 맺고 독서실 이용자에게 모의고사 콘텐츠를 제공한다. 공시 준비생은 공무원 교육 콘텐츠와 수험관리 기법을 독서실에서 이용할 수 있다.

인터넷 환경이 발전하면서 만화방도 부활하고 있다. 요리사의 음식을 맛보며 만화책을 볼 수 있는 '카툰공감'이나 토크쇼·밴드공연·영화까지 즐길 수 있는 '청춘문화싸롱' 등이 대표적이다. 만화방에 바(bar) 개념을 도입한 '피망과 토마토'는 복합문화 공간으로 변신했다. 세탁 프랜차이즈는 세탁 대행은 물론 무인(코인) 세탁, 자동화 시스템을 통한 24시간 세탁물 배송 등을 내세우고 있다.

위락산업에도 프랜차이즈가 등장하고 있다. 스크린골프방에 이어 최근에는 스크린야구장이 인기다. 현재 15개 브랜드가 전국에 500여 개 매장을 내고 성업 중이다. 한 증권사 보고서에 따르면 2020년까지 스크린야구장 규모는 1조원대로 성장할 전망이다. 리얼야구존은 2014년 창업 이래 현재 185개 가맹점을 두고 있다.

자료: 매일경제, '설땅 좁아지는 프랜차이즈 (下)', 2017.12년 20일자.

6-1 조직구조의 개요

조직은 과업을 맡고 있는 다양한 개인들 혹은 집단들로 구성되어 있으며 이들은 서로 연결되어야 제 구실을 한다. 조직구조란 할 일을 우선 나누어 놓고 각 구성원에게 역할을 배정하여 일의 순서와 방식을 정해 놓는 것을 말한다. 기업의 조직에는 공식조직과 비공식조직이 존재하는데, 공식조직은 일정한 규정과 약속에 의해서 일을 분할하고 권한을 부여하고 상호 연결시킨 조직을 말하며, 비공식조직은 사내에서 개인들끼리 자신들의 개인 목적을 위해 만들거나 일부러 만들지도 않았는데 어느 날 우연히 생긴 조직을 말 한다. 즉 산악동호회, 낚시동호회, 동문회 등과 같이 나타난 조직도 있고 점심을 자주 같이하는 몇 사람, 같은 동네에서 출퇴근을 함께하는 몇 사람처럼 들어나지 않은 조직도 있다.

경영자가 행하는 핵심기능은 계획, 조직화, 지휘, 통제를 포함한다. 여기서 조직화는 기업의 계획을 수행하고 목적을 달성할 수 있도록 기업의 자원을 조율하고 배분하는 일과 관련이 있으며, 조직구조는 분업화, 부문화, 통합화, 분권화에 의해서 설계된다.

6-1-1 분업화

분업화(division of labor)란 과업을 나누는 것으로 구성원이 해야 할 일을 보다 작고 간단하게 분리하여 각 종업원이나 부서가 단순하고 전문화된 일을 반복적으로 처리하도록 하는 것을 말한다. 그러므로 과업을 나누는 일이 조직화의 첫 번째 단계이다. 분업화가 많아질수록 종업원 각자에게 부여되는 작업의 수는 적어지기 때문에 작업 방법을 전문화, 표준화가 가능하며, 같은 일을 계속 반복함으로써 숙련도가 높아지고 효율성이 증대되지만 종업원 각자가 맡은 한 가지 일만하기 때문에 각각의 과업을 조화롭게 연결시키기 위해서는 비용이 많이 드는 단점도 있다. 따라서 분업화의 정도는 현장 기술에 따라서 달라지는데 손쉬운 반복기술이면 분업화가 높고, 전문적 기술이면 분업화를 아주 세분화하여 각자에게 맡길 수 없기 때문에 전문화(specialization)시켜야 할 것이다.

6-1-2 부문화

부문화(departmentalization)란 일을 직무로 분할한 후, 직무를 다시 집단화해서 유사하거나 관련이 있는 직무들과 활동으로 조정하는 것을 말한다. 분업화된 인력과업 자원을 단위조직으로 부문화하는 작업은 계획, 지휘, 통제과정을 용이하게 해 준다. 조직도(organization chart)는 특정 과업들을 행할 수 있는 권한이 주어졌을 때 과업과 인력 사이의 구조화된 관계를 시각적으로 보여주는 도표다.

부문화의 다섯 가지 유형은 마케팅, 재무, 생산, 인사 등 조직 내에서 행해지는 주요 기능에 기초하는 기능별부문화, 조직단위에서 상품이나 서비스를 생산하거나 판매하는 기능에 기초하는 제품별부문화, 조직단위에서 사용하는 제조공정에 기초하는 공정별부문화, 조직단위가 서비스하는 도매업자나 소매업자 등 고객의 유형에 기초하는 고객별부문화, 조직단위의 지리적 분할에 기초하는 지역별부문화이다.

6-1-3 통합화

통합화(integration)란 과업을 연결시키는 것으로 분업해서 각자가 맡은 과업을 전체적으로 다시 통합해서 완성시키는 것을 말한다. 종업원 각자가 부분적인 과업을 나누어 맡아서 완수한 후 이들을 통합해야 하나의 과업이 완성되는 것이다. 따라서 조직구조가 완성되기 위해서는 종업원 각자에게 분업화되어 있는 과업들을 공식적인 규정이나 방침에 따라 통합하는 것이다. 공식화란 종업원 각자가 맡은 과업의 수행절차, 수행방법, 그리고 작업결과 등등에 대해 사전에 기준을 정해 놓는 결과이다.

6-1-4 분권화

분권화(decentralization)란 권한을 배분하는 것으로 종업원 각자가 맡은 과업에 대해 결정하고 문제를 스스로 해결하는 것을 말한다. 조직은 과업을 추진할 권한뿐만 아니라 과업을 배분하고 연결할 때에도 그것을 결정할 권한 즉 의사결정권을 누가 가질 것이냐는 조직을 설계할 때 매우 중요하다. 분권화의 반대적인 의미로 집권화(centralization)란 조직의 의사결정권이 조직 내의 개인이건 어느 특정부서이건 간에 어떤 단일 위치에 집중되어 있는 것을 말한다. 이러한 집권화보다도 분권화가 필요한 이유는 한 개인이나 한 특정부서가 전체의 분업화된 부분을 다 알고 있는 것이 아니기 때문에 혼자서 모든 것을 전부 결정하면 부적합한 의사결정을 내리기 쉽기 때문이며 또 하나의 이유는 변화하고 있는 조직의 외부 상황에 적절하고 신속하게 대처하기 위함이다.

분권화의 정도는 최고책임자의 지배력, 사용기술의 복잡성, 담당자의 능력, 환경의 동태성에 의해서 영향을 많이 받는다고 할 수 있다. 첫째, 의사결정의 분권화는 최고책임자의 지배력에 의해 가장 큰 영향을 받는다. 즉 조직의 상급자나 최고경영자의 권력욕에 의해 분권화의 정도가 결정된다고 볼 수 있다. 둘째, 조직이 사용하고 있는 기술이 복잡하거나 고도의 기술을 요하는 경우는 상급자의 통제범위를 벗어나는 것이 많기 때문에 의사결정권은 실무 담당자에게 분산되는 경우가 많다. 셋째, 담당자의 훈련경력이 많고 뛰어난 실력을 소유하고 있다면 그 만큼 의사결정권은 위임될 수 있을 것이다. 환경의 변화가 동태적이고 급변하다면 경력이 많거나 노하우가 많은 상급자도 일이 생소하기 때문에 전부를 관리할 수 없어 위임이 필요하다.

6-2 조직설계의 영향요인

1900년대 이후 대량 제품을 효율적으로 생산하기 위한 대량생산(mass production)은 제품생산과정과 조직을 복잡하게 만들었다. 일반적으로, 기업이 커질수록 더 효율적인 생산이 가능해졌으며, 기업의 성장은 규모의 경제(economics of scale)를 가능하게 만들었다. 규모의 경제란 기업이 대량의 원자재를 저렴하게 구매하여 생산원가를 줄이는 것 즉 생산량이 증가한 만큼 제품의 평균원가가 하락하는 것을 말한다. 이러한 기업의 성장은 조직설계에도 많은 영향을 미쳤다.

조직설계에 영향을 미치는 요인으로는 조직의 연혁과 규모, 사용기술, 시장변화, 경영전략, 사회문화 등이 있다.

6-2-1 조직의 연혁과 규모

조직의 연혁이 오래되면 조직구조는 체계화되고 세련되며 조직 내의 업무도 합리성을 기준으로 표준화되어 간다. 조직의 연혁이 오래되었다고 해서 꼭 많은 경험이 축척되어 조직설계에 영향을 준다고 볼 수는 없다. 중소기업의 경우 처음의 조직을 그대로 유지하고 있는 경우가 많다. 조직의 규모도 커질수록 부서가 많아지고 부서 간의 이질화도 더 심화될 것이며 이에 따른 과업의 조정과 연결의 필요성도 더 커질 것이다. 즉 중소기업의 경리담당은 혼자서 자기 방식대로 원칙을 만들어 업무를 수행하지만 대기업의 경리담당들은 주어진 공식과 방침에 따라 업무를 수행해 나간다. 따라서 조직의 규모가 커질수록 규정과 규칙도 많아지고 운영도 철저해 진다.

6-2-2 사용기술

조직구조는 기술에 따라 달라지고, 사용기술은 일에 따라 달라진다. 영국의 우드워드(J. Woodword)는 공장의 제조기술만을 대상으로 기술과 조직구조와의 관계를 최초로 연구하였다. 사용하는 기술이 단위생산 기술에서 연속공정 생산기술로 복잡화되어감에 따라 보다 많은 관리자가 필요하게 되어 관리계층의 수가 증가됨을 알아냈다. 그리고 퍼로우(C. Perrow)는 넓은 의미의 기술을 분류하는 기준을 '다양성 차원(문제발생빈도)'과 '분석가능 차원(문제 해결 용이성)'으로 나누어 기술유형을 분류한 다음 각각의 기술유형이 조직의 구조설계에 미치는 영향을 분석하였다. 〈표 6-1〉과 같이 기술구분을 문제와 예외발생빈도와 예외발생시 분석가능성이라는 두 차원을 묶어서 네 가지 기술유형으로 나누어 각각의 유형에 일치하는 조직 구조를 제시하였다.

6-2-3 시장변화

번즈와 스토커(T. Burns & G.M. Stalker)는 환경을 안정성 정도를 분류기준으로 안정적인 환경과 가변적인 환경으로 나누어 유형화했는데, 안정적 환경에 있는 조직들은 과업도 엄격하게 구분되어 있고 명확한 책임할당과 체계적이고 제도화된 과업수행, 그리고 수직 계층화된 지휘, 보고체계와 의사결정권한의 상부집중화 현상이 뚜렷한 반면에 시시각각으로 변화하는 환경속의 조직들은 의사결정권한이 현장에 주어져 있고 제도나 규칙의 적용이 매우 신축적이며 수평적 의사소통과 비교적 자유로운 상화관계가 유지되고 있었다. 〈표 6-2〉와 같이 안정적 환경에서는 기계적 조직특성을 가지고 있고, 가변적 환경에서는 유기적 조직특성을 가지고 있다.

〈표 6-1〉 기술유형과 조직설계

<table>
<tr><td colspan="2" rowspan="2">기술구분의 기준</td><td colspan="2">다양화 차원(문제 발생 빈도)</td></tr>
<tr><td>적음(반복)</td><td>많음(변화)</td></tr>
<tr><td rowspan="2">문제 해결 용이성
(분석 가능 차원)</td><td>쉬움(체계적)</td><td>기술유형Ⅰ단순기술</td><td>기술유형Ⅱ공학기술</td></tr>
<tr><td>어려움(직관적)</td><td>기술유형Ⅲ장인기술</td><td>기술유형Ⅳ복잡기술</td></tr>
</table>

기술유형	예	조직설계
Ⅰ단순기술	가전제품 조립, 의료보험공단	공식화, 집권화
Ⅱ공학기술	건설토목공사, 컴퓨터 고장수리	표준화, 분권화
Ⅲ장인기술	보석가공, 전문가구공장	자율화, 분권화, 분업화
Ⅳ복잡기술	항공산업, 경영컨설팅	자율화, 분권화, 통합화

〈표 6-2〉 시장 환경의 안정성과 조직구조

환경 구분 기준	안정적 환경	가변적 환경
조직구조	기계적 조직	유기적 조직
조직특성	• 부서 간 이질성 • 엄격한 상하 관계 • 고정 직무 부여 • 높은 공식화 • 공식적 커뮤니케이션 • 집권화	• 부서 간 유사성 • 협동관계 • 융통성 있는 직무배분 • 낮은 공식화 • 비공식 커뮤니케이션 • 분권화

6-2-4 경영 전략

경영 전략이란 기업이 설정된 목표를 달성하기 위한 행동방침을 채택하고 가용할 수 있는 한정된 자원을 가지고 경쟁 상황을 극복해 나갈 수 있도록 기업이 보유한 자원을 효율적으로 배분하는 과정으로 이에 따라 조직이 사용해야 할 기술, 이에 대한 환경 등이 모두 달라진다. 경영 전략이 수립되면 이에 따라 기술과 환경이 결정되고 이러한 경영 전략과 기술, 환경에 적합한 조직설계를 해야 한다. 따라서 경영 전략은 조직구조 결정에 직접적인 영향을 미친다.

6-2-5 사회문화

조직구조는 구성원의 가치관·태도에 알맞은 것으로 결정되기 쉽고, 구성원의 태도·가치관은 그가 살고 있는 나라의 문화가 결정하는 것이므로 문화도 조직구조를 결정하는 영향요인이라고 할 수 있다. 예를 들어 위계질서적인 조직구조가 효과적으로 발휘되기 위해서는 그 구성원들이 지시, 권위, 명령, 상사, 복종 등의 개념에 익숙한 사람들이어야 한다.

6-3 조직의 유형

조직은 과업의 범위와 내용이 분업화된 정도, 작업절차와 방식이 공식화된 정도에 따라 조직의 특성이 결정된다. 조직전체를 보면 과업에 따른 작업 단위가 수십, 수백 개가 있게 되며 이런 작업 단위들은 전체적으로 다시 부문화되고 연결되면서 조직을 이룬다. 작업의 단위를 하나의 기본 시스템으로 본다면 그 위에는 여러 개의 상위 시스템이 있게 된다. 이런 작업 단위를 어떻게 부문화하여 몇 개의 부서로 나누느냐에 따라 조직형태는 달라진다. 또한 부서 간의 연결절차는 어떤 순서를 밟을 것이고 계획부서와 실천부서는 어떻게 나눌 것이며 부서와 부서 간의 행동통일과 상호조정은 어떻게 할 것인가에 따라 기능별 조직, 사업부 조직, 매트릭스 조직, 팀제 조직, 네트워크 조직 등으로 분류할 수 있다.

6-3-1 기능 조직

기능 조직은 부서가 일을 완수하는 데 필요한 전문적 기능만을 기준으로 설계된 구조를 말한다. 기능별 조직구조의 특성은 부서 간의 맡은 일이 매우 다르기 때문에 서로 연결해야 할 필요성이 많기 때문에 상급계층이 계획, 감독, 조정하고 표준화된 일반규정을 정해 놓기도 하며 최고경영자 가까이 전문가 집단을 두기도 한다. 기능별 조직구조는 <그림 6-1>과 같다.

기능 구조는 간단한 기술, 안정적 환경, 동질적 시장 환경에 있는 기업에 효과적이다. 기능별 조직의 장·단점은 <표 6-3>과 같다.

<그림 6-1> 기능 조직

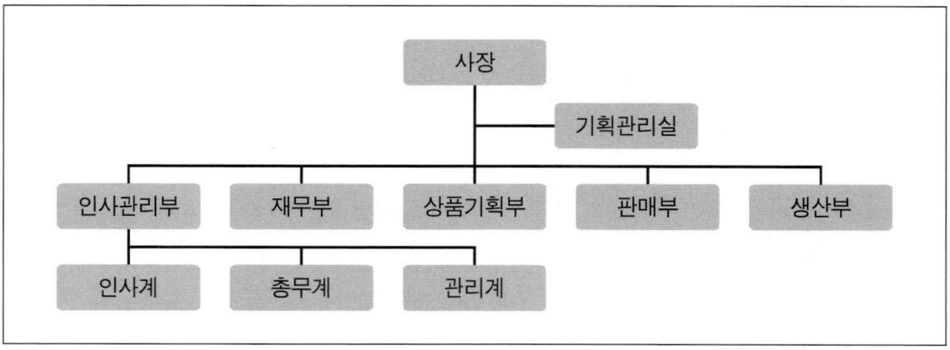

〈표 6-3〉 기능 조직의 장·단점

장점	단점
• 기계, 설비 등 자원의 효율적 사용 • 기능별 전문성을 살린다 • 전문기능의 훈련, 기술 전수가 쉽다 • 부서 내의 조정 필요성이 적다	• 부서 간 협조가 어렵다 • 결재, 교류, 의사소통 시간 지연 • 최종 결과의 책임소재가 불분명 • 총괄적 전문가 양성이 어렵다

6-3-2 사업부 조직

사업부 조직은 사업 부서를 상품별, 고객별, 지역별로 만들고 각 부서가 생산에서 판매, 구매, 회계까지 독자적으로 할 수 있도록 하는 조직이다. 이익기준도 사업부별로 정하고 독립체산제로 운영하여 각 사업단위가 과업을 수행하는 데 필요한 모든 자원을 자체 내에 가지도록 한다. 각 사업단위별로 상호 의존성은 별로 없으나 재정, 연구개발, 정보 등에 대해서는 경영본부의 지시를 받도록 하는 것이 효과적이다. 사업부 조직구조는 〈그림 6-2〉와 같다.

사업부 조직은 시장이 이질적이고 부서 간의 기술도 서로 다를 때 유용하며 환경 변화에 즉각 대처할 수 있다는 장점이 있다. 사업부 조직의 장·단점을 보면 〈표 6-4〉와 같다.

〈그림 6-2〉 사업부 조직

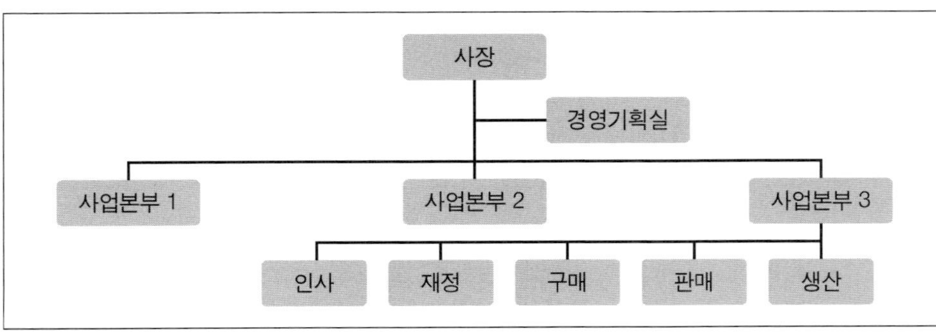

〈표 6-4〉 사업부 조직의 장·단점

장점	단점
• 변화 적응성 • 사업부 내의 상호 협조 • 권한과 책임소재 분명 • 사업부별 특수성 반영 • 총괄전문가 양성 가능	• 자원 배분 시 사업부 간 갈등 • 사업부 간 경쟁 비협조 • 전체보다 사업부 이익에 치중

6-3-3 매트릭스 조직

매트릭스 조직(matrix structure)은 기능별 조직이나 사업부 조직으로도 설계할 수 없을 때 매트릭스 조직이 효과적이다. 이는 작업 단위를 한 번은 기능별로 묶어 놓고 또 한 번은 제품별로 묶어서 두 구조 유형을 결합시킨 조직구조로 서로의 강점과 약점을 보완하여 결합한 조직이다. 매트릭스 조직은 특수 프로젝트를 수행할 수 있도록 생산, 재무, 마케팅과 같은 조직 내의 상이한 기능적 영역에서 인력을 영입한다. 직원 각각에게는 직원이 속한 기능적 영역의 라인관리자와 프로젝트 관리자등 2명의 직접 관리자가 있다. 매트릭스 조직 구조는 〈그림 6-3〉과 같다.

매트릭스 조직구조는 분리하기 어려운 생산도구가 있는지, 하나의 제품이 여러 이질적 시장에 나가든지, 단 기간 내에 여러 기술을 요하는 하나의 프로젝트를 완수해야 된다든지 할 때 효과적이다. 매트릭스 조직의 장·단점을 보면 〈표 6-5〉와 같다.

〈그림 6-3〉 매트릭스 조직

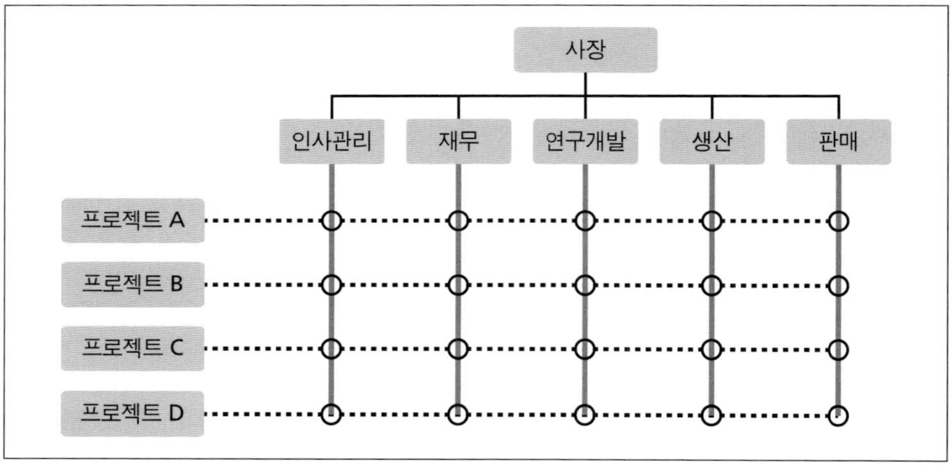

〈표 6-5〉 매트릭스 조직의 장·단점

장점	단점
• 기능별 협력 가능 • 자원의 효율적 활용 • 변화에 융통성 • 인재의 적재적소 배치 가능 • 각 부서별 책임감 주인의식 • 정확 신속한 의사결정	• 관리자 간의 권력투쟁 • 팀 구성원 사이의 혼란 • 응집력 결여 • 구성원의 이동·재배치가 많다

6-3-4 팀제 조직

팀제 조직(team structure)이란 서로 다른 능력과 개성을 가진 여러 개인이 한 팀이 되어 공동목표를 추구하는 조직으로 팀이란 소수의 사람이 상호 보완적인 업무기술을 갖고 공동의 목표를 달성하기 위해 공동의 작업방식으로 스스로가 상호 간에 책임을 갖고 협동적으로 과업을 수행하는 집단이다. 팀제 조직은 우리나라 과거의 피라미드 형태의 과(課), 부(部)제 조직에 대응하는 조직으로 이해하면 된다. 전통 조직과 팀제 조직의 차이를 보면 〈표 6-6〉과 같다.

6-3-5 네트워크 조직

네트워크 조직(network structure)이란 조직 내 구성단위가 개인이건 팀이건 서로 유기적 연계를 극대화시키고 최대한의 연결망을 가진 조직을 말한다. 이 조직은 정보통신기술을 이용하여 조직 내의 구성원들이거나 각 부서가 가지고 있는 정보와 지식을 전달, 공유시켜 그것이 축적되고 새롭게 창조되도록 하는 것이다.

네트워크 조직은 수평적으로 연결과 왕래가 더 많고 자연적으로 구성원들의 참여와 토론이 개방적이며 그들의 능력이 최대한 발휘되고 공유되어 조직 내에 정보지식이 계속해서 축적될 수 있다. 네트워크 조직은 물리적인 공간이나 장벽이 없어지고 가상조직 형태를 가지기도 하지만 조직의 핵심역량은 그대로 가지고 있으면서 그 외의 부문은 외부 위탁하

〈표 6-6〉 전통 조직과 팀제 조직의 차이

요소	전통 조직	팀제 조직
조직구조	계층적/개인	수평적/팀
직무체계	단일 업무	전체업무·다수업무
목표	상부에서 주어짐	스스로 찾아내는데 시간 투여
리더	강하고 명백한 지도자	리더십 역할 공유
지시/전달	상명하복·지시·품의	상호소통·전달·토론
정보흐름	폐쇄·독점	개방·공유
보상	개인주의, 연공주의	팀 성과, 능력주의
책임	개인 책임	공동책임
평가	상부조직에 대한 기여도로 평가	팀이 의도한 목표달성도로 평가
업무통계	관리자가 계획·통제·개선	팀원 전체가 계획·통제·개선

기도 하고 내부 조직화하기도 하고 불필요하면 언제든지 제거해 버린다. 예를 들어 글로벌 네트워크 조직은 본사는 한국에 두고 경영진은 한국인이지만 노동력은 중국에서, 원료는 유럽에서, 자본은 일본에서, 판매는 미국에서 각각 조달하는 것이라 할 수 있다.

6-4 가맹본부 조직구성

6-4-1 가맹본부 조직구성의 기본

프랜차이즈 사업을 전개하기 위해서는 우선 프랜차이즈 가맹본부 구성을 위한 준비업무가 중요하다. 소규모 가맹점의 운영 초기 단계를 보면 사장 혼자서 '몇 개 점포를 개점(가맹점)한 뒤에 직원을 채용하면 되겠지' 하는 생각으로 프랜차이즈 사업을 시작하는데, 처음부터 뚜렷한 목표와 프랜차이즈 사업화에 대한 철학도 없이 막연한 기대만으로 사업을 시작하게 되면, 이런 창업은 거의 100% 실패하게 된다.

따라서 자기 자신의 능력을 엄격히 평가한 후에 프랜차이즈 사업을 전개해야 하며, 최소한의 가맹본부 스텝을 필요로 하는 업무인데도 불구하고 막연하게 시작하여 성공하면 그때 가서 가맹본부 조직을 구성해 보겠다는 생각은 근본적으로 잘못된 것이다. 그런데 이런 경영자가 의외로 많다. 그러나 프랜차이즈 가맹본부를 새롭게 시작하는 데는 사무실과 조직을 구성하는 일이 가장 중요하다. 사무실은 최소한의 비용으로 효율적으로 업무를 수행할 수 있는 공간이면 적합하다.

가맹본부의 조직은 일반적으로 예비창업자를 발굴하고 상담하고 계약 체결을 담당하는 점포개발팀, 가맹점 관리 및 지원을 최일선에서 책임지고 담당하는 영업팀, 신상품과 서비스를 개발하여 미래의 상품을 담당하는 상품개발팀, 가맹본부의 전반적인 전략과 필요자원을 충당하고 배분을 담당하는 경영기획팀, 인적 자원의 개발과 종업원의 관리 그리고 교육훈련 등을 담당하는 인사·교육 관리팀, 원가구조의 분석과 개선 및 재무를 담당하는 재무·회계팀, 회사의 살림살이를 책임지고 운영하는 총무팀 등으로 구성된다. 이러한 가맹본부의 조직은 가맹본부가 하고자 하는 아이템이나 사업규모에 따라 달리할 수 있다.

1) 점포개발팀

가맹본부의 점포개발팀은 예비창업자를 발굴하고 상담하고 계약을 체결하기까지의 과정을 책임지는 부서로 이에 소속된 인원은 프랜차이즈 시스템에 대한 전문지식과 풍부한 경험을 갖추고 있어야 한다. 또한 관련 산업 및 사업에 대해 충분히 이해하고 있어야 하며, 가맹본부와 가맹계약 체결에 있어서 믿음을 주고, 객관적이고 사실적이어야 한다. 점포

개발팀의 구체적인 업무는 예비 가맹점사업자에 가맹점 계약관련 자료나 소구 제공, 예상 가맹점사업자를 탐색하고 방문하여 설명하고 계약 체결, 계약 체결 후 개업까지 지속적인 관심과 지원 등이다.

2) 영업팀(슈퍼바이저)

가맹본부의 영업팀은 가맹점사업자의 관리, 지원을 최 일선에서 책임지고 관리하고, 컨설팅을 담당하는 부서이다. 영업팀에 소속되어 있는 슈퍼바이저는 프랜차이즈 시스템의 특성과 관련된 산업이나 사업에 대한 전문지식뿐만 아니라 가맹본부에 대한 경영이념 및 경영 전략 등 사업전반에 대해 이해하고 있어야 한다. 영업팀의 구체적인 업무는 가맹본부의 경영이념, 경영 전략, 마케팅 전략 등의 교육, 점포의 개점, 운영 및 관리 지원에 대한 컨설팅 등이다. 이러한 업무를 수행하기 위해 슈퍼바이저가 갖추어야할 자질은 경영관리 능력과 지식, 커뮤니케이션 능력, 문제 해결 능력과 대응능력 등이다.

3) 상품개발팀

가맹본부의 상품개발팀은 신상품과 서비스를 개발하고 미래의 상품을 담당하는 부서이다. 어떤 상품은 개선에 의해서 신상품을 개발할 수도 있고, 어떤 상품은 혁신에 버금가는 신상품의 개발일 수도 있다. 상품개발은 연구부서나 상품개발부서 이외 슈퍼바이저나 가맹점사업자, 종업원들의 아이디어 제안에 의해서도 많이 발생한다. 상품개발 부서에서는 이러한 아이디어들을 잘 이용해 새로운 상품개발에 전념하여야 한다. 상품개발팀의 구체적인 업무는 신기술을 통한 신상품 개발, 마케팅 조사를 통한 신상품 개발, 상품테스트 및 실험에 의한 신상품 개발, 제안된 아이디어를 통한 신상품 개발, 경쟁사 상품에 대한 지속적인 평가와 분석을 통한 신상품 개발 등이다.

4) 경영기획팀

가맹본부의 경영기획팀은 가맹본부의 전반적인 전략과 필요자원을 충당하고 배분을 담당하는 부서이다. 경영기획팀은 자금 조달, 인적자원 확보, 중요정책, 리더십의 방향설정 등 가맹본부 운영에 대한 전략을 수행하는 부서이다. 경영기획팀의 구체적인 업무는 경영 전략의 수립, 법적인 요건의 해결, 파트너 선정 및 조인트 벤처 등의 계약체결, 프랜차이즈 시스템의 전략적 조정 및 구축, 경영환경 및 이해관계자들과의 관계조정 등이다.

5) 인사·교육팀

가맹본부의 인사·교육팀은 인적 자원의 개발과 종업원의 관리 그리고 교육훈련 등을 담당하는 부서이다. 인사·교육 관리팀은 종업원들의 동기부여와 능력 및 인사 규정에 관련된 업무를 수행하며, 종업원의 교육뿐만 아니라 가맹점사업자 및 종업원의 교육훈련까지도 전담하게 된다. 인사·교육 관리팀의 구체적인 업무는 요구되는 업무와 역할의 조정, 인사 및 조직에 관한 업무, 동기부여 및 의사소통, 모집 및 채용, 급여 및 보상계획, 종업원 교육훈련 및 인적 자원 개발, 가맹점사업자 및 가맹점 종업원의 교육 훈련 등이다.

6) 재무·회계팀

가맹본부의 재무·회계팀은 원가구조의 분석과 개선 및 재무를 담당하는 부서이다. 재무·회계팀은 원가관리 전문가 및 재무회계 전문가를 통해 상품의 원가구조의 분석, 가맹본부 운영과 관련된 자금 운용, 각종 세무업무 등을 통해 비용의 효율적 운영을 기한다. 재무·회계팀의 구체적인 업무는 상품의 원가구조의 분석과 개선, 운전자본의 공급 및 현금흐름의 전반적인 관리, 경영상 자금운영 관련 의사결정을 위한 정확한 정보 수집 및 DB 구축, 각종 국가 및 지방 세금납부 관련 업무 등이다.

7) 총무팀

가맹본부의 총무팀은 회사의 살림살이를 책임지고 운영하는 부서로 상품이나 서비스 생산에 필요한 원재료 및 부재료의 구매, 가맹점에 공급할 모든 서비스, 공급 상품 및 소모품 구매, 가맹본부 운영에 필요한 비품이나 기계의 구매, 건물이나 점포의 임대 등의 업무를 담당한다.

6-1-2 가맹본부 조직구성의 유형

1) 기능조직 구조

우리나라의 프랜차이즈 가맹본부는 대부분이 전문적 기능만을 기준으로 설계된 구조인 기능별 조직으로 구성되어 있다. 〈그림 6-4〉를 보면 명인만두는 전략기획실, 직영사업본부, 가맹사업본부, R&D본부, 생산본부로 구성된 1실 4본부의 11개 팀으로 구성된 기능별 조직 구조를 가지고 있다.

조직별 담당업무를 보면 첫째, 전략기획실은 기획팀과 회계팀으로 구성되어 있으며, 기획팀은 (주)명인만두의 전반적인 전략과 필요자원을 충당하고 배분을 담당하는 부서이다. 자금 조달, 인적자원 확보, 중요 정책, 리더십의 방향설정 등 가맹본부 운영전략을 수행한다. 구체적인 업무는 경영 전략의 수립, 법적인 요건의 해결, 파트너 선정 및 조인트 벤처 등의 계약체결, 프랜차이즈 시스템의 전략적 조정 및 구축, 경영환경 및 이해관계자들의 관계 조정 등이다. 그리고 회계팀은 원가구조의 분석과 개선 및 재무를 담당하는 부서이다. 구체적인 업무는 상품의 원가구조의 분석과 개선, 운전자금의 공급 및 현금흐름의 전반적인

〈그림 6-4〉 기능별 조직구조 사례 — 명인만두

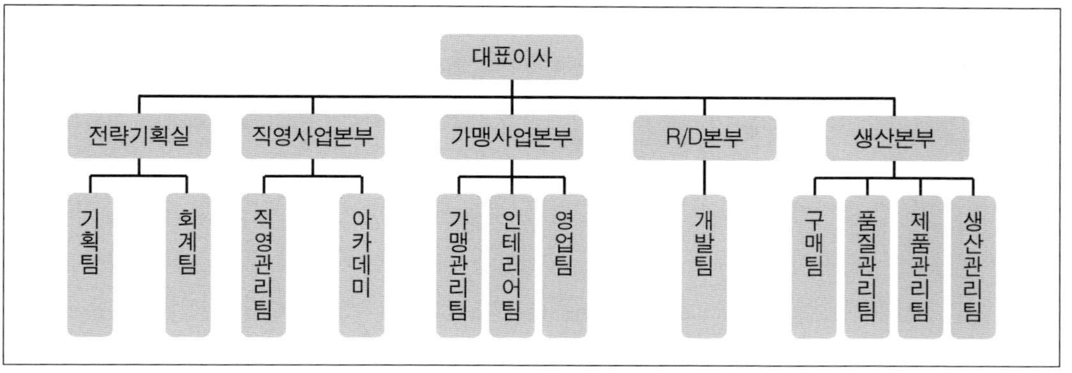

관리, 경영상 자금운영 관련 의사결정을 위한 정확한 정보 수집 및 DB구축, 각종 국가 및 지방 세금납부 관련 업무 등을 담당하여 비용의 효율적 운영을 한다.

둘째, 직영사업본부는 직영관리팀과 아카데미로 구성되어 있으며, 직영관리팀은 본사가 직접 운영하는 직영점을 관리하는 부서이다. 매출이나, 종업원 관리, 물류관리를 담당하며 지점에서 영업을 하는 모든 자료를 분석한다. 분석된 자료를 토대로 실질적인 시장상황을 파악하고, 마케팅 전략 수립에 도움을 준다. 그리고 아카데미는 명인만두의 인재양성 프로그램이며 전문적 인적자원 개발을 담당하며, 종업원의 관리와 교육훈련을 한다.

셋째, 가맹사업본부는 가맹관리팀과 인테리어팀, 영업팀으로 구성되어 있다. 가맹관리팀은 예비 가맹점사업자와, 기존 가맹점사업자들을 관리하는 부서이다. 예비 가맹점사업자들에게는 가맹사업 시작을 위한 전반적인 상담을 관할하고, 업종의 현황, 시장전망, 자사 제품의 경쟁력에 대한 확신, 조직운영, 가맹본부 지원 등의 내용을 전달한다. 기존 가맹점사업자들에게는 인력, 물류, 상품의 지속적인 관리를 해주며, 인테리어, 기계, 장비 설비, 회계, 총무, 재고관리, 매출액 분석 등의 업무를 도와준다. 인테리어팀은 현 시장에서의 인테리어 트렌드를 조사하고, 자사만의 스타일을 개발하며 브랜드만의 특성이 실제 공간에 잘 구현될 수 있도록 연구·개발과 실제 시설적용에 걸친 전반적인 업무를 담당하고 있다. 또한 영업팀은 가맹점사업자의 관리, 지원을 책임지고 관리하며 컨설팅을 담당하는 부서다. 구체적인 업무는 가맹본부의 경영이념, 경영 전략, 마케팅 전략 등의 교육, 점포의 개점, 운영 및 관리 지원에 대한 경영지도 등이다.

넷째, R&D본부인 개발팀은 신상품과 서비스를 개발하고 미래의 상품을 담당하는 부서이다. 상품개발은 연구부서나 상품개발부서 이외에 슈퍼바이저나 가맹점사업자, 종업원들의 아이디어 제안에 의해서도 발생한다. 구체적인 업무는 신기술을 통한 신상품개발, 마케팅 조사를 통한 신상품개발, 상품테스트 및 실험에 의한 신상품개발, 제안된 아이디어 통한 신상품개발, 경쟁사 상품에 대한 지속적인 평가와 분석을 통한 신상품개발 등이다.

마지막으로 생산본부는 구매팀, 품질관리팀, 제품관리팀, 생산관리팀으로 구성되어 있다. 구매팀은 회사의 자제나 원료를 구매 및 관리하는 부서이다. 전산을 통해 지속적으로 각 점포에 필요한 자재들의 구매 및 입출고를 관리하며 결제 업무도 담당한다. 품질관리팀은 제품 또는 서비스가 소비자가 원하는 품질요건사항을 만족시키고 있다는 신뢰감을 주기 위해 필요한 활동을 하는 부서이다. 신제품 출시 개발이 주요 업무이며 식자재에 대한 이상이 없는지에 대한 보증을 담당한다. 제품관리팀은 제품의 입·출고 상황을 확인하고 물류배송에 대한 업무를 담당하는 부서이다. 관리하는 품목에 대한 상황을 항시 체크해야 하며 각 점포가 필요로 하는 제품을 적재적소에 제공해야 한다. 생산관리팀은 생산부문의 전체 진행을 관리하는 부서이다. 제품 생산에 대한 계획을 하고, 알맞은 생산을 위한 인원배치와 필요한 자재에 대한 관리도 한다. 각 점포 담당자간의 업무연락체계를 구축해 원활한 소통이 가능하도록 하며 적시·적량 생산을 통한 제품의 공급이 주요한 업무다.

2) 사업부조직 구조

프랜차이즈 가맹본부는 지역 및 시장이 확대되면서 시장 및 지역별 사업부 조직과 사업 브랜드의 확대로 인한 브랜드별 사업부 조직으로 확대되고 있다. 사업부 조직은 부서를 제품별, 시장별, 지역별로 만들고 각 부서가 생산에서 판매, 구매, 회계까지 독자적으로 할 수 있도록 하는 조직이다. 이익기준도 사업부별로 정하고 독립체산제로 운영하여 각 사업 단위가 과업을 수행하는 데 필요한 모든 자원을 자체 내에 가지도록 한다.

(주)제너시스는 1995년 9월 설립하여 BBQ 치킨, BHC치킨, 닭익는 마을, U9, Mom &Farm, BBQ치킨&비어, BBQ참숯바베큐, BBQ올떡, BBQ올리브 돈까스 등 9개 브랜드로 사업을 전개하고 있는 국내 최대의 프랜차이즈 기업이다. (주)제너시스 조직구조는 〈그림 6-5〉와 같이 전략기획부문, 영업 지원본부의 스텝 조직과 영업본부, 해외사업본부, 국내사업본부, GNS Food, GNS Design, GNS Logistics, GNS AD 등 기능별 조직, BBQ 비즈니스 그룹, 닭익는 마을사업본부, 올리브떡볶이사업본부, 치킨&비어사업본부, GNS BHC, GNS u9 등 사업부 조직이 혼합된 조직이나 전체적으로는 서업부 조직으로 볼 수 있다.

그리고 (주)제너시스의 브랜드 현황은 〈그림 6-6〉과 같다.

3) 팀제 조직구조

프랜차이즈 가맹본부는 조직이 확대되면서 과거의 피라미드 형태의 과(課), 부(部)제 수직조직에서 공동의 목표를 공동의 작업방식으로 스스로가 상호 간에 책임을 갖고 협동적으로 과업을 수행하는 수평조직으로 변경하고 있다. 〈그림 6-7〉의 원앤원 조직구조를 보면 각 실 본부 하위조직으로 팀제 조직구조를 가지고 있다.

(주)원앤원의 조직구조 원할머니 보쌈의 가맹본부와 가맹점, 고객의 3자가 윈윈할 수 있

〈그림 6-5〉 사업부 조직구조 사례 — (주)제너시스

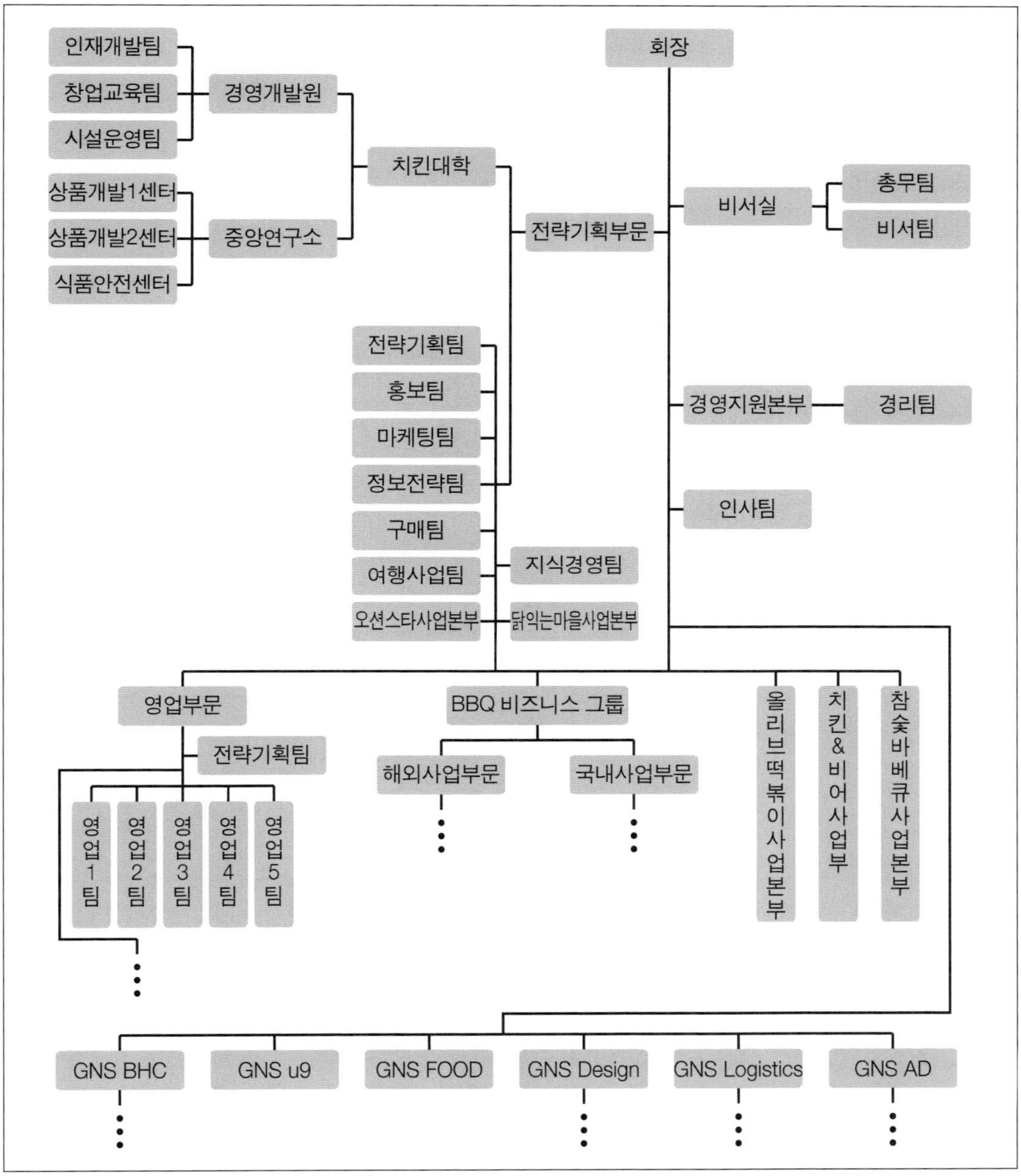

〈그림 6-6〉 (주)제너시스의 브랜드 현황

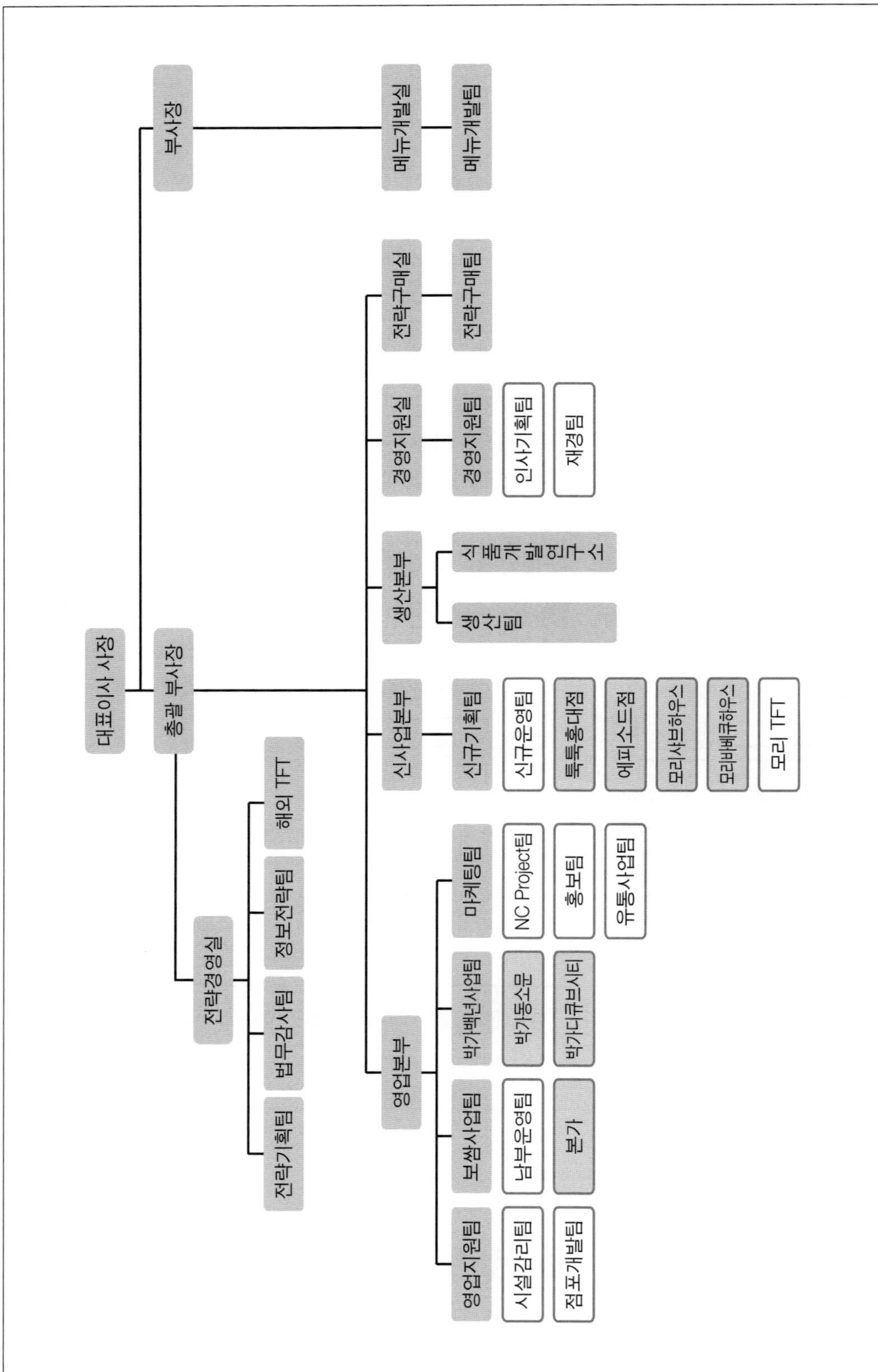

〈그림 6-7〉 팀제 조직구조 사례 — (주)원앤원

는 시스템을 구축하고자 2001년 팀제 조직으로 운영되고 있다. 팀 조직 도입으로 인해 내부적으로는 각 부서 간의 책임과 권한이 하향 조정되어 기업 의사소통이 빨라짐으로 인해 업무의 효율성이 제고되었으며, 외부적으로는 가맹본부와 가맹점 간의 의사소통 속도 또한 개선될 수 있었다.

6-5 가맹본부 조직구축 조건과 성공요인

6-5-1 가맹본부 조직구축의 조건

가맹본부의 성공적인 구축을 위한 조건으로는 가맹점사업자들이 노동의 대가를 제하고 가맹점사업자의 투자에 대해 적정한 수익을 발생시킬 수 있는 프랜차이즈 시스템 개발, 관련분야의 전문지식과 추진하고자 하는 사업에 대한 풍부한 경험을 가지고 있는 직원 채용 및 잘 훈련된 직원, 우수한 마케팅기술, 브랜드는 프랜차이즈 사업을 하는 데 가장 중요한 자산이므로 보호받을 수 있는 브랜드개발, 그리고 사업을 확장하는 데 필요한 충분한 운영자금 등이 전제되어야 한다.

1) 수익성 있는 프랜차이즈 시스템 개발

가맹본부가 성공하기 위해서는 선정된 사업 컨셉이 목표시장에서 충분히 수익성을 낼 수 있도록 직영점이나 시범점포 운영을 통해서 사업 아이템의 개발, 원재료 개발능력, 교육훈련 및 지도, 판매촉진 및 경영관리 시스템 등 '프랜차이즈 패키지'의 차별화와 가맹본부의 잠재적 능력을 충분히 확보하여 프랜차이즈 사업을 시작해야 한다. 또한 이를 위해서는 최소한 한 개 또는 지역별로 몇 개의 직영점이나 시범점포를 운영하여야 한다.

(1) 사업 컨셉의 선정

프랜차이즈 프로그램을 실행하기 전에 가맹본부는 자체적으로 몇 가지 기준을 평가해야 하며 중요한 문제들을 점검해야 한다. 가장 중요한 점은 사업 개념을 테스트 할 시범점포의 성공이다. 만일 제공하는 서비스나 상품이 시장에서 어느 정도 받아들여진다면 그것을 프랜차이즈에 대한 시장의 잠재성이 매우 긍정적일지 모른다. 가맹본부는 자신의 장점들을 활용할 수 있는 적합한 시장을 갖고 있는지, 유사한 사업들이 현재 시장에 진출하지는 않았는지, 효과적으로 광고와 판매를 집중할 수 있는 목표 고객층은 존재하는지를 철저히 점검해야 한다. 성공하기 위해서 가맹본부는 어느 정도의 차별성을 가지고 있거나 아니면 차별성을 확보 할 수 있는 잠재적 능력을 가지고 있어야 한다. 만일 사업이 프랜차이즈에 의해 성공적으로 확대되었다면 그것은 그 사업의 상품, 서비스, 사업 형태, 운영 또는 경영시스템, 마케팅의 차별성 때문이지 단순하게 설립자나 CEO의 능력, 경영 등에 의한 것은 아니다.

프랜차이즈 사업이 성공하기 위해서는 사업의 모든 요소를 예비 가맹점사업자가 쉽고 효과적으로 따라 할 수 있어야 한다. 투자금액 또한 사실적이어야 하며 총투자금액과 현금에 대한 수익의 잠재성이 사업에 따른 위험성보다 높아야 한다. 가맹점사업자들은 시장에서 실험되고 수정되며 강화된 사업 형태를 받아들인다.

(2) 시범점포 운영

프랜차이즈 프로그램 개발의 중요한 것은 프랜차이즈로 하고자 하는 사업 개념들을 개선하고 실험을 통하여 사업의 표준을 만들기 위한 시범 매장을 운영하는 일이다. 시범점포에서 가맹본부는 운영시스템을 관리, 장식, 디자인, 레이아웃(layout), 장비, 훈련방법, 광고, 마케팅 프로그램, 상품 및 서비스, 직원고용 등을 실험해야 한다. 시범 매장은 사업 개념을 프랜차이즈 했을 때 일어날 수 있는 모든 문제를 식별하고 확인하는 실험실이며 가맹본부가 해결책을 개발하고 그 사업이 프랜차이즈 할 수 있는지를 판단할 수 있도록 해준다.

프랜차이즈 사업을 시작하기 전에 가맹본부는 사업의 가능성과 수익성을 입증하기 위해 최소한 한 개 또는 지역별로 몇 개의 매장을 성공적으로 운영하고 있어야 한다. 시범 매장은 사업 개념을 테스트하기 위한 최소한의 기간과 계절적인 요소를 고려하고 그 사업이 만족스러운 결과를 가져온다는 확신을 갖기 위해서는 최소한 1년 정도가 필요하며, 이상적인 것은 2~3년 정도의 경험이 필요하다.

프랜차이즈 사업은 가맹점사업자들이 노동의 대가를 제하고 가맹점사업자의 투자에 대해 적정한 수익을 발생시킬 수 있어야 한다. 만일 가맹점사업자가 단순히 일자리를 사는 것이라면 네트워크에 대한 도입여부나 적극적인 참여의지는 얼마 못 갈 것이다. 프랜차이즈 사업은 또한 가맹본부에게 충분한 이익을 주지 못하면 그 사업은 성공적인 프랜차이즈 사업을 하기에 적합하지 않을 수도 있다.

2) 경험이 풍부한 직원 채용

가맹본부는 관련분야의 전문지식과 추진하고자 하는 사업에 대한 풍부한 경험을 가지고 있는 인재를 채용해야 한다. 특히 판매하거나 상담하는 세일즈맨과 가맹점사업자들을 담당하는 슈퍼바이저는 프랜차이즈 시스템의 성공과 발전에 반드시 필요하기 때문에 전문지식과 경험이 풍부한 인재를 채용해야 한다. 따라서 정열적이고 능력이 있으며 양심적인 좋은 직원을 채용하고 싶을 것이다. 그러나 일반적으로 열정적이고 풍부한 경험과 전문기술을 갖고 있는 직원들을 찾는 것은 쉬운 일이 아니다. 프랜차이즈 가맹본부는 항상 적은 임금의 직원들을 고용하여 최고의 성과를 올릴 수 있는 방법들을 찾기 때문이다. 프랜차이즈 사업을 통해 사업을 확장하려는 가맹본부는 가맹점사업자들을 어떻게 모집하고 훈련시키고 지원하고 의사소통할 것인지에 대해 명확하게 알고 있어야 한다. 이러한 필요사항을 충족시키기 위해 직원들의 자질, 능력, 경험 등을 면밀히 고려하여 채용해야 한다. 필요하다면 경영층도 경영기술을 습득하기 위한 추가적인 교육도 받아야 한다.

프랜차이즈 사업의 성공은 원만한 운영과 사업통찰력(직관)이 필요하다. 이를 위해 현재 가맹본부의 경영, 마케팅, 훈련(교육), 광고, 그리고 슈퍼바이저를 재점검하여 프랜차이즈에 대한 교육과 훈련이 필요한지, 아니면 전문가의 지도가 필요한지 아니면 새로운 직원의 충원이 필요한지를 검토해야 한다.

잘 운영되는 프랜차이즈는 다음 네 가지 중 한 가지는 적당한 비용을 통해서라도 확보를 해야 한다.

(1) 기존 직원을 교육 시키는 방법

만일 기존의 직원들이 프랜차이즈를 실행하는 데 지식이 부족하거나 추가적인 교육 없이 그러한 임무를 수행할 수 없다면 프랜차이즈 관련 교육이나 세미나에 가서 교육을 받아야 한다.

(2) 경력자를 채용하는 방법

현재의 프랜차이즈 방법들에 익숙한 직원들을 확보하기 위해서는 다른 프랜차이즈 회사에서 일을 했던 경험자를 직원으로 채용해야 한다. 만일 중소규모 또는 중간 규모의 회사라면 프랜차이즈 경험이 있는 높은 임금의 새로운 직원을 고용하기 보다는 기존의 직원들을 교육시키는 것이 더 나을 것이다.

(3) 프랜차이즈 부분을 전문가에 위탁

가맹본부가 가맹본부 직원들에게 프랜차이즈 산업에 대하여 교육시키는 데 있어서 가장 좋은 방법은 관련법, 교육훈련, 광고, 홍보활동, 마케팅 분야 등 개인적인 프랜차이즈 전문가에게 위탁하는 방법이 바람직하다.

(4) 프랜차이즈 컨설턴트와 계약

가맹본부에 필요한 법률적인 문제부터 마케팅, 광고 그리고 기타 문제들까지 프랜차이즈 패키지를 제공해주는 프랜차이즈 컨설턴트와 계약하는 것이다.

3) 보호받을 수 있는 브랜드개발

브랜드는 프랜차이즈 사업을 하는 데 가장 중요한 자산이므로 브랜드 개발을 통한 상표등록이 매우 중요하다. 브랜드는 고객에게 그 가맹본부의 이미지이다. 이미지란 고객이 가맹본부의 브랜드를 통해서 얻기를 기대하는 경험이며 욕구이다. 브랜드 인지도는 창업희망자가 가맹점 창업을 하고자 할 때 가장 중요하게 생각하는 요소이다. 좋은 브랜드는 고객의 마인드에 친숙하며, 고객들이 찾아오게 한다.

브랜드의 인지도를 높이기 위해서는 지속적인 광고나 효과적인 마케팅 프로그램 이행이 필요하다. 따라서 브랜드 인지도가 낮은 가맹본부는 브랜드 인지도를 높이기 위해 가맹점사업자들과 광고나 프로모션을 적극적으로 활용하여 매출 증대는 물론이고 전체 프랜차이즈 시스템의 인지도를 높이도록 노력해야 한다. 브랜드에서 가장 중요한 것은 상표이다.

가맹본부는 가맹점사업자들이 자사의 상표를 사용함으로써 발생하는 신뢰성, 신용가치를 얻게 된다. 브랜드의 기능은 제조원의 표시기능, 판매원 표시 기능, 제조원 책임 기능, 보호기능이 있다. 그리고 브랜드 역할은 시장 세분화, 제품차별화, 기업 이미지 형성, 상표 충성심 형성 등이 있다.

(1) 브랜드 개발 및 등록

현대산업 사회가 복잡하게 발전함에 따라 아이디어의 가치는 무한하게 증대되고 이러한 아이디어를 둘러싼 특허권, 저작권, 상표권, 영업비밀, 부정경쟁 등의 다양한 형태의 분쟁들이 많이 발생하게 된다.

또한 이러한 지적재산권에 대한 분쟁들은 경우에 따라서 기술이나 디자인 브랜드 네임 등과 여러 가지의 기술적 기능적인 측면과 법률적인 측면이 상호 결합되면서 양쪽측면을 전부 종합적으로 검토하여 대응을 해야 할 필요성이 매우 커지게 되었다.

우수한 브랜드 네임을 개발하는 데 많은 노력을 기울여야 하는데, 브랜드 네임 개발에 적용할 요소로는 상품의 특성을 상징할 것, 현대적이며 신선감이 있을 것, 읽어서 즐겁고 발음하기 쉬울 것, 인지하고 기억하기 쉬울 것, 독창적일 것, 여러 나라의 언어로 표기할 수 있고 발음이 가능할 것, 긍정적이고 신축성이 있을 것, 사용자와 일치하여 호응을 받을 것 등이다. 이러한 브랜드 네임을 개발한 후에는 상표등록을 통해서 법적인 보호를 받는 것이 필요하다.

특히 프랜차이즈의 경우 가맹본부는 적어도 이러한 지적재산권에 대해 사전에 전반적인 관리와 법적인 보장을 통하여 그 무형의 재산을 독점적으로 보유 관리함으로써 가맹점사업자들이 프랜차이즈에 계약함으로써 많은 경제적인 혜택을 누릴 수 있도록 할 필요가 있다 할 것이다.

(2) 브랜드 아이덴티티 개발

브랜드 아이덴티티 개발 과정은 전략적 브랜드 분석부터 시작된다. 전략적 브랜드 분석은 소비자의 유행, 동기, 미 충족 욕구, 목표시장 세분화 등 소비자 분석, 경쟁사의 브랜드 이미지, 브랜드 강도 및 전략, 취약성, 포지셔닝 등 경쟁자 분석, 자사의 현재 브랜드 이미지, 브랜드의 전통, 브랜드 강도 및 전략, 조직의 가치 등 자사 시장 분석을 통해 고객의 욕구를 파악하고 경쟁사와 자사의 분석 및 해석함으로써 전략적 우위를 기질 수 있는 기회를 모색한다. 둘째, 브랜드 아이덴티티를 적용하기 위한 의사결정을 지원한다. 브랜드 아이덴티티 적용 의사결정은 브랜드 아이덴티티 네 가지 구성요소인 제품으로서의 브랜드, 조직으로서의 브랜드, 사람으로서의 브랜드, 상징으로서의 브랜드의 관점은 아이덴티티를 명확하고 풍부하게 하며 차별화시키는 데 도움이 된다. 셋째, 브랜드 아이덴티티 실행을 위한 브랜드 포지션, 브랜드 적용 및 적용된 브랜드의 평가와 관리이다.

(3) 좋은 브랜드 이미지 구축

브랜드 이미지는 가맹본부 및 가맹점사업자의 성패를 좌우한다. 우호적인 브랜드 이미지는 내적으로 사기앙양과 동기부여, 단결심을 고취시키는 등 가맹본부의 생산성을 향상시키고, 외적으로는 공급업체로부터의 신뢰도 향상과 소비자들의 판매촉진을 가져와 가맹점사업자의 이윤증대를 꾀하여 가맹본부의 활동을 원활하게 하지만, 브랜드 이미지가 나쁜 경우는 내외적으로 악영향을 끼침으로써 가맹본부의 활동을 위축시키고 나아가 도산의 원인이 되기도 한다.

기술개발과 정보가 발전하면서 가맹본부 간 기술적 격차가 감소하고 상품과 서비스가 균일화되어 프랜차이즈 사업의 상품과 서비스의 차별화 격차가 줄어들면서 소비자는 가격과 성능보다는 브랜드 이미지가 좋은 상품과 서비스를 선호하게 되어 결국에는 구매행동으로 연결되고 있다.

특히 브랜드 이미지는 가맹본부의 모든 활동에서 나타나기 때문에 매우 포괄적이지만, 가맹본부가 마케팅 활동과 가맹점을 통해서 구축된 좋은 브랜드 이미지는 가맹점사업자가 가맹본부를 선택하는 데 중요한 결정요소가 된다.

4) 충분한 운영자금

프랜차이즈 사업은 적은 비용으로 사업을 확장하는 데 가장 좋은 방법이다. 그러나 사업 확장에 필요한 기본적인 자금은 가맹본부나 가맹점사업자 모두에게 필요하다.

- 신규 가맹본부는 수입이 비용을 초과할 때까지 운영할 자금이 필요하다.
- 프랜차이즈 사업을 하고 있는 가맹본부는 확장에 해당하는 자금이 필요할 것이다.
- 대부분의 가맹점사업자들은 사업을 시작하기 위한 자금이 필요하다. 돈을 빌려주는 사람이나 가맹본부는 자신의 현금을 가맹점사업자들에게 투자함으로써 사업위험의 일부를 감당하기를 기대하고 있다. 가맹점사업자는 최소한 가맹점사업 초기자금의 50% 이상을 자기 자본으로 투자하고, 나머지 자금은 차용하여 충분한 수익이 창출될 때까지 운영할 자금을 확보해야 한다.
- 가맹본부는 그들의 가맹점사업자들이 사업 초기 자금을 만드는 데 도움을 주는 프로그램을 운영하는 것이 필요하다.

6-5-2 가맹본부 조직구축의 성공요인

프랜차이즈 가맹본부와 가맹점사업자는 소비자에 제공할 상품과 서비스의 개발과 전달에 함께 참여한다. 그들은 계약과 노력에 의하여 서로가 사업의 모든 면에서 지속적이고 오랫동안 유지하기 위해 관계형성에 힘써야 한다. 기업환경은 고객과의 관계를 매우 중요하게 변화시켰다. 프랜차이즈 산업에서 가맹본부와 가맹점, 공급업체, 고객과의 관계는 다른 산업보다 훨씬 더 관계가 중요하다. 만일 가맹본부와 가맹점사업자가 계약 내용이나 약속했던 것들을 이행하지 않는다면 고객에 대한 상품과 서비스의 전달이 원활하지 않아 고객에 대한 가치가 증진되지 않아 소비자로부터 외면을 받을 것이다.

1) 프랜차이즈의 효율적인 관계

프랜차이즈 사업은 계약 관계이다. 가맹본부와 가맹점사업자는 계약에 의해 운영하는 데 동의하고 약속을 하게 된다. 프랜차이즈의 효율적 관계를 보면 첫째, 가맹점사업자가 판매하게 될 상품과 서비스에 대해 가맹점마다 동일한 품질과 동일한 이미지 유지를 위해 관계, 둘째, 가맹점사업자의 판매와 운영에 대한 지원과 관리 관계, 셋째, 가맹점사업자의 영업권이 보장되는 지역의 범위와 독점권에 관한 관계, 넷째, 합리적인 수수료(fee) 구조를 구축하는 관계이다.

(1) 동일한 품질과 동일한 이미지 유지를 위한 관계구축

프랜차이즈 시스템의 선택기준 중의 하나는 가맹점이 상품 및 기타 물건들을 구입할 때 가맹본부로부터 최고의 서비스, 최고의 제품, 최고의 장비, 최적의 가격으로 공급받는 것이다. 가맹본부로부터 제품을 구입할 때마다 가맹본부가 돈을 받는다고 해서 잘못 된 것은 아니다. 그것은 가맹본부가 가맹점사업자와 관계를 유지하고 지속하는 데 필요한 비용이며, 가맹본부가 재정적으로 튼튼해야 더 많은 서비스와 지원을 받게 되는 것이다.

가맹본부가 제품 구입처나 공급자를 지정할 때 가맹본부가 가맹점사업자에게 독점적인 공급자를 추천할 때는 지적재산권이 인정되는 아이템이나 중요한 품목에만 한정한다. 이러한 아이템이나 품목은 가맹본부가 직접 제공하거나 공급업자가 전달한다. 또한 지적재산권에 해당 되지 않는 상품은 가맹본부가 추천하는 공급업자로부터 구입하든가 본인이 직접 공급업체를 통해 구입하면 된다.

공식적으로 지정된 공급자로부터 상품을 공급받는 경우 가맹본부는 가맹점사업자들이 제품을 구입하는 데 필요한 공급업체의 리스트를 제공한다.

(2) 가맹점사업자의 판매와 운영에 대한 지원과 관리 관계구축

가맹본부는 그들의 가맹점사업자들이 프랜차이즈 사업을 운영하기 위해 필요한 상품 및 서비스 그리고 원·부재료, 장비 및 비품, 소모품, 간판 등을 구입하는 데 있어서 이런 것들을 관리하고 통제해야 한다. 그 이유는 첫째, 가맹점사업자가 판매한 상품과 서비스의 품질과 동일성을 유지하기 위해서이다. 둘째, 공급자에게 일정 범위의 양을 보장함으로써 저렴한 비용으로 우수한 품질의 상품들을 공급을 보장받을 수 있기 때문이다. 셋째, 중요한 사업정보 보호, 넷째, 공동 구매에 따른 저렴한 가격제공으로 가맹점의 이익 창출 등이다.

(3) 가맹점사업자의 영업권이 보장되는 지역 독점권에 관한 관계구축

가맹본부는 프랜차이즈 판매를 용이하게 하고, 가맹점사업자가 적극적으로 시장개발을 추진하게 하기 위해 지역 독점권이나 영업권이 보장되는 지역을 인정하게 된다. 가맹본부는 넓은 독점지역이나 영업권이 보장되는 지역을 인정할 때 신중하게 결정해야 한다. 영업권 보장 지역이 너무 넓을 경우 가맹점사업자가 일부지역을 소홀히 하거나 서비스를 제공할 수 없는 지역을 발생시킴으로써 가맹본부의 이미지를 떨어뜨리거나 시장 진출을 약화시킬 수 있으며 경쟁자의 진출을 불러 올 수 있다. 한편으로 영업권 보장 지역이 지나치게 제한될 경우 기존의 가맹점사업자들과 갈등의 소지가 있을 수 있다. 따라서 가맹본부는 내부적인 절차나 규정을 만들어 합리적인 시장분할과 갈등을 해소해야 한다.

가맹점사업자는 독점적인 지역이 필요할 것이다. 같은 가맹본부의 매장이 한 지역에 두 개가 운영한다면 고객들에게는 즐거운 일이지만 그러나 가맹점사업자들은 서로 경쟁을 해야 한다. 또한 특정 지역은 경쟁자의 현황을 고려해야 한다.

가맹본부는 시장에 침투하기 위한 자신의 잠재성을 불필요하게 제한하게 될 독점지역의 인정을 피하려고 할 것이다. 가맹점사업자는 때때로 그들이 효율적으로 커버할 수 있는 능력 이상보다 큰 지역을 독점적으로 인정받으려고 하는 경향이 있다. 가맹점사업자에게 적절한 지역을 결정하는 데 유효한 인구통계학적 자료와 경쟁관계 등을 고려해야 한다.

(4) 합리적인 수수료 구조 관계구축

가맹본부는 가맹점사업자로 하여금 자기의 상표, 서비스표, 상호, 간판 그 밖의 영업표지를 사용하여 일정한 품질기준이나 영업 방식에 따라 상품(원재료 및 부재료를 포함) 또는 용역을 판매하도록 함과 아울러 이에 따른 경영 및 영업 활동 등에 대한 지원 및 교육의 대가로 가맹점사업자로부터 여러 가지 수수료를 지급받아 운영한다.

가맹본부의 수익구조는 가맹점사업자가 지불하는 여러 가지 수수료에 의존하게 되는데 가맹본부는 가맹비, 사용료, 보증금, 광고 분담금, 상품이나 서비스 공급 마진, 교육훈련비, 인테리어 시설비 등으로 구성되어 있는데, 이는 가맹점사업자와 가맹본부 간에 서로의 이익이 될 수 있는 방향으로 수수료 구조가 구축되어야 한다.

대부분의 가맹본부는 프랜차이즈 사업으로부터 최소한 1개 이상의 수입 항목을 가지고 있다. 어떤 가맹본부는 수수료 수입에 전적으로 의존하는가 하면 다른 가맹본부는 그들의 가맹점사업자들에게 판매하는 상품의 판매액에 의존하기도 한다.

프랜차이즈 사업으로부터 발생하는 총수입은 가맹본부가 시스템 표준을 유지하고 경쟁력 있는 네트워크를 갖추며 가맹점사업자의 이익을 발생시키기 위한 서비스를 제공하기 위해 충분해야 한다. 또한 총수입은 가맹점사업자가 자신들의 사업에 대한 투자에 대한 수익이 충분하다는 것을 깨닫도록 해주기도 해야 한다.

가맹본부가 사용료를 받지 않거나 광고 분담금을 받지 않는다면 그 회사는 가맹점사업자에게 판매하는 상품판매에 의존할 것이다.

2) 관리 가능한 가맹점

프랜차이즈 사업이 성공적으로 유지되기 위한 시장을 결정하는 경우 첫째, 가맹본부는 가맹점사업자들이 사업 운영에 있어서 효과적으로 지원을 받을 수 있도록 적정규모의 가맹점을 운영해야 한다. 둘째, 가맹본부는 가맹점 점포 위치 선정에 있어서 많은 비용이 들지 않아야 한다. 셋째, 가맹본부는 경쟁업체들이 시장을 주도하지 못하도록 시장을 방어해야 한다. 넷째, 공급업체들이 중요한 상품이나 원재료들을 전달하는 데 효율적이고 경제적이어야 한다. 다섯째, 가맹본부의 인지도가 있어야 한다. 가맹점사업자의 관리는 가맹본부의 확장 능력 즉 재정, 경영, 공급업체, 현장서비스 능력에 의해 좌우된다. 어느 정도 성장단계에 있는 프랜차이즈 시스템에서 기존의 가맹점사업자들과 근접한 지역에 추가적인 매장을 채우기 위한 가맹본부의 결정은 기존의 가맹점사업자들과의 갈등을 갖게 될 수도 있다. 그러한 갈등은 가맹점사업자들이 그들 시장이 잠식당하는 것으로 생각하기 때문이다. 사실 효율적인 시장공략과 가맹본부와 가맹점사업자들 간에 좋은 관계를 유지하며 성장하기란 상당히 어려운 것이다.

3) 가맹점운영 시스템

가맹본부는 일반적으로 직영점보다는 가맹점사업자에 의해 운영되는 점포에 대한 통제와 관리가 약하다. 동일한 품질관리와 가맹점의 이미지를 유지하기 위해서는 가맹점사업자들이 자발적으로 시스템의 기준들을 유지하고 그러한 기준과 표준들을 자신들의 프랜차이즈의 가치 있는 요소들로 생각하는 것이 중요하다.

가맹점사업자들이 환경 변화에 대처하기 위해 가맹본부 사업 이미지를 수정하고 다른 마케팅 전략을 이행하며 운영절차들을 수정하고 상품과 서비스의 혼합을 변경하고 사업시설들을 업그레이드 하는 것에 대해 가맹본부는 통제하게 된다. 그러므로 가맹본부는 경쟁적인 도전들에 대응하고 시장 환경 변화에 적응하기 위해 가맹점사업자들이 시스템 표준에 자발적으로 응할 수 있는 능력과 프로그램들을 개발하는 것이 매우 중요하다.

가맹본부는 가맹점사업자들이 기준과 표준들을 잘 지키는데 대해 보상하고, 가맹본부의 불충분한 시스템 기준과 표준들을 보강하여 일관성을 유지하는 데 도움이 되는 정책이나 시스템 그리고 절차 등을 개발하여 구축해야 한다.

4) 가맹본부의 가치증대 프로그램

가맹본부가 제공하는 자기의 상표, 서비스표, 상호, 간판 그 밖의 영업표지를 사용하여 일정한 품질기준이나 영업 방식에 따라 상품(원재료 및 부재료를 포함) 또는 서비스를 판매하도록 함과 아울러 이에 따른 경영 및 영업 활동 등에 대한 지원 및 교육 등 서비스와 이익들이 프랜차이즈를 하기 위해 가맹점사업자들이 지불할 비용보다 상대적으로 높은 가치를 느껴야 한다. 가맹본부가 가맹점사업자들이 자신들이 지불한 수수료와 가맹본부가 제공하는 서비스의 가치가 같거나 크다고 느끼게 해야 한다. 가맹본부에 지불하는 수수료는 가맹점사업자 수입의 증가와 함께 증가한다.

가맹본부나 가맹점사업자의 관심은 매출과 이익을 극대화이다. 가맹본부의 매출과 이익을 극대화하기 방법은 가맹점사업자에게는 비용부담의 증대로 이어질 수 있다. 따라서 가맹본부는 서로의 이익과 가치를 증대시키기 위한 프로그램을 개발하여 가맹점사업자와 매출과 이익도 극대화될 수 있도록 노력해야 한다.

5) 갈등 해결을 위한 프로그램

프랜차이즈 관계는 갈등 가능성이 매우 높다. 가맹본부는 적게는 수십 명, 많게는 천 명 이상의 가맹점사업자들과 사업관계를 맺고 있다. 그들은 다른 기대와 목적 그리고 각기 다른 시기에 가맹본부와 관계를 맺는다. 가맹본부는 주주와 가맹점사업자의 이익을 위해 사업을 해야 하며 그 사업이 긍정적인 방향으로 나갈 수 있도록 노력해야 한다.

프랜차이즈 관계에서 갈등의 원인은 다양하게 나타난다. 스피넬리와 벌리(Spinelli & Birley, 1996)는 상호 간의 목표 불일치, 역할 불일치, 소통의 장애, 지각의 차이 등을 원인으로 제시 했고, 브라운 등(Brown, et al. 1983)도 상호 간의 역할과 목표의 불일치, 의사소통의 문제, 기대와 실제의 차이 등을 원인으로 제시했다.

국내 프랜차이즈 가맹본부와 가맹점의 가장 흔한 갈등 유형은 본사의 허위 및 과장된 정보제공과 계약해지 및 종료, 초기의 높은 가맹비와 인테리어 비용, 그리고 상품판매 비용, 광고 분담금 등이 가장 많은 것으로 나타났고, 또한 영업권 보장 불이행으로 인한 상권분쟁, 불량상품 및 재고품 강매 및 마진문제, 본부의 취약한 영업노하우 등도 가맹점의 불만을 야기하고 있는 것으로 나타났다(조현진, 2006).

권력에는 조직적 권력과 개인적 권력으로 구분하고, 다시 조직적 권력은 강압적, 보상적, 합법적 권력으로 구분하고, 개인적 권력은 전문적, 준거적 권력으로 구분할 수 있다.

프랜차이즈의 강압적 권력은 가맹본부가 가맹점의 계약사항 이행 여부, 재가입 여부 등을 결정하여 처벌이나 위협, 불이익 등을 주는 것이며, 보상적 권력은 가맹본부의 경영능력, 마케팅 능력, 수수료 부과, 창업서비스 등에 대해 본부의 지원이나 격려를 하는 것이며, 합법적 권력은 가맹본부와 가맹점 간에 체결된 계약의 이행 여부, 공정거래위원회의 조정 신청 등에 의해서 결정된다.

프랜차이즈의 개인적 권력에 속하는 전문적 권력은 가맹본부의 풍부한 경험에서 나오는 창업에 대한 정보나 마케팅 능력이 가장 크다(이상규, 김영국, 2008). 준거적 권력은 가맹본부에 대한 개인적 매력에 근간을 두고 가맹본부에 대한 개인적인 관계나 존경심 때문에 발생하게 되므로 가맹본부 경영자의 성실성이나 인간적 매력을 가맹점이 동일시 할 때 나타날 수 있다(김선경, 김영국, 2010).

프랜차이즈 관계에서 강압적, 보상적 권력을 행사하는 것보다 개인적 자질에 근거한 전문적, 준거적 권력을 행사하는 것이 가맹점의 협력적 갈등 해결을 통하여 긍정적인 성과에 도움이 되는 것으로 확인되었다. 즉 가맹본부의 강압적 권력과 보상적 권력 행사는 가맹점의 갈등 해결 유형 중 타협보다는 공격이나 회피 유형을 사용하는 것으로 확인 되었고, 이러한 갈등 해결 유형은 가맹점의 성과에도 부정적으로 영향을 미치는 것으로 나타났다. 또한 전문적 준거적 권력은 갈등 해결뿐만 아니라 가맹점 성과에도 긍정적인 성과를 미치고 있다. 즉 가맹본부의 인간적인 자질에 근거한 개인적인 권력은 갈등 해결과 성과에 긍정적인 영향을 미치고 있는 것으로 확인되었다(김선경, 김영국, 2010).

6) 가맹점사업자를 위한 입지선정 및 상권분석 프로그램

가맹본부는 가맹점사업자들이 성공할 수 있도록 좋은 위치의 가맹점 위치를 선정하는데 도와주어야 한다. 또한 가맹본부는 가맹점사업자들이 매일매일 사업을 어떻게 운영하는지에 대한 지침이나 가이드가 담겨있는 운영 매뉴얼을 준비해야 한다. 또한 가맹본부의 사무실은 실용적이고 경제적으로 운영해야 한다.

가맹본부의 프랜차이즈 사업이 외식업이거나, 도·소매업이거나 서비스업 일지라도 업종에 맞는 점포의 위치 선정이 매우 중요한 요소로 작용하기 때문에 가맹본부는 가맹점의 위치 선정에 도움을 줄 수 있는 전문가를 고용하던지, 전문가를 양성해야 한다. 대부분의 가맹본부는 가맹점사업자에게 점포의 위치를 찾아보라고 하거나 부동산 브로커나 상가 담당자를 연결시켜 점포의 위치를 선택하게 한다.

대부분의 가맹점사업자들은 자신들의 프랜차이즈 사업 실패를 자신들의 잘못으로 발생했다하더라도 잘못된 위치 선정 때문이라고 생각하는 경향이 많다. 따라서 가맹본부는 가맹점사업자들이 점포의 좋은 위치를 선택할 수 있도록 입지전문가들을 자체적으로 보유하고 있거나 최소한 연계되어 있어야 한다.

제7장 프랜차이즈 브랜드 구축 및 매뉴얼 작성

7-1 브랜드관리의 이해

7-1-1 브랜드의 정의 및 역할

7-1-2 브랜드화 범위

7-1-3 브랜드 구성요소 선정

7-2 브랜드 마케팅

7-2-1 브랜드 마케팅프로그램 계획

7-2-2 브랜드 마케팅 활동 절차

7-3 브랜드 아이덴티티 개발

7-3-1 브랜드 아이덴티티

7-3-2 브랜드 아이덴티티 개발 과정

7-3-3 브랜드 아이덴티티 요소

7-3-4 브랜드 가치제안

7-4 브랜드 확장 전략

7-4-1 브랜드 확장이 갖는 이점

7-4-2 브랜드 확장이 갖는 단점

7-4-3 성공적 브랜드 확장을 위한 조건

7-5 프랜차이즈 매뉴얼에 대한 이해

7-5-1 매뉴얼의 의미와 기능

7-5-2 매뉴얼 구축의 목적

7-5-3 매뉴얼 작성 시 고려사항

7-6 프랜차이즈 운영 매뉴얼

7-6-1 가맹본부운영 매뉴얼

7-6-2 가맹점 관리 매뉴얼

7-6-3 기타운영 매뉴얼

7-6-4 매뉴얼 활용방법

7-6-5 매뉴얼 사용효과

PROLOGUE

맥도널드 부활의 비결 '백 투 베이직' 통했다

[한꺼풀 벗긴 글로벌 이슈-81] 매일 전 세계 100여 개국 3만7000여 개 매장에서 7000만 명의 끼니를 책임지는 세계 최대 패스트푸드 프랜차이즈 맥도널드. 1955년 미국의 방문판매원 출신 야심가 레이 크록이 맥도널드 형제의 작은 햄버거 가게를 사들여 프랜차이즈 브랜드로 만든 이래 맥도널드의 '황금 아치(맥도널드를 상징하는 M자 모양의 로고)'는 60년 넘게 빛나왔다. 하지만 파죽지세로 성장해왔던 맥도널드에도 힘든 시기가 닥쳐왔으니, 지난 4년은 맥도널드의 '보릿고개'였다. 시장조사기관 유로모니터에 따르면 맥도널드의 미국 패스트푸트 시장 점유율은 2012년 17.4%에서 지난해 15.4%로 떨어졌다. 이 기간 무려 5억 건의 주문이 줄어들었다고 한다.

최악의 고비는 2014년이었다. 파이낸셜타임스(FT)에 따르면 당시 맥도널드는 전 세계적으로 10개월 연속 매출이 감소했고 3분기에만 수익이 전년 대비 30% 줄었다. 당시 일부 미국 언론은 소위 '정크푸드'로 일컬어지는 기존 패스트푸드의 입지를 조금 더 비싸지만 건강에 좋다는 인식이 있는 '패스트 캐주얼' 외식 브랜드가 잠식하고 있다고 분석했다. 멕시코식 간편식 브랜드인 '치폴레'의 부상이 대표적 근거로 제시됐다. 맥도널드에서 20년 넘게 근무한 명실상부 '맥도널드맨' 스티브 이스트브룩 현 맥도널드 최고경영자(62)는 이 같은 고비의 순간에 등장했다. 2015년 CEO 자리에 오른 그는 당장 맥도널드가 처한 최악의 부진을 떨쳐낼 방안을 마련해야 했다. 급격한 매출 감소의 원인 자체가 불분명했던 상황. 이에 이스트브룩은 세계적 컨설팅회사 BCG의 베테랑 임원을 고용해 원인 파악에 나서기에 이르렀다. 결과는 이스트브룩의 말을 빌리면 "좌절감과 안심을 동시에 주는" 내용이었다. '패스트 캐주얼'이 패스트푸드 손님을 빼앗아간다는 추측은 사실과 달랐다. 조사 결과 지난 4년 간 맥도널드를 떠난 고객의 대다수는 좀 더 건강한 간편식 브랜드를 찾아간 것이 아니라 '웬디스' '버거킹' 등 전통적인 라이벌 패스트푸드 브랜드로 발길을 돌린 것으로 나타났다. 요컨대 '정크푸드'로 불리는 패스트푸드에 대한 대중의 수요는 여전했다. 단지 그 수요가 맥도널드로 향하지 않은 것뿐이었다. 2013년부터 맥도널드가 자사의 상징과도 같던 '1달러 메뉴'에 대한 공격적인 마케팅을 멈추고, 건강식 트렌드에 맞춰 케일·아보카도 등 야채 재료가 추가된 새로운 버거·샌드위치 메뉴를 내놓기 시작한 전략은 소기의 성과를 거두지 못한 것으로 드러났다.

문제의 근원을 파악한 이스트브룩은 당장 "베이직으로 돌아가자"는 원칙을 천명했다. 사람들이 맥도널드를 찾게 만들었던 '값싸고 간편한' 초창기의 매력을 복원하자는 것이었다. 그의 지휘하에 맥도널드는 1~2달러짜리 메뉴를 내놓고, 간편한 아침식사 메뉴를 하루 종일 제공하며, 커피와 청량음료의 가격을 확 낮췄다. 원조인 맥도널드가 '한 눈을 판' 사이 웬디스와 버거킹 등의 라이벌 업체

PROLOGUE

들이 '4달러에 4개 메뉴'처럼 전통적 패스트푸드 기준에 부합하는 상품을 내놓으며 점유율을 늘려 간 데에 정면 대응한 것이다. 실제로 2000년대 중후반까지 치즈버거를 비롯한 맥도널드의 '1달러 메뉴'는 전체 미국 매출의 14%를 차지했다. 맥도널드의 마케팅 책임자였던 래리 라이트는 FT에 "스티브는 새롭고 도발적인 건강식 메뉴 대신 익숙한 부분에 집중하자고 강조했다"며 "패스트푸드 시장은 결코 추락하지 않았으며 언제까지나 전 세계 식습관의 넘버원 방식으로 남을 것"이라고 밝혔다. 급격한 저가 공세로 인한 비용 증가에는 이른바 '바벨(역기) 전략'으로 맞섰다. 막대의 양끝에 무게추가 달린 바벨의 모양처럼 판매하는 메뉴를 '양극화'한 것이다. 이스터브룩은 1~2달러의 초저가 메뉴를 강화하는 동시에 고객들의 시선을 잡아끄는 일부 '프리미엄 메뉴'를 개발했다. 프리미엄 메뉴에는 '메이플-베이컨 디종 샌드위치' '버터밀크 크리스피 치킨' 등 딱히 더 건강하지는 않지만 일반 패스트푸드와는 차별화된 레스토랑식 메뉴가 들어갔다.

이스터브룩의 개혁은 점차 효과를 보고 있다. FT에 따르면 맥도널드의 시가총액은 그가 CEO 자리에 오른 2015년 이후 지난달까지 70%가량 올랐다. 이스터브룩은 내년 중 각각 1달러, 2달러, 3달러짜리인 신메뉴를 전격 공개한다는 계획이다. 62세 맥도널드의 도전은 현재진행형이다.

자료: 매일경제, 2017년 12월 5일자.

7-1 브랜드관리의 이해

7-1-1 브랜드의 정의 및 역할

프랜차이즈 시스템에서 브랜드(brand)는 매우 중요한 자산 가치이며, 상품이나 서비스의 가장 강력한 차별화요소이다. 예를 들면 치킨 브랜드의 경우 170여 개 이상의 브랜드로 프랜차이즈 사업이 진행되고 있지만 맛이나 기술의 차별화보다는 브랜드로 차별화가 되고 있다.

1) 브랜드 정의

브랜드란 '특정 판매업자나 판매집단이 상품이나 서비스를 확인하고 경쟁자들의 상품이나 서비스와 차별화할 목적으로 사용되는 이름(name), 말(term), 기호(sign), 상징(symbol), 디자인(design) 또는 이들의 조합'이라고 미국마케팅학회(AMA)는 정의하고 있다. 따라서 브랜드 개발의 핵심은 하나의 제품을 특징짓고 그 제품을 다른 제품들과 차별화시키기 위한 이름, 로고, 상징, 패키지 디자인 또는 다른 속성들을 선택하는 것이다. 즉 브랜드는 동일한 욕구를 충족시키기 위해 디자인된 다른 상품이나 서비스와 차별화시키기 위한 것이다. 여기서 차별화란 브랜드의 성능과 관련되는 기능적, 합리적 또는 유형적인 것이 될 수도 있고 상표가 제시하는 것과 관련되는 상징적, 감정적 또는 무형적인 것이 될 수 있다. 브랜드는 특정 제조업자의 제화를 다른 제조업자의 제화와 차별화하는 하나의 수단으로 수세기 동안 활용되어 왔다.

가맹본부에 있어서 브랜드는 기업의 핵심적인 자산 중의 하나이다. 프랜차이즈 시장은 점차 복잡해지고 경쟁이 치열해지고 있으며, 유사상품과 대체상품 심지어는 모방상품까지 수많은 정보가 범람하고 있어, 소비자들은 프랜차이즈 시장에서 보다 많은 선택을 할 수 밖에 없는 상황임에도 불구하고, 오히려 가맹본부의 상품이나 서비스와 소비자의 선택에 주어지는 시간은 점점 더 줄어들고 있다. 이러한 상황에서 브랜드는 가맹본부 입장에서 자신들의 상품이나 서비스를 타사와 차별화하고 이를 바탕으로 소비자의 의사결정을 간결하게 만들 수 있는 핵심적인 전략요인으로 그 중요성이 점차 증대되고 있다.

2) 브랜드의 역할

브랜드는 제품의 원천이나 제조업자를 확인·규명하여 개인이나 조직과 같은 소비자들이 특별한 제조업자나 유통업자에게 책임을 부과할 수 있게 해 준다. 소비자들은 제품이 브랜드화(branding)되는 방법에 따라 동일한 제품을 각각 다르게 평가할 수 있다.

기업 측면에서의 브랜드 역할은 첫째, 브랜드는 상품 취급이나 상품 추적·조사를 간소하게 한다. 즉 브랜드는 재고기록과 회계기록을 작성하는 데 도움이 된다. 둘째, 상품의 독특한 특성이나 특별한 면에 대해서 기업에 법적인 보호를 제공한다. 셋째, 브랜드명은 상표등록을 통해 보호받을 수 있으며, 제조과정은 특허에 의해 보호받을 수 있으며, 포장화는 판권과 독점적인 디자인을 통해서 보호받을 수 있다. 이러한 지적재산권은 기업이 안전하게 상표에 투자하고 가치 있는 자산의 이점을 획득하는 것을 보장한다. 넷째, 브랜드 충성도는 그 기업에 대한 수요예측 가능성과 수요의 보증과 안전을 제공하며, 다른 기업이 그 시장에 진출하는 것을 어렵게 하는 진입장벽 역할을 한다.

소비자 측면에서의 브랜드 역할은 첫째, 브랜드는 만족한 구매자들이 그 상품을 재구매할 수 있도록 한다. 둘째, 브랜드는 소비자에게 동일한 품질을 제공한다. 어느 장소에서 구매하든 동일한 브랜드는 동일한 품질을 보증한다. 셋째, 브랜드는 소비자에게 심리적 만족을 제공한다. 일부 소비자들은 상품의 기능적 측면보다는 상징적 측면에 더 많은 관심을 가지며 특정 브랜드를 사용함으로써 사회적·심리적 만족을 얻으려 한다.

가맹본부의 브랜드는 가맹점과의 계약을 유리하게 해 준다. 가맹본부가 소유하고 있는 브랜드가 법률적 보호를 받을 수 있도록 상표등록이 되어 있어야 가맹본부를 선정하기 때문이다. 또한 경쟁 가맹본부에 비해 브랜드의 경쟁력과 소비자의 인지도가 높아야만 가맹점 희망자가 가맹본부를 선택하게 된다. 가맹본부의 브랜드는 소비자의 상품과 서비스의 선택과 고객의 재구매에 중요한 역할을 한다. 일반적으로 소비자들은 상품이나 서비스를 처음 구매할 때 브랜드의 지명도나 인기에 의해 구매하게 된다. 그리고 상품이나 서비스에 만족할 때 재구매하기 때문이다.

7-1-2 브랜드화 범위

상품이나 서비스를 어떻게 브랜드화할 것인가? 기업이 마케팅 프로그램 및 기타 활동을 통해서 상표 창조에 대한 자극요인을 제공하지만, 결국 브랜드는 소비자의 마음속에 존재하는 어떤 것이다.

브랜드화(branding)는 상품과 서비스에 힘을 부여하고, 상품들 간에 차이를 조성하는 모든 것이다. 상품이나 서비스를 브랜드화하기 위해서는 그 상품이나 서비스가 '누구'의 것인지 소비자에게 알리는 것이 필요하다. 또한 그 상품이나 서비스가 '무엇'을 행하며 왜 소비자들이 관심을 두어야 하는지 알리는 것이 필요하다.

브랜드화 전략이 성공하고 브랜드가치가 창조되기 위해서는 상표들 간의 상품 및 서비스에서 의미 있는 차이가 있다는 사실을 소비자에게 확신시켜야 한다.

가맹본부의 브랜화는 경쟁 가맹본부와의 차별화와 경쟁우위를 갖으면서 소비자에게 상품과 서비스를 잘 알려서 최종적으로는 상품이나 서비스를 선택할 수 있도록 해야 한다.

브랜화는 소비자가 선택권을 가지고 있는 어느 곳에든 실질적으로 적용될 수 있다. 즉 가맹본부는 물질적 재화(굽네치킨), 서비스(블루클럽), 점포(롯데슈퍼), 사람(이승철 헤어), 장소(교촌치킨), 조직체(GS25) 등을 브랜화할 수 있다.

7-1-3 브랜드 구성요소 선정

브랜드 구성요소는 상표를 확인·규명하고 또한 차별화하는 데 필요한 요소들이다. 즉 상표자산에 긍정적으로 기여하는 상표 구성요소는 소비자들이 특별하게 가치를 부여한 연관성이나 반응을 전달한다. 즉 나이키는 '분출하는 모양'의 로고, 능력을 부여하는 'just do it'이라는 슬로건, 그리고 승리를 나타내는 날개달린 여신을 이르는 'Nike'라는 이름을 가지고 있다. 우리나라 치킨 브랜드를 대표하는 BBQ 치킨는 '닭 벼슬 모양'의 로고, 세상에서 가장 맛있고 건강한 치킨이라는 'best of best quality'이라는 슬로건, 고기를 통째로 구운 요리를 이르는 'bbq(barbeque)'라는 이름을 가지고 있다.

브랜드 구성요소를 선택하는 데는 여섯 가지 기준이 있다. 이는 첫째, 가맹본부의 브랜드가 소비자에게 얼마나 쉽게 상기되고 인식되는가를 알 수 있는 memorable(기억할 수 있는), 둘째, 가맹본부의 브랜드가 상품이나 서비스에 대해 어느 정도 신뢰적인가 하는 meaningful(의미가 있는), 셋째, 가맹본부의 브랜드가 소비자에게 시각적, 음성적, 미학적으로 호의적인가를 알 수 있는 likeability(좋아할 수 있는), 넷째, 가맹본부의 브랜드가 다른 범주의 신제품을 개발하는 데 사용 가능한가 하는 transferable(전달할 수 있는), 다섯째, 가맹본부 브랜드가 어떻게 적용될 수 있으며, 첨단화할 수 있는가 하는 adaptable(적용할 수 있는), 여섯째, 가맹본부 브랜드가 어떻게 법적으로 경쟁력 있게 보호될 수 있는가의 문제인 protectible(보호될 수 있는)이다.

브랜드 구성요소를 선택하는 기준 중 memorable(기억할 수 있음), meaningful(의미가 있음), likeability(좋아할 수 있음)의 세 가지 기준은 상표를 구축하는 데 특징화될 수 있으며, transferable(전이할 수 있음), adaptable(적용할 수 있음), protectible(보호될 수 있음)의 세 가지 기준은 방어적이며 브랜드 자산이 서로 다른 기회와 제약 요건에 어떻게 균형을 이루고 보존될 수 있는가와 연관이 있다.

상표 구성요소는 상표 구축에 많은 역할을 한다. 만약 소비자들이 제품 구매에 대한 의사결정에 많은 정보를 탐색하지 않는다면, 상품 구성요소는 쉽게 인식되고 상기되어야 하며, 본질적으로 설명적이며 설득적이어야 한다. 상표명과 같이 슬로건은 상표자산을 구축하기 위한 극히 효율적인 수단이다. 슬로건은 그 상표가 무엇이며 또한 무엇이 그것을 특별하게 하는지 소비자가 파악하는데 도움을 준다.

프렌차이즈 치킨 브랜드 및 로고를 보면 〈그림 7-1〉과 같다.

7-2 브랜드 마케팅

7-2-1 브랜드 마케팅프로그램 계획

소비자들은 브랜드를 광고뿐만 아니라 개인적인 관찰과 이용, 구전, 기업 구성원과 상호작용, 인터넷, 전화경험 또는 지급거래 등을 통해서 접촉하게 된다. 브랜드 접촉이란 소비자들이 기업의 브랜드, 제품범주 또는 상품이나 서비스와 관련된 시장에 대해서 갖게 되

〈그림 7-1〉 치킨 브랜드 및 로고 사례

는 정보습득 경험이다. 이러한 경험들 중에서 어느 것은 긍정적 또는 부정적이 될 수 있다.

많은 가맹본부는 브랜드 접촉과 브랜드 자산을 구축하기 위해서 클럽 및 소비자공동체, 프랜차이즈박람회, 행사 마케팅, 후원, 공장방문, 공중관계와 기자회견 및 사회적 대의 마케팅 등을 실시하고 있다.

가맹본부는 브랜드 구축을 위한 마케팅 프로그램을 구축하는데 개인화, 통합화 및 내부지향화 등 세 가지를 강조하고 있다.

첫째, 개인화는 인터넷의 급속한 확산으로 기회를 창출하고 있다. 개인화 마케팅(personalizing marketing)은 브랜드 그리고 그 브랜드에 대한 마케팅이 많은 고객에게 관련이 있다는 것을 가능한 한 확실하게 하는 것인데, 도전적인 문제는 단 2명의 고객도 일치하지 않는다는 것이다.

개인화에 대해 증가하는 소비자의 욕망과 기대에 적응하기 위해 가맹본부는 경험 마케팅, 일대일 마케팅, 그리고 허용 마케팅(permission marketing)과 같은 개념을 열정적으로 받아들이고 있다.

둘째, 통합화는 전통적인 마케팅 믹스(4P)로 현대 마케팅 프로그램을 설명하는데 한계가 있어 필요하다. 통합 마케팅(integration marketing)은 개인적 및 집단적 노력을 극대화하기 위해 마케팅 활동을 혼합하고 조화롭게 하는 것이다. 통합 마케팅은 브랜드의 인지도에 영향을 주고 또한 브랜드 이미지를 창조하고, 유지하거나 강화한다. 브랜드 주체성(identity)은 가맹본부가 자신이나 자사 상품을 확인·규명하거나 위치화하려는 목적을 달성하는 방법이다. 브랜드 이미지(image)는 공중이 가맹본부나 가맹본부의 상품을 능동적으로 실제로 지각하는 방법이다. 가맹본부는 올바른 이미지가 소비자의 마음속에 수립되도록 하기 위해서, 가맹본부가 이용할 수 있는 모든 커뮤니케이션 수단과 브랜드 접촉을 통해서 상표 주체성을 전달해야 한다.

셋째, 내부지향화는 기업이 구성원과 마케팅 동반자들에게 고마움을 느끼고 있음을 확실히 하기 위해 내부 견해를 적용, 채택하여야 하며 또한 기본적인 상표화에 대한 생각 그리고 그 생각들이 어떻게 브랜드 자산에 도움이 되는지 또는 해가 되는지를 이해해야 한다. 내적 상표화(internal branding)는 구성원들에게 정보를 제공하고 고무하는데 도움이 되는 활동과 과정이다. 가맹본부 및 가맹점의 모든 구성원이 브랜드 및 그 브랜드에 대한 약속을 심오하고도 현실적으로 이해한다는 것은 가맹본부와 가맹점사업자에게는 매우 중요하다. 브랜드 결속은 고객들이 브랜드 약속에서 전달되는 것처럼 그 기업을 경험할 때 발생한다. 브랜드 결속이 강화되기 위해서는 가맹본부와 가맹점의 구성원과 가맹본부의 커뮤니케이션에서 모든 고객접촉은 긍정적이 되어야 한다.즉 브랜드의 약속은 가맹본부와 가맹점 내의 모든 구성원들이 그 브랜드에 생명력을 불어넣지 못하면 전달될 수 없다.

7-2-2 브랜드 마케팅 활동 절차

브랜드 마케팅이란 고객에게 보다 질 높은 가치를 만들어 내기 위해서 브랜드의 기본 설계를 확실히 하여, 이것을 관계자와 공유하면서 일관성을 갖고 실행 평가하는 활동이다. 즉 브랜드의 가치를 명확히 하고 이를 모든 마케팅 활동에 반영하는 것이다.

브랜드 마케팅 활동의 절차는 첫째, 긍정적인 브랜드 아이덴티티 개발하고, 둘째, 표적 소비자의 미 충족 욕구 파악하여 이를 반영한 브랜드 컨셉, 즉 브랜드 포지셔닝을 선정하고, 셋째, 통합적인 마케팅 커뮤니케이션을 통해 목표고객의 마음속에 호의적이고 강력하고, 독특한 브랜드 연상을 심어준다. 브랜드 마케팅의 활동 절차를 보면 아래 〈그림 7-2〉와 같다.

〈그림 7-2〉 브랜드 마케팅 활동 절차

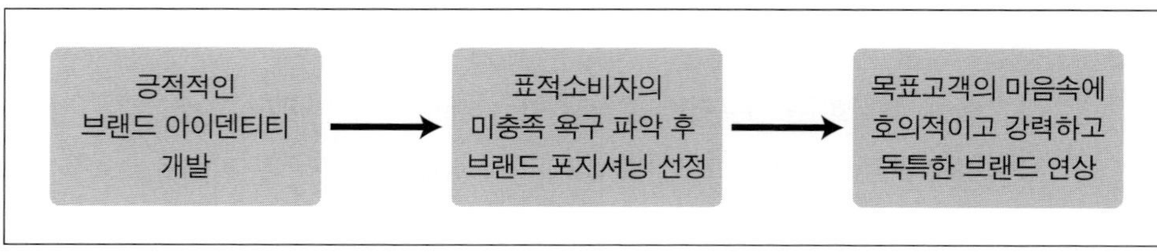

7-3 브랜드 아이덴티티 개발

7-3-1 브랜드 아이덴티티

브랜드 아이덴티티(brand identity)는 그 브랜드에 대한 성향, 목표 그리고 의미를 제공한다. 즉 브랜드 아이덴티티는 브랜드에 대한 의미를 창조하고 유지하기 위해 불러일으키는 브랜드와 관련된 일련의 독특한 연상이다. 이러한 연상은 브랜드가 상징하는 것을 표현하고자 하는 상징성과 브랜드 연상을 통해 소비자가 추구하고자 하는 가치를 실현시키겠다는 소비자에 대한 기업의 약속이 내재되어 있다. 브랜드 아이덴티티 구조는 핵심적 아이덴티티와 실제적 아이덴티티, 확장된 아이덴티티로 구성되어 있다. 핵심적 아이덴티티는 시간을 초월하는 브랜드의 핵심적인 가치와 개념 그리고 변함없는 연상 작용을 나타낸다. 실제적 아이덴티티는 브랜드를 구성하고 있는 실제적 가치와 차별화 요소가 포함된다. 확장된 아이덴티티는 구체성과 완전성을 부여하는 요소들이 포함되며, 브랜드 아이덴티티 시스템 완성을 나타낸다. 브랜드 아이덴티티 구조는 〈그림 7-3〉과 같다.

〈그림 7-3〉 브랜드 아이덴티티 구조

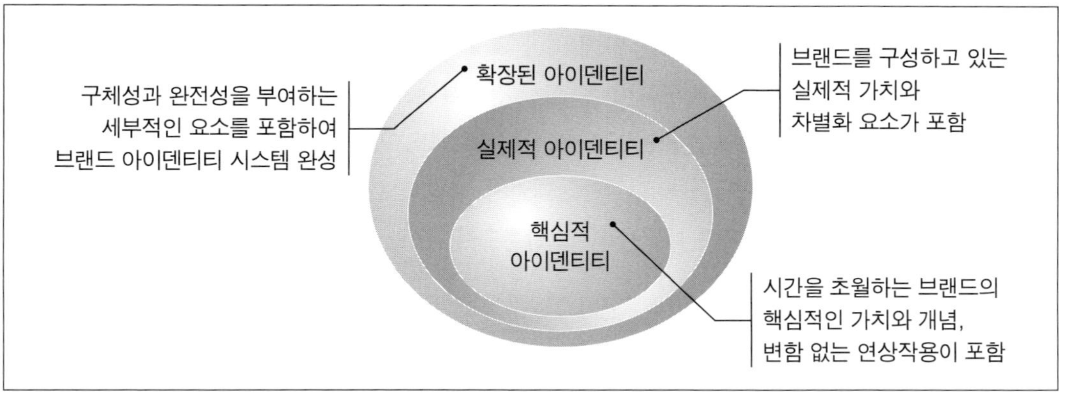

7-3-2 브랜드 아이덴티티 개발 과정

브랜드 아이덴티티 개발 과정은 전략적 브랜드 분석부터 시작된다. 전략적 브랜드 분석은 소비자의 유행, 동기, 미 충족 욕구, 목표시장 세분화 등 소비자 분석, 경쟁사의 브랜드 이미지, 브랜드 강도 및 전략, 취약성, 포지셔닝 등 경쟁자 분석, 자사의 현재 브랜드 이미지, 브랜드의 전통, 브랜드 강도 및 전략, 조직의 가치 등 자사 시장 분석을 통해 고객의 욕구를 파악하고 경쟁사와 자사의 브랜드를 분석함으로써 전략적 우위를 기질 수 있는 기회를 모색한다. 둘째, 브랜드 아이덴티티를 적용하기 위한 의사결정을 지원한다. 브랜드 아이덴티티 적용 의사결정은 브랜드 아이덴티티 네 가지 구성요소인 제품으로서의 브랜드, 조직으로서의 브랜드, 사람으로서의 브랜드, 상징으로서의 브랜드의 관점은 아이덴티티를 명확하고 풍부하게 하며 차별화시키는 데 도움이 된다. 셋째, 브랜드 아이덴티티 실행을 위한 브랜드 포지션, 브랜드 적용 및 적용된 브랜드의 평가와 관리이다. 브랜드 아이덴티티의 개발 과정을 표로 나타내면 아래 〈그림 7-4〉와 같다.

〈그림 7-4〉 브랜드 아이덴티티의 개발 과정

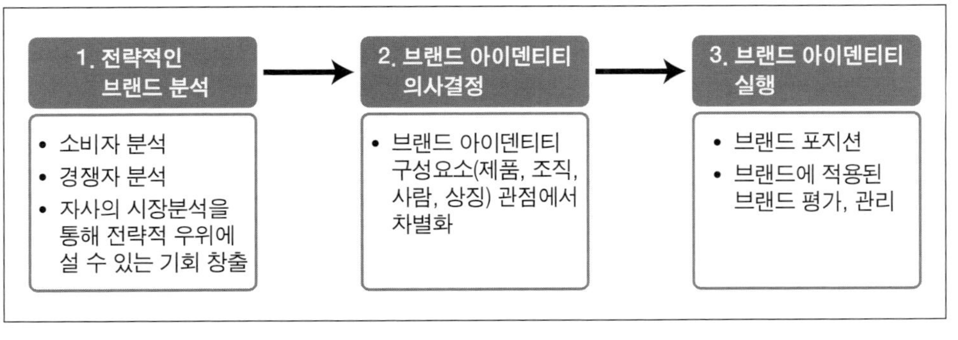

7-3-3 브랜드 아이덴티티 요소

브랜드 아이덴티티 요소는 크게 의미 요소와 표현 요소로 구성되어 있다. 의미 요소와 표현 요소의 연계성을 극대화시킴으로서 강력한 브랜드 아이덴티티를 구축할 수 있다. 첫째, 의미 요소는 브랜드 이미지, 브랜드 개성, 브랜드 포지셔닝이 있고 둘째, 표현 요소에는 브랜드명, 로고, 캐릭터, 슬로건, 징글, 패키지, 제품, 점포, 웹사이트 등이 있다. 브랜드 아이덴티티 요소를 그림으로 나타내면 〈그림 7-5〉와 같다.

1) 의미 요소

브랜드 이미지. 소비자의 기억 속에 강력하고 호의적이며 독특한 연상을 브랜드와 연결시키는 마케팅프로그램에 의해서 창출된다. 따라서 브랜드 이미지는 '소비자가 브랜드에 가지고 있는 느낌 또는 브랜드에 대한 신념' 등과 같이 제품 자체에 대한 감정이 제품과 관련된 여러 정보의 간접적 요소와 결합되어 형성된 소비자의 심리적 구조체계이다. 브랜드 이미지는 브랜드 연상의 강도, 호감도 그리고 독특함이다.

브랜드 개성. 주어진 브랜드에 결부되는 일련의 인간적인 특성으로 독특하고 지속적이다. 브랜드 아이덴티티를 정립하는 제품으로서의 브랜드, 조직으로서의 브랜드, 개인으로서의 브랜드, 상징으로서의 브랜드 중에서 특히 개인으로서의 브랜드는 브랜드 아이덴티티의 명확한 특징을 제공한다.

브랜드 포지셔닝. 목표고객에게 활발하게 전달되고, 경쟁 브랜드보다 뛰어난 점을 주장하는 것이다. 브랜드 포지셔닝의 궁극적인 목적은 기존의 브랜드 이미지를 기업이 원

〈그림 7-5〉 브랜드 아이덴티티 시스템

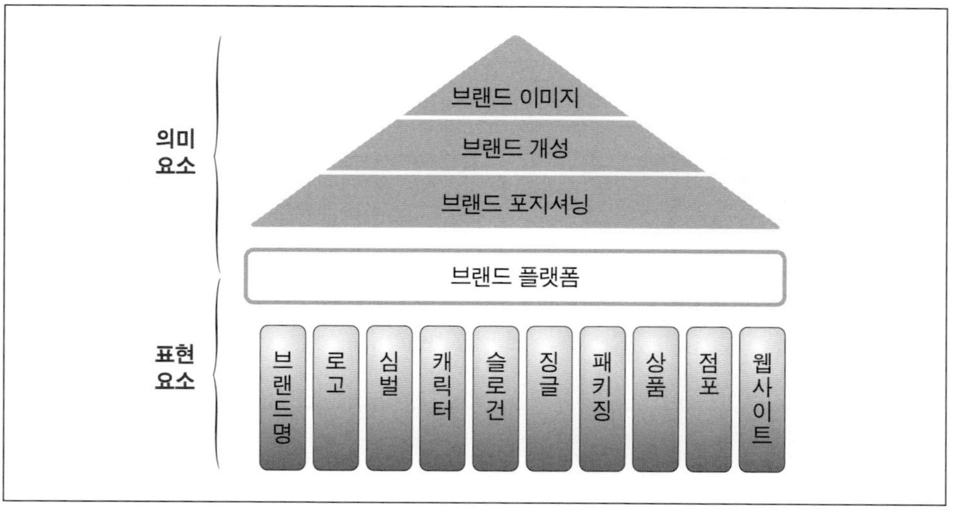

하는 방향으로 변화시키는 것이다. 브랜드 포지셔닝은 기존의 브랜드 이미지를 확장, 강화 또는 분산(완화)시키기 위해서 수행된다.

2) 표현 요소

브랜드명. 상품이나 서비스를 접할 때 그것이 대표하는 이름이다. 브랜드 네임은 간결하면서도 경제적인 방식으로 한 제품의 중요한 내용을 알 수 있게 해주기 때문에 매우 중요하다. 브랜드 네임은 일반적으로 발음하기 쉽고, 쓰기 간편하면서도 쉽고, 친숙하고, 의미 있고, 차별적이며 구분되고 색다른 정도에 따라 브랜드 인지도가 향상된다.

로고. 회사나 상품의 이름이 독특하게 드러나도록 만들어 상표처럼 사용되는 글자체를 말한다. 로고는 형태로 쓰인 회사명이나 등록상표에서부터 워드마크나 회사이름 혹은 법인 활동 등과 전혀 관련이 없는 완전히 추상적인 로고에 이르기까지 수많은 유형의 로고가 있다.

심볼. 브랜드의 의미, 추구하는 이미지, 연상 등을 나타내기 위해서 사용하는 상징물로서 독특한 형태, 표현양식, 문자 등으로 이루어져 있다. 심볼은 로고와 더불어 기업을 대표하는 최고의 시각적 상징물이다.

로고와 심볼은 브랜드 비보조 상기도를 증대하기 위하여 브랜드 네임과 제품에 부합하는 기억 속으로 소비자들을 얼마나 잘 연결시킬 수 있는가가 핵심 고려사항이지만, 로고와 심볼의 시각적 본질 때문에 쉽게 인지되고 제품을 구별하게 하는 중요한 수단이 된다.

캐릭터. 브랜드를 소비자들에게 나타내거나 인식시키기 위하여 동식물, 기타 자연물 등을 활용하거나 가상의 대상을 일러스트레이션 처리하여 사용하는 것이다. 캐릭터는 특별한 유형의 브랜드 심볼이다. 캐릭터는 전형적으로 광고를 통해 소개되었고, 현재와 향후의 광고캠페인과 페키지 디자인에 있어서 중요한 역할을 한다. 캐릭터는 많은 브랜드 자산에 이점을 제공해 주고, 시산을 집중시키는 경향이 있다. 따라서 캐릭터는 브랜드 인지도 창출에 있어서 매우 유용하며, 중요한 제품의 장점을 전달하는 데 도움이 된다.

슬로건. 브랜드를 설명하거나 브랜드에 대한 설득적인 정보를 구체적으로 전달하기 위해 사용하는 도구이다. 슬로건은 일반적으로 광고할 때 나타난다. 슬로건은 힘 있는 브랜딩 도구이다. 슬로건은 브랜드가 무엇이며 브랜드를 특별하게 하는 것이 무엇인가를 소비자로 하여금 브랜드의 의미를 파악하는데 유용한 '고리' 혹은 '손잡이'역할을 수행한다. 슬로건은 일정한 방식으로 브랜드 네임을 표현함으로써 브랜드 인지를 돕는다.

징글. 브랜드에 관하여 쓰인 음악적 메시지이다. 브랜드 회상을 높이기 위해 소비자에게 징글을 통한 음악적 메시지를 전달함으로써 소비자의 기억을 증대시키는 효과를 유도한다. 징글은 브랜드 장점을 전달시킬 수 있고, 또한 그 음악적인 토대로 인하여 간접적이고 꽤 추상적인 방식으로 상품의미를 전달한다.

패키징. 상품을 넣은 용기나 그것을 디자인하고 만들어 내는 활동을 말한다. 패키지는 기업 및 소비자 모두에게 브랜드의 확인, 서술적이며 설득적인 정보전달, 상품수송 및 상품의 보호, 가정에서의 손쉬운 저장, 상품소비 지원 등의 역할을 한다.

프랜차이즈 기업의 브랜드 아이덴티티 요소인 로고, 심볼, 캐릭터 슬로건의 예는〈그림 7-6〉과 같다.

〈그림 7-6〉 프랜차이즈 기업의 브랜드 아이덴티티 사례

7-3-4 브랜드 가치제안

앞에서 살펴본 브랜드 아이덴티티 요소들은 총체적으로 결합되어 브랜드가 소비자들에게 제안하는 가치로 연결된다. 브랜드가 소비자들에게 전달되는 가치는 기능적 가치, 상징적 가치, 경험적 가치로 나누어 볼 수 있다. 브랜드 가치제안에 있어 유의해야 할 사항은 반드시 하나의 브랜드에 하나의 가치만 담겨져 있는 것이 아니라 하나의 브랜드에 각 유형의 가치들이 결합된 형태로 나타날 수 있으며, 이 중 어떤 한 가치가 두드러지게 강조될 때 특정한 가치를 전달하는 브랜드라고 할 수 있다.

1) 기능적 가치

기능적 가치는 제품 구매를 통해 당면한 소비문제를 해결하고자 하는 기능적인 필요

를 만족시키는 데 초점을 두고 있다. 즉 비타민 헤어팩 샴푸는 머리카락에 영양공급이라는 가치를 전달하고 있고, 게토레이는 운동 전 후 갈증해소라는 가치를 전달하고 있다.

기능적 브랜드의 차별화는 지각된 품질에 의한 차별화를 말한다. 지각된 품질이란 고객들이 자사 브랜드의 성능에 갖고 있는 생각으로 자사 브랜드를 특정 기능과 강하게 연결시켜 차별화를 이루는 방법이다.

뛰어난 가격에 의한 차별화는 상품과 관련된 기본적 기능들을 얼마나 경제적으로 제공할 수 있는가를 통해 차별화를 이루는 방법이다.

기능적인 브랜드의 관리는 경쟁우위를 유지하기 위해서는 최상의 기능이나 최저가격을 공급할 수 있어야 한다. 자원의 뛰어난 성능을 위해 제품요소에 집중하거나, 저가격 실현을 위해 유통경로와 가격요소에 집중시켜야 하며, 광고의 역할은 브랜드와 상품군 사이의 관계를 강화시키고 그 브랜드가 경쟁 브랜드보다 뛰어나다는 기능적 메시지를 전달해야 한다.

2) 상징적 가치

상징적 가치란 브랜드를 통하여 자아를 표현하거나 집단에서의 역할이나 맵버십을 표현하는 가치를 의미한다. 즉 소비자들이 제품구매를 통해 사회적으로 자아 및 자긍심을 표현하려는 욕구를 충족시키도록 그들 브랜드가 독특한 연상 혹은 상징의 집합을 제공해서 경쟁자와 차별적 가치를 전달하는 것이다.

상징적 브랜드의 차별화는 제품특성에 기초한 상징적 차별화와 사용자를 기초한 상징적 차별화, 광고를 통한 상징적 차별화로 구분할 수 있다. 첫째, 제품특성에 기초한 상징적 차별화는 독특한 상품 이미지 및 상징을 이용한 차별화로 마쯔다 미아타 스포츠카, 워터맨 만년필 등을 예로 들 수 있다. 둘째, 사용자에 기초한 상징적 차별화는 브랜드를 사용하는 사람들의 특징이 브랜드 가치를 대변하는 차별화로 김혜자의 '다시다'(38년), 마이클 조던의 '나이키'(23년) 등을 예로 들 수 있다. 셋째, 광고를 통한 상징적 차별화는 상품기능이나 유명인의 상징적 이미지에 의존하지 않고 생생하게 상품에 관련된 이미지를 만들어내는 고전적인 방법으로 새 시대의 선택이라는 슬로건의 펩시를 예로 들 수 있다.

상징적 가치의 브랜드는 소비자와 정서적인 유대감을 형성할 때 성공한다. 이들 브랜드들은 더 큰 사회 집단에 속하고자 하거나 다른 사람들로부터 존경을 받고 싶거나 혹은 특정한 이미지에 의해 자아를 정의하고 싶어 하는 소비자들의 욕구를 만족시키려고 한다. 광고와 다른 형태의 의사소통 수단들(홍보, 이벤트, 스폰서, 판촉)은 상징적 가치 브랜드를 발전시키는 데 주도적인 역할을 한다.

3) 경험적 가치

경험적 가치는 소비자들에게 상품 혹은 상품의 소비와 관련된 감각적·감성적 즐거움과 경험을 제공하는 가치를 의미한다. 즉 경험적 가치 브랜드는 소비자가 그 브랜드와의 상호작용에서 무엇을 느끼는지에 대한 경험적 편익에 초점을 맞춘다. 브랜드 경험은 소비의 시점에서 브랜드와 소비자에 의해서 동시에 창조되며, 독특하며 매우 개인적이다. 따라서 경험적 가치 브랜드는 같은 사람에게도 때에 따라 다르게 경험될 수 있다.

경험적 가치 브랜드의 차별화를 위한 요소들은 경험의 범위(긍정적, 부정적), 경험의 강도(약함, 강함), 소비자의 태도(수동적, 적극적) 등이 있다.

경험적 가치 브랜드는 첫째, 경험적 브랜드는 느낌의 방향 즉 경험의 범위에 따라 다르게 나타난다. 즉 독특하고, 참여하는 경험으로 기분 좋은 긍정적 경험을 제공하는 에버랜드, 디즈니, 스타벅스 등은 경쟁의 우위를 갖고자 한다. 둘째, 경험적 브랜드는 경험의 강도에서도 다르다. 또한 경험적 브랜드의 강도는 하나의 감각만 작용하는가 아니면 여러 개의 감각들이 동시에 작용하는가에 따라 달라지기도 한다. 서울랜드의 롤러코스터는 심장이 멈출 것 같은 경험을 만들어 내고, 영화 'The Others'는 가벼운 공포심과 호기심을 가져오게 한다. 셋째, 경험적 브랜드는 소비자가 수동적인 관찰자인가 아니면 적극적인 참여자인가의 차원에서 달라진다. 영화, 콘서트, 연극 등은 상대적으로 수동적인 경험을 제공한다. 그러나 이러한 오락의 형태는 점점 더 소비자들의 참여를 증가시키고 있다. 관객이 연극의 결과를 바꾸도록 영향을 줄 수도 있고, 상업적인 목적의 이벤트에 참여할 수도 있다.

빠른 경쟁적 모방에 의해서 상품의 기능에 기초한 브랜드 가치 차별화가 점점 어려워짐에 따라 기업들은 그들의 브랜드가 좀 더 폭넓은 경험을 나타내도록 고안함으로써 표준화된 상품의 상태를 탈피하고, 기능적 혹은 상징적 가치 브랜드를 경험적 가치 브랜드로 바꾸려 한다.

경험적 가치 브랜드의 관리는 브랜드 경험을 일관되게 유지시키는 능력, 같은 브랜드에 대한 경험을 지속적으로 확장시키고, 경험의 수준을 높이는 소비자의 기대가 발생한다는 사실과 같은 상품군 안에서 여러 개의 최대한 차별화된 경험적 가치 브랜드를 만들어 내는 것이다. 첫째, 브랜드 가치 경험을 일관되게 유지시킨다는 것은 싱가포르 항공처럼 고객의 욕구에 대한 철저한 관심과 독특한 아이덴티티 구축하는 것이다. 둘째, 같은 브랜드 가치에 대한 소비자의 기대가 더 높게 발생한다는 것은 처음 이용하는 서비스와 세 번째 이용하는 서비스가 같은 느낌으로 다가 올 것인가에 대한 소비자의 기대수준을 어떻게 할 것인가에 대한 내용이다. 셋째, 같은 상품군 안에서 여러 개의 최대한 차별화된 경험적 가치 브랜드를 만들어 낸다는 것은 각각의 경우에 따라 내부 장식, 메뉴 그리고 종업원들이 특정 주제로 서비스를 제공하기 때문에, 그 경험은 실제와 같고, 독특하며, 기억에 남는다.

현재까지 프랜차이즈 기업의 브랜드 가치 제안은 대부분이 기능적 가치를 통해서 브랜드의 가치를 전달하고 있다고 볼 수 있다.

7-4 브랜드 확장 전략

브랜드 확장 전략이란 기존의 상표명을 사용하여 전혀 다른 제품군으로 진출하는 전략을 말하며, Ivory 비누에서 Ivory 샴푸로, NCR 현금등록기에서 NCR 복사기로의 진출이 상표확장의 한 예로 들 수 있다.

1980년대 이후 기존 브랜드를 이용하는 마케팅 전략이 증가한 배경에는 첫째, 시장 성숙에 따른 경쟁의 격화로 신제품 개발 및 도입 비용이 갈수록 증가하고 있다는 사실이다. 둘째, 신제품 도입의 실패율이 상당한 수준에 이른다는 것이다.

7-4-1 브랜드 확장이 갖는 이점

브랜드 확장이 갖는 이점은 첫째, 소비자들은 기존의 상표명에 친숙하기 때문에 이 상표명을 이용한 신제품을 즉시 인지할 수 있다는 점이다. 따라서 기존 브랜드명의 이용은 신제품 도입에 따른 위험을 상당히 감소시킬 수 있을 것이다. 둘째, 상표확장에 의한 신제품 도입은 새로운 상표명을 사용한 신제품보다 마케팅비용을 절감할 수 있다. 즉 중간 상인들은 매장 단위당 매출액의 효율을 높이기 위해 새로운 상표명의 신제품보다 소비자에게 이미 친숙한 상표명을 사용한 신제품 취급을 선호하기 때문이다. 따라서 중간상 확보에 필요한 유통비용을 절감시키며, 경쟁제품보다 적은 판매촉진 비용으로 보다 높은 매출액을 달성할 수 있다. 셋째, 상표확장을 이용한 신제품이 고객들로부터 호의적인 평가를 받게 되면, 이는 기존상표명의 이미지를 보다 강화시켜 기존상표의 매출액 증가에 도움을 줄 수 있다.

7-4-2 브랜드 확장이 갖는 단점

위에서 본 것처럼 브랜드 확장은 새로운 브랜드명을 사용한 신제품 도입보다 시장 실패의 위험을 줄이고 마케팅비용을 절감할 수 있는 이점도 있지만 다음과 같은 단점도 있다.

첫째, 지나친 브랜드 확장은 원래의 브랜드명이 가졌던 강한 브랜드 이미지를 약화시켜 기존 브랜드명에 대한 높은 충성도를 가진 소비자들의 불만을 야기할 수 있다. 둘째, 잘못된 브랜드 확장은 기본 브랜드명의 이미지 혹은 매출에 부정적 영향을 미친다. 즉 기존 브랜드의 고품질 이미지가 새로운 품목의 저품질에 의해 손상되어 소비자에게 부정적인 반응을 야기 시키는 경우이다.

7-4-3 성공적인 브랜드 확장을 위한 조건

마케팅의 목표가 소비자의 욕구 충족에 있다면 마케팅관리자가 성공적인 브랜드 확장 전략을 수립하기 위해서는 소비자 평가를 통해 어떤 브랜드 확장은 성공하고, 어떤 브랜드 확장은 실패하는 가에 대한 통찰력을 가져야 한다. 브랜드 확장이 성공하기 위해서는 세 가지 조건이 충족되어야 한다.

첫째, 기존 브랜드명에 대해 소비자들이 호의적인 연상을 가지고 있어야 한다. 소비자는 어떤 브랜드를 보거나 듣게 되면 경쟁사와 차별화된 바람직한 연상을 떠올릴 수 있어야 한다.

둘째, 기존 브랜드에 대한 긍정적 연상이 소비자들에게 브랜드 확장에 그대로 연결되어야 한다. 브랜드 확장을 도입하는 마케팅관리자는 소비자들이 기존 브랜드에 대해 갖고 있는 긍정적인 연상만이 브랜드 확장에 이전될 것으로 생각하지만, 기존 브랜드에 대한 연상이 브랜드 확장에 부정적인 영향을 미칠 수도 있다. 즉 소비자들은 샘표하면 샘표 간장을 연상하고, 미원 그러면 조미료를 연상한다.

셋째, 기본 브랜드에 대한 부정적 연상이 브랜드 확장으로 이전되지 않도록 관리해야 한다. 마케팅관리자들은 브랜드 확장에 대한 이러한 전제가 위반되는 경우가 흔히 발생됨을 명심해야 한다.

브랜드 확장이 성공을 거두기 위해서는 브랜드명이 우수한 품질을 가진 것으로 지각되어야 하고, 기존 브랜드와 확장 브랜드가 속한 상품군이 어느 정도 유사해야 한다. (주)놀부NBG의 브랜드 확장은 놀부 보쌈, 놀부 부대찌개&철판구이, 놀부 항아리갈비, 놀부 유황오리진흙구이 등으로 놀부 브랜드를 유사 상품군에 확장한 좋은 예라 할 수 있다.

7-5 프랜차이즈 매뉴얼에 대한 이해

프랜차이즈 산업에 있어서 프랜차이즈 매뉴얼은 전반적인 사업 운영 시스템의 내용들을 문서화하여 가맹본부 및 가맹점사업자들에게 일관성 있는 사업의 표준화를 설정함으로써 경영효율을 극대화하기 위한 사업 운영지침서이다. 그러므로 프랜차이즈 사업의 매뉴얼은 사업의 전반적 운영에 대한 효율적·안정적 사업 운영에 맞추어 규격화, 계량화, 표준화하여 시스템운영을 구성원의 효율적인 업무 활동에 직·간접적 실행능력을 향상시킬 수 있도록 하는 행동원칙이다.

7-5-1 매뉴얼의 의미와 기능

1) 매뉴얼의 의미

매뉴얼의 일반적인 의미는 상품이나 서비스가 가진 모든 기능을 알려주고 언제 어떤 상황에서도 사용 가능하게 하는 것이며, 그것을 사용하려면 어떤 순서로 조작해야 하는지, 빠른 시간 내에 정확하게 이해할 수 있도록 만든 안내서이다. 즉 매뉴얼은 어떤 기계의 조작 방법을 설명해 놓은 사용 지침서이며 사용서, 설명서, 편람, 안내서를 의미한다. 즉 업무내용이나 행동양식을 문장화, 도표화를 통해 표준화시켜 누구나 쉽게 이해하고 따를 수 있도록 간편화 또는 체계화한 업무지침서이다. 따라서 매뉴얼의 목적은 사용자에게 대상 상품이나 서비스의 사용방법을 쉽고, 빠르고, 정확하게 인식시키는데 있다. 기업에서의 매뉴얼이란 회사의 경영이념, 경영 전략, 마케팅 전략 등을 제시하고 고객에게 최적의 상품과 서비스를 제공하기 위해 마련된 표준화된 규범이다.

프랜차이즈 사업은 사람이나 조직이 아니라 매뉴얼에 의해 운영되는 사업이라 해도 과언이 아닐 만큼 매뉴얼이 중요하다. 가맹점 수가 확대되고 가맹점의 직원이 증가되면서 프랜차이즈시스템의 일관성을 유지하고 통일성을 확보하기 위해서는 행동지침이나 규칙이 있어야하며, 이러한 행동지침이나 규칙을 체계적으로 기술한 것이 매뉴얼이다. 즉 프랜차이즈 사업에서의 매뉴얼은 가맹본부와 가맹점 간 또는 가맹점 종업원들 간에 프랜차이즈 시스템의 일관성과 통일성을 유지하기 위해 행동지침이나 규칙을 체계적으로 기술한 지침서이다. 따라서 이러한 매뉴얼이 효율적으로 작성되기 위해서는 우선 가맹본부 내 직무를 특성별로 분류하여 작성범위를 정하고, 이를 바탕으로 업무별로 작업내용과 행동방법을 모든 직원들이 이해할 수 있도록 명확히 작성하고 매뉴얼화를 추진해야 한다.

프랜차이즈 매뉴얼이란 프랜차이즈 사업은 일관되고, 통일성 있게 유지하면서 효율적이고 안정적으로 운영하기 위해 전문화, 계량화, 표준화, 단순화하여 시스템 운영 구성원들이 업무활동 능력을 향상시킬 수 있게 규칙을 체계화한 행동지침서이다.

프랜차이즈 매뉴얼 특징은 첫째, 가맹본부와 가맹점사업자 간의 효율적 커뮤니케이션 기능을 가능하게 한다. 둘째, 동일한 상품과 서비스를 전제로 구성되어야 한다. 셋째, 사업 운영의 교과서와 참고서 역할을 해야 한다. 넷째, 사업 차별화의 기준이 되어야 한다.

2) 매뉴얼의 기능

프랜차이즈 매뉴얼의 주요 기능은 첫째, 〈그림 7-7〉과 같이 가맹본부가 브랜드의 아이덴티티 구축 아래 표준화가 이루어지고, 매뉴얼의 표준화는 경쟁 브랜드와의 차별화 및 경쟁우위를 실현해야 하고, 가맹본부와 가맹점 간에 서로의 공동이익을 목표로 공생의 관계를 위한 조직 간 시너지 통합과 일관성을 유지하고, 고객에게는 브랜드 이미지에 대한 통일

〈그림 7-7〉 프랜차이즈 매뉴얼의 기능

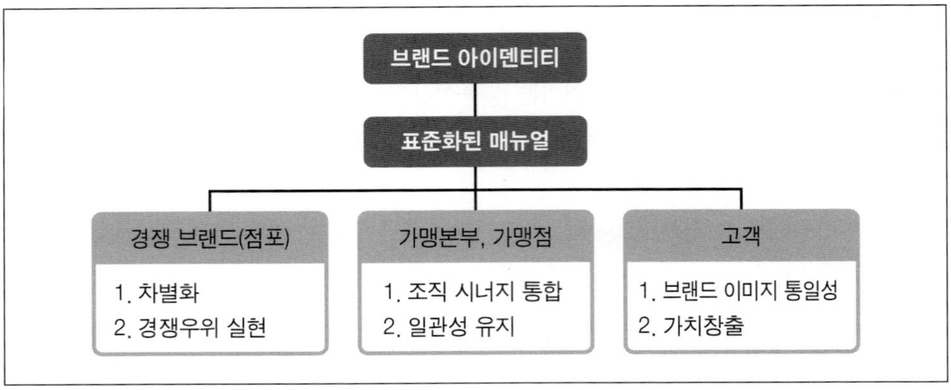

자료: 박주영, 노기엽, 김현순(2009), 프랜차이즈 창업론, p121.

성과 동일한 상품과 서비스 공급을 위한 가치창출이 될 수 있는 기능을 가지고 있다.

둘째, 가맹점사업자와 가맹점의 종업원이 매뉴얼에 따라 업무를 수행하여 프랜차이즈 시스템의 동일성과 상품과 서비스의 품질을 소비자에게 동일하게 제공할 수 있도록 하는 기능을 가지고 있다.

셋째, 프랜차이즈 매뉴얼은 가맹점사업자가 지켜야할 의무가 있기 때문에, 가맹계약서의 일부 기능을 가지고 있다고 볼 수 있다. 따라서 가맹본부는 가맹점사업자가 매뉴얼을 잘 지킬 수 있도록 지도·관리·통제해야 하며, 가맹점사업자가 매뉴얼을 지키지 않거나 위반하는 경우 계약해지 할 수도 있다.

넷째, 프랜차이즈 매뉴얼은 가맹본부 구성원들이 활용함으로써 가맹본부가 해야 할 기능을 효율적으로 추진 할 수 있다.

7-5-2 매뉴얼 구축의 목적

맥도널드는 전 세계 어디를 가더라도 대부분 동일한 메뉴와 동일한 맛 그리고 동일한 서비스로 표준화하여 제공하고 있다. 표준화된 메뉴의 경우 제조방법이나 내용물이 정확한 조리법에 의하여 세계 어디를 가도 동일한 맛을 느낄 수 있도록 하고 있기 때문에 해외출장이나 여행할 때 맥도널드 매장을 방문하더라도 입맛에 맞지 않은 경우가 거의 없다. 맥도널드의 이러한 조리법은 다른 패스트푸드업체와 같이 철저히 비밀에 감춰져 있으며 맥도널드의 제품은 대게 개발과 판매에 오랜 시간을 들여 최상의 맛을 제공하고 있다.

이렇게 함으로써, 프랜차이즈 기업은 매뉴얼의 구축을 통해 브랜드 정체성을 확립하고 경쟁 브랜드와의 차별성을 구현함으로써 경쟁력을 강화시켜 나갈 수 있을 뿐만 아니라, 표준화된 운영시스템의 확립으로 업무의 일관성을 유지함으로써 가맹점의 관리 통일성이 제고되고 이로 인한 가맹점과의 관계성(relationship)을 보장받으며, 가맹본부는 이를 기반으로 경영효율성의 증대와 규모의 경영을 실현할 수 있는 기회를 갖게 됨으로써 사업의 지속적인 발전을 도모할 수 있고, 성공적 사업 운영의 실현을 가능하게 할 수 있다.

프랜차이즈 시스템 전개 시 업무의 호환성·일관성·효율성을 통하여 경영시스템을 지원함으로써 브랜드의 차별화·통일화·지속화를 위해 행동양식의 규격화가 매뉴얼을 통해 이뤄지고 있으며, 가맹본부와 가맹점의 상호보완적·기능적 완성이 프랜차이즈 매뉴얼이라 할 수 있다.

프랜차이즈 기업이 매뉴얼을 구축하는 근본적인 목적은 가맹본부의 규모의 경영과 경제 실현, 사업의 지속성 보장, 경영의 효율성 증대, 브랜드 정체성 확립 및 경쟁력 강화, 상품이나 서비스의 경쟁우위 확보, 가맹점 관리 통일성 제고 등이라 할 수 있다.

프랜차이즈의 매뉴얼은 크게 가맹본부의 Vision과 Mission, 가맹본부의 상품 개발, 점포개발, 교육훈련, 가맹점의 점포운영, 상품관리, 서비스, 판촉과 관련된 매뉴얼 등이다.

7-5-3 매뉴얼의 작성 시 고려사항

프랜차이즈 매뉴얼은 가맹본부가 개발한 노하우의 중요한 부분으로 프랜차이즈 사업의 성패는 이들 매뉴얼의 완성도에 달려 있다고 해도 지나치지 않다. 따라서 가맹본부는 체계적이고 실행 가능성이 높은 매뉴얼 작성에 많은 노력을 기울여야 한다.

프랜차이즈 매뉴얼은 전반적인 사업 운영 시스템의 내용들을 문서화하여 가맹본부 및 가맹점사업자들에게 일관성 있는 사업의 표준화를 설정하고, 경영효율을 극대화하기 위한 사업 운영지침서이므로 사업의 전반적 운영에 대한 효율적·안정적 사업 운영에 맞추어 전문화, 계량화, 표준화, 단순화하여 시스템운영 구성원의 효율적인 업무 활동에 직 간접적 실행능력을 향상시킬 수 있도록 해야 한다.

또한 프랜차이즈 매뉴얼은 가맹본부의 검증된 사업 아이템과 서비스를 기반으로 작성된다. 이러한 매뉴얼은 기본적으로 명확하고 구체적으로 작성되어 이를 활용하고자 하는 종업원이 업무에 쉽게 활용할 수 있도록 작성되어야 한다. 그러므로 매뉴얼을 작성하고자 할 때에는 다음 사항을 고려하여야 한다.

첫째, 매뉴얼은 고객의 입장에서 작성되어야 한다. 프랜차이즈 매뉴얼을 사용하는 사람은 고객의 접점에 있는 종업원이기 때문에 고객의 입장에서 생각하고, 작성되어야 한다. 프랜차이즈 사업의 궁극적인 목적은 가맹본부와 가맹점사업자 간에 서로 협력해서 공동이익을 창출하는 것이다. 매뉴얼은 가맹본부나 가맹점의 편의가 아니라 고객만족을 통해 이익을 극대화 한다는 관점에서 고객 중심의 경영을 가능하게 할 수 있도록 작성되어야 한다.

둘째, 매뉴얼은 업무 우선순위가 체계적으로 작성되어야 한다. 즉 고객의 접점에서 서비스를 담당하고 있는 종업원들의 결원이 발생했을 때 최우선적으로 처리해야 할 업무를 정해 놓음으로써 업무의 혼란을 최소화할 수 있다.

셋째, 매뉴얼은 3S1Q를 바탕으로 작성되어야 한다. 즉 가맹본부의 모든 매뉴얼은 단순화(simplification), 표준화(standardization), 전문화(specialization), 계량화(quantification)의 원칙하에 작성하여야 한다. 즉 매뉴얼의 내용은 누구라도 이해하기 쉽게 작성하여 고객접점에 있는 종업원이 유의 적절하게 활용할 수 있게 해야 한다.

넷째, 매뉴얼은 업무 목적에 맞게 작성되어야 한다. 프랜차이즈 사업 운영에 대한 효율적·안정적 사업 운영을 위해 업무의 목적을 명확히 해 둘 필요가 있다. 즉 현재 진행되고 있는 업무를 충실하게 반영하는 것이 매뉴얼 작성의 중요한 부분이다. 너무 앞서가거나 이상적인 내용으로 구성되면 사문화가 될 가능성이 높다.

다섯째, 매뉴얼은 검증된 노하우와 경험을 바탕으로 작성되어야 한다. 이미 검증된 노하우와 경험을 바탕으로 충실히 정리하여 누구나 쉽게 활용 가능하도록 문서화 한 것이 매뉴얼이므로 매뉴얼 작성에는 검증된 노하우를 중시해야 한다.

여섯째, 매뉴얼은 사용자가 이해하기 쉽게 간결한 문체로 작성되어야 한다. 예를 들어 작업절차만을 명기한 매뉴얼은 이해하기 어려울 뿐만 아니라 활용을 기피하기 때문에 도표와 일러스트 그리고 동영상 등을 충분히 사용하여 쉽게 이해할 수 있도록 해야 한다. 요점을 파악하기 어려운 긴 문장이나 말을 빙빙 돌려서 하는 번거로운 표현은 피해야 한다. 또한 업무와 관련하여 예상되는 사례들과 응용조건들은 가능한 한 매뉴얼 작성 시 다양한 시나리오를 포함시켜야 한다.

일곱째, 타사의 매뉴얼을 모방하지 말아야 한다. 같은 업종이라 하드래도 프랜차이즈 시스템에 따라 가맹본부 종업원이나 가맹점사업자를 인식시키는 방법이 다르기 때문이다.

여덟째, 가맹본부의 핵심가치가 될 수 있는 사항은 일반적인 매뉴얼에 포함시키지 말아야 한다. 핵심적인 가치가 매뉴얼화 되어 외부에 유출된다는 것은 잠재적 경쟁자를 양산한다고 볼 수 있기 때문이다. 매뉴얼은 가맹본부의 경영, 프랜차이즈시스템, 가맹점 운영, 영업 활동 등에 대한 노하우 등이 자세하게 기술되어 있는 만큼 매뉴얼의 보관과 관리에도 많은 신경을 써야 한다.

7-6 프랜차이즈 운영 매뉴얼

운영 매뉴얼에는 프랜차이즈화 된 사업의 전개방법이 제시되어 있으며 가맹본부가 자신의 사업 아이디어, 노하우(know-how) 그리고 사업비밀이 담겨져 있다. 또한 가맹본부가 가맹점사업자에게 일반적으로 기대하는 것들을 기술하고 있으며 운영 시스템의 설명과 필요한 장비들의 목록이나 유지 방법이 자세하게 설명되어 있다.

운영 매뉴얼은 프랜차이즈 시스템의 동일성을 유지하는 데 도움을 주기 위해 가맹본부의 경영 이념이나 비전도 제시하여 가맹점사업자들이 가맹점을 운영하면서 가맹본부의 정책이나 문화에 동화될 수 있도록 해야 한다. 또한 운영 매뉴얼은 세부적으로 가맹점 운영 시간, 직원들의 유니폼이나 훈련, 구매정책이나 가격정책, 상품과 서비스의 기준, 회계절차(로열티 계산 방법), 가맹점사업자의 마케팅 및 광고 기술 등에 관하여 구체적인 시간과 방법 그리고 수치화 되어 설명하고 있으며 운영이나 다른 목적으로 제출해야 할 양식들의 작성과 보관, 특별한 문제나 질문을 위해 접촉할 사람이나 부서의 역할과 업무내용, 제공되는 상품이나 서비스에 대한 특별한 정보가 자세하게 설명되어 있다. 이외에도 회사의 약력 및 소개, 회사의 정책, 직원 채용서류나 표준들과 절차들, 직원고용 방법과 직원들의 역할, 물품 주문방법, 운영 장비의 청소·수리·유지·보수 방법, 오픈하기 전 절차들, 매장의 오픈과 닫는 내용, 고객서비스 방법, 필요한 양식들의 기록과 유지와 방법, 회계 및 경영관리 시스템, 광고 및 프로모션, 매장의 보안 및 안전 등에 대해서도 설명되어 있다.

운영 매뉴얼은 작성도 중요하지만 가장 중요한 것은 그 운영 매뉴얼을 철저하게 지키는 것이다. 그래서 매뉴얼에 제시되어 있는 업무지침대로 실행되고 원활한 활용을 위해서는 체계적인 교육, 훈련이 필요하다. 또한 사후 철저한 관리와 평가가 필요하며 프랜차이즈 시스템의 변화와 시장의 흐름에 따라 업그레이드도 정기적으로 이루어져야 한다.

운영 매뉴얼은 가맹본부와 가맹점사업자와 계약이 체결된 후에는 가맹점사업자에게 계약서와 함께 운영 매뉴얼이 제공된다. 앞에서 얘기 했듯이 프랜차이즈 사업은 매뉴얼 사업이라 해도 과언이 아닐 정도로 매뉴얼 사용과 이해가 중요하다.

프랜차이즈 운영 매뉴얼을 유형별로 크게 나누면 가맹본부 운영 매뉴얼과 가맹점 관리 매뉴얼로 구분할 수 있다.

7-6-1 가맹본부운영 매뉴얼

가맹본부 운영 매뉴얼은 가맹본부 구성원들이 가맹본부의 역할과 기능을 효과적이고 체계적으로 이해하고, 담당 직원들의 업무처리과정을 일관성 있게 처리하게 하고, 숙련도를 높이기 위해서 필요하다.

가맹본부 운영 매뉴얼에는 기업이념, 마케팅, 정보시스템, 점포개발, 운영시스템, 물류, 경영관리, 인재개발, 슈퍼바이징, 계약 등이 포함되어야 하며, 이에 대한 세부 내용은 〈표 7-1〉과 같다.

이 외에도 회사의 약력 및 소개, 회사의 정책, 종업원 채용서류나 절차, 종업원 고용방법과 직원들의 역할, 물품 주문 방법, 운영 장비의 유지·보수방법, 매장 보완 및 안전 등에

〈표 7-1〉 가맹본부 운영 매뉴얼

매뉴얼	세부내역
기업이념	경영이념, Vision, 경영 전략, 경영철학, CEO 및 구성원
마케팅	마케팅 전력, 마케팅리서치, 머천다이징, 세일즈 프로모션
정보시스템	정보시스템 전략, POS의 효용과 취급요령, POS DATA 활용방법 등
점포개발 전략	상권분석 및 입지선정, 매출계획, 수익계획, 설비 투자계획, 가맹점 모집방법, 교육훈련 방법, 개점준비계획, 개점지도 방법 등
운영 시스템	매뉴얼 개발 시스템, 교육훈련 시스템, 슈퍼바이징 시스템
물류	구매관리, 생산관리, 수·배송관리
경영관리	재무관리, 사무관리, 인사관리, 노무관리
인재개발	인재개발, 리더십, 커뮤니티, 교육관리
슈퍼바이징	슈퍼바이징 준비, 가맹점 진단과 지도, 슈퍼바이징 결과 분석
계약	프랜차이즈 계약, 공정거래법률, 제휴 협력업체

대해서도 자세한 설명이 필요하다.

7-6-2 가맹점 관리 매뉴얼

가맹점 관리 매뉴얼은 가맹본부의 프랜차이즈시스템을 철저히 적용하여 일관성, 동일성 및 통일성을 유지하면서 효율적으로 가맹점을 관리하기 위해서다.

가맹점의 관리 매뉴얼에는 가맹점사업자, 머천다이징, 서비스, 판매촉진, 교육훈련, 판매유통(POS) 시스템, 설비유지, 사무관리, 결산관리 등이 포함되어야 하며, 이에 대한 세부내용은 〈표 7-2〉와 같다. 그리고 가맹점 관리 매뉴얼에는 가맹본부의 사업전개 방법이 제시되어 있으며, 가맹본부가 자신의 사업아이디어, 경영 노하우, 그리고 사업비밀도 담겨져 있다. 또한 가맹본부가 가맹점사업자에게 일반적으로 기대하는 것들을 기술하고, 관리 매뉴얼의 설명과 필요한 장비들의 목록이나 유지 방법이 자세하게 설명되어 있다.

기타 운영 매뉴얼에는 가맹점의 운영시간, 가맹점 종업원의 유니폼, 가맹점 종업원의 교육훈련, 상품과 서비스의 기준, 수수료 계산방법, 가맹점의 판촉방법 등에 대한 구체적인 시간과 방법을 계량화하여 설명하여야 하며, 운영이나 제출서류에 대한 작성요령과 보관 및 제출방법, 특별한 문제나 질문에 대해 접촉할 사람이나 부서의 역할과 업무내용, 제공되는 상품이나 서비스에 대한 특별한 정보 등을 자세하게 기술하여야 한다.

〈표 7-2〉 가맹점 관리 매뉴얼

매뉴얼	세부내역
가맹점사업자	가맹점사업자의 역할, 가맹점사업자의 직무내용
머천다이징	상품구성계획, 재고관리, 발주관리, 품질관리, 검품/검수관리
서비스	접객서비스관리, 접객서비스의 응용, 고객응대
판매촉진	판촉활동, 이벤트, 지역행사, 홍보방법
교육훈련	직원모집, 채용, 교육, 종업원 역할, 취업규칙, 승급 및 상여, 복지후생, 작업할당, 동기부여
판매유통 시스템	취급방법, 데이터 활용법
설비유지	설비 및 기기의 취급방법, A/S처리
사무관리	보고서 작성방법, 금전관리, 회계처리, 입출금 관리
결산관리	결산처리방법, 손익계산서, 대차대조표, 세무신고법

7-6-3 기타운영 매뉴얼

가맹본부 운영매뉴얼과 가맹점 관리매뉴얼 외에도 업종이나 업태에 따라서 많은 운영매뉴얼을 갖추어야 한다. 예를 들면, 외식업 프랜차이즈 경우는 식자재의 규격과 상품 조리방법에 대한 매뉴얼이 매우 중요하다. 식자재의 규격 및 조리, 품질관리, 제조원가, 주방관리, 설비 조작 및 취급, 식재 및 상품 보관에 관한 내용들로 구성되어 있다. 특히 외식산업이나 한식 등 음식과 관련된 가맹본부들은 중요한 메뉴의 조리방법에 대하여 자세하게 설명하여야 한다. 특히 원재료와 부재료의 보관이나 관리에 대하여 매우 주의를 기울여야 한다.

7-6-4 매뉴얼 활용방법

가맹본부 입장에서 매뉴얼을 아무리 잘 정리하고 작성했다하더라도 매뉴얼을 사용하는 사용자가 이해를 못하면 아무런 소용이 없다. 즉 가맹본부 입장에서는 가맹점사업자와 가맹점 종업원들에게 매뉴얼을 숙지하고 활용하라고 교육하지만, 당사자의 인식이 부족하고 이용에 필요성을 못 느끼면 아무리 좋은 매뉴얼이라도 무용지물일수 밖에 없다. 매뉴얼의 활용방법을 높이기 위해서는 첫째, 가맹본부가 가맹점사업자와 가맹점 종업원을 대상으로 정기적인 반복교육을 통해 매뉴얼 사용이 업무에 효율적이고, 효과가 높다는 사실을 증명하는 것이 필요하며, 분야별 테스트를 통해 이해도를 높이는 것도 중요하다. 둘째, 모든 매뉴얼에 대해 주기적으로 현업의 의견이나 아이디어를 수렴하여 업데이트를 실시하여 가맹점사업자나 가맹점 종업원들이 새로운 지식을 습득하여 활용할 수 있도록 해야 한다.

7-6-5 매뉴얼 사용효과

매뉴얼에 대한 사용효과를 살펴보면, 첫째, 체계적인 매뉴얼은 효과적으로 종업원을 교육시킬 수 있다. 둘째, 계획적인 매뉴얼은 교육을 통해 종업원들의 동기부여와 업무능력을 향상시킬 수 있다. 셋째, 표준화된 매뉴얼은 고객에게 신뢰감을 주고, 가맹점의 이미지 표준화 및 경영의 표준화가 가능하다. 넷째, 안정된 매뉴얼은 가맹점 종업원의 안정적 운영과 업무 능력을 향상시킬 수 있다. 다섯째, 합리적인 매뉴얼은 가맹사업 활성화를 가능하게 한다.

제8장 직영 모델점 개발과 가맹점 모집

PROLOGUE

일본 프랜차이즈 시장 최신 트렌드

셀프빨래방·개호(노인 돌봄)·초이노미(간단한 음주) '이찌방!'

1. 일본에서 유행하면 수년 뒤 한국에서도 유행한다.

유통·프랜차이즈 업계에서 정설로 통하는 얘기다. 국내 시장의 미래 트렌드를 엿보기 위해 지난 9월 도쿄를 찾았다. 일본 프랜차이즈협회에 따르면 2016년 회계연도의 일본 자영업 시장 흐름은 다음과 같이 요약됐다. 편의점의 영역 확장과 과점화, 1인 가구 증가와 고령화 관련 업종의 지속 성장, 가성비와 맞춤형 서비스 인기, 업종 간 제휴 활발 등이다.

'이키나리 스테이크'는 5000엔대 스테이크를 1000엔대로 낮춰 프리미엄 가성비로 인기몰이 중이다. 가격을 낮춘 대신, 서서 먹는 '다치구이' 서비스로 회전율을 높여 수익성을 높였다.

일본 편의점은 도시락, 반찬 등의 중식(잠깐용어 참조)과 드립커피, 패스트푸드 등 카운터 진열 상품의 확충, 점포 내 식음 확충 등을 기반으로 성장세를 이어갔다. 편의점 시장 규모는 전년 대비 3.2% 늘어 10조8300억엔을 기록했다. 전체 소매업종 프랜차이즈 시장(25조엔)의 40%가 넘는다. 단, 브랜드 수는 26개에서 23개로 줄었다. 상위 업체인 세븐일레븐, 훼미리마트, 로손이 중소 브랜드를 합병하며 대형화에 박차를 가했기 때문이다. 가맹점 수(5만7818개)는 전년 대비 766개만 늘었다. 1년간 5000개 가까이 급증한 한국에 비하면 눈에 띄게 더딘 성장세다. 일본은 편의점이 최소 50평 이상 대형점이 많아 건물 설계 단계에서 입점을 결정하는 경우가 많다. 또, 점포 투자의 대부분을 본사가 집행하고 점주에겐 경영만 위탁하기 때문에 포화도 관리가 수월한 편이다.

이 같은 편의점 시장 성장은 외식업계에 위기 요인으로 작용하고 있다. 스시 포장판매 전문점과 도시락 전문점의 성장이 다소 정체됐다. 이들 업종에서 가맹점은 0.2%, 매출은 3.4% 감소했다. 편의점이나 슈퍼마켓이 반찬, 도시락을 강화하면서 소비자를 뺏긴 탓이다. 특히 일본에선 수년 전부터 '초이노미(ちょい飲み)'가 인기다. 주점 대신 편의점이나 패스트푸드 등에서 가볍게 음주를 즐기는 현상이다. 매장에서 직접 생맥주를 파는 편의점도 속속 등장하는 추세다. 이토 히로유키 일본 프랜차이즈협회 전무는 "요즘은 규동 체인이나 KFC 등 주점이 아닌 곳에서도 가벼운 음주 서비스를 제공한다. 편의점도 '잇트인(eat in·매장 내 식음 공간)' 코너를 확장하는 추세다. 때문에 식사 후 이자카야를 가던 고객들의 발길이 갈수록 뜸해지고 있다. 이에 외식업계는 편의점에 고객을 뺏기지 않기 위해 전문성을 더 강화하고 가격도 더 합리화하는 추세다"라고 분위기를 전했다.

단, 단일 메뉴 전문점은 성장세를 이어갔다. 카레, 규동, 덮밥 업종의 경우 가성비 정책과 신메뉴 개발 성공에 힘입어 점포는 2.4%, 매출은 1.5% 늘었다. 업종 세분화, 전문화 트렌드가 강화되고 있다는 평가다.

서비스업 부문에선 세 가지 트렌드가 눈에 띈다. 셀프빨래방과 맞춤형 교육, 개호(노인 돌봄) 산

PROLOGUE

업 성장이다.

일본은 저출산으로 노동력이 부족하자 여성의 사회 진출이 보편화되고 있다. 여성의 가사 노동을 대신해주는 셀프빨래방이 성행하는 이유다. 이 업종에서 가맹점이 전년 대비 3.3% 늘었다. 업계 관계자는 "평일에 못한 빨래를 모아서 주말에 셀프빨래방에서 세탁과 건조까지 원스톱으로 끝내는 생활 방식이 정착됐다. 세탁기를 기본 옵션에서 제외하는 원룸도 속속 생겨나는 추세다"라고 분위기를 전했다.

맞춤형 교육도 저출산 영향이 크다. 아이를 적게 낳는 만큼 교육열이 더 높아졌기 때문이다. 업계 관계자는 "학원들은 단체 강의에서 개인 지도로 강의 방식을 바꾸고 있다. 초등학생 대상 영어 학원도 가맹점과 매출이 각각 1.6%, 2.5% 늘었고 1인당 교육비도 증가했다"고 전했다.

개호 산업은 고령화의 수혜 업종이다. 개호 전문 프랜차이즈 '리하콘텐츠'는 휠체어를 타는 노인들이 다시 걸을 수 있도록 재활, 트레이닝 프로그램을 제공해 인기를 얻고 있다. 중장년 여성을 타깃으로 한 '카브스'도 잘나간다. 근육이 더 쇠퇴하지 않도록 과학적으로 설계된 프로그램을 운영한다. 최근에는 웰빙 트렌드에 따라 30대 여성도 즐겨 찾는 분위기다.

고령화의 그늘도 있다. 밤에 영업하는 곳들의 실적이 나빠지고 있다는 것. 이토 히로유키 전무는 "은퇴한 중장년층이나 노인들이 주로 낮에 활동하고 밤에는 일찍 들어가 쉬는 것을 선호하기 때문이다. 주점들은 점심 메뉴를 내거나 영업 시간을 낮으로 확장하는 식으로 대응하고 있다"고 말했다.

가성비 트렌드는 세 가지 측면에서 새로운 국면을 맞고 있다. 온라인·모바일 쇼핑 성장에 따른 오프라인 시장 축소, 프리미엄 가성비 브랜드 등장, 최저임금 인상에 대한 대응 전략 강구 등이다.

온라인·모바일화 관련 사례는 중고용품 중개 전문 프랜차이즈의 위기다. '북오프' 등은 오프라인 매장에서 옷이나 악기, 휴대폰, 오디오, CD 등 각종 중고용품을 중개하며 성장했지만 향후 전망은 어둡다는 평가다. 스마트폰 앱으로 소비자 간 직거래를 하는 문화가 확산되고 있기 때문이다. 상황이 이렇자 외식업계도 모바일화에 적극 대응하는 움직임이다. 도시락 전문점 '호토모토'는 지난 9월 1일 스마트폰을 사용하는 회원 서비스 주문앱 'My hotto Motto'를 출시했다. 도시락을 앱으로 주문하면 포인트가 쌓이는 것뿐만 아니라 전자머니 기능도 된다. 전자머니 충전시 1000~2000엔은 1%, 3000~4000엔은 2%, 5000엔 이상은 3%포인트가 가산되는 서비스로, 재주문을 유도해 충성 고객을 늘리려는 전략이다. 호토모토를 운영하는 플레너스의 코가 마사야 공보실장은 "그간 호토모토의 단골은 월 1회, 일반 고객은 2~3개월에 한 번씩 방문했다. 그런데 My hotto Motto 앱을 일부 지역에서 시범 운영한 결과, 재주문 빈도가 3배나 증가했다. 앱을 통해 구매 이력과 패턴, 연령대 등 다양한 정보를 얻을 수 있으니 향후 이를 분석해 마케팅에 활용할 계획이다. 마이 호토모토가 신성장동력이다"라고 포부를 밝혔다.

최근 일본에선 주점이 아닌 곳에서 간단히 음주를 하는 초이노미 트렌드가 각광받는다. 사진은 생맥주를 파는 카페형 편의점 '시스카(시티스몰카페)'(좌), 도시락 전문점 '호토모토'는 내년 최저임금이 역대 최고로 오르자 매장 내 무인발권기 설치, 영업시간 단축, 스마트폰 앱 주문 활성화 전략을 채택했다.

2. 편의점 지속 성장에 타 업종 긴장

고령화에 개호 웃고 주점 울고

프리미엄 가성비 '이키나리' 인기

프리미엄 가성비 인기는 저가 스테이크 전문점 '이키나리 스테이크'의 인기몰이로 대변된다. 기

PROLOGUE

존 5000엔 이상 하던 스테이크를 1000엔대에 제공해 가맹점과 매출이 꾸준히 늘고 있다. 최근 증시에 상장하고 스테이크의 본고장인 미국에도 진출했다. 이키나리 스테이크를 운영하는 페퍼푸드 서비스의 카와노 히데키 영업기획본부장은 "장기 불황으로 고객들이 저렴한 음식만 먹다 보니 품질 좋은 음식에 대한 욕구가 커진 것으로 판단했다. 1000엔대면 가격대가 다소 높지만 시장 수요가 있다고 판단했고 적중했다. 그래도 최대한 가성비를 추구하기 위해 다치구이(たちぐい·서서 먹기) 서비스로 회전율을 높인 게 주효했다. 일반 스테이크 전문점의 평균 고객 체류 시간이 1~2시간인 반면, 이키나리는 30분에 불과하다"고 말했다.

잠깐용어 *중식(なかしょく·中食) 집 밖에서 사 먹는 외식(外食)과 가정에서 해 먹는 내식(内食)의 중간 개념. 밖에서 사서 포장해 오거나 집에서 배달시켜 먹는 형태의 식문화를 말한다. 편의점 도시락, 각종 배달 음식, 반찬가게, 가정간편식(HMR) 등이 대표적인 예다. 외식하기엔 동행할 사람이 없고, 집에서 해 먹는 건 귀찮아하는 1인 가구가 늘면서 한국과 일본 모두 중식 시장이 급성장하고 있다.

자료: 매일경제, 2017년 10월 27일자.

8-1 직영 모델점 개발

8-1-1 직영 모델점의 개념

프랜차이즈 사업 전에 운영하는 직영 모델점(direct model store)은 가맹본부가 직접관리하고 경영하는 점포로 시장성을 검증받고 운영의 표준화를 위한 시범점포라 할 수 있다. 직영 모델점이 영업측면에서 성공하지 못하면 프랜차이즈 사업을 시도할 수 없다. 예를 들어 외식업의 경우 효율적인 성과를 낼 수 있도록 주방시설 및 홀 등의 공간 레이아웃이 정확히 되어야 하며, 이를 통해 표준화(standardization), 단순화(simplification), 전문화(specialization)를 해야 한다. 또한 객석이 있는 홀(hall)도 운영측면에서도 효율적이어야 하며 고객에게도 매력적인 디자인이어야 한다. 직영 모델점은 가맹본부가 직접 투자하여 운영하는 직영방식이다. 프랜차이즈 사업을 기획하지 않고 자영업 형태로 만들어진 기존에 운영 중인 점포가 반드시 직영 모델점이 될 수 있는 것은 아니다. 이런 경우 특별한 기획 없이 주먹구구식으로 만들어져서 이를 바탕으로 표준화 작업을 하는 것이 어렵기 때문이다. 이런 경우에는 운영 중이었던 점포의 운영경험과 시행착오를 바탕으로 새롭게 직영 모델점을 만든다면 좀 더 완벽한 시범점포가 될 것이다. 미국에서는 직영 모델점을 pilot store 또는 flagship store라고도 한다.

8-1-2 직영 모델점이 갖추어야 할 조건

직영 모델점은 프랜차이즈 사업을 시작하는 데 매우 중요하다. 따라서 직영 모델점이 갖추어야 할 조건은 첫째, 반드시 좋은 수익성이 있어야 한다. 즉 수익성을 통해서 시장성을 검증받아야 한다. 직영 모델점에서 이익을 내지 못한다면 어떻게 가맹점사업자를 설득할 수 있겠는가? 만일 직영 모델점에서 이익을 내지 못한다면 프랜차이즈 사업에 대한 컨셉을 변경하거나 프랜차이즈 사업을 전면적으로 재검토가 필요할 것이다.

둘째, 가맹본부의 경영철학과 사업 컨셉이 함축되어 있어야 한다. 즉 현재 운영하는 직영 모델점을 통해 앞으로 전개하고자 하는 프랜차이즈 사업이 가맹본부 경영자의 경영철학과 어떤 사업이라는 것을 명확하게 나타나도록 해야 하며, 고객에 대한 가치선택이 무엇인지 분명하게 보여 지도록 하여야 한다.

셋째, 가맹점 직원의 작업 효율성을 위한 시설 및 레이아웃이 필요하다. 가맹점이 경쟁력을 갖추기 위해서는 공간의 효율적 활용과 가맹점 직원의 근무 쾌적성 및 효율성이 고려된 레이아웃이 필요하다. 매장, 창고, 사무실 등의 적절한 면적과 배치는 공간의 활용도를 높일 수 있다. 또한 고객과 직원의 동선을 고려한 레이아웃은 고객에게는 편의성을 제공하고 직원에게는 근무 피로감을 줄일 수 있을 뿐만 아니라 근무인력도 최소화할 수 있어 경영효율성을 높일 수 있다.

넷째, 매력적인 내·외부인테리어는 목표 고객층에 호소력이 있어야 한다. 즉 성공적인 점포가 되기 위해서는 점포의 외부 인테리어와 간판이 목표고객층의 눈길을 끌어야 한다. 실내 인테리어 역시 목표고객층에 호소력(appeal)이 있어야 한다. 내·외부 인테리어 모두가 서로 일관성과 통일성이 있어야 하지만 너무 호화롭게 만들어지는 것은 인테리어 비용을 증가시키게 되고 이로 인해서 수익성이 떨어지는 단점이 있다. 내·외부 인테리어는 프랜차이즈 컨셉이 반영되어야 하며, 때에 따라서는 지역특성을 가미하여 고객차별화를 시도하는 것도 필요하며, 가맹점사업자를 위한 공사비용도 충분히 고려되어야 한다.

8-1-3 직영 모델점의 역할

직영 모델점의 역할은 매우 중요하다. 첫째, 신제품 테스트 마케팅(test marketing) 역할을 해야 한다. 즉 새로운 상품, 컨셉 또는 시스템을 개발하여 시장에 출시하기 이전에 가맹본부의 통제가 가능한 직영 모델점에서 시험적으로 일정기간 동안 먼저 운영하여 고객의 반응과 매출을 확인하는 과정이 필요하다. 직영 모델점에서 이것이 성공하면 전 가맹점으로 확산이 가능하게 되는 것이다.

둘째, 가맹점의 기준 점포의 역할을 해야 한다. 내·외 인테리어, 레이아웃 등이 직영 모델점의 기준이 되어 가맹점도 똑같은 모습으로 만들어진다. 또한 직영 모델점의 운영을 바탕으로 가맹점 운영 매뉴얼(operation manual)을 검증하여 최종적으로 작성하기 때문에 모든 가맹점 운영의 기본이 된다. 즉 직영 모델점의 하드웨어(hardware) 측면과 소프트웨어(software) 측면 모두의 기준이 가맹점 운영의 기본이 되고 있다.

셋째, 가맹점의 교육·훈련센터의 역할을 해야 한다. 즉 직영 모델점은 가맹본부의 직원이나 가맹점사업자와 종업원에 대한 실무교육장의 역할을 수행해야 한다. 프랜차이즈 교육·훈련은 이론과 실무교육으로 나눌 수 있다. 보통 이론교육은 교육장에서 이루어지나 실무교육은 현장에서 OJT(on the job training) 형식으로 이루어지고 이 실무교육은 직영 모델점에서 이루어진다. 가맹본부 직원의 경력개발을 위해서도 직영 모델점은 필요하다. 직영 모델점 설계 시 실무교육 장소로서의 역할도 고려해야 한다.

넷째, 가맹점사업자에 대한 신뢰성 역할을 한다. 국내의 가맹본부 중에는 직영점포를 하나도 갖지 않은 채 운영하는 곳도 상당수 있다. 대개 이런 곳은 자본력도 빈약하고 운영 노하우도 변변치 못한 곳일 수 있다. 가맹점 희망자 입장에서는 가맹본부의 직영 모델점 유무를 통해 가맹본부의 신뢰성을 측정할 수 있다.

다섯째, 직영 모델점은 프로모션(promotion)의 역할을 한다. 보통 직영 모델점은 입지가 좋은 곳에 위치하고 있다. 성공적으로 운영되는 점포는 많은 사람의 눈길을 끌 수 있는 위치에 있게 되고 이에 따라 가맹점 희망자들이 사업 참여에 관심을 갖게 된다.

여섯째, 직영 모델점은 그 지역의 소비자 트렌드와 경쟁사 동향을 파악할 수 있는 시장조사 역할을 한다. 즉 직영 모델점은 가맹점에서 조사할 수 없는 그 상권에 있는 소비자의 변화 추세와 경쟁사의 동향을 정확히 파악하여 가맹점사업자에 정보를 제공함으로써 가맹점사업자에 이익을 제공한다.

8-1-4 직영 모델점의 개발 과정

프랜차이즈 사업에서 가맹본부가 소프트웨어라면 직영 모델점은 하드웨어에 해당된다고 할 수 있다. 가맹본부가 지닌 의미를 제대로 유형화시켜 직영 모델점을 목표시장에 소구할 수 있도록 세밀한 개발 과정이 필요하다.

직영 모델점 개발을 위한 개발팀 구성은 추진하고자 하는 가맹본부의 규모와 신규 가맹사업 프로젝트 성격에 따라 개발팀의 규모도 달라지지만 보통 가맹본부 컨셉 제안자, 프랜차이즈 사업 전반을 기획할 기획자, 내·외부 인테리어를 위한 건축설계자, 프랜차이즈 사업을 성공적으로 이끌 마케팅 전문가, 신상품 개발에서 추가 상품개발을 위한 상품개발자, 직영 모델점을 전반적으로 운영할 매장운영자, 프랜차이즈 사업 운영에 따른 자금 및 재무를 담당할 재무담당자, 가맹점 개발에 참여할 부동산 컨설턴트 등이 참여하는 것이 이상적이다. 신규 가맹사업 프로젝트가 기업의 첫 사업이거나 중요 프로젝트인 경우는 가

〈그림 8-1〉 직영 모델점의 개발 과정

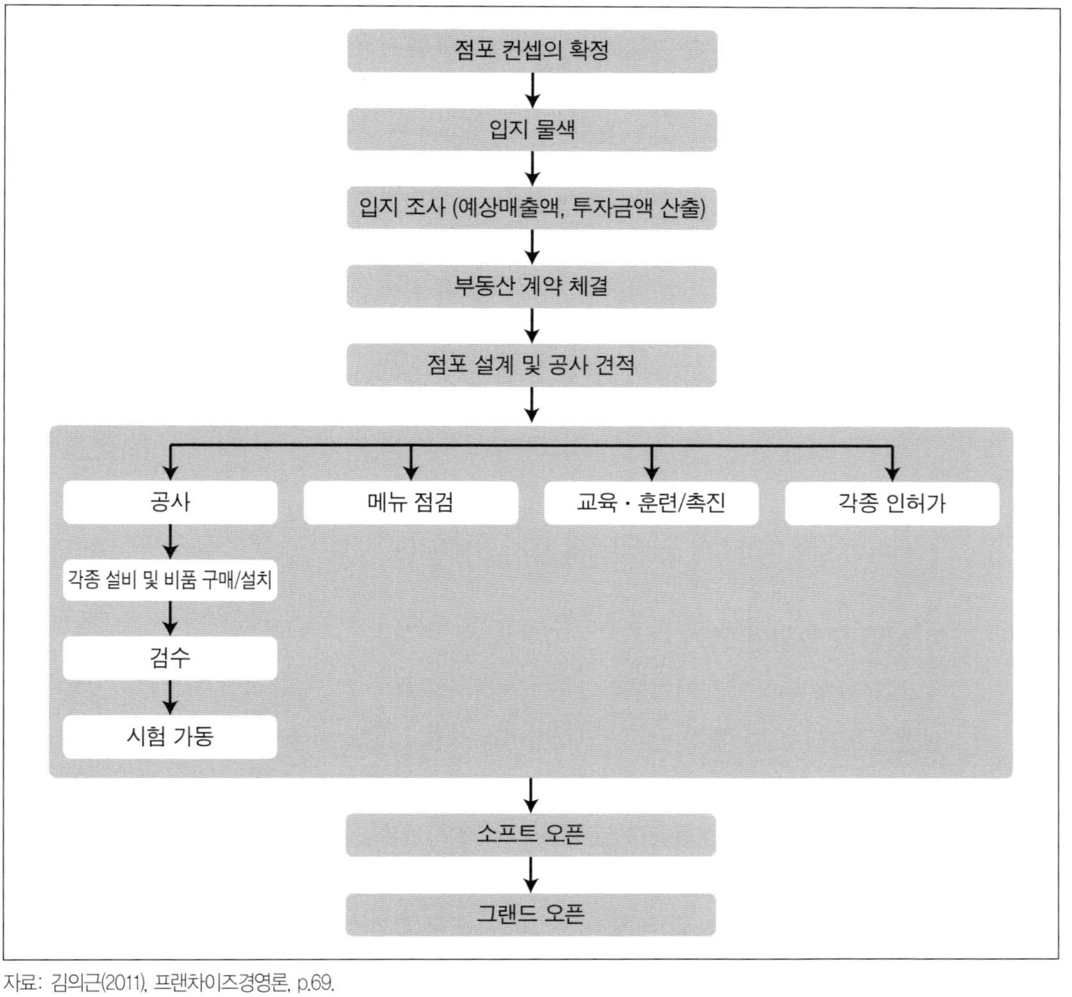

자료: 김의근(2011), 프랜차이즈경영론, p.69.

맹본부 최고경영자 또는 소유주도 일원으로 참석한다. 직영 모델점의 개발 과정은 〈그림 8-1〉과 같다.

8-1-5 직영 모델점의 성공적 운영

직영 모델점의 개발이 전략적 측면이라면 직영 모델점의 운영은 그 가맹점 사업을 성공으로 이끌 전술적인 측면이라 할 수 있다. 그렇지만 좋은 컨셉의 가맹본부도 직영 모델점 운영 미숙으로 실패한 경우도 많이 있다. 가맹본부의 좋은 컨셉 개발과 직영 모델점의 성공적 운영은 성공의 쌍두마차와 같다. 가맹점 사업 시작에 앞서 반드시 필요한 조건은 직영 모델점의 성공이다. 직영 모델점의 성공적 운영을 위해서는 직영 모델점 직원의 채용과 교육, 직영 모델점의 운영, 매뉴얼(manual) 작성이라 할 수 있다.

1) 직영 모델점 직원의 채용과 교육

직영 모델점은 가맹본부가 가맹점 희망자와 고객에게 보이는 첫 이미지이고 가맹본부의 성패를 좌우하는 첫 걸음이다. 따라서 직영 모델점의 운영인력은 매우 중요하다. 가맹본부의 컨셉에 맞는 직영 모델점의 직무분석을 통해서 필요한 분야를 설정하고 그 분야에 필요한 적정 직무인원을 계산하여, 각 직무별로 필요한 자격요건을 설정하고 이를 기준으로 직원을 채용한다. 자격요건보다 너무 좋은 직원을 채용할 경우 인건비 증가와 이에 맞지 않을 경우 조기 퇴직할 수도 있음을 유의하라. 직영 모델점은 말 그대로 모델점포이기 때문에 운영도 모범적으로 되어야 하고, 직원교육은 원칙대로 기본에 맞게 점포 운영하여야 한다는 정신 하에 운영을 실행하여야 한다. 이 원칙은 후에 프랜차이즈 사업으로 발전되었을 때, 모든 가맹점이 직영 모델점과 같이 운영되어야하기 때문이다. 직원의 사기진작을 위하여 직영 모델점의 운영성과에 따른 인센티브를 시행하는 것도 좋은 방안이다.

2) 직영 모델점 운영

직영 모델점 운영은 시범점포 오픈 이전까지의 책상에서 만들어진 기획물의 실제 현장 실행이다. 즉 직영 모델점 운영은 프랜차이즈 사업 컨셉을 시장에 선보이고 고객의 반응과 영업성과를 바탕으로 프랜차이징의 가능성을 예측한다. 고객의 상품 선호성향, 광고 및 판촉을 포함한 마케팅, 직원관리 및 교육, 내·외부 인테리어, 레이아웃, 장비관리, 매장관리 등에 관한 문제점을 확인하여 개선책을 찾아 사업 컨셉의 표준화를 찾는 과정이기도 하다. 직영 모델점은 최소한 4계절 이상 운영하여 수익구조와 수익성 파악과 시범점포 운영 경험을 바탕으로 프랜차이즈 패키지를 개발해야 만이 프랜차이즈 사업 성공 가능성을 높일 수 있다.

3) 매뉴얼 작성

직영 모델점의 실제 운영을 통하여 매뉴얼을 작성해야 한다. 프랜차이즈 시스템에서의 매뉴얼의 의미는 프랜차이즈 시스템 안에 있는 모든 점포의 운영 표준화를 위한 교본으로 내용을 간편화시켜 초보자도 쉽게 이해할 수 있도록 만들어져 있다. 프랜차이즈 사업을 위한 매뉴얼에는 크게 가맹본부 운영 매뉴얼(표 7-1 참조)과 가맹점 관리 매뉴얼(표 7-2 참조)이 있다.

8-2 가맹점 선정

8-2-1 가맹점사업자의 필요한 자질

가맹점사업자는 창업자라기보다는 점포를 운영하는 경영자라고 할 수 있다. 즉 가맹점사업자는 새로운 아이템, 브랜드와 경영 노하우를 가맹본부와 계약을 통해 운영하는 경영자에 더 가깝다. 따라서 가맹본부가 바라보는 가맹점사업자는 열심히 가맹점을 운영하고 가맹본부 사업 아이템에 대해 기본적으로 잘 알고 경험이 있는 사람이 가장 이상적인 가맹점사업자라 할 수 있다. 가맹점사업자는 가맹본부의 아이템과 브랜드를 통해 사업을 운영하지만, 시뉴사업을 운영한다는 면에서 창업자로서의 기업가 정신을 갖추어야 한다. 첫째, 가맹점사업자는 단순히 투자에 따른 이익배당 등의 경영수단이 아닌 새로운 시대에 맞는 미래비전에 대한 경영감각과 사회적으로 신뢰받을 만한 경영 능력이 요구된다. 둘째, 미래의 환경 변화에 대한 통찰력과 판단력을 발휘하여 장기적인 목표를 세우고 경영 전략을 통해서 목표를 달성하려는 능력이 필요하다. 셋째, 신규 사업을 운영하기 위한 창의력도 있어야 하며, 신규 사업을 계속해서 추진하려는 추진력이 필요하다. 넷째, 새로운 환경 변화에 도전하여 새로운 기회를 찾고 이러한 기회를 실현하기 위해서는 자신을 희생시킬 수 있는 기업가 정신이 필요하다. 다섯째, 개인의 영리추구 대신에 경영 전반에 대한 사회적 책임을 인식하고, 윤리경영, 환경경영, 지속가능경영을 추진하여야 한다. 여섯째, 일(work)을 통하여 자기욕구를 성취하겠다는 성취욕이 강하고 타인에게 고용되고 싶지 않은 독립심이 필요하다. 일곱째, 자기 자신에게 요구되는 능력과 자질을 충분히 인식하고 자기 자신을 위한 능력개발이 필요하다.

또한 가맹점사업자는 스스로 창업하기가 어려워서 가맹본부로부터 사업에 대한 경영 노하우를 전수받기 때문에 전혀 모르는 상태에서 창업하는 것보다는 가맹점사업자로서의 창업자가 되기를 원하는 경우가 많다. 따라서 가맹본부는 다음의 자질과 능력을 가지고 있는 가맹점사업자를 선택하는 것이 사업의 성공은 물론 가맹점사업자와의 관계도 원활하게 이루어질 것이다.

- 자기 스스로 의사결정 능력을 갖추고 있는 사람
- 직원들을 대신하여 가맹점 업무를 처리할 수 있는 사람
- 성공에 대한 의지가 강하고 오랫동안 일을 할 수 있는 사람
- 판매에 대한 긍정적인 마인드를 가지고 있고, 판매에 대한 경험이 있는 사람
- 자금이 필요할 때 자금을 융통할 수 있는 사람
- 가족의 지원과 도움을 받을 수 있는 사람
- 사업에 대한 동기부여가 강하고 성공에 대한 신념이 강한 사람

- 가맹본부 사업에 대해 이해와 지식이 있는 사람

가맹본부는 위와 같은 가맹점사업자의 능력과 자질을 파악하기 위해서 가맹점 사업신청서를 받게 되는데 그 내용을 보면 가맹점 희망자 및 배우자의 이름, 나이, 연락처 및 사고나 소송 등의 개인정보, 대학 이상의 전문 경영교육 정도, 현재의 직장 및 이전의 사업경력, 자산과 채무상태를 알아보는 재정상태, 취미나 동호회 활동 및 지역사회 활동 참여 등이다.

8-2-2 가맹점사업자의 선정기준

가맹본부는 사업동반자라 할 수 있는 가맹점사업자를 잘 선정해야 좋은 공동사업자 관계를 유지할 수 있다. 따라서 가맹본부는 가맹점 희망자가 진실로 자신의 프랜차이즈 시스템에 좋은 동반자가 될 수 있는 사람인지 판단해야 한다. 미국의 가맹본부들은 가맹점사업자를 선택하는데 있어서 창업신청서에 작성된 내용과 개인면담 자료를 통해서 철저하게 조사하여 결정한다. 국내 가맹본부들도 경쟁력 있고 적합한 가맹점사업자를 선택하기 위해서는 가맹점 희망자를 대상으로 철저한 사전 점검을 통하여 가맹점사업자를 선정하여야 한다. 가맹점 선정에 필요한 선정기준을 보면 다음과 같다.

- 가맹본부의 성장과 발전에 함께할 수 있고, 경영이념과 비전에 공감할 수 있는 사람
- 겸업이나 부업으로 생각하지 않고 가맹점 경영에 전념할 수 있는 사람
- 가맹점 사업 규모에 관계없이 가족의 동의와 협력을 얻을 수 있는 사람
- 독립된 사업자로서 가맹점 경영을 책임질 수 있는 자립심이 강한사람
- 프랜차이즈시스템에 일관성을 가지고 신뢰와 소신으로 프랜차이즈시스템을 존중할 수 있는 사람
- 가맹점 사업을 소중하게 인식하고 흥미를 가지고 있는 사람
- 가맹점 운영에 있어 예상치 않은 문제점을 해결할 수 있는 리더십을 발휘할 수 있는 사람
- 가맹점의 직원을 사업성공의 파트너로 가족처럼 인간적으로 중시할 수 있는 사람
- 가맹점 직원에게 모범적인 점포 관리의 모습을 보일 수 있는 사람

8-2-3 가맹점 모집 방법

가맹점을 모집하는 방법에는 가맹본부의 사업 아이템이나 시스템에 따라 다르지만 크게 분류하면 광고에 의한 방법과 DM을 통한 방법, 사업설명회를 통한 개별적인 권유방법, 프랜차이즈 박람회를 통한 방법, 가맹점사업자를 통한 소개방법 등이 있다.

가맹점 희망자 자료를 확보하는 방법으로 첫 번째는 프랜차이즈박람회나 창업박람회를 통해서 자료를 확보할 수 있다. 따라서 가맹점 희망자 자료를 확보하기 위해서는 박람회 참여도 중요하다고 할 수 있다. 두 번째는 가맹본부의 사업설명회를 통해서 가맹점 희망자 자료를 확보할 수 있다. 세 번째는 홈페이지를 통해서 창업신청서를 받을 수 있다. 네 번째는 직영점에서 꾸준히 가맹점 희망자 상담을 받아 자료를 확보할 수 있다. 다섯 번째는 가맹점사업자로부터 가맹점 희망자를 소개받아 자료를 확보할 수 있다.

1) 광고에 의한 방법

가맹본부가 광고주가 되어 광고대금을 지불하고 그들이 가지고 있는 사업 아이템에 대한 영업표지 제공, 일정한 품질의 상품이나 서비스를 판매하기 위한 경영 노하우 등 사업내용 및 지원 등을 광고를 통하여 일시에 다수의 잠재고객에게 대량으로 커뮤니케이션함으로써 장·단기적으로 수요를 자극하는 방법이다.

광고는 가맹본부 측면에서 브랜드 인지도와 가맹점 모집 그리고 상품과 서비스에 대한 특징을 알리는 좋은 수단이다. 그러나 광고는 많은 예산이 필요하고 정확한 광고효과를 측정하기 어렵기 때문에 처음 사업을 시작하는 가맹본부 입장에서는 효과적인 광고 전략과 매체선택을 통하여 저비용으로 높은 효과를 낼 수 있는 방법을 찾아야 한다. 가맹점 모집광고는 신문이나 잡지 등 대부분 인쇄매체를 통해서 이루어진다.

가맹본부는 광고를 통해 가맹점사업자 모집을 촉진하기 위해 경영지원 및 소득관련 사항에 대해 과장된 약속을 하는 경우가 종종 있으나 이는 옳지 못한 방법이며 이러한 허위 과장광고는 가맹사업거래의 공정화에 관한 법률에 의해 처벌을 받게 된다. 따라서 가맹본부는 경쟁력 있는 프랜차이즈 시스템 구축에 많은 노력을 기울려야 할 것이다.

2) DM에 의한 방법

가맹점 희망자를 대상으로 DM을 발송하여 가맹본부의 사업 아이템에 대한 영업표지 제공, 일정한 품질의 상품이나 서비스를 판매하기 위한 경영 노하우 등 사업내용 및 지원 등을 커뮤니케이션함으로써 가맹점 희망자에게 단기적으로 수요를 자극하는 방법이다.

DM에 의한 방법은 가맹점 희망자를 타켓으로 집중적으로 설득할 수 있으므로 광고보다는 저렴한 비용으로 가맹점 모집이 가능한 방법이나 가맹점 희망자를 찾는 것은 쉬운 일이 아니다.

DM에 의한 방법으로 가맹점사업자를 모집할 때는 DM에 너무 많은 정보를 게재하기보다는 받는 사람이 한 눈에 알아볼 수 있도록 구성하여야 하고, 지나치게 화려하게 만들 필요는 없다.

3) 사업설명회에 의한 방법

사업설명회는 가맹본부가 자기 브랜드를 통한 가맹점사업자를 모집하는 방법으로 가맹점 희망자는 직접 가맹본부에 관심을 가지고 있기 때문에 사업설명회에 참석하므로 가맹본부 입장에서는 직접 고객이라고 볼 수 있다. 따라서 사업설명회는 가맹본부의 프랜차이즈 시스템을 직접 설명할 수 있기 때문에 매우 효과적이라 할 수 있다. 그러나 가맹점 희망자는 여러 가맹본부의 사업설명회나 프랜차이즈박람회 및 창업박람회 그리고 창업컨설팅사 등을 통해 창업 정보수집과 상담 그리고 창업교육을 받기 때문에 사전에 철저한 준비가 필요하다. 사업설명회는 한 번 시행으로 끝낼 것이 아니라 단계별로 여러 번 시행하여 자세하게 설명할 수 있도록 해야 하며 제한된 시간 내에 많은 인원이 참석하므로 가맹점 희망자가 궁금한 사항들은 모두 알아내기 힘든 경우가 있으므로 구체적으로 관심이 있는 희망자들은 별도의 시간을 갖도록 하는 것도 필요하다.

GS25 사업설명회는 〈그림 8-2〉와 같이 정기사업설명회와 출장사업설명회로 운영되는데, 정기사업설명회는 각 지역 사무소에서 진행된다.

〈그림 8-2〉 사업설명회 사례 — GS25

4) 박람회에 참여하는 방법

프랜차이즈 박람회는 국내의 우수한 프랜차이즈 가맹본부의 홍보 및 가맹점 유치 기회 제공, 창업희망자 및 창업 준비자 등에 대한 국내외 브랜드 창업정보 제공, 프랜차이즈 관련 기자재업체의 유통경로 확보 등을 목적으로 매년 2회 개최된다. 박람회를 찾는 대부분의 사람은 창업에 관심이 있거나 창업을 준비하는 예비 창업자이므로 가맹본부는 박람회에 참여함으로써 창업희망자를 대상으로 기업의 이미지를 높이고, 프랜차이즈 가맹점 창업희망자를 대상으로 창업에 대한 사업설명이나 가맹본부의 카탈로그를 제공함으로써 가맹본부에 대한 관심을 유도 할 수 있다. 특히 가맹점 창업희망자를 대상으로 상담을 통하여 개인 자료를 확보하여 가맹점 창업에 적극적으로 활용할 수 있다.

가맹본부가 박람회에 참가하는 것은 가맹본부의 이미지를 높이고 미래의 판매를 위해 길을 준비하는 것이므로 박람회를 가맹본부의 홍보의 도구로 적극 활용하는 것도 필요하다. 박람회에는 외식, 서비스, 도소매 프랜차이즈 업체 등 다양한 가맹본부가 참가하므로 경쟁사의 정보를 확보할 수 있고, 프랜차이즈 사업의 트렌드를 이해할 수 있다.

프랜차이즈 산업박람회는 매년 봄·가을 2회에 걸쳐 열리며, 2018년 봄 프랜차이즈 산업박람회 내용은 〈그림 8-3〉과 같다.

5) 가맹점사업자의 소개방법

가맹점 사업을 희망하는 사람들은 업종선택이나 가맹본부 선택하기 전에 기존 가맹점이나 직영점을 방문해서 가맹점사업자나 종업원의 의견을 듣거나 분위기를 살피는 경우가 대부분이다. 이는 가맹점 희망자가 가맹본부로부터 제공받은 정보와 일치하는지와 본인이 직접 사업을 할 수 있는지를 파악하게 된다. 이때 기존 가맹점사업자나 종업원의 가맹점 창업에 관한 의견, 사업 아이템에 대한 의견, 가맹본부와의 관계에 대한 평가는 가맹점 희망자에게는 가맹점 창업에 절대적인 영향을 미친다. 기존 가맹점사업자들이 사업에 대한 만족도가 매우 높다는 것은 가맹본부의 경영시스템에 신뢰가 매우 높다고 할 수 있으며 이는 가맹점 모집에 매우 유리한 방향으로 영향을 미친다. 즉 긍정적인 입소문을 통해서 가맹점 희망자에게 신뢰를 심어 줄 수 있기 때문이다. 그러나 기존 가맹점사업자의 신뢰를 끌어내기란 그렇게 싶지는 않다. 어떤 사업자는 가맹본부의 가맹점이 증가하는 것이 경쟁자가 증가한다고 생각하여 가맹점 희망자의 방문이나 상담을 기피하거나 심지어는 가맹본부에 대해 부정적인 설명으로 가맹계약을 방해하는 경우가 있다. 따라서 가맹본부는 가맹점사업자에게 신뢰와 만족을 주는 것도 필요하지만 가맹점 증가가 기존 가맹점사업자에 어떠한 장점이 있고, 어떤 혜택이 있는지 교육을 통하여 이해를 시키고 가맹점 모집에 따른 보상을 시행하는 것이 중요하다.

〈그림 8-3〉 2018년 3월 프랜차이즈 산업박람회 내용

전시회 개요

전시회명	제42회 프랜차이즈 서울
장소	코엑스 1층 A, B홀
기간	2018. 3. 1(목) ~ 3(토)(18,378m²)
오픈시간	10:00 ~ 17:00 (입장 16:30마감)
주최	한국프랜차이즈산업협회
주관	㈜코엑스, 리드엑시비션스코리아
주요 참관객	마스터프랜차이즈 사업자 - 국내외 프랜차이즈 브랜드 사업 검토 다점포 가맹점주 (Multi-unit franchisees) - 추가 점포 투자를 고려하는 우량 점주 은퇴자 - 제2의 인생을 준비하는 은퇴자 청년창업자 - 취업 대신 창업을 선택한 대학생 이상의 청년 창업 희망자 자영업자 - 업종전환을 위한 아이템 및 시장동향 파악 프랜차이즈본사 - 업계동향 파악 및 차기 박람회 참가를 위한 사전조사

전시장 구성

구성	내용
국내프랜차이즈관	국내 외식, 도소매 및 서비스 프랜차이즈 창업 상담관
해외프랜차이즈관	해외 외식, 도소매 및 서비스 프랜차이즈 창업 상담관
점포설비관	프랜차이즈 본사와 독립점포 창업자를 위한 점포설비 및 각종 창업 지원 솔루션 전시
창업 아카데미	2018년 창업시장 전망, 창업자금 마련 및 지원제도, 상권 분석 등에 대한 강의 진행
센트럴 스테이지	유망 프랜차이즈 사업 설명회 및 예비창업자를 대상으로한 다양한 주제의 마케팅 프리젠테이션 진행
전문가 상담센터	자금 마련 및 법률 관련 창업 전문가들의 1:1 무료 컨설팅 제공

참가품목

외식	카페 & 베이커리, 주점, 패스트푸드, 레스토랑
도소매	식품유통, 화장품, 패션, 반려동물, 편의점,문구점, 종합소매점, 기타도소매
서비스	생활토탈, 교육, 엔터테인먼트 임대, 숙박, 이미용, 건강, 스포츠, 자동차, 부동산, 기타서비스
컨설팅	금융, 보험 , 법률, 마케팅 등 각종 컨설팅
창업지원	설비, 디스플레이, 인테리어, 결제 & 보안 시스템, IT 솔루션, 자재납품, 기타

8-3 가맹점의 오픈 과정

일반적으로 창업의 방법에는 기업가가 새로운 기업을 창설하는 신규창업, 기존 기업을 인수하여 사업을 시작하는 인수창업, 프랜차이즈 가맹점 창업 등 세 가지가 있다. 가맹본부가 가맹점을 오픈하는 것은 가맹점사업자가 프랜차이즈 가맹점을 창업한다는 의미이며, 가맹본부는 가맹점 희망자에게 가맹본부의 프랜차이즈 시스템을 연결하여 서로가 이익이 되는 방법으로 유기적인 상생의 관계를 지속적으로 유지하게 하는 데 있다고 할 수 있다.

가맹본부가 가맹점을 오픈하는 절차는 가맹본부 사업 아이템과 가맹본부의 특성에 따라 차이가 있으나 일반적으로 가맹본부의 가맹점 오픈 과정은 첫 번째 가맹점 희망자로부터 사업신청서 접수받고 두 번째, 사업신청서를 바탕으로 가맹점 희망자의 자질과 능력 및 가맹점 사업에 관련된 내용 등 가맹상담을 하며, 세 번째, 가맹본부는 가맹점 희망자에게 의무적으로 가맹사업법에 따라 공정거래위원회에 등록된 정보공개서 제공해야 하며, 네 번째, 가맹본부는 가맹점 희망자의 사업성공과 밀접한 관계가 있는 입지선정 및 상권분석을 객관적으로 실시하여 제공해야 하며, 다섯 번째, 가맹본부는 가맹점 희망자에게 창업계획서를 작성해 보게 함으로써 가맹점 성공 가능성, 시장조건 등을 살펴보고, 위험요소를 사전에 체크할 수 있게 할 수 있다. 여섯째, 가맹본부는 가맹점 희망자가 원하는 장소에 점포 임대차 계약을 체결하게 하고, 일곱 번째, 가맹본부는 가맹점 희망자와 가맹계약 시 계약기간, 상권보호, 가맹비 및 수수료, 광고 및 판촉행사, 경영지원 및 교육훈련, 점포 인테리어, 상품공급 및 반품, 계약해지 및 거래종결 등에 관한 가맹계약서 체결함으로써 가맹점 희망자가 가맹점사업자로서의 인정을 받게 된다. 여덟 번째, 가맹본부는 가맹계약 후 가맹점에 실내 인테리어 설계 및 견적, 시공, 간판, 전기 전화, 집기시설 등 점포시설하며, 아홉 번째, 가맹본부는 가맹본부의 소개 및 제품종류 및 특징, 제품 판매기술, 판매 예절, 마케팅 등의 판매교육과 개·폐점교육, 점포 운영(점포 위생, 점포 장비관리, POS실습, 일보작성) 교육, 직원 관리교육 및 현장에서의 판매실습 교육 등 가맹점사업자 및 종업원 교육을 실시하고 마지막으로 가맹본부는 가맹점 개점 준비와 오픈 등 〈그림 8-4〉와 같이 10단계를 거치는 것이 일반적이다. 가맹본부는 가맹점 오픈 이후에도 지속적인 관리를 통하여 가맹점사업자의 이익을 도와야 한다.

8-3-1 사업신청서 접수

가맹본부는 가맹점 희망자의 가맹점사업과 관련한 능력과 자질이 있는지를 파악하기 위해서 사업신청서를 가맹상담 이전에 받게 된다. 가맹점 희망자의 사업신청서 접수방법으로는 가맹본부의 방문을 통해서, 홈페이지를 통해서, 가맹본부 사업설명회를 통해서, 창업

〈그림 8-4〉 가맹점 오픈 과정

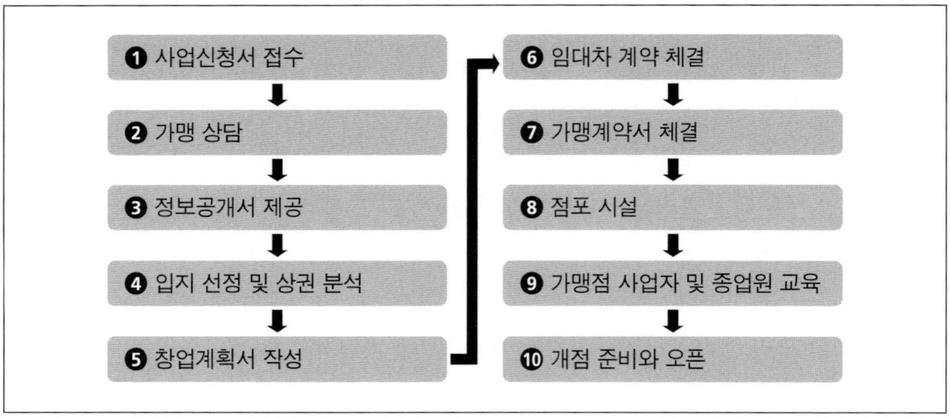

및 프랜차이즈 박람회를 통해서, 직영점이나 가맹점을 통해서 할 수 있다. 그 내용을 보면 가맹점 희망자 및 배우자의 이름, 나이, 연락처 및 사고나 소송 등의 개인정보, 창업 관련 전문 경영교육 정도, 현재의 직장 및 이전의 사업 경력, 자산과 채무상태를 알아보는 재정 상태, 취미나 동호회 활동 및 지역사회 활동 참여 등이다.

8-3-2 가맹상담

가맹본부는 가맹점 희망자가 접수한 사업신청서를 통해서 가맹점사업자로서의 능력을 갖추고 있는지를 먼저 파악해야 한다. 그리고 출점 가능지역, 점포 면적 및 계약기간, 투자비(가맹비, 보증금, 교육비, 기계/집기비용, 실내·외 인테리어 비용 등), 예상투자이익, 가맹본부 지원 사항(판촉물, 개점지원, 오픈 지원물), 교육훈련 및 인허가 사항, 점포 소개 및 입지상권조사, 경쟁사와 비교를 통한 장점을 부각시키는 등 가맹본부 선택을 위한 중요한 단계이므로 충분하게 내용을 설명하고 가맹점 희망자에게 확답을 받아야 한다.

8-3-3 정보공개서 제공

가맹본부는 가맹점 희망자와 상담이 끝나고 나면 가맹사업거래의 공정화에 관한 법률 제6조의2 (정보공개서의 등록 등)에 따라 공정거래위원회에 등록된 정보공개서를 의무적으로 제공해야 한다. 정보공개서는 가맹계약 체결 또는 가맹비를 수령하는 날로부터 14일 이전에 제공하여야 한다. 가맹사업거래의 공정화에 관한 법률에 의한 정보공개서 주요 내용은 〈표 8-1〉과 같다. 가맹점 희망자는 정보공개서는 공정거래위원회(www.ftc.go.kr)와 한국프랜차이즈협회(www.ikfa.or.kr)를 통해서 알아볼 수 있다.

〈표 8-1〉 정보공개서 주요 내용

항목	주요 내용
1. 가맹본부의 일반 현황	• 가맹본부의 기본 정보, 계열회사 정보 • 임원명단 및 사업경력 등
2. 가맹사업 현황	• 최근 3년간 가맹점 현황 (출점·폐점 수 포함) • 가맹본부가 운영하는 다른 브랜드 정보 • 전년도 가맹점사업자 평균 매출액 (추정치)
3. 법위반 사실	• 최근 3년간 공정거래법 및 가맹사업법 위반 • 가맹사업과 관련된 민형사상 법위반 내용
4. 가맹점사업자의 부담	• 영업개시 이전: 가맹금, 보증금, 설비 등 기타 비용 • 영업 중: 로열티, 가맹본부의 감독 내역 • 계약 종류 후: 재계약, 영업권 양도 시 부담 비용
5. 영업 조건 및 제한	• 상품 판매, 거래 상대방, 가격 결정에 따르는 제한 • 영업 지역 설정, 변경 등에 관한 내용 • 계약기간, 계약 연장·종료·해지 등에 관한 내용
6. 영업 개시 절차	• 영업개시까지 필요한 절차, 기간, 비용
7. 교육훈련	• 교육훈련의 내용, 이수시간 • 부담 비용, 불참 시 불이익

8-3-4 입지선정 및 상권분석

가맹본부는 가맹점 희망자가 원하는 지역이나 상권에 대해 제시하면 가맹본부는 기존 가맹점과 중복되지 않는지를 검증하고 입지와 상권을 평가해야 한다. 입지와 상권에 대한 분석은 가맹점사업자와 미묘한 갈등과 분쟁을 야기할 수도 있다. 따라서 가맹본부는 상권 및 입지관련 전문가를 양성하여 가맹점 희망자가 의뢰한 지역을 객관적인 자료에 의해 입지와 상권을 분석하여 입지를 선정하고, 사전에 입점하기 좋은 지역을 분석하여 가맹점 희망자에게 제공하면 가맹계약 체결에 효과적이다.

입지 선정과 상권분석이 중요한 이유는 소비자가 가맹점을 직접 찾아오지 않으면 상품이나 서비스를 판매할 수 없다. 따라서 가맹점의 입지선정이 곧 사업의 성공을 좌우하기 때문이다.

가맹점 희망자 입장에서는 가맹본부와의 계약이 장기적으로 이루어지기 때문에 입지는 상권 내에 소비 대상 인구가 많고 앞으로 인구가 증가할 것으로 예상되며 소득 수준 및 소비성향이 높고 구매력이 왕성한 연령층이 거주하는 지역이나 지하철 역세권, 버스 정류장, 재래시장 근처 등 유동인구가 많고, 창업 업종에 적합한 고객이 많은 곳을 선택하려고 한다.

가맹본부가 입지선정에 있어서의 고려해야 할 사항은 가맹점 창업 후보지가 먼저 업종과 업태에 적합한지를 확인하고, 후보지에 대한 장래성, 후보지가 가맹점 희망자의 임대계약 지불 능력에 맞는지 점포 규모의 적합성과 기존 점포와의 경쟁관계도 조사하여야 한다.

입지선정 및 상권분석 단계에서는 가맹점 창업 대상 후보지 선정, 예상매출 및 사업타당성 분석 등을 종합해서 출점 여부를 판단해야 한다.

명인만두는 상권검증 시스템을 이용 30년 경험에 의한 체인망 구축을 통해 입지의 향후 발전 가능성과 투자 대비 수익률을 분석해 최상의 수익을 낼 수 있는 위치를 엄선해 매장을 입점하고 있다. 상권검증 과정에서는 가맹점 희망자의 성향을 분석해 가맹본부의 경영철학과 적합한 마인드를 가진 가맹점 희망자와만 가맹을 진행한다. 해당 지역에 입점할 수 있는 점포 수를 계약 과정에서 미리 표기하여 가맹본부와 가맹점사업자 간의 신뢰도를 높이고 상권을 보호하고 있다. 특히, 명인만두 프랜차이즈의 큰 장점인 상권 검증 시스템은 가맹본부가 이미 보유하고 있는 점포를 가맹점 희망자에게 소개하는 형태로 이루어지는 다른 프랜차이즈 가맹본부와는 달리, 가맹점 희망자와의 신뢰도 향상을 위해 가맹점 희망자가 직접 시장을 발로 뛰며 입지와 상권을 조사해 점포 위치를 제시하면, 가맹본부의 점포검증 담당자가 재검토하여 사업 적합성을 검증해 주는 시스템이다.

8-3-5 창업계획서 작성

가맹본부는 가맹점 희망자와 같이 창업에서 향후 3년(첫 계약기간) 정도의 가맹점 운영을 위한 창업계획서를 작성하고 검토하는 것이 중요하다. 즉 사업을 시작하기 전에 계획사업의 전반적인 사항을 알아보는 중요한 작업이다. 창업계획서는 철저하고 체계적인 사업준비를 하는 데 필요하다. 창업계획서는 성공 가능성, 시장조건 등을 객관적으로 살펴볼 기회를 갖게 되고, 위험요소를 사전에 체크할 수 있어 사업성공 가능성을 높여 준다. 창업계획서는 정부기관, 동업자, 이해관계자 등에게 자신의 사업을 알리고 자금을 조달하는 수단이 되기도 한다. 창업계획서는 사업 개시 후 처음 의도 했던 목표나 예측을 창업계획서를 통해 비교·평가할 수 있는 가맹점 운영에 있어서 경영의 지침서 된다.

가맹본부는 기존의 가맹점사업자의 매출액, 수익률에 대한 분석을 통하여 가맹점 희망자에게 제시하는 것은 예상매출액에 대한 신뢰도를 높일 수 있을 것이다.

8-3-6 임대차계약 체결

가맹점 희망자는 창업 시 점포임대 비용은 가맹점 창업비용의 대부분을 차지할 만큼 중요한 사항이다. 임대차계약 체결 시 가맹점 점포의 권리관계 및 소유자 확인, 부동산 및 상가건물의 용도 확인 등을 위해서 공부(公簿)의 열람 및 확인이 필요하다. 그리고 권리분석을 위해서 임대차보증금의 회수가 가능한지 판단해야 한다. 부동산등기부 상에 기재된 명의의 소유자와 임대차계약을 직접 체결하기 위해서 임대인의 신원확인도 필요하다. 계약 이후 근저당설정등기, 가압류, 가처분 등의 새로운 권리관계가 발생하였는지를 최종 확인 후 잔금을 처리하고 임대차 보호를 위해서 확정일자를 받아두는 것이 필요하다. 가맹점 점포 임차 시 권리금이 형성되어 있는 경우 임차인이 전임차인이나 임대인에게 지급하는 경우가 많은 데 임차인은 권리금 지급 시 계약기간 만료 시 권리금 회수가 가능한지 또는 권리금만큼 수익이 보장되는지를 꼭 확인할 필요가 있다.

특히 권리금은 상권과 입지, 그리고 점포장소와 관련된 바닥 권리금, 실내·외 인테리어 시설과 관련된 시설권리금, 고정고객의 매출액과 관련한 영업 권리금으로 구성되어 있다.

8-3-7 가맹계약 체결

가맹본부가 가맹점 희망자와 가맹계약을 체결하기 전에 가맹점 희망자에게 가맹계약서를 제공하여 가맹계약 내용을 미리 이해할 수 있도록 해야 한다. 가맹본부는 가맹점 희망자에게 가맹계약서를 가맹계약 체결일 또는 가맹비 최초 수령일 중 빠른 날 전에 제공하여야 한다. 또한 가맹점 희망자는 가맹계약서 내용이 정보공개서와 가맹본부의 기타 홍보자료 등의 내용과 일치하는지의 여부, 필수 기재사항의 준수 여부를 확인하여야 한다. 가맹본부는 혹시 가맹계약서의 내용이 가맹점에 불리한 내용이나 부당한 강요가 있는지의 여부와 불명확하고 애매모호한 문구 등이 있는지 꼼꼼히 살펴서 가맹계약을 체결하는 것이 사후 피해를 방지하는데 도움이 된다. 또한 가맹본부는 공정거래위원회가 권장하는 표준계약서를 이용하여 가맹계약을 체결하는 것도 좋은 방법이 될 수 있다. 가맹계약 시 계약기간, 상권보호, 가맹비 및 수수료, 광고 및 판촉행사, 경영지원 및 교육훈련, 점포 인테리어, 제품공급 및 반품, 계약해지 및 거래종결에 대해서 가맹상담시 설명한 내용과 일치하는지 확실히 하는 것이 중요하다.

8-3-8 점포시설

가맹본부는 가맹점사업자와 가맹계약이 체결되고 나면 점포시설 계약을 맺고 실내 인테리어 설계 및 견적, 시공, 간판, 전기 전화, 집기시설 등 점포시설에 들어가게 된다. 특히 외식업의 경우는 별도로 주방설계 및 견적, 가스공급 계약, 집기, 비품선정 및 시설 감리와 점검을 하게 된다. 가맹점 점포시설은 대부분 가맹본부가 지정하는 시설업체가 실시하기 때문에 가맹본부는 가맹점사업자와 견적가격 협상을 잘하는 것이 필요하다. 시설관련 견적가격은 가맹점사업자가 시설 후 견적가격에 대해 이의를 제기하는 경우가 많기 때문이다. 또한 가맹본부가 지정한 업체가 일방적으로 제시하는 견적가격으로 계약하기 때문이다. 점포시설이 완료되면 가맹본부는 가맹점사업자와 함께 시공 상태를 점검하고 설계 및 견적서와 일치하는지를 검토한다.

8-3-9 가맹점사업자 및 종업원 교육

가맹본부는 가맹점사업자와 그 종업원에 대한 교육을 통해서 가맹점사업자가 가맹본부에 강한 유대감을 갖도록 하고, 가맹점사업자가 가맹점을 운영하기 위한 전문지식을 습득하게 하고, 프랜차이즈 시스템의 강화를 통해서 지속적으로 관계를 유지해야 한다.

가맹점사업자를 위한 교육은 가맹점사업자의 경쟁력을 강화하기 위한 현실적인 현장 중심의 교육, 체계적이고 지속적인 관리 중심의 교육, 전방위적이고 종합적인 교육이 될 수 있도록 구성되어야 한다. 교육내용으로는 가맹본부의 경영목표 등 회사소개, 상품이나 서비스의 종류 및 특징, 상품이나 서비스 판매기술, 판매 예절, 마케팅 등의 판매교육과 개·폐점교육, 점포 운영(점포 위생, 점포 장비관리, POS실습, 일보작성)교육, 직원 관리교육 및 현장에서의 판매실습 교육 등이다.

가맹본부의 가맹점사업자 및 종업원의 교육과 훈련은 점포 시설기간 중에 실시한다. 보통 점포시설 기간이 작게는 2주 길게는 한 달 정도가 소요되므로 이 기간을 이용해서 점포 오픈 전에 실시한다.

8-3-10 개점준비와 오픈

가맹본부는 가맹점 오픈을 위해서 먼저 오픈 전에 광고 및 판촉행사를 실시해야 한다. 가맹본부의 사전 계획에 따라 전단지 배포, 현수막 설치 및 지역신문에 광고를 시행한다. 전단지 배포는 보통 일주일 전, 3일 전, 당일 배포 등 3회 정도 배포하는 것이 효과적이다. 전단지 배포 방법은 신문 삽지나 아파트 단지 우편함에 넣는 방법이 있다. 현수막은 지정된 장소나 가맹점 점포 근처에 설치한 것이 효과적이다.

점포를 개점하기 1~2일 전에 점포 운영에 관한 모든 과정을 가맹본부에서 파견된 슈퍼바이저나 담당자의 지원 하에 가맹점사업자와 종업원 각자가 자기 위치에서 담당업무를 수행할 수 있도록 시험운영을 한다.

가맹점의 개점 준비가 완료되고 나면 가맹본부의 지원 하에 개점을 하게 된다. 가맹본부는 가맹점사업자가 원활하게 점포를 운영할 수 있도록 업종에 따라 다르지만 개점 후 일주일 정도는 상품 원·부자재 구입에서부터 상품 진열, 판촉, 재고관리, 점포운영에 대한 전반적인 지원을 해야 한다.

8-4 가맹점 모집사례

가맹점 모집사례로 창업절차와 창업비용은 업종·업태에 따라 차이가 많기 때문에 본 장에서는 외식업과 도·소매업, 서비스업 각각 한 업체를 선정해 알아보도록 한다.

8-4-1 외식업 사례

외식업 프랜차이즈의 창업절차를 원할머니 보쌈의 예를 들어 알아보자.

1) 모집절차

외식업 프랜차이즈인 원할머니 보쌈의 창업절차는 〈그림 8-5〉와 같다.

〈그림 8-5〉 원할머니 보쌈족발의 창업절차

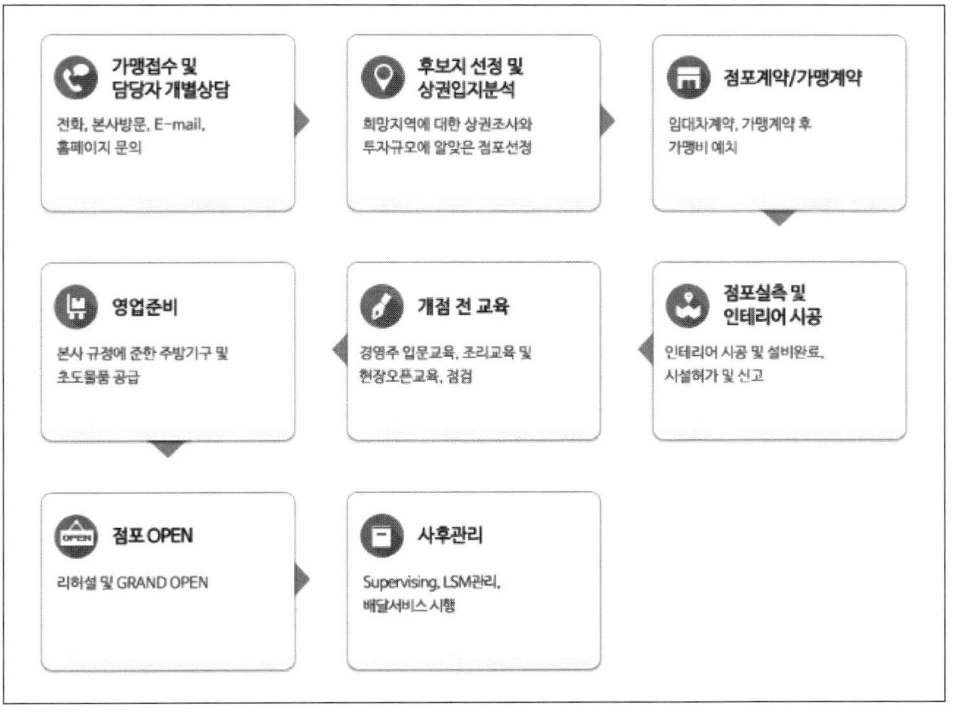

2) 창업비용

외식업 창업비용 사례를 보면 〈표 8-3〉과 같다.

〈표 8-3〉 외식업 창업비용 사례 — 원할머니 보쌈족발

구분		창업비용	비고
가입비		5,500	• 공정거래위원회에 등록된 정보공개서 상의 가입비, 시장조사비, 교육비, 계약이행보 증금으로 구성됨 • (오픈) 교육비는 메뉴 및 서비스 관련 교육비용으로 교육 후 환급 불가함 • 계약이행 보증금의 경우 가맹계약 해지 시 환급 (VAT 없음)
시장조사비		2,200	
오픈교육비	매뉴얼 지도	5,500	
	개점 전 교육		
	현장지원		
계약이행보증금비		3,000	
합계		16,200	

Type "A"	지급대상	금액*	지급기한 (반환조건)	비고
인테리어	원앤원(주)	45,000	공사 완료 혹은 입고 후 1일 내	3.3m²(평)당 165만원, 내부 인테리어 및 설비공사 포함
주방기기		15,320		냉장고, 냉동고, 보냉테이블, 식기 세척기 외
실내·외 사인		4,800		전면간판(파나플랙스 기준), 내부액자 외 (점포별 차이 있음)
의·탁자		6,890		점포 상황별 금액 차이 있음
초도 집기 및 상품		7,100		로고 집기류 외 기타 주방기물류, 최초 공급 상품
합계		79,110		

*99m²(약 30평형) 기준.

8-4-2 도·소매업 사례

도·소매업 프랜차이즈의 창업절차를 GS25의 예를 들어 알아보자.

1) 모집절차

GS25의 모집절차는 〈그림 8-6〉과 같다.

2) 창업비용

도·소매업(GS25) 창업비용은 〈표 8-4〉와 같이 가맹타입에 따라 차이가 있다. 가맹 G-TYPE은 가맹점사업자가 점포를 직접 소유 혹은 건물주로부터 임차하고 가맹본부와 가맹계약을 체결하여 운영하는 가맹타입이고, 가맹 K-TYPE은 가맹점사업자가 월세를 가맹본부에 지급하여, 임차 보증금의 약 50%를 부담하여 운영하는 가맹타입으로 가맹점사업자의 투자 여력에 따라 50% 이상 부담할 수 있는 가맹 유형이고, 가맹 S-TYPE은 가맹본부

〈그림 8-6〉 도·소매업 GS25 가맹점 모집절차

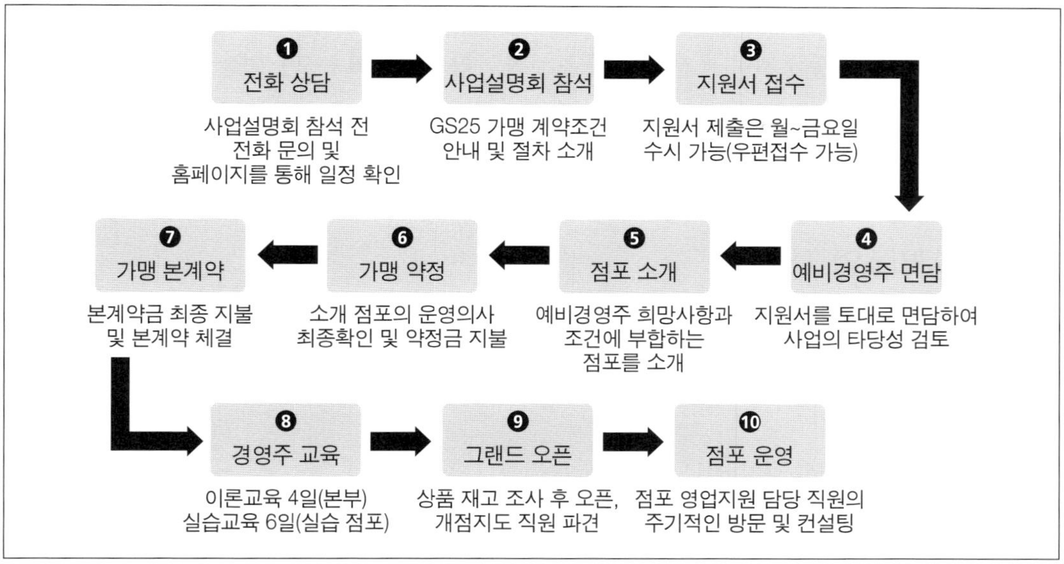

〈표 8-4〉 도·소매업 창업비용 사례 — GS25

항목		수익추구형 H-TYPE	G-TYPE	안정추구형 A-TYPE	공동투자형 R-TYPE
가맹점 투자 금액	점포 임차비용	경영주 임차	경영주 임차	본부 임차	본부 임차 (경영주 50%)
	가맹비	770만 원(VAT 포함)	770만 원(VAT 포함)	770만 원(VAT 포함)	770만 원(VAT 포함)
	상품 준비금	1,400만 원	1,400만 원	1,400만 원	1,400만 원
	소모품 준비금	100만 원	100만 원	100만 원	100만 원
	보증금	없음	없음	최소1,000만 원	최소2,000만 원
	시설/집기/인테리어	경영주 투자(선택 가능)	본부 지원	본부 지원	본부 지원
	합계	점포 임차 + 시설/집기/인테리어 + 2,270만 원	점포 임차 + 2,270만 원	예치보증금 + 2,270만 원	전대보증금 + 2,270만 원
가맹 계약 조건	수익 배분(매출 총이익 기준)	80%	65%	45%	60%
	계약기간	5년	5년	2년	4년
	담보 설정(근저당기준)	5,000만 원	5,000만 원	2,000만 원	3,000만 원
	각종 지원 제도	미오출 보상금 FreshFood 폐기 지원 상품 판매, 발주 장려금	전기료 50% 지원 미오출 보상금 FreshFood 폐기 지원 상품 판매, 발주 장려금		

가 임차한 점포를 가맹점사업자가 보증금, 권리금, 임차료 부담 없이 위탁하여 운영하는 가맹 유형이다.

영업 활동에 관한 조건 및 제한을 보면 계약기간은 최초 5년, 연장5년이며, 가맹본부가 계약서상에 가맹점사업자의 영업지역 내에 신규 가맹점 또는 직영점을 설치하지 않겠다는 약속에 대한 영업지역 보호는 하지 않고 있다.

8-4-3 서비스업 사례

서비스업 프랜차이즈의 모집절차는 크린토피아의 예를 들어 알아보자.

1) 모집절차

크린토피아 모집절차는 〈그림 8-7〉과 같다.

〈그림 8-7〉 서비스업 크린토피아의 가맹점 모집절차

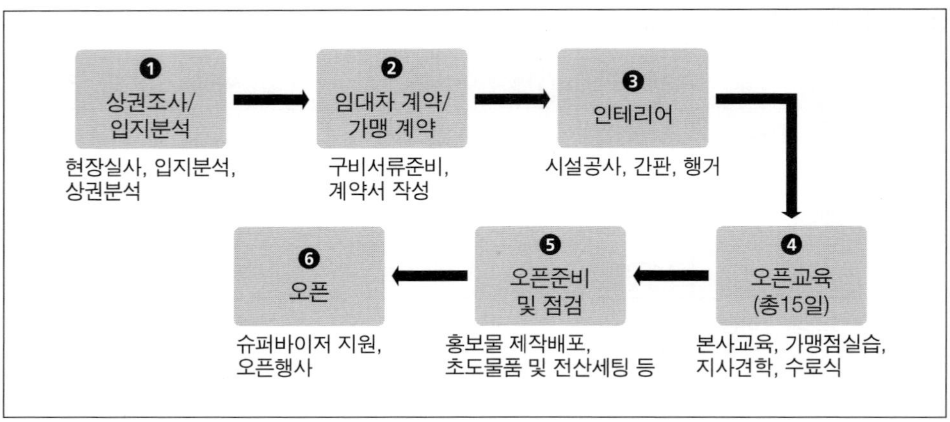

2) 창업비용

크린토피아의 창업비용은 〈표 8-5〉와 같다.

〈표 8-5〉 서비스업 창업비용 사례 — 크린토피아

(단위: 천 원)

<table>
<tr><th colspan="2" rowspan="2">구분</th><th colspan="2">투자비용</th><th rowspan="2">비고</th></tr>
<tr><th>세탁편의점</th><th>세탁멀티숍</th></tr>
<tr><td colspan="2">보증금</td><td>3,000</td><td>3,000</td><td>상황에 따라 변동될 수 있음</td></tr>
<tr><td colspan="2">가맹비(VAT별도)</td><td>2,500</td><td>5,000</td><td>상황에 따라 변동될 수 있음</td></tr>
<tr><td rowspan="3">인테리어</td><td>실내인테리어</td><td>2,920~3,520</td><td>8,000~10,000</td><td>당사의 협력업체 또는 당사의 기준에 적합한 시안</td></tr>
<tr><td>간판</td><td>1,000~2,000</td><td>3,500~4,000</td><td></td></tr>
<tr><td>행거</td><td>700~1,000</td><td>1,300~1,500</td><td></td></tr>
<tr><td rowspan="4">전산설비</td><td>포스(ST B-20)</td><td>2,412</td><td>2,412</td><td rowspan="2">당사의 협력업체 또는 당사의 기준에 적합한 사양(정품 S/W)</td></tr>
<tr><td>영수증프린터(LK-T20)</td><td></td><td></td></tr>
<tr><td>웹캠</td><td></td><td></td><td></td></tr>
<tr><td>싸인패드</td><td></td><td></td><td></td></tr>
<tr><td>세탁설비</td><td></td><td></td><td>48,840~56,080</td><td></td></tr>
<tr><td></td><td>CCTV</td><td>150</td><td>150</td><td>설치 및 2년간 유지보수 포함</td></tr>
<tr><td></td><td>합계</td><td>12,682~14,582</td><td>72,202~82,142</td><td></td></tr>
</table>

주) 상기 금액은 6평 기준이며 점포유형·조건(평수, 작업조건, 인테리어 조건 등)에 따라 변동 가능.

3부 프랜차이즈 경영 활동

9장 경영 전략의 이해

10장 프랜차이즈 전략적 경영계획

11장 프랜차이즈 해외진출 전략

12장 프랜차이즈 가맹점 운영전략

제9장 경영 전략의 이해

9-1 경영 전략의 개념

9-1-1 경영 전략의 정의

9-1-2 경영 전략의 필요성

9-1-3 경영 전략의 기본요소와 기능

9-2 경영 전략의 체계

9-2-1 기업 전략

9-2-2 사업단위 전략

9-2-3 기능 전략

9-3 프랜차이즈 경영 전략

9-3-1 프랜차이즈 경영 전략의 중요성

9-3-2 프랜차이즈 경영 전략 구성요소

9-3-3 프랜차이즈 경영 전략의 기본과제

9-3-4 프랜차이즈 경영 전략의 특성

9-3-5 전략적 가맹점 관리 시스템

PROLOGUE

이젠 '가성비' 넘어 '가심비'…소비자 마음까지 '겟'

외식 업계, 이국적인 맛과 화려한 플래이팅으로 소비자 마음 저격
식품 업계, 이색 '굿즈 식품'으로 소장 욕구 저격

2018년 새해를 맞아 소비 트렌드에 대한 다양한 예측이 쏟아지는 가운데 빠짐 없이 등장하는 키워드가 있다. 바로 '가심비(價心費)'다. '가심비'는 가격 대비 심리적 만족도를 의미하는 용어로 지난해 업계 트렌드였던 '가성비'를 넘어 고객의 감성까지 자극할 수 있는 소비 가치를 뜻한다. 이에 식품, 외식업계에서는 가심비 트렌드에 맞춰 합리적인 가격에 맛뿐만 아니라 이색 비주얼과 아이디어로 고객의 마음을 사로잡고 있다.

외식 업계에서는 브랜드의 콘셉트를 돋보이게 하는 이색적인 맛과 분위기, 그리고 비주얼로 소비자 취향 저격에 나섰다.

베트남 요리 전문점 '분짜라붐'은 실제 베트남에 방문한 듯한 느낌을 주는 이국적인 신메뉴와 인테리어로 가심비 열풍을 선도하고 있다. 최근 출시된 신메뉴 '남방풍 매운 쌀국수'와 '느억맘 닭날개 튀김'은 일반 베트남 음식점에서는 흔치 않은 메뉴들로, 베트남 전통 장류를 곁들여 더욱 이색적인 맛을 더했다. 분짜라붐은 매장 인테리어와 집기에도 공을 들였다. 서양식, 에스닉, 빈티지 컨셉이 두루 적용된 인테리어와 베트남 풍의 식기, 그리고 베트남 전통 모자 농(Non)을 연상시키는 감각적인 갓 조명은 실제 베트남에 온 듯한 감성을 효과적으로 전달하며 SNS상에서도 화제가 됐다.

시각을 자극하는 신메뉴로 소비자 마음을 공략하는 브랜드도 있다. 마늘과 와인을 콘셉트로 특화한 이탈리안 레스토랑 '매드포갈릭'이다. 매드포갈릭이 올 겨울 신메뉴로 출시한 '윈터 가든 립아이 스테이크17'은 이름만큼이나 로맨틱한 비주얼을 자랑한다. 육즙이 풍부한 등심 스테이크에 허브 페타 치즈와 로즈마리를 꽂은 육쪽 마늘을 얹어 고급스러움을 더했다. 또한 옐로우, 그린, 레드 등 다채로운 색감의 야채와 식재료를 함께 플레이팅 해 음식 맛은 기본, 보는 즐거움까지 더했다.

뿐만 아니라 식품 업계에서는 소장 욕구를 일으키는 기발한 아이디어나 개성을 담은 굿즈 제품들을 잇달아 출시하면서 '가심비' 열풍을 이어 가고 있다.

떡볶이 프랜차이즈 '죠스떡볶이'는 얼마 전 온

PROLOGUE

라인에서 화제가 되었던 '죠스어묵티'를 공식 출시하며 소비자들의 감성을 공략했다. '죠스어묵티'는 티백 형태의 제품으로 차를 우려 내듯이 어묵 국물을 우려낼 수 있는 이색 제품이다. 지난해 죠스떡볶이의 공식 페이스북 채널에 '재미있는 상상에 기반한 가상 제품'이라는 주제로 처음 소개된 이후, 해당 게시물이 온라인 상에서 큰 화제가 되며 실제 제품 출시로까지 이어졌다.

SPC 그룹도 참신한 캐릭터 패키지 아이디어가 결합된 '보툰(Botoon)'이라는 신개념 음료를 출시해 가심비 열풍에 합세했다. '보툰'은 보틀과 카툰의 합성어로, 음료 용기 뚜껑에 블록 형태의 캐릭터 피규어를 적용한 제품이다. 지난 해 슈렉, 진저맨, 장화 신은 고양이 등 유명 캐릭터와의 협업에 이어 올해는 인기 만화 포켓몬스터와의 협업으로 출시된 제품들이 소비자의 소장 욕구를 자극하고 있다.

자료: 한국경제, 2018년 1월 5일자.

9-1 경영 전략의 개념

9-1-1 경영 전략의 정의

기업은 급격하게 변화하는 환경에 적응하고 생존하기 위해 여러 형태의 전략을 수립한다. 특히 기업은 장기적 목표를 설정하고 이를 달성할 전략을 수립해야 하는데 만일 이러한 장기적 전략이 없다면 아무리 훌륭한 종업원이라 해도 조직의 목표를 달성할 수단을 찾을 수 없게 된다. 이처럼 전략이란 누구와, 언제, 어디서, 무엇을 위해서 경쟁을 할 것인가에 대한 기업의 마스터 플랜(master plan)으로, 조직이 미래에 수행해 나가야 할 전반적인 방향을 설정해 주는 것으로 조직의 목표를 달성하기 위하여 설계된 미래지향적인 계획이라 할 수 있다.

전략은 경쟁자에 대하여 가장 효율적으로 경쟁우위를 유지하도록 하여, 경쟁자의 강점을 고려하여 자사의 강점을 변화시키려는 시도를 하게 된다. 전략이라는 개념에 대해 많은 학자가 〈표 9-1〉과 같이 다양하게 정의하고 있다.

〈표 9-1〉 학자별 전략에 대한 정의

학자	정의
포터(Porter)	전략은 기업의 경쟁우위를 구축하고 구체적인 경쟁방식을 선택하는 의사결정이다.
액코프 (Ackoff)	전략은 장기목표와 관련되는 것으로서 전체로서의 시스템에 영향을 미치는 장기목표를 추구하는 방법과 관련된다.
오매(Ohmae)	전략은 소비자의 욕구를 더 잘 충족시키기 위해 회사의 강점을 이용해 경쟁사들에 비해 확실한 차별화가 이루어지도록 노력하는 것이며 그 핵심은 고객을 위한 가치창조이다.
맥카시 (McCarthy)	전략은 환경의 분석이며, 몇 개의 대안이 보여 주는 이윤의 생존능력과 함께 위험에 직면하여 어떤 경험적 대안이 기업의 모든 자원과 목표에 알맞은지를 선택하는 것이다.
찬들러 (Chandler)	전략은 기업의 장기적인 목표의 결정과 그 목표를 달성하기 위한 행동을 결정하고 경영자원을 배분하는 것이다.
슈타이너-마이너 (Steiner, Miner)	전략은 임무의 형성, 조직 내외의 힘을 고려한 조직목표의 설정, 목표달성을 위한 구체적인 정책과 전략의 형성, 조직의 기본적인 목적과 목표가 달성되도록 적정한 실현을 명확히 하는 것이다.
민쯔버그 (Mintzberg)	전략은 조직과 환경간의 조정력이다. 즉 환경을 다루는 조직의사결정의 흐름 속에 있는 일치된 모형이다.

이러한 전략의 정의를 구체적으로 살펴보기 위해 전략을 계획(plan), 패턴(pattern), 포지션(position), 관점(perspective)의 네 가지 측면에서 살펴보고자 한다.

계획(plan)으로서의 전략은 기업이 처한 상황에 적절히 대응하고 극복하고자 목표를 설정하여 이를 달성하고자 의도적으로 계획하는 것이라 할 수 있다. 즉 기업들은 시장점유율, 매출, 고객만족과 같은 전략적 목표를 계획하고 나면 이를 달성하기 위해 구체적인 활동(action)을 계획한다. 활동(action)은 의도적인 행동이라 할 수 있다.

패턴(pattern)으로서의 전략은 전략이 실행되는 과정은 일정한 패턴에 의해 일관적 전략 행동으로 나타난다. 즉 전략은 계획적이면서 동시에 일관적 패턴을 가질 수 있지만 때로는 계획적이지만 일관적으로 실행되지 않을 수도 있거나 사전에 의도되지 않았다 하더라도 사후에 일관적인 패턴으로 나타날 수도 있다.

포지션(position)으로서의 전략은 어떻게 상품 및 서비스만의 차별성을 소비자에게 각인시킬 수 있는가라는 측면에서 매우 중요하다. 기업의 경쟁 환경이 심화되고, 기업의 R&D 활동이 강조되면서 상품의 속성과 기능의 모방 가능성은 더욱 높다. 따라서 전략은 환경 분석을 통해 소비자에게 차별화된 가치를 전달 할 수 있고 경쟁사에 비하여 더욱 우월한 위치에서 경쟁할 수 있는 자사의 위치(position)를 설정해야 한다.

관점(perspective)으로서의 전략은 기업조직의 내부적 특성에 기인하는 것이다. 같은 환경에서 경쟁하는 기업들이라고 할지라도 각 기업의 고유문화나 특성에 따라 이를 바라보는 방식이나 경쟁하는 방식이 다를 수 있다. 즉 모든 전략은 창조의 전략이며, 사람들의 생각에 의해 만들어진다. 전략이 공유되어 가는 과정에 의해 구성원들 간의 상호작용이 일어나고 이에 따라 전략은 역동적으로 발전할 수 있는 것이다.

따라서 경영 전략이란 기업이 설정된 목표를 달성하기 위한 행동방침을 채택하고 가용할 수 있는 한정된 자원을 가지고 경쟁 상황을 극복해 나갈 수 있도록 기업이 보유한 자원을 효율적으로 배분하는 과정을 의미한다. 또한 경영 전략이란 목표에 따라 활동을 계획하고 결정하며 실행하는 것을 말하는데, 즉 기업이 목표를 달성하기 위해 기업의 미래 활동을 계획하고 실행하는 의사결정이라고 말할 수 있다.

일반적으로 전략적 경영은 전략적 의사결정을 전제로 하며, 전략적 의사결정은 기업의 기본적인 장기적 목표의 설정, 이를 달성하기 위한 행동과학의 선택, 나아가 목표달성에 필요한 자원의 효율적 분배와 관계가 있다. 또한 최고경영자가 이를 통한 기업의 목표를 달성하기 위해 혁신적 경영의 중요성을 부각 시킨다.

9-1-2 경영 전략의 필요성

전략경영의 관점에서 기업의 경쟁적 우위는 일시적인 우위가 아니라 장기적으로 유지 가능한 경쟁적 우위를 의미한다. 즉 기업의 경쟁적 우위는 시장에서의 성공요인과 밀접한 관계를 맺고 있어야 하고, 또한 시장 환경의 일시적인 변화나 경쟁업체의 활동으로부터 영향을 거의 받지 않는 장기적인 성격을 가지고 있어야 한다.

그렇다면 불확실성의 시대, 변화를 전혀 예측할 수 없는 시대에 왜 경영 전략이 필요한가? 호경기에는 시대의 흐름에 편승해 경영 전략이 조금 애매해도 실무적인 전술만 있으면 기업의 성장은 어느 정도 가능하였다. 전략적인 면보다 전술적인 사고방식의 도입이 우선되었다고 볼 수 있다. 그러나 전략과 전술의 개념은 명확히 구분된다. 전략은 말 그대로 전쟁이라는 상황에 대처하는 방법론이며, 전술이란 국지적인 전투에 사용되는 용어라고 볼 수 있다. 앞서 말한 대로 호경기나 시장 확대기에 일반적으로 나타나는 현상은 전술적인 내용이 우선되어 기업을 운영하는 경향이 있다. 즉 기업의 성장이나 체질 강화를 위한 설비투자 및 인재육성 등을 태만히 하고, 눈앞의 단기이윤에만 치중하여 부동산 구매, 주식투자, 재테크 등에 기업 활동이 집중된다. 버블경기 때에 기업의 사정이 사상누각처럼 기초가 부실한데도 불구하고 정신없이 위와 같은 투자행태를 계속해오다가 IMF외환위기라는 치명타를 맞고 많은 기업이 도산한 예는 우리나라에서 일어난 일이고, 장기불황으로 큰 사회적 문제가 계속되고 있는 일본의 경우는 이러한 전술적인 기업경영으로 초래된 현상의 좋은 예가 될 것이다.

예를 들어 기업이라는 배가 항해하고 있다고 하자. 그 배의 승무원들이 숙련도가 높고

의욕적이어서 자기가 맡은 일을 성실히 하고 효율적으로 수행하고 있다 하더라도 선장이 배를 암초가 있는 곳으로 잘못 이끈다면 그 배는 결코 목적지에 도달할 수 없으며 난파될 수도 있는 것처럼 최고경영진이 변화하는 환경에 효과적으로 대응할 수 있는 정책들을 수립하여 이를 통해 기업이 나아갈 방향을 제시해 주는 중요성이 요구된다.

따라서 급변하는 환경 하에서 현재의 시점에서 경제와 사회의 미래모습을 투시해 보고 그 속에 자사가 지향하는 비전을 설정하여 그 실현을 통해 기업을 경영해야 한다.

9-1-3 경영 전략의 기본요소와 기능

급변하는 경영환경 속에서 프랜차이즈 기업이 지속적으로 생존하고 성장하기 위해서는 환경 변화에 대응하기 위한 적절한 방향설정과 그 수단선택에 관한 의사결정을 내리는 경영 전략의 수립이 매우 중요하다. 경영 전략의 기본적 요소로는 기업목표의 설정, 대체수단의 선택, 경쟁 환경에의 적응과 대응 세 가지를 들 수 있다.

첫째, 기업목표의 설정은 기업의 목표를 달성하기 위한 수단으로 활용한다는 점에서 기업전체가 나아갈 방향을 가리키는 지침이 된다.

둘째, 대체수단의 선택은 목표달성을 위한 대체적 수단을 결정하는 과정으로 의사결정에 대한 기능이 충분히 발휘되어야 한다.

셋째, 경쟁 환경에의 적응과 대응은 변화하는 경쟁적 환경에 적응하고 대응하기 위한 수단으로서 활용된다.

경영 전략은 급변하는 환경에 대응할 수 있어야 하고, 기업 전체 차원에서 시스템적으로 운영되어야 하며, 동시에 의사 결정할 수 있는 결정규칙으로서의 기능을 발휘하여야 한다. 따라서 경영전략은 환경적 적응기능, 시스템적 적응기능, 의사결정 규칙의 기능 등 세 가지 기능을 충분히 발휘할 수 있어야 한다.

첫째, 환경적 적응기능은 대외적인 정책운영에서 전략적 결정에 치중하는 혁신적인 전체 기업행동을 보여야 하며 보다 적극적으로 수행되어야 한다.

둘째, 시스템적 적응기능은 전체기업을 하나의 시스템으로 파악하면서 적응기능을 수행하고, 동시에 기능성을 확보할 수 있는 시스템적 기능을 수행하여야 한다.

셋째, 의사결정 규칙의 기능은 기업목표의 지향적인 활동과 행위의 방향을 결정하고 동시에 경영 전략의 핵심적인 성격을 가져야하는 기업의 목적을 달성하기 위해 필요한 활동의 방향과 지시적 역할을 수행할 수 있어야 한다.

9-2 경영 전략의 체계

경영 전략은 기업수준에서의 전략을 말하는데, 최근 기업의 조직이 복잡해지고 계층화됨에 따라 전략이 어떤 계층에서 구사되는지에 따라 기업 전략, 사업단위 전략과 기능 전략 등 세 가지로 나누어 볼 수 있다.

기업 전략이란 기업 전체적인 관점에서 기업의 비전, 목표 및 사업영역의 책정, 핵심역량의 파악, 사업 간의 우선순위 결정, 그리고 사업구조조정 등을 통해 기존 사업의 선별 육성전략, 신규 사업으로의 다각화 전략, 핵심역량 강화전략, 아웃소싱 전략 등에 중심을 두는 전략이다.

사업단위 전략은 기업의 경쟁우위를 확보하고 시장 수요를 창조하기 위해 각각의 사업단위들이 배분된 경쟁자원을 활용하여 저원가 전략, 차별화 전략, 집중화 전략 등에 중심을 두는 전략이다.

기능 전략은 기업의 각 사업단위에서 요구되는 기능적인 요구를 공고히 할 뿐만 아니라 기업전체의 독특한 능력을 개발하는 인적자원전략, 마케팅 전략, 재무전략, 생산전략 등에 중심을 두는 전략이다.

기업 전략과 사업단위 전략, 기능 전략은 기업 전체의 목표달성을 위해서 서로 연계성을 가지고 있다.

9-2-1 기업 전략

기업 전략은 변화하는 시장 환경 속에서 기업의 사명과 목표를 달성하기 위해 기업이 가지고 있는 여러 기능을 유기적으로 결합하여 경영자원의 효율적인 배분을 도모하고자 하는 관리과정이다. 즉 기업 전략은 자사가 현재 가지고 있는 사업의 범위를 조망하여 미래에 다가올 시장상황의 변화와 내부에 축적된 역량을 파악하여 향후 기업이 나아가야 할 거시적 방향을 설정하고 이에 따른 지침을 만드는 것으로 이를 수행하기 위해서는 기업의 최고경영자가 조직전체의 이익과 행동을 원하는 방향으로 유도하기 위해서 수립된다.

기업 전략은 기업의 비전과 목표가 결정되면 그것을 어떻게 달성할 것인가를 명확하게 하는 전략이다.

기업 전략의 방향은 크게 두 가지로 구성되는데, 첫째는 기존 사업 중에서 육성하거나 매각 및 합병하든지, 둘째는 다각화하는 방향인데 다각화에는 기존 사업과 관련성이 많은 관련 다각화와 전혀 관계가 없는 사업에 진출하는 비관련 다각화가 있다.

기업 전략은 기업 내의 여러 사업단위의 현재 및 미래의 역량을 명확하게 함으로써 한정된 기업역량이나 자원을 어떻게 적절하게 배분하여 장기적으로 최대의 효과를 얻는가를 고려하는 것으로 BCG 성장-점유율 매트릭스와 GE/McKinsey Matrix를 통해서 각 사업단위들을 어떻게 육성, 유지, 수확, 철수하는가의 방향을 결정하고, 전략적 계획화의 차이분석을 통해서 다각화 전략을 결정하는 것이다.

즉 기업은 전략적 사업단위(strategic business unit: SBU)가 정의된 후, 경영자는 기업의 재원을 각 SBU별로 할당할 방법을 결정해야 한다. 1970년대 이후 기업은 투자결정에 대한 분석적 모델을 제공하기 위해 BCG(Boston Consulting Group) 성장-점유율 매트릭스(Growth-Share Matrix), GE/McKinsey Matrix 등 여러 가지 포트폴리오 계획수립 모델이 도입되었다.

BCG성장-점유율 매트릭스는 투자를 결정하기 위한 기준으로 상대적 시장점유율과 연간 시장성장률을 이용한다. 또한 GE/McKinsey Matrix는 경쟁우위정도 그리고 산업의 매력성에 따라 각 SBU별로 구분한다. 경영자는 그 사업을 성장시키거나, 수확 또는 현금을 창출하며 유지하고자 한다.

전략적 계획화의 차이분석은 기업의 집중적 성장 기회, 통합적 성장 기회, 다각적 성장를 통해서 관련 다각화와 비관련 다각화로 사업 확장의 기회를 확인하는 것이다

이러한 모델 이외에 기업이 내적 투자결정에 사용하는 최근의 모델들은 주주 가치분석에 바탕을 두며 또한 기업의 시장가치는 어떤 SBU가 있느냐 없느냐에 따라 증가하느냐에 근거를 두고 있다. 이러한 가치 계산은 세계적인 확장, 재위치화나 재표적화, 전략적 아웃소싱에 의한 잠재적인 성장에 근거하여 사업의 잠재력을 평가한다.

1) BCG 성장–점유율 매트릭스

미국의 경영자문회사 보스톤컨설팅 그룹에 의해 개발된 모형으로서 급변하는 경영환경 속에서 기업이 계속기업(going concern)으로서 유지·발전하기 위해서 기업이 처한 상황에 능동적으로 대처할 수 있는 전략이 무엇인가를 파악하기 위해 시장성장률과 상대적 시장점유율을 통해 전략이 제시되었다. 이때 전략이란 기업이 현재 안고 있는 사업 활동은 무엇인가, 또는 새롭게 진출하려는 사업 활동은 무엇인가를 명시하고 여기서 전략적인 성장기회를 모색하는 것을 말한다. 〈그림 9-1〉은 BCG 매트릭스를 도식화한 자료이다.

의문표. 의문표(question mark)는 상대적 시장점유율은 낮지만 성장속도가 매우 빠른 시장에서 영업을 하는 사업을 말한다. 이러한 사업은 별로 이익을 올리지도 못하고 부(負)의 현금흐름만 초래하지만 팽창하는 시장에서 다른 경쟁자에 비해 점유율을 증대시키기 위해서는 새로운 제품 개발에 막대한 투자를 요구한다.

시장이 급속히 신장하므로 이익을 높일 수 있는 투자기회는 매력적이라고 할 수 있지만 심한 경쟁에서 이겨야 하므로 투자는 꼭 시장점유율의 확대에 불확실성과 위험을 내포한다. 따라서 장래에 경쟁우위를 가질 수 있다고 판단되는 아주 전망이 좋은 의문표는 공

〈그림 9-1〉 BCG 성장-점유율 매트릭스

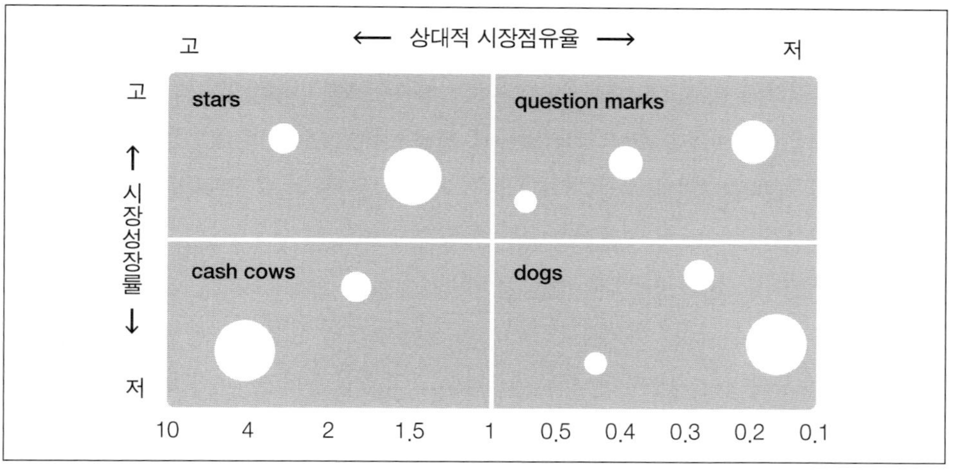

격적인 성장 전략과 과감한 투자를 통해 육성시키고, 그렇지 않은 의문표는 축소시켜야 한다. 상품수명주기(product life cycle)로 볼 때 의문표는 도입기에 해당한다고 할 수 있다. 따라서 이곳에 머무르는 사업은 투자(build)전략이 필요하다.

별. 별(stars)은 시장 성장률과 상대적 시장점유율이 높은 상태로 시장성장의 기회도 좋고 경쟁우위가 있기 때문에 계속적인 지원이 필요하다. 그러나 기술개발, 생산시설 확충 등에 자금이 많이 필요한 곳이다. 이러한 사업은 상품수명주기로 볼 때 성장기에 해당하므로 성장 전략을 추구하는 것이 바람직스럽다. 따라서 이곳에 머무르는 사업은 성장 기회를 더욱 활용하기 위해 많은 자금을 더 투자(build)하든지 현재 상태를 유지(hold)하는 전략이 필요하다.

금송아지. 금송아지(cash cows)는 시장 성장률이 낮고 상대적 시장점유율이 높은 상태로 새로운 투자에 대한 자금수요는 크지 않으면서 자금의 유입이 많아 이익이 나는 영역이다. 시장의 성장 가능성이 낮기 때문의 시장지위를 유지하기 위한 성장과 팽창을 위해 투자재원이 필요치 않다. 상품수명주기로 볼 때 성숙기에 해당되므로 현재의 시장지위를 유지하고 강화하는 전략을 구사해야 한다. 사업부가 이곳에 존재하면 수확(harvest) 전략이 필요하다.

개. 개(dogs)는 시장 성장률과 상대적 시장점유율이 모두 낮은 상태로 장래성도 없고 큰 이익이 나지도 않는 영역이다. 이러한 사업은 현금은 창출하지만 이익을 올리지도 못하고 현금을 유출하기도 하므로 바람직하지 않은 사업이다. 이러한 사업은 상품수명주기로 볼 때 쇠퇴기에 해당하므로 사업부가 이곳에 위치하면 철수(divest)를 검토하게 된다.

2) GE/McKinsey Matrix

BCG Matrix가 사업부를 평가·분석함에 있어서 시장성장률과 상대적 시장점유율만을 고려한데 비해, GE Matrix는 다양한 평가요인을 반영함으로써 BCG Matrix가 갖고 있는 장점들 이외의 더 많은 전략적 유용성을 가지고 있다. 즉 BCG Matrix의 단점인 단일 지표에 의한 경쟁력과 시장매력도 측정 방식을 보완하여 시장매력도 지수와 상대적 사업 강점 지수를 高·中·低 3단계로 나누어 복수의 지표에 의해 좌표를 결정하고 9개의 유형으로 구분하고 각 유형에 대한 전략을 제시하였다.

GE Matrix는 시장매력도 지수와 상대적 사업 강점지수에 선택된 지수에 대해 서로 다른 가중치를 부여함으로써 비즈니스 스크린을 더욱 정교하게 만들고 유연하게 만들어 BCG Matrix보다 더 효과적인 도구라 할 수 있다.

여기서 시장매력도지수는 어떤 사업부의 사업성이 있는지를 판단하는 수치로 시장의 규모, 시장성장률, 수익성, 경쟁력, 리스크, 수요의 계절성, 차별성 등 기업의 외부 요인들에 의해 결정된다. 상대적 사업 강점 지수는 해당 사업부가 경쟁사에 비해 얼마나 경쟁우위에 있는지를 나타내는 수치로 시장점유율뿐만 아니라 브랜드의 가치, 고객의 충성도, 원가경쟁력과 그에 따른 이익, 유통구조, 제품의 품질, 기술력 등 기업의 여러 가지 내부요인에 의해 결정 된다. 또한 시장매력도 지수와 상대적 사업 강점 지수는 특정산업에 진출해 있는 자사의 사업단위들을 평가 할 수 있고, 매트릭스에 각 사업단위별 시장매력도와 상대적 사업 강점의 평가점수는 타원형으로 위치화시키고, 타원의 의미는 각 사업단위가 속한 시장 또는 산업의 크기를 나타내고 타원 속에 색칠된 부분은 해당 산업 내에서 자사 사업단위의 시장점유율을 의미한다.

〈그림 9-2〉에서 보는 바와 같이 9개의 유형에서 대각선에 놓여 있는 사업은 유지 또는

〈그림 9-2〉 GE/McKinsey Matrix

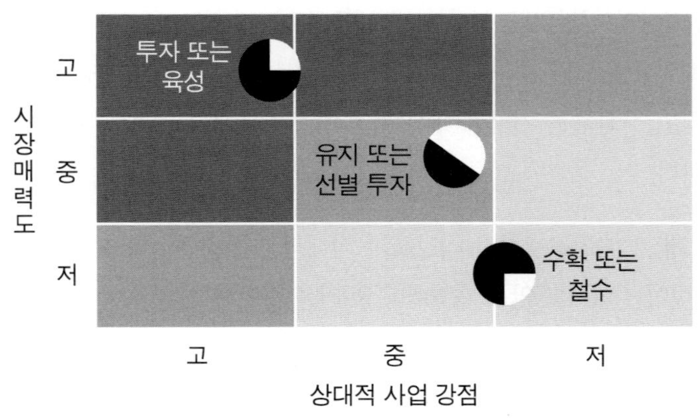

선별투자, 대각선 위에 있는 사업은 육성 또는 투자, 대각선 아래에 있는 사업은 수확 또는 철수 전략을 고려한다.

투자 또는 육성. 좌측 상단에 위치한 투자(invest) 또는 육성(grow) 사업단위는 경쟁자보다 비교적 우위에 있는 사업부로 투자를 통하여 지속적으로 성장시켜야 한다. 특히 좌측 상단에 위치한 사업단위는 타 사업단위보다 경쟁우위에 있는 부문으로 최대한 성장시키고, 경쟁력을 유지할 수 있도록 투자가 이루어져야 한다.

유지 또는 선별투자. 중앙 부문에 위치한 유지(hold) 또는 선별투자(selective investment) 사업단위는 시장성이 뚜렷하지 않은 부문으로 상황에 따라 투자가 더 이루어져야 할지, 철수를 해야 할지 판단이 필요한 사업단위이다. 이부문에서는 경쟁력이 있을 것으로 판단되는 사업단위를 잘 선별하여야 한다.

수확 또는 철수. 우측 하단에 위치한 수확(harvest) 또는 철수(divest) 사업단위는 경쟁자에 비해 경쟁력이 떨어지거나 시장전망이 밝지 않은 사업단위가 위치한다. 따라서 이 부문의 사업단위는 상황에 따라 불필요한 투자를 줄이거나, 시장에서 철수를 시키는 시점 등을 결정해야 한다. 하지만 상황에 따라서 새로운 기회가 있을 수도 있기 때문에 철수에 대한 의사결정은 신중해야 한다.

GE/McKinsey Matrix의 장점과 단점을 살펴보면, GE/McKinsey Matrix는 사업단위의 현 위치를 도표로 통해서 파악하기 쉽고, BCG Matrix에 비해 변수가 다양하여 효과적인 판단이 가능하며, 사업단위별 가중치 부여를 통한 분석이 가능하여 전략제시에 도움이 된다는 장점이 있는 반면에 가중치 설정 시 경영자의 주관적 판단에 의한 객관성 확보가 어렵고, 시장매력도지수와 상대적 사업 강점지수의 高·中·低의 판단이 불분명하고, 미래에 대한 예측이 어렵다는 단점이 있다.

3) 전략적 계획화의 차이분석

장래의 바람직한 판매액과 예상판매액 사이에 전략적 계획의 차이가 있다면 기업의 경영자는 이러한 전략적 계획과의 차이를 메우기 위해 새로운 사업을 하거나 현 사업단위를 강화해야 한다. 〈그림 9-3〉은 맨 아래 곡선은 기업의 현 사업의 포트폴리오로부터 향후 5년간의 예상매출액을 나타낸다. 맨 위의 곡선은 향후 5년간 기업의 바람직한 판매액을 표시한 것으로, 기업은 현 사업이 가능하면 빨리 성장하기를 바라는데 어떻게 하면 전략적 계획화의 차이를 메울 수 있는가? 기업은 세 가지 방법으로 그 차이를 메울 수 있다. 첫째, 그 기업의 집중적 성장 기회로 현 사업 내에서 성장할 수 있는 추가적인 기회를 확인 하는 것이다. 둘째, 통합적 성장 기회로 기업의 현 사업과 관련되는 사업을 시작하거나 획득

〈그림 9-3〉 전략적 계획화의 차이

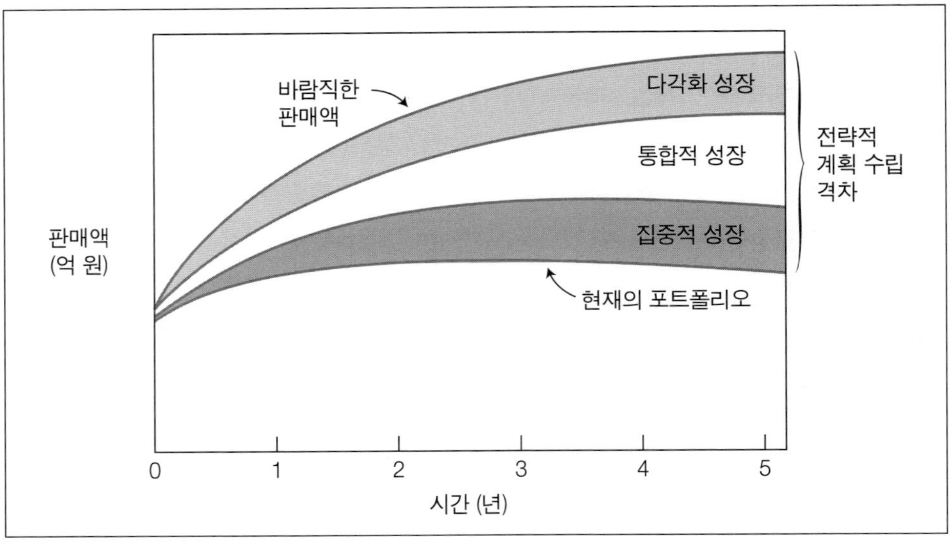

할 수 있는 기회를 확인하는 것이며, 셋째, 다각적 성장 기회로 기업의 현사업과는 전혀 관계가 없는 매력적인 사업을 추가하기 위한 기회를 확인하는 것이다(P. Kotler, K. L. Keller, 2009).

집중적 성장. 집중적 성장은 기업의 경영자가 현 사업 내에서 성장할 수 있는 추가적인 기회가 있는지를 검토해야 하며, 새로운 집중적 성장 기회를 조사할 수 있는 유용한 모델은 아래 〈그림 9-4〉에서 보는 바와 같이 이고르 인소프(H. I. Ansoff)가 제안한 제품 시장 확장 그리드(product/market expansion grid)이다. 우선 기업은 현재의 시장에서 현재의 제품으로 시장 점유율을 더 확장할 것인지를 고려하는 시장침투 전략, 그 다음 현재의 제품으로 새로운 시장을 발견·개발할 수 있는지를 고려하는 시장개발 전략, 현재의 시장에서 잠재적으로 고객의 욕구를 충족시킬 수 있는 신제품을 개발할 수 있는지를 고려하는 제품개발 전략,

〈그림 9-4〉 Ansoff의 제품 시장 확장 그리드

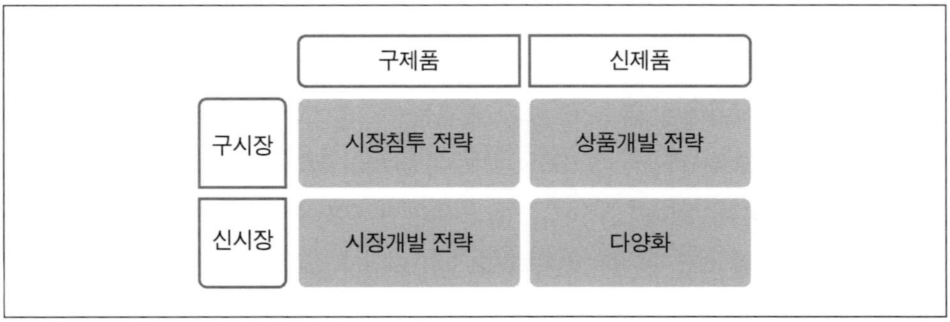

그리고 새로운 시장에 신제품을 개발하는 기회를 찾는 다양화 전략이 있다.

이러한 집중적 성장 전략을 조사함으로써 성장을 위한 여러 방법을 탐색할 수 있지만 이것으로도 충분하지 않으면 통합적 성장가회를 조사해야 한다.

통합적 성장. 통합적 성장은 현사업과 관련된 사업에서 후방이나 전방 또는 수평적으로 통합함으로써 성장할 수 있는 기회 확인하는 것이다. 기업은 보다 많은 이익을 창출하거나 매출을 증대시키기 위해 원·부재료 생산자를 통합하거나 생산업에 새로 진출하는 후방통합 즉 현대자동차가 자동차 생산을 위해 철강회사를 인수하는 것, 이익을 많이 낼 수 있는 도 소매상을 통합하거나 유통 사업에 신규 진출하는 전방통합 즉 (주)BYC가 (주)BYC마트를 설립하여 상품을 직접 판매하는 것, 정부의 규제가 없으면 경쟁사를 인수 통합하는 수평적 통합 즉 현대자동차가 기아자동차를 인수하여 통합화하는 경우이다. 이러한 통합적 성장 전략을 조사함으로써 성장을 위한 여러 방법을 탐색할 수 있지만 이것으로도 충분하지 않을 수 있는데 이러한 기업은 다각화 성장 전략을 고려해야 한다.

다각화 성장. 다각화 성장은 현 사업과 전혀 관계가 없는 매력적 사업을 추가하여 성장할 수 있는 기회를 확인하는 것이다. 다각화는 첫째, 집중적 다각화로 신제품이 상이한 고객층에 소구할 수는 있지만, 현 제품계열과 기술적 또는 마케팅 시너지를 갖는 신제품 추가하는 경우이다. 둘째, 수평적 다각화로 신제품이 현재의 제품계열과 기술적 또는 마케팅시너지와 무관하지만 현재의 고객에게 소구할 수 있는 신제품 추가는 경우이며, 셋째, 복합적 다각화로 현재의 기술, 제품 및 시장 또는 마케팅시너지와 전혀 관련이 없는 신사업 추구하는 경우이다.

또한 위약한 사업들은 세심한 관리가 필요하며, 기업은 필요한 제원을 다른 용도에 사용하기 위해서 또는 원가를 절감하기 위해 진부하고 오래된 사업을 신중하게 정리하거나 수확하거나 철수해야 한다.

9-2-2 사업단위 전략

사업단위 전략은 기업 전체차원의 기업 전략이 결정되어야만 각 사업단위별로 경영자원을 배분하게 되는데, 사업단위 경영자들이 장기적인 목표를 달성하기 위한 방법으로서 사업의 이익이나 운영을 분석함으로써 구체화된다.

사업단위 전략은 특정산업에서 경쟁하고 있는 사업단위 경영자의 해결사항으로 사업단위의 대상 시장에서 경쟁자와 대비된 자신의 상대적 위치를 올바르게 파악함으로써 경쟁우위를 찾아내는 경쟁 전략이다. 이는 기업 전략에 비해 상대적으로 구체적이고 경쟁우위 확보와 관련된 직접적인 의사결정이라고 볼 수 있다.

여기서 전략적 사업단위(strategic business unit: SBU)란 기업이 전략적 조직운영을 위한 조직개념으로, 전략을 수립하기 위한 단위로, 각각의 사업 전략적 위치이며, 명확히 정의되어 인식되는 것이다. 즉 상품과 시장 관계, 경쟁관계에 따라 전략적 사업단위를 규정하게 된다.

전략적 사업단위의 특징으로는 단일사업이거나, 그 기업의 다른 사업단위와 분리되어 개별적으로 계획할 수 있는 관련 사업들이 합쳐진 것을 말하며, 자체의 경쟁사를 갖고 있어야 하며, 전략적 계획수립과 이익달성에 책임을 지며, 또한 이익달성에 영향을 미치는 요인을 통제하는 데 책임을 지는 경영자가 있어야 한다.

사업단위 전략은 표준시장에서 그 사업이 어떻게 경쟁할 것인가, 어떤 재화와 용역을 제공할 것인가, 어떤 고객을 대상으로 제공할 것인가, 사업 내에서 자원을 어떻게 배분할 것인가, 어떤 기술을 강조하고, 사업 간에는 어떤 시너지 효과(synergy effect)를 얻을 수 있는가를 파악해야 한다. 따라서 사업단위 전략은 시장 점유율 확대, 이윤 제고, 기업 이미지 강화 중에서 어떤 것을 목표로 할 것인가, 그 목표를 달성하기 위해서 저원가, 차별화, 집중화 전략 중에서 어떤 경쟁우위 전략을 추구할 것인가를 결정하는 것이다.

그런데 모든 기업들이 다양한 사업을 하는 것은 아니다. 특히 신생기업이나 중소기업의 경우 단 하나만의 사업부만 가지고 있다. 사업이 하나인 기업은 단일사업의 비전이 곧 기업의 비전이고, 단일사업에 대한 자원투입 계획이 곧 기업의 자원 배분이라고 할 수 있다.

전략이란 목표를 달성하기 위한 방법이며, 사업단위는 마케팅 전략 그리고 기술 전략 및 재원 확보 전략을 포함하여 사업단위의 목표를 달성하기 위한 전략을 수립해야 한다. 사업단위의 전략 수립은 마이클 포터의 본원적 경쟁 전략과 마케팅 제휴에 의해 수립된다.

1) 본원적 경쟁 전략

마이클 포터(M. Porter)는 모든 조직은 주어진 시장에서 경쟁하기 위해 경제적, 기술적 자원을 보유하고 있는데 사업전략을 수립할 때 이러한 자원은 물론 산업경쟁에 영향을 미치는 5개의 전략적 요인(산업 내 경쟁업체들의 경쟁, 시장진입의 장벽, 고객의 교섭력, 공급자의 교섭력, 대체품의 압력)도 고려해야 한다는 점을 강조한다. 이와 같은 산업경쟁에 영향을 미치는 요인분석이 끝나면 경쟁으로부터 기업을 보호할 전략을 수립해야 한다. 한 기업의 개별 사업단위들이 해당 사업에서 지속적인 경쟁우위를 확보할 수 있도록 하는 전략이 포터가 말하는 본원적 경쟁 전략(generic competitive strategy)이다. 본원적 경쟁 전략에는 〈그림 9-5〉에서 보는 바와 같이 원가우위 전략, 차별화 전략, 집중화 전략의 세 가지가 있다(P. Kotler, K. L. Keller, 2009).

원가우위 전략. 원가우위 전략(overall cost leadership strategy)은 단위당 원가를 최소화하고 낮은 가격을 책정함으로써 매출액을 극대화하는 전략으로서 낮은 가격으로 판매하고 기

〈그림 9-5〉 본원적 경쟁 전략

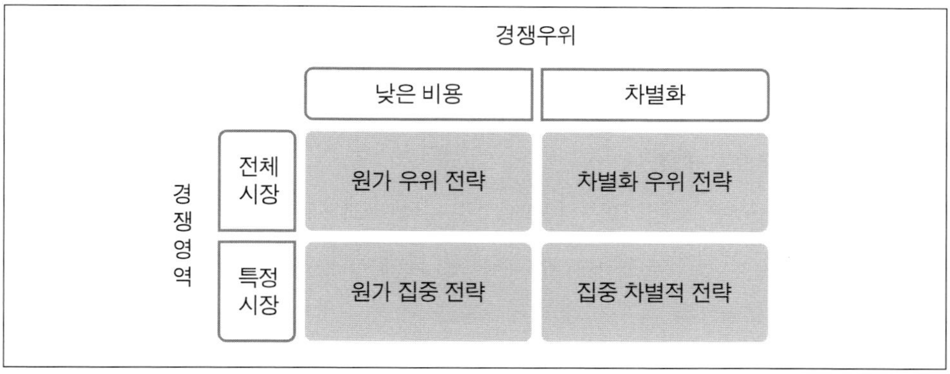

업의 저 원가를 촉진시킴으로써 뛰어난 경쟁자가 되려는 것이다.

일반적으로 규모의 경제를 실현하고 생산성 향상을 계속적으로 강조하기 위해서 공략대상을 전체 시장으로 효율적이고 과감하게 시설을 증축하고, 경험효과를 통해 꾸준하게 원가를 절감하고, 원가 및 간접비의 강력한 통제 및 연구개발·서비스·영업·광고 분야에서 경비를 최소화한다.

차별화 전략. 차별화 전략(differentiation strategy)의 목적은 경쟁 상품에 비해 아주 독특하다는 인식을 고객에게 심어 줄 상품이나 서비스를 제공함으로써 경쟁우위를 확보하려는 것이다. 기업이 제공할 수 있는 차별화의 특성은 고품질, 월등한 고객서비스, 시장에의 제품출하 속도, 혁신적인 디자인, 기술적 성능, 선풍적인 상표 이미지, 차별화된 유통 등이다.

이러한 차별적 특성의 상품을 공급하여 고객의 욕구를 만족시키는 기업이 산업의 평균가격보다 높은 프리미엄 가격을 부과할 수 있다. 차별화 전략을 구사하는 기업은 높은 프리미엄 가격을 부과함으로써 수입을 증가시켜 평균이상의 이익을 올릴 수 있으며 경쟁자를 물리칠 수 있다. 따라서 차별화 전략을 프리미엄 전략(premium strategy)이라고도 할 수 있다.

원가 집중 전략. 원가 집중 전략(cost focus strategy)은 원가우위 전략과 마찬가지로 비용상 우위를 추구하는 저 원가 경쟁 전략이나 특정시장, 특정소비자집단, 일부 상품 등을 공략대상으로 하는 특정 세분시장에만 주력한다는 점이 다르다. 광범위한 영역에서 경쟁을 벌이는 기업들과는 달리 특정한 목표만을 집중적으로 겨냥하면서 저원가를 바탕으로 모든 기업 활동을 이에 맞추어 나가는 점에 특징이 있다. 예를 들면 20대 초반의 젊은 세대를 대상으로 한 의류출시, 독신자 시장을 겨냥한 소형차 생산 등을 들 수 있다.

집중 차별적 전략. 집중 차별적 전략(focused differentiation strategy)은 차별화 전략과 마찬가지로 차별적 우위를 바탕으로 특정시장, 특정소비자집단, 일부 상품 등을 공략대상으로 하는 특정 세분시장에 주력한다. 이는 독특한 욕구를 갖는 소비자나, 특정산업의 상품과 색다른 상품이나, 유통 등에서 고유의 특성을 지닌 세분시장이 존재할 때 가능하다. 특정 세분시장에 속하는 구매자의 특이한 수요를 공략대상으로 한다.

2) 전략적 제휴

기업들은 사업단위 측면에서 그들의 능력과 재원을 보충하거나 균형을 잡기 위해서 다른 기업과 전략적 제휴(strategic alliance)를 하게 된다. 전략적 제휴는 마케팅 제휴의 형태를 취하는 데 마케팅 제휴는 네 가지로 나누어 볼 수 있다(P. Kotler, K. L. Keller, 2009).

상품/서비스 제휴. 한 기업이 다른 기업에게 상품이나 서비스를 생산하도록 라이선스 제공하는 것으로 두 기업이 상호 보완적인 상품이나 서비스를 공동으로 시장에 내 놓는 것이다. 예를 들면 신한은행과 visa카드사, 우리은행과 bc카드사가 공동을 카드를 사용하는 복합용 카드를 활용하는 것이다.

촉진 제휴. 한 기업이 다른 기업의 상품이나 서비스를 촉진해 주기로 합의할 수 있다. 예를 들면 맥도널드는 어린이용 식사에 디즈니의 최근 영화와 관련된 상품 제공할 수 있도록 하는 것이다.

로지스틱 제휴. 어떤 기업은 다른 기업의 상품에 대해 로지스틱스 지원 서비스 제공한다. 예를 들면 우정사업본부가 전자상거래 업체와 제휴하여 우체국이나 집중국 물류보관 시설에 상품을 보관하게 하고 우편물류망을 통해 전국에 배송하는 것이다.

가격 제휴. 하나 또는 그 이상의 기업들이 특별한 가격협조를 위한 결합하는 것이다. 예를 들면 호텔과 자동차 대여회사들이 상호 가격할인을 제공하는 것이다.

9-2-3 기능 전략

기능 전략은 기업전체의 조직차원에서 하위 사업단위로 위양되지 않는 기능 전략과 각 사업단위에서 독자적으로 수행하는 기능 전략이 있다. 여기에서의 기능 전략은 사업단위 기능 전략을 말한다.

사업단위에 위양된 기능 전략은 사업단위의 경쟁우위 전략을 추구하기 위해 기능별로 구체적인 방법들을 조직하고 계획하는 실행전략을 의미한다. 즉 사업단위의 차별화 전략을 기능 차원에서 구체화시키는 전략이라 할 수 있다.

기능 전략은 궁극적으로 각 사업단위 책임자들이 담당한다. 즉 생산, 마케팅, 재무, 인사, 연구개발 등 각 경영 기능에서의 단기적 목표와 전략방안 등을 주 내용으로 한다. 기능 전략에서의 의사결정은 사업단위 수준에서 결정된 전략을 실천하는 것과 직접 관련되어 있다. 따라서 기능별 수준의 전략들은 사업부 수준에서의 전략들과 일관성을 가져야 한다.

기능별 수준에서의 전략적 의사결정은 전사적 또는 사업부 전략에 비하여 단기적이며 보다 구체적이다. 즉 의사결정을 주로 생산시스템의 효율성제고, 적정재고 수준의 결정, 고객서비스의 질적 향상, 연구개발의 방법 등과 같은 실천적 문제를 다룬다. 기능 전략 수립은 마이클 포터(M. Porter)의 가치사슬분석으로 수립할 수 있다.

가치사슬분석은 기업의 내부 활동들을 각 시너지의 성격과 범위를 조사하는 기법으로 개별 내부 활동의 체계적 검토를 통해 기업의 강·약점들을 잘 이해할 수 있게 한다.

가치사슬분석은 〈그림 9-6〉과 같이 기업의 전반적인 활동을 본원적 활동과 지원 활동으로 구분하여, 본원 활동은 기업의 구매 및 재고관리부터 물류, 생산, 판매, A/S에 이르기까지 각각의 부문에서 드는 비용과 창출되는 부가가치를 정교하게 분석할 수 있게 해주고, 지원 활동은 기업의 기반 구조, 인적자원관리, 기술 및 제품 개발, 조달활동 구분할 수 있다. 이 기법을 통한 개별 내부 활동의 체계적 검토는 기업의 강·약점들을 보다 잘 이해할 수 있도록 도와준다.

〈그림 9-6〉 가치사슬

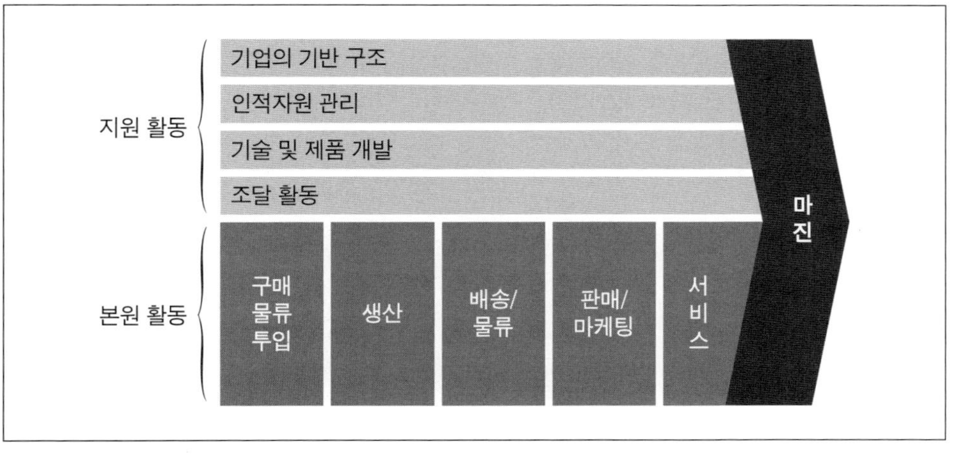

가치사슬 분석 기법을 통한 개별 내부 활동의 체계적 검토는 기업의 강·약점들을 보다 잘 이해할 수 있도록 도와준다. 〈표 9-2〉는 가치사슬 활동에 대한 예이다.

국내 대표적인 문구유통 프랜차이즈 전문업체인 알파유통(주)의 가치사슬 사례를 보면 〈그림 9-7〉과 같다.

본원 활동 중 구매 및 물류 투입(inbound logistics) 면에서 일정 권역별 물류 기지를 통해 효율적으로 재고를 유입하고 저장하고 있다. 생산(operations) 면에선 다양한 상품의 체계적 관

〈표 9-2〉 가치사슬 활동의 예

가치 활동		예
지원 활동	기업의 기반 구조	일반관리, 재무/회계, 리더십, 정보시스템, 전략
	인적자원관리	모집, 훈련, 개발, 보상, 노조관리
	기술 및 제품 개발	연구개발, 제품/프로세스 혁신
	조달 활동	자재구입, 기계, 설비, 공급
본원 활동	구매물류 투입	자재관리, 저장, 재고관리
	생산	공장 및 작업 설계, 자동화, 포장, 조립, 시험
	배송/물류	최종 생산물의 유통/배달
	판매/마케팅	시장조사, 광고, 판촉, 이미지개선
	서비스	설치, 수리보증, 고객만족

〈그림 9-7〉 알파유통(주) 가치사슬

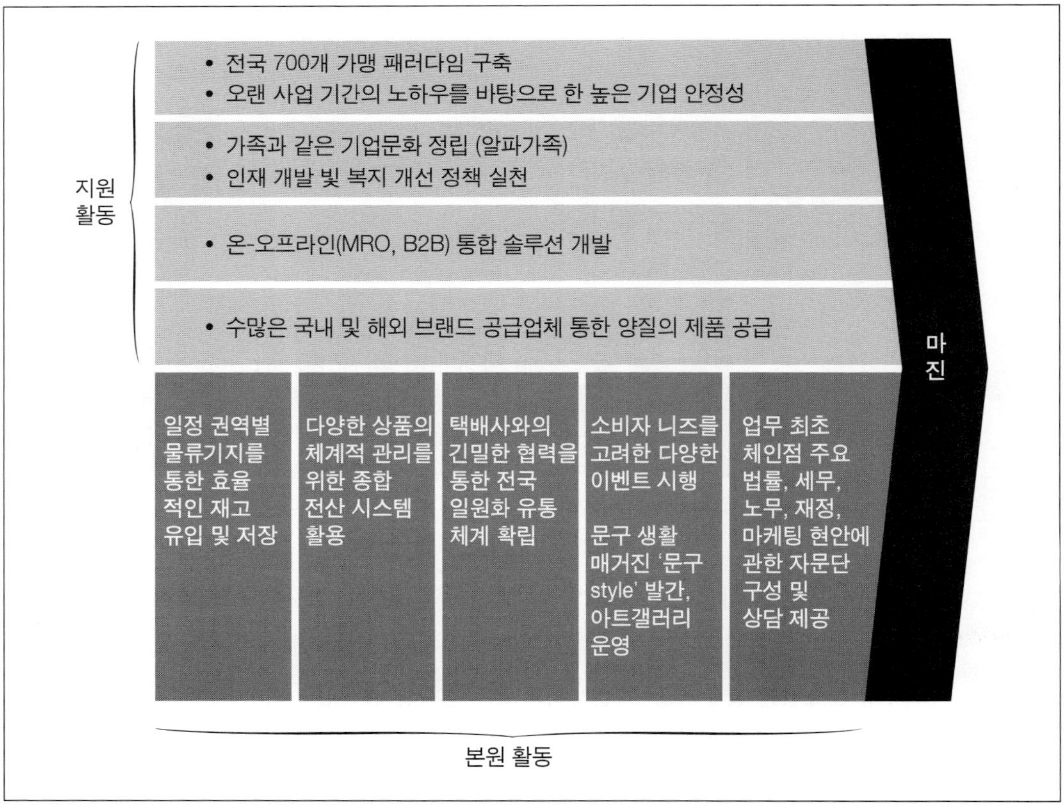

리를 위해 종합전산시스템을 구축하고 활용하고 있으며, 배송 및 물류(outbound logistics) 면에서는 규모의 경제로 인해 기존의 직접 배송 시스템이 아닌 제3자 물류업체와의 긴밀한 협력을 통해 전국 일원화 유통 체계를 확립하고 이용하고 있다. 마케팅 및 판매(marketing & sales) 면에서는 소비자의 니즈(needs)를 고려한 다양한 이벤트 및 프로모션을 시행하고, 문구 생활 매거진인 '문구 STYLE'을 발간하고, 아트갤러리를 운영하는 등의 활동을 하고 있고, 서비스(services) 면에서는 가맹점을 대상으로 업계 최초 체인점 주요 법률, 세무, 노무, 재정, 마케팅 현안에 관한 자문단을 구성하고 상담을 제공해주고 있다.

지원 활동 중 기업의 기반 구조(firm infrastructure) 면은 전국 700여 개 가맹점을 구축하여 성장하고 있으며, 오랜 사업 기간의 노하우를 바탕으로 한 높은 기업 안정성 및 사업 지속성을 보여주고 있다. 인적자원관리(human resource management) 면에서는 가족과 같은 기업문화를 정립하고(알파가족), 인재 개발 및 복지개선 정책을 실천하고 있으며, 기술 및 제품 개발(technological development) 면은 온-오프라인(MRO, B2B) 통합 솔루션을 개발하여 활용하고 있다. 마지막으로 조달(procurement) 면에서는 수많은 국내 및 해외 브랜드 공급업체를 통해 양질의 제품을 공급하고 있다. 이러한 알파의 역량을 더욱 발전시키는 한편, 새로운 역량 개발을 통해 동종분야의 경쟁업체들에 비해 확실한 우위에 설 수 있도록 해야 할 것이다.

9-3 프랜차이즈 경영 전략

9-3-1 프랜차이즈 경영 전략의 중요성

국내 프랜차이즈 사업은 짧은 기간 동안에 기존의 유통구조나 상거래 질서와 융합되면서 자연스럽게 한국적인 프랜차이즈 시스템 모델을 형성하게 되었다. 국내 프랜차이즈 사업은 외국계 프랜차이즈 사업과 경쟁을 통해 한국적인 프랜차이즈 시스템으로 성장하였지만 많은 문제점도 안고 있다. 문제점으로는 첫째, 외식업 비중이 지나치게 높고 고부가가치 서비스업종 취약하다는 것이다. 둘째, 가맹 본부의 경쟁력이 취약하고 경영관리가 미흡하다는 것이다. 셋째, 물류 정보화 인프라 및 제도적 기반이 부족하다는 것이다. 넷째, 프랜차이즈 가맹본부의 규모의 영세성과 전문 경영인력 부족 등으로 해외진출 부진하다는 것이다. 다섯째, 사회적 신뢰 부족이다.

프랜차이즈 사업의 경영환경 변화는 이렇듯 짧은 기간에 비약적인 성장을 했음에도 불구하고 여러 가지 문제점을 안고 있다. 이러한 환경 변화는 기업인의 위치에서 통제하기 힘들 뿐만 아니라 다른 한편으로는 성장의 기회를 제공하고, 새로운 사업 분야 진출을 가능하게 하고 있다.

프랜차이즈 시스템은 가맹본부(franchisor), 가맹점(franchisee), 공급업체(vendor), 고객(customer)

등 4개의 하위 시스템으로 구성되어 있으며, 하위 시스템 간의 관계는 공생적 관계(symbiotic relationship)를 유지하며, 이익 창출과 고객가치의 극대화라는 공동이익을 목표로 하고 있다. 하위 시스템의 가맹본부와 가맹점의 관계는 서로 자본을 달리하는 독립 사업자로서 상호 협력적인 공생의 관계를 통해 가맹본부의 전문성과 경영 노하우를 가맹점사업자가 운영함으로써 직영점과 같은 효과를 얻을 수 있다. 이는 가맹본부와 가맹점 간의 경영과 영업 활동의 범위가 명확하고, 계약의 범위가 경영 활동의 전반적인 영역을 포함하고 있기 때문이다. 그리고 프랜차이즈 시스템은 가맹점의 영업 활동에 따라 개별적인 이익을 보장받을 수 있는 비즈니스 형태로써 가맹점사업자는 비교적 소액의 투자와 최소의 인력으로 단 기간에 창업을 할 수 있으며, 가맹본부는 가맹비, 로얄티, 보증금 등 수수료를 통해 수익구조를 기대할 수 있다.

이러한 프랜차이즈 사업의 시스템적 특징은 새로운 사업 분야에서 사업성장을 이끌어 나갈 기회를 제공하고 있다. 프랜차이즈 사업 분야에서의 경영 전략은 이러한 면에서 매우 중요하다고 할 수 있다. 프랜차이즈 사업은 한정된 시장을 대상으로 한정된 지역 내에서 수많은 유사업종과 동종업체와의 치열한 경쟁을 하지 않으면 안 되기 때문에 사업 분야별 성장 기회를 찾아내고, 생존하고 성장하기 위해서는 경영혁신을 추구할 수 있는 경영 전략은 매우 중요하다.

프랜차이즈 사업은 일관성과 통일성을 유지하는 사업이라 할 수 있다. 프랜차이즈 사업의 일관성과 통일성은 가맹본부와 가맹점, 그리고 고객에게 항시 동일한 상품 및 서비스의 품질을 제공함으로써 가맹본부가 개발한 우수한 사업 아이템이 안정적으로 운영되는 역할을 한다.

가맹본부는 프랜차이즈 사업의 일관성과 통일성을 강조하기 위해 이미지적인 요소인 상호, 상표, 로고와 기술적인 요소인 설비, 기구, 의장 그리고 문서적인 요소인 서류, 영수증, 메뉴판 등과 같은 요소를 모든 가맹점에 동일시하고 있다. 특히 프랜차이즈 사업의 일관성과 통일성 유지에 가장 필요한 상품과 서비스를 계량화함으로써 고객들이 어느 곳에서나 동일한 품질과 서비스를 받을 수 있도록 하고 있다. 따라서 프랜차이즈 사업의 경영 전략은 다른 사업의 경영 전략과의 차별성이 뚜렷하다.

9-3-2 프랜차이즈 경영 전략 구성요소

가맹본부 구축의 일관성 있는 시스템 개발을 위해 갖춰야 할 기본적인 구성요소로는 다음과 같다.

- 사업의 사명과 이를 이루어 나가기 위한 과정에 대한 분명한 규명과 소명의식
- 사업의 규모와 범위에 대해 정확한 설정

- 시장의 환경적인 요소를 이해하고 이에 대처할 만한 차별적인 요소
- 가맹본부 구축 및 사업의 전개에 필요한 자금의 규모와 투자에 대한 손익 포인트를 체크하고 원활한 자금 흐름(cash flow) 계획
- 시장에 출시하고자 하는 상품 및 서비스에 대한 특허, 상표 및 의장등록
- 프랜차이즈 사업을 위한 운영 매뉴얼

9-3-3 프랜차이즈 경영 전략의 기본과제

경영 전략이란 호황기에는 경영의 눈을 어둡게 하지 않을 경영의 기반을 만들고, 체질 강화를 위한 인재 육성과 정보기능의 정비 및 설비투자를 행할 수 있게 하며, 불황기에는 매출 증대뿐만 아니라 수익을 상승시킬 수 있는 의사결정과 실행을 높게 할 수 있는 기업의 기본적인 방침이다.

위기란 위험과 기회가 공존하는 상태이기 때문이 이를 경영 전략이라는 관점에서 보면 불황이란 성장을 위한 기회이지 위기가 아니라고 보아야 한다는 점이다.

프랜차이즈 가맹본부는 최상의 기본방침을 만들기 위해서는 기업의 외부환경에 대응할 수 있는 사회경제적 환경에 대응하는 경영 전략을 통해 매력적 사업영역을 확보하는 것이며, 경영자원을 최적화할 수 있는 경영 전략을 통해 핵심역량을 발굴해야 하며, 그리고 경영조직 활동과 조직구성원의 행동을 최적화할 수 있도록 하는 경영 전략을 통해 지속적 경쟁우위를 확보하는 것을 고려하여야 한다.

1) 사회경제적 환경에 대응하는 경영 전략

경영 전략의 기본과제는 기업을 둘러싸고 있는 사회경제적인 환경이 너무나 빠르게 변화하고 있으며, 그 환경은 국내뿐 아니라 세계적인 변화가 동반되기 때문에 경영 전략의 범위도 글로벌화 되어야 한다는 점이다. 또 그 환경은 정체적이지 않고 동태적이어서 우리의 IMF와 같은 대이동사태, 중국경제의 성장과 그 영향력의 증가 등 예측할 수 없는 변화가 도래할 수 있으므로 이에 대응하는 전략을 항시 준비해 두고 변화에 따른 각각의 상황에 대한 시뮬레이션이 행해져야 한다.

소득의 양극화 현상, 네트워크화된 정보기술의 발달, 급속한 소매업의 전환, 주 5일 근무제도의 정착, 인구의 절대감소와 수명연장에 의한 노인인구의 증가 등은 국내 프랜차이즈 사업 환경에도 수많은 변수를 내포하고 있으므로 다양화, 개성화는 물론 자기실현과 자기주장이 소비자행동의 기본패턴이 되는 향후의 경제환경에 적응하는 경영 전략이 필요하다. 전술적인 경영으로는 현대의 시장여건에서 프랜차이즈 기업경영이 어렵다는 의미이다.

2) 경영자원의 최적이용을 위한 경영 전략

경영자원이란 과거에는 사람, 토지, 자본이라고 했으나 최근에는 인적자원, 물적자원, 재무자원, 전략과 정보를 경영자원이라 할 만큼 이용자원이 많아지는 시대가 되었다. 이러한 경영자원은 독립적으로 역할을 수행하지 않고 유기적으로 결합되어야 하며 사회경제적으로 적절한 균형을 유지하여야 한다. 특히 정보화시대가 도래하여 고도의 질 높은 정보와 스피드 있는 정보가 필요하게 되고, 또한 고도의 정밀한 정보작성과 점포의 개성화를 이룩하기 위해서는 그에 따르는 인재의 질과 양이 요구되므로 인재의 시대로 대변화가 일어나고 있음을 인식해야 한다.

3) 경영조직의 최적화를 위한 경영 전략

기업 내에서 경영 전략을 확립하는 것은 최고경영자의 몫이 되겠지만, 이 경영 전략에 따라서 실행전략을 수립하고 구체적인 행동을 실천하는 것은 조직구성원들이다. 따라서 우수한 경영 전략을 수립하고 조직을 활성화시켜 전체 구성원의 참여의식과 창조적 파괴의 능력을 발휘할 수 있도록 하는 것이 경영조직 전략이 될 것이다. 조직의 잠재능력을 최대한 최적상태로 발휘할 수 있게 하는 전략은 단순하고 단기적인 전술에 의해 작성될 수 없는 기업전체의 경영 전략차원에서 다루어져야 한다. 예컨대 가맹본부 구성 초기단계에서부터 점포 수 증가에 따른 조직구성방향과 필요한 인재 양성프로그램, 그에 필요한 투자규모 등을 면밀하게 수립해야 하며, 그때그때 상황에 맞춰 수립하는 전술만으로는 장기적인 대응책이 될 수 없는 것이다.

9-3-4 프랜차이즈 경영 전략의 특성

1) 가맹본부전략 특성

가맹본부전략 특성은 가맹본부가 가맹점에 영업 활성화를 위하여 계속적으로 지원하는 마케팅 계획을 의미하는 것으로, 마케팅 계획 중 영업표시 제공, 정보제공, 훈련, 및 영업 지원 등으로 구성된다.

첫째, 가맹본부의 영업표지 제공은 상호, 로고, 심볼, 캐릭터, 슬로건 등 마케팅에 필요한 통합적 영업표시를 가맹본부가 제공하는 것을 말한다.

둘째, 가맹본부의 정보제공은 가맹점의 개업, 영업 및 경영 전반에 필요한 정보를 가맹본부에서 충분히 검토하여 신속하게 제공하는 것을 말한다.

셋째, 가맹본부의 교육훈련은 가맹점의 동기부여, 가맹본부에 대한 이해증진, 상품, 영업 방법, 경영 방법의 이해증진을 목적으로 가맹본부가 가맹점에 계속적으로 실시하는 교육을 말한다.

넷째, 가맹본부의 영업 지원은 가맹점의 영업 활성화를 위하여 일반적으로 지원하는 요소들인데, 적절한 시간에 상품 공급, 상품 품질의 정도, 적절한 가격의 책정, 장기 재고나 불량품의 반품처리 문제, 기업 이미지에 대한 광고활동, 지역 특성에 맞는 광고 및 판촉 지원, 점포 실내장식의 지원과 지도, 고객관리를 위한 영업지도, 회계장부 정리, 세금계산서 작성 안내 등 가맹점에 대한 경영지도, 가맹점 관리에 대한 감찰과 적절한 통제 유무 등을 들 수 있다.

2) 가맹점 전략 특성

가맹점 전략 특성은 가맹점 스스로 판매증대를 위하여, 지역 특성에 맞게 적용하는 영업수단을 말하며, 전략적 유연성, 가맹점의 상권 및 입지, 경영자 경험, 경영자 재무능력 등을 주요한 구성요소로 한다.

첫째, 전략적 유연성은 가맹본부의 전략적 지원을 지역 상황에 맞게 변화 있는 촉진전략을 구성하는 요소이며, 종업원의 접객 태도와 서비스, 조리 매뉴얼 사용 및 청결유지, 고객접객에 적절한 영업시간, 소비자 동향 파악 등이다.

둘째, 가맹점의 상권 및 입지는 가맹점 성과에 영향을 미치는 중요한 요소이며 상권에 의한 입지선정의 중요한 관건은 주변에 유흥업소나 레저시설 등 유무, 주변에 버스정류장이나 지하철역 등 유무, 주변에 백화점 등 대형인구 집합시설 유무, 평균 보행자 통행량, 상권 내 주민의 수, 상권 내 주민의 소득수준 및 소비성향 파악 등이다.

셋째, 가맹점사업자의 사업경험은 경영자가 해당 사업 또는 유사사업에 참여한 경력이 있는지를 말한다.

넷째, 가맹점사업자의 재무능력은 경영자의 신용, 재무상태, 자본규모를 말한다.

3) 가맹본부와 가맹점 간의 관계 특성

가맹본부와 가맹점 간의 관계 특성은 서로 자본을 달리하는 독립사업자로의 독립관계, 프랜차이즈 계약으로 인해 상호 협력적인 공생의 관계, 가맹점사업자는 가맹본부의 전문성과 경영 노하우를 운영함으로써 수직적 관리관계가 있다. 이는 가맹본부와 가맹점 간의 경영과 영업 활동의 범위가 명확하고, 계약의 범위가 경영 활동의 전반적인 영역을 포함하고 있기 때문이다.

또한 프랜차이즈 시스템은 상호 협력적 조직관계로 가맹본부와 가맹점 사이에 강력하고 계속적인 협력적 계약 관계가 존재한다. 따라서 프랜차이즈 시스템에서 중심이면서 중요한 관계를 가지고 있는 가맹본부와 가맹점 간에는 독립적 관계, 수직적 관계, 상호의존적 관계 등의 관계 특성을 가지고 있다. 관계 특성이란 상호의존성, 몰입 수준, 장기적 성향 등과 같이 가맹본부와 가맹점 간에 교환 관계가 효율적으로 이루어짐으로써 강력하고도 지속적인 상호 의존관계가 유지되는 것을 말한다(자세한 내용은 3장 3-3절 프랜차이즈 시스템의 특성을 참조).

4) 성과 측정 특성

프랜차이즈 가맹점의 성과는 목표에 대한 조직의 성취 정도로 평가된다. 성과 측정으로는 만족도와 재무적 성과가 일반적으로 널리 이용되고 있다. 첫째, 프랜차이즈 가맹점의 만족도는 정성적(심리적) 측정으로서, 가맹점이 가맹본부와 계약기간 만료되었을 때 가맹본부와 재계약 의사 여부, 가맹본부와 재계약하지 않더라도 다른 가맹본부와 신규계약 또는 독립소매상으로 기존의 사업 계속 유지 여부 등으로 평가된다. 둘째, 프랜차이즈 가맹점의 재무적 성과는 정량적 (물질적) 측정으로서, 매출액 성장률, 순이익 성장률, 구매고객 수 증가율 등으로 평가할 수 있다.

5) 프랜차이즈 관계 특성과 성과 간의 관계

프랜차이즈 전략이 성과에 미치는 영향은 가맹본부와 가맹점 간 관계가 상호의존성에 의해 서로 긴밀하게 영향을 미친다. 특히, 프랜차이즈 경영 전략 중 가맹본부 지원전략 특성이 가맹점 전략특성보다 관계정도에 따라 그 영향의 차이가 크다. 그것은 상대적으로 본부지원전략특성이 가맹점 전략특성보다 성과에 미치는 영향이 크다고 볼 수 있다.

프랜차이즈 시스템이란 가맹본부와 가맹점 간 관계형성에 의하여, 독립소매상보다 높은 이익 창출을 지향하는 시스템이므로, 가맹본부와 가맹점 간에 동맹관계를 형성하는 전략집단이다. 결국, 프랜차이즈 시스템이 독립소매상보다 높은 이익 창출과 장기 존속이유는 가맹본부와 가맹점 간 강력한 관계유지 때문이며, 관계 특성이 프랜차이즈 경영 전략보다 성과에 미치는 영향이 크다고 볼 수 있다.

9-3-5 전략적 가맹점 관리 시스템

가맹본부의 가맹점 관리 시스템은 전문 인력에 의한 지원으로 이루어진다. 특히 가맹점을 관리하는 슈퍼바이저의 역할이 중요하다. 따라서 가맹점 관리는 슈퍼바이저가 본인의 역할과 업무를 어떻게 수행하느냐가 가장 중요하다.

1) 슈퍼바이저를 전략적인 관점에서의 가맹점 관리 시스템

첫째, 가맹본부의 관리자로서 가맹본부의 경영 전략뿐만 아니라 하위의 영업 전략도 숙지하고, 가맹점을 방문해서 매뉴얼 등 실무적인 사항까지도 관리하는 역할을 한다. 둘째, 슈퍼바이저는 가맹점을 둘러싼 외부 경영환경 분석과 가맹점의 고객 및 경쟁업체의 가맹점 등의 분석을 통하여 가맹점의 강점과 약점, 기회와 위협 요소를 분석하여 가맹점의 경쟁력을 지속적으로 높일 수 있는 경영 지도를 수행한다. 셋째, 슈퍼바이저는 업무 전문성을 바탕으로 소매마케팅을 실행하여 부진 점포 진단 및 활성화에 노력하고, 의사소통 능력과 협상능력을 통하여 가맹점사업자와의 관계성을 높이고, 고객과의 관계를 관리하는 교육을 담당하는 역할을 하기도 한다.

2) 슈퍼바이저를 전술적인 관점에서의 가맹점 관리 시스템

슈퍼바이저는 상권의 크기와 경쟁의 정도를 판단하는 입지, 종업원의 동선과 고객의 편리성 등의 점포 디자인, 매출과 이익을 생각하는 상품 구성, 고객과의 소통, 고객가치의 전체를 고려하는 가격 결정, 고객에 대한 서비스 등의 업무를 수행하게 된다.

가맹본부가 가맹점에 대한 적당한 관리감독과 통제는 가맹본부의 지적 재산의 보호와 가맹점의 활성화에 도움이 되지만 지나친 관리감독은 가맹점사업자에 부정적인 영향을 미치게 되어 가맹점 확장에 장애요인이 되기도 한다.

가맹본부와 가맹점사업자 간의 적당하고 균형 있는 관계는 서로의 이익에 도움이 된다. 즉 가맹점사업자는 또 다른 가맹점 개설을 원하는 예비 창업자에게 가맹점에 대한 권유나 신규 개설을 유도하기도 한다.

제10장 프랜차이즈 전략적 경영계획

10-1 전략적 경영계획 수립

10-1-1 기업의 사명 정의

10-1-2 전략적 환경 분석

10-1-3 목표 설정

10-1-4 전략 수립

10-1-5 실행 프로그램 수립

10-1-6 전략 실행

10-1-7 통제와 피드백

10-2 프랜차이즈 경영 전략 방법

10-2-1 환영대응 전략

10-2-2 환경즉응 전략

10-3 프랜차이즈 전략적 경영계획 수립

10-3-1 가맹본부의 미래비전

10-3-2 환경 분석

10-3-3 사업 규모와 범위 설정

10-3-4 목표 결정

10-3-5 마케팅 전략 수립

10-3-6 프랜차이즈 운영계획

10-3-7 실행계획

10-3-8 통제와 피드백

10-4 마케팅 계획의 수립과 실행

10-4-1 효과적인 마케팅 계획 수립 방법

10-4-2 마케팅 프로그램 작성 및 실행

10-4-3 가맹점 차원의 마케팅 계획

PROLOGUE

스타벅스만의 이미지를 구축한 하워드 슐츠 — 커피를 통해 인간 존중과 소통의 경험을 판다

가히 커피 공화국이라 부를만한 대한민국. 이 치열한 커피 전쟁의 상위 포식자는 스타벅스이다. 2016년, 국내 1000여 개의 매장에서 무려 1조 원의 매출을 올렸다. 그렇다면 무엇이 스타벅스를 찾게 하는 힘일까? 맛, 인테리어, 차별화된 서비스 등 이유는 많겠지만 우리가 기억하는 '스타벅스만의 독특한 분위기'는 분명 있다. 그것을 스타벅스는 '경험'이라고 말한다.

이러한 스타벅스만의 독특하고 차별화된 이미지를 구축한 이가 바로 하워드 슐츠(Howard Schultz)이다.

1. 돈을 버는 회사보다 '위대한 회사'로

커피는 우리 생활에서 이제는 제2의 물처럼 편히 마시는 음료수가 되었다. 작년 한 해 우리 국민들이 마신 커피의 양은 250억 잔. 국민 1인당 1년 동안 약 500잔씩 먹은 셈이다. 길을 걷다 보면 가장 많이 눈에 들어오는 것이 편의점, 교회 십자가, 치킨집 그리고 커피전문점이다. 가히 대한민국을 이제 '커피 공화국'이라 불러도 될 정도이다.

국내에는 지금 수많은 커피 전문 브랜드가 그야말로 치열한 전쟁 중이다. 그중에서 가장 상위 포식자는 스타벅스이다. 20세기 말 한국에 상륙한 스타벅스는 현재 전국 약 1000개의 매장에서 매출 1조원(2016년 기준)을 돌파한 '대한민국 커피의 성지'가 되었다. 부동산에서는 '스타벅스 입점 효과'라는 말이 생길 정도로 스타벅스는 커피 전문점을 떠나 지역 랜드마크가 될 정도로 브랜드 가치를 평가 받고 있다.

그렇다면 무엇이 사람들로 하여금 스타벅스를 찾게 하는 힘일까? 맛, 매장 인테리어, 차별화된 서비스 등 이유는 많겠지만 우리가 기억하는 '스타벅스만의 독특한 분위기'는 분명 따로 있다. 그것을 스타벅스는 '경험'이라고 말한다. 단순히 커피를 파는 곳이 아닌, 커피로 사람과 사람이 관계를 맺고 소통하는 장소라는 것이다. 바로 이러한 스타벅스만의 독특하고 차별화된 이미지를 구축한 이가 바로 하워드 슐츠이다.

그는 스타벅스의 창업자는 아니다. 작지만 단단한 상점 스타벅스를 인수해 지금의 '커피 제국'을 만든 제2의 창업자이며, 브랜드 마케터이다. 하워드 슐츠는 불과 30여 년만에 전 세계에 스타벅스를 전파하고, 스타벅스의 고유 문화를 만들었다. 오늘날, 스타벅스는 전 세계 약 70여 개국, 2만 6000여 개의 매장에서 연 약 200억 달러의 매출을 올리는 글로벌 기업이 되었다. 세계 100대 브랜드에 선정되는 것은 물론이고 〈포춘〉지가 선정한 가장 가치 있는 브랜드 100에 항상 포함되는 국제 브랜드가 된 것이다.

스타벅스는 프랜차이즈답게 세계 어느 곳에서나 균일한 품질, 같은 감성을 제공한다. 일테면 스타벅스의 내부 인테리어 색감은 통일되어 있고, 각 색마다 의미가 있다. 레드는 '원두'를, 블루는 '물'을, 그린은 '식물'을, 브라운은 '땅(흙)'을 상징한다.

무엇보다 사람들이 비싼 값을 치르면서 스타벅스를 찾는 이유로는 커피의 맛도 중요하지만 스타벅스에서만 느낄 수 있는 '감성적 체험'이 있다. 하워드 슐츠는 "스타벅스가 새로운 것을 만들어낸 것은 아무것도 없다. 하지만 스타벅스는 완벽한 경험을 고객에게 제공한다. 즉 커피를 제공하는 것이 아니라 커피를 통해 고객에게 만족할 만한 경험을, 기억을 주는 공간이 되는 것이다"라고 스타벅스에 대해 공간적 정의를 내렸다. 그는 집, 직장 그리고 스타벅스라는 트라이앵글을 통해 사람들에게 스타벅스를 집, 직장과 동등한 장소로 인식시킨 것이다. 편안한 장소에서 편안하게 시간을 보내며 감성적 체험을 할 수 있는 곳이라는, 스타벅스만의 마케팅을 창안한 하워드 슐츠야말로 위대한 마케터인 것이다.

물론 스타벅스의 화려하고 거대한 숫자적 성공만으로 하워드 슐츠를 평가하는 것은 그에게 약

PROLOGUE

간의 실례(?)일 수 있다. 사실 하워드 슐츠 리더십의 본질은 스타벅스의 수치로 보는 성공이 아닌 스타벅스라는 조직을 움직이는 하워드 슐츠의 '인간 경영' 리더십에 있다. 그는 말한다. "나 홀로 성공하는 것은 공허할 뿐이다. 많은 사람들과 함께 성공에 도달해야 값진 것이다. 얼마를 버느냐도 중요하지만 '위대한 회사'를 만드는 것이 더 중요하다. 위대한 회사는 바로 사람을 존중하는 회사이다." 스타벅스에서 최우선되는 원칙은 고객존중이 아니다. 고객존중은 두 번째 가치이다. 스타벅스의 첫 번째 가치는 '직원 만족, 직원의 행복'이다.

그 이유에 대해 하워드 슐츠는 "직원이 직장에서 만족과 행복을 찾으면 그 직원이 대하는 고객 역시 만족한 감성을 느낄 수 있다. 그러면 고객은 또 스타벅스를 찾게 되고 자연히 회사는 수익을 올릴 수 있다. '직원 만족'이 회사의 가치를 창출하는 첫 번째 단추인 것이다"라고 설명한다.

스타벅스는 종업원을 '직원(Employee)이 아닌 파트너(Partner)'라 부른다. 어쩌면 하워드 슐츠의 리더십의 정체는 '커피 비즈니스(Coffee Business)가 아닌 피플 비즈니스(People Business)'인 셈이다.

2. 커피를 통해 존중과 소통을 판다

사람들은 스타벅스를 이렇게 표현한다. '커피를 갈아 금으로 만드는 커피 왕국'이라고. 이 왕국의 설계자인 하워드 슐츠는 리더로서 '직원들은 물론 고객에게 영감을 불러일으키고 열정을 부여하는 경영자'라는 평가를 받고 있다. 그의 리더십의 근본은 어렵지 않다. 그는 수십 차례 토로했고, 실천한 '함께 가는 공유의 가치'이다. 1990년 무렵, 텍사스의 스타벅스 매장에서 매니저가 강도에게 살해당하는 사건이 발생했다. 하워드 슐츠는 그 소식을 듣고 바로 텍사스로 갔다. 그리고 매니저의 가족과 매장의 직원들을 위로하고 그 희생자 가족과 아이들 교육을 위해 기금을 만들어 이의 공개적이고 공정한 집행을 위해 지역 교육위원회에 헌납했다. 사실 이는 쉽지 않은 결정일 것이다. 하지만 하워드 슐츠의 이 같은 현장 경영과 인간 경영은 고객들이 브랜드로서 스타벅스에 대한 충성심을 이끌어내는 원동력인 것이다.

그는 자신의 진퇴에도 자유롭지만 엄격했다. '열정이 식었다'는 이유'로 CEO에서 물러나고, 스타벅스가 초심을 잃자 8년 만에 복귀에 최선두에서 스타벅스의 부활을 이끌어냈다. 그는 말한다. "사람들은 혹은 기업가는 가끔 착각을 한다. 내 덕분에, CEO의 능력으로 직원들이 돈을 번다고. 하지만 사실은 내가 직원들 덕분에 부자가 되고 CEO가 될 수 있는 것이다. 정말 감사하는 마음을 가져야 하는 사람은 바로 나이다. 그리고 내가 스타벅스를 이끄는 리더십의 첫 원칙은 사람들에게 확신을 주는 것이다. 더 전진할 수 있고, 더 나아질 수 있다고. 그것이 리더의 역할인 것이다."

가난이 친구였던 어린 시절, 아버지의 죽음 속에서도 하워드 슐츠는 자신에게 '성공한 사람들의 이야기를 들려주며 용기와 꿈'을 일깨워준 어머니의 존재로 인해 자신의 오늘이 있었다고 말한다. 그리고 그 과정에서 '나중에 성공하면 사람을 가장 중요하게 여기는 인간이, 누구도 무시하지 않고 존중하는 인간이 되겠다'고 결심한 것이다. 스타벅스를 인수하기 위해 무려 242번의 투자설명회를 할 정도로 열정과 확신의 인물이 바로 하워드 슐츠인 것이다.

자료: 매일경제, 2017년 11월 25일자.

10-1 전략적 경영계획 수립

경영 전략은 기업이 가용할 수 있는 한정된 자원을 가지고 경쟁 상황을 극복해 나갈 수 있도록 기업이 보유한 자원을 효율적으로 배분하는 과정을 의미한다. 따라서 최고경영자는 기업이 지속적으로 성장하기 위해 역점을 두어야할 기존 사업 및 신규 사업을 결정하고 효율적인 자원 배분을 통해 복수의 사업단위들이 수행할 활동을 조정해야 한다. 전략적 계획을 수립하는 단계는 아래 〈그림 10-1〉과 같이 기업의 사명정의, 전사적 수준의 전략적 환경 분석(SWOT), 목표 설정(성장 기회 평가, 전략사업단위 수립, 전략적 자원 할당), 실행 프로그램 수립, 전략 수립, 통제 및 피드백 등의 일곱 단계의 과정을 통해서 계획을 수립하는 활동을 해야 한다.

〈그림 10-1〉 전략적 경영계획 수립 과정

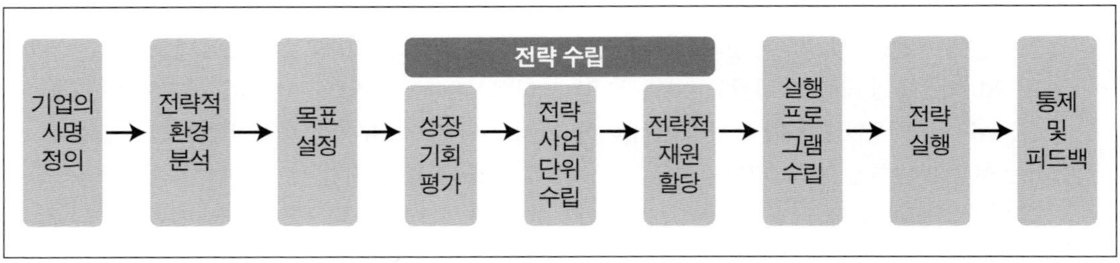

10-1-1 기업의 사명 정의

사명(mission)은 시간이 지남에 따라 새로운 기회를 이용하거나 새로운 시장조건에 적응하기 위해 변화할 수 있다. 기업사명문은 향후 10~20년 동안 기업의 방향을 제공하는 비전(vision)을 말한다.

전략적 경영계획 수립의 첫 번째 단계인 기업의 사명 정의는 우선, 우리의 사업은 어떤 것인가? 고객은 누구인가? 무엇이 고객에게 가치가 있는가? 우리 사업은 어떻게 될 것인가? 우리사업이 어떻게 되어야 하나? 등과 같은 질문에 대한 답을 찾는 것이 필요하다(Peter Ducker, 1973) 이러한 질문은 기업이 항상 대답해야 하는 어려운 문제이지만 신중하고 철저한 답을 찾아야 한다.

기업은 경영자나 종업원, 이해관계자들이 공유하도록 하기 위해 기업사명문을 작성한다. 분명하며 사려 깊은 사명문들은 기업의 구성원들에게 기업의 공유됨 목표와 기회, 방향 등을 제공해 준다.

기업사명문은 첫째, 어떤 특정한 목표에 집중되어야 한다. 둘째, 기업이 준수하고자 하는 중요한 방침과 가치관을 강조해야 한다. 셋째, 기업이 활동할 중요한 경쟁역역을 규정해야 한다. 넷째, 지속적이고 장기적인 견해를 가져야 한다. 다섯째, 좋은 기업사명문은 가능한 한 짧고, 기억하기 쉬우며 또한 의미가 있어야 한다.

10-1-2 전략적 환경 분석

두 번째 단계인 전략적 환경 분석은 외부 환경의 기회요인과 위협요인을 파악하고 기업 내부의 강점과 약점을 분석한 후 전략적 대안을 도출하는 SWOT(strengths, weaknesses, opportunities, threats) 분석이다.

외부적 환경 분석(기회와 위협분석)은 기업수준의 거시적 환경요인(인구 통계적, 경제적, 자연적, 기술적, 정치적/법적, 사회적/문화적)을 조사해야 한다. 그리고 시장에서 수익을 획득할 수 있는 기업능력에 영향을 주는 미시적 환경요인(잠재고객, 경쟁사, 유통업자, 공급업자, 공중)을 조사해야 한다.

경영에 대한 환경적 기회는 기업이 경영 활동에 있어 구매자의 욕구를 충족시키고 이익을 창출할 가능성이 높은 욕구와 관심영역을 찾아내는 기술이다.

경영에 대한 환경적 위협은 방어적 경영 활동이 취해지지 않고 있는 경우 그 기업의 판매나 이익을 잠식하는 바람직하지 못한 추세나 발전에 의해서 제기되는 도덕적 문제이다.

내적 환경 분석(강점과 약점 분석)은 마케팅능력, 재무자원, 제조 및 생산, 인적자원, 물류, 정보화 측면에서 실적의 강·약점과 중요성의 정도를 분석하는 것이다. 기업들은 약점의 전부를 개선할 필요가 없으며, 장점 전부를 충분히 활용할 필요도 없다. 즉 기업이 현재 요구되는 강점을 가지고 있는 경우 그러한 경우를 이용하는 데 한계가 있는지, 또는 새로운 강점을 발견하거나 개발하는 데 더 좋은 기회를 고려해야 하는지가 더 중요하다.

SWOT 분석은 기회와 위협, 강점과 약점을 분석하여 전략적 대안을 도출하고 선택하고, 선택된 전략을 실천하고, 실천결과를 평가하는 절차를 거치게 된다. 따라서 SWOT 분석을 통해서 어떤 전략을 도출하느냐가 가장 중요하다. 즉 SO전략은 내부 강점을 가지고 기회에 활용하는 전략(성장위주의 공격전략), ST전략은 내부 강점을 가지고 위협을 극복하는 전략(다각화 전략), WO전략은 기회를 활용해 약점을 극복하는 전략(전략적 제휴, 우회전략), WT전략은 약점을 보완하고 위협을 극복하는 전략(방어전략) 등으로 전략화 하는 것이 필요하다. 이런 내용을 요약하면 〈그림 10-2〉와 같다.

〈그림 10-3〉은 크린토피아 SWOT 분석에 대한 사례이다.

〈그림 10-2〉 SWOT 분석도

		내부 전략적 요소	
		강점(**S**trengths)	약점(**W**eaknesses)
외부 전략적 요소	기회 (**O**pportunities)	**SO 전략** 내부 강점을 가지고 기회에 활용하는 전략 (성장 위주의 공격 전략)	**WO 전략** 기회를 활용해 약점을 극복하는 전략 (전략적 제휴, 우회 전략)
	위협 (**T**hreats)	**ST 전략** 내부 강점을 가지고 위협을 극복하는 전략 (다각화 전략)	**WT 전략** 약점을 보완하고 위협을 극복하는 전략 (방어 전략)

〈그림 10-3〉 SWOT 분석에 대한 사례 — 크린토피아

	강점	약점
기회	• R&D 기술을 바탕으로 중국 중상류층을 겨냥한 고급 의류 세탁 서비스 제공 • **저렴한 가격**으로 싱글족 타깃 마케팅	• **프로모션**을 통해 같은 기간 및 종류의 서비스를 늘려 운송 시간과 비용 감소
위협	• 전문적인 R&D, 고객 관리를 바탕으로 기존 세탁소에서 전환 • 수상 경력, 다양한 기술로 경쟁사들과의 **차별화 부각**	• 기존 세탁소의 경험으로 지사의 고객 관리 교육 실시 • 전체적으로 낮은 세탁소 이용률을 높이기 위한 새로운 세탁**문화**를 만듦

10-1-3 목표 설정

세 번째 단계인 목표 설정은 기업이 자사의 SWOT 분석을 수행한 후 계획 기간에 대한 구체적인 목표와 목적을 수립한다. 기업은 사업의 수익성, 매출 증대, 시장점유율 향상, 위험 감수, 혁신성이나 명성 등을 포함한 목표를 추구한다. 기업은 이러한 목표를 설정하고, 그 목표를 기준으로 관리한다. 기업은 목표관리(manages by objectives: MBO) 시스템을 운영하기 위해서 기업의 목표는 네 가지의 기준을 충족시켜야 한다.

첫째, 목표는 가장 중요한 것부터 중요하지 않은 것으로 단계적으로 정리해야 한다. 예를 들어, 기업의 중요 목표가 투자수익률을 늘리는 것이라면 이익을 늘리거나 비용을 줄

임으로써 증가 될 수 있으며, 수익은 시장점유율을 늘리거나 가격을 인상함으로써 증가될 수 있다.

둘째, 목표는 정량적으로 표시해야 한다. 즉 '투자수익률(ROI)의 증가'라는 목표보다는 2년 이내에 15%까지 투자 수익률의 증가'라고 목표를 정하는 것이 더 명확하다.

셋째, 목표는 현실적으로 설정해야 한다. 즉 목표는 바람직한 생각에서가 아니라 사업단위의 기회와 강점에 대한 분석을 기초로 결정해야 한다.

넷째, 목표는 일관성이 있어야 한다. 즉 판매와 이익을 동시에 극대화하는 것은 불가능할 수도 있다.

목표에 동반되는 상쇄적인 것에는 단기적 이익 대 장기적 성장, 기존 시장에 대한 침투 대 시장 개발, 이익 목표 대 비영리 목표, 고성장 대 낮은 위험 등이 포함된다. 이에 대한 선택에는 마케팅 전략에 의해서만이 선택이 가능하다.

10-1-4 전략 수립

목표가 설정되고 나면 목표를 달성하기 위한 네 번째 단계는 전략을 수립해야 하는데, 전략을 수립하기 위해서는 먼저 전략적 사업단위를 결정하고, 사업단위별로 어떻게 재원을 할당할 것인가, 기업의 성장을 위한 다각화는 어떻게 할 것인가를 전략적으로 결정해야 한다.

1) 성장 기회의 평가

전략사업단위별 재원이 할당된 후 각 SBU별로 성장 기회를 평가해야 한다. 성장 기회의 평가는 새로운 사업을 계획하고 오래된 사업을 축소하거나 퇴출하는 것과 관련된다.

성장 기회의 평가는 집중적 성장, 통합적 성장, 다각화 성장을 통해서 평가할 수 있다. 첫째, 그 기업의 집중적 성장 기회로 현 사업 내에서 성장할 수 있는 추가적인 기회를 확인하는 것이다. 둘째, 통합적 성장 기회로 기업의 현 사업과 관련되는 사업을 시작하거나 획득할 수 있는 기회를 확인하는 것이며, 셋째, 다각적 성장 기회로 기업의 현사업과는 전혀 관계가 없는 매력적인 사업을 추가하기 위한 기회를 확인하는 것이다(자세한 내용은 9장 9-2절 경영 전략의 체계 참조).

2) 전략적 사업단위 결정

전략적 사업단위(strategic business unit: SBU)는 독립적인 사명(목적)과 목표를 가진 기업 조직 내의 사업단위로서 전체 조직을 구성하고 있는 계열사나 사업부, 사업부 내의 상품계열, 단일상품, 단일상표가 될 수 있다.

기업은 흔히 자동차 사업, 의류사업 등 상품에 따라 사업(business)을 정한다. 그러나 하버드대학교의 테드 레비트(Ted Levitt) 교수는 한 사업을 시장기준으로 정의하는 것은 그 사업을 상품 기준으로 정의하는 것보다 앞선 것이라고 주장하고 있다. 즉 어떤 사업은 재화의 생산과정이 아니라 고객만족 과정으로 인식되어야 하는 것으로서, 상품은 일시적 인 것이지만 기본적인 욕구와 고객집단은 영원히 존속하는 것이기 때문이다. 예를 들면 수송은 하나의 욕구이고, 마차, 자동차, 철도, 항공기, 트럭 등은 그 욕구를 충족시키는 제품이다.

고객의 욕구 관점에서 사업을 인식하는 것은 추가적인 성장 기회를 제시할 수 있다. 〈표 10-1〉은 사업을 상품에서 시장의 정의로 변경한 여러 가지 기업의 예를 제시하였다.

〈표 10-1〉 사업단위의 상품과 시장 지향적 정의 예

회사	상품 지향	시장 지향
한국철도공사	철도 운영	사람과 상품 운송
신도리코	복사기 제조	사무 생산성 향상
GS칼텍스	석유 판매	에너지 공급
CJ엔터테인먼트	영화 제작	사람에게 즐거움

3) 전략적 자원 할당

기업은 전략적 사업단위(strategic business unit: SBU)가 정의된 후, 경영자는 기업의 재원을 각 SBU별로 할당할 방법을 결정해야 한다. 1970년대 이후 기업은 투자결정에 대한 분석적 모델을 제공하기 위해 GE/McKinsey Matrix, BCG 성장-점유율 매트릭스 등 여러 가지 포트폴리오 계획수립 모델이 도입되었다. GE/McKinsey Matrix는 경쟁우위정도 그리고 산업의 매력성에 따라 각 SBU별로 구분한다. 경영자는 그 사업을 성장시키거나, 수확 또는 현금을 창출하며 유지하고자 한다. 또한 BCG 성장-점유율 매트릭스는 투자를 결정하기 위한 기준으로 상대적 시장점유율과 시장성장률을 이용한다(자세한 내용은 9장 9-2절 경영 전략의 체계 참조).

10-1-5 실행 프로그램 수립

전략을 세우고 다섯 번째 단계인 실행 프로그램을 수립하는 것은 불확실성에 대하여 효과적으로 대처하기 위해 반드시 필요하다. 전략을 수립하는 것도 중요하지만 전략을 집행하지 않으면 아무런 소용이 없다. 전략을 집행하기 위한 과정에서 실행 프로그램은 반드시 필요하다.

프로그램은 기업의 목표를 달성하기 위한 전략의 실행계획을 수립하는 것이다. 프로그램을 통해서 시장의 구조를 이해할 수 있고, 위험부담이 있더라도 각각의 리스크를 예측해서 분명한 가치 기준을 판단하고 대응전략을 마련하는 것이다.

10-1-6 전략 실행

아무리 훌륭한 경영 전략도 졸속한 프로그램이 작성된다면 아무 소용이 없을 것이다. 여섯 번째 단계인 전략의 실행에서는 기업이 가고자 하는 곳에 어떻게 도달할 수 있는가에 대한 대답을 하게 된다. 전략실행을 위해서는, 첫째, 기능 전략이 수립되어야 한다. 기능 전략(functional strategy)은 기업 전략과 사업전략을 부서나 작업자 그룹 또는 개인이 실행할 때 적용할 행동계획을 제공한다. 둘째, 프로그램, 예산, 절차 등 매일매일 자원 배분의 결정에 필요한 운영계획을 수립해야 한다. 셋째, 기업의 문화, 구조, 리더십의 변화가 필요하다.

즉 사업단위의 목표를 기술적 선도력으로 결정했다면 기술개발부를 강화하고, 새로운 기술에 대한 정보를 수집하고, 선도적인 제품을 개발하고, 기술적인 판매원을 훈련하고, 또한 기술선도 기업임을 알리는 광고 프로그램을 짜는 등 활동 프로그램을 수립해야 한다.

마지막으로 경영 프로그램이 수립된 후에는 그 프로그램의 시행비용을 평가해야 한다. 즉 특별한 전시회에 참가하는 것이 얼마나 가치가 있는가? 특별한 판매 콘테스트에는 얼마나 비용이 소요되는가? 다른 판매원을 채용하는 것이 최 일선 업무에 기여할 것인가? 활동에 기초한 회계처리는 마케팅 프로그램이 비용을 정당화하는 충분한 결과를 산출할 수 있는지 알아보기 위해 각각의 경영 프로그램에 응용되어야 한다.

경영컨설팅기업인 McKinsey & Company에 의하면, 전략은 성공적으로 실행하는 기업의 일곱 가지 요소(7S) 중 하나일 뿐이다(T. J. Peters and R. H. Waterman Jr, 1982). 첫 번째 세 가지 요소인 전략(strategy), 구조(structure), 시스템(system)은 사업성공의 하드웨어이며, 다음 네 가지 요소인 공통적인 행위 및 사고방식을 공유를 의미하는 스타일(style), 전략 수행에 필요한 기술 습득 및 숙달을 의미하는 기술(skill), 능력 있는 구성원 고용 및 훈련을 통하여 능력을 발휘할 수 있도록 직무를 부여하는 요원(staff), 구성원들의 지침이 되는 동일한 가치관을 공유하고 있음을 의미하는 공유된 가치관(shared value)은 사업성공의 소프트웨어 요소이다. 이러한 소프트웨어가 존재하는 경우 기업들은 항시 성공적으로 전략을 실행할 수 있다.

10-1-7 통제 및 피드백

환경에 대한 기업의 전략적 적응은 시장 환경이 기업의 7S보다 빨리 변화하기 때문에 필연적으로 잠식당하게 된다. 즉 기업은 효율적으로(올바르게) 운영되기는 하지만 이러한 기업은 효과성(올바른 일)을 상실하고 있는 것이다.

기업이 변화하는 환경에 적응하지 못하면 상실한 위치를 다시 찾는다는 것이 점차 어려워진다. 특히 거대한 조직들은 비활동적이다. 모든 것을 조정하지 않으면 한부문도 변화하기 어렵다. 그렇지만 조직은 강력한 지도력으로 위기가 닥치기 전에 변해야 한다. 조직 생존의 열쇠는 변화하는 환경을 조사하고, 그에 적절한 새로운 목표와 행동을 취하려는 기업의 의지이다.

일곱 번째 단계인 전략의 통제과정은 전략의 실행과정을 감시하여 성과 측정의 결과, 품질과 효율성, 경쟁우위를 조장하도록 하는 과정을 말한다. 전략이 계획대로 실행되고 있는가, 전략은 의도된 결과를 달성하는가에 대한 답을 제공한다. 일반적으로 통제 매커니즘은 피드포워드 통제(feedforward control) 아니면 피드백 통제(feedback control)의 형태를 취한다.

피드포워드(사전) 통제는 기업의 사명을 달성하고 전략적 목적을 완수하는 능력에 영향을 미칠 외적 환경과 내적 운영에 변화가 있음을 규명하기 위해 설계된다. 이러한 변화가 감지되면 기업은 그의 전략을 이러한 변화에 적응토록 해야 한다.

피드백(사후) 통제는 기업에서 계획한 성과와 실제 성과를 비교케 한다. 이러한 통제는 전략 수립 시 설정한 목적과 실행계획을 대상으로 삼는다.

10-2 프랜차이즈 경영 전략 방법

10-2-1 환경대응 전략

프랜차이즈 가맹본부 전략으로서 가장 중요한 것은 현재의 경영환경에 적응하는 경영전략수립보다는 앞으로 도래할 경영환경을 예측하여 그에 대응하는 전략을 수립하여 가는 과정이 전략적 계획의 기본이 되어야 한다는 점이다. 이는 과거의 통계적 경향치에 의해 수립되는 전략만으로는 미래의 경영환경을 예측하기 어려울 정도로 경영의 외부조건이 지나치게 가변적인 상황이 되었기 때문이다.

대부분의 우리나라 프랜차이즈 가맹본부는 창업초기에 수년 동안 상당히 성장하였다가 시간이 경과됨에 따라 점포 수가 축소되고 결국에는 자취도 없이 사라져버리는 것은 메뉴를 중심으로 창업하여 단기간은 인기를 누리며 성업했지만, 환경 변화에 대응할 수 있는 경영 전략을 개발하지 못하였거나 또는 경영 전략개발의 중요성을 가맹본부 경영자들이 인식하지 못하였기 때문에 자초한 결과라고 생각된다. 창업 1년 뒤, 2년 뒤의 사회적·경제적 환경 변화를 예측하지 못하고 단기간에 가맹점 수를 확대하여 이익확보에만 열을 올리다 보니 기업의 방향 감각을 상실해버린 결과이다.

지금도 상당수 가맹본부 경영자들이 미래비전에 의한 기업경영보다는 단기간에 가맹점으로부터 수익을 확보한 뒤 바로 가맹본부를 폐업하는 경우도 있으며, 많은 가맹점사업자들도 냉철한 판단이나 점포경영에 대한 경험 없이 가맹점을 개설하여 실패하는 사례가 많다. 법률적 견제장치로 이들을 보호하는 데는 한계가 있으며, 어디까지나 가맹점 경영을 희망하는 사람은 자기재산은 자기 스스로 관리하는 것이 필요하다. 즉 투자에 대한 결과는 누구에게도 책임이 돌아가지 않는 자기 책임이기 때문에 냉철한 판단으로 투자할 필요가 있다.

프랜차이즈 사업은 지역밀착형 사업이므로 지역의 사회경제적 환경에 가장 민감하게 영향을 받는다. 그런데 국가나 지역의 사회경제적 여건을 무시하고 일방적으로 기업을 확장하거나 어떠한 업종이나 업태를 운영한다는 자체가 실패할 것을 전제로 기업경영을 하는 것과 마찬가지다.

21세기 사회경제적 환경은 현재를 분석함에 있어 과거의 연장선상에서만 분석할 수 없는 여건이 된 것이다.

경영환경의 급격한 변화는 단순히 과거의 사실을 기초로 하여 현재나 미래를 분석했던 종래의 전략이 통할 수 없게 만들었다. 지금은 미래예측에 있어 선견성과 민감성을 필요로 하는 시대가 된 것이다.

경영 전략이란 전술한 바와 같이 '기업성장을 위한 최선의 기본방침을 확립'하기 위하여 기업의 외적조건인 사회경제적 환경의 변화를 정확히 예측해 그러한 경향에서 탈락하지 않도록 기업의 방침을 정하고 기업의 목표를 구체화하고 달성해가기 위한 것이며, 이를 위해 필요 불가결한 것이 환경에 대한 민감성이다.

종래에는 환경에 적응하는 관리전략이 일반적인 전략이었으나, 지금은 환경 변화에 대응하고 즉응하는 전략이 필요하다.

외식 프랜차이즈 가맹본부는 영구적으로 경쟁우위를 점하는 업종이나 업태가 존재할 수 없으며, 쉽게 그리고 빠르게 변화하는 고객의 욕구에 호응하여야 생존이 가능한 환경 즉응사업이 된 것이다. 그런데도 환경 변화의 예민성을 감지하지 못하고 현재의 실적에 만족하여 안주하고 있다가 사라져버리는 가맹본부를 자주 볼 수 있다. 어떤 환경이 도래되어 어떤 변화가 우리 앞에 전개될지는 누구도 모른다. 따라서 외식 가맹본부 경영자는 민감성, 선견성, 예측성을 함양해야 하고 환경에 대응하는 전략으로 바꾸어 가지 않으면 안 된다.

10-2-2 환경즉응 전략

가맹본부는 가맹점사업자가 환경즉응 전략으로 가맹점을 운영해 갈 수 있도록 전략적 접근이 필요하며, 가맹점에 대하여 리더십을 가져야 하며 사회경제적 환경, 즉 경제동향, 금융제도 변화, 물가동향, 인구변화, 도시구조, 교통 환경, 정보시스템기술혁신수준, 소비구조의 변화, 가치관의 변화, 노동시장의 변화, 의식의 변화, 국제문제의 변화, 교육수준의 향상, 업계의 동향 등을 충분히 인식하여 전략적 계획을 수립해야 한다는 것이다.

특히 최근 물가상승에 따른 소비둔화와 디플레이션에 대한 우려, 유럽의 금융위기, 중동정세 불안, 북한 핵문제 등 전혀 예측하기 어려운 문제가 세계 여러 곳에서 동시다발로 일어나고 있다.

이러한 문제가 현실경영에 미치는 영향을 예측하여 이에 즉응하는 전략수립을 해야 하는 것이 프랜차이즈 가맹본부 경영자들의 숙명이며 특히 외식 프랜차이즈 가맹본부는 외식수요가 환경에 민감하게 반응하기 때문에 미래 환경 변화에 대한 선견성과 환경 변화에 즉응할 수 있는 것을 기르는 것이 필요하다.

오늘의 외식고객은 외식 소비자라기보다는 외식문화생활자라는 개념으로 바뀌어져 가고 있다. 이는 고객이 자기주장과 자아실현을 위한 소비 욕구와 구매동기가 다양화 · 개성화되고 복잡화되어 생활 그 자체가 교차하고 메뉴나 기업의 수명주기가 극히 짧아져서 기업이 잠깐 한눈을 팔다보면 경제현장에서 도태되기 때문이다.

여기에서 유의해야 할 것은 호경기에 '진정으로 고객의 입장에 서서' 미래의 변화를 예견해가면서 불황에 대비해 가는 전략이 필요하다는 점이다.

불경기가 되면 흔히 광고비 삭감, 교육비 삭감, 출점 정지, 신규 채용 중지 등 기업의 체질을 약화시키는 고질적인 환경적응전략을 취하는 것은 이제 한 번쯤 재고해볼 내용이 아닐까 생각된다. 미래를 예견하는 선견성이 있었다면 이러한 불경기상황은 호황기에 충분히 대비할 수 있기 때문이다. 경영환경이 어떻게 변화하더라도 이는 예견된 상황이므로 이를 극복할 수 있는 환경즉응산업의 일원으로서 가맹본부의 입장이 되어야 할 것이다. 결론적으로 말하면 프랜차이즈 사업은 메뉴기술이나 점포운영과 같은 물리적인 전략사업일 뿐만 아니라 도리어 환경 변화에 즉응하는 '환경즉응전략사업'이라고도 할 수 있다. 이러한 가맹본부의 환경즉응전략이야 말로 가맹본부가 한정된 지역을 기반으로 고객의 접점에서 사업을 영위하는 가맹점사업자의 이익증대에 도움이 되는 전략이다.

10-3 프랜차이즈 전략적 경영계획 수립

프랜차이즈의 전략적 경영계획 수립은 일반 기업의 전략적 경영계획과정과는 달리 일관성과 통일성을 강조한다는 면에서 약간의 차이가 있다. 프랜차이즈의 일관성은 가맹본부와 가맹점, 그리고 고객에게 동일한 품질의 상품과 서비스를 제공함으로써 가맹본부가 개발한 우수한 사업 아이템이 안정적으로 운영되는지를 의미한다. 프랜차이즈의 통일성은 일관성을 유지하기 위해 이미지적인 요소인 상호, 상표, 로고 및 기술적인 요소들인 인테리어 설비, 가구, 의장, 그리고 문서적인 요소인 서류, 영수증, 메뉴판 등과 같은 요소들을 통일화 하는 것이다. 따라서 프랜차이즈의 전략적 경영계획 수립 과정은 기업의 전략적 경영계획 수립 과정과 사업단위 마케팅 전략 수립 과정을 혼합한 것으로 볼 수 있다.

프랜차이즈 전략적 경영계획 수립의 기본적인 구성요소는 첫째, 가맹본부가 미래에 하고자 하는 비전(vision)과 이를 달성하고자 하는 미션(mission)을 분명히 해야 한다. 둘째, 가맹본부는 시장의 환경요소를 이해하고 대처하기 위한 마케팅 환경 분석을 통하여 경쟁우위를 위한 차별적 전략을 가져야 한다. 셋째, 마케팅 환경 분석에 의한 명확한 사업의 규모와 범위를 설정하여야 한다. 또한 이를 위해서는 기술성 분석과 시장성 분석 및 수익성 분석이 필요하다. 넷째, 사업의 규모와 범위를 설정하고 나면, 수익성, 매출액, 시장점유율, 위험감수, 혁신성이나 명성 등을 포함한 마케팅 목표를 결정해야 한다. 다섯째, 마케팅 목표를 효과적으로 달성하기 위한 마케팅 전략 수립이 필요하다. 여섯째, 프랜차이즈 사업의 차별화를 위한 상표등록과 프랜차이즈 사업의 일관성을 유지하기 위한 매뉴얼화 및 운영표준화 등 프랜차이즈 운영계획을 수립해야 하고, 일곱 번째, 경영 전략 계획을 구체적으로 실행하기 위한 실행계획이 필요하다. 그리고 마지막으로 가맹본부는 가맹점과의 원활한 사업을 지속적으로 유지하기 위해 전략적 계획에 대한 통제와 피드백이 필요하다.

10-3-1 가맹본부의 미래비전

가맹본부의 미래비전은 가맹본부 경영자의 기업가정신에 의해 결정된다. 기업가의 정신은 많은 학자에 의해 연구되어 왔다. 따라서 기업가 정신은 기업가의 기능적 요인과 개인적 특성 관련 요인으로 구분되고 있다.

기업가의 기능적 요인으로는 생산적 기능에 의한 이윤 창출적인 부분을 포함하고 있다. 즉 제품혁신, 생산 공정의 혁신, 시장혁신, 생산요소 혁신, 조직혁신 등 다양한 혁신을 담당해야 하는 것이 기업가의 핵심역할이라고 간주하였으며, 기업가의 개인 특성과 관련한 요인은 사회·심리적 특성이 반영된 것으로 기업가 개인의 성취욕구, 자기 실천 의지, 위험감수 성향 등과 같은 심리적 특성과 가정환경 및 교육수준 등과 같은 사회적 배경요인을 강조하고 있다.

프랜차이즈 기업의 창업자에게 있어서도 기업가 정신의 형성에 필요한 기능적인 면과 사회·심리적 특성 모두가 요구된다. 또한 기업가정신에 필요한 이윤창출을 위한 혁신에 대한 핵심역량과 기업가의 사회·심리적인 특성을 강조한다. 산업의 발달과 프랜차이즈 시장이 확산될수록 기업가가 갖추어야할 도전정신이 매우 중요하다. 프랜차이즈 기업가의 도전정신은 합리적이고 효율적인 사고를 바탕으로 하는 혁신에 의해 이루어져야 한다. 창업과 관련된 많은 성공의 전재조건은 기업가의 자질과 능력에 있다고 할 수 있다.

미래비전은 향후 10~20년 동안 기업의 방향을 제공하는 비전과 미션이다. 미래비전에는 사업의 종류, 사업 영역, 고객에 관한 규정을 포함하고 있어야 하며, 너무 협소하거나 광범위하지 않아야 한다.

미래비전은 특정한 목표에 집중되어야 하고, 기업이 준수하고자 하는 중요한 방침과 가치관을 강조해야 하며, 기업이 활동할 중요한 경쟁영역을 규정해야 한다. 그리고 지속적이며 장기적인 견해와 가능한 한 짧고, 기억하기 쉬우며 또한 의미가 있어야 한다.

가맹본부의 비전은 가맹본부의 목표이고, 가맹본부의 미션은 경영 전략이라고 할 수 있으므로, 가맹본부는 미래비전을 이루어나가기 위한 과정에 충실하게 임하는 자세로 사업 전반에 대한 소명의식을 갖고 가맹사업을 전개해야 한다.

가맹본부의 미래비전에 대한 사례를 보면 〈그림 10-4〉와 같다.

10-3-2 환경 분석

가맹본부는 기업 목표를 효과적으로 달성하기 위해서는 조직의 마케팅 활동에 직접 관련되는 외부적 환경요인(환경 분석)과 내부적 자원(자원 분석)에 대해 구체적인 관점의 환경 분석이 필요하다. 가맹본부는 환경 분석을 위해서 첫째, 마케팅 활동에 초점이 되는 잠재고객들의 필요와 욕구 및 구매행동의 특성과 변화추세를 분석하고, 둘째, 자신의 마케팅 활동과 직접적으로 관련된 외부적 환경요인들의 현황 및 변화추세를 구체적으로 분석해야 하며, 셋째, 전체 시장과 주요 세분시장별로 규모와 변화추세를 분석하고, 넷째, 상품별 매출액이나 시장점유율의 변화추세도 분석해야 한다.

SWOT 분석은 외부환경의 기회요인과 위협요인을 파악하고 기업 내부의 강점과 약점을 분석한 후 전략적 대안을 도출하는 마케팅 분석 방법이다. SWOT 분석을 통해서 기업의 강점을 최대한 활용하면서 새로운 사업 기회를 포착하고 기업의 약점을 최소화하면서 위협요인을 대처하는 전략을 다각적으로 모색할 수 있다. 외부환경 변화는 기업의 관점에 따라 위협요인이 될 수도 있고 기회요인이 될 수도 있다.

1) 외부 환경 분석

가맹본부의 외부 환경 분석을 위해서는 중요한 거시적 환경요인(인구 통계적, 경제적, 자연적, 기술적, 정치적/법적, 사회적/문화적)을 조사해야 한다. 그리고 시장에서 수익을 획득할 수 있는 기업의 능력에 영향을 주는 미시적 환경요인(잠재고객, 경쟁사, 유통업자, 공급업자, 공중 등)을 조사해야 한다. 각각의 추세나 발전에 대해 마케팅관리자는 연관되는 기회와 위협을 확인해야 한다.

〈그림 10-4〉 가맹본부 비전사례

(주)BGF리테일 비전

(주)보하라(남다른 감자탕)

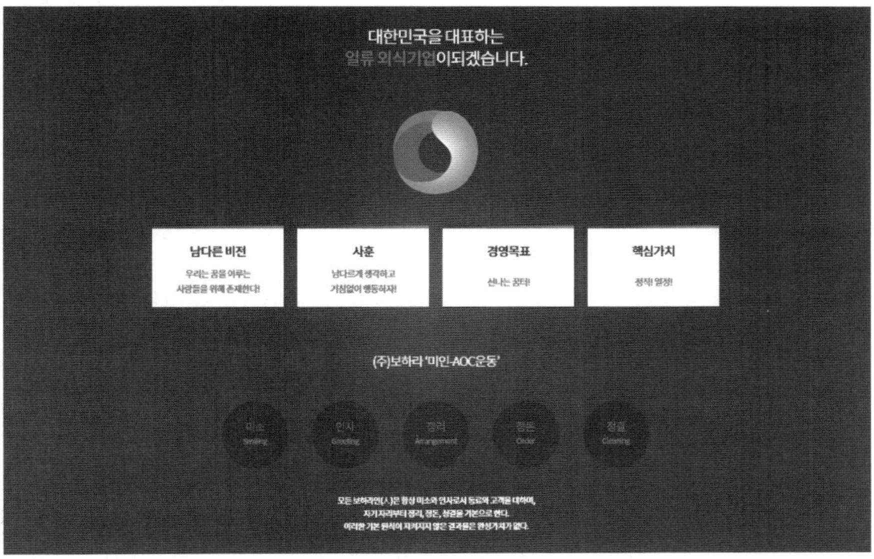

(주)크린토피아

2) 내부 환경 분석

사업단위는 중요한 내부 환경요인(인적 자원, 재무 자원, 마케팅 능력, 제조 및 생산, 물류, 정보화 등)을 조사해야 한다. 사업단위는 분명히 약점 전부를 개선할 필요가 없으며, 장점 전부를 충분히 활용할 필요도 없다. 즉 사업단위가 현재 요구되는 강점을 가지고 있는 경우 그러한 기회를 이용하는 데 한계가 있는지, 또는 새로운 강점을 발견하거나 개발하는 데 더 좋은 기회를 고려해야 하는지가 더 중요하다.

3) SWOT 분석을 이용한 전략의 수립

SWOT 분석의 결과 얻어진 내용 중 핵심적인 과제를 대상으로 하여 전략을 도출할 수 있는데 이는 앞서 살펴본 〈표 10-1〉과 같다. 중점전략을 선정하는 방법으로는 목적 달성의 중요성, 실행 가능성, 경쟁사와 다른 차별성 등의 요소 중 자신의 상황에 가장 적합한 것을 중점전략으로 선택한다. 원앤원 주식회사의 원할머니보쌈 SWOT 분석의 사례를 보면 〈그림 10-5〉와 같다.

원할머니보쌈의 SWOT 분석을 통한 전략안을 도출해 보면 첫째, SO전략은 전략 메뉴얼화된 조리 과정을 통한 메뉴의 고급화, 웰빙에 대한 지속적인 수요 증가와 품질 유지를 위한 최신 현대화된 시스템, 주 5일제 근무제로 인한 외식문화 발달로 인한 전국적인 가맹점 확장 전략 등을 들 수 있으며, 둘째, ST전략은 보쌈의 맛 차별화 및 매뉴얼화, 다양한 특허 출원, 신규 가맹점 및 기존 가맹점 리모델링 지원 전략, 셋째, WO전략은 식품 안전성 인증, 기존 매장의 지원을 통한 통일된 이미지 구축, 메뉴의 고급화와 지속적인 신 메뉴 개발, 현지인에게 친숙한 메뉴와 로고를 사용한 해외진출 전략, 넷째, WT 전략은 메뉴의 다양화, 시스템화된 공정과정, 현대식 인테리어와 포장 서비스 및 체험 행사 등의 전략을 들 수 있다.

〈그림 10-5〉 SWOT 분석 사례 — 원할머니 보쌈

강점	약점
• 프랜차이즈 관련 각종 수상 경력 • 다양한 전문 인력을 통한 가맹점의 효율적 관리 • 전문 인력 개발을 위한 교육과 훈련	• 인테리어의 통일성 미흡 • 전통 음식의 비위생적 이미지 • 해외 시장 진출의 어려움
기회	**위협**
• 소비자들의 고급화 추구 경향 • 건강식 & 웰빙에 대한 지속적인 수요 증가 • 주 5일 근무제로 외식문화 활성화	• 내수시장의 침체 • 외식사업체 증가에 따른 경쟁 심화 ▸ 잠재적 시장 진입자 ▸ 시장 내 강력한 경쟁자

10-3-3 사업 규모와 범위 설정

가맹본부는 프랜차이즈 전략수립 과정에서 사업의 규모와 범위를 어떻게 설정해야 하는지 결정해야 한다. 사업규모와 범위를 설정하기 위해 미래 목표를 추정하게 되는데 목표는 일정한 미래시점에서 성취해야 하는 바람직한 상태를 계량적으로 표현한 것으로서 결국 조직이 특정한 기간 동안에 달성해야 하는 구체적인 과업에 대한 범위를 설정하는 것을 의미한다. 가맹본부의 사업규모와 범위에 대한 설정은 목표를 결정하기 위한 부문으로 가맹본부의 운영을 위한 경영 지침이 되기 때문이다.

가맹본부의 사업규모와 범위가 정확하게 설정되기 위해서는 앞에서 설명한 마케팅 상황 분석과 생산관련 기술성 분석 및 시장성 분석, 경제성 분석과 수익성 분석이 동시에 이루어져야 한다.

가맹본부는 자사의 사업 아이템과 경쟁시장과의 관계를 통하여 사업성을 분석함으로써 사업진출을 위한 적정규모와 투자액의 범위를 설정할 수 있다.

1) 기술성 분석

기술성 분석은 사업추진을 위한 상품이나 서비스의 생산과 판매에 관련된 기술적 측면에 대한 전반적인 검토와 분석을 말한다. 즉 기술성 분석은 추진하고 있는 사업을 영위하는데 필요한 기술, 기계와 장비, 자재와 인력, 입지 및 시설 등을 대상으로 하여 기술적인 부문을 검토하고 평가하는 분석영역이다. 기술성에 대한 분석 대상은 크게 네 가지로 나누어 볼 수 있는데, 첫째, 운영 상품이나 서비스의 용도, 품질 그리고 경쟁분석이다. 둘째는 경제적, 사회적, 자연적 입지조건과 환경 분석이다. 셋째는 운영 상품이나 서비스에 대한 적정성과 장래성에 대한 분석이다. 마지막으로 생산 및 재고와 판매 분석이다.

일반적으로 기업들은 치열한 경쟁 상황을 극복하고 생존 및 성장을 지속적으로 이루어 나가기 위해서 소비자들의 필요와 요구를 정확히 이해하고, 소비자들을 충족시킬 수 있는 상품을 시장에 출시함으로써 경쟁사와의 제품 차별화와 경쟁우위를 유지하기 위한 생산관련 기술을 분석하게 된다. 또한 프랜차이즈 가맹본부들은 시장에 제공하는 상품이나 서비스가 고객과의 원활한 교환이 이루어지도록 고객가치를 창조하고, 커뮤니케이션하고, 전달하며, 기업과 이해관계자들의 이익을 증대시키기 위하여 고객과의 관계를 관리하게 된다.

프랜차이즈 가맹분부의 경우 생산관련 기술의 외적 요인과 내적 요인을 보면, 외적 요인으로는 상품과 서비스에 관련한 사업 아이템을 들 수 있고, 내적 요인으로는 프랜차이즈 패키지, 즉 매뉴얼과 관련한 요인들로 나누어 볼 수 있다.

프랜차이즈 가맹본부는, 첫째, 기술적 분석의 차별적 우위를 통해 시장기회를 보다 쉽게 찾고, 둘째, 시장에 존재하고 있는 고객의 잠재적 욕구를 발굴하고 셋째, 경쟁기업과 비교하여 자사의 장·단점을 찾아내고 넷째, 변화하는 시장수요에 능동적으로 대처할 수 있는 능력을 배양함으로써 시장을 선점할 수 있는 기회요인들을 보다 쉽게 접할 수 있게 된다.

또한 프랜차이즈 가맹본부의 기술적 우위에 따른 시장선점은 첫째, 사업의 성장 동력으로서 지속적인 성장을 가능하게 하며, 둘째, 외적 요인인 사업 아이템과 서비스의 차별화를 통하여 기업은 고객의 욕구를 정확히 충족시킬 수 있으므로 기업에 대한 고객충성도를 높일 수 있다. 셋째, 내적 요인인 프랜차이즈 패키지의 차별적 요인들은 가맹점의 관리체계를 확립함으로써 우호적인 관계 유지를 가능하게 한다.

2) 시장성 분석

시장성 분석이란 운영하고 있는 상품이나 서비스가 얼마나 팔릴 수 있는가를 조사하는 일이다. 즉 판매예측을 정확히 하는 일이다. 시장성 분석은 목표시장을 설정하고 표적시장이 결정되면 시장조사를 실시하게 된다.

시장 분석은 시장 규모가 어느 정도 인지를 알아내고, 경쟁상황 등을 고려하는 시장의 특성과 구조를 알아보고, 소비자 성향에 관한 소비자 분석이 이루어져야 한다.

첫째, 시장 규모에 대한 확인은 기존시장에 대한 과거 및 현재의 자료를 통하여 미래를 예측하는 과정으로 프랜차이즈 가맹본부가 취급하고 있는 상품과 대체 가능성이 높은 유사상품에 대한 과거의 수요와 공급을 통해서 향후 전망을 분석하는 것이다.

둘째, 시장의 특성과 구조에 대해서는 운영하고 있는 상품이나 서비스 시장을 사전에 분석하여 시장방어 가능성과 시장구조를 파악하여 발생 가능한 문제점에 대처할 수 있는지를 사전에 파악하는 것이며, 유통구조 및 특성은 유통경로, 경로별 마진, 고객의 특성, 거래방법 등을 알아보는 것이다.

셋째, 소비자 분석은 소비자의 지역별, 연령별 성향과 변화추세에 대한 분석이 이루어져야 하며, 상품의 소비형태, 1회 구매 시의 소비단위, 재 구매의 순환주기 등에 대한 분석이 필요하다.

3) 경제성 분석

경제성 분석은 시장타당성 분석과 기술타당성 분석에서 나타난 결과를 가지고 창업업종의 사업화에 필요한 소요자금 및 창업 후의 수익성을 평가하기 위한 분석이다. 창업업종이 시장타당성과 기술타당성을 만족시킨다 하더라도 최종적인 사업 추진결정은 경제성 분석에 의한 자금수지와 자금 조달 능력을 통한 수익성 판단 여부에 있다고 할 수 있다. 따라서 경제성 분석은 매우 신중하게 결정되어야 한다.

수익성 검토 요소는 대부분의 전망을 지금 관점에서 분석하는 것이기 때문에 이의 근거 자료가 되는 추정손익계산서, 추정대차대조표, 자금수지 등 추정재무제표 작성이 핵심 과제가 된다. 가장 중요한 자금 조달과 운용에는 먼저 사업에 필요한 총 소요자금의 적정 규모 산정과 더불어 조달가능성을 자금 조달의 위험분석과 함께 추정하고 이들 자료를 중심으로 자금 조달계획서와 운용계획서를 작성해야 한다.

4) 수익성 분석

수익성 분석은 예상매출액을 추정함으로서 가능하다. 예상매출액의 추정은 전체 시장에서 자사의 시장점유율을 감안하여 매출을 추정할 수 있는데, 실제 예상 매출액의 추정에는 많은 변수가 작용할 수 있으므로 정확한 예상매출액을 추정하는 것은 어렵다.

고객의 선호도는 곧 구매행동으로 이어지고 이는 매출과 직결되므로 수익성의 변화에 많은 영향을 미치고 있다.

모든 기업은 한정된 크기의 시장 안에서 경쟁하고 수익을 나누게 된다. 이러한 한정된 시장 안에서 수익성을 높이기 위한 방법은 시장의 규모를 키우거나 고객의 수를 더 많이 확보하는 방법이다. 생산이 수요를 초과하고 고객의 욕구는 다양한 차원을 넘어서 고객이 직접 생산에 참여하는 프로슈머의 시대 속으로 진입하게 되면서 고객에 대한 기업의 전략적 접근은 더욱 복잡하게 되었다.

이에 대응하기 위해 기업의 마케팅 전략은 고객 개개인의 욕구를 충족시키기 위한 일대일 마케팅을 실현하고 있으며, 소비자의 소비행동에 더욱 가까이 접근하려고 노력하고 있다. 프랜차이즈 가맹본부 역시 끊임없이 변화하고 있는 시장상황을 분석하고, 고객의 소비행동 변화에 관심을 기울임으로써 수익성을 높일 수 있는 요인들을 발굴해야 한다.

- 예상수익: 총이익 및 경상이익 규모
- 수익 잠재력
- 비용구조: 고정비용과 변동비용
- 손익분기점
- 현금흐름

10-3-4 목표 결정

가맹본부의 사업규모와 범위가 설정되고 나면 목표를 결정하여야 한다. 목표는 수익성, 매출액, 시장점유율, 위험감수, 혁신성이나 명성 등을 포함한 목표를 추구한다. 가맹본부는 이러한 목표를 결정하고, 그 목표를 기준으로 관리한다. 목표 기준관리는 MBO(manages by objectives, 목표관리) 시스템을 운영하게 된다. 가맹본부의 여러 가지 목표는 다음의 네 가지 기준을 충족시켜야 한다.

- 가장 중요한 것에서 중요하지 않은 것으로 목표를 단계적으로 정리해야 한다. 즉 이익은 수입을 늘리거나 비용을 줄임으로써 증가될 수 있으며, 매출은 시장점유율을 늘리거나 가격을 인상함으로써 증가될 수 있다.
- 가능하면 모든 목표는 정량적으로 표시해야 한다. 즉 '투자수익률(ROI)'의 증가라는 목표보다는 '2년 이내에 15%까지 투자수익률을 증가한다.'라고 목표를 정하는 것이 더 명확할 것이다.
- 현실적인 목표를 설정해야 한다. 즉 목표는 바람직한 생각에서가 아니라 가맹본부 사업의 기회와 위협, 강점과 약점에 대한 분석을 기초로 하여 정해져야 한다.
- 목표는 일관성이 있어야 한다. 즉 판매와 이익을 동시에 극대화하는 것은 불가능하다.

목표 결정에 있어서 상쇄적인 것에 있어서는 단기적 이익 대 장기적 성장, 기존 시장에 대한 침투 대 시장개발, 이익 목표 대 비영리 목표, 고성장 대 낮은 위험 등이 포함된다. 목표에 동반되는 상쇄적인 것에 대한 선택은 마케팅 전략에 의해서 가능하다.

10-3-5 마케팅 전략 수립

가맹본부의 마케팅 목표가 결정되고 이를 달성하기 위한 전략이 필요하다. 따라서 마케팅 목표를 효과적으로 달성하기 위해서는 각 하위조직에 역할을 담당할 행동방안이 필요하다. 즉 마케팅 전략은 크게 표적시장 선정과 잠재고객의 필요와 욕구를 효과적으로 충족시키기 위한 마케팅 믹스 개발이라는 두 가지로 구성되어 있다. 즉 시장 세분화, 표적시장 선정, 포지셔닝에 이어지는 마케팅 믹스 개발을 의미한다.

1) STP 전략

STP 전략은 시장을 세분화(segment)하고, 목표시장을 설정(targeting)하며, 고객의 마음속에 자사의 상품 및 서비스가 포지셔닝(positioning)될 수 있도록 하는 전략으로 목표시장 분석에 가장 널리 사용된다.

시장 세분화(market segmentation)는 소비자의 필요와 욕구 및 행동특성의 유사성에 따라 전체 시장을 몇 개의 동질적인 집단으로 분리하고 각 집단에게 적합한 마케팅 믹스를 별도로 제공하기 위해 전체 시장을 동질적인 집단으로 분리하는 과정이다.

효과적인 시장 세분화를 위한 전제조건은 첫째, 시장 세분화를 위해서는 일반적으로 적정한 규모의 세분시장들을 산출하는 군집화된 선호패턴을 전제로 하여 전체 시장을 세분하며, '내부적 동질성과 외부적 이질성'을 충족시켜야 한다. 둘째, 시장 세분화 전략이 효과적이기 위해서는 전체 시장 및 세분된 시장의 규모가 별도의 마케팅 믹스를 제공받을 수 있는 정도로 커야 하는 '경제성'의 조건을 충족해야 한다. 셋째, 전체 시장을 세분화하였을 때 각 세분시장의 규모나 구매력 등의 크기를 계량적으로 측정하고 평가할 수 있는 '측정 가능성'의 조건을 충족해야 한다. 넷째, 전체 시장을 세분화한 후 각 세분시장이 효과적으로 접근하기 위한 정보제공 경로나 유통경로를 확보할 수 있도록 '접근 가능성'의 조건이 충족되어야 한다. 다섯째, 전체 시장을 세분화하였을 때 마케팅관리자가 소비자의 필요와 욕구를 효과적으로 충족시킬 마케팅 믹스 개발 능력과 자원을 갖고 있는 '실행가능성'의 조건이 충족되었을 때 효과적인 시장 세분화가 가능하다.

표적시장(target market) 선정은 세분시장들로부터 주 고객 시장을 선정하는 것을 말한다. 즉 표적시장이란 마케팅관리자가 조직의 목표를 달성하기 위해 마케팅 노력을 집중시킬 고객들의 집단을 말한다. 표적시장 선정전략으로는 첫째, 상품과 시장에서 모두 전문화하는 것으로 대체로 소규모의 마케팅조직을 채택하는 상품/시장 전문화, 둘째, 전채시장의 잠재고객들에 대해 특정한 상품을 전문화하여 마케팅하는 상품전문화, 셋째, 특정한 세분시장만을 대상으로 하여 그들이 필요로 하는 거의 모든 상품을 제공하는 시장전문화, 넷째, 여러 세분시장이 유망하다고 판단될 경우 다수의 상품/시장전문화를 선택하는 선택적 전문화, 다섯째, 다양화를 추구하는 마케팅 조직에서 흔히 찾아볼 수 있는 전체 시장의 잠재고객들을 대상으로 하여 그들이 필요로 하는 광범위한 상품들을 마케팅하는 완전포괄 전략이 있다. 완전 포괄(전체 시장 확보) 전략에는 세분시장의 차이를 무시하고, 하나의 상품으로 전체 시장을 추구하는 무차별적 마케팅과 여러 개의 세분시장에서 활동하지만, 각각의 세분시장에 대해 상이한 상품을 추구하는 차별적 마케팅이 있다.

포지셔닝 전략(positioning strategies)은 마케팅 목표를 효과적으로 달성하기 위해 바람직한 목표 포지션을 결정하고 잠재고객의 마음속에 이미지를 구축하기 위해 마케팅 믹스 요소들을 독특하게 결합하는 일을 말한다. 목표 포지션을 결정하는 일은 경쟁구조를 고려한다는 점에서 '차별화'를 추구하며, 잠재고객들의 필요와 욕구를 고려한다는 점에서 '세분화'를 동시에 추구하는 것이다. 목표 포지션은 마케팅 목표를 효과적으로 달성하기 위해 잠재고객의 욕구, 상품을 사용하는 고객의 특성, 상품범주, 상품 효익, 상품의 용도, 상품의 사용계기, 가격과 품질, 경쟁자, 상징 등의 측면에서 정의되어야 한다. STP 전략 순서는 〈그림 10-6〉과 같다.

〈그림 10-6〉 STP 전략 순서

2) 마케팅 믹스 전략

마케팅 믹스는 기업이 표적시장에서 목표를 달성하기 위해 통제 가능한 마케팅변수를 적절히 믹스하는 것이다. 마케팅 믹스는 최종 소비자뿐만 아니라 거래 경로에 영향을 주기 위해 결정되어야 한다. 마케팅관리자는 최종 소비자의 경로에 대해 이해한 후 상품에 대한 문제 해결 방법을 만들거나 고객화하고, 잠재고객들에게 많은 정보 원천이 존재하고 있다는 사실을 깨닫고, 잠재고객들에게 정보를 제공하며, 실제 가치를 제공하는 가격을 설정하고 또한 잠재고객들에게 상품이 접근할 수 있는 장소를 선정하는 것이다.

프랜차이즈 시스템은 서비스산업으로 서비스 마케팅을 활용하는 것이 더 효과적이다. 프랜차이즈 업종은 크게 외식업, 도·소매업, 서비스업으로 분류하고 있다.

프랜차이즈 시스템은 일반적인 마케팅의 4P 기능 외에 첫째, 사람(people)으로 가맹점사업자와 종업원이 고객들과의 상호작용 및 접점관리 등의 추가적인 기능이 필요하다. 둘째, 가맹본부와 가맹점 간의 동일성과 통일성을 갖기 위한 가맹점의 내·외부 인테리어 시설과 간판, 종업원의 단체복, 메뉴판 등이 물리적 증거(physical evidence)의 기능이 추가적으로 필요하다. 셋째, 과정(process)은 고객에게 서비스를 체험할 수 있도록 제공절차나 서비스의 운영 흐름으로 고객이 서비스를 판단하는 증거가 된다. 고객이 서비스를 체험하는 과정이 복잡하든 간편하든 간에 고객의 위치에서 생각하고 목표고객의 차원에서 설계되어야 한다.

따라서 마케팅관리자는 마케팅 믹스 중 단기간에는 가격, 판매원의 규모, 광고비용을 변경할 수 있으나, 신제품을 개발하고 마케팅 경로를 수정하기 위해서는 오랜 시간이 소요된다. 따라서 마케팅관리자는 마케팅 믹스 결정 변수를 단기간 내에 변화시킬 수 없으므로 신중하게 결정해야 한다. 확장된 마케팅 믹스의 7P 요소를 보면 〈표 10-2〉와 같다.

10-3-6 프랜차이즈 운영계획

프랜차이즈 사업은 서비스 사업에 가깝다고 볼 수 있다. 따라서 브랜드와 매뉴얼은 프랜차이즈 사업을 하는 데는 매우 중요한 요소라 할 수 있다.

프랜차이즈 시스템에서 브랜드는 매우 중요한 자산 가치이며, 상품이나 서비스의 가장 강력한 차별화요소이다. 프랜차이즈 시스템에 있어 매뉴얼은 전반적인 사업 운영 시스템의 내용들을 문서화하여 가맹본부 및 가맹점사업자들에게 일관성 있는 사업의 표준화를 설정함으로써 경영효율을 극대화하기 위한 사업 운영지침서이다.

1) 상표등록

프랜차이즈 사업은 가맹본부의 상호나 상표를 사용하여 상품과 서비스를 거래하거나 판매할 수 있도록 가맹점사업자에게 자격을 부여하는 것이다. 그러나 허가받지 않은 많은

〈표 10-2〉 확장된 마케팅 믹스의 7P

product	price	place	promotion
다양성 품질 디자인 특성 상표명 포장 크기 서비스 보증 반품	정가 할인 공제 할부조건 신용조건	유통경로 범위 분류(구색) 위치 재고 수송	판매촉진 광고 인적판매 공중관계 직접마케팅
people	**physical evidence**	**process**	
직원 채용 훈련 동기부여 보상 팀워크 고객 교육 훈련	시설설계 장비 표식 직원의상 기타유형단서 보고서 명함 연설문 보증	활동의 흐름 표준화 고객화 단계의 수 단순 복잡 고객 관여도	

사업자들이 성공한 프랜차이즈 기업의 상호나 상표 및 상품과 서비스를 모방하여 사용하는 경우가 많다.

프랜차이즈 사업의 성공요인은 차별성과 일관성이라고 할 수 있다. 프랜차이즈의 상품과 서비스는 특허에 의해 보장받기 어려운 특성으로 인해 모방이 쉽게 이루어질 수 있고, 경쟁업체의 무분별한 모방은 프랜차이즈의 차별성과 일관성을 유지하며 성공적으로 시장에 진입한 기업들을 일순간에 무너뜨리는 역할을 한다.

프랜차이즈 사업을 준비하는 기업들은 자사의 상호나 상표의 등록 및 상품과 서비스에 대해 특허를 획득함으로써 모방으로부터 발생할 수 있는 문제점에 대처하고 최대한의 법적보호를 받을 수 있는 제도적으로 보안장치를 마련해야 한다. 그리고 지속적으로 브랜드 확장 계획을 수립 운영하는 것이 필요하다.

2) 매뉴얼을 통한 운영표준화

프랜차이즈 사업은 곧 매뉴얼사업이라고 해도 과언이 아니며, 프랜차이즈 사업의 성패는 얼마나 시스템이 실현가능한 형태로 잘 구성되어 있느냐에 따라 결정된다. 프랜차이즈의 매뉴얼은 시범점포의 운영을 통하여 철저히 검증된 결과를 표준화시켜 놓은 것으로서 가맹본부와 가맹점의 운영표준화를 통한 일관성을 유지하기 위함이다.

가맹본부 구축 시 매뉴얼의 미비는 추후 가맹점의 저항을 받을 수 있을 뿐만 아니라 분쟁의 발생 여지를 남겨 놓을 수 있다. 또한 프랜차이즈 사업 전개 시 매뉴얼이 사업 개시 전에 작성되어 있지 않으면 업무의 일관성이 이루어지지 않음으로써 혼란을 야기하게 되고 이로 인하여 쓸데없는 시간과 비용의 소모가 발생함으로써 프랜차이즈 사업의 효율성을 저하시키는 결과를 초래하게 된다. 매뉴얼을 통한 운영표준화는 프랜차이즈 사업이 성장함에 따라 지속적으로 변경 보완함이 필요하다.

10-3-7 실행계획

아무리 훌륭한 전략적 계획이라도 누가 언제 어디서 어떻게 실행해야 하는지를 정확하게 계획하지 않으면 아무런 소용이 없다. 전략의 실행 단계에서는 가맹본부가 가고자 하는 곳에 어떻게 도달할 수 있는가에 대한 대답을 하게 된다. 프랜차이즈 가맹분부는 일반 제조업이나 유통업과 달리 가맹본부와 가맹점 사이에 전략이 실무적으로 운영됨으로 가맹본부와 가맹점 사이에 역할이 분명해야 분쟁과 갈등이 이러나지 않는다. 따라서 전략실행을 위해서는, 첫째, 가맹본부와 가맹점 사이의 계약내용에 따라 전략이 실행되도록 하여야 한다. 둘째, 프로그램, 예산, 절차 등 가맹본부의 자원 배분의 결정에 필요한 운영계획을 수립해야 한다. 셋째, 기업의 문화, 구조, 리더십의 변화에 따른 실행계획이 필요하다.

10-3-8 통제와 피드백

프랜차이즈 전략적 계획의 통제는 전략의 실행과정을 감시하여 성과 측정의 결과, 품질과 효율성, 경쟁우위를 추구하도록 하는 것이다. 통제는 전략이 계획대로 실행되고 있는가, 전략은 의도된 결과를 달성하는가에 대한 답을 제공한다.

특히 프랜차이즈 전략은 각 가맹점의 목표 달성이 가맹본부의 목표와 연결되어 있으므로 전략에 대한 통제 과정은 가맹본부의 목표달성에 관한 전략의 통제뿐만 아니라 각 가맹점의 목표 달성을 위한 통제가 이루어져야 하기 때문에 매우 중요하다.

10-4 마케팅 계획의 수립과 실행

가맹본부의 성공적인 마케팅이 되기 위해서는 고객가치를 이해하고, 창조하며, 전달하고, 장악하며 고객가치를 유지·보존하는 역량을 가지고 있어야 한다. 가맹본부는 고객에게 집중하고, 변화하는 고객욕구에 효과적으로 대응하도록 조직화되어야 한다.

마케팅관리자는 적절한 활동을 선정하고 실행하는 것을 확실하게 하기 위해 세 가지 중요한 분야에 대한 전략적 계획 수립을 최우선시 해야 한다. 첫째는 투자 포트폴리오로 기업의 사업단위를 관리해야 한다. 둘째는 중요한 분야는 시장의 성장률과 시장에서의 기업의 위치와 적합성을 고려해 각 사업단위의 강점을 평가하는 것이다. 셋째는 전략을 수립하는 것이다. 가맹본부의 전략계획 수립은 기업수준과 브랜드단위수준, 제품수준으로 구성하는 것이 좋다. 가맹본부는 전체기업을 유도하기 위한 기업 전략계획을 수립하는 책임을 진다. 즉 가맹본부는 얼마나 많은 재원을 각 사업부에 할당할 것인가 하는 문제뿐만 아니라, 어떠한 브랜드사업단위를 시작하고 제외할 것인가를 결정한다. 각 브랜드사업단위는 수익창출을 위한 브랜드단위전략계획을 수립해야 한다. 마지막으로 각 브랜드단위 내의 각 제품수준은 제품시장에서 그 목표를 성취하기 위한 마케팅 계획을 수립해야 한다.

가맹본부의 활동에 있어서 성공적인 마케팅 전략 계획을 수립하고 실행한다는 것은 과학과 예술의 결합이라고 해도 과언이 아닐 것이다. 그만큼 성공적인 마케팅 전략계획을 수립해서 실행한다는 것이 어렵다는 것이다. 여기에는 여러 가지 이유가 있겠지만, 상품의 품질이나 특성이 일반화되면서 상품 자체만으로는 차별화가 어렵다는 것이 가장 큰 이유일 것이다. 기술격차가 좁아지고 모방이 쉬워짐에 따라 가맹본부는 상품 본연의 물리적·화학적 특징인 핵심 상품으로만 자신의 상품을 차별화하는 것에 한계를 느끼고 있다. 따라서 상품의 품질, 특성과 특징의 비슷함 속에서도 자신만의 차별화된 품질과 부가된 서비스를 알리고 자신의 상품이나 서비스를 이해하고 인식하도록 만드는 것이 필요하다. 프랜차이즈 시스템은 가맹본부가 상품과 서비스를 가맹점을 통해서 소비자에게 판매하는 마케팅 경로 방법의 하나라 할 수 있다.

가맹본부의 마케팅 활동이 성공을 하기 위해서는 여러 가지 요소들이 있지만 가장 중요한 것은 자신의 프랜차이즈시스템을 구입할 가맹점 희망자와 상품과 서비스를 구매할 소비자를 확실하게 알아야 한다는 것이다. 가맹본부가 소비자가 왜 자기의 상품을 구매하는지에 대해서 알려고 노력해도 완벽하게 알기란 그리 쉽지 않다. 가맹본부가 소비자 및 가맹점 희망자의 자료를 체계적으로 데이터 구축하고, 기본적인 이해 정도만 갖추면 소비자와 가맹점 희망자의 특성을 어느 정도 파악 할 수 있다. 효과적인 마케팅 전략과 전술을 구축하는 태도가 되는 기반을 갖추는 것이 그 해결 방법이다.

10-4-1 효과적인 마케팅 계획 수립 방법

가맹본부의 마케팅 계획을 수립하는데 있어서 먼저 생각해야 할 점은 고객들이 가맹본부의 브랜드에 대해서 생각하게 만들어야 한다는 것이다. 마치 처음 다른 사람을 만났을 때 그 사람이 누구인지를 생각하고 파악하듯이, 브랜드도 브랜드 인성을 가지고 있어야 한다. 브랜드 인성이 확고하게 자리 잡고 있어야 고객들에게 다가갈 수 있고 오랫동안 기억에 남게 되는 것이다. 그러기 위해서 마케팅 계획은 다음과 같은 사항들을 담고 있어야 한다.

- 상품, 콘셉트, 고객, 시장, 경쟁자의 모든 것을 알아야 한다.
- 주요 고객들이 가장 원하는 상품의 특징으로 고객들을 자극해야 한다.
- 가맹본부의 목표(target) 고객들에게 자신이 누구이고, 무엇을 팔려고 하는지를
- 직접적으로 전달할 수 있는 광고와 프로모션 메시지를 만들어야 한다.
- 가맹본부의 브랜드명이 고객들의 기억 맨 앞자리에 자리 잡도록 만들어야 한다.
- 자신의 능력과 자원들을 프랜차이즈 네트워크의 모든 가맹점사업자들과 공유해야 한다.
- 항상 결과를 모니터 해야 한다.

10-4-2 마케팅 프로그램 작성 및 실행

아무리 잘 짜인 마케팅 계획이라 할지라도 잘못된 실행으로 인해 무용지물이 될 수 있다. 가맹본부의 마케팅 계획이 수립되면 어떤 프로그램을 통해 기대하는 목표를 달성하고 판매증가를 가져올 것인가를 검토해야 한다. 즉 브랜드사업단위가 가맹점 확대를 달성하고자 결정했다면 점포개발부를 강화하고, 경쟁사 및 가맹점 희망자에 대한 정보를 수집하고, 새로운 제품을 개발하고, 점포개발 및 매장오픈 직원을 훈련하고, 신규 가맹점 모집을 위한 프랜차이즈 박람회 참가 및 광고 프로그램을 짜는 등 활동 프로그램을 수립해야 한다. 아무리 마케팅 계획이 잘 계획되어 있다고 하여도 가맹점 희망자들이 가맹본부의 브랜드를 인지하지 못한다면 아무 소용이 없는 것이다. 따라서 가맹본부가 판매하고자 하는 상품과 서비스에 알맞은 마케팅 프로그램 방법을 선택하여야 한다. 또한 마케팅 프로그램 실행은 비용이 발생하는 만큼 적은 비용으로 효율적인 마케팅 활동이 되도록 해야 한다.

마케팅 프로그램이 작성된 후 마케팅관리자는 그 프로그램의 실행비용을 평가해야 한다. 즉 프랜차이즈 박람회에 참가하는 것이 얼마나 가치가 있는가? 점포개발 및 매장 오픈 직원을 고용하는 것이 얼마나 가치가 있는가? 가맹점 모집 광고에는 얼마나 비용이 소요되는가? 이러한 활동에 기초한 회계처리는 마케팅 프로그램이 비용을 정당화하는 충분한 결과를 산출할 수 있는지 응용되어야 한다.

오늘날 기업들은 고객, 구성원, 공급업자, 유통업자 등 이해관계자들을 돌보지 않으면 주주를 위해 충분한 이익을 획득할 수 없다는 것을 알고 있다.

이해관계자들을 연결하는 동태적인 관계가 있는데, 발전적이고 진취적인 가맹본부는 구성원들의 만족수준을 높게 하고 그럼으로써 구성원들이 더 노력하도록 독려하고, 이로

써 고품질의 상품과 서비스가 만들어지고 더 높은 고객만족이 창조되며, 가맹본부의 성장과 이익이 더 많이 창출된다. 따라서 주주의 만족이 더 높아지게 되며 이로서 더 많은 투자가 이루어진다. 이러한 순환은 가맹본부의 성장과 이익을 증가시키는 데 매우 효과적인 방법이다.

10-4-3 가맹점 차원의 마케팅 계획

가맹본부의 마케팅 계획이 아무리 잘 수립이 되어 있다고 하더라도 가맹점사업자 차원의 마케팅 활동이 뒤따르지 못하면 그 효과는 반감될 수밖에 없다. 따라서 가맹본부는 가맹점의 마케팅 활동의 활성화에도 많은 지원과 교육을 제공해야 한다. 가맹점사업자가 가맹점 활성화를 위해서 가장 힘써야 할 것은 고객관리이다. 가맹점사업자는 가맹점 개점 시에는 신규고객 획득을 위해서 집중해야 하고, 개점 이후 어느 정도 안정이 되면 기존고객의 유지, 관리에 집중하도록 해야 한다. 신규 고객이 가맹점에 만족하거나 감동을 받게 되면 긍정적 구전에 의한 홍보효과가 매우 크기 때문이다. 그러므로 가맹본부는 가맹점사업자에게 기존고객을 충성고객으로 만들기 위한 점포특성화 전략 및 최고의 서비스 제공이 매우 중요하다는 것을 인식시켜야 한다. 첫 번째, 한번 찾아온 고객을 충성고객으로 만들기 위하여 최대한 노력을 기울이도록 해야 한다. 만족한 고객은 다른 고객을 긍정적인 구전을 통해서 가맹점을 소개시킬 수 있기 때문이다. 두 번째, 가맹점사업자나 종업원은 고객을 항상 친절과 미소로 맞이해야 한다. 그래야만 다음에 재방문이 이루어지기 때문이다. 세 번째는 가맹점사업자는 점포의 특성에 맞는 효과적이고 효율적인 마케팅 활동을 하도록 해야 한다. 아무리 좋은 위치에 점포가 있다고 해도 알려지지 않으면 아무런 소용이 없다. 카탈로그, 스티커, 전단, 할인쿠폰 등을 이용하여 꾸준히 판매촉진 활동을 하면 반드시 효과가 있다. 마지막으로는 고객관리를 철저하게 하도록 해야 한다. 자주 오는 고객은 관심과 다양한 혜택을 줄 수 있는 프로그램을 운영하는 것도 바람직하다. 모든 고객이 꼭 가맹점에 이익을 주는 고객은 아니다. 고객관리를 위해서는 고객과의 호혜적인 관계를 통해서 첫 거래를 맺고 나면, 고객들의 수익에 따라 고객을 분류하고, 분류된 고객별로 고객과의 상호작용을 통해서 고객관계를 구축하고, 지속적인 관계유지 및 강화를 통하여 맞춤형 고객관리를 맺는 것이 중요하다.

제11장 프랜차이즈 해외진출 전략

PROLOGUE

한국선 가맹사업 성장 힘들어 — 더 위험하지만 일단 해외로

토종 프랜차이즈들이 제2의 맥도널드, KFC를 꿈꾸며 해외 진출에 나서고 있다. 그러나 큰 수익을 창출하며 가시적인 성과를 내는 업체는 극히 드물다. 해외에서 적자와 잇단 법적 분쟁으로 인해 국내 사업마저 어려워진 곳도 있다. 해외로 진출하는 프랜차이즈에 대한 정부 지원과 예산 뒷받침도 미미한 수준이다.

KOTRA에 따르면 지난 7월 기준으로 해외에 진출한 토종 프랜차이즈 업체는 286개에 달한다. 2015년 말에는 161개에 불과했다. 1년 반 사이에 글로벌 시장에 출사표를 던진 업체가 2배가량 늘어난 셈이다.

올해도 국내 프랜차이즈 업체들의 해외시장 개척은 계속되고 있다. 피자마루는 지난 18일 싱가포르에 1호점을 열었다. 수제버거 업체 맘스터치도 연내 미국에 1호점을 오픈한다.

그동안 중국 위주로 공략했던 데서 벗어나 미국과 동남아시아, 중앙아시아 등으로 진출 경로도 다양해졌다.

하지만 해외에서 두드러진 성과를 내는 업체는 아직 찾기가 힘들다. 대다수는 사업이 중단되거나 불어난 적자로 고전을 면치 못하고 있다. 국내에서 벌어들인 이익으로 해외 적자를 메워야 하는 형국이다.

뚜레쥬르, 비비고 등 외식 매장을 운영하는 CJ푸드빌은 2012년부터 본격적인 글로벌 사업에 나섰으나 수년째 적자가 누적됐다. CJ푸드빌은 2015년과 2016년 영업적자가 각각 41억원, 23억원을 기록했다. 현재 뚜레쥬르는 말레이시아 사업을 중단했고, 비비고는 영국과 인도네시아 시장에서 철수했다.

설빙과 카페베네도 해외 진출 실패 사례 중 하나다. 설빙은 국내 성장이 정체되자 중국, 태국, 일본 시장을 노크했지만 상표권 문제 등으로 소송에 휘말렸다. 이로 인해 2014년 201억원에 달했던 설빙 매출액은 지난해 95억원으로 반 토막 났다. 카

해외 진출 프랜차이즈의 부진한 성적표

업체	내용
미스터피자	적자누적에 미국법인 청산, 중국서 출점 중단
카페베네	미국 등 12개국에 매장, 적자 누적에 국내 사업도 타격
설빙	중국서 상표권 소송, 태국에서 협력사와 경영권 분쟁 중
교촌치킨	사업 부진에 뉴욕서 철수, 중국에서 현지 업체와 갈등

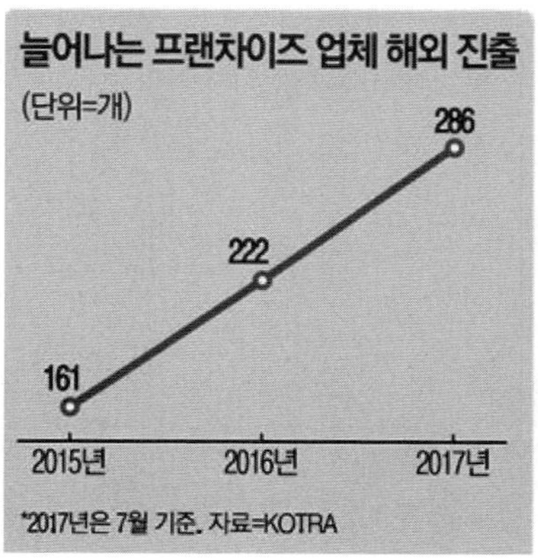

*2017년은 7월 기준. 자료=KOTRA

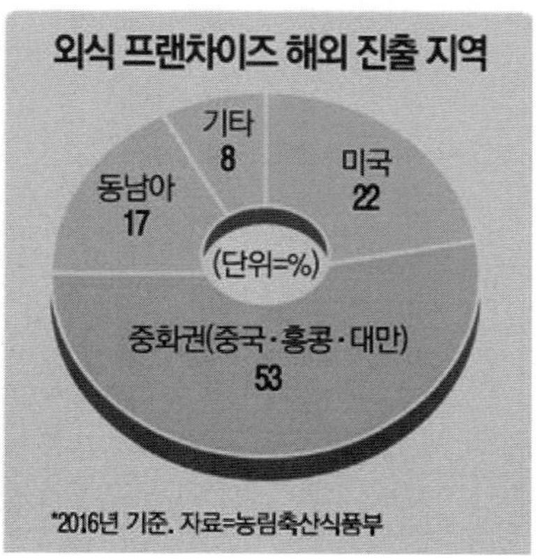

*2016년 기준. 자료=농림축산식품부

PROLOGUE

페베네 역시 미국, 사우디아라비아, 일본 등 12개국에서 500개가 넘는 매장을 냈지만 적자를 면치 못했다. 국내 커피시장 포화로 영업이익은 줄어드는 데다 해외시장 적자로 올해는 완전자본잠식 상태에 빠졌다. 국내 1위 치킨 프랜차이즈인 교촌치킨도 일본에서 철수했고, 미국 사업은 적자 상태다. 중국에서는 소송에 휘말려 사실상 철수했다.

해외사업 실패로 인한 부담은 고스란히 국내 가맹점들에 돌아간다. 가맹본부 차원에서 적자가 누적돼 국내 투자가 제때 이뤄지지 못하고, 가맹점을 상대로 수익 올리기에 집착할 가능성이 커지기 때문이다. 한 커피 프랜차이즈 가맹점주 김 모씨(57)는 "커피시장은 신제품 출시가 신속히 이뤄져야 하는데, 본사가 해외에 돈을 퍼붓고 나니 국내 투자가 미진하다"면서 "가맹점에 제대로 된 지원이 부족해져 화가 난다"고 밝혔다.

전문가들은 해외에 나가려면 사업 파트너 선정부터 사전에 치밀한 준비가 필요하다고 강조한다.

글로벌 개척이나 창업가 정신만 내세워 해외에 나가 일단 부딪쳐 보자고 덤볐다가는 백전백패한다는 것이다. KOTRA 관계자는 "브랜드 인지도가 낮은 업체가 해외시장에 진출하면 현지 사기꾼들의 먹잇감이 되기 십상"이라며 "현지 사정을 잘 모른다는 점을 악용해 불리한 계약에 발목을 잡히게 된다"고 전했다.

특히 동남아시아나 중앙아시아 등에서는 아직 프랜차이즈 개념이 생소하다. 동남아 국가에 나간 피자 프랜차이즈 업체 대표는 "로열티에 대한 인식이 낮고 전자시스템이 없어 현지 가맹점이 매출을 속이거나 비용을 제대로 지불하지 않는다"고 털어놨다. 한 햄버거 프랜차이즈 업체 대표는 "지식재산권을 보장받지 못해 가맹점주가 우리 기술을 배운 뒤 다른 유사한 브랜드를 만들기도 한다"고 목소리를 높였다.

진출 국가의 법과 제도를 충분히 이해하지 못해 매장을 여는 데 곤란을 겪기도 한다. 미국에서는 가맹사업권을 따는 데만 1년 이상 투자해야 한다. 프랜차이즈 사업을 시작하기 위한 규정이 까다로워 승인을 거부당할 확률이 높다. 직영점을 운영하지 않으면 가맹사업을 할 수 없는 나라도 많다.

반면 해외에 나가려는 프랜차이즈에 대한 정부 지원은 미미한 편이다. KOTRA가 해외시장 분석보고서와 국가별 법·제도를 정리한 자료를 발간하는 게 거의 전부다. 한 외식 프랜차이즈 업체 대표는 "세밀한 상권 분석과 빠르게 변하는 현지 트렌드 조사가 중요한데 정부가 내놓는 해외 정보는 경제 현황을 설명하는 수준"이라며 "한국농수산식품유통공사(aT)와 KOTRA, 중소기업진흥공단 등 해외에 나가 있는 기관들이 협업을 통해 좋은 자료를 많이 내야 한다"고 밝혔다.

프랜차이즈산업협회 관계자는 "프랜차이즈 기업들이 해외로 나가면 원·부자재가 수출되는 파생효과가 발생한다"며 "이들 업체에 대한 예산과 제도적 지원, 진흥기관 설립이 필수"라고 강조했다.

자료: 매일경제, '설땅 좁아지는 프랜차이즈 (下)', 2017년 12월 20일자.

11-1 프랜차이즈의 해외진출 현황

우리나라 프랜차이즈 시스템 운영의 역사는 1970년대 후반 태동하여 30여년의 역사에 불과하다. 이런 짧은 역사에도 불구하고 해외에 진출한다는 것은 놀라운 일이라 할 수 있다. 우리나라 프랜차이즈가 해외에 진출한 것은 1990년 림스치킨이 뉴욕 맨해튼에 림스 진생치킨 1호점을 개설한 것이 최초라 할 수 있다. 이후 2000년 투다리 중국 청도 진출, 그리고 2004년 김家네 중국 진출, BBQ치킨은 2003년 중국과 2004년 스페인에 직접투자하고, 2006년에는 자기자본 없이 브랜드와 운영시스템과 같은 사업 노하우를 제공하여 거액의 로열티를 받고 말레이시아·싱가포르·사우디아라비아·맥시코 등 7개국에 신규 진출하였다. 그리고 본죽, 놀부, 바비큐보스치킨, 채선당, 잉크천국 등 많은 업체가 해외에 진출하였다.

2014년 프랜차이즈 실태조사에 따르면, 가맹본부의 6.8%가 해외 진출한 것으로 나타났다. 그중 외식업이 7.7%, 서비스업 7.4%, 도·소매업이 2.2%이며, 업종을 보면 한식(24.6%), 치킨(19.3%), 커피(10.5%), 분식김밥(7.0%)순으로 나타났다.

해외 진출 국가로는 중국(75.4%)이 가장 많았으며, 필리핀(21.2%), 싱가포르(19.3%)순으로 조사됐다. 해외 진출방식으로는 마스터 프랜차이즈 방식이 35.2%로 가장 많았고, 현지 가맹 진출방식(27.8%), 합작투자방식(13.0%)등 순으로 나타났다.

국내 토종 프랜차이즈의 해외 진출 촉진 및 글로벌 브랜드 육성을 위해 KOTRA와 지식경제부가 2010년부터 실시한 '프랜차이즈 해외 1호점 개설지원 사업'은 해외시장조사는 물론, 상권분석, 현지진출절차, 법률·회계정보, 현지 파트너 발굴, 매장홍보 대행 등의 맞춤형 밀착 서비스를 지원하는 사업이다.

2010년 국내 프랜차이즈 해외진출 1호점 개설 지원 사업에는 이승철 헤어커커, 박승철 헤어스투디오, 다비치 안경체인, 크라제버거, 크린토피아, 할리스커피, 본죽, 뚜레주르, 롯데리아, 채선당, BBQ, 미스터피자, 잉크천국 등이 선발되었으며, 그중 채선당과 잉크천국은 2011년 4월 인도네시아 자카르타에 해외 1호점을 개설하였다.

2011년 사업 참가기업은 커피전문점(2사), 외식(3사), 패스트푸드(3사), 요거트(1사), 이미용(1사) 등의 서비스업종으로 이루어져 있으며, 지역별로는 중국(6사) 및 동남아(7사) 지역 진출 수요가 많은 것으로 나타났다.

스타마케팅으로 선풍적인 인기몰이를 한 카페베네는 2011년 8월 뉴욕 맨하탄에 플래그쉽 매장 오픈에 이어 중국에 진출을 모색한다. 원할머니보쌈의 경우 상하이의 푸동, 북경의 중관촌 등에 진출, 중국 중상류층 소비자의 입맛을 돋우게 할 예정이다. 커핀그루나루는 커피생산 물류의 중심인 동남아시아에 법인을 구축하여 원재료 조달과 소비시장 확보의 두 마리 토끼를 잡겠다는 전략이다. 홈치킨의 경우 기름을 쓰지 않은 담백한 치킨구

〈표 11-1〉 2011년 프랜차이즈 해외진출 선정기업 희망 진출 지역

선정기업		희망 진출 지역
브랜드 (품목)	법인명	
교촌치킨 (치킨)	(주)교촌에프앤비	호주, 베트남
미스터피자 (피자)	(주)미스터피자	중국(광저우), 베트남
BBQ (치킨)	(주)제너시스	태국, 브라질, 사우디
요거베리 (요거트)	(주)후스타일	인도(뭄바이), 쿠웨이트
원할머니보쌈 (보쌈)	(주)원앤원	중국(북격, 상해)
이가자헤어서비스 (이미용)	(주)케스팅	중국(충칭, 광저우, 상해)
카페베네 (커피)	(주)카페베네	미국(뉴욕), 중국(상해)
커핀그루나루 (커피)	(주)커핀그루나루	인도네이사
크라제버거 (수제햄버거)	(주)크라제인터내셔널	중국, 필리핀, 말레이시아
홈치킨 (치킨)	(주)일구	싱가폴, 캐나다, 중국

이 레서피로 싱가포르의 '할랄' 푸드 시장을 공략한다. 뿐만 아니라 해외에 기진출하여 분투중인 BBQ, 미스터피자, 후스타일, 교촌치킨, 크라제버거, 이가자 헤어비스 등도 미 진출 지역에 도전해 글로벌 브랜드로서의 위상을 강화하게 된다. 2011년 선정기업의 해외진출 지역을 보면 〈표 11-1〉과 같다.

11-2 해외진출 방법

가맹본부의 해외 진출방법은 명확하게 구분하거나 정의하기가 어렵다. 일반적으로 가장 많이 이용되고 있는 마스터 프랜차이징 방법 역시 계약조건이나 내용이 경우에 따라 달라지기 때문에 정형화할 수가 없다. 현실적으로 마스터 프랜차이징 방법으로 계약을 체결했다고 하더라도 그 회사의 지분만을 소유하거나, 라이선싱 방법으로 운영하는 경우도 있다.

일반적으로 프랜차이즈 가맹본부의 해외진출 방법에는 직접 프랜차이징(direct franchising), 마스터 프랜차이징(master franchising), 합작투자(joint-venture), 라이선싱(international licensing), 기술제휴(technical cooperation) 등 다섯 가지 방법이 있다.

11-2-1 직접 프랜차이징

직접 프랜차이징(direct franchising)은 가맹본부가 제3자의 도움 없이 현지국가에서 직영점 개설 혹은 가맹점 모집을 통해 프랜차이즈 사업을 운영하는 것을 말한다. 직접 프랜차이징은 가맹점 현지모집, 현지법인 혹은 지점의 설립, 개발계약 체결 등 세 가지 형태로 구분할 수 있다.

1) 가맹점 현지모집

가맹점의 현지 모집은 본국에서의 가맹점 모집과 마찬가지로 현지국가에서 개별적으로 가맹점을 모집하는 것을 말한다. 가맹점 현지 모집은 가맹본부가 현지국가에서 운영하고자 하는 점포 수가 적을 때나 프랜차이즈 시스템의 단순성에 의해 개별 가맹점이 가맹본부에 의해 효과적으로 지원될 수 있을 때 또는 교육이 쉬울 때 그리고 현지국가와 본국 간의 언어, 문화, 습관, 기호, 법류, 상거래 관행에서의 차이가 거의 없을 때 가능하다. 또한 현지정부의 승인과 같은 법적 요건에 의해 현지 지사나 현지법인을 설립하는 것이 불가능할 때나 현지국가에서 지속적으로 사업을 하지 않거나 계속적으로 점포를 운영하지 않음으로써 세금을 절약할 수 있다고 판단할 때 활용된다.

2) 현지법인 설립 및 지점의 설립

현지법인 설립과 지점 중 무엇을 택할 것인가의 문제는 주로 세금과 밀접한 관계가 있다. 지점을 설립하는 경우에는 현지국가에서 발생하는 초기 설립비용이 모두 본국의 이익에서 공제될 수 있는 반면에 자회사를 설립하면 이러한 공제를 받을 수 없다.

현지법인이나 지점은 가맹본부를 대신하여 이들이 가맹점의 모집에 따른 모든 권한을 행사한다. 자회사와 지점 설립이 가지고 있는 장점은 가맹점 현지모집과 유사하게 직접 프랜차이즈 사업을 할 수 있다는 이점을 갖는다. 또한 현지국의 법률, 상거래, 관습에 익숙한 전문가를 적극 활용할 수 있다. 반면에 자회사나 지점설립에 따른 비용이 상당히 많이 들 수 있고 현지국가에서의 프랜차이즈 시스템 개발에 따른 모든 위험을 부담한다.

3) 개발계약 체결

개발계약(development agreement)의 체결은 주로 현지인인 프랜차이즈 개발자와의 계약에 의해 직접 진입하는 방법이다. 개발자는 현지국가의 모든 가맹점을 개발하고 소유한다는데 가맹본부와 동의한다. 가맹본부 혹은 가맹본부의 자회사는 개발자와 함께 가맹점과의 계약에 참여한다.

개발계약 체결은 가맹본부가 현지국가에서 직접 가맹점을 모집하거나 지점 혹은 가맹점을 설립하고 있을 때 활용할 수 있다. 이 중 무엇을 선택할 것인가는 현지국가의 시장에서 가맹본부가 얼마나 많은 수의 개발자와 개발 계약을 체결하고자 하느냐에 따라 달라진다.

11-2-2 마스터 프랜차이징

프랜차이즈 해외진출 방법으로 가장 많이 이용되는 마스터 프랜차이징(master franchising)은 맥도널드나 KFC 등 미국 가맹본부들도 해외 진출하는 데 가장 보편적으로 이용하는 방법이다. 마스터 프랜차이징(master franchising)은 가맹본부가 관리하기 어려운 지역이나 장소 등에 한 사람이나 그룹을 가맹본부로 훈련시켜서 그 지역에 대해서는 가맹본부가 해야 할 모든 역할을 대신해서 할 수 있도록 고안된 프랜차이즈 시스템이다.

마스터 프랜차이징 방법은 가맹본부가 현지국가에서의 프랜차이즈 시스템의 설립과 감독을 제3자에게 위임할 수밖에 없을 때와 가맹본부가 재정자원을 가지고 있지 않고 해외로 직접 진출하기 위해 필요한 경영 인력을 가지고 있지 않을 때 또는 언어, 문화, 관습, 습관, 법률, 상거래 관행에 있어 심각한 차이 때문에 현지국가에서 프랜차이즈 시스템을 개설하는 데 경험 많은 사업가에 의존하는 것이 보다 유리할 때 적합한 방법이다.

11-2-3 합작투자

합작투자(joint-venture)는 직접투자의 한 형태로서 현지자본과 공동으로 투자하여 기업을 경영하는 것을 말한다. 합작투자는 외국의 가맹본부가 현지국의 기업이나 개인과 합작회사 혹은 파트너십이나 트러스트의 형태로 기업을 또는 가맹본부를 설립하여 투자하는 형태를 말한다. 즉 브랜드의 사용권 부여, 상품개발 지원, 자본투자도 공유된다. 최근 현지 파트너에 현지 마케팅, 사업실행 등을 맡기는 방법으로 활성화를 시키고 있다.

동아시아국가들은 대체로 외국기업의 단독투자에 의한 현지시장 진출을 허용하지 않는 정책을 활용하고 있으며, 유럽국가, 중국, 남아메리카의 경우에도 현실적으로 합작투자가 유일한 대안이다. 또한 가맹본부가 현지 기업에 대한 지분을 보유하면서 벤처투자의 위험을 감소시키고자 하는 경우나 가맹본부가 보통 보유하고 있지 않은 재정자원이나 현지사업을 위한 지식, 경험을 현지 파트너가 보유하고 있는 경우에 적합하다. (주)제너시스 BBQ치킨은 중국 진출 초기에는 합작투자 방법을 이용하였다.

11-2-4 라이선싱

라이선싱(Licensing)이란 상표 등록된 재산권 즉 특허·기업경영 노하우·등록상표·지식·기술 공정 등 가치 있는 산업재산권을 가지고 있는 개인 또는 단체가 타인에게 대가를 받고 그 재산권을 계약기간 동안 사용할 수 있도록 상업적 권리를 부여하는 계약이다.

프랜차이즈 가맹본부가 라이선싱(licensing)하는 경우는 가맹본부가 브랜드와 운영시스템과 같은 사업 노하우를 일정기간 동안 외국에 있는 다른 기업에게 제공하고 그 대가로 사용료를 받고 해외에 진출하는 방법이다.

11-2-5 기술제휴

특정국가에서 유명브랜드가 다른 나라에서는 별 의미가 없는 경우도 있다. 그렇다면 굳이 큰 비용을 들이지 않는 기술제휴 방법을 선택하게 된다. 즉 기술제휴(technical cooperation)란 브랜드가 필요 없이 가장 사업에 기본이 되는 핵심 운영노하우, 독점적 업무처리 절차, 조리법이나 메뉴 등의 전수 혹은 지도만을 지원하는 방법이다. 이에 대한 최소한의 대가로 사용료를 계속 받을 수 있는 방법이 있으며 경우에 따라서는 기본 자재 혹은 장비수출 등도 같이할 수 있다.

11-3 해외진출 단계

프랜차이즈 가맹본부의 해외진출 절차는 업체마다 국가마다 계약조건마다 모두 다를 수도 상대적일 수 있다. 해외진출 방법이나 절차는 여러 가지 방법으로 결합되어 진행되는 경우가 많다.

프랜차이즈 가맹본부의 해외진출 단계는 시장조사단계, 해외 진출준비 단계, 회사 설립 및 인허가 단계, 가맹본부 운영단계 등 4단계로 진출하게 된다. 합작투자, 직접 프랜차이징 방법으로 진출할 경우는 4단계를 다 거쳐야 하지만, 마스터 프랜차이징, 라이선싱 방법으로 진출할 경우는 4단계 중 회사설립 및 인허가 단계와 가맹본부의 운영단계가 제외 될 것이다.

11-3-1 시장조사 단계

시장조사 단계에서는 직접조사와 간접조사를 통해 시장성과 타당성 검토, 현지 관련 법률과 행정·세무·노무조사, 진출국가의 문화 등 현지 소비자의 기호 파악 등이 필요하다.

또한 자사의 내부역량을 파악하여 해외 진출에 필요한 전문 인력, 자금, 관리 능력에 냉정하게 파악하여 해외 진출을 결정해야 한다.

실패한 가맹본부들을 보면 시장조사 기간이 너무 짧거나 아예 하지 않는 경우도 많았다. 또한 아무 검증 없이 초기 아이템이 훌륭하다고 시장조사를 하지 않고 무턱대고 진출하여 실패하는 경우가 많았다.

1) 시장성 및 타당성 검토

성공적인 해외진출을 위해서는 진출하고자 하는 국가의 철저한 시장조사가 필수적이다. 특히 상거래에 대한 관습이나 소비자의 성향 등의 조사뿐만 아니라 현지화 된 메뉴개발 및 종업원의 서비스, 점포의 인테리어 및 분위기까지 세부적인 조사기 필요하다.

국내 프랜차이즈 가맹본부가 해외진출에 있어 가장 어려움을 겪는 사항은 언어와 문화적 장벽이며, 그 다음은 신뢰 할 수 있는 현지국가에 대한 시장정보의 부족 그리고 유능한 현지 관리인이나 종업원의 고용의 어려움 순이다.

사업진행 전에 창업계획수립을 위한 시장조사와 타당성 분석을 하여 실행의 여부를 판단하지만 그러한 조사나 분석도 정보의 질(質)이나 양(量), 신뢰성에 따라 결과가 다르게 나올 수 있다. 흔히 자료수집 시 구하기 쉽고 접근하기 쉬운 1차 자료에 의존하는 경우가 많다. 개발도상국 등의 시장조사는 철저하게 회사에서 파견한 직원이 최소 5-6개월 현지에서 체류하여 현장의 체험을 통한 정보나 자료가 필요하다. 다른 사업 진출보다 프랜차이즈 기업의 해외진출의 경우 많은 투자비용과 노력, 시간이 소요되는 데, 이는 가맹본부의 진로를 결정 할 수 있는 중대한 사안이므로 정보의 수집에 더 많은 시간과 노력이 필요하다.

카페베네는 2011년 8월 맨해튼점을 오픈하기 위해 4~5개월 동안 본사 테스크포스(TF)팀을 현지에 직접 파견해 현지 소비자 정보를 수집하고, 시장성을 조사하고, 경쟁업체에 대한 정보조사뿐만 아니라 현장조사를 철저히 하였다.

2) 현지 관련 법률과 행정·세무·노무조사

성공적인 해외진출을 위해서는 진출하고자 하는 국가의 관련법이나 규제 등을 꼼꼼히 살펴봐야 하며, 계약관련 절차나 인허가 관련 조건을 정확히 알아야 한다.

해외진출의 실패요인 중 진출국의 법률, 행정, 세무, 노무 등의 내용을 알지 못하여 실패한 경우도 많다. 특히 프랜차이즈의 경우, 일반기업에 적용되는 인허가나 법률 외에 프랜차이즈 관련 특별법이 존재하는 국가가 많다. 이러한 각종 인허가 사항이나 규제사항은 일반인이 알기는 어렵다. 반드시 관련 전문가나 컨설턴트를 이용하거나 진출국의 해외공관을 이용하는 것이 바람직하다.

3) 현지 소비자의 기호 파악

성공적인 해외진출을 위해서는 진출하고자 하는 국가의 소비자의 기호 파악과 그 지역사회의 문화적 특성을 파악하여 지역사회와 밀접한 관계를 유지할 수 있는 친화적 마케팅이 필요하다. 지역사회의 친화적 마케팅은 현지인에게 감동을 주고 이것은 다시 고객을 끌어들이는 힘이 된다.

국내 프랜차이즈 가맹본부의 해외진출 실패사례 중에는 진출 초기에 가맹본부 차원에서 시장조사나 타당성 분석을 통하여 사업계획을 수립하였고, 법률, 행정, 노무, 인허가 등의 절차적인 내용도 다 파악하고 진출하였지만 음식문화의 차이에서 오는 소비자 행태의 중요성을 심각하게 여기지 않았고, 현지에서 경쟁사와의 차별화 이미지, 현지 소비자에 맞는 새로운 상품개발에 대한 조사가 제대로 이루어지지 못했기 때문에 어려움을 겪는 경우도 많다.

해외로 진출하기 위해서는 각국의 문화적 차이점과 특성을 꼭 파악하여야 한다. 마케팅의 가장 기본인 고객 분석은 사업계획 수립 시뿐만 아니라 가맹본부가 생존하기 위하여 항상 노력하여야 한다.

11-3-2 해외진출 준비 단계

진출하고자 하는 국가의 시장성 및 타당성 검토, 현지 관련 법률과 행정·세무·노무조사, 현지 소비자의 기호 파악 등 시장조사 단계가 끝나고 나면 가맹본부의 해외진출을 위한 준비단계에 들어가게 된다.

프랜차이즈 가맹본부의 해외진출 준비단계에서는 현지 문제점 파악, 현지 핵심 파트너 선정, 운영시스템 구축 등이 중요하다.

1) 현지 문제점 파악

시장조사 단계에서는 가맹본부에서 파견한 직원이 최소 5~6개월 현지에서 체류하면서 현장 체험을 통한 정보나 자료를 수집하는 것이 필요하다. 시장조사와 타당성분석이 끝나고 진출방향을 확정하였다면 반드시 사업진출에 필요한 핵심직원은 현지에 상주하면서 최소한 6개월 이상 회사의 제품이나 서비스를 직접 조사하는 것이 좋다.

현장에서는 서류상의 사업계획서에는 없는 많은 문제와 장애가 존재한다. 이러한 문제와 장애를 파악하지 못하고 가맹본부가 전사적으로 진출하여 사업을 진행한다면 현실적인 문제로 장애에 부딪쳐서 계획의 변경을 필요로 하는 경우 변경에 많은 비용과 시간이 소요될 것이다. 더욱이 개발도상국이나 후진국으로 진출 시 이러한 현지적응단계는 더 필요하다. 선진국에서는 기업설립이나 운영시스템이 공식화되고 제도화되어 있기 때문에 공식적인 룰(rule)에 따라 사업을 진행시키면 되지만 개발도상국이나 후진국의 경우 이러한 공식적인 룰 외에 공식적으로는 나타나지 않는 비공식적인 룰이 존재하기에 그러한 룰을 이해하고 대응하지 못한다면 사업 자체의 존폐가 결정될 수 있다.

2) 현지 핵심 파트너 선정

프랜차이즈 가맹본부가 사업 운영에 필요한 인력 구성을 하는 데는 많은 어려움이 있다. 국내 인력으로 구성하기에는 비용부담과 현지인과의 관계를 원활하게 하는데 어려움이 많다. 따라서 프랜차이즈 가맹본부가 현지에서 성공하기 위해서는 현지 파트너를 잘 선택하는 것이 중요하다. 재정적으로 건실하고 사업경험이 많은 현지파트너를 선택할 때 브랜드의 파워는 더욱 강해진다. 특히 풍부한 경험으로부터 나오는 운영능력이 재정능력보다 더 중요하다. 초기 현지국가에서 급속한 확장을 위해 재정능력이 탁월한 파트너를 선택하고자 하지만, 해외 프랜차이즈 사업에 있어서는 자금보다는 파트너의 배경과 과거 경험 그리고 현재의 능력이 장기적으로 브랜드의 이미지 훼손과 현지 사업실패를 막는데 더욱 중요하다.

파트너와 가맹본부와의 신뢰와 관계는 하룻밤 사이에 만들어지는 것이 아니라 계약이 성립되기 전부터 진척되며 중립적 평가가 수반되어야 한다. 파트너 선정은 진출국가에서 프랜차이즈 시스템을 개설해 나갈 수 있는 재정능력, 경영능력뿐만 아니라 가맹 본부의 브랜드 이미지와 시스템, 기업문화를 이해하고 신뢰성 등을 갖추어야 한다.

3) 운영시스템 구축

세계적인 브랜드로 성장해 있는 맥도널드, 피자헛 등은 단순히 브랜드와 메뉴, 그리고 기술력에 의한 해외진출이 아닌 독자적인 프랜차이즈시스템과 그동안 축척해 온 브랜드력을 갖고 해외 시장에 진출함으로써 시너지 효과를 내고 있다.

프랜차이즈 가맹본부가 성공적인 해외진출을 위해서는 전사적으로 진출하기에 앞서 운영시스템을 구축하여야 한다. 프랜차이즈 가맹본부는 브랜드 아이덴티티, 인력자원, 정보화시스템, 물류관리, 매뉴얼 구축 등 운영시스템을 페키지화하여 준비하여야 한다. 본격적으로 진출하고 난 이후에 운영시스템을 구축하다면 많은 시간이 소요되기 때문에 많은 비용의 낭비가 따른다. 특히 외식업종의 경우 사업계획 단계에서 파트너 또는 현지에서 사업을 하고 있는 동종업계의 가맹본부나 아니면 KOTRA를 통하여 거래선 발굴조사나 공급선 발굴조사를 하여 어느 정도의 운영시스템을 구축하고 있어야 한다.

11-3-3 회사설립 및 인허가 단계

마스터 프랜차이징, 라이선싱처럼 직접 진출하는 방식이 아니라면 이 단계가 필요 없을 수도 있다. 일반적으로 직접 진출하기 위하여 자회사나 합작회사를 설립할 경우 법인을 설립한다. 일부 국가에서는 외국기업이 자국에서 사업을 하기 위해서는 반드시 법인으로 해야만 하는 규정이 있거나, 또는 반드시 자국민이나 자국회사와 합작회사를 해야만 하는 규정이 있는 경우도 있다. 진출하고자 하는 나라마다 회사 설립이나 인허가에 관련한 법규가 상이하므로 전문가나 정부기관을 통한 철저한 조사가 필요하다.

11-3-4 가맹본부 운영 단계

가맹본부의 운영 단계에서는 철저한 현지화, 조직화된 인적관리, 물류관리, 마케팅 전략과 가맹점모집, 자금송금과 조달, 가맹점과 파트너에 대한 통제 및 관리 등이 필요하다.

1) 철저한 현지화

국내에 진출하여 성공한 해외 가맹본부들의 공통점은 현지화에 성공하였다는 것이다. 따라서 국내 프랜차이즈 기업의 해외진출에 기장 중요한 것은 현지 소비자의 철저한 파악과 현지 국가의 법률과 행정의 상세한 검토를 통한 현지화이다. 가맹본부의 해외 진출에 있어서 운영의 표준화를 통한 품질관리, 비용 최소화, 통일된 이미지는 규모의 경제 관점에서 프랜차이즈 시스템의 이점이다. 그러나 진출한 국가에서 요구되는 차별화의 문제, 즉 지역의 필요와 요구에 적응하는 문제는 가맹본부의 해외 시장 진출 시 반드시 고려해야 할 점이다. 차별화는 현지화로 나타난다.

2) 조직화된 인적자원관리

국내 가맹본부가 해외진출에 있어 가장 어려움을 겪는 사항 중의 하나가 현지 국가의 언어와 문화 및 관련 시장정보를 잘 알고 있는 유능한 현지 관리인이나 종업원의 고용 문제이다. 또한 가맹본부의 중요한 제조공법을 알아내어 퇴사하여 경쟁업체로 자리를 잡는 등 종업원들의 배반이 큰 문제로 발생하기도 한다. 따라서 이미 진출해 있는 가맹본부들의 인사관리나 노무관리 방법을 알아보고 문제점은 사전에 방지를 해야 한다. 최근 각국에서 노무와 관련된 규정이나 법률이 정비되어 이제는 저임금을 바탕으로 해외진출은 어렵게 되었다.

종업원을 관리함에 있어 해당국가의 종업원의 조직 문화를 이해하고, 종업원의 다양한 아이디어를 채택하여 적용하고 성과급 제도를 도입함으로 애사심을 키우고, 한국인 관리자들이 솔선수범하는 모습을 보여야만 종업원 관리 미흡으로 인한 실패를 하지 않을 것이다.

3) 물류관리

직접 프랜차이징, 마스터 프랜차이징, 합작투자, 라이선싱 등 어느 방법으로 해외진출을 한다고 해도 물류관리는 항상 어려운 문제가 아닐 수 없다. 특히 현지에 직접 진출하는 방식을 택한 가맹본부로서는 해외 사업을 전개하면서 항상 고민을 하는 부분이다.

중국의 경우 기업의 약 10% 정도만 3자 물류를 이용하고 있는 것으로 알려지고 있다. 대부분의 기업에서는 자체 부담으로 창고 운영 및 물품 운송을 하고 있는데, 이로 인해 생산 과정에 소요되는 비용 및 시간의 90% 정도를 물류에 사용하고 있으며, 물류비용이 상품가격의 40% 가까이 차지하고 있다고 한다. 왜냐하면 중국 넓은 지역에 생산기업이 자체적으로 전국적인 배송을 담당하는 것은 매우 비효율적이기 때문이다.

4) 마케팅 전략과 가맹점 모집

해외진출 시 뛰어난 품질과 합리적인 가격에도 불구하고 잘못된 마케팅 전략으로 시장 진출에 실패한 경우가 종종 있다. 해외진출 후 마케팅 계획을 수립하는 데는 여러 변수가 복합적이고 불규칙으로 작용한다. 따라서 기본에 충실하게 해당 기업의 역량, 진출하려는 지역의 고객성향, 경쟁자, 정치·문화 등의 외부환경 등을 신중히 조사하고 분석하여 마케팅 전략을 수립해야 한다. 홍보나 광고, 마케팅 활동은 자사의 브랜드나 제품을 홍보할 뿐만 아니라 자사의 제품을 판매할 수 있는 가맹점을 모집하는데도 효과적이다.

가맹점 모집 전략을 수립하는데 있어서도 여러 가지 요소를 고려해야 한다. 우선 가맹점이 늘어났을 경우 단계적인 생산능력을 예측할 줄 알아야 하며, 여러 지역에 산재해 있는 가맹점에 어떻게 물품을 공급할 것인가에 대한 물류 시스템도 고려해야 하며, 이후 상품과 서비스의 질(質)을 유지하기 위하여 가맹점의 관리를 어떻게 해야 하는가 등을 고려해야 한다.

5) 자금 송금과 조달

실재로 진출국가에서 수익이 발생하더라도 본국으로 송금하는 데는 각국마다 절차와 제한이 있다. 따라서 과실송금을 성공적으로 하기 위해서는 과실송금 관련법률 법규와 외국인 투자기업의 이윤 분배절차에 대한 규정을 모두 파악하여야 한다. 특히 중국이나 기타 동남아시아국가의 경우 기업규모나 재정상태, 매출규모 등에 비하여 과도하게 송금을 할 경우 세무당국의 조사를 받게 되는 경우가 발생한다.

6) 가맹점과 파트너에 대한 통제 및 관리 방법

현지 파트너 관리에 가장 기본이 되는 것은 교육이다. 특히 현지의 문화적 차이 때문에 가맹본부의 기업철학이나 운영시스템이 현지파트너에게까지 전달이 되지 않는 경우가 많다. 특히 개발도상국의 경우 물류관리시스템의 낙후로 제품공급이 원활하지 못하기 때문에 제조방법이나 서비스방법에 관한 교육은 가맹본부의 성공을 좌우하는 중요한 변수다. 파트너들을 잘 선정하고 가맹본부의 철학과 마인드를 충분히 인식시키고 교육할 필요가 있다. 적절한 프랜차이즈 파트너 선정과 파트너 선정 타이밍은 프랜차이즈 운영에서 매우 중요한 시작이며, 통제 유지에 있어서도 중요한 요소이다. 초창기 상품 형태프랜차이즈 방법은 통제문제는 불거지지 않지만, 가맹본부가 장기적인 성공을 위해서 사업 형태프랜차이즈는 파트너에 대한 통제가 매우 중요하다. 물론 통제는 파트너에 대한 교육과 매뉴얼과 커뮤니케이션을 기반으로 이루어져야 한다. 특히 파트너와의 의사소통은 신뢰구축 및 통제에 있어서 매우 효과적이다. 이외에도 자신의 브랜드의 명성과 파워를 지키고 확대시키기 위해서는 품질확보 및 매출과 가격, 광고방법, 지점설치 위치 등 모든 것에 대하여 통제하여야 한다.

11-4 해외진출 현지화 전략

프랜차이즈 기업이 해외에 진출하여 성공하기 위해서는 철저한 기초시장조사를 통하여 한국과 진출국가와의 문화적 차이의 극복방안과 사업모델 적용성을 고려해야 하며 매장 설립에 필요한 비용을 확인하고 상품이나 서비스의 소비자 호응도를 잘 판단해야 한다. 또한 현지의 경쟁 사항을 체크하고 현지의 경제환경이 고려된 적절한 가격을 책정하는 것이 중요하다. 그 외에도 필수 인력확보, 한국과 현지와의 인건비 차이 극복, 필요한 물품 공급, 현지 납품업체 선택, 세금과 수입관련 관세 확인, 지적 재산권 보호 등 관리적인 현지화뿐만 아니라 소비자들과 밀착하는 현지화 전략도 매우 중요하다.

11-4-1 상품부문의 현지화

(주)놀부는 다양한 한식 메뉴를 각 나라 현지 문화와 접목한 글로벌 한식 레스토랑 컨셉으로 운영하고 있다. 가격부담이 적은 현지 식자재를 기준으로 메뉴 요리법(recipe)을 새롭게 개발하여 누구나 부담 없이 한국음식의 맛을 즐길 수 있도록 역점을 두고 있다.

(주)제너시스 BBQ치킨은 해당국가의 부가가치를 창출하고 현지화전략에 부합하기 위해 BBQ치킨의 핵심소스인 '키믹스'를 제외한 나머지 원·부재료는 현지에서 조달하는 것을 원칙으로 하고 있다. 그리고 BBQ치킨의 품질기준을 충족시키고 엄격한 관리를 위해 현지 파트너는 국내 본사가 제시하는 기준에 의거한 공급업체를 선정해 식자재를 공급받고 있다.

또한 식자재 이외의 주방집기, 의탁자 등 관련 시설의 경우 BBQ는 글로벌 네트워크 자회사를 통해 전 세계의 공급업체를 선정, 현지에서 가장 값싸고 품질이 BBQ의 기준을 충족하는 제품을 공급하고 있다.

교촌치킨은 특유의 간장소스 기반의 메뉴 특징은 유지하되 미국 현지에 맞는 지속적인 메뉴개발로 현지인의 입맛에 맞는 상품을 개발하고 있으며, 개인주의 성향이 강한 미국 현지인의 성향에 맞도록 한 마리 판매가 아닌 조각 판매를 실시하고 있다.

(주)김家네는 품질 차이가 큰 주원료인 김과 고춧가루 등을 제외한 95% 이상 식자재를 현지에서 조달하고 있다.

(주)한국미스터피자는 중국의 경우 현지 입맛에 맞는 메뉴를 개발하고, 미국의 경우 이

탈리안 스타일의 다양한 피자와 파스타 메뉴를 갖추어 제공하고 있다

(주)더본코리아는 음식을 현지화하기보다는 한국의 전통의 맛을 그대로 전달하기 위해 노력하고 있다. 한국인들이 즐겨 찾는 곳이 진짜 한국음식점이고 그것들을 본 현지인들이 진짜 한국음식을 찾아오게끔 하는 것이 현지화라 생각하고 계획을 추진 중이다.

카페베네는 2011년 8월 미국 뉴욕의 타임스스퀘어 인근에 미국 1호점을 냈다. 현지 소비자인 뉴요커의 니즈(요구)를 적극 반영해 매장 콘셉트도 새롭게 마련했다. 현지인의 입맛과 니즈를 반영하지 않고 국내에서 하던 그대로 옮긴다면 실패할 확률이 높다는 점을 감안, 뉴요커들이 선호하는 커피 맛, 원두 품종, 용량, 사이드 메뉴 등 전반적으로 매뉴얼을 새롭게 구성했다. 이외에도 아침메뉴와 커피 칵테일 상품군으로 새로운 수요층을 개척할 계획이며, 디저트 문화가 발달한 뉴욕인 만큼 디저트 메뉴는 기존보다 한층 더 다양화되고 고급화된다.

11-4-2 서비스 부문의 현지화

(주)놀부는 서비스와 분위기는 서양식 코드로 편안함을 주면서 메뉴는 한식 메뉴로 구성하여 현지화된 편안한 분위기에서 한국적인 맛을 느끼도록 하였다. 또한 현지인들의 생활문화와 기호를 고려하여 메뉴뿐만 아니라 인테리어 서비스방식까지도 현지 식문화에 맞추었다. 그리고 현지화 된 서비스를 제공하기 위해 매장 직원들을 채용, 한국본사에서 파견된 직원들이 2개월간 교육을 실시하고 있다.

교촌치킨은 레스토랑 형태의 서비스를 제공하고 있으며 모든 홍보물은 100% 영문표기로 제작하여 현지인의 거부감을 없애고 있다.

(주)한국미스터피자는 중국의 경우 훼밀리 레스토랑풍의 인테리어를 선보이고 있으며 시내 중심가에 입점하여 브랜드 홍보효과를 높이고 있다. 또한 미국의 경우는 다이닝에 걸 맞는 인테리어로 현지 고객의 입맛뿐만 아니라 트랜드에 부합하는 레스토랑으로서의 이미지를 구축하기 위해 노력하고 있다.

카페베네는 "브랜드를 빠른 시간에 전 세계에 알리기 위해서는 뉴욕이 최적지라고 판단에 타임스스퀘어 인근에 2011년 8월 1호점을 낸다. 카페베네는 고급화와 철저한 현지화에 초점을 맞추고 있다. 매장 규모면에서 스타벅스 매장보다 4배나 더 큰 규모다. 현지에서 프리미엄급 커피전문점으로 자리 잡지 못하면 수익을 내기 쉽지 않고, 글로벌 브랜드로 도약하기 위한 '플래그십 스토어'로 홍보 효과를 극대화하기 위해서라도 대형화·고급화를 선택했다. 현지인들의 서비스를 위해서 휴식과 문화 공간을 강조한 '공간철학'이 그것이다. 즉 일하기에 바빠 샌드위치와 테이크아웃 커피로 점심을 때운다는 뉴요커지에서 좀 더 편안하게 앉아서 커피와 디저트를 즐기고 싶어 하는 소비자를 위한 서비스다.

11-4-3 인재채용의 현지화

(주)제너시스 BBQ치킨은 현지 종업원은 100% 현지인을 대상으로 채용하는 것을 원칙으로 하고 있다. 현지 조직을 구성함에 있어 반드시 교육담당 인력을 갖춰 인력을 양성하는 것이 특징이다. 특히 (주)제너시스 BBQ치킨은 교육담당 직원을 파견하고, 핵심인력은 주요 거점지역(싱가포르, 미국, 중국 등)에 치킨대학 캠퍼스를 설립하여 이곳에서 교육을 이수하도록 하고 있다.

(주)한국미스터피자가 현지화 추진을 위해 가장 신경을 쓰는 부분은 인재관리 전략이다. 조직의 중간관리자 이상은 외부에서 영입하지 않고 철저하게 미스터피자에서 성장한 현지 인재들에게 기회를 제공함으로써 회사에 대한 신뢰감과 비전을 갖고 근무할 수 있도록 인재관리를 하고 있으며 이러한 전략이 중국에서의 안정적인 성장이 가능한 원동력이 되고 있다.

(주)더본코리아는 직원의 90% 이상 현지 인력으로 운영하고 있으며, 현지에서 공개채용하고 있다.

11-5 국가별 해외진출 전략

프랜차이즈 가맹본부의 해외진출 전략을 우리기업이 많이 진출하고 있는 미국과 중국, 일본을 중심으로 알아보고자 한다.

11-5-1 미국시장 진출전략

미국은 세계에서 프랜차이즈 사업이 가장 활발한 국가로 세계에서 가장 많이 새로 생겨나고 활성화되고 있다. 이는 자유 시장 경제에 기초한 프랜차이즈 사업방식이 상품이나 서비스를 소비자에게 유통 공급하기 가장 효율적인 방식이기 때문이다.

미국 시장 진출을 위해서는 프랜차이즈 기업 또는 본사의 관련 규제 확인과 현지시장 이해, 가맹점사업자들의 기본적인 프랜차이즈 사업에 대한 이해와 경쟁이 심한 업종의 경우 인센티브를 통한 가맹점 유치가 중요한 성공요소로 작용되고 있다(해외프랜차이즈 산업동향 및 진출전략, 2008).

1) 관련 규제 준수

미국은 세계에서 가장 큰 소비시장을 가지고 있는 나라중 하나로 소비시장을 장악하기 위한 경쟁이 매우 심화되어 있다. 미국의 경우 연방정부의 프랜차이즈 법률(Franchise Rule)이 규정되어 있으며 각 주별로도 프랜차이즈 관련 규제, 투자법안, 관계정의 법안 및 신규

비즈니스 설립에 대한 제제 등으로 프랜차이즈 기업에 대한 많은 규제가 있는 국가이다.

2) 현지시장 이해

어떤 사업모델이던지 새로운 시장에 진출할 경우에는 반드시 이에 따른 위험이 동반하며, 본국에서 성공적으로 운영되고 있는 사업모델이라 할지라도 새로운 시장에서는 그렇지 않을 수도 있다. 대부분의 해외 프랜차이즈 기업들은 교민의 인구비율이 높은 지역에서 시작하는 경우가 많다. 한국에서 잘나가는 프랜차이즈 기업의 명성만 믿고 미국시장에 진출하는 경우는 한인 교포 이외 다른 인종뿐만 아니라 미국 주류사회의 관심을 끌지 못하는 경우 실패의 가능성이 높다.

3) 기본적인 신규 프랜차이즈 설립에 대한 이해

미국 프랜차이즈 전문가들은 프랜차이즈 기업을 창업할 때 고려해야 할 사항으로 첫째, 다른 경쟁사들과 차별화된 제품과 판매 전략이 있어야 경쟁이 심한 미국시장에서 살아남을 수 있다. 둘째, 프랜차이즈 가맹본부의 본점이 성공적으로 경영되어 많은 이익을 올렸다 하더라도 프랜차이즈가 운영될 때 수익이 보장될 수 있는 증명된 비즈니스 모델이 필요하다. 셋째, 창업주가 없더라도 서비스 및 상품의 가치가 똑같이 반복되어 소비자에게 제공될 수 있는 반복될 수 있는 능력이 고려되어야 한다. 마지막으로 창업주가 고용된 경영진이나 가맹점사업자들에게 프랜차이즈 사업 모델을 전수할 때 전문적인 지식 및 기술이 기본적으로 필요한지 사업모델을 교육할 수 있는 능력을 고려해야 한다.

4) 경쟁이 심한 업종, 인센티브를 통한 가맹점 유치

미국에서는 대형 프랜차이즈 기업을 중심으로 가맹점사업자들에게 직원창업자를 위한 디스카운트 프로그램과 환불 보증 프로그램 등 다양한 인센티브를 제공하여 관심을 끌고 있다.

직원창업자를 위한 디스카운트 프로그램은 프랜차이즈 가맹점이나 본점에 일정 기간 이상 근무한 직원이 가맹점 창업을 하는 경우 초기투자비용 일부를 디스카운트하여 창업을 지원하는 프로그램이다. 이러한 프로그램을 도입하고 있는 대표적인 가맹본부는 McDonald's사와 건물 정비 및 관리 프랜차이즈인 Mr. Appliance 등이 있다.

환불 보증 프로그램은 프랜차이즈 가맹점을 창업한 이후, 가맹점사업자가 일정기간 동안 본사의 기준으로 설정한 매출을 올리지 못했을 경우 본사에서 가맹점을 다시 사들이는 프로그램이다. 이러한 프로그램을 도입하고 있는 대표적인 가맹본부는 자동차 정비 전문 브랜드인 마코사(Maaco Enterprises, Inc)가 있다.

11-5-2 중국시장 진출전략

중국은 미국이나 일본과 같은 프랜차이즈 선진국과 비교할 때 10여년 정도의 짧은 프랜차이즈 역사를 가지고 있으나 WTO 가입과 함께 2007년부터 프랜차이즈 관련 규정이 정립되고, 외국계 기업에 대한 규제 철폐가 본격화 되었다.

2007년 중국 프랜차이즈 산업에서 가맹점 수를 기준으로 도·소매업이 35%, 외식업이 34%의 비중을 차지하고 있고 서비스업을 중심으로 한 기타 부문이 31%를 차지하고 있다. 향후에는 서비스 관련 업종의 비중이 증가할 것으로 보인다.

한국 프랜차이즈 기업들은 베이징을 중심으로 롯데리아, Mr. Pizza, 뚜레쥬르, 상하이를 중심으로 BBQ, 파리바게뜨 등이 성공적으로 진출한 사례이다.

중국시장 진출을 위해서는 정기적인 고객만족 교육 프로그램을 통하여 고객서비스를 표준화시킬 수 있는 고객서비스 전략이 필요하고, 브랜드 신뢰도가 떨어지지 않도록 가맹점 관리 매뉴얼을 확립할 수 있는 가맹점 관리전략이 필요하며, 기업 이미지와 직결되는 상품 및 서비스 표준화, 브랜드 구축 등 전체적인 이미지 표준화 전략, 프랜차이즈 기업의 상품 및 서비스 제공의 모든 과정에 있어 인력의 전문화가 성공의 열쇠이다.

1) 고객서비스 전략

상하이, 베이징 등 대도시를 제외하고는 아직도 고객만족이라는 개념이 부족하다. 최근 부상하고 있는 서비스업 프랜차이즈 기업들의 성공요인을 분석하면, 대부분 고객서비스를 매우 중시하는 것으로 나타나고 있다. 중국 진출을 준비하고 있는 기업들은 정기적인 고객만족 교육 프로그램을 통하여 고객서비스의 표준화 방안을 마련해야 한다.

2) 가맹점 관리 전략

프랜차이즈 진출기업은 직영점과 가맹점의 장단점을 명확하게 인식하여야 하며, 브랜드 신뢰도가 떨어지지 않도록 가맹점 관리 매뉴얼을 확립해야 한다.

3) 기업 이미지 표준화 전략

표준화는 프랜차이즈 기업 이미지와 직결되어 있으므로 상품 및 서비스 표준화, 그리고 전체적인 이미지 표준화는 무엇보다도 중요한 요소이다. 프랜차이즈 진출기업은 미국 및 일본 등 선진국의 표준화 전략을 벤치마킹하여 제공하는 상품 및 서비스의 매뉴얼 표준화를 마련하는 것이 필요하다.

4) 인력의 전문화 전략

중국 대도시에는 전 세계의 경쟁력 있는 프랜차이즈 브랜드가 대부분 진입하여 있다. 이러한 프랜차이즈 기업들이 중국에서 성공한 가장 큰 이유는 프랜차이즈 기업의 전문화 전략이 있었기 때문이다. 즉 프랜차이즈 기업의 상품 및 서비스 제공의 모든 과정에 있어 인력의 전문화와 분업화가 있었기 때문에 가능하였다.

11-5-3 일본시장 진출전략

일본 프랜차이즈 산업규모는 2007년 기준 약 20조엔 규모로 GDP의 3~4%를 차지하고 있으며, 미국 다음으로 세계 2위의 시장 규모이며 약 200~300만 명이 관련업계에 종사하고 있다. 소매점인 편의점 업계는 점포의 재배치 및 '지역상품 지역소비' 권장정책에 힘입어 지역별 상품 판촉운동이 효과를 거둠으로써 매출액이 증가하고 있다. 외식업계는 프랜차이즈 가맹점사업자가 증가하고 있는 추세이며 성공한 프랜차이즈 기업은 멀티브랜드화 전략으로 다양한 분야와 연결하여 대형화되고 있는 추세이다. 서비스 업계의 프랜차이즈 분야도 '이·미용' 과 '노인복지 관련 분야' 등에서 꾸준히 증가하고 있다.

1) 철저한 현지시장 조사

일본은 세계에서 두 번째로 큰 프랜차이즈 산업 시장 규모를 가지고 있으며 다양한 업종의 프랜차이즈가 존재하고 있다. 기본적인 일본시장 조사 이외에 그들의 우수한 서비스에 대한 인식의 차이, 문화적인 차이 등에 대한 철저한 조사가 요구된다.

외국계 프랜차이즈의 일본 도입에 대한 특별한 규제는 없으나 프랜차이즈 시스템에 관한 규정을 준수하고 기본적인 일본 투자 절차에 따르면 시장 진출이 가능하나, 사전에 일본기관이나 전문가의 의견이나 컨설팅을 받는 것이 바람직하다.

일본 국내의 유통구조와 입지조건 등을 잘 모르는 외국 프랜차이즈 기업이 사업을 직접 수행하는 것보다는 일본에서 프랜차이즈 사업을 수행하고 있는 기업과의 합작 또는 사용료 수입방식으로 계약을 체결하여 운영하는 것이 유리하다.

2) 철저한 현지화

일본에는 제일동포와 유학생, 현지 주재원 등 한국계가 약 100만 명 이상 거주하고 있으며, 야키니쿠(일본식 불고기 전문점)점이 성장하여, 프랜차이즈화가 되어 오래전부터 시장의 한 분야를 차지하고 있다.

한국가정요리전문점은 야키니쿠점과는 달리 시장 초기 단계로 일본 각 시도의 특정 지역에 집중적으로 분포되어 있으며, 대부분 일본거주 한국인이 경영하는 서민적인 점포이다. 최근 일본인의 입맛에 맞춘 요리와 일본인의 성향에 맞는 인테리어를 갖춘 한국가정요리전문점이 늘어나고 있으며 대형 프랜차이즈 업체의 안테나 숍 운영도 늘어나고 있다.

일본인을 대상으로 여러 종류의 전골, 찌개 등을 주요 메뉴로 설정하여 일본인의 입맛에 맞는 양념과 메뉴를 개발하는 것이 성공의 주요 요인이라 할 수 있다.

일본인을 대상으로 프랜차이즈 사업을 운영할 경우는 일본식 서비스, 일본식 메뉴, 일본식 점포 운영이 필요하다.

3) 고령화, 저 출산, 핵가족화 등을 대상으로 한 서비스 개발

일본은 2010년 인구 중에서 65세 이상 노인 인구 비중은 23.1%로 이미 초고령 사회(노인 비율 20% 이상 사회)에 진입했다. 이러한 고령자를 대상으로 하는 청소/세탁 관련 서비스, 의료서비스 등이 유망업종으로 각광을 받고 있으며, 고령자를 대상으로 한 도시락 서비스가 프랜차이즈 사업으로 각광을 받고 있다.

또한 저출산에 따른 핵가족화가 가속되고 혼자 사는 사람이 증가하고 있기 때문에 이들을 위한 청소, 세탁서비스 및 1인 식당 등 틈새시장을 개척하기 위한 다양한 서비스가 개발되고 있다.

제12장 프랜차이즈 가맹점 운영전략

PROLOGUE

하루 66곳 문 닫는 프랜차이즈 가맹점, 이제는 '튀어야 산다'

국내 프랜차이즈 시장 내 경쟁이 갈수록 심화되고 있다. 평범함을 넘어선 업체 고유의 개성이 프랜차이즈 시장 경쟁의 필수 생존 키워드로 떠오르고 있다.

최근 통계청이 발표한 '프랜차이즈 통계'에 따르면 2015년 기준 전체 가맹점 수는 18만1000개로 1년 전보다 1만 4000개 늘었다. 프랜차이즈가 이토록 많이 생겨나긴 했지만 문을 닫는 곳 역시 그에 못지 않았다.

하루 115개의 가맹점이 새로 생기고 있지만 66곳이 문을 닫았다. 이제는 똑같은 콘셉트와 가격 경쟁력으로는 소비자들의 마음을 얻지 못하는 시대다. 이에 색다른 개성으로 무장한 프랜차이즈들이 소비자들의 발길을 끌어 모으고 있다.

프리미엄 이자카야 '청담이상'은 계절에 구애받지 않는 메뉴와 여성고객에게 어필하는 인테리어를 제공하는 주점으로 소비자들에게 인정받고 있다. 청담이상의 인테리어 특징은 짙은 색의 원목과 사케병과 대나무 등의 소품을 활용해 일본 정취를 그대로 느낄 수 있다는 것이다. 아늑하고 자연친화적인 분위기를 연출하는 감각적인 인테리어는 이곳을 주로 찾는 2030 연령대 여성고객들의 마음을 사로잡는 데 큰 몫을 했다. 또한 시그니처 사케인 이상준마이와 이상준마이다이긴죠 등을 판매하며 독점 판매하며 희귀성에서도 화제를 몰고 있다.

사진 제공: 왼쪽부터 '스테이크보스', '청담이상', '에릭스도자기'

스테이크보스는 (주)푸디세이가 2016년 론칭한 스테이크 전문 브랜드다. 스테이크를 테이크 아웃 형태로 즐길 수 있게 메뉴를 개발해 테이크아웃 시장의 일대 파란을 일으킨 바 있다. 맥주와 와인 등을 담은 컵 위에 스테이크와 라이스, 더운 야채 등의 가니쉬를 담아주는 것이 스테이크 보스의 특징인데, 이에 더해 올해부터 스테이크 버거와 라이스볼을 투가 해 소비자들의 선택 폭을 넓혔다. 가격대비 고품질의 소고기 원육을 쓴다는 점도 여타 테이크 아웃 전문점과 차별하 되는 지점이다.

'꽃보다힐링 구이구이'는 생활도자기 전문기업 '에릭스도자기'가 만든 외식 브랜드다. 꽃보다힐링 구이구이는 기능성특수도자기 '힐링요'로 조리한 돼지고기를 최초로 판매하는 곳이다. 힐링요는 광식 조리기로 생육광선을 통해 재료 본연의 맛을 살려주는 도자기다.

불이 아닌 빛으로 조리해 식재료의 영양소와 수분, 재료 본연의 나트륨을 파괴하지 않는 것이 특징이다. 꽃보다힐링구이구이는 힐링요를 통해 70% 초벌구이 과정을 마친 돼지고기를 특수제작한 도자기구이불판을 이용해 간편하게 먹을 수 있게 했다. 도자기구이불판으로 연기를 줄이고 고기 타는 냄새를 말끔하게 없애 깔끔한 방식으로 고기를 즐길 수 있도록 배려했다.

업계 관계자는 "다른 곳엔 없는 특별한 개성 하나 정도는 가지고 있어야 소비자들의 마음을 얻을 수 있다"며 "맛과 서비스도 중요하지만 아이디어 역시 중요한 시대"라고 조언했다.

자료: 매일경제, 2017년 9월 28일자.

12-1 가맹점 운영관리

소규모 창업과 관련한 수많은 창업자가 창업의 냉혹한 현실 앞에서 실패한 사례를 볼 수 있다. 창업희망자가 사업자로 변신하는 과정에서 창업 환경에 적응하지 못하고 창업에 실패함으로써 좌절감과 경제적 고통을 감내해야 한다.

프랜차이즈 가맹점을 운영하고자 하는 창업희망자는 가맹본부와의 계약과 동시에 사업자로서의 역할을 하게 된다. 계약과 동시에 사업자로서의 행동은 책임과 의무가 따르며, 결과를 수반하게 된다.

프랜차이즈 가맹본부는 가맹본부가 정한 경영 이념, 경영 철학, 경영 전략, 경영 방침, 마케팅 전략, 영업정책 등이 가맹점에서 올바르게 이해되고, 가맹점 운영시스템의 기준 및 QSC(quality, service, cleanness) 레벨이 유지되고 있는지를 점검하고 시정이 필요한 경우 단시간에 수정, 보완토록 해야 한다.

가맹본부와 가맹점사업자 간에 가맹계약을 체결하여 프랜차이즈 사업이 시작되면, 가맹점이 가맹본부의 프랜차이즈 시스템을 사용하고, 가맹본부가 가맹점사업자에게 프랜차이즈 시스템을 허락하게 되면, 가맹점은 이 기준을 유지하여야 할 의무를 다해야 한다. 이는 또한 법률적으로 효력이 있는 프랜차이즈 계약서에 명시된 중요한 사항이다.

가맹본부의 프랜차이즈 시스템이 아무리 훌륭하게 확립되어 있고, 매뉴얼이 잘 정비되어 있고, 가맹점사업자가 교육·훈련을 잘 받았다고 해서, 반드시 가맹본부가 지향하는 수준의 가맹점 운영시스템과 QSC 레벨이 유지되는 것은 아니다. 그 이유는 시스템을 적용하고 운용하는 주체가 가맹점사업자이기 때문에 아무리 시스템이 표준화, 단순화, 전문화되어 있더라도 가맹점사업자의 수준에 따라 차이가 생기기 마련이다.

하지만 프랜차이즈 운영시스템인 이상, 가맹점 전체가 통일된 이미지를 형성해 가기 위하여 단 1개의 가맹점이라도 기준 이하의 수준으로 방치해서는 안 된다. 1개 가맹점의 영향이 전체 브랜드 이미지로 이어지기 때문이다.

가맹본부의 영속성 유지를 위한 브랜드 관리 측면에서도 이 기능은 매우 중요한 지위를 갖게 된다. 이러한 중요한 역할을 가맹본부의 슈퍼바이저가 담당하게 된다. 따라서 프랜차이즈 가맹본부의 성공을 쥐고 있는 사람이 슈퍼바이저이며, 그 슈퍼바이저를 지탱하는 것이 슈퍼바이징 시스템인 것이다.

또한 프랜차이즈 사업의 핵심은 가맹점 운영의 시스템화이며, 이것 없이 프랜차이즈 시스템은 성립할 수 없다. 과거 많은 프랜차이즈 가맹본부가 이 슈퍼바이징에 무관심하여 실패한 경우가 많았다. 프랜차이즈 시스템에서 가장 중요한 기능은 고객으로부터 신뢰이다. 즉 동일한 가맹점이라면 어느 매장에 가더라도 동일한 품질과 동일한 서비스를 받을 수 있다는 것으로, 가맹점 운영의 시스템화가 무엇보다도 우선 확립되어 있어야 한다.

12-2 가맹점 운영의 성공전략

가맹점사업자로 성공하기 위해서는 자신만의 세밀한 운영관리와 계획적인 운영전략 수립으로 사업의 실패를 최소화해야 한다. 즉 가맹점 창업희망자는 사업 전 위험부담으로 여길 수 있는 브랜드 개발에 대한 두려움, 창업아이템의 개발에 대한 두려움, 창업 운영 매뉴얼의 부재에 대한 두려움을 최소화 하는 것이 중요하며, 그리고 가맹본부와 계약을 통해 가맹점사업자가 되면서 발생하게 될 가맹본부와의 갈등과 분쟁해결이 중요하다. 가맹점사업자는 눈앞의 이익만 생각하고 단기적인 성과에 치중하는 것보다는 미래비전을 가지고 소비자의 가치창출을 위한 가맹점 운영전략 수립이 중요하며, 가맹점사업자의 이익은 내부고객의 만족을 통해서 이루어지기 때문에 가맹점 내부고객의 인식이 매우 중요하다.

12-2-1 가맹점 창업희망자의 사업 전 위험부담의 최소화

창업희망자가 프랜차이즈 가맹점을 선택하게 되는 가장 큰 이유는 사업의 위험부담을 최소화하기 위함이다. 창업희망자가 사업 전 위험부담을 느끼는 것은 브랜드 개발에 대한 두려움, 창업아이템의 개발에 대한 두려움, 창업과 운영 매뉴얼의 부재에 대한 두려움이라 할 수 있다.

첫째, 창업희망자는 창업 전 브랜드 개발에 소요되는 비용과 시간, 소비자에게 브랜드를 홍보하기 위한 시간 및 방법에 대한 두려움을 느끼게 된다. 이는 창업희망자에게는 브랜드를 개발하고 홍보할 수 있는 능력이 부족하기 때문에 잘 알려진 가맹본부의 브랜드를 활용함으로써 위험부담을 벗어나려고 가맹점사업자가 되기를 원한다.

둘째, 창업희망자는 창업아이템의 개발에 대한 두려움을 느끼게 된다. 이는 창업희망자가 창업아이템을 개발하는 데 많은 시간이 소요될 뿐만 아니라 소비자에 검증되지 않은 아이템으로 사업함으로써 소비자가 선택하지 않아 사업 실패에 대한 두려움 때문에 가맹본부의 아이템을 선택함으로써 창업아이템의 개발에 대한 두려움에서 벗어날 수 있다. 가맹본부는 사업 아이템의 개발 과정에서 가맹본부의 직영점이나 직영 모델점을 통해서 소비자의 검증 절차를 거치게 되며, 소비자의 선호도를 측정하는 과정에서 소비자의 취향에 맡게 주력 아이템을 개발하거나 소비자의 선호도에 떨어지는 아이템은 탈락시킨다. 가맹본부의 사업 아이템 개발은 프랜차이즈 사업 전개에 중대한 영향을 미칠 수 있기 때문에 가맹본부는 사업 아이템 개발에 전력을 기울이게 된다. 따라서 창업희망자는 가맹본부의 검증된 아이템을 선택하게 된다.

셋째, 창업 희망자는 창업 및 창업 후 어떻게 사업을 운영할지에 대한 두려움을 느끼게 된다. 이는 창업희망자가 창업 아이템 선정이후 이를 운영하기 위해서는 사업개시에 앞서 준비해야 할 사항과 사업개시 후 운영해야 할 많은 내용 및 운영전략 수립에 대해 두려움 때문에 가맹본부에 의해 표준 매뉴얼에 갖추어진 프랜차이즈 사업을 선택하게 된다. 가맹본부에 작성된 표준 매뉴얼은 특정 가맹점을 대상으로 제작되어 있는 것이 아니므로 각각의 가맹점이 지니고 있는 환경적인 요소와 자신의 영업점에 맞는 자신만의 운영 매뉴얼을 작성할 필요가 있다.

가맹본부의 브랜드 파워나 사업 아이템은 프랜차이즈 가맹본부와 계약을 하면서 쉽게 두려움을 극복할 수 있지만 운영 매뉴얼은 자신의 영업 활동이 끝날 때까지 영업 활동에 지속적으로 활용되어야 되기 때문에 자신의 영업점에 가장 적합한 운영 매뉴얼의 작성을 통하여 영업 활동과 관련 운영 매뉴얼에 대한 두려움을 극복해야 한다.

12-2-2 가맹본부와의 갈등과 분쟁 해결

예비창업자가 가맹본부와 계약을 통해 가맹점사업자가 되면서 가장 많이 발생하는 감정적인 요인이 가맹본부와의 갈등과 분쟁이다. 가맹본부와의 갈등은 필연적으로 발생할 수밖에 없는 요인들로 프랜차이즈 관련된 많은 연구들이 갈등과 관련된 선행연구들을 통하여 가맹본부와 가맹점사업자 사이의 갈등의 발생과 해결방안, 그리고 문제점 등에 관한 연구를 진행해 오는 것을 보더라도 알 수 있다.

가맹본부와 가맹점사업자 간의 거래특성 차원에서 갈등에 미치는 영향을 보면, 첫째, 환경동태성은 갈등에 뚜렷한 영향을 주지 않는 것으로 나타났다. 즉 가맹본부와 가맹점사업자가 환경에 대한 변화를 매우 효과적으로 방어하고 이를 적절히 통제하여 환경 동태성으로 인한 위험을 최소화 하고, 둘째, 강압적 영향은 갈등을 증가시키는 것으로 나타났다. 즉 힘의 우위에 있는 가맹본부가 불이익을 담보로 가맹점사업자를 위협을 한다거나 법적인 절차를 이용하게 되면 인간적인 감정을 해치고 서로의 역할과 인식을 조정하는데 어려움이 많음을 알 수 있다. 셋째, 가맹본부와 가맹점 간의 목표 불일치는 갈등을 유발하는 주된 원인임을 밝혔다. 가맹본부와 가맹점 간의 상호 사업목표가 다르고 추구하는 가치가 맞지 않는다면 불일치로 인해 심리적인 긴장을 초래하고 갈등을 발생한다는 것이다. 또한 마지막으로 대안의 매력도도 갈등을 증가시키는 것으로 나타났다. 즉 가맹점이 현재 계약한 시스템보다 더 높은 이익을 가져다주는 유용한 대안이 존재한다면 가맹본부에 대한 의존성이 감소하고 이해관계에 대한 마찰이 증가한다는 것이다(조현진, 2006). 갈등 해결 방법으로는 가맹본부와 가맹점 사이의 관계에서 강압적, 보상적, 합법적 권력을 행사하는 것보다는 개인적 자질에 근거한 전문적, 준거적 권력을 행사하는 것이 가맹점의 협력적 갈등해결을 통하여 긍정적인 성과에 도움이 되는 것으로 나타났다(김선경, 김영국, 2010).

국내 프랜차이즈 가맹본부와 가맹점의 가장 흔한 갈등의 유형은 본사의 허위 및 과장된 정보제공과 계약해지 및 종료, 초기의 높은 가맹비와 인테리어 비용, 그리고 상품 판매 비용, 광고 분담금 등으로 나타났으며, 또한 영업권 보장 불이행으로 인한 상권분쟁, 불량 상품 및 재고품 강매 및 마진문제, 본부의 취약한 영업 노하우 등도 가맹점의 불만을 야기하고 있는 것으로 나타났다.

따라서 가맹본부와 가맹점 사이의 갈등의 발생 요인으로는 첫째, 가맹본부의 지원 활동이 가맹점사업자의 기대치에 절대적으로 못 미치고 있기 때문, 둘째, 가맹본부와의 계약 체결이 과대하게 기술되어 있거나 사업 개시 후 가맹본부의 약속이행이 제대로 실행되고 있지 않다는 생각하기 때문, 셋째, 가맹점사업자가 가맹본부의 지원 활동이 소홀하다고 생각하기 때문, 넷째, 가맹본부가 가맹점마다 영업 활동을 직접적으로 관리하지 않기 때문이라고 할 수 있다.

이와 같은 갈등은 대부분 가맹점사업자에 의해서 제기되고 있다. 이는 가맹점사업자가 가맹본부에 지나치게 의존하고 있기 때문에 발생한다는 것을 간과해서는 안 된다.

이러한 관점에서 가맹본부의 현실적인 지원 활동에 대한 갈등 요인에 대해 가맹점은 해결해야 할 방법을 찾아야 한다. 가맹본부와 가맹점사업자 사이의 갈등 해결방안으로는 첫째, 가맹점 자신만의 독특하고 차별화된 경영 전략을 수립하고 실천해야 하며, 둘째, 프랜차이즈의 시스템을 기반 하에서 독립사업체로서의 사업 활성화가 필요하며, 셋째, 가맹점 환경에 맞는 독창적이고 차별화된 경영으로 가맹점 성과를 극대화시킬 필요가 있으며, 넷째, 가맹본부와 보다 지속적이고 돈독한 파트너십 유지가 필요하다.

12-2-3 가맹점사업자의 미래비전

창업은 예비창업자의 취미활동이나 여가생활의 충족을 위한 부업으로 시작하기도 하지만 대부분의 창업은 경제적 원인 때문에 시작한다. 따라서 창업이 가장(家長)의 가계운영을 위한 것이기 때문에 단기적인 성과에 조급함을 느낄 수밖에 없다. 이러한 조급함은 자금의 투입에 대한 성과가 조속히 나타나지 않음으로 인해 불안감이 가중되면서 미래에 대한 불확실성으로 작용하게 된다. 예비 창업자의 불안감은 창업 이전에 계획했던 사업 활동에 대한 의욕과 투지를 일순간에 무너뜨릴 수도 있고 미래에 대한 자아 상실감을 느끼게 할 수도 있다.

또한 가맹점사업자의 성급한 성과 지향적 영업 활동은 소비자의 반감, 종업원과의 갈등을 유발시킬 수도 있다. 따라서 단기적인 성과보다는 장기적 안목을 가지고 소비자의 가치창출을 위한 경영 전략 수립이 필요하다. 가맹점사업자는 소비자의 가치창조를 위해서 서비스와 상품의 개발에 전력함으로써 소비자와의 관계 구축을 통한 성과를 기대할 수도 있다. 특히 최근 소비자는 대량의 정보를 쉽게 접할 수 있는 환경 속에서 욕구의 다양화와 비교 소비를 통한 만족을 실현하고 있다. 따라서 소비자는 냉정하며 자신의 소비에 대해 가치가 창출되지 않았다고 생각될 때 반복 구매를 하지 않고 쉽게 브랜드를 전환하는 특성이 있다.

가맹점 사업은 세분화된 지역단위의 영업 활동을 통하여 한정된 소비자를 상대로 영업을 전개해 나가는 특성이 있다. 한정된 지역 내에서 활동하고 있는 소비자들은 어떠한 형태로든 작은 연결고리로 관계를 형성하고 있으므로 가맹점사업자의 영업 활동과 관련한 정보가 구전을 통하여 한정된 지역 내의 소비자에게 서로 전달될 수 있는 가능성이 크다고 볼 수 있다. 따라서 가맹점사업자는 사업규모나 긍정적인 성과를 기대할 수 있는 시기를 정확히 예측하여 장기적이고 거시적인 안목의 자금운영계획 수립해야 한다.

12-2-4 가맹점 내부고객의 중요성 인식

가맹점사업자는 영업 활동을 하는 과정에서 내부고객의 중요성 인식해야 한다. 사업을 영위하는 데 있어 가맹점사업자에게 소득을 창출해 주는 고객은 내부고객과 외부고객으로 구분할 수 있다. 일반적으로 가맹점사업자는 외부고객을 통해서만 수익이 창출되고, 내부고객인 종업원은 자신이 지급하는 월급 및 수당으로 생활하고 있으므로 자신에게 고마워해야 한다고 생각하는 경우가 많다. 외부고객을 통한 수익 창출은 내부고객을 통해서 이루어진다. 즉 내부고객이 만족할 때 외부고객의 성과 향상이 있으며, 외부고객의 반복 구매와 단골이 형성되어 수익이 창출된다. 따라서 가맹점사업자는 내부고객인 종업원의 만족도를 높이기 위해서 동기부여를 해야 한다. 동기를 부여받은 종업원은 자신의 직무에 최선을 다하게 되며, 종업원의 태도와 언행은 소비자에게 우호적인 형태로 전달되어 소비자의 만족을 높이는데 중요한 역할을 한다. 일반적으로 동기부여가 되지 않은 종업원은 고객과의 관계형성을 귀찮게 생각한다. 또한 인간은 자극을 받지 않으면 자기의 능력을 최대한 발휘하지 않으며, 가맹점사업자가 알지 못하는 종업원의 사적인 문제로 인해 복무태도에 영향을 미치게 됨으로 소비자에게 나쁜 영향을 줄 수 있다.

그러므로 가맹점사업자는 종업원의 판매활동이 가맹점의 성과에 지대한 영향을 미칠 수 있으므로 종업원 상호 간의 분위기, 판매 할당, 종업원 각자의 역할에 대한 정확한 구분, 인센티브 등을 적절히 조정하여 종업원의 사기를 고취시키고 성과를 높이는 일이 중요하다. 특히 가맹점 창업에 있어 가족 간에 가맹점 사업을 운영하는 경우 종업원 역시 한 가족으로서의 동질감을 느낄 수 있도록 세심한 배려가 필요하다.

12-3 가맹점 마케팅 전략

가맹점은 가맹사업과 관련하여 가맹본부로부터 가맹점 운영권을 부여받은 사업자가 운영하는 점포로써 프랜차이즈 수익모델의 중심된다. 가맹점의 주요 경영 기능은 점포 관리, 고객관리 및 고객서비스이며, 가맹본부와의 지속적인 관계에 의해서 발전하게 된다. 가맹점은 고객이 많아야 가맹점이 지속적인 발전을 하게 되고, 가맹점이 발전해야 가맹본부도 발전하게 된다.

최근 소비자의 가처분 소득이 증가함에 따라 소비자의 욕구는 다양화, 개성화 및 편리성을 추구하는 추세를 보이며 가맹점에 대한 소비자의 점포선택에 대한 기대수준도 소비자집단에 따라 다양한 양상을 보이고 있다. 이에 따라 가맹점들은 전체 시장 중 자사가 가장 큰 경쟁우위를 제공할 수 있는 세분시장을 표적시장으로 선정하고 그 세분시장 내 소비자들을 경쟁자보다 더 만족시키기 위해 가맹본부는 가맹점의 소매점포 믹스를 개발하는 전략적 접근이 요구된다. 따라서 가맹본부는 소비자의 다양화, 개성화 및 편리성 추구에 맞추어 가맹점의 마케팅 전략을 수립하게 되는데 가맹점의 마케팅 전략의 주요 구성요소는 〈그림 12-1〉과 같다. 가맹점 마케팅 전략 수립은 소비자들이 가맹점에서 어떤 효익(benefit)을 얻을 것인가에 대한 기대수준을 파악하는 과정과 소비자들의 기대수준을 어떻게 혼합(mix)하여 전략화시킬 것인가에 대한 가맹점 STP 전략 수립 과정과 가맹점 STP 전략을 통해서 파악된 소비자의 기대수준을 충족시키기 위한 가맹점 마케팅 믹스 요소를 결정하는 과정으로 구성된다.

〈그림 12-1〉 가맹점 마케팅 전략의 모델

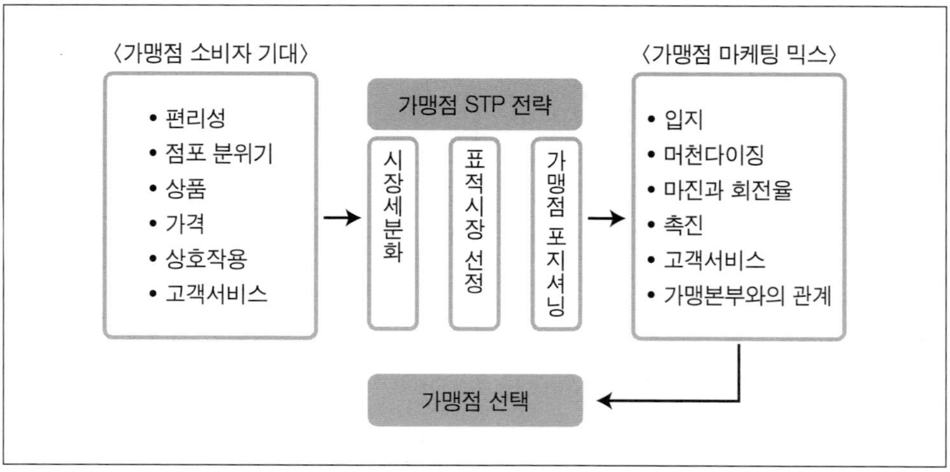

12-3-1 가맹점의 소비자 기대

소비자들이 가맹점을 선택하여 상품을 구매하려는 기대에는 실질적 점포 기대와 상징적 점포 기대로 나누어 볼 수 있으며, 실질적 점포 기대에는 상품, 가격, 광고, 판매촉진, 판매원의 수, 점포시설, 점포입지 등이 있으며, 상징적 점포 기대는 서비스, 판매원의 친절, 점포분위기, 상품 진열, 편리성, 상호작용, 고객의 사회적 계층 등이 있다. 이들 중에서 소비자가 가맹점에서 얻고자 하는 기대를 살펴보면, 편리성, 상점분위기, 상품, 가격, 상호작용, 서비스이다. 가맹본부는 소비자의 기대를 통해서 가맹점의 운영전략을 수립해야 한다.

1) 편리성

소비자들은 시간의 압박 속에서 생활하므로 가능한 시간을 절약하려고 한다. 따라서 많은 소비자들은 집이나 직장에 가까운 곳에 점포가 위치하고 있고 편리한 시간에 쇼핑할 수 있기를 원한다. 입지 편리성에서는 물리적인 거리보다 소비자의 이동시간이 보다 중요하게 고려된다. 가령 교통이 복잡한 도심에서의 5km와 교통소통이 비교적 원활한 도시외곽 지대에서의 5km는 소요시간에 있어서 상당한 차이가 나게 마련이다. 입지는 소비자들의 특성에 대해서도 많은 영향을 받게 된다. 비교적 시간적인 여유가 있는 소비자(은퇴자, 휴가자, 주부 등)들은 저렴한 가격으로 쇼핑할 수 있으면 기꺼이 보다 더 많은 이동시간을 사용해서라도 값싼 점포에서 구매할 것이다. 그러나 쇼핑시간이 상대적으로 적은 소비자(직장인, 직장여성 등)는 시간절약을 위해 상품가격이 비교적 높더라도 접근하기 편리한 가맹점을 보다 선호할 것이다. 또한 요즈음에는 자동차의 주차시설의 유무와 편리성도 고객의 유치에 상당한 영향을 미친다.

맥도널드는 소비자의 편의증진을 위하여 맥 드라이브를 운영하고 있는데 맥 드라이브는 〈그림 12-2〉에서 보는 바와 같이 차를 가진 고객이 전용입구로 들어가 주차를 하지 않고 차내에서 주문을 하고 바로 메뉴를 받는 형태이다. 이는 고객의 입장에서는 번거롭게

〈그림 12-2〉 맥 드라이브 이용 방법

주차를 하거나 궂은 날씨에 밖에 나와도 되지 않는다는 장점이 있으며, 업체는 주차장 공간 확보와 매장 내 좌석 분산 및 주문 처리의 분산효과가 있다. 이러한 편리성 때문에 우리나라에서도 페스트 푸드를 중심으로 Drive-Thru 형태의 매장이 생겨나고 있다. 한국 맥도널드의 경우 전체의 11% 정도인 26개의 점포에 설치되어 있다. 미국의 경우 전체 1만 4천개의 매장 중 약 90%가 맥 드라이브를 실시하고 있다. 미국은 맥도널드뿐만 아니라 이러한 Drive-Thru 형태의 매장은 대부분의 패스트푸드 업체에서 실행중이다.

단점은 이를 위해선 추가적인 부지가 필요하다는 점이다. 대개 400m^2 이상의 부지가 가능한 점포에서만 실시하고 있다.

맥도널드는 시간의 편리성을 위하여 과거에는 영업시간이 정해져 있었지만 현대인들의 생활 스타일에 따라 24시간 영업을 시작하였다. 이러한 24시간 영업을 통해 고객은 시간에 상관없이 맥도널드를 이용할 수 있게 되었다. 또한 맥도널드는 24시간 영업을 통해 그동안 소홀했던 아침메뉴 부분에 강점을 가지게 되었다. 맥도널드의 아침메뉴는 〈그림 12-3〉과 같이 '맥모닝'이라고 하여 머핀종류와 커피로 이루어져 있다. 출근길에 간단히 먹을 수 있는 메뉴는 패스트푸드라는 시스템을 만나면서 바쁜 직장인들에게 좋은 반응을 이끌어 내었다.

〈그림 12-3〉 24시간 맥도널드 매장을 나타내는 마크와 맥모닝 메뉴들

2) 점포 분위기

모든 점포는 나름대로의 느낌 또는 분위기를 가지고 있는데, 고객들은 편안하면서 쾌적한 느낌을 주는 점포를 보다 애호(patronage)할 것이다. 따라서 소매업자들은 고객들이 점포를 집과 같이 편안하게 느낄 수 있게 해주어야 하고 고객의 라이프 스타일과 일치되는 점포분위기를 형성하는 것이 필요하다. 이러한 점포분위기는 상품구색, 조명, 장식, 점포구

〈그림 12-4〉 파리바게트 가맹점 내부 공간

조, 음악의 종류 등에 의해 영향을 받게 된다.

최근 프랜차이즈 사업이 급속히 발달하면서 가맹본부의 주도로 가맹점의 점포분위기를 목표 고객에 맞게 인테리어 시설을 하고 있다.

베이커리업계 1위 브랜드인 파리바게트는 소비자의 라이프 스타일 변화 및 소비자의 기호변화 추세에 맞추어 "멀티숍"운영 및 점포 컨셉 변화를 통해 빵을 사가는 기존 테이크아웃(Take-out)형 대신 〈그림 12-4〉와 같이 아늑한 카페 느낌을 주는 인테리어형 점포로 변화를 주고 있다.

3) 상품

소비자는 자기 욕구를 충족시키기 위해 상품을 구매하게 되는데, 상품에 대한 기대 또한 가맹점의 선호도에 영향을 미친다. 상품은 본질적으로 가맹점이 판매를 위해 고객에게 제공하는 재화이다. 소비재는 일반적으로 소비자의 구매노력 정도에 따라 편의품, 선매품, 전문품으로 구분이 된다. 소비자들은 소비재 유형에 따라 각각 다른 구매노력을 기울이게 된다. 이처럼 소비자들은 자신이 구매하는 상품의 유형에 따라 각각 다른 기대를 보유하고 있으므로 가맹점은 취급하는 상품에 따라 적절한 대응을 하는 것이 필요하다.

가맹본부에서는 가맹점의 최종 소비자들의 특성에 따라 새로운 상품을 지속적으로 개발하여 경쟁점에 비해 경쟁우위를 갖도록 해야 한다. 파리바게뜨 역시 소비자 욕구에 부응하는 다양한 신제품 개발을 소홀히 하지 않고 있다. 파리바게뜨는 파리의 아침, 쁘띠엔젤 케익 등 15개 히트상품을 제조하였다. 이는 철저한 소비자 조사와 적극적인 기술개발 덕분이다. 다양한 제품을 앞세운 파리바게뜨의 기술력은 가맹점이 빠르게 안정권에 진입할 수 있는 원동력으로 작용하였다.

원할머니 보쌈은 맛의 차별화를 위해 계속적인 연구 및 시스템 구축에 온 힘을 기울였다. 보쌈의 맛을 차별화하기 위해 김치에 밤, 굴, 미나리, 당근 등 수십 가지의 원재료를 배합하며 아삭한 맛을 살리기 위한 양념배합의 비율을 개발하고 이는 철저한 보안 하에 제조하고 있다. 돼지고기를 삶는 방법 또한 다년간 노하우 기반에 특별한 소스를 가미해 돼지고기 특유의 냄새를 잡음으로써 타 보쌈과의 차별화를 이루고 있다.

맥도널드의 상품은 크게 햄버거와 샌드위치, 음료, 사이드, 디저트로 구성되어 있다. 이들 제품은 패스트푸드라는 말 그대로 빠른 시간에 조리가 가능하다. 이들 상품은 내용물의 양, 조리시간, 온도, 크기 등 모든 것을 정확히 수치화하여 조리한다. 세계 어느 지점을 가더라도 같은 맛을 느낄 수 있도록 표준화를 하는 것이다. 이러한 표준화 덕분에 맥도널드는 별다른 조리기술 없이도 동일한 맛을 제공할 수 있다. 표준화된 메뉴의 경우 제조방법이나 내용물이 정확한 조리법에 의하여 세계어디를 가도 동일한 맛을 느낄 수 있도록 하고 있다. 이러한 조리법은 다른 패스트푸드업체와 같이 철저히 비밀에 감춰져 있다. 맥도널드의 상품은 대게 개발과 판매에 오랜 시간을 들여 최상의 맛을 제공하고 있다.

4) 가격

소비자들의 가격에 대한 기대 정도도 가맹점의 선호도에 영향을 미친다. 소비자들은 점포들의 특성에 따라 판매되는 상품들의 가격 범위에 대한 서로 다른 신념을 보유하고 있다. 예를 들면, 소비자들은 갤러리아 백화점 명품관 같은 고급 백화점에서 판매하는 상품들은 일반적으로 고가의 상품이란 인식을 갖고 있고, 남대문 시장의 점포에서 판매되는 상품들은 저렴한 가격의 상품이라는 신념을 보유하고 있는 것이다.

블루클럽은 1998년 6월 1호점을 개점한 국내 최초의 프랜차이즈 미용실이자 최대의 남성 전문 미용실이다. 처음 사업을 시작할 때 소비자가 원하는 3,000원대의 가격과 미용실 사업자가 원하는 7,000원대의 가격의 중간인 5000원으로 가격을 책정하였다. 이는 최대한 고객의 만족을 실현시킬 수 있고 수익도 보존할 수 있는 가격으로 판단했으며, 현재는 물가 상승으로 7,000원까지 가격을 인상시켰다. 또한 컷트별로 나누어 서비스를 제공하고 있으며 타 헤어샵과 다른 저가 가격 정책을 채택하여 고객을 유치한 뒤 빠른 서비스 시간으로 좌석 회전율을 높이는 박리다매형 가격으로 서비스를 제공한다.

5) 상호작용

많은 소비자는 종업원과의 상호작용을 통해서 정보를 수집하여 즉각적인 구매나 다음의 구매계획에 사용하기도 한다. 즉 도·소매형 프랜차이즈인 편의점은 그 점포에서 구매 가능한 브랜드가 무엇인지에 대한 제안을 할 수 있고, 전문적 지식을 갖춘 종업원이 브랜드에 관한 상품 정보뿐만 아니라 그 점포에의 서비스에 관한 구체적인 것도 고객에게 제공할 수 있다. 또한 많은 소비자는 소매점에서 다양한 사회적 욕구를 충족시키기 위해 쇼핑을 하는 경우가 있다. 즉 점포에서 값을 깎는 과정에서 즐거움을 얻을 수도 있고, 쇼핑과정에서 타인과 접촉하거나 또는 점포가 스폰서가 된 클럽에 가입함으로써 친교욕구를 충족할 수도 있다.

GS25 편의점은 1996년 업계 최초로 지로에 있는 바코드 정보를 통해 고객이 언제 어디서나, 세금 및 공과금을 납부하는 공공요금 수납서비스 등 다양한 생활에 편리한 서비스를 시행함으로써 고객 편의뿐만 아니라 가맹점과 고객과의 상호작용을 확대하고 있다. GS25에서 실시하고 있는 서비스를 보면, 편의점 캐쉬 구입 및 충전, 현금인출(CD), 교통카드 충전, 휴대폰 충전 서비스 등 생활편의 서비스, 24시간 택배를 접수하고, 주문한 상품을 가까운 편의점에서 수령할 수 있도록 하는 택배서비스, 도서음반, 영화티켓 구입, 외식(일부 가능), 인터넷(게임, 포탈)에서 사용 가능한 도서문화, 해피머니, 문화상품권), 금강제화상품권, 전국 신세계백화점 등 상품권판매 서비스, 프로 스포츠 입장권이나 국내 최대의 테마파크인 에버랜드 및 캐리비안베이의 티켓 등 티켓 발권 서비스를 시행하고 있다.

6) 고객서비스

소비자들은 가맹점에서 제공하는 고객서비스의 양과 질에 관한 기대를 갖고 있다. 고객서비스란 가맹점을 방문한 소비자의 구매활동을 지원하고 구매한 상품의 효용을 증대시키기 위해 제공되는 모든 형태의 부가 가치적 구매편의를 말한다. 고객서비스는 필수적이라기보다는 자사 점포의 경영방침에 따라 선택되는 부가적 의미가 포함되어 있는 유통 활동이다. 따라서 고객서비스는 가맹점의 상품가치를 증대시키고 점포 이미지를 재고시키며 소비자 만족을 극대화시키는데 기여할 수 있도록 가맹본부는 서비스 매뉴얼을 준비하고 제공하여야 한다. 이 같은 고객서비스에는 신용정책, 배달, 설치, 보증, 판매보조, 수리 등이 포함된다. 이러한 서비스 기대는 특정 소비자의 점포선택에 영향을 준다.

실제로 소비자들은 동네의 구멍가게에서 상품을 구입하는 것보다 상대적으로 고가인 대기업의 유명 가맹점에서 상품을 구매하는 것은 대기업이 보다 나은 서비스를 제공하기 때문이다.

12-3-2 가맹점의 STP 전략

소비자들은 앞에서 서술한 소매점에 대한 기대가 상이하다. 따라서 가맹본부는 가맹점의 소비자들 기대 수준에 따라 소비자를 세분화(segmentation)하여 가맹본부가 강점을 가지는 세분시장을 표적시장(targeting)으로 규정하고, 이를 효과적으로 공략하기 위한 포지서닝(positioning) 전략을 구사해야 한다.

1) 시장 세분화

시장 세분화에는 여러 가지 방법이 있으나 점포에 관한 시장 세분화는 2단계 세분화 방법이 보다 효과적이라 할 수 있다. 첫째 단계는 점포에 대한 소비자의 기대에 따라 몇 개의 소비자집단으로 구분한다. 둘째 단계는 각 소비자의 인구통계적(demographic), 심리묘사적(psychographic), 사회경제적(socioeconomic) 특성에 관한 자료를 수집하여 첫째 단계에서 분류된 각 세분시장의 프로파일을 규명한다.

이와 같은 2단계 시장 세분화 방법의 장점은 각 세분시장의 규모를 알 수 있고 어떤 소비자가 각 세분시장을 구성하는지를 알 수 있으며, 따라서 광고, 판촉 등의 전략을 구사할 때 표적시장에 효과적으로 도달할 수 있다는 점이다.

컴퓨터 구매자에 대한 시장 세분화의 예를 들어 보면, 어떤 소비자는 판매자의 자세한 안내를 받기를 원하고, 어떤 소비자는 구매가 편리한 곳에서 믿을 수 있는 제조업자의 제품 구매를 원하며, 어떤 소비자는 자기가 직접 선택할 수 있는 컴퓨터 지식을 가지고 있을 수 있다. 이러한 몇 가지 세분시장의 예는 〈표 12-1〉과 같다. 이는 세분시장의 소비자들이 컴퓨터를 구매할 때 욕구가 표적시장별로 상이함을 알 수 있다.

〈표 12-1〉 세분시장의 예

소비자 기대	초보자 (주부, 40대 여성)	중간 숙련자 (30대, 중학생, 여성, 자영업)	전문가 (대학생, 직장인, 20대)
편의성	○		
상점분위기	○		
상품			○
가격		○	○
상호작용	○	○	
서비스	○	○	

2) 표적시장 선정과 가맹점 포지셔닝

위의 컴퓨터 점포의 예에서 가맹점은 세 개의 세분시장 중 하나를 선택해야 하는데 이것이 표적시장 선정이다. 모든 소비자 기대를 최대한 충족시키는 것이 가장 최상의 전략인 듯이 보이나 이는 비용을 증가시켜 결국 경쟁우위를 잃게 된다. 따라서 위의 세분시장 세 개 중 어느 하나에 집중하여 경쟁우위를 확보하여야 한다. 만일 초보자를 표적으로 한다면 주택가에 입지하여 유명 브랜드를 추천하여 컴퓨터의 원리를 자세히 설명할 수 있는 자상한 안내원과 A/S를 강조해야 할 것이고, 전문가 세분시장을 표적으로 한다면 전문 전자상가 내에 입지하여 최소의 판매요원을 갖추고 다양한 주변기기를 갖추는 전략이 필요할 것이다. 어떤 세분시장을 선택하느냐는 자신의 소매상으로서의 경력, 경쟁 환경, 사업범위, 자본능력 등을 고려하여 결정하여야 한다.

자기 점포의 목표시장이 결정되면 어떤 차별적 우위를 소비자 마음속에 강하게 부각하여 차별화할 것인가를 결정하여야 하는데 이것이 포지셔닝 전략이다. 예를 들면 McDonald는 저렴하고 가족이 함께 즐기는 식당으로, Domino's Pizza는 빠른 배달로, TGIF는 젊은이의 파티장소로 점포를 차별화하고 있다.

점포차별화 방법에는 첫째, 기능을 강조하는 방법, 둘째, 이미지를 강조하는 방법 셋째, 라이프 스타일(life style)을 강조하는 방법, 넷째, 표적고객과 유사한 모델을 내세우는 방법 등이 있는데, 이는 가맹본부의 자원과 선정된 목표고객의 욕구를 감안하여 적절한 것을 선택해야 할 것이다. 또한 경우에 따라서는 여러 가지 방법을 혼합하는 경우도 생각할 수 있다. 예를 들어 고급 부티크(boutique)의 경우 표적고객과 성별, 연령, 이미지에서 비슷한 모델을 내세워 점포 컨셉(concept)을 연출하며 자연스레 표적고객의 라이프 스타일을 제안하는 방법을 사용할 수 있을 것이다.

12-3-3 가맹점의 마케팅 믹스

가맹본부는 가맹점의 시장 세분화를 통해서 표적시장을 선정하고, 포지셔닝 전략이 결정되면 표적시장을 목표고객에게 알리기 위한 구체적인 가맹점 마케팅 믹스 선택을 하게 된다. 가맹점 마케팅 믹스란 선정된 목표고객에게 자신의 차별화된 포지셔닝 전략을 구체화하기 위해서 선택한 고객에게 제공하는 구체적 마케팅 수단들이다. 일반적인 가맹점 마케팅 믹스의 구성요소는 입지, 상품구색, 마진과 회전율, 촉진, 서비스 수준, 가맹본부와의 관계 등이지만 가맹점에 따라 구성요소가 조금씩 달라질 수 있다. 특히 상품구입 후의 A/S나 보증수리기간, 배달이 강조되는 근래에는 서비스의 영역이 크게 확대되고 있다.

1) 입지

소매업은 입지산업이라고 할 정도로 입지는 소매업 성공의 가장 중요한 요소 중의 하나이다. 특히 가맹점과 상생의 관계로 공동의 이익을 추구하는 가맹본부 입장에서는 가맹점 입지가 매우 중요하다. 일반적으로 입지 결정은 다음의 두 가지 단계로 이루어진다.

상권측정과 평가. 상권(trading area)이란 소매업자가 소비자를 자신의 고객으로 끌어들이거나 끌어들이기를 기대할 수 있는 지리적 영역으로 정의된다. 상권에 대한 정의를 좀 더 구체화하면 상권은 구매자, 판매자, 판매량의 세 가지 관점에 따라 정의될 수 있다. 먼저 구매자의 관점에서 보면 상권이란 경쟁적 가격으로 상품과 서비스를 합리적으로 획득할 수 있는 지역이다. 둘째, 판매자 관점에서 보면 상품과 서비스의 판매와 배달에 있어서 수량과 원가 면에서 경쟁적인 지역이다. 셋째, 판매량 관점에서 보면 전체 판매량의 70~90%를 달성할 수 있는 지리적 범위이며 이 중 50~70%를 판매하는 지역을 1차 상권으로, 20~25%를 판매하는 지역을 2차 상권으로 정의한다.

상권의 범위는 소매점이 제공하는 상품이나 서비스의 성격, 구색, 가격 등에 의해서 결정될 뿐 아니라 점포 내 특성, 운영양식, 상점의 밀집 정도에 의해서도 영향을 받는다. 예를 들면 점포가 전문품을 판매한다면 상권은 상당히 넓어지겠지만 표준화된 제품을 판매하는 점포의 상권은 매우 좁아질 것이다

우리나라에서는 전통적으로 교통량이 많은 도심이나 중심 상권에 점포를 입지시키는 것을 선호하여 왔다. 그러나 최근 도로 사정이 좋아지고 자동차 보유량이 늘면서 물리적 거리보다는 자동차 이동시간이 점포입지의 중요한 결정요인이 되고 있다. 이에 따라 물리적 거리가 멀더라도 짧은 시간에 이동이 가능해짐에 따라 교외에 점포를 입지시키는 기업들이 늘어나고 있다. 우리나라의 프랜차이즈 가맹본부들은 가맹점을 출점하는데 종심상권에 입지하는 것을 선호하고 있다.

특정 입지의 선정. 잠재적인 상권범위가 규정되면 소지자의 접근가능성, 교통량, 상권인구의 규모와 분포, 수입, 경제적 안정성, 경쟁 등의 요인에 의해 선택 가능한 점포입지가 선정된다. 점포입지(retail site)란 소매업을 하는 소매점의 구체적인 지리적 위치를 의미한다.

점포입지의 가치는 기존 점포들에 대한 고객들의 선호와 입지 근처에 고객들의 자유로운 이동을 방해하는 자연적 또는 인위적 장벽의 존재 여부에 영향을 받는다. 가맹점 입지는 가맹점이 표적세분시장에 도달하는 데 결정적인 역할을 할 뿐 아니라 한번 결정되면 쉽게 변경할 수 없기 때문에 가맹점 입지 결정은 철저한 사전계획이 요구된다.

점포입지의 대안으로는 다른 소매점들과 지리적으로 격리되어 있는 독립입지(isolated site)와 지리적으로 인접하거나 밀집되어 있는 군집(clustered site) 등이 있다. 일반적으로 의류, 구두, 가구 등의 선매품을 판매하는 점포들은 군집입지에 위치하여야 하나 전문품을 판매하는 점포는 독립입지에 위치하여도 매출에 큰 영향을 받지는 않는다.

2) 머천다이징

머천다이징(merchandising)은 소매업 성공의 또 다른 주요 결정요소라고 할 수 있다. 머천다이징이란 표적고객의 라이프 스타일을 연구하여 이에 부응하는 상품을 개발하고, 확보하며, 관리하는 과정을 말한다. 성공적인 머천다이징을 위해서는 업종의 개념에 집착하지 않고 업태의 개념을 수용할 수 있어야 한다. 성공한 소매업자는 공통적으로 머천다이징의 달인이었다. 가령, 세계 제1의 소매업체인 Wal Mart의 설립자인 Sam Walton은 어떤 물건

을 비치하면 고객의 욕구에 부응하여 더 많은 매출을 올릴 것인가에 몰두하였다. 또한 맥도널드 햄버거 가게에서의 장난감 판매도 성공적인 머천다이징의 전형을 보여주는 예이다.

성공적인 머천다이저가 되기 위해서는 실험정신에 투철해야 한다. 기존의 업종에 집착하지 않고 고정관념을 탈피하며 실패를 두려워하지 않는 실험정신이야말로 소매업 성공의 핵심요인이다.

3) 마진과 회전율

마진(margin)이란 가맹점이 상품을 판매함으로써 얻을 수 있는 이익의 크기를 의미하며, 회전율(turnover)이란 일정기간 동안 평균재고가 판매되는 횟수를 의미한다.

소매상들은 많은 개인적 서비스를 제공하는 고마진·저회전율 소매상과 최소한도의 서비스만을 제공하는 저마진·고회전율 소매상으로 크게 분류될 수 있다. 이 두 가지 유형 중에서 운영비 절감을 목적으로 하는 저마진·고회전율의 소매상들이 소매업계의 발전을 주도하여 왔다. 〈그림 12-5〉는 마진과 회전율 차원에 의해 소매 업태들이 어떻게 포지셔닝 되었는가를 보여준다.

〈그림 12-5〉 마진과 회전율에 따른 소매상 포지셔닝

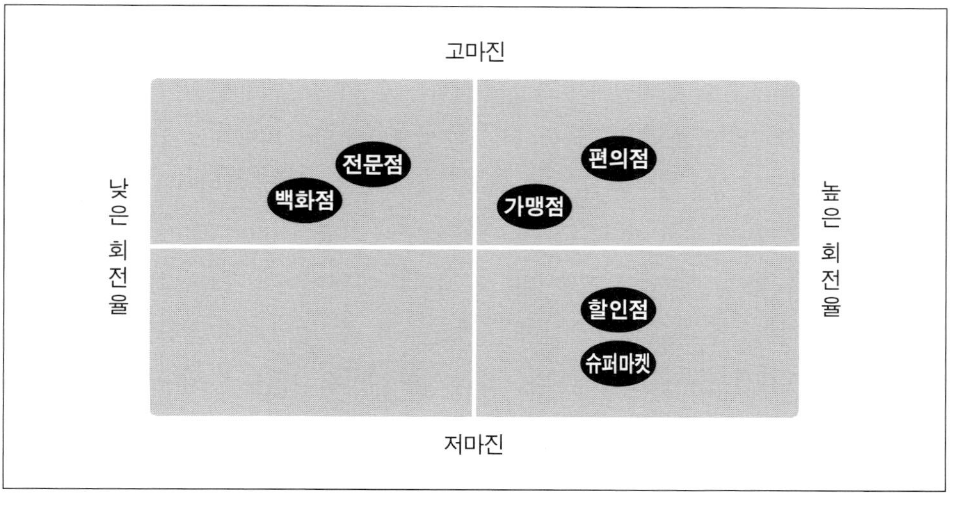

4) 촉진

가맹본부는 가맹점의 촉진전략에 의해 표적고객의 구매를 유발할 수 있다. 가맹본부는 가맹점에 대해 광고, 인적판매, 판매촉진, PR 등의 촉진믹스를 이용하게 된다. 가맹본부는 가맹점 촉진목적에 따라 각각의 촉진도구의 상대적인 중요성이 달라진다는 점을 인식하여야 한다. 가맹본부의 촉진 목적은 〈그림 12-6〉과 같이 크게 장기적인 목적과 단기적인

〈그림 12-6〉 소매상의 촉진 목적 구분

촉진 목적 구분	촉진 대상에 따른 분류	촉진의 예
장기 성과 개선	점포 이미지와 포지셔닝 개선 고객서비스 확대	광고 PR 인적 판매
단기 성과 개선	신규고객 유인 기존고객의 충성도 증가	판매 촉진

목적으로 구분될 수 있다.

장기성과를 개선하기 위해서는 점포 이미지와 점포 포지셔닝을 개선하거나 고객서비스를 확대하여야 하므로 광고, PR과 인적판매의 중요성을 강조한다. 가맹점의 단기적인 영업성과 개선을 위해서는 새로운 고객을 유인하거나 기존 고객의 충성도를 증가시켜야 하므로 판촉이 주요한 촉진수단으로 사용된다.

5) 고객서비스

최근 들어 소매업에서 가장 중시되는 경쟁요소가 고객서비스이다. 제조업체의 경우도 마찬가지지만 소매업도 고객서비스에 의해 점포의 이미지와 선호도가 결정되는 만큼 이에 대한 중요성을 간과할 수 없다. 특히 프랜차이즈 시스템 하에서는 가맹점의 점포 이미지가 바로 가맹본부의 이미지로 연결되기 때문에 가맹점서비스 제고는 매우 중요한 과제가 아닐 수 없다. 소매업의 고객서비스의 범위는 매우 넓어서 광의로 해석하면 소매전략의 전부가 서비스라 해도 과언이 아니다. 예를 들어, 백화점의 경품행사가 판촉인가 고객서비스인가에 대한 구분도 모호해진다. 소매업체의 서비스 유형을 분류하면 다음과 같다.

고객응대. 이는 점포 종업원의 고객에 대한 마음가짐이며 고객에게 가장 강렬한 점포 이미지를 심어준다. 무형의 서비스이지만 서비스의 본질이라고 할 수 있다. 아래에 언급되는 다른 서비스 유형에도 이 요소는 매우 중요하게 작용한다. 가맹본부는 고객을 중시하는 교육과 솔선수범을 통해 가맹점사업자 및 종업원이 변함없이 공손하고 친절하게 고객을 대할 수 있는 점포문화를 만들어야 한다.

A/S, 교환, 보증수리, 리콜제도. 이는 소비자 보호법이 강화되고 경쟁이 격화되면서 고가 전문품을 필두로 저가 생필품에 이르기까지 일반화되고 있는 제도이다. 시대적 요구

이므로 수용할 수밖에 없는 제도들이며, 이 제도를 시행할 때에 특히 중요한 것은 소비자와의 약속을 철저히 지켜야 한다는 점이다. 가맹본부와의 관계 때문에, 또는 귀찮다는 이유로 이 제도가 제대로 실행되지 않을 때는 오히려 부정적 이미지를 낳게 되어 고객을 잃는 결과를 가져온다.

세일, 사은행사. 엄격한 의미에서는 소매점포 믹스 중 판촉에 분류되지만 소비자에게는 하나의 서비스로 비춰진다. 세일, 사은행사는 단기적인 매출 증대를 위해 실시되지만, 여기에서 유의해야 할 것은 세일이나 사은행사가 진정 자기 점포를 이용해 주는 고객에 대한 감사에서 비롯되어야 한다는 점이다. 단순히 매출을 올리기 위해서 또는 재고처분만을 위한 판촉은 결국 고객의 마음에 부정적 이미지를 가져올 수 있다.

6) 가맹본부와의 관계

소매시장 내의 경쟁이 격화되고 소매시장의 환경이 급변하는 최근의 추세에 따라 유통경로상의 마지막 단계인 가맹점 역시 안정적인 상품공급을 확보하기 위해 그들의 가맹본부와 긴밀한 관계를 유지하여야 한다.

가맹점들이 상품을 안정적으로 공급받고, 경영 노하우를 전수받기 위해서는 프랜차이즈 계약과 실시간 정보시스템 사용여부이다. 이러한 이유 때문에 많은 창업 희망자들이 프랜차이즈 가맹본부와의 계약을 통해서 안정적인 사업을 유지하려고 한다. 일반적으로 독과점 상태에서는 가맹점 입장에서는 새로운 상품을 안정적으로 공급받아 지역적으로 독점할 수 있고, 가맹본부 입장에서는 가맹점을 지배하면서 신상품을 가맹점에게 고정적으로 공급할 수 있기 때문에 프랜차이즈 계약이 가맹본부나 가맹점에게 유리하다. 그러나 경쟁이 심화되어 그 업종의 신규 가맹본부가 늘어나면 가맹점은 경쟁점에 비해 상품이나 서비스구색의 열세라는 약점을 갖기 때문에 매력적인 대안이 될 수 없다. 따라서 프랜차이즈 계약여부는 경쟁상황에 따라 크게 좌우된다고 할 수 있다.

12-4 가맹점 커뮤니케이션 전략

현대적인 마케팅은 좋은 제품을 만들고 가격을 적절하게 결정해 제품을 표적고객에게 유통시키는 것 이상을 요구한다. 기업들은 현재의 이해관계자나 잠재적인 이해관계자 및 일반 소비자들과도 항상 의사소통(communication)을 해야 한다. 즉 기업들은 의사소통을 언제, 어디서, 어떻게, 누구에게 얼마나 자주할 것인가가 중요하다. 소비자들은 커뮤니케이션 과정에서 보다 적극적인 역할을 수행하고 또한 그들이 말하고자 하는 것 그리고 그들이 사용하는 상품이나 서비스에 대해 다른 사람들과 커뮤니케이션하고자 하는 방법을 결정하고 있다. 기술의 발달과 환경의 변화는 소비자들이 커뮤니케이션을 처리하는 방법과 그들이 커뮤니케이션을 처리하기 위해 어떤 것을 선택할 것인가를 변화시키고 있다.

12-4-1 마케팅커뮤니케이션의 이해

마케팅커뮤니케이션(marketing communication)이란 기업이 판매하는 상품과 상표에 대해 직접 또는 간접적으로 소비자들에게 정보를 제공하고, 설득하며 또한 생각하도록 시도하는 수단들이다. 마케팅커뮤니케이션은 소비자들에게 어떤 유형의 사람에 의해서 어디에서 언제 제품이 사용되는 이유를 말하거나 또는 보여줄 수 있다. 소비자는 누가 그 제품을 만들고, 기업과 브랜드가 주장하는 것은 무엇인지 배울수 있으며 또한 소비자에게는 사용이나 사용에 대한 인센티브나 보상이 주어진다.

따라서 가맹본부는 목표소비자들이 가맹점에 자주 방문할 수 있도록 의도적으로 유인하는 노력이 필요하다. 그렇지 못하면 모든 구매환경이 소비자를 맞이할 준비가 완벽하게 되어 있다하더라도 가맹점의 소비자들의 방문률이 낮다면 가맹본부의 판매목표는 달성될 수 없다. 소비자의 방문률을 높이기 위해서는 사전판매활동을 의미하는 정보제공 활동이 필요하다. 가맹점이 점포에서 상품이나 서비스에 관련된 정보를 목표소비자들에게 알리고 설득하며 상기시켜 방문률을 높이는 모든 활동을 프랜차이즈 촉진 활동(franchise promotion)이라고 한다.

가맹본부와 가맹점 사이에 같은 상품이나 서비스에 대한 정보전달이 중복되지 않도록 가맹본부는 전체 시장의 목표소비자를 대상으로 상품의 인지도와 기능의 우수성을 높이는데 초점을 맞춘 정보를 제공하고, 가맹점은 해당 상권내의 소비자들을 가맹점으로 유인해서 구매결정력을 높이는데 역점을 둔 정보를 제공할 수 있도록, 가맹본부와 가맹점 사이에 합리적인 역할분담이 이루어질 수 있다면 보다 효과적인 마케팅커뮤니케이션을 실행할 수 있을 것이다.

12-4-2 마케팅커뮤니케이션 수단

마케팅커뮤니케이션 믹스(marketing communication mix)는 광고, 판매촉진, 행사와 경험, 공중관계 및 홍보, 직접 마케팅, 상호작용 마케팅, 구전 마케팅, 인적판매 등 8가지로 구성되어 있다. 첫째, 광고는 특정 광고주가 자신의 아이디어, 재화 또는 서비스에 대해 대가를 지불하면서 비인적 매체를 통해 전달하고 촉진시키는 수단이다. 둘째, 판매촉진은 상품 또는 서비스의 사용이나 구매를 촉진시키기 위한 단기적이며 다양한 자극책으로서의 수단이다. 셋째, 행사와 경험은 일일별로 또는 특별한 상표와 관련된 상호작용을 조성하기 위해서 디자인된 것으로 기업이 주관하는 활동이나 프로그램이다. 넷째, 공중관계 및 홍보는 기업 이미지나 기업의 개별 상품을 촉진시키거나 보호하기 위해 설계된 다양한 프로그램이다. 다섯째, 직접마케팅은 특별한 고객 및 예상 잠재고객으로부터 직접 반응을 요청하거나, 또는 직접 의사소통을 하기 위해 사용하는 우편, 전화, 팩시, 전자우편 인터넷 등이다. 여섯째, 상호작용 마케팅은 고객 또는 예상 잠재고객들을 몰입시키고 또한 직접 또는 간접적으로 인식을 고취시키며, 이미지를 개선·향상하거나, 상품과 서비스의 판매를 유도하기 위해 설계된 온라인 활동과 프로그램 등이다. 일곱째, 구전 마케팅은 상품이나 서비스의 구매나 사용에 따른 장점이나 경험과 관련되는 사람과 사람사이의 말이나 문자 또는 전자적 커뮤니케이션이다. 여덟째, 인적판매는 한 사람 또는 그 이상의 잠재구매자와 직접대면하면서 상호작용을 통해 판매를 제시하고, 질문에 응답하고, 주문을 받는 방법이다. 마케팅커뮤니케이션 믹스의 수단을 보면 〈표 12-2〉와 같다. 이와 같은 마케팅커뮤니케이션 믹스 요소들은 소비자가 상품 구매를 위한 의사결정을 할 때 영향을 미치는 원천이라 할 수 있다.

〈표 12-2〉 마케팅커뮤니케이션 수단

광고	판매촉진	행사 경험	홍보 공중관계	직접 및 상호 작용 마케팅	구전 마케팅	인적판매
• 인쇄광고 • 방송광고 • 포장 및 외장 • 영화 • 브로슈어 • 소책자 • 포스터 • 리플렛 • 안내서 • 광고복사물 • 간판 • 진열간판 • P.O.P • 시청각자료 • 상징과 로고 • 비디오테이프	• 경진대회 • 경기대회 • 추첨, 복권 • 프리미엄 • 선물 • 견본배포 • 전시회 • 박람회 • 시연 • 쿠폰 • 환불금 • 낮은 이자 • 오락 • 중고품 교환 공제 • 고객관계관리 • 끼워 팔기	• 스포츠 • 오락 • 페스티발 • 예술 • 대의 • 공장견학 • 기업박물관 • 거리행사	• 신문자료 • 연설 • 세미나 • 연차보고서 • 자선적 기부 • 발간 • 공동체 관계 • 로비 • 기업매체 • 기업잡지	• 카탈로그 • 우편 • 전화마케팅 • 전자식 쇼핑 • TV 쇼핑 • 팩시우편 • 전자우편 • 음성우편 • 블로그 • 웹사이트	• 개인과 개인 • 채팅방 • 블로그	• 판매제시 • 판매회의 • 유인프로그램 • 견본 • 박람회 • 전시회

자료: P. Kotler, K. L. Keller(2009), "marketing management", 13th ed., p.513.

12-4-3 프랜차이즈 커뮤니케이션 전략 수단

가맹본부는 자사의 가맹점에 소비자 방문률을 높이기 위해 목표소비자에게 매력적이고 유용한 정보를 제공할 필요가 있다. 이러한 목적을 달성하기 위해 가맹본부가 가맹점과 함께할 수 있는 커뮤니케이션 수단으로는 광고, 판매촉진, 행사와 경험, 공중관계 및 홍보, 직접 및 상호작용 마케팅, 구전 마케팅, 인적판매 등이 있다.

1) 프랜차이즈 광고

프랜차이즈 광고(franchise advertising)란 가맹본부가 목표소비자들에게 직접 상품이나 서비스 혹은 가맹점에 관한 정보를 제공하기 위해 대가를 지불하면서 비인적 매체를 통해 정보를 전달하는 촉진 활동이다. 프랜차이즈 광고는 제조업자가 수행하는 광고와 비슷하지만 계약에 의해 수직계열화가 되어 있는 자사만의 가맹점에서 모든 상품이나 서비스 판매가 이루어지고 있기 때문에 약간의 차이가 있다. 즉 프랜차이즈 광고는 가맹점이 분포되어 있는 상권을 대상으로 하기 때문에 이에 적합한 내용으로 구성되어야 하며, 소비자의 구매 행동에 즉각성이 강조되어야 한다. 프랜차이즈 광고에는 가맹본부의 이미지를 긍정적으로 형성시키거나 강화시켜서 가맹점의 소비자 방문률을 높이는 장기적인 목적과 가맹점이 취급하는 상품이나 서비스에 대한 수요를 단기간 내에 촉진시키기 위한 단기적인 목적이 있다. 프랜차이즈 광고의 목적과 시행방법에 따라 촉진광고, 기업광고, 협동광고로 구분할 수 있다.

첫째, 촉진광고(promotional advertising)란 단기간 내에 가맹점의 매출액을 증대시킬 목적으로 실시하는 광고로 목표소비자들을 적극적으로 가맹점에 유인하기 위해 가격할인을 중점적으로 강조하는 것이 보통이다. 이러한 광고에는 〈그림 12-7〉과 같이 크린토피아의 '여름 맞이 20% 세탁할인' 광고를 예로 들 수 있다.

〈그림 12-7〉 크린토피아의 여름 맞이 20% 세탁할인

크린토피아는 2017년 여름을 맞이하여 미뤄둔 빨래를 해결할 수 있도록 '여름 맞이 20% 세탁세일'을 진행하였다. '여름 맞이 20% 세탁 세일'은 2017년 6월 24일까지 진행되었고 세탁물 접수 시 20%의 할인가가 적용되는 이벤트로 대상 상품은 전 세탁물이었다.

둘째, 기업광고(institutional advertising)란 장기적으로 가맹본부 및 가맹점의 이미지를 목표소비자에게 확고하게 인식시켜 소비자의 가맹점 방문률을 높이기 위해 수행하는 광고로 판매촉진 목적의 메시지 전달보다는 간접적이고 상징적이며 가맹본부의 자긍심과 명성을 강조한다. 광고의 내용으로는 가맹본부의 사회적 책임, 소비자들에 대한 봉사, 지역사회 활동에 대한 지원 등을 담고 있다. 예를 들면 굽네치킨(대표 홍경호)은 '3生캠페인'즉 굽네치킨의 소비자·가맹점·직

〈그림 12-8〉 굽네치킨 '3生캠페인' 행사

원 위한 사회공헌 활동 캠페인 일환으로 지역 사회복지관을 찾아가 즉석 조리 시식차 '굽카' 활발히 운영하고 있다.

〈그림 12-8〉과 같이 굽네치킨은 지속적으로 따뜻한 사랑의 손길이 필요한 노인 및 장애인 복지관을 대상으로 굽카 운영을 진행했다. 2017년 10월 22일에는 노인 요양 및 주간보호 서비스를 제공하는 인천 YWCA에 굽네 갈비천왕 18마리를 전달했으며, 11월 8일에는 지역 아동 돌봄 및 어르신 교육 사업을 담당하는 성남시 산성동 복지관을 찾아 굽네 볼케이노 50마리를 전달했다.

셋째, 협동광고(cooperative advertising)란 가맹본부와 가맹점이 공동으로 하는 광고로 광고비용은 가맹본부와 가맹점과 일정비율에 의해 공동부담을 한다.

광고의 효과를 극대화시키기 위해서는 광고 내용도 중요하지만 어떤 광고매체를 선정하느냐가 매우 중요하다. 광고를 위해 주로 이용되는 매체 수단은 〈표 12-2〉의 광고 내용과 같다.

광고매체는 광고비용, 광고의 특징, 목표소비자의 매체습관, 상품이나 서비스의 특징, 광고의 도달범위에 따라 다르기 때문에 신중하게 선택해야 한다. 특히 가맹본부의 경우 광고의 목적이 무엇인지, 누구를 대상으로 하는지, 예산의 규모를 잘 고려하여 광고할 필요가 있다.

2) 프랜차이즈 홍보

프랜차이즈 홍보(franchise publicity)란 가맹본부가 방송매체나 인쇄매체에 대가를 지불하지 않고 가맹점에서 취급하는 상품이나 서비스 혹은 가맹점 경영 활동과 관련된 내용이 뉴스 형태로 TV, 신문, 잡지, 라디오 등에 소개됨으로써 가맹본부 또는 가맹점의 이미지를 호의적으로 형성시키고 소비자의 수요를 자극하는 데 도움을 주는 비인적 촉진 활동이다.

프랜차이즈 홍보는 가맹본부 또는 가맹점의 이미지를 높여주고, 취급하는 상품이나 서비스에 대한 소비자의 인식을 향상시키며, 가맹본부 사이에 선의의 경쟁을 촉진시킴으로써 소비자의 삶을 질적으로 향상시킬 수 있는 계기를 마련해 주고, 많은 대중들에게 메시지가 전달되고 광고에 비해 더 장기간에 걸쳐 구전되고, 언론매체에 대해 비용을 지불하지 않는다는 이점이 있다. 그러나 프랜차이즈 홍보는 불리한 점도 있다. 첫째, 언론매체에 의해 메시지의 게재 시기나 내용, 게재 여부 혹은 게재범위 등이 결정되기 때문에 가맹본부로서는 통제할 방법이 없다. 둘째, 단기적으로 이용하기가 쉽지 않고, 그 효과도 단기적으로는 기대하기가 어렵다. 셋째, 언론매체를 이용하는 요금은 무료이나, 언론매체와 호의적인 공중관계를 유지하고, 흥미 있는 뉴스거리를 제공하기 위해 필요한 기획활동 및 실제 행사 준비 등에 더 많은 비용을 지출할 수 있다. 홍보를 위해 주로 이용되는 매체 수단은 〈표 12-2〉의 홍보 및 공중관계 내용과 같다.

프랜차이즈 홍보는 여러 가지 이점도 있지만 가맹본부의 의도대로 시기적절하게 이용할 수 없다는 단점도 있다. 따라서 프랜차이즈 홍보는 언론매체를 이용하는 광고와 보완적으로 활용할 때 보다더 효과적인 성과를 거둘 수 있다.

3) 프랜차이즈 판매촉진

프랜차이즈 판매촉진(franchise sales promotion)이란 가맹본부가 가맹점 내에 있는 목표소비자들에게 상품 또는 서비스의 사용이나 구매를 촉진시켜 단기적으로 매출을 향상시키고 가맹점 충성도를 높이기 위해 실시하는 촉진 활동이다. 광고가 소비자에게 구매하는 이유를 제시한다면, 판매촉진은 상품이나 서비스를 직접 구매하도록 하는 것이다.

프랜차이즈의 판매촉진은 가맹본부가 기획해서 가맹점 목표소비자를 대상으로 시행하는 경우가 대부분이다. 가맹본부가 가맹점을 통해서 목표소비자들에게 시행하는 판매촉진 수단의 내용을 구체적으로 보면 〈표 12-3〉과 같다.

4) 프랜차이즈 인적판매

프랜차이즈 인적판매(franchise personal selling)란 가맹점을 방문한 소비자에게 상품이나 서비스를 판매할 목적으로 소비자와 직접 대면하면서 상호작용을 통해 판매제시를 하며, 질문에 응답하고, 주문을 획득하기 위한 촉진 활동이다. 즉 소비자가 원하는 상품이나 서비스를 만족스럽게 구매할 수 있도록 최선을 다해 도와주는 활동이다. 프랜차이즈 인적판매의 장·단점은 다음과 같다.

〈표 12-3〉 프랜차이즈 판매촉진 수단

촉진 수단	내용
견본	소비자에게 상품이나 서비스를 무료로 제공. 견본은 점포에서 대부분 제공되는데, 가정방문, 우편, 광고물을 통해서도 제공된다.
쿠폰	특정 상품이나 서비스를 구입할 때, 쿠폰의 금액에 따라 할인을 받는 것으로 쿠폰은 대부분 우편이나 잡지나 신문광고를 통해서 제공되나, 다른 상품에 들어 있거나 그 상품에 부착되어 제공된다.
현금 환불 (리베이트)	상품이나 서비스를 구매한 후 구매영수증을 보내면 구매가격의 일부를 환불해 주는 것.
묶음가격 할인	상품을 묶음으로 정가에서 할인된 가격으로 판매하는 것으로 단일품목을 여러 개 묶어서 할인된 가격으로 판매하는 단일품목 묶음 할인가격(라면 5매입)과 관련된 2개의 품목을 하나의 묶음 포장으로 할인된 가격으로 판매하는 연관 묶음 할인가격(치약, 칫솔)이 있다.
경품(프리미엄)	무료나 비교적 저렴한 가격으로 특정 상품이나 서비스를 구매하도록 하기 위해 인센티브를 제공하는 것.
자주 이용하는 프로그램	기업의 상품이나 서비스를 구매하는데 있어 소비자의 구매빈도 및 강도와 관련하여 보상을 제공하는 프로그램.
상품(賞品, prizes)	기업의 상품이나 서비스를 구입한 것에 대한 현금, 여행 및 상품을 탈 수 있는 기회를 주는 것으로 시연은 소비자에게 참가하도록 권유하고, 심사를 통해 참가자를 결정하여 상품을 제공하는 것이고, 복권은 소비자로 하여금 추천서에 이름을 기입하도록 하여 추첨을 통하여 상품을 지급하는 것이다.
무료 시용	잠재고객 중에서 상품이나 서비스를 구매할 것이라는 희망에서 무료로 사용할 수 있도록 소비자를 초대하는 것.
충성고객 보상	충성고객의 이용도에 비례해 어떤 가치를 현금 또는 다른 형태로 보상하는 것.
제품 보증	상품의 판매자가 특별한 기간 동안에 고객의 비용을 지급하거나 환불할 것을 판매자가 명확히 제시하는 것.

프랜차이즈 인적판매의 장점은 첫째, 소비자의 질문이나 요구에 즉각적인 피드백이 가능하다. 둘째, 각 소비자의 요구에 맞추어 메시지를 순발력 있게 바꿀 수 있다. 셋째, 각 소비자마다 다르게 요구하는 사항들을 적절하게 충족시키면 소비자의 불만을 사전에 차단할 수 있다. 넷째, 가맹점 및 판매상품과 서비스에 관련된 정보에 대해 소비자의 집중정도가 높아진다. 다섯째, 다른 촉진 활동에 비해 더 효과적인 소비자 반응을 유도해 낼 수 있다는 등이다.

프랜차이즈 인적판매의 단점은 첫째, 일정시점에 극히 소수의 소비자만 상대한다. 둘째, 소비자 한 명당 할당된 비용이 비싸다. 셋째, 가맹점을 방문한 소비자만을 상대할 수 있으며, 잠재고객에 대한 가맹점 방문을 유도하기 어렵다. 넷째, 때로는 혼자 쇼핑하려는 고객에게 방해가 될 수 있다는 등이다.

프랜차이즈 인적판매에서 가장 중요한 것 중 하나는 인적판매를 담당할 종업원의 수를 얼마나 두는 것이 효율적인가를 판단하는 것이다. 가맹점에서 고관여의 상품이나 서비스를 취급하는 경우 관련된 상품이나 서비스에 대한 전문지식을 갖춘 종업원을 통한 인적판매가 반드시 필요하다. 왜냐하면 고관여 상품이나 서비스일수록 고가격이고 기술적으로도 복잡해서 소비자들이 필요로 하는 정보도 많으며, 체험이나 실연에 대한 필요성을 느끼기 때문에 인적판매에 대한 의존도가 높다. 가맹점이 취급하는 상품이나 서비스가 저관여이면서 종업원에 대한 의존도가 낮은 경우는 셀프서비스를 취하기 때문에 최소의 종업원으로도 운영이 가능하다.

셀프서비스 방식이 가능한 경우는 첫째, 광고량이 많아 대부분의 소비자가 가맹점에서 취급하는 상품이나 서비스에 대한 정보를 잘 알고, 가맹점을 방문하기 전에 미리 구매상품이나 서비스를 결정하고 오는 사전판매가 이루어지는 경우, 둘째, 자기완성방식(do-it-yourself)을 좋아하거나 판매원의 구매권유를 피하고자 하는 소비자가 많은 경우, 셋째, 인건비 상승으로 가격경쟁력을 상실할 위험이 있는 경우, 넷째, 질적으로 수준이 높은 종업원 확보가 어려운 경우 등이다.

5) 프랜차이즈 행사와 경험

프랜차이즈 행사(franchise events)란 일 일별로 또는 특별하게 프랜차이즈 상표와 관련된 상호작용을 조성하기 위해서 디자인된 것으로 가맹본부가 주관하는 활동이나 프로그램을 말하며, 이 종류에는 스포츠, 오락, 페스티벌, 예술, 공장견학, 기업 박물관, 거리행사 등이 있다.

프랜차이즈 행사의 목적으로는 특별한 표적시장 또는 라이프 스타일과 동일시하기 위함이고, 기업명이나 상표명의 인식을 증가시키고, 상표이미지 연관성에 대한 소비자 지각을 창조 및 강화시키고, 기업 이미지를 증대시키고, 경험 창조 및 느낌을 강조하고, 공동체나 사회적 사건에 대한 몰입을 표현하기 위함이고, 단골고객의 접대 및 주요 구성원에 보상하기 위함이고, 상표 구색화 및 촉진적 기회를 가질 수 있다.

프랜차이즈 경험(franchise experiences)이란 프랜차이즈 가맹본부에 관련된 여러 가지 체험을 통해서 가맹점의 이미지를 향상시키고, 상품이나 서비스에 대한 정보를 소비자에 더 많이 제공함으로써 가맹본부에 대한 강한 이미지를 창조하는 커뮤니케이션 활동이다. 프랜차이즈 기업들은 잠재고객 및 고객들에게 가맹본부의 공장을 방문하도록 초청함으로써, 강한 이미지를 창조할 수 있다.

6) 프랜차이즈 직접 및 상호작용 마케팅

프랜차이즈 직접 및 상호작용 마케팅(franchise direct & interactive marketing)이란 가맹본부가 가맹점을 통해서 상품이나 서비스에 대해 특별한 고객 및 예상 잠재고객으로부터 직접 반응을 요청하거나, 또는 직접 의사소통을 하기 위해 사용하는 커뮤니케이션 활동이다.

직접 및 상호작용 마케팅을 고객측면에서 보면, 첫째, 재미있고, 편리하고, 말다툼 없이 쇼핑이 가능하며, 둘째, 시간을 절약해 주고 소비자에 다양한 상품 선택기회를 제공해 주며, 셋째, 비교쇼핑을 가능하게 하고, 넷째, 자신이나 다른 사람을 위해 상품 주문을 가능하게 한다. 또한 가맹점 측면에서 보면, 첫째, 특정집단의 고객(왼손잡이, 뚱뚱한 사람 등) 상대가 가능하고, 둘째, 메시지를 개인화 및 고객화가 가능하며, 셋째, 고객들과 계속적인 관계구축 및 조성이 가능하며, 넷째, 최적의 시기에 잠재고객들에게 정확하게 도달할 수 있으며, 다섯째, 제품과 전략이 경쟁사에 노출되지 않고, 여섯째, 캠페인의 반응 측정이 가능하다.

7) 프랜차이즈 구전 마케팅

프랜차이즈 구전(franchise word-of-mouth)이란 가맹본부의 소비자 혹은 그 관련인의 입에서 입으로 상품, 서비스, 가맹본부 이미지 등이 전달되는 촉진 활동을 말한다. 즉 소비자들이 알게 모르게 이야기하는 입을 촉진의 수단으로 삼는 것이다. 구전은 고객들이 보다 개인적인 관계를 느낄 수 있는 중소 가맹본부에 특히 효과적일 수 있다. 구전에는 크게 소문마케팅(buzz marketing)과 바이러스성 마케팅(viral marketing)이 있다. 먼저 소문 마케팅은 소비자의 구매력을 자극하고 홍보를 창조하며 또한 예상치 않은 또는 터무니없는 수단을 통해 새롭게 관련되는 상표관련 정보를 전달하는 마케팅이다. 바이러스성 마케팅이란 입소문을 통해 기업의 브랜드나 제품을 홍보하는 마케팅이다. 즉 요즘은 SNS나 블로그, 카페나 지식검색을 활용해서 마케팅을 진행하는 것을 말한다.

12-4-4 프랜차이즈 커뮤니케이션 활동 개발 과정

프랜차이즈 커뮤니케이션 활동을 위해 핵심적인 기능을 수행하는 수단들, 즉 광고, 판매촉진, 행사와 경험, 공중관계 및 홍보, 직접 및 상호작용 마케팅, 구전 마케팅, 인적판매들은 제각각 독립적으로 존재하거나 따로 수행하는 것이 아니라, 효과적인 커뮤니케이션 활동을 위해서 전체로 결합하여 하나의 목적을 달성하기 위해 기능을 수행한다.

효과적인 커뮤니케이션 활동을 수행하기 위해서는 어떤 커뮤니케이션 활동 수단들을 어떻게 결합할 것인가는 프랜차이즈 가맹본부의 결정에 따라 다르다. 따라서 가맹본부가 가맹점에 가장 알맞고, 가장 효과적인 커뮤니케이션 활동 수단들로 구성할 것인가를 결정

〈그림 12-12〉 프랜차이즈 촉진 활동 수립 과정

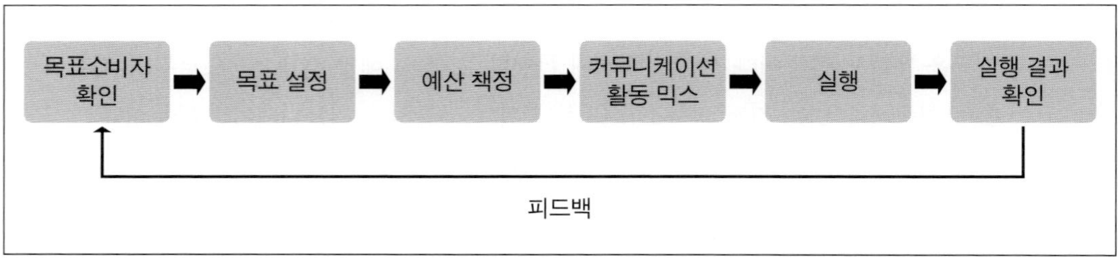

하는 것은 매우 중요하다.

프랜차이즈 가맹본부가 가장 효과적인 커뮤니케이션 활동을 수행하는 데 필요한 전략적 계획의 수립과 실행에는 6단계로 〈그림 12-12〉와 같이 목표소비자 확인, 목표 설정, 예산 편성, 커뮤니케이션 활동 믹스 결정, 실행, 결과 확인 등이 있다.

1) 1단계: 목표소비자가 누군지 확인한다

커뮤니케이션 활동과정은 촉진 활동을 전개하고자 하는 목표소비자가 누구인지를 분명하게 결정하고 시작하는 것이 필요하다. 목표소비자는 가맹본부의 상품이나 서비스의 잠재구매자, 현재의 사용자, 의사결정자, 또는 영향자일 수도 있다. 그들은 개인, 집단, 특별한 관계자, 또는 일반소비자가 될 수도 있다. 목표소비자는 전달될 것, 전달되는 방법, 전달하는 시기, 전달되는 장소 및 전달되는 사람에 대한 의사결정자(기업)의 결정에 중대한 영향을 미치게 된다.

목표소비자는 사용과 충성도의 관점에서 정의하여야 한다. 즉 목표소비자는 커뮤니케이션 활동에 필요한 상품이나 서비스에 대해 새로운 소비자인가 또는 현재 이용하고 있는 고객인가? 목표소비자는 가맹본부의 브랜드에 대해 충성적인가 또는 경쟁사 브랜드에 대해 충성적인가 또는 상표를 변경하는 소비자들인가? 목표소비자가 가맹본부의 브랜드를 사용하고 있다면, 그는 소량 사용자인가 또는 다량 사용자인가? 커뮤니케이션 전략은 위의 세 가지 질문에 대한 대답에 따라 커뮤니케이션 활동 수단의 믹스가 달라진다. 그러므로 목표소비자가 누구인지를 분명하게 하는 것이 중요하다.

2) 2단계: 커뮤니케이션 활동의 목표를 결정한다

프랜차이즈 가맹본부의 커뮤니케이션 활동의 목표가 무엇인지에 따라 커뮤니케이션 활동의 수단의 믹스가 달라진다. 즉 목표가 매출액 향상인지, 비사용 소비자에 대한 촉진인지, 가맹점에 대한 소비자 방문률 증대인지, 가맹본부 및 가맹점이미지 형성 및 강화인지, 가맹점에서 취급하는 상품이나 서비스 특성에 대한 정보제공인지, 신규 가맹점에 대한 입지소개인지, 가맹점 고객에 대한 충성도 유지 및 상기인지 등에 따라 달라진다.

프랜차이즈 가맹본부는 커뮤니케이션 활동 목표를 수립할 때 범주욕구(category need), 상표인식(brand awareness), 상표태도(brand attitude), 상표 구매의도(brand purchase intention) 등 네 가지의 목표를 확인하는 것이 좋다. 첫째, 가맹본부의 상품 또는 서비스의 범주를 수립하는 것은 소비자의 현재 동기부여 상태와 바람직한 감정적 상태간의 지각적 불일치를 제거하거나 만족시키기 위한 것이다. 프랜차이즈 가맹본부는 소비자의 미 충족 욕구를 충족시키려는 새로운 상품이나 서비스를 향상시키고, 범주욕구 수립하려는 촉진 활동의 욕구에서 시작한다. 둘째, 상표인식은 구매할 수 있을 만큼 충분히 세밀하게 그 범주 내에서 상표를 확인(인지 또는 상기)하는 능력이다. 상표인지(brand recognition)는 점포 내에서 중요하고, 상표상기(brand recall)는 점포 밖에서 중요하다. 따라서 상표 인식은 상표자산에 대한 기초를 제공한다. 셋째, 상표태도는 상품이나 서비스와 관련된 욕구를 충족시키기 위해 지각된 능력에 관련해 그 상표를 평가하는 것이다. 상표태도와 관련된 상표욕구는 감각적인 기쁨, 지적인 자극, 사회적 인정 등 긍정적으로 지향되거나 또는 문제의 제거, 문제회피, 불완전한 만족, 일상적인 소모 등 부정적으로 지향될 수 있다. 예를 들면 전자용품들은 커뮤니케이션 활동을 문제 해결에 이용하지만, 우리가 먹는 식품은 맛있는 소구를 강조하는 감각에 커뮤니케이션 활동을 이용한다. 넷째, 상표 구매 의도는 가맹본부의 상품이나 서비스를 구매하기 위해 또는 구매와 관련된 행동을 취하기 위한 것이다. 예를 들면 쿠폰을 지급하거나 1개의 값으로 두 개를 주는 할인형태의 촉진 활동은 소비자로 하여금 그 상품이나 서비스를 구입하도록 정신적인 몰입을 요구한다.

3) 3단계: 커뮤니케이션 활동에 필요한 예산을 책정한다

프랜차이즈 가맹본부는 커뮤니케이션 활동에 필요한 예산을 얼마로 책정할 것인가는 커뮤니케이션 활동의 목표와 매우 긴밀한 관계를 가지고 있으므로 마케팅관리자가 의사결정을 하는데 매우 중요하다. 커뮤니케이션 활동 예산은 가맹점이 처한 여러 조건과 잘 조화될 수 있는 방법으로 편성되어야 한다. 특히, 커뮤니케이션 활동의 예산 책정은 커뮤니케이션 활동에 필요한 자금이 투자인지 아니면 비용인지에 대해 가맹점의 입장에서 정리되어야 한다. 왜냐하면 대부분의 프랜차이즈 커뮤니케이션 활동 예산은 가맹점에서 분납하여 가맹본부에 지급하고, 가맹본부는 이 예산을 모아 커뮤니케이션 활동 예산으로 집행하기 때문이다. 가맹본부가 보다 전략적인 커뮤니케이션 활동을 전개하고자 한다면 필요한 커뮤니케이션 활동 예산을 투자라는 관점에서 계획하고 실행하는 것이 중요하다. 즉 커뮤니케이션 활동에 필요한 예산은 커뮤니케이션 활동의 목표에 사용하여, 가맹점의 이익 창출에 기여하기 때문에 단순한 비용이 아닌 투자라는 개념으로 받아들여야 한다.

프랜차이즈 가맹본부들이 커뮤니케이션 활동 예산을 책정하는데 보편적으로 사용하는 방법은 가용자원법, 매출액비율법, 경쟁사기준법, 목표과업법 등 네 가지이다. 가용자원법은 프랜차이즈 기업들이 가맹점에서 분납 받을 수 있는 가용예산 만큼 촉진예산으로 편성하는 방법이다. 이는 매년 가맹점의 수와 가맹점에서 가용할 수 있는 예산이 불명확하므로 장기적인 커뮤니케이션 활동 계획을 수립하는데 어려움이 따르게 된다. 매출액비율법은 프랜차이즈 가맹본부들이 예상 매출액 또는 판매가격에 대한 특정비율에 따라 촉진예산으로 편성하는 방법이다. 이는 매출액을 촉진 결과로 보는 것이 아니라 원인으로 보는 논리상 모순을 내포하고 있다. 또한 매년 변동하는 매출액을 근거로 책정되므로 가용자원법과 마찬가지로 장기계획 수립이 곤란하다. 경쟁사기준법은 프랜차이즈 가맹본부들이 경쟁사의 촉진예산과 비교해서 예산을 편성하는 방법이다. 이는 경쟁사간의 촉진경쟁을 방지해 준다는 점은 있으나 기업의 명성, 재원, 기회 및 목표는 기업마다 차이가 있으므로 경쟁사의 촉진예산은 좋은 지침이라 할 수 없다. 목표과업법은 프랜차이즈 기업이 특정한 목표를 결정하고, 목표달성을 위해 수행해야 할 과업을 결정한 후, 과업수행에 필요한 예산을 편성해서 목표 과업별로 예산을 합계하여 촉진예산을 책정하는 방법이다.

4) 4단계: 커뮤니케이션 활동 믹스를 결정한다

프랜차이즈 가맹본부는 여덟 가지의 중요한 커뮤니케이션 활동 수단 즉, 광고, 판매촉진, 행사와 경험, 공중관계 및 홍보, 직접 및 상호작용 마케팅, 구전 마케팅, 인적판매에 대해 커뮤니케이션 활동예산을 할당해야 한다. 동일한 산업에 속해 있는 기업들도 매체와 경로 선정에 있어 상당히 큰 차이가 있다.

프랜차이즈 가맹본부는 커뮤니케이션 믹스를 설계할 때, 즉 현재 판매하고 있는 상품의 유형, 소비자들이 구매하는 준비의 단계, 상품수명주기 상에서 그 상품이나 서비스의 단계 등을 고려해야 한다.

첫째, 커뮤니케이션 활동 믹스의 할당은 소비재시장과 산업재 시장에 따라 차이가 있다. 소비재 기업은 광고, 판매촉진에 예산을 더 많이 지출하는 경향이 있으며, 산업재 기업은 인적판매에 더 많은 예산을 지출하는 경향이 있다. 일반적으로 복잡하고 고가격 상품과 위험부담이 큰 상품 그리고 구매자가 소수이고 대량판매를 하는 시장에서는 인적판매의 비중이 가장 높다.

둘째, 커뮤니케이션 활동 믹스는 구매자의 준비 단계에 따라 비용 면에서 효과성이 다르다. 광고와 홍보는 고객의 인식단계에서 가장 중요한 역할을 수행한다. 고객의 이해단계에서도 1차적으로 광고 및 홍보에 의해서 많은 영향을 받는다. 고객의 확신단계에서는 인적판매에 의해서 가장 많은 영향을 받는다. 거래의 종결인 고객의 주문단계에서는 인적판매와 판매촉진에 의해서 주로 영향을 받는다. 고객의 재 주문단계에서도 인적판매와 판매촉진에 의해서 주로 영향을 받으며, 상기적 광고에 의해서도 어느 정도 영향을 받는다.

셋째, 커뮤니케이션 활동 믹스는 제품수명주기 상의 단계에 따라 비용 효과성이 서로 다르다. 도입기에는 광고, 행사와 경험, 그리고 홍보가 비용 효과성이 높으며, 그 다음은 유통영역을 확보하기 위한 인적판매, 그 다음은 소비자 사용을 유인하기 위한 판매촉진과 직접 마케팅이다. 성장기에는 수요가 구전을 통해서 자체의 힘을 갖는다. 성숙기에는 광고, 행사와 경험, 인적판매 모두가 순서대로 중요해 진다. 쇠퇴기에는 판매촉진은 계속 강세를 유지하지만, 기타 커뮤니케이션 수단은 축소되고, 인적판매는 최소한의 주의를 끌 수 있다.

5) 5단계: 커뮤니케이션 활동을 실행한다

커뮤니케이션 활동 믹스가 결정되고 나면 매체(방송, 신문, 잡지 등)를 선정하고, 언제 커뮤니케이션 활동을 시작할 것인지를 결정해야 한다. 그리고 커뮤니케이션 활동 목표에 가장 효과적으로 달성하기 위해서 메시지 내용은 어떻게 구성해야 하는지, 인적판매를 위한 판매원은 어떻게 확보할 것인지, 특별하게 준비해야 할 커뮤니케이션 수단은 없는지, 있다면 무엇을 할 것인지 등을 결정해야 하며, 커뮤니케이션 활동은 누구의 책임으로 할 것인지, 그리고 어떤 과정을 통해 어떤 활동들이 조정되어야 할 것인지를 결정하여야 한다.

프랜차이즈 커뮤니케이션 활동을 위한 매체 선정은 예산책정의 총예산과 목표소비자에 메시지가 전달되는데 드는 비용의 효율성, 광고 매체에 게재하기 위해 기다려야 할 시간, 그리고 메시지의 내용 등을 고려하여 결정해야 하는데, 총예산 대비 총비용을 일치하는 것이 중요하다. 프랜차이즈 커뮤니케이션 활동을 어떠한 범위로 수행할 것인지, 커뮤니케이션 활동의 범위에 대한 결정은 도달범위(reach)와 접촉빈도(frequency)를 고려해야 한다. 도달범위는 얼마나 많은 소비자가 가맹점의 메시지를 접할 수 있게 할 것인가를 의미한다. 그리고 도달빈도는 한 소비자가 얼마나 자주 그 메시지를 접할 수 있게 할 것인가를 의미한다.

확장형(extensive coverage) 커뮤니케이션 활동은 메시지 도달범위는 넓으나 접촉빈도가 적은 것을 말하며, 이는 커뮤니케이션 활동의 목표가 가맹점이미지 형성과 고객의 가맹점에 대한 충성심 유지와 같은 간접적이고 장기적인 효과를 기대할 때 바람직하다. 집중형(intensive coverage) 커뮤니케이션 활동은 메시지 도달범위는 좁더라도 그 범위 안에 있는 소비자에게 반복해서 메시지를 노출시킬 경우를 말하며, 이는 커뮤니케이션 활동의 목표가 단기적인 매출향상처럼 직접적이고 보다 강한 형태에 적합하다.

프랜차이즈 커뮤니케이션 활동을 위한 메시지 내용은 어떤 커뮤니케이션 수단을 사용하든 매우 중요하다. 광고의 경우에는 광고의 주제, 용어, 표제, 색체의 사용여부, 메시지의 배치, 게제 위치 등을 결정해야 하는데, 오늘날과 같이 광고의 홍수 또는 광고의 소음이라 할 정도로 메시지가 범람하는 시대에는 명확한 차별성이 강조되어야 한다. 그리고 판매촉진의 경우에는 메시지의 내용이 다른 커뮤니케이션 수단들과 전체적으로 조화를 이룰 수 있도록 구성되어야 한다.

프랜차이즈 커뮤니케이션 활동의 수행은 전체적으로 프랜차이즈 가맹본부의 활동과 조화를 이루어야 한다. 따라서 커뮤니케이션 활동 수단들은 상호 간에 조화롭게 조정되고, 통합될 필요가 있다. 이러한 프랜차이즈 가맹본부의 커뮤니케이션 활동 내용이 상호 간에 조정되고 정보가 효과적으로 소통되어 커뮤니케이션 활동 목표가 성공적으로 달성될 수 있도록 책임자를 선임하는 것이 필요하다.

6) 6단계: 커뮤니케이션 활동의 실행결과를 확인한다

가맹본부의 중역이나 가맹점사업자들은 커뮤니케이션 활동이 얼마나 효과적으로 이루어 졌는가를 알고자 한다, 그러나 커뮤니케이션 담당자는 커뮤니케이션 활동 목표와 동떨어진 투입 매체와 비용 즉 광고의 크기, 광고 횟수, 매체 비용 등만을 제시한다. 가맹본부는 가맹점과 같이 수행한 다양한 커뮤니케이션 활동들이 그 목표를 잘 달성했는가를 확인할 필요가 있다. 이를 위해 커뮤니케이션 활동의 효과를 가능한 정확하고 객관적으로 측정하는 것이 중요하다.

따라서 커뮤니케이션 담당자는 커뮤니케이션 계획이 실행된 후 목표소비자에 대한 커뮤니케이션 계획의 영향을 측정해야 한다. 이러한 측정에는 목표소비자들이 그 메시지를 식별 또는 상기하는가, 얼마나 많이 보았는가, 어떤 점을 상기하는가, 그 메시지를 어떻게 느끼고 있는가, 그리고 그 브랜드에 대한 이전과 현재의 태도를 목표소비자들에게 확인해 보는 것도 포함된다. 또한 커뮤니케이션 담당자는 소비자의 반응에 대한 행위를 측정하는 방법으로 그 브랜드를 얼마나 많은 소비자들이 구매했는지, 그 브랜드에 대해 얼마나 많은 소비자들이 호감을 갖고 있는지 그리고 그 브랜드에 대해 얼마나 많은 소비자가 다른 소비자들에게 이야기했는지에 대한 측정 자료도 수집해야 한다.

이러한 측정 결과 커뮤니케이션 활동의 목표가 달성되지 않았다면 그 원인이 무엇인가를 추적해서 다음에는 보다 더 효과적인 커뮤니케이션 활동이 전개될 수 있도록 대책을 강구해애 한다. 이러한 과정에서 커뮤니케이션 활동을 보다 더 효과적으로 수행할 수 있는 능력이 촉진되고, 가맹본부의 경쟁력 원천이 되는 노하우로 축척된다.

12-5 가맹점 고객관리 전략

프랜차이즈 사업에 있어서도 가맹본부의 경영 전략 수립은 사업의 사명과 이를 이루어 나가기 위한 과정에 대한 분명한 규명과 소명의식 있어야 하며, 사업의 규모와 범위에 대해 정확한 설정이 필요하며, 시장의 환경적인 요소를 이해하고 이에 대처할 만한 차별적인 요소를 전략화해야 하며, 가맹본부 구축 및 사업의 전개에 필요한 자금의 규모와 투자에 대한 손익 포인트를 체크하고 원활한 자금 흐름(cash flow)을 위한 계획을 수립해야 한다. 그리고 시장에 출시하고자 하는 상품 및 서비스에 대한 의장등록과 가맹사업을 위한 매뉴얼 작성 등이 경영 전략을 위한 구성요소이다.

가맹본부는 가맹점의 경영에 관련된 내용을 매뉴얼에 담고 있는데, 이는 가맹점사업자의 교육과 훈련 시 제공하고 있다. 그러나 가맹본부의 가맹점 경영 전략은 표준화된 매뉴얼로 작성되어 있으므로 가맹점사업자는 가맹본부에서 제공하는 기본적인 표준 매뉴얼을 토대로 자신의 가맹점만의 독특하고 차별화된 경영 전략을 세워야 한다. 이는 각 가맹점마다의 지역적인 특성과 소비자의 소득수준 및 소비자의 성향이 다르기 때문이다.

기업들은 1990년대 들어서면서 수익성을 개선하고 목표달성을 위한 새로운 방법으로 고객만족의 개념을 수용하고 다양한 프로그램을 추진하기 시작했는데, 20세기 말까지 비용에 비해 성과가 나타나지 않았다. 이는 기업들이 자신의 고객들을 동일하게 취급하고, 고객들은 동일한 상품이나 서비스를 같은 가격에 구매하면서 기업들과의 관계를 갖으려고 생각하지도 않았다. 그러나 21세기에 들어서면서 고객들은 자신의 정보를 기꺼이 제공하여 기업으로 하여금 자신의 필요와 욕구를 충족시키도록 도와주며, 기업과의 관계형성을 통하여 거래에 관련된 시간과 비용, 심리적 에너지를 절약하여 재 구매에 집중시켜 관계를 갖기를 원하기 시작했다. 따라서 기업들은 관계지향적인 고객을 위하여 관계를 개발하고 유지하여 고객만족도와 이윤을 개선하려고 하였다. 〈표 12-4〉는 21세기 소비자의 변화에 의하여 나타난 마케팅 경영환경의 변화이다.

〈표 12-4〉에서 보는 바와 같이 시장이 판매자 중심에서 구매자 중심으로, 대량마케팅에서 관계 마케팅으로, 상품중심에서 고객 중심으로, 새로운 고객획득에서 기존고객유지로, 시장점유율에서 고객점유율로, 공장에서의 품질에서 시장에서의 품질로 마케팅 패러다임이 변화하였으며, 2010년에 접어들면서는 시장의 패러다임이 구매자 중심에서 사용자

〈표 12-4〉 마케팅 경영환경의 변화

구분	1970년~1980년대 공격적 마케팅	1990년~2010년대 방어적 마케팅	2010년 이후 쌍방향 마케팅
마케팅 대상	판매자 중심	구매자 중심	사용자 중심
마케팅 전략	대량마케팅	관계 마케팅	1:1 마케팅
마케팅관리	상품중심	고객 중심	이해관계자중심
고객관리	새로운 고객획득	기존고객 유지	평생고객관리
경쟁범위	시장 점유율(market share)	고객 점유율(customer share)	일상 점유율(life share)
품질	공장에서의 품질	시장에서의 품질	고객가치 품질

중심으로, 관계 마케팅에서 1:1 마케팅으로, 고객 중심에서 이해관계자 중심으로 고객점유율에서 일상점유율로 시장에서의 품질이 고객가치 품질로 변화함으로써 가맹본부와 가맹점은 소비자의 평생가치창출을 위한 고객관계관리(CRM) 구축에 나서게 되었다.

가맹점사업자가 영업 활동과 관련한 경영 전략을 수립하는 가장 큰 이유는 고객의 가치창출을 통한 가맹점의 이익 창출에 있다. 따라서 가맹점사업자가 경영 전략을 수립하기 위한 전략적인 요소들을 마케팅적 차원에서 살펴보도록 하겠다.

12-5-1 고객관계관리

고객관계관리는 고객만족에서부터 출발하여 고객의 평생가치를 창출한다. 따라서 가맹점에서는 고객관계관리만큼 중요한 게 없다.

고객관계관리(customer relationship management: CRM)란 각 고객의 세부적인 정보를 관리하고 또한 고객충성심을 극대화하려는 목적으로 고객의 '접촉점(touch point)' 모두를 신중하게 관리하는 과정이다. 고객접촉점(customer touch point)은 고객이 실제 경험으로부터 인적 커뮤니케이션이나 대량 커뮤니케이션 또는 우연적인 관찰 등에 이르는 것 등 상품 및 제품과 직면하는 경우다. 외식 가맹점사업자의 경우, 접촉점은 주문하기, 계산하기, 자주 이용하는 경우 예약하기, 홀 서비스, 세면대 이용 등이 포함된다.

고객관계관리는 고객이 원하는 상품이나 서비스를 계속적으로 제공함으로써 고객을 만족시키고, 만족된 고객을 평생고객으로 만들고 고객평생가치(customer lifetime value)는 물론 기업의 수익성도 높이는 통합적인 고객관리 시스템이다. 기업은 고객관계관리를 통하여 잠재고객 활성화, 신규고객 획득, 우수고객 유지, 평생 고객화, 고객의 가치를 극대화시켜 이익을 창출하는 기업 마케팅 전략을 수립하게 된다.

기업은 가치 있는 고객에 대한 정보에 바탕을 두어 시장 제공물, 서비스, 프로그램, 메시지, 매체 등을 고객화할 수 있다.

고객관계관리의 기대효과는 〈그림 12-13〉에서 보는 바와 같이 매출 증대와 비용감소의 두 가지 축으로 표현될 수 있다.

이렇듯 고객관계관리는 기업의 전사적인 노력을 기반으로 고객과의 긴밀한 관계구축을 위해 활용되고 있으며, 프랜차이즈 사업의 가맹점 경영 전략 수립차원에서 적극적 활용이 필요하다.

가맹점사업자는 자신의 사업장을 방문한 고객은 물론이고, 지역에 소재하고 있는 잠재고객에 대한 정보를 데이터베이스화하여 고객과의 관계구축을 위한 프로그램을 지속적으로 개발하고 활용함으로써 신규고객의 창출과 기존고객의 변화된 욕구와 불만에 신속히 대처할 수 있는 경영 전략의 수립이 필요하다.

〈그림 12-13〉 CRM의 기대효과

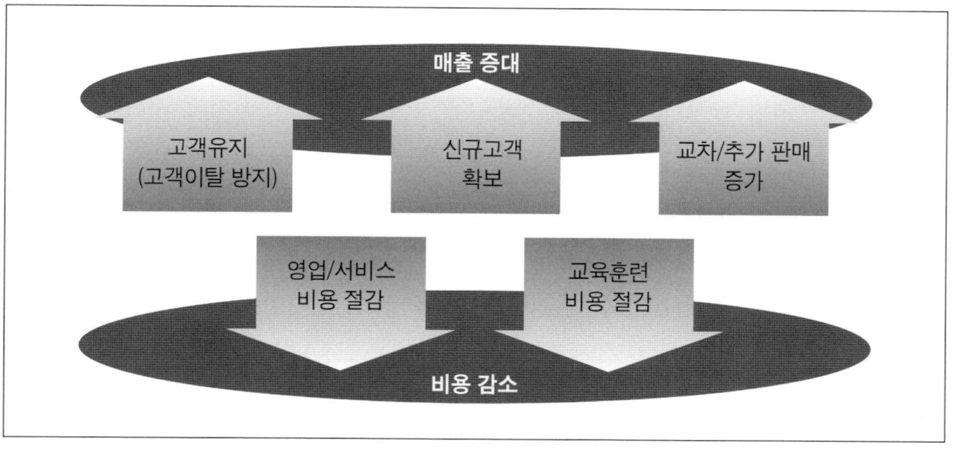

가맹점 경영 전략은 근본적으로 소비자의 가치창출을 바탕으로 수립되어야 하며, 일회성이나 단기적인 전략이 되지 않도록 주의해야 할 필요가 있고 소비자의 만족이 지속적으로 이루어질 수 있도록 전략적으로 계획되어야 한다.

1) 고객만족

오늘날 고객만족이라는 용어만큼이나 중요하면서도 애매한 개념은 드물 것이다. 아직도 고객만족을 친절이나 미소, 절도 있는 언행 등으로 간주하는 태도적 및 행위적 관점을 강조하고 시스템적 관점을 외면하는 경우가 많다. 고객만족의 몇 가지 정의를 살펴보면 다음과 같다.

- 고객만족은 구매자가 구매에 수반된 보상과 비용을 사전에 예상했던 것들과 비교하여 얻어지는 구매 및 사용의 결과이다.
- 고객만족은 구매를 위해 고객이 투여한 원가와 노력뿐 아니라 구매를 통하여 얻은 품질과 효익 모두를 고려한 상대적 판단이다.
- 고객만족은 희생이 충분히 보상하고 있다고 느끼는 고객의 인지적 상태이다.

위의 정의와 같이 고객의 심리상태를 오랫동안 만족과 불만족의 양분법으로 평가되어 왔으나, 오늘날 고객들은 많은 선택 대안을 가지고 있기 때문에 그중 특정한 대안을 선택해야 할 강력한 이유가 없다면 경쟁자의 다른 상품이나 서비스를 경험해보고 싶어 하거나 경쟁자의 고객유인책이 당근으로 작용할 수 있다는 점을 보여준다.

즉 고객만족이 재 구매를 보장하지 않는다면 만족한 고객들이 모두 평생고객은 아니므로 거래 후 고객의 심리상태를 세 가지로 구분하여 전략적 시사점을 찾기 시작했다. 따라서 고객들이 거래 후 갖게 될 경험에 앞서서 사전에 갖게 될 기대를 사전기대라 하며, 거래 후 고객이 실제로 경험한 지각을 경험지각이라 한다. 고객의 사전기대와 경험지각을 비교해 고객실망, 고객만족, 고객감동 등 세 가지 심리상태로 구분하게 된다.

첫째, 고객실망(customer dissatisfaction)은 경험지각이 사전기대에 미치지 못한다고 지각하는 심리상태(부정적 불일치)로 거래단절에 이은 고객이탈(customer defection), 상표대체(brand switch) 등이 일어나며, 실망한 고객은 약 11명의 주변 사람들에게 부정적인 구전(negative word-of-mouth)을 하게 된다.

둘째, 고객만족(customer satisfaction)은 경험지각이 사전기대와 거의 일치하여 실망하지 않는 심리상태로 단지 사전기대와 경험지각의 일치만을 지칭하며 실제적의미도 '관용영역 안에 들었다', '실망 하지 않았다'는 의미로 해석되며, 만족은 특별히 고객을 잡아 둘 수 있는 매력이 없기 때문에 다른 대안을 찾는다던가. 아니면 경쟁자의 유혹에 쉽게 넘어간다. 미국의 TARP 연구소가 실시한 연구에 따르면 만족한 고객 65~85%가 상표를 대체한 것으로 밝혀져 충격을 주었다.

셋째, 고객감동(customer delight)은 사전기대를 넘어서는 경험지각을 겪은 고객의 심리상태로 고객이 예상치 못했던 가치 부가적 요소(a little surprise)를 경험함으로써 감동을 받게 되는데 감동한 고객은 평생고객으로 기업 이윤에 기여한다. 평생고객이 기업 이윤에 기여하는 방법으로는 장기간 거래를 통한 지속적인 매출과 이윤을 제공, 거래금액을 증대, 주변사람 4명 정도에게 긍정적인 구전을 하게 낸다.

2) 고객의 지각적 가치

기업이 계속해서 창조해야 할 유일한 가치는 고객, 즉 당신이 현재 확보하고 있는 고객 그리고 당신이 장래에 확보해야 할 고객들로부터 나오는 가치이다. 기업은 고객을 확보하고, 유지하고 또한 성장시킴으로써 성공한다(Don Peppers and Martha Rogers, 2005).

고객의 지각적 가치(customer perceived value: CPV)란 모든 이점에 대해 예상되는 고객의 평가와 제공물 및 지각한 대체안들의 모든 비용들 간의 차이이다. 총고객이점(total customer benefit)은 고객이 상품, 서비스 및 이미지 등에 관여하므로 특정한 시장 제공물로부터 기대하는 경제적, 기능적, 심리적 이점에 대해 지각하는 화폐적 가치이다. 총고객비용(total customer cost)이란 고객이 그 특정한 시장 제공물을 평가하고, 획득하며, 사용하고 또는 처리하는 데 발생되리라고 예상하는 비용인데, 이에는 금전적 비용, 시간, 에너지 및 심리적 비용을 포함한다.

따라서 고객의 지각적 가치는 고객이 획득한 것과 가능한 다른 선택물에 대해 고객이 지불하는 것 간의 차이에 기초한다. 즉 고객은 이점을 획득하고 비용을 감수한다. 마케팅 기업은 경제적, 기능적 또는 감정적 이점이 늘어나도록 결합함으로써 또는 여러 비용을 절감함으로써 고객에 대한 제공물의 가치를 증가시킬 수 있다.

3) 고객평생가치

고객평생가치(customer lifetime value: CLV)란 고객이 평생 구입할 것으로 예상되는 미래의 이익 흐름에 대한 현재의 가치를 나타낸다. 기업은 적절한 할인율을 적용해 기대되는 수익에서 고객을 끌어드리고, 판매하고 또한 서비스를 제공하는 데 기대되는 비용을 차감해야 한다. 수익성을 창출할 수 있는 고객(profitable customer)이란 기업이 고객을 끌어들이고, 판매하고, 서비스를 제공하는데 소요되는 비용보다 시간이 지남에 따라 계속적으로 더 많은 수입을 창출하는 사람, 가족 또는 기업을 말한다. 즉 어떤 특별한 거래에서 창출되는 이익이 아니라 평생 동안의 수입과 비용에 대한 것이다(Werner J. Reinartz and V. Kumar, 2003).

고객가치의 극대화는 장기적인 고객관계를 조성하는 것을 의미한다. 현재의 기업은 낭비적인 대량 마케팅으로부터 강력한 고객관계를 구축하기 위해 계획된 보다 정밀한 마케팅으로 이동하고 있다.

12-5-2 고객만족을 위한 가맹점 활동

가맹점사업자가 고객을 만족시킬 수 있는 요소는 크게 점포 이미지, 제공품, 고객서비스이다. 첫째, 점포 이미지는 가맹본부의 기업이미지에 의해 형성된다. 즉 기업이미지는 사회공헌 활동에 의해 형성되기 때문에 가맹점사업자의 역할과 상관이 없다고 볼 수 있다. 가맹본부의 사회공헌활동은 국내에 진출한 몇몇 외국계 대형 가맹본부와 국내 대기업이 운영하고 있는 가맹본부에서 실행하고 있으나 규모가 작은 우리나라 토종 가맹본부에서 사회공헌활동을 지속적으로 참여하는 것은 무리가 있다. 둘째, 상품과 서비스는 가맹본부에 의해 아이템화 되어 소비자로부터 이미 검증절차를 거쳐 시장에 출시되었기 때문에 가맹점사업자의 역할과 상관이 없다고 볼 수 있다. 가맹점사업자는 한정된 지역 내에서 소비자에게 판매하고 있다. 따라서 고객만족과 관련 있는 기업이미지와 제공품은 가맹본부와 직접적인 관련이 있는 부문으로 가맹점사업자의 역할과는 직접적인 상관이 없다고 할 수 있다. 셋째, 고객서비스는 고객과 접점에 위치해 있어 가맹점사업자를 통해서 이루어질 수 밖에 없는 요소이므로 가맹점사업자에 의해 고객 만족도는 크게 달라질 수 있다.

가맹점사업자는 소비자의 기대가치를 충족시켜 주는 소비자 만족경영을 실천하여 소비자로부터 선택을 받아야 한다. 이러한 고객 감동을 실천하기 위해서 고객의 의견을 반영하고, 고객을 위한 편안한 장소를 제공하며, 고객 맞춤 서비스를 제공해야 한다.

소비자가 가맹점사업자가 제공하는 서비스에 만족한다는 것은 가맹점이 제공하는 제공품에 만족을 하고 있으며, 이로 인한 점포 이미지도 상승한다고 볼 수 있다. 특히 가맹점 사업자에 의해 통제 가능한 가장 핵심적인 고객만족 요소가 서비스임을 명심하고 지속적인 서비스 프로그램을 개발해야 한다.

4부 프랜차이즈 경영관리

제13장 프랜차이즈 인적자원관리

PROLOGUE

생산가능인구 감소, '인력 확보'가 프랜차이즈의 미래를 결정한다

한국의 생산가능인구가 빠르게 감소함에 따라 기업마다 인력 확보에 대한 고민이 커지고 있다. 이에 외식 프랜차이즈 업계에서는 본사에서 인력을 충원해주거나 시스템 구조를 저인력, 무인력으로 바꾸며, 생산가능인구 감소에 빠르게 대처하고 있다.

생산가능인구란 사회적으로 생산활동이 가능하다고 추정되는 15~64세의 인구를 말한다. 우리나라는 2017년 3612만 명을 정점으로 생산가능인구가 감소하기 시작할 것으로 전문가들은 예상하고 있다.

경제협력개발기구(OECD) 자료를 보면, 우리나라 생산가능인구는 10년 뒤 지금보다 6.8%, 20년 뒤 17.8% 각각 감소할 것으로 예상된다. 음식 조리와 손님 응대라는 필수적인 인력이 확보돼야 하는 외식 프랜차이즈 업계는 나름의 자구책을 찾으며 현재 그리고 미래의 생산가능인구 감소에 대응하고 있다.

프리미엄 이자카야 브랜드 '청담이상'은 가맹점의 인력 부족문제를 해결하기 위해 서울중부교육원, 한솔요리학원, 혜전대학교, 백석예술대학교 등과 산학협력 MOU를 체결했다. 청담이상의 주 메뉴는 일식이기 때문에 한식이나 양식 조리사보다 인력 채용이 어려웠던 것이 현실이었다. '청담이상'은 산학협력을 통해 구인난을 겪는 가맹점에 우수 인력을 원활히 공급하면서 본사와 가맹점 간 모범 사례를 만들어 가고 있다.

사진 제공: 왼쪽부터 '929숯불닭갈비', '청담이상', '피자마루'.

숯불 닭갈비 무한리필 전문점 '929숯불닭갈비'는 인건비 부담을 줄이기 위해 '셀프바 시스템'을 시행하고 있다. '셀프바 시스템'은 아르바이트나 서빙 직원을 두지 않아 인건비를 줄일 수 있기 때문에 메인 상권에 오픈 하더라도 점주의 인건비 부담이 낮다. 주로 대형 평형에 오픈 하는 '929숯불닭갈비'는 셀프바 시스템을 이용하여 소형 평형 점포 정도의 직원 수를 유지하며 운영해가고 있다.

국산 피자브랜드 '피자마루'는 2006년 첫 매장을 연 뒤 현재 전국 620개 매장을 운영하고 있다. 이런 지속적인 성장의 원동력으로 '상생 협력을 통한 브랜드 운영'을 꼽을 수 있다.

올해는 개점 11주년을 맞이해 가족점주를 초청, '상생과 동행을 위한 4대 약속' 행사를 진행한 바 있다. 물가 안정과 노후 가족점 환경개선 특별 지원, 중저가 피자 메뉴 출시 등이다. 이를 통해 내년도 최저임금 인상안에 따라 매장 운영에 대한 가맹점 부담을 줄여줄 것으로 전망한다.

업계 관계자는 "외식 업계 인력난은 먼 미래의 이야기가 아닌 현재의 이야기"라며 "셀프바나 본사의 지원 같은 것들도 좋지만 외식 시스템 구조 자체를 변화하려는 거대한 움직임 역시 동반되어야 한다"고 밝혔다.

자료: 매일경제, 2017년 10월 13일자.

13-1 인적자원관리의 개요

13-1-1 인적자원관리의 의미

오늘날 인적자원관리는 조직의 목표달성을 위한 기초적인 부분이 되었다. 인적자원의 경쟁력이 곧 기업의 경쟁력을 결정짓고 기업의 생존 여부를 좌우하고 있다. 이 때문에 기업들이 인적자원관리에 큰 노력을 기울이고 있는 것이다.

인적자원관리(human resource management)란 조직의 목표를 달성하기 위한 인적자원의 채용 및 훈련, 활용, 평가를 통한 보상, 유지와 관련된 관리 활동을 말한다. 인적자원관리의 핵심은 기업에 적합한 인재를 채용할 수 있는 회사의 역량, 기업이 필요로 하는 바를 충족 시켜줄 수 있는 지원 방안, 공평한 보상체계, 잠재력을 충분히 발휘할 수 있는 동기부여에 있다. 인적자원관리의 중요성이 커지면서 일부 기업에서는 우수한 인재의 확보, 개발, 유지나 인사시스템의 운영 결과를 관리자 평가의 중요한 요소로 반영하고 있다. 즉 인적자원관리를 얼마나 잘하느냐의 여부가 그 조직에서 관리자 자신 스스로의 생존 여부를 결정짓고 있는 것이다.

인적자원관리의 목적은 조직의 목표를 달성하기 위한 일련의 관리 활동으로, 조직의 목표를 달성하기 위해 기업은 인적자원관리 활동을 통해 기업이 필요로 하는 우수한 인력 선발, 교육과 훈련의 과정을 거치면서 인재 육성, 숨겨진 재능을 최대한 개발함으로써 인적자원의 각자가 기업의 비전 실현의 역할을 담당하고 있다.

13-1-2 인적자원관리의 절차

인적자원관리의 의사결정은 조직의 전략과 목표에 기초한다. 모든 회사는 잘 훈련되고, 열정이 넘치는 직원들을 확보하기 위해 인적자원관리에 총력을 기울인다. 이러한 인적자원관리는 어떠한 절차에 의해 이루어지며 어떠한 체계로 이루어져 있을까? 인적자원의 관리에서 이루어지는 관리 활동에는 주로 다음과 같은 것들이 있다.

- 확보관리: 우수한 인력 확보 하는 것
- 개발관리: 종업원의 잠재적 능력을 개발하여 그들의 능력을 최대한 발휘할 수 있도록 하는 것
- 보상관리: 종업원들이 창출한 가치에 대하여 금전적, 비금전적인 보상하는 것
- 유지관리: 종업원들의 사기를 높게 유지시키고, 그들 개개인의 목표와 조직의 목표를 조화시키면서 조직의 목표달성에 자발적으로 최선을 다할 수 있도록 하는 것과 노조와의 관계를 유지하게 하는 것

〈그림 13-1〉 인적자원관리 활동 절차

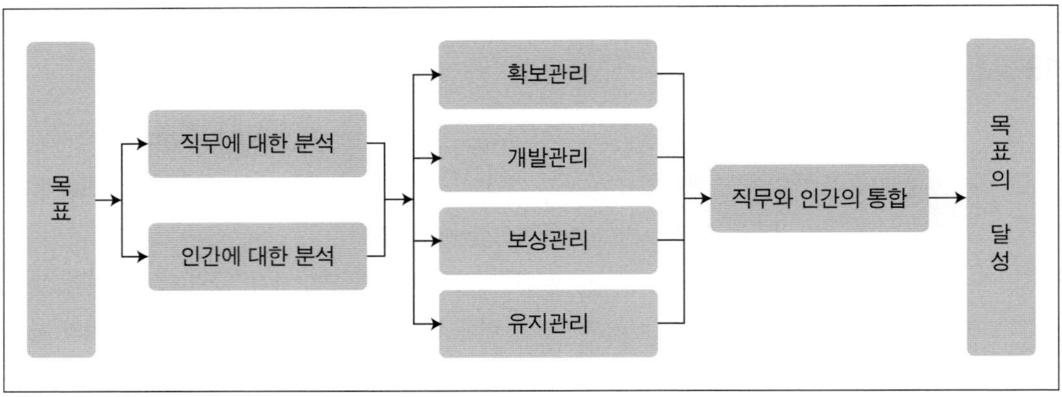

한편 이러한 각 관리 활동이 성공적으로 이루어지기 위해서는 먼저 기업의 각 조직에서 수행해야 하는 업무에는 무엇이 있는지 직무에 대한 분석을 하고, 이 직무에 대하여 사람이 얼마나 필요하며 사람을 어떻게 대응시키고 평가해야 하는지 인간에 대한 분석이 선행되어야 하고, 인적자원관리 내의 각 세부 활동은 직무와 인간을 최적으로 통합하여 조직의 목표를 달성할 수 있도록 전개되어야 한다. 이러한 내용과 인적자원관리 활동의 절차는 〈그림 13-1〉과 같다.

1) 직무분석과 직무평가

직무분석(job analysis)이란 특정 직무에 요구되는 과업(task), 즉 직무를 수행하는 데 필요한 지식과 능력, 숙련도, 책임 등과 같은 직무상의 모든 요건을 체계적으로 결정하는 과정을 말한다. 직무란 곧 일을 말하며, 직무요건을 파악하기 위해서는 직무조사를 하게 되는데 직무조사의 핵심은 곧 직무분석이다. 일단 직무분석이 이루어지고 난 후에는 어떤 직무가 상대적으로 가치가 더 있는지를 알기 위하여 직무평가를 한다.

직무를 분석하면 직무에 대한 요건이 파악되기 때문에 기업의 목표를 달성하기 위해 각 종업원들에게 적절히 일이 할당되었는지, 그 일이 적정하게 이루어지고 있는지를 알 수 있다.

직무분석이 이루어지면 직무기술서(job description)와 직무명세서(job specification)가 만들어진다. 직무기술서는 직무의 형태와 책임사항 등을 명시한 것이며, 직무명세서는 직무에 요구되는 기술, 지식, 능력을 명시한 것이다. 직무분석의 결과는 인적자원에 관한 세부관리 활동인 종업원의 모집과 선발, 배치, 교육훈련 및 개발, 이동 및 승진, 보상, 유지 등의 근거자료로 쓰인다. 뿐만 아니라 각 직무 하나하나의 권한과 책임의 범위를 명확히 함으로써 조직 합리화의 기초가 된다. 또한 업무개선과 직무급 도입에 활용할 수 있다.

직무평가(job evaluation)는 각 직무의 가치를 결정하는 것이다. 직무분석에 의하여 작성된 직무기술서와 직무명세서를 기초로 각 직무의 중요성, 난이도, 위험도 등을 평가하여 다른 직무와 비교함으로써 직무의 상대적 가치를 결정하게 된다.

직무평가는 직무급 임금제도의 기초로 활용된다. 동일한 가치를 가진 직무에 대하여는 동일한 임금을 적용하고 가치가 높게 평가되는 직무에 대하여 더욱 많은 임금을 제공하는 것이다. 직무평가 시 주의해야 할 점은 각 직무의 수행의 난이도 및 복잡도, 권한과 책임의 범위, 업무수행환경 등을 고려하여 직무 그 자체를 평가해야지, 직무를 수행하는 인간을 평가대상으로 해서는 안 된다. 흔히 직무분석 및 평가 시 이미 현직에 사람이 근무를 하고 있기 때문에 오류에 빠지기 쉽다. 직무분석과 직무평가의 결과인 직무기술서와 직무명세서 양식을 바탕으로 인적자원관리 담당자는 회사에 알맞은 인재를 재용하게 된다.

2) 인사고과

인사고과(merit rating)란 조직구성원의 업무수행능력, 근무성적, 자격, 태도 등을 평가하는 절차이다. 직원들이 직무평가에 의해 부여받은 직무를 수행함에 따라 관리자들은 정기적으로 이들의 성과를 평가하게 된다. 즉 인사고가는 직무에 대한 목표와 실제성과를 비교해서 평가 하는 것으로, 직원의 조직에 대한 기여도를 평가해 교육, 보상, 승진여부를 판단하게 된다. 직무평가는 직무의 상대적인 가치를 평가하는 것이라면, 인사고과는 종업원에 대한 평가라는 점이 다르다. 인사고과는 주로 인적자원의 적정배치, 능력개발, 공정한 처우 등의 목적으로 실시된다.

직무분석을 통하여 직무요건이 파악되고 인사고과를 통하여 직무수행능력이 파악된 후에 이 둘을 비교하면 인적자원관리의 방향이 정해진다. 직무요건과 직무수행능력이 일치하면 이는 인적자원이 적재적소에 배치되어 있음을 의미한다. 직무수행능력이 직무요건에 미달되면 교육훈련 등을 통하여 능력을 높여야 하고 그 반대의 경우라면 승진을 시키거나 능력을 발휘할 수 있는 다른 직무로 이동시켜야 할 것이다. 이처럼 인사고과는 직무분석과 동전의 양면과 같은 관계에 있다.

3) 확보관리

인적자원관리는 필요한 인적자원을 확보하는데서 시작된다. 확보관리란 인력계획을 수립한 후 이에 근거하여 모집, 선발, 배치활동을 전개하는 것이다.

첫째, 인력계획(human resources planning)은 현재 및 미래의 각 시점에서 조직이 필요로 하는 인적자원의 수요를 사전에 예측하고, 이에 대한 조직 내외의 인적자원의 공급 상황을 예측하여 이를 적절히 조화시킬 수 있는 방안을 강구하는 것이다. 이러한 과정은 〈그림 13-2〉와 같이 나타낼 수 있다.

〈그림 13-2〉 인적자원계획 절차

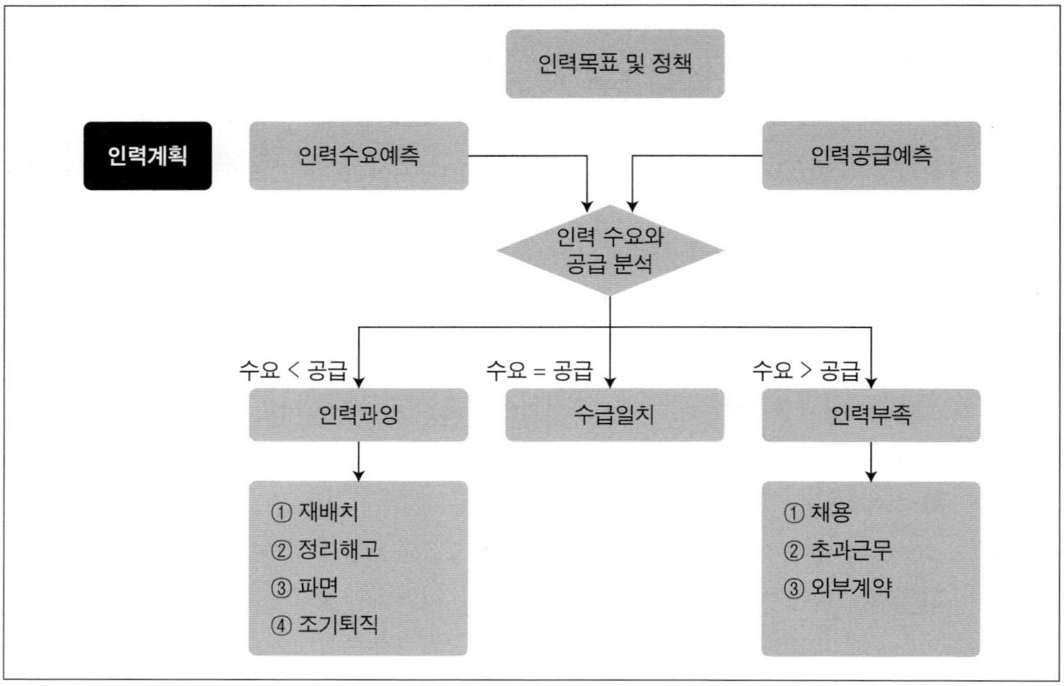

둘째, 모집(recruitment)이란 직무명세서에 기록된 필요한 인적자원의 요건에 적합한 능력과 기술을 가진 인적자원을 확보하기 위하여 인적자원을 조직으로 유인하는 활동이다. 인적자원이 공급되는 원천으로는 조직 내부와 조직 외부가 있다.

조직 내부에서 인재를 찾는다는 것은 직원들의 인사이동을 뜻하는 것이며, 대개는 승진 혹은 전근의 형태로 이루어진다. 조직 내부에서 모집하는 방법으로는 인사담당 부서에서 인력배치표 및 전산화된 직원 데이터베이스를 통해 근무경력, 학업기록, 성과기록, 경력목표, 선호직무 및 부서 등의 정보를 참고해 비공개적으로 적임자를 찾아내는 방법과 사보나 내부게시판 등을 이용하여 원하는 사람을 찾는 방법 등이 있다.

조직 내부에서 적절한 인재를 찾을 수 없다면, 외부에서 직원을 모집해야 한다. 조직 외부 모집은 결원의 형태에 따라 인재모집방법이 결정된다. 조직 외부에서 모집하는 방법으로는 신문, TV, 전문잡지 등 광고를 통한 방법, 현재의 임직원으로부터 추천을 받는 방법, 직업소개소나 컨설팅업체 또는 학교 등과 같은 전문적인 인력공급기관으로부터 공급받는 방법 등이 있다.

셋째, 선발(selection)은 모집을 통해서 응모된 지원자 중에서 직무를 성공적으로 수행하고, 조직이 필요로 하는 가장 적합한 자격을 갖춘 사람을 찾는 과정이다. 지원서와 개인자료 등과 같이 사전에 제출되거나 확보된 자료, 시험, 면접 등 다양한 방법이 동원되어 적격자를 찾아낸다. 직원 선발과정은 기업의 특성에 따라 다르지만 서류전형을 통한 일차 심사, 직무능력 시험, 적성검사, 인성감사 등을 통한 채용시험, 심도 있는 논의 및 대화를 통해서 근무경력, 기술 및 능력, 학력, 그리고 흥미사항을 알아보는 채용면접, 그리고 지원자의 배경 및 인적사항을 조사하는 신원조회를 하게 되며, 그 다음은 해당 직무를 잘 수행할 수 있는가를 알아보는 신체검사를 실시한다. 위의 모든 과정에서 이상이 발견되지 않으면 채용이 결정된다.

넷째, 배치(placement)란 신규로 모집 선발된 종업원을 각 직무에 배속시키는 것을 말한다. 이미 배치되어 있는 종업원을 현재의 직무에서 다른 직무로 재배치하는 것을 배치와 구분하여 이동(transfer)이라고 한다.

선발이 합격자가 불합격자보다 우수한 능력을 가진 사람을 골라내는 단계라면, 배치는 선발된 합격자 중에서 특정 직무의 요건에 맞는 사람을 찾는 단계이다.

4) 개발관리

인적자원의 개발관리(career management)는 확보된 인적자원에 대해 개개인의 잠재능력뿐만 아니라 현재의 직무를 원활히 수행하는 데 필요한 기능 및 기술 수준을 높이기 위한 조직 차원의 지원 활동을 말한다. 개발관리의 주요활동으로는 경력관리, 이동 및 승진, 교육훈련 등이 있다.

첫째, 경력관리는 인적자원관리의 핵심요소이며, 경력개발(career development)관리라고도 한다. 이는 종업원 개개인이 각자 자신의 경력의 성공을 기하면서 동시에 기업의 목표를 달성할 수 있도록 개인의 경력을 개발하는 관리 활동을 말한다. 사람은 누구나 어느 조직에 들어가면 나름대로의 목표나 포부를 갖게 된다. 기업에 입사하면서 사장이 되겠다는 야심을 가질 수도 있고, 막연하게나마 해당 분야의 최고전문가가 되게겠다는 생각을 갖기도 한다. 이러한 목표를 달성하기 위해서는 해당 조직 내에서 그에 걸 맞는 경력을 쌓아야 할 것이다. 기업의 입장에서는 이러한 개인의 경력 욕구(needs)가 충족되고 개인이 세운 경력목표가 달성될 수 있도록 지원을 하며 동시에 개인의 성공이 조직전체의 성공이 되도록 제반 경력관리 활동을 전개한다.

둘째, 이동 및 승진으로 인사이동은 한 조직 내에서 기존의 종업원들을 대상으로 이루어지며 크게 수직적 이동과 수평적 이동으로 나눌 수 있다. 수직적 이동은 직위가 상승하는 승진과 직위가 낮아지는 강등이 있다. 수평적 이동은 능력개발이 목적인 직무순환이 대표적이다.

승진(promotion)이란 지위와 보수가 상승하면서 권한과 책임이 커지는 것으로 조직 내에서 현재의 위치보다 더 무거운 책임과 동시에 더 많은 급여를 받는 위치로 올라가는 것을 말한다. 기업에서 승진 결정은 능력과 성과, 근무 연한 등을 바탕으로 결정된다.

직무순환이란 조직 내에서 현재 직급과 비슷한 위치로 이동하는 것으로 이동 또는 전보(transfer)을 말한다. 직무순환은 직원들이 다양한 직무를 경험하게 함으로써 관리자가 되기 위한 교육훈련기법으로 활용되며 종업원 자신이 여러 직무를 경험함으로써 어떤 분야에 적성과 능력이 있는지 파악하고 경력을 개발 할 수 있게 한다.

강등(demotion)이란 직급이 낮아지거나 중요성이 떨어지는 곳으로 자라를 옮기도록 명령받는 것으로 조직의 성과에 만족스럽지 않을 경우의 조치이며, 강등이 취해지기 전에 여러 번의 경고를 받게 된다.

셋째, 교육훈련(education and tranining)은 채용한 종업원들이 기업환경 그리고 자신들이 수행해야 할 직무에 적응하고 조직에서 필요한 기술과 많은 지식을 단시일에 습득, 그들의 능력을 최대한으로 개발하기 위해 체계적이고 종합적으로 실시하는 것이다. 교육의 목적은 성과향상, 업무과실 감소, 업무 관련 지식 획득, 조직성과 개선 등이다.

신입사원을 위한 교육은 업무 속도의 증진 및 해당 직무 적응을 목표로 한다. 신입사원이 처음 받게 되는 교육은 오리엔테이션(employee orientation)으로 직무수행 준비 단계의 교육이다. 신입사원들은 오리엔테이션을 통해 업무 할당량, 사내 규칙, 업무에 필요한 장비, 성과 기대치, 회사정책, 급여 및 복리후생, 건물 소개 등에 대한 교육을 받는다. 교육훈련의 종류는 〈그림 13-3〉과 같이 구분할 수 있다.

〈그림 13-3〉 교육훈련의 종류

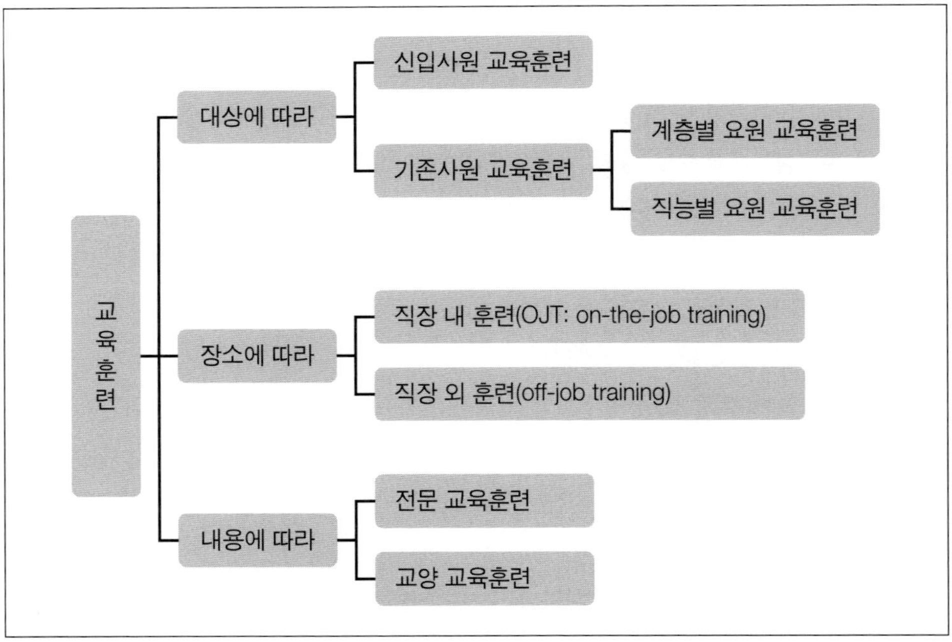

5) 보상관리

보상(compensation)이란 직원의 성과평가를 통해서 인적자원 제공자에게 자원의 이용대가로 지불하는 경제적 보상으로 직접 보상하는 급여와 간접 보상인 복리후생으로 나눌 수 있다. 인적자원의 보상관리의 목표는 조직이 지급하고자 하는 보상범위 내에서 종업원의 만족을 극대화 하는 데 있다. 대부분의 기업들은 우수인력을 확보하고자 지역 혹은 산업 내의 경쟁자들 보다 높은 급여를 지급하고자 한다. 급여수준은 기업의 재정상태, 효율성, 직원의 생산성 및 경쟁사의 현재 급여 등에 의해 결정된다. 직원들이 받는 급여는 직원들의 총 근무시간, 총 생산량, 혹은 시간 및 산출량의 혼합 형태로 지급받는다.

보상은 종업원에게는 소득의 원천이지만, 기업의 입장에서는 비용이다. 이러한 차이로 보상관리의 중요성이 증대되며, 따라서 보상은 개인과 기업의 경제적인 측면에서 파악될 수 있다. 또, 보상은 개인의 노력뿐 아니라 잠재능력에 대한 대가이기 때문에 장기적으로 인적자원에 대한 투자의 성격을 가지고 있다. 특히, 종업원의 욕구를 만족시키는 동기부여 요인으로 작용한다는 점에서 심리적인 측면을 가지고 있다.

첫째, 급여(salary)란 사용자가 노동의 대가로 종업원에게 지급하는 봉급, 기타 여하한 명칭으로든지 지급하는 일체의 금품을 말한다. 종업원에게 있어서 급여는 승진과 함께 가장 관심을 갖는 분야이다. 때문에 종업원 곧 노동자와 기업은 급여수준 결정에 있어 서로 상반된 의견을 갖기 쉬워서 임금문제는 항상 노사관계의 주요 논쟁거리가 된다.

둘째, 복리후생(benefit)이란 종업원의 복지 향상을 위하여 시행되는 임금 이외의 간접적인 모든 급여를 말한다. 임금 이외의 수단에 의하여 종업원의 노동력을 유지, 발전시켜 종업원의 능력을 최대로 발휘하게 함으로써 생산성 향상을 도모하는 한편, 종업원의 경제적, 문화적 생활향상을 목적으로 하는 제도의 총칭이라 할 수 있다. 따라서 복리후생은 기업의 인사관리의 중요한 내용이 된다.

셋째, 보상의 유형에는 생산근로자 등에 적용되는 시간제 급여인 시급(hourly wages), 관리자 및 전문직 근로자들에게 적용되는 연봉제 월 봉급(salaries), 종업원의 성과에 따라 추가 보상하는 성과급(piecework), 일정 목표를 달성했을 때 지급하는 보너스(bonus), 현재 시점에서 발생하는 이익을 배분하는 이익배분(profit sharing), 연금, 건강보험, 휴가 등을 포함하는 부가급부(fringe benefit) 등이 있다.

6) 유지관리

아무리 뛰어나고 우수한 인재를 확보하여 현재 우리 기업에 큰 공헌을 하고 있다 하더라도 그 인재가 다른 회사로 옮겨가버리면 아무런 소용이 없다. 우리 회사에 도움이 되는 인적자원이 다른 곳으로 옮기지 않고 우리 기업에 남아 지속적으로 충성을 다할 수 있도록 관리하는 활동이 유지관리(maintenance management)이다. 유지관리의 주요 활동으로는 인간

관계관리, 노사관계관리, 이직관리 등이 있다.'

첫째, 인간관계관리(human relationship management)는 한 조직의 경쟁력에 영향을 미치는 요소로서 인적자원의 중요성이 강조될수록 인적자원간의 관계 즉 인간관계관리의 중요성이 강조되고 있다. 특히 근래의 조직운영 패턴이 팀제 위주로 바뀜에 따라 이러한 경향은 더욱 두드러지고 있다.

인간관계(human relations)관리에서는 사람과 사람 사이의 단순한 상호작용으로서의 관계보다는 모든 인간을 하나의 인격체로 이해하고 관리하려는 접근이 필요하다. 대표적인 인간관계관리제도에는 종업원에게 직무수행에 관련된 여러 개선안을 제안하도록하여, 우수 제안에 대해 보상하는 제안제도(suggestion system), 종업원의 불평불만이나 신상에 관한 상담에 응하여 해결해 주는 인사상담제도(personnel counseling), 종업원이 기업에 대해 개인이 갖는 긍정적인 태도나 만족도 정도에 관한 사기(morale)조사, 종업원의 근로조건이나 대우에 대한 불평이나 불만에 대한 원인을 제거하고자 하는 고충(grievances)처리제도, 종업원의 생각, 느낌, 정보 및 의견이나 감정교환에 대한 의사소통(communication) 등이 있다.

둘째, 노사관계관리는 인적자원의 생산성 향상과 동기부여에 큰 영향을 끼친다. 노사관계는 종업원과 고용주 사이의 관계 또는 노동조합과 경영자의 관계로 볼 수 있다. 노동조합은 적정한 근로조건을 유지하거나 개선하기 위하여 종업원들로 조직된 합법적 단체로서 그 기능은 종업원들의 생활안정을 위한 기능으로 종업원들이 재정적으로 어려운 시기를 맞이할 때를 대비하여 조합이 기금을 마련하는 공제적 기능, 종업원들이 근로조건의 유지 또는 개선을 위해 단체교섭이나 노동쟁의을 하는 경제적 기능 그리고 노동관계법의 제정 및 개정 등 종업원들의 법적 권익을 확보하기 위하여 역할을 하는 정치적 기능으로 분류할 수 있다.

셋째, 이직(separation)에는 사임과 같은 자발적 이직과 파면, 정리해고, 일시해고와 같은 비자발적 이직이 있다. 사임(resignation)은 직원의 자발적인 영구이직 행위로, 사임하는 이유는 새 경력을 쌓기 위해서, 해외이민을 가기 위해서, 더 높은 봉급을 받는 다른 직장으로 옮기거나 승진의 기회가 보장되는 곳으로 옮기기 위해서이다. 파면(termination)은 기업이 직원에게 명령하는 영구적 이직으로, 그 이유는 성과달성의 실패, 근무규정의 위반, 인원감축, 불성실, 절도행위, 성폭력, 과도한 결석, 불복종 등 다양하다. 정리해고(layoff)는 재정적으로 어려운 상태에 있는 기업이 직원들을 일시적으로 회사에서 내보내는 것으로, 그 방법으로는 명예퇴직이나 무급여 일시적 휴가를 실시하는 경우가 있다.

기업에서는 이직이 발생할 경우를 대비하여 여러 가지 대안을 강구하여야 한다. 갑작스러운 종업원의 이직은 조직운영에 많은 어려움을 준다. 따라서 자발적 이직에 대해서는 인력공급 계획 단계에서부터 충분한 대비책을 세워야 한다.

반면 비자발적 이직의 경우에는 분쟁이 발생할 가능성도 있으므로 종업원의 이직과 관련된 명확한 규정을 사규에 정하여 운영하고 아울러 다른 직장을 찾을 때까지 회사는 적정한 지원을 하여야 할 것이다.

13-2 가맹본부의 인적자원관리

프랜차이즈 사업 초기에는 사장과 몇몇 소수의 사람으로 사업을 시작한다. 맨 파워가 자산이자 시스템인 것이다. 이것이 프랜차이즈 시스템으로 발전해 나가면서 이들의 노하우는 개인에서 시스템으로 전환된다. 하지만 어디까지나 시스템과 노하우는 개인에서 비롯되어 지식으로 집약되므로 이러한 시스템을 구축하기 위해서는 정보와 지식의 수집 및 분석, 활용 및 적응력 등이 중요한 요인이 된다. 이 모든 것을 행하는 것은 바로 사람이다. 이와 같이 사람 없이 사업의 발전을 기대하기 어렵다. 인재는 저절로 얻어지는 것이 아니라 육성하는 것이다. 또한 자기 개발의 길을 열어 주는 것이 인재 육성의 요점인 것이다.

인재다운 인재를 얻기 위해서는 10~15년 장기간에 걸쳐 막대한 비용이 들 뿐 아니라 인재 개발 시스템이 확립되어 있어야 한다. 이런 것을 혹자는 콩나물시루에 물을 주고 키우는 콩나물과 같다고 하는데 물을 계속 부어도 밑으로 다 빠져 나가듯, 시간과 돈을 계속적으로 투자해야 좋은 인재가 만들어 진다는 것이다.

21세기 불확실한 미래에 대처하기 위해 최우선적으로 구축해야 할 것은 인재개발 시스템이다. 즉 기업 간 경쟁의 승부는 인재에 달려 있는 것이다.

가맹점사업자도 우수한 가맹본부의 판매사원으로 만들기 위해 가맹점사업자 평가시스템과 교육 훈련시스템이 있어야 하며, 가맹점에 근무하는 직원에 대한 평가시스템과 교육 훈련 시스템이 있어야 한다.

인적요소는 인적자원관리를 통해서 성과가 나타나며, 교육과 훈련을 통한 우수한 인적 자원의 양성은 '인재경영'에 대한 중요성이 부각되고, 인적자원관리는 경영의 핵심과제이다. 또한 인적자원관리는 급변하는 경영환경 속에서 획일화된 메커니즘을 극복하기 위해서 인적자원에 의한 환경즉응적인 대처능력이 필요하게 되었다. 따라서 인적자원관리는 경영의 핵심과제로 전략적인 차원에서 다루어지고 있다.

13-2-1 인적자원관리 한계

인적자원관리는 조직의 목표달성을 위한 기초적인 부분으로 인적자원의 경쟁력이 곧 기업의 경쟁력을 결정짓고, 기업의 생존 여부를 좌우하고 있기 때문에 기업들이 인적자원관리에 큰 노력을 기울이고 있는 것이다.

따라서 프랜차이즈 시스템의 성장을 위해 개선해 나갈 수 있는 가장 대표적인 분야는 인적자원관리로 가맹본부의 CEO의 능력, 가맹본부 직원의 능력, 가맹점사업자의 능력 및 그 종업원 등 프랜차이즈 산업에 종사하고 있는 인적자원의 관리이다. 이는 가맹본부와 가맹점 간의 발전은 물론 소비자 권익향상에도 모두 전제가 되는 핵심과제이자, 프랜차이즈 사업의 자생능력을 위한 기본토대라는 점에서 중요하다고 할 수 있다.

이러함에도 프랜차이즈 산업의 성장에 있어서 인적자원관리와 관련된 한계로는 첫째, 프랜차이즈 전문 인력이 부족하다는 것이다. 즉 국내 프랜차이즈 시스템은 업력이 짧고, IMF 이후 창업의 열기로 인한 급성장 과정에서 가맹본부의 사업 확장에 따른 우수한 전문 인력의 확보에 대한 필요성이 절실히 요구되는 상황이었지만 국내 프랜차이즈 사업의 특성상 영세한 기업에서 우수한 인력을 확보하는 데는 한계가 있어 전문 인력 확보에 어렵다는 것이다. 둘째, 프랜차이즈 전문 교육기관의 부족을 들 수 있다. 최근 프랜차이즈에 대한 관심의 고조로 일부 대학과 기관에서 프랜차이즈와 관련한 교육이 이루어지고 있으나, 인적자원관리의 목적을 달성하기 위한 숙련된 전문가의 질적·양적 양성에는 아직까지 부족하다고 할 수 있다. 셋째, 가맹본부 창업가의 기업가 정신이 부족하다는 것이다. 즉 프랜차이즈 산업의 성공요인 중 가장 중요한 요인은 가맹본부 CEO의 사업관련 전문지식과 경험, 리더십, 기업가 정신 그리고 투철한 윤리의식 등 CEO의 역량과 경영철학이다(김병오·이정희·김진수, 2009). 이는 창업가의 프랜차이즈 시스템에 대한 이해부족과 가맹점 확보를 위한 단기적 이익에 집중함으로써 인적자원 확보를 소홀히 하고 있다. 넷째, 종업원의 장기적 비전의 부재라 할 수 있다. 국내 프랜차이즈 산업은 대부분 규모면에서 영세하며, 프랜차이즈 사업 지속기간이 5년 미만인 가맹본부가 57%로 과반수를 넘고 있다(김병오·이정희·김진수, 2009). 이러한 상황 속에서 프랜차이즈 산업에 종사하고 있는 종업원들이 장기적인 안목을 갖고 자신의 인생을 설계할 수 없을 뿐만 아니라, 이는 곧 종업원의 잦은 이직으로 이어지게 되고 숙련된 전문 인력의 양성 역시 한계성에 부딪힐 수밖에 없다.

13-2-2 인적자원관리 극복

프랜차이즈 기업의 인적자원관리 한계를 극복하기 위한 방안으로는 첫째는 프랜차이즈 산업 전문교육훈련기관의 확대이다. 프랜차이즈 산업에 대한 전문교육은 가맹본부의 CEO와 임직원은 물론 가맹본부 및 가맹점사업자 및 창업희망자를 대상으로, 프랜차이즈 시스템의 기본원리와 장단점을 이해시키고, 사업 운영에 필요한 인적자원관리, 재무회계관리, 마케팅관리, 정보화 및 물류관리 등의 교육을 습득할 수 있도록 다양한 교육프로그램을 개발하여 전문 인력을 양성하고 교육시킬 수 있는 프랜차이즈 전문교육기관의 확충이 필요하다. 둘째, 가맹본부 설립절차의 제도적 법제화이다. IMF 이후 자영업 창업 열기로 인한 급성장 과정에서 가맹본부의 사업 난립은 프랜차이즈 산업에 대한 부정적인 인식을 가

〈표 13-1〉 프랜차이즈 산업의 인적자원관리 한계 및 극복

인적자원관리 한계	인적자원관리 극복
• 프랜차이즈 전문인력 부족 • 프랜차이즈 전문교육 훈련기관의 부재 • 창업가의 기업가정신 부재 • 종업원의 장기적 비전의 부재	• 프랜차이즈 산업 전문 교육훈련 기관의 설치 • 가맹본부 설립 절차의 제도적 법제화 • 자격제도에 대한 산업 내의 보상

져왔다. 따라서 양질의 프랜차이즈 가맹본부 설립을 위해서는 가맹본부 설립에 필요한 전문 인력의 수를 제도적으로 한정하거나 직영점 운영경험 등 창업자의 창업조건을 강화하는 일정한 제도적 법제화가 필요하다. 셋째, 자격제도에 대한 프랜차이즈 산업 내의 보상이 이루어져야 한다. 프랜차이즈 산업과 관련한 자격증 소지자에 대한 취업보장과 보상이 보장될 수 있게 함으로써 장기적으로 종업원의 미래를 확신시킬 수 있을 뿐만 아니라 우수한 전문 인력의 유입으로 프랜차이즈 산업이 한층 더 발전할 것이다. 프랜차이즈 산업의 인적자원관리 및 한계를 보면 〈표 13-1〉과 같다.

13-3 슈퍼바이저의 역할과 업무

프랜차이즈 사업을 하는 데 있어서 중요한 인력 중 하나가 바로 슈퍼바이저이다. 가맹본부와 가맹점을 잇는 매개자의 역할뿐 아니라 가맹점 운영의 전 업무를 파악하고 영업활성화를 위한 총체적인 지원을 담당하는 슈퍼바이저는 가맹점의 성패를 좌우할 정도로 그 역할이 막중하다. 대부분의 프랜차이즈 기업이 슈퍼바이저 관리에 주력하는 것도 이 때문이다.

가맹점사업자 및 종업원을 관리하는 데 가장 필요한 가맹본부 운영 매뉴얼은 슈퍼바이징 매뉴얼이다. 슈퍼바이징 매뉴얼은 슈퍼바이징 준비, 가맹점 진단 및 지도, 슈퍼바이징 결과 분석 등 슈퍼바이징 프로세스를 중심으로 슈퍼바이저의 행동, 언어와 태도 그리고 준비물에 대한 내용을 기술해야 한다. 슈퍼바이징 준비단계에서는 업무시작, 방문 준비, 사전 점검, 방문통보 등을 한다. 그리고 가맹점 진단과 지도단계에서는 방문하고자 하는 가맹점의 상권의 변화, 경쟁점을 파악하고 체크하여 가맹점과 비교분석을 통해 가맹점의 경영성과를 통보하고, 가맹본부의 지침이나 영업정책 및 정보 등을 전달한다. 그리고 슈퍼바이징 결과 분석단계에서는 슈퍼바이저가 가맹본부에 복귀하면 당일 진행한 가맹점 방문, 경쟁사 조사, 시장 및 상권 동향조사 등을 통해 수집한 경쟁사의 정보나 자료를 정리하여 분석하고, 가맹점의 건의사항 등은 상급자에 보고한다.

13-3-1 슈퍼바이저의 개념

프랜차이즈 사업에 있어서 슈퍼바이저는 가맹점 운영에 대한 감독자로서의 역할과 프랜차이즈 시스템 중 가장 중요한 가맹본부와 가맹점 간의 커뮤니케이션 중재자라 할 수 있다.

슈퍼바이저(supervisor)란 관리자, 감독자, 지휘자, 지도자라는 뜻으로 조직이나 단체에서 일하는 사람들을 지도, 관리 감독하는 사람을 의미한다. 또한 실무에서는 조언자(field counselor)로서의 의미도 내포되어 있다. 프랜차이즈 가맹본부의 가맹점 운영관리 책임자를 슈퍼바이저라 하고 슈퍼바이저는 가맹점의 QSC(quality, service, cleanness) 레벨을 유지시키고 브랜드를 관리하는 역할을 한다. 슈퍼바이저는 가맹점사업자를 관리·감독하여 가맹점의 효율적 운영과 이익 달성을 지원하고, 가맹본부의 정책을 전파하며 고객, 가맹점, 협력업체, 가맹본부의 이익을 창출하는 사람이다.

13-3-2 슈퍼바이저의 역할

슈퍼바이저는 가맹본부와 가맹점 모두가 최고의 이익을 달성할 수 있도록 점검(check), 조정(coordination), 경영지도(consulting), 개인상담(counseling), 통제(control), 정보전달(communication) 역할을 통하여 가맹본부와 가맹점 간의 서로 신뢰할 수 있도록 하는 중간자이다.

첫째, 슈퍼바이저는 가맹본부의 가맹점 운영매뉴얼에 따라 가맹점을 점검·검사 또는 관리하는 점검역할을 한다. 즉 슈퍼바이저는 가맹본부와 가맹점 간의 계약내용의 준수사항, 가맹점의 이미지 문제, 점포 내의 상품이나 서류 등의 보관상태 등을 점검함으로써 점포의 현 상태와 문제점을 파악할 수 있는 능력을 갖추어야 한다.

둘째, 슈퍼바이저는 가맹점과 가맹본부 각 부서 및 가맹본부 협력 업체와의 교량 역할 및 가맹점의 인테리어 상태, 점포 내의 레이아웃, 진열 청소상태까지 점검하는 조정역할을 한다. 즉 슈퍼바이저는 가맹점사업자가 전문적인 지식을 필요로 할 경우 가맹본부의 각 부서 전문가와 협력업체의 전문가와 업무를 조정할 수 있는 능력을 갖추어야하고, 가맹점의 인테리어 상태, 점포 내의 레이아웃, 진열 청소상태까지 종합적으로 점검하고 조정할 수 있는 능력을 갖추어야 한다.

셋째, 슈퍼바이저는 가맹점에 대해 경영 노하우, 교육, 훈련을 전수하는 경영에 대해 지도하는 경영지도 역할을 한다. 즉 슈퍼바이저는 가맹점의 매출, 이익, 회전율 등의 목표 제시 및 가맹점 손익 개선, 종업원의 채용 및 관리방법에 대한 조언, 경쟁업체 가맹점에 대한 대책 입안과 제시, 판촉 활동에 대한 지도와 지원 등을 할 수 있는 경영지도 능력을 갖추어야 한다. 때로는 관련업계의 동향이나 전국적인 시장동향, 소비자의 특성변화 등을 지도할 수 있는 능력을 갖추어야 한다.

넷째, 슈퍼바이저는 업무 상 관련된 상담뿐만 아니라 가맹점사업자 또는 가맹점 종업원에 대한 개인적으로 응대하는 개인 상담 역할도 한다. 즉 슈퍼바이저는 가맹점을 자주 방문하여 인간적인 신뢰감과 친밀감까지 느낄 수 있도록 관리하여 공감대를 형성, 본질적인 문제점을 확인하여 해결할 수 있는 능력을 갖추어야 한다.

다섯째, 가맹본부와 가맹점사업자 간의 가맹계약을 서로 지킬 수 있도록 관리하는 통제 역할을 한다. 즉 슈퍼바이저는 계약조건의 위반이 있을 경우에 가맹점사업자를 강압적으로 상대할 것이 아니라 가맹점사업자의 작은 불평, 불만을 잘 관찰하여 계약조건 위반이나 시스템 위반을 하기 전에 예방적으로 문제를 해결해 나가는 능력을 갖추어야 한다.

여섯째, 가맹본부가 제공하는 정보와 가맹점사업자가 제공하는 정보나 의견, 건의사항 그리고 고객의 필요와 미 충족욕구 등을 쌍방향으로 전달하는 정보전달 역할을 한다. 즉 슈퍼바이저는)고객과 가맹점, 그리고 가맹본부와의 효율적이고 효과적인 의사소통의 연결자로서, 고객의 니즈와 그에 따른 희망사항을 가맹점을 통해 확인하고 이를 가맹본부 각 부서와 경영진에 전달하여 그에 대한 적시 적절한 상품과 서비스를 가맹점을 통해 고객에게 피드백 하는 조력자로서의 능력을 갖추어야 한다.

13-3-3 슈퍼바이저의 자격

슈퍼바이저가 신뢰받기 위해서는 아무리 사소한 약속이라도 반드시 지켜야 하며, 가맹점사업자의 이야기는 언제나 마지막까지 경청하고, 목표달성을 위한 경영지도는 정확한 데이터를 가지고 도움을 줄 수 있어야 하고, 자기의 불평이나 불만을 업무에 개입시켜서는 안 되고, 항상 명랑하고 적극적인 자세로 가맹점사업자를 대해야 한다.

슈퍼바이저의 역할을 원활하게 수행하기 위한 슈퍼바이저의 자격은 매장 실무경험, 관리 및 지도력, 책임감, 사무계산 능력, 체력, 원만한 성격, 인간성 등을 갖추어야 한다.

첫째, 슈퍼바이저의 매장 실무경험은 슈퍼바이저가 직영 모델점이나 가맹점에서 고객과 실제 판매 및 고객서비스 경험으로 가맹점사업자나 가맹점 종업원을 관리하는 데 매우 중요한 조건이다. 이러한 직접적인 매장경험이 없다면 본인 스스로 능력을 배양해야 한다.

둘째, 슈퍼바이저의 관리 및 지도력이란 가맹점사업자에 대한 관리부터 가맹점 종업원에 이르기까지 지도력뿐만 아니라 행정적인 문서 작성기능은 슈퍼바이저에게 매우 중요한 조건이다.

셋째, 슈퍼바이저의 책임감은 슈퍼바이저가 가맹본부를 대표하기 때문에 가맹본부에 대한 책임감이 매우 중요한 조건이다.

넷째, 슈퍼바이저의 사무계산 능력은 가맹점을 체크할 때 가맹점에서 발생되는 각종 경비 지출의 타당성 여부를 판단할 수 있는 기능이 필요하기 때문에 매우 중요한 조건이다.

다섯째, 슈퍼바이저의 체력은 슈퍼바이저의 업무가 대부분 현장에서 이루어지기 때문에 건강한 체력은 매우 중요한 조건이다.

여섯째, 슈퍼바이저의 원만한 성격은 슈퍼바이저의 업무 대부분이 인간관계로 이루어져 있기 때문에 타인과의 원만한 관계를 유지할 수 있는 성격 또한 매우 중요한 조건이다.

일곱째, 슈퍼바이저의 인간성은 가맹점사업자나 가맹점 종업원에게 신뢰감을 줄 수 있는 성실한 인간이어야 한다.

13-3-4 슈퍼바이저의 일반적 업무

슈퍼바이저는 프랜차이즈 가맹본부에서 근무하는 간부사원으로서 가맹점에 대한 관리와 감독 등의 역할을 한다. 그리고 가맹점의 효율적 운영과 이익 달성을 지원하고 가맹본부의 정책을 전파하며 고객, 가맹점, 협력업체, 가맹본부의 이익 창출하는 사람이다. 즉 슈퍼바이저는 가맹점의 연간 매출, 고객 수, 고객 당 매출액 등 계획을 수립하고, 시행 및 사후관리를 하며, 영업실적 분석과 이익개선 지도 및 개선사항을 제안하며, 가맹점을 방문하여 상품관리 및 운영관리 상태, 계약 내용 및 가맹본부 방침, 규정의 준수 여부를 점검한다. 또한 부실 가맹점 및 경쟁자의 분석을 통한 대책 마련하며, 가맹점에 대한 안전과 재고 분실 및 적정재고 유지와 금전관리 등 경영관리도 하며, 마지막으로 가맹본부 대표, 직속부서장, 상급부서 지시 사항을 준수하는 일들을 한다. 이를 위한 슈퍼바이저 교육은 상품지식, 기본예절과 같은 기초교육부터 판매 기법, 매장관리, 고객서비스 실천, 클레임 처리 등의 점포관련교육 그리고 시장조사, 소비자분석, 입지분석, 프로모션, 가격 관리 등 전문교육이 있다.

13-3-5 차별화된 슈퍼바이징 시스템

직원 슈퍼바이징 시스템은 가맹본부 전 직원을 슈퍼바이저로 활용하는 시스템 운영방법으로 수퍼바이징 시스템을 차별화 시킨 것이다. 차별적으로 제도화한 직원 슈퍼바이저 프로그램은 영업부 뿐 아니라 관리부, 총무부, 시설총괄부, 마케팅부, 조리팀, 홍보팀, 디자인팀, 점포개발팀, 고객지원팀 등 전 부서의 모든 직원이 적게는 4~5개에서 많게는 10개가 넘는 가맹점을 담당하게 된다.

이러한 시스템은 분임조 및 교육을 통한 직원들의 슈퍼바이저 스킬 향상으로 직원 슈퍼바이저 프로그램을 완성시키는 방법이다. 그러나 가맹본부의 모든 직원을 슈퍼바이저 프로그램을 통해서 본격적으로 운영하는데 있어서 우려되는 부분은 바로 직원들의 슈퍼바이징 능력이다. 전문 슈퍼바이저가 아니고 또한 슈퍼바이저 외에 본 업무가 있다 보니 자칫 슈퍼바이저로서의 업무스킬에 문제가 발생할 수 있기 때문이다. 이에 따라 프로그램을 본격화하기 위해서는 일정기간 전문지도자를 초빙해 슈퍼바이저의 역할 등에 대한 집중 교육을 실시해야 한다. 또한 내부 분임조 활동을 통해 능력을 향상시키는 방법도 있다. 각 부서원이 골고루 포함되도록 5~6개의 조를 나눠 특정 주제에 대해 집중 토론함으로써 문제점 및 해결 방안을 도출케 하는 것이 분임조 활동의 목적이다. 예를 들면 분임조별로 매출 증대 방안, 홍보 방안, 영업개선 방안, 고객만족 방안 등 다양한 주제에 대한 워크샵을 통해 전문 슈퍼바이저로서의 지식 및 스킬을 고취시켜야 한다.

분임조 사례를 하나 예로 들자면, 신규 오픈점포 가맹점사업자의 만족도를 높이기 위한 슈퍼바이저의 활동이라는 주제로 가맹점사업자가 오픈 전 진행해야 하는 모든 업무에 대해 날짜별 체크리스트를 작성한다. 이에 따라 '해당 날짜에 앞서 가맹점사업자가 업무를 잊지 않고 제대로 수행할 수 있도록 사전에 전화 혹은 방문을 통해 공지하고 진행 사항을 체크한다'라는 해결방안을 도출해 낼 수 있다. 신입직원은 매장 근무와 강의, 분임조 활동 등을 통해 매장 운영의 전반적인 프로세스를 익힌 후 슈퍼바이저로 활동할 수 있다. 담당 매장은 직원이 희망하는 매장을 중심으로 하며, 퇴사 등의 특별한 상황이 발생하지 않는 한 담당 매장은 변경하지 않아 가맹점사업자와 직원간의 지속적인 관계를 유지할 수 있도록 해야 한다.

직원 슈퍼바이징 시스템을 통한 가장 큰 효과는 전 직원이 매장의 모든 부분에 대해 관심을 갖고 운영에 필요한 전문적인 지식을 습득한다는 것이다. 어느 프랜차이즈 업체처럼 전문 슈퍼바이저만 의존할 경우 본사와 매장간의 괴리감이 발생할 수 있는데 반해 각자의 업무를 담당하고 있는 직원들이 슈퍼바이저 활동을 병행함으로써 매장에 대한 이해도가 높아지는 것은 물론 가맹본부와 가맹점과의 윈윈win-win 및 영업 활성화를 위한 보다 현실적인 방안을 도출할 수 있다는 것이다. 직원 슈퍼바이징 시스템은 직원들의 업무과다와 전문성이 떨어진다는 단점도 있지만, 직원들의 본 업무 외의 매장 업무를 숙지함으로써 개인의 능력 향상은 물론 부서 내·부서 간 팀워크도 훨씬 견고해지는 효과를 볼 수 있다. 이러한 방법은 가맹본부의 가맹점 수가 40~50개 정도 그리고 종업원 수가 20~30명인 경우에 적용할만하다.

13-4 가맹본부 교육훈련

프랜차이즈 교육훈련(education and tranining)은 그 대상에 따라 크게 가맹본부 교육과 가맹점 교육으로 나눌 수 있다. 가맹본부 교육은 다시 신입사원 교육훈련과 기존사원 교육훈련으로 구분하고, 가맹점 교육은 가맹점사업자 교육훈련과 가맹점 종업원 교육훈련으로

〈그림 13-4〉 교육훈련의 종류

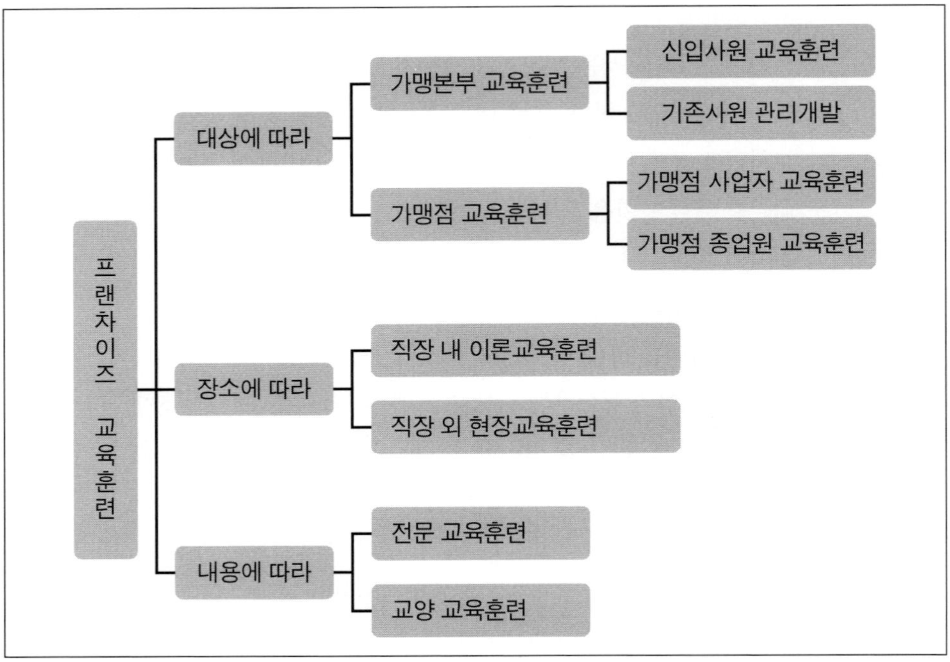

다시 구분할 수 있다. 장소에 따라서는 직장 내 이론 교육훈련과 직장 외 현장 교육훈련으로 구분할 수 있으며, 내용에 따라서는 전문 교육훈련과 교양 교육훈련으로 구분할 수 있다. 이를 그림으로 나타내면 〈그림 13-4〉와 같다.

13-4-1 신입사원 교육훈련

가맹본부 신입사원을 위한 교육은 업무속도 증진 및 해당 직무 적응을 목표로 한다. 신입사원이 입사 후 처음 받게 되는 교육은 오리엔테이션으로 직무수행을 준비하는 단계의 교육이다. 신입사원들은 오리엔테이션을 통해 업무 할당량, 사내규칙, 업무에 필요한 장비, 성과 기대치, 회사정책, 급여 및 복리후생, 건물 소개 등에 대해 교육을 받게 된다. 대부분의 기업들은 시청각 자료 등을 활용하여 오리엔테이션을 진행하는데, 이는 모든 신입사원들에게 회사의 메시지를 공통적으로 전달하기 위함이다.

1) 직무교육

직무교육(on the job training: OJT)은 감독자 및 선배들의 도움을 받아 실제로 직무를 수행하면서 배우는 것으로 직무와 직접적으로 관련된 일을 대상으로 근무지 혹은 직영점에서 하게 된다. 이 교육은 직무 세부교육, 지도, 특별 프로젝트 부과, 순환근무 등을 통해 이루어진다. 첫째, 순환근무는 일정 기간 내에 여러 직무를 경험하도록 하는 것이다. 둘째, 수습은 OJT(on-the-job training)와 교육장 내 교육을 합한 형태로 전문기술이 필수적인 분야에서 시행되는 것이다. 셋째, 멘토링은 선임관리자나 선배들이 직무 및 경력관련 정보를 제공하면서 후견인역할을 하는 것으로 학습효과가 뛰어나고, 그 자리에서 피드백을 받을 수 있다는 장점으로 인해 이를 시행하는 기업이 점점 늘어나고 있다.

2) 직무 외 교육

직무 외 교육(off the job training)은 역할연기, 영화, 시청각 자료, 강의, 컴퓨터 등을 이용한 각종 활동을 통해 직무를 이해하고 배우는 것이다. 직무 외 교육의 또 다른 형태는 실습장 혹은 시뮬레이션 훈련이라 불리는 가상훈련이다. 첫째, 실습장 교육은 조립라인이나 판매장을 축소한 곳에서 실제상황을 가정하고 제품생산, 상품판매 등에 대해 배우는 것이다. 따라서 실수를 한다고 해서 매출 등 실제 결과에는 전혀 영향을 미치지 않는다. 둘째, 프로그램 학습은 특별한 형태로 짜인 교재를 학습 자료로 제시하고, 개별학습을 시켜서 특정한 학습목표까지 무리 없이 확실하게 도달시키기 위한 학습방법이다. 대개 직무 외 교육은 직무 교육보다 비용이 많이 들뿐만 아니라 효과 역시 간접적이며 피드백 역시 늘인 편이지만 일부교육들은 계속해서 시행될 전망이다.

13-4-2 기존사원 관리개발

관리개발(management development)은 기존사원을 좋은 관리자로 만들기 위해서 종업원들을 훈련하고 교육하는 과정이며 시간이 지남에 따라 관리기술의 발달을 모니터링할 수 있다. 관리개발 프로그램은 경력개발을 위한 모든 분야에서 개발되고 있다. 종업원의 관리개발을 위한 프로그램에는 직장 내 지도, 임시대역 배우직책, 업무 순환, 직장 밖 과정과 훈련이 있다. 먼저 직장 내 지도는 선임 관리자가 하급 관리자에게 필요한 기능을 가르치고 일반적으로 방향제시, 충고 및 도움이 되는 조사 결과를 제공하면서 돕는 것이다. 둘째, 임시대역 배우직책은 선택된 종업원들이 고급관리자들의 조수로서 일하며, 고급관리자가 될 때까지 기획이나 다른 관리 기능들에 참여하며 일을 배우는 것이다. 셋째, 업무순환은 조직의 여러 기능들의 업무 습득을 위하여 관리자들에게 다양한 부서들의 직무를 경험할 수 있도록 돕는 것이다. 최고경영자들은 업무순환을 통하여, 그들의 성공에 필요한 조직상황을 폭 넓게 파악할 수 있다. 넷째, 직장 밖 과정과 훈련은 관리자들에게 기술적인 전문성과 인간관계의 기술을 연마할 수 있도록 대학과정에 다니도록 하거나 각종 세미나에 참석할 수 있도록 돕는다. 원할머니 보쌈의 직원들은 직무교육 외에 독서경영과 사이버교육을 가맹본부의 지원 아래 의무적으로 받고 있다. 독서경영이란 매니저가 선정해준 책을 읽고 독후감 작성 및 토론을 거치는 방식이며 사이버교육은 공통과목과 각 부서별, 직급별로 해당과목을 선정해서 진행되는데 보통 하루에 한 시간 정도는 교육을 받아야 한다.

크린토피아는 가맹본부의 인력개발 교육훈련에 많은 투자를 하고 있다. '인력 양성에 최우선 투자 한다' 는 크린토피아의 경영원칙에서 알 수 있듯이 인적 자원에 대한 지속적인 투자를 통해 기업의 기강을 확고히 다지고 있다. 몇 가지 예를 들어보면 수시로 명사를 초청해 직원을 교육하고, 교육을 위한 지출은 회사가 지급해주며, 대리급 이상 직원은 모두 온라인 MBA를 수강하게 한다. 그리고 지사·대리점 대표들과의 워크숍을 통해 본사와의 의견조정과 고충을 최대한 이해할 수 있도록 하고 있다.

13-5 가맹점 교육훈련

가맹점 교육은 고객서비스를 확대하는 지름길임과 동시에 프랜차이즈 가맹점사업자의 성공을 결정하는 주요한 요소이다.

가맹본부는 가맹점사업자에게 개점을 위해 정해진 일정에 맞게 가맹점 운영에 관한 교육 훈련을 실시하게 되는데 주로 일반적으로 가맹본부, 직영 모델점, 교육장에서 강의와 실습이 이루어진다.

가맹본부나 교육장에서는 회사 소개, 경영 이념, 성공 실패 사례, 가맹계약서, 마케팅 등과 같이 이론적인 부분을, 실무적인 부분은 상품 및 서비스 지식, 사무 업무 등과 같이 실무, POS 관리, 서비스 실무, 진열 방법, 가공 방법, 청결 관리 등을 직영점을 활용하여 체득할 수 있도록 해야 한다. 따라서 직영 모델점을 이용하여 접객 서비스를 중심으로 한 실습을 하고 실제 자신의 점포에서 활용 할 수 있는 운영 시스템을 습득하여야 한다.

아무리 좋은 프랜차이즈 시스템이나 아무리 훌륭한 매뉴얼이 있다하더라도 시스템이나 매뉴얼을 가맹점에서 정확하게 사용하지 못한다면 아무런 의미가 없다. 예를 들어 스마트 폰의 사용설명서를 보면 누구나 익힐 수 있지만, 태권도의 경우 책을 읽는다고 해서 쉽게 유단자가 될 수 있는 것은 아니다. 이와 같이 매뉴얼만 보고서는 완벽할 수 없으며 상품을 제대로 만들어 낼 수도 없다. 결국 훈련과 매뉴얼이 일체화되어야 비로소 훌륭한 프랜차이즈 시스템이 만들어 지는 것이다.

이를 위해 파리바게트는 창업을 하는 가맹점사업자에게 초기에 2주간의 신규 가맹점사업자 교육을 실시한다. 이는 이론교육 6일과 제빵교육 6일의 과정으로 구성되어 있다. 또한 파리바게트는 체계적인 가맹점사업자 교육을 위하여 트레이닝 센터를 운영하고 있다. 이것은 고객에게 최고의 서비스를 제공할 수 있는 전문 교육센터로 세미나실과 점포 실습시설을 갖추어 가맹점사업자와 직원 그리고 아르바이트 인원들로 하여금 충분한 현장 대응능력을 키우도록 하고 있다. 이곳에서는 상품과 서비스, 매장 운영 방법, 디스플레이, 세무, 회계 등 점포 운영에 필요한 제반 내용의 교육이 이루어진다.

훈련 시스템에서 중요한 것은 가맹점 직원의 훈련이다. 일반적으로 가맹본부는 가맹점 사업자 대상 훈련은 실시하지만 가맹점 직원까지는 훈련을 실시하지 않는 경우가 많기 때문에 가맹점사업자와 가맹점장이 주체가 되어 훈련을 실시해야 한다. 따라서 가맹점사업자 자신이 우수한 교관이 될 수도 있어야 하는 것이다. 이를 위해 훈련 시스템이 확립 되어 있지 않으면 프랜차이즈 가맹본부의 통일 된 이미지는 이룰 수 없다 하겠다.

13-5-1 교육훈련 목적

가맹점사업자 및 가맹점 종업원들에 대한 교육훈련은 프랜차이즈 시스템의 동일성 및 통일성 유지, 가맹본부와 가맹점 간의 관계구축, 가맹점사업자가 사업을 지속하기 위한 철저한 전문지식 습득, 프랜차이즈 시스템의 강화와 유지에 목적이 있다.

첫째, 교육훈련은 프랜차이즈 시스템의 동일성과 통일성은 프랜차이즈 사업에 있어서 매우 중요하다. 소비자가 가맹점을 선택하는 것은 가맹본부와 동일하고, 어느 가맹점에서 상품이나 서비스를 제공 받더라도 동일한 상품과 서비스를 제공받기 때문이다. 이러한 인식을 소비자에게 심어 주기 위해서는 가맹본부와 가맹점 간, 가맹점과 가맹점 간 동일성과 통일성이 이루어지도록 해야 한다.

둘째, 교육훈련은 가맹본부와 가맹점 간의 관계구축을 위해서 필요하다. 가맹점사업자와 가맹점 종업원에 대한 교육훈련은 가맹본부와 가맹점 간의 폭 넓은 접촉을 통한 인간관계가 형성되어 서로의 관계가 형성되기 때문이다. 가맹본부와 가맹점사업자 간의 인간관계는 사업이 지속되는 동안 좋은 관계를 유지하는데 도움을 준다. 잘 기획되고 진행되는 교육 프로그램은 가맹점사업자가 프랜차이즈 시스템에 대한 긍정적인 태도를 갖는데 도움을 준다.

셋째, 교육훈련은 가맹점사업자가 사업을 지속하기 위한 전문지식 습득에 필요하다. 가맹점사업자는 가맹점을 운영하기 위해서 개점에서 폐점할 때까지 상품 준비 및 판매방법, 직원의 훈련과 동기부여, 매출 증대를 위한 마케팅 기법, 회계보고서 작성 방법, 전문 장비의 사용방법, 고객관계관리, 고객서비스에 대한 전문지식을 배워야 한다.

넷째, 교육훈련은 프랜차이즈 시스템의 강화와 유지에 필요하다. 가맹본부는 가맹점사업자와 직원 교육훈련을 통해서 사업의 성공과 미래비전을 확실히 제시함으로써 가맹점사업자와의 관계가 강화되고, 지속적으로 유지된다.

13-5-2 가맹점 교육훈련 내용

가맹점 교육훈련은 가맹점의 경쟁력을 강화시키고 경쟁우위를 통한 수익증대를 위해 현실적인 현장중심의 교육훈련, 체계적이고 지속적인 관리 중심의 교육훈련 등 체계적이고 종합적인 교육훈련 프로그램을 개발하여야 한다. 가맹점 교육훈련에는 가맹점 시작 전 교육훈련과 가맹점 시작 후 교육훈련으로 나누어 시행된다.

첫째, 가맹점 시작 전 교육훈련은 가맹점 사업을 시작하면서 나타날 수 있는 문제점을 최소화하기 위한 교육으로 가맹본부의 기준과 운영절차, 가맹본부와의 관계구축 방법, 상품과 서비스에 대한 내용과 관리 방법, 가맹점 내의 집기 및 시설 사용에 대한 내용과 관리 방법, 가맹점사업자의 리더십과 사업 운영, 가맹점 운영상의 문제점해결 방법, 고객과의 관계관리 방법, 직원 채용과 관리 및 동기부여 방법, 직원교육 방법, 청소 및 청결유지 방법, 매장 매출 증대 방법, 세무 및 절세방법 등이 있다.

둘째, 가맹점 시작 후 교육훈련은 가맹점을 운영하면서 지속적인 관계가 유지될 수 있도록 가맹점 매출 증대 방법, 판매기술, 관련 업종이나 제도에 대한 내용, 가맹점 원가절감 방법 등 내용변화에 대응할 수 있는 방법을 교육시켜야 한다.

13-5-3 가맹점사업자 교육훈련

가맹본부는 가맹점사업자 교육훈련을 위해서 먼저 신규 가맹점사업자를 대상으로 교육훈련을 실시하는데 업종이나, 가맹본부의 규모에 따라 다르기는 하지만 보통 교육 과정은 5일에서 한 달 동안 이루어지는데 교육일 수의 반은 이론과정, 반은 실무과정에 대해 교육을 실시하고 있다. 그리고 창업 후에는 가맹본부가 한 달에 한 번씩 정도 정기적으로 가맹점사업자들을 대상으로 실무 및 이론교육을 실시하며, 또한 1년에 한 번 1박 2일 합숙 형태로 세미나를 실시하기도 한다. 세미나를 통해서는 고객을 응대하는 법, 신상품 교육 등 여러 가지 교육을 하며, 이를 통해서 가맹점사업자들이 소비자의 트렌드를 파악하고 매장에 적용할 수 있게 한다.

(주)제너시스의 경우는 브랜드에 따라 차이는 있지만 4박 5일간 연수원 합숙교육을 통해 점포 운영의 기초 이론, 제너시스 브랜드별 점포 운영 규칙, 각 제품별 조리실습 등을 교육한다. 이런 교육을 통해 신규로 사업을 시작하려는 가맹점사업자들에게 점포운영관리 능력과 사업 주체로서의 의식 고양 및 브랜드에 대한 자긍심 고취, 외식경영자의 마인드 함양 등을 가르치고 있다. 또한 창업 3년차까지는 1년에 1박2일 동안 보수교육을 통해 지속적인 교육이 이뤄질 수 있도록 하고 있다.

GS25의 경우 가맹점사업자에게 제공하는 교육훈련은 가맹계약(본 계약금 최종 지불 및 본 계약체결)후에 진행된다. 가맹점사업자 교육은 가맹본부에서 이론교육을 5일, 실습 점포에서 실습교육을 5일 동안 진행한다. 이렇게 10일 간의 가맹점사업자 교육을 수료하고 나면, 상품 재고조사 후 오픈하여 개점지도 직원을 파견한다.

명인만두의 경우 가맹점사업자 교육훈련은 단계별로 실시하고 있는데 1단계는 가맹계약 전 예비사업자 교육으로 가맹본부와 예비사업자 간 상호 이해의 과정으로 6일 동안 진행한다. 2단계는 가맹본부 운영 교육으로 11시간을 통해 유통 과정, 세무교육, 매장관리, 서비스교육, 위생교육, 종업원 구인구직, 회사정책 전반에 대한 교육을 실시한다. 3단계는 매장 체험교육으로 매장실무교육을 이수하여 효율적인 매장 관리 노하우를 3주 동안에 걸쳐 교육을 실시한다. 4단계는 가맹점사업자 정기교육으로 연 2회 외부 강사 및 직원을 통한 지속적인 교육을 실시하고 있다.

크린토피아의 경우는 분기마다 최우수 가맹점사업자들에게 세탁프랜차이즈 분야에서 선진국에 속하는 일본을 견학하도록 지원하고 있다. 일본은 세탁업의 80% 이상이 세탁편의점 형식의 프랜차이즈 시스템으로 운영되고 있어서 좀 더 체계적인 시스템과 가맹점사업자들의 투철한 서비스 정신 등 우리에게 부족한 점을 보고 느끼게 해 줄 수 있다. 크린토피아의 가맹점 교육훈련 내용을 보면 〈표 13-2〉와 같다.

〈표 13-2〉 가맹점 교육훈련 사례 — 크린토피아 교육훈련 내용

구분	주요 내용	교육방식	기한	비고
신규, 양수 교육	• 회사 소개 • POS 사용, 전산 교육, 섬유이론, 서비스 교육 • 가맹지역본부(지사) 및 가맹점 방문	이론, 실습교육	가맹계약 체결 후 영업 개시 전까지	필수 교육
보수 교육	고객서비스 교육	이론, 실습교육	연 2~4회	필수 교육
	대형마트 가맹점주 서비스 교육	이론, 실습교육	수시	필수 교육
	크레임 처리 교육	이론, 실습교육	수시	필수 교육 크레임 처리 미흡한 가맹점 대상

파리바게뜨의 경우 가맹점사업자 교육 훈련은 신규가맹점 입문과정과 신규가맹점 보수과정, 가맹점서비스 보수과정으로 구분하여 교육을 실시하고 있다. 신규가맹점 입문과정은 점포 오픈 이전 필수교육으로 제조 실습교육과 직무이론교육으로 구성하여 실시하고 있다. 신규가맹점 보수과정은 오픈 1개월에서 3개월 사이에 실시하는 교육으로 판매재활성화 전략(sales revitalization program: SRP) 및 점포손익과 고객감동서비스 교육을 실시하고 있다. 마지막으로 가맹점서비스 보수과정은 매장환경서비스, 위생관리서비스, 제품구매서비스 및 단골고객서비스 등의 교육을 실시하고 있다. 파리바게뜨의 가맹점사업자 교육과정은 〈표 13-3〉과 같다.

〈표 13-3〉 가맹점사업자 교육과정 사례 — 파리바게뜨

<table>
<tr><th colspan="2">구분</th><th>주요내용</th><th>교육방식</th><th>기한</th><th>비고</th></tr>
<tr><td rowspan="3">신규
가맹점
입문
과정</td><td rowspan="2">제조
실습</td><td>휴명생지, 케이크, 샌드위치, 음료제조
실습 1단계</td><td rowspan="2">실습교육</td><td rowspan="3">점포
오픈
이내</td><td rowspan="3">필수
교육</td></tr>
<tr><td>• 음료 제조 실습 2단계
– 장비조작/청소법
– 커피류, 비커피류 제조 실습
• 샌드위치 제조 실습 2단계
– 샌드위치 제조/포장법 습득
– 원재료 취급 방법/위생 관리</td></tr>
<tr><td>직무
이론</td><td>• 오픈지원 시스템
• 제품의 주문과 반품
• POS시스템 이해 및 매출 등록, Web
• 점포회계 및 세무
• 손익 및 SRP 실무 교육
• 제품 이해 및 이벤트, VMD, 제품포장
• 고객응대표준 및 클레임응대
• 해피포인트카드, 제휴카드이해
• 동영상 시청 외</td><td>집단강의
습교육</td></tr>
<tr><td colspan="2">신규점 보수 과정</td><td>• SRP/점포손익
• 고객감동서비스
※ 현업 이슈에 따라 내용 변경 가능</td><td>집단강의 /토의
및 상황 해결</td><td>오픈
1개월~
3개월</td><td>지원
조건
교육</td></tr>
<tr><td colspan="2">가맹점 서비스 보수
과정</td><td>• 매장환경 서비스, 위생관리 서비스
• 제품 구매 서비스
• 단골 구매 고객 서비스 외
※ 차수별 교육 내용 변경</td><td>집단강의</td><td>교육
해당일
이내</td><td>필수
교육</td></tr>
</table>

13-5-4 가맹점 종업원 교육훈련

가맹점 종업원은 보통 가맹점 자체 종업원과 가맹본부 파견 직원으로 구성되는데, 가맹점 자체 종업원 교육훈련은 가맹점이 독립된 사업체로 인식하여 각 매장에서 종업원을 따로 모집하여, 해당 가맹점 사업장에서 종업원 교육이 이루어진다. 그리고 가맹본부에서 가맹점에 파견되는 직원들은 가맹본부에서 직접 교육을 시켜 파견하게 된다. 이때 가맹점 파견 직원의 경우는 가맹본부 직영점 직원과 같이 교육을 받게 된다. 가맹점의 종업원들은 가맹본부에서 파견된 직원을 통해서 교육을 받거나 파견 직원이 없는 경우는 가맹점사업자나 슈퍼바이저를 통해서 교육을 받는 경우가 많다.

제14장 프랜차이즈 회계·재무관리

PROLOGUE

프랜차이즈 매장 오픈보다 관리가 먼저다

무작정 오픈만 하던 프랜차이즈 시대는 끝났다. 오픈 후 관리까지 책임지는 프랜차이즈가 성공한다.

어느새 국내 프랜차이즈 시장이 100조 원의 규모에 달한다고 한다. 하지만 국세청이 발표한 '2016 국세통계연보'에 의하면 하루 평균 3,000여 명의 자영업자가 생겨나고, 2,000여 명의 자영업자가 폐업을 하는 것으로 나타났다.

프랜차이즈 시장의 규모는 걷잡을 수 없이 커져가지만 모두가 다 성공할 수는 없는 것이 현실이다. 특히나 프랜차이즈 시장이 뒤숭숭한 요즘, 대부분의 예비 창업자들은 어떤 기준으로 창업을 준비해야 할지 막연하기만 하다. 전문가들은 창업은 오픈도 중요하지만 오픈 후 본사의 체계적인 관리가 중요하다고 이야기한다.

디저트 전문 카페 '카페띠아모'는 우리나라 카페 프랜차이즈의 1세대 격인 장수 브랜드이다. 띠아모는 본사가 살기 위해서는 가맹점주가 살아야 한다는 생각 아래 가맹점주 우선경영 원칙을 철저하게 지켜나간다. 오픈 초기 창업자에게는 예산과 수익목표, 거주지 등의 조건을 매칭하여 최적의 입지를 추천한다. 그 후 약 500여 개 이상의 커피 가맹점 운영을 통해 노하우를 제공한다. 지난해에는 장기적인 불황으로 가맹점들의 매출이 대폭 하락했다. 본사는 원인 파악 및 해결을 위해 전국을 돌며 가맹점들의 사태를 파악하고 본사 차원에서 지원 가능 한 부분들을 체크하기도 했다.

왼쪽 위에서부터 시계방향으로 '카페띠아모', '팔이구이', '929 숯불닭갈비', '청년다방' 제공.

신개념 고기브랜드 '팔이구이'는 혁신적인 유통구조의 차별화로 예비창업자들의 눈길을 사로잡는다. 대부분 외식 브랜드는 본사에서 제공하는 물품을 일괄적으로 공급받는다. 이 때문에 가맹 본부가 물류 마진으로 폭리를 취해 가맹점들은 알면서도 당하는 안타까운 경우들이 많았다. 이러한 본사와 점주의 갈등을 최소화하고 상생을 모색하기 위해 팔이구이는 자유로운 물류 구매 시스템을 도입했다. 소스를 제외한 전 품목을 가맹점에서 직접 구입하고 사용할 수 있다. 뿐만 아니라 가맹점의 상권, 입지 조건에 따라 원하는 메뉴를 선정할 수 있게 하였다.

무한리필 닭갈비 브랜드 '929숯불닭갈비'는 신선한 참숯 닭갈비를 무제한으로 즐길 수 있다는 점에서 고객들의 이목을 끈다. 대부분의 929 숯불닭갈비 매장은 소위 말해 'B급상권'에 셀프바 시스템으로 운영된다. 이를 통해 점포운영비 중 대부분인 임대료, 인건비를 줄인다. 대부분은 메인 상권보다 매출이 떨어지지 않을까 걱정하지만 이는 고기의 맛과 질, 저렴한 가격으로 해결한다. 기본적으로 국내산 신선육의 대량구매로 가격 부담을 낮췄기에 가능한 시스템이다. 이 밖에도 929숯불닭갈비는 경기불황으로 힘든 점주들을 위해 푸드트럭 지원행사를 진행하고 있다. 가맹점 인근 번화가 중심으로 푸드트럭에서 시식회, 식사권 이벤트 등의 홍보활동을 지원하는 방식이다.

프리미엄 분식카페 '청년다방'은 최근 '갑질논란'으로 침체된 프랜차이즈 시장에서 흔들리지 않는 상생을 실천하는 대표 브랜드다. '지속적인 소통'을 강조해온 본사는 전국 각지의 점주들과의 적극적인 소통을 위해 '청년 뇌우스'라는 소식지를 매달 발행하고 있다. 기본적으로 전체 청년다방의

PROLOGUE

뉴스에 각 매장별 소식이나 점주들의 의견 등을 종합하여 발행한다. 또한 올 초에는 '응답하라 청년들이여'라는 CM송 UCC 공모전을 개최하기도 했다.

청년실업 100만 시대에 청년들의 힘듦 북돋아주고 열정을 응원하려는 취지의 이색적인 행사였다. 이를 통해 청년들의 문화와 트랜드를 공유하고 젊은 층에 좀 더 트랜디하게 다가갈 수 있었다.

업계 관계자는 "매장은 오픈이 끝이 아니라 철저한 운영 시스템으로 지속적인 관리가 중요하다."며 "그럴수록 본사가 원활하게 소통이 가능하고 점주 맞춤형 운영 시스템이 가능한지를 체크해보는 것이 중요하다"고 말했다.

자료: 매일경제, 2017년 9월 14일자.

14-1 회계의 개요

대기업들조차도 특히 작은 기업들은 적절한 재무절차를 따르지 않아 휘청거리기도 하고 심지어는 부도나기도 한다. 재무관리는 경쟁력 있는 기업의 심장과도 같고, 회계정보는 심장박동을 안정적으로 유지시켜주는 일을 한다.

사업에 성공하기 위해서는 회계에 대한 이해가 필수적인데, 이는 먼저 기초적인 회계 용어를 이해해야 할 뿐만 아니라, 부기가 회계에 어떤 관계가 있는지, 회계계정들은 어떻게 관리되는지 이해해야 한다. 회계보고서나 재무제표에 대한 해독, 이해, 분석 없이는 그 어떠한 규모의 기업도 성공적으로 운영될 수 없다. 맥박과 혈압이 사람의 건강상태를 말해주듯이, 회계보고서와 재무제표는 기업의 건전성을 말해준다.

14-1-1 회계의 의미

회계(accounting)란 재무적 사건이나 거래를 기록, 분류, 요약, 해석하는 경제적 단위의 경영 활동을 보고서로 만들어, 관리자나 이해관계자들이 올바른 의사결정을 내리는데 유용한 정보를 제공하는 일련의 과정을 의미한다. 재무적 거래는 재화나 서비스의 구매나 판매, 보험의 구매, 급여지급, 자재의 사용 등을 포함한다. 사업과 관련된 거래가 기록되면, 공통적인 특성을 가진 거래들끼리 분류된다. 회계정보(accounting information)는 기업에 관련된 가장 기본적이면서 핵심적인 정보를 축약해서 그 기업의 재정상태나 영업성과 및 현금흐름 상태를 알려주는 것을 말한다. 회계시스템(accounting system)은 기업에서 일어나는 경제적인 행위를 인식하여 회계적으로 측정, 기록하고 처리하여 회계보고서를 산출하는 기능을 말한다. 회계시스템의 기본적인 흐름을 보면 〈그림 14-1〉과 같다.

〈그림 14-1〉 회계시스템

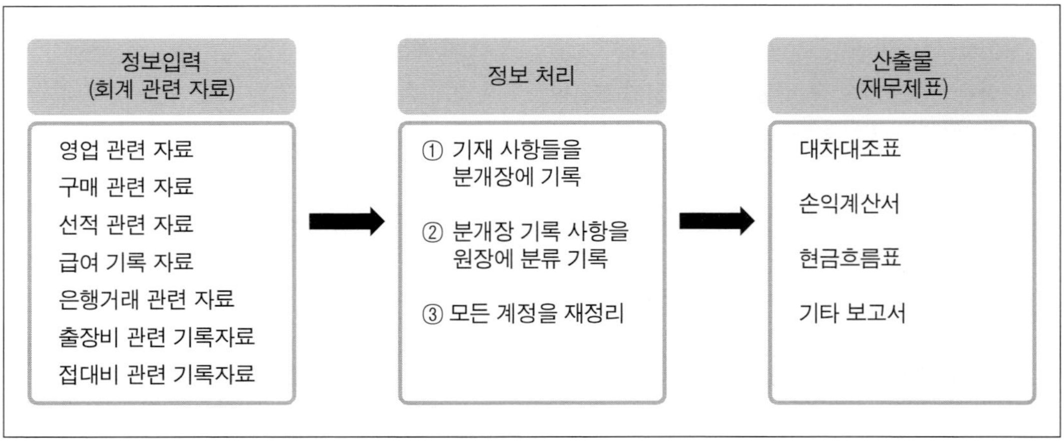

회계의 목적은 관리자들이 올바른 의사결정을 내리기 위해 기업의 재무 상태와 운영성과를 올바르게 평가하는 것이고, 또 하나는 주주, 금융기관, 투자자, 소비자, 노동조합, 종업원, 공급자, 유통업자, 지역사회의 활동가, 투자자, 정부기관 등 이해관계자들에게 기업의 경제활동과 관련된 재무정보를 보여주는 것이다.

회계정보를 이용하는 기업의 이해관계자는 매우 다양하다. 회계 관련 정보의 이용자와 보고서 유형을 보면 〈그림 14-2〉와 같다.

14-1-2 회계 분야

회계 분야는 크게 관리회계, 재무회계, 세무회계, 회계감사, 정부비영리회계의 다섯 가지로 분류할 수 있다.

〈그림 14-2〉 회계정보 이용자와 보고서 유형

이용자	회계부분	보고서 유형
국세청	세무회계	과세표준 확정신고
이해관계자	재무회계	재무제표 대차대조표 손익계산서 현금흐름표
경영자	관리회계	재무제표 및 다양한 내부용 재무보고서

1) 관리회계

관리회계(managerial accounting)는 경영자의 내부자원관리에 대한 의사결정에 도움을 줄 수 있는 정보와 분석을 제공한다. 관리회계는 생산, 마케팅, 그리고 다른 다양한 기능 등을 수행하는데 드는 비용을 책정하고 보고하며, 예산을 편성하고, 주어진 예산 안에서 잘 통제되고 있는지 여부를 확인하고, 세금을 최소화하기 위한 전략 등을 모색한다.

경영자는 기업의 이익을 많이 내기 위해서뿐만 아니라 조직의 효율적인 관리를 위해서 회계정보를 수시로 활용하면서 의사결정을 한다. 기업의 경영자가 의사결정에 활용하는 정보로는 재무회계뿐만 아니라 원가정보와 관리회계가 있다.

관리회계정보는 경영자가 사업계획에 필요한 예산을 뒷받침할 자료로도 활용한다. 즉 기업이 어떤 규모로 운영할 것인지에 대한 예측과 인력계획이나 시설계획, 그리고 자금계획 등은 구체적으로 예산이 반영되기 때문에 예산과 결산은 매우 중요한 정보이다. 이러한 예산과 결산 정보는 관리회계정보를 통해서 얻을 수 있다. 따라서 관리회계란 경영자가 경영 활동에 필요한 모든 회계정보를 생산하고 이를 분석하는 것을 주요 목적으로 하는 회계를 말한다.

2) 재무회계

재무회계(financial accounting)는 조직 외부 이해관계자 즉 기업의 주주, 금융기관, 투자자, 소비자, 노동조합, 종업원, 공급자, 유통업자, 지역사회의 활동가, 투자자, 정부기관 등에 제공된다는 점에서 관리회계와는 다르다고 할 수 있다. 외부 이해관계자들은 기업이 수익성이 있는지, 각종 비용을 부담할 능력이 있는지, 부채 규모는 얼마나 되는지와 같은 재정 상황들에 더 관심이 있다. 그러나 이해관계자들은 기업의 외부관계자들이기 때문에 자신들이 필요한 재무정보를 기업에게 직접적으로 요구할 수 없기 때문에 기업이 대외적으로 공표하는 재무보고서에 의존할 수밖에 없다. 따라서 기업들은 일반적으로 기업의 연차보고서를 작성하여 대외적으로 공표하고 있다. 연차보고서는 연 1회 발표되는 보고서로, 기업의 재무상태, 발전 정도, 목표치 등을 보여준다. 이해관계자들은 자기에 필요한 정보를 자세하게 요구하기 때문에 기업들은 많은 정보들을 연차보고서에 담기 위해 많은 노력을 하고 있다.

3) 세무회계

기업은 세무기관에 법인세, 부가가치세, 관세, 지방세 등에 대한 과세를 납부하기 위해 세무신고를 해야 하는데, 이러한 세무신고는 관련 법규가 정하는 바에 따라 작성해야 한다. 이러한 세무신고를 위한 회계부문을 세무회계(tax accounting)라고 한다.

세무기관은 기업의 소득에 대해서 세금을 징수해야 하기 때문에 기업 소득에 대한 회계정보가 필요하다. 세금은 기업의 소득에 대해서만 부과되는 것이 아니라 판매액 자체에 대해서도 부가가치세 등을 부과한다.

4) 회계감사

회계감사(auditing)란 기업이 재무제표를 작성하는 데 사용한 자료를 재검토하고 평가하는 일을 말한다. 즉 기업이 창출한 회계정보의 신뢰성을 검증하는 것을 말한다.

정보이용자에게 제공되는 회계정보에 오류나 부정이 개입되어 있다면 정보이용자는 합리적이고 정상적인 의사결정을 할 수 없고 사회적으로도 큰 문제가 발생할 수 있다. 따라서 국가에서는 기업이 제공하는 회계정보에 대해 독립적인 제3자가 정보의 신뢰성을 검증함으로써 이용자가 이를 안심하고 이용할 수 있는 제도적인 장치를 마련해두고 있다. 우리나라는 '주식회사의 외부감사에 관한 법률'에서 일정 규모 이상의 기업은 그들의 재무제표에 대하여 공인회계사에게 반드시 감사를 받도록 규정하고 있다.

5) 정부비영리회계

정부비영리회계(government and not-for-profit accounting)는 수익창출을 목적으로 하지 않고 국민들을 위해 봉사하는 비영리기관들을 위한 회계 시스템이다. 정부는 국민 개개인 또는 기업들이 특정시점에 정확한 양식을 이용하여 세금보고를 할 것을 요구하고 있다. 정부 회계정보의 주이용자는 일반시민, 특정 이익단체, 입법기구, 채권자 등이다.

비영리 조직도 회계정보를 제공해야 한다. 기부자들은 자기가 기부한 자금이 정확히 어디에 쓰이는지 알고 싶어 하기 때문에 비영리조직에서도 회계정보를 전문 회계사들을 통해서 작성하고 보고해야 한다.

14-1-3 회계 사이클

회계 사이클(accounting cycle)은 주요 재무제표의 작성과 분석에 적용되는 여섯 가지의 절차로 〈그림 14-3〉과 같다. 회계정보 시스템은 부기계원과 회계사의 업무를 모두 포함한다.

부기(bookkeeping)는 사업거래 내역을 기록하는 것으로 재정보고에 중요한 역할을 한다. 하지만 회계는 단순한 재무적인 정보의 기록을 넘어 재무정보를 분류하고 요약한 후 데이터를 분석하여 경영진에 보고하는 보고서이다. 회계 보고서를 작성하는 회계사는 기업의 재무조건을 개선하기 위한 전략을 제안하기도 하며, 무엇보다도 중요한 재정분석과 소득세 납부와 관련된 업무를 한다.

부기 계원의 첫 번째는 기업의 모든 거래를 매출서류, 구매영수증, 배송관련 서류 등과 같이 의미 있는 카테고리로 분류한 원천자료의 분석이다. 두 번째는 원 거래 서류에 적힌

〈그림 14-3〉 회계정보 사이클 순서

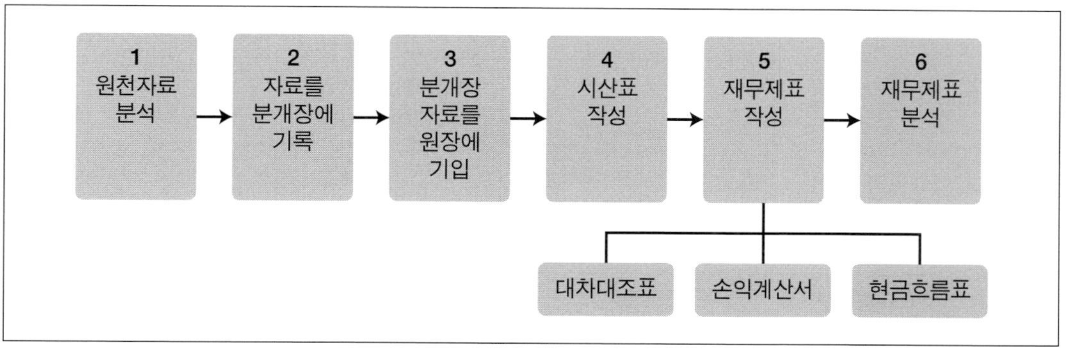

재무정보를 거래 장부나 분개장이라는 컴퓨터 프로그램에 기록한다. 세 번째는 분개장의 자료들을 원장에 기입하는 것으로 원장(ledger)은 회계 분개장의 정보가 각각 특정 카테고리로 분류하여 기록하고 있어 경영자가 알고자 하는 특정 계정에 대한 정보를 한눈에 확인할 수 있다. 네 번째는 시산표를 작성하는 것으로 시산표(trial balance)는 계정원장의 모든 재무정보의 요약본으로 숫자들이 정확히 기록되어 있고 균형 잡혀 있는지 확인하기 위한 것이다. 다섯 번째는 재무제표를 작성하는 것으로 일반 회계기준에 따라 대차대조표, 손익계산서, 현금흐름표 등 재무제표 작성에 필요한 것들을 준비한다. 마지막으로 재무제표에 기재된 정보를 통해 기업의 재무조건을 분석하고 평가한다.

14-2 재무제표

재무제표(financial statement)는 기업의 경영 활동 즉 일정 기간 동안에 일어난 거래를 간결하게 요약하여 총 정리한 재무보고서이다. 재무제표는 기업의 재무 건전성과 안정성을 나타내주는 운영 의사결정 과정에 꼭 필요한 것이다. 주요 재무제표로는 일정시점에서 기업의 재정 상태를 나타내주는 대차대조표, 일정 기간 동안의 수익, 비용, 지출을 모두 나타내고, 해당기간 동안의 총이익 또는 총손실을 나타내주는 손익계산서, 기업으로 들어오고 나가는 현금에 대한 요약를 나타내주는 현금흐름표가 있다.

14-2-1 대차대조표

대차대조표(balance sheet)는 일정시점에서의 기업의 재정 상태를 나타내주는 보고서로 크게 자산, 부채, 자본의 세 가지의 주요 계정으로 나누어진다. 대차대조표는 한 쪽에는 기업의 자산을, 다른 쪽에는 부채와 자본의 합을 나타내고 이들의 균형을 보여주기 때문에 대차대조표라 한다. 가맹본부의 대차대조표 사례를 보면 〈표 14-1〉과 같다.

〈표 14-1〉 가맹본부의 대차대조표 사례

(단위: 천 원)

자산		부채와 자본	
① 유동자산		④ 유동부채	
현금	15,000	매입채무	40,000
매출채권	200,000	미지급어음	8,000
받을 어음	50,000	미지급 세금	150,000
재고자산	335,000	미지급 급여	90,000
유동자산 합계	**600,000**	유동부채 합계	**288,000**
② 고정자산		⑤ 비유동부채	
토지	40,000	미지급어음	35,000
건물	200,000	사채	290,000
감가상각 누계액	−90,000	비유동부채 합계	**325,000**
차량 및 운반구	120,000		
감가상각 누계액	−80,000	총부채 합계	**613,000**
장비 및 부착물	26,000		
감가상각 누계액	−10,000		
고정자산 합계	**206,000**		
③ 무형자산		⑥ 자본	
영업권	20,000	일반주식	100,000
무형자산 합계	**20,000**	이익잉여금	113,000
		총자본 합계	**213,000**
총자산	**826,000**	부채와 자본의 합계	**826,000**

1) 자산

자산은 기업의 가장 경제적 자원이다. 자산에는 수익창출에 도움을 주는 유형자산(장비, 건물, 토지, 가구, 자동차 등)과 무형자산(특허권, 상표, 저작권, 영업권 등)이 있다. 유동자산은 1년 이내에 현금화 될 수 있는 것들로 현금, 매출채권, 재고자산 등이 포함된다. 고정자산은 상대적으로 영구적인 토지, 건물, 장비와 같은 장기자산이다. 무형자산은 실물은 없지만 가치가 있는 장기자산으로 특허권, 상표, 저작권, 영업권 등이 포함된다.

2) 부채와 자본

부채는 상환해야 할 의무가 있는 것으로 유동부채는 만기가 1년 이내인 부채이고, 고정부채는 만기가 1년 이상인 부채다. 외상 매입금은 상품이나 서비스를 신용으로 구매하고 아직 다 지불하지 못한 잔금과 관계된 유동성 부채이다. 아직 지불하지 못한 청구서가 있다면 이는 외상 매입금으로 책정된다. 지불어음은 기업이 특정일에 상환하기로 약속한 단기 또는 장기부채(은행 대출 등)이다. 사채는 자금을 대여해 준 사람에게 반드시 상환해야 하는 장기 부채이다.

자본은 자산에서 부채를 차감한 것이다. 자기자본은 주주들에게 속한 것에서 기업이 지불해야 할 의무가 있는 부채를 뺀 금액이다. 기업의 유형에 따라 자기자본 계정에는 차이가 있다. 법인 기업의 경우, 자기자본 계정에는 주주들이 기업에 투자했다고 주장하는 자금과 유보이익이 포함된다. 유보이익은 기업의 수익성 사업에서 발생한 이익 중 주주들에게 배당으로 지급되지 않고 남겨둔 금액을 말한다. 유한기업의 경우는 독점적 소유자 또는 사업동반자의 투자금을 자본금 계정으로 간주한다. 독점적 소유자 또는 사업동반자에게 있어 자기자본이라는 의미는 기업에 속한 모든 것들의 가치에서 소유자의 부채를 차감한 금액이다.

14-2-2 손익계산서

손익계산서(income statement)는 기업의 총결산(기업의비용, 지출, 세금 이후의 이익)을 보여주는 재무제표이다. 손익계산서는 기업의 경영 활동으로 인해 들어온 모든 자원(수익), 사용된 자금, 사업 활동을 영위하는 데 있어 발생한 비용, 세금을 포함한 모든 비용지출을 제하고 남은 자원에 대한 모든 것을 요약한 보고서다. 가맹본부의 손익계산서 예는 다음의 〈표 14-2〉와 같다.

손익계산서는 보통 1년, 한 분기, 한 달을 기준으로 기업의 일정 기간 동안의 재정 상황과 기업이 실제로 이익을 내고 있는지 또는 손해가 나고 있는지를 보여준다. 손익계산서는 주주, 채권자, 투자자, 종업원, 정부 등이 필요로 하는 가치 있는 재무정보를 포함하고 있다.

손익계산서는 일반회계기준에 따라 〈그림 14-4〉와 같이 간단히 정리할 수 있다.

1) 수익

수익(revenue)은 상품의 판매 또는 서비스 제공 등을 통해 기업이 얻은 가치다. 수익과 매출은 다르며, 대부분의 수익은 매출에서 나온다. 하지만 임대수입금, 특허세, 이자수익 등 수익에 포함되는 다른 자금원도 있다. 총매출은 기업이 완료한 모든 판매를 뜻한다. 순매출은 총매출에서 매출환입, 할인, 에누리를 뺀 값이다.

〈그림 14-4〉 손익계산서 계산 단계

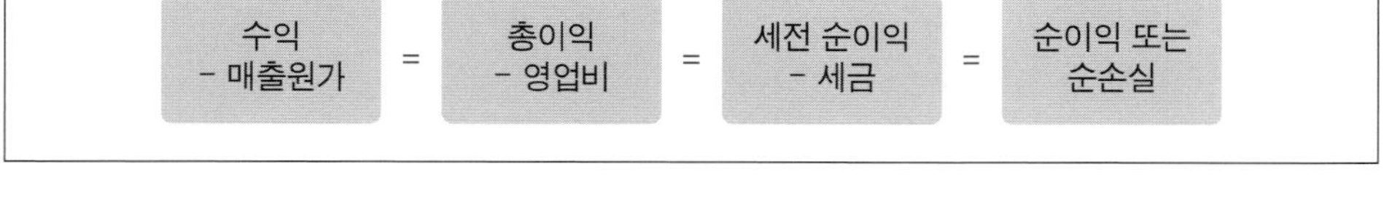

〈표 14-2〉 가맹본부의 손익계산서 사례

(단위: 천 원)

① 매출			
총매출		720,000	
매출환입	12,000		
매출할인	8,000	-20,000	
순매출			**700,000**
② 매출원가			
기초재고		200,000	
당기매입	400,000		
운송료	40,000		
순매입		440,000	
매출 가능 재고자산 원가	640,000		
기말재고자산		-230,000	
당기 매출원가			-410,000
③ 총 이익			290,000
④ 영업비용			
판매비용			
영업사원 급여	90,000		
광고비	18,000		
소모품	2,000		
총판매비용		110,000	
일반관리비			
급여	67,000		
감가상각비	1,500		
보험	1,500		
임차료	28,000		
전열비	12,000		
기타비용	2,000	112,000	
총 영업비용			**222,000**
세전 이익			68,000
법인세			19,000
⑤ 당기순이익			49,000

2) 매출원가

매출원가(cost of goods sold or cost of goods manufactured)는 판매된 상품의 비용 또는 제품 생산에 사용된 원자재나 물품의 비용을 말하는데, 매출원가는 매입가격, 모든 운송료, 저장비용을 포함한다. 기업의 재고자산 가치평가는 기업의 제품판매비용 결정에 있어 회계적으로 적용될 수 있다.

3) 총이익

총이익(gross profit or gross margin)은 순매출에서 매출원가를 뺀 것으로 기업이 상품 매매를 통해 얼마나 벌었는가를 나타낸다. 서비스 기업의 경우는 매출원가가 존재하지 않을 수도 있다. 이런 경우 총 이익과 순이익은 같다. 제조업에 있어서는 제품을 생산하는 데 사용된 비용을 추정해야 한다.

4) 영업비

영업비(operating expenses)는 기업의 운영과 관련된 비용으로 임차료, 급여, 공급물품, 유틸리티(수도·광열비), 보험 등을 포함한다. 영업비는 크게 판매비와 일반관리비로 구분하는데, 판매비는 기업 제품과 서비스에 대해 광고하고 배포하는 마케팅관련 비용(영업사원의 급여, 광고비, 상품운반비 등)이며, 일반관리비는 기업의 관리비(사무실 종업원의 급여, 감가상각비, 보험료, 임차료 등)이다. 감가상각비는 유형 자산의 추정된 사용가능 잔존기관이 줄어듦에 따라 자동적으로 상각되는 가치이다.

5) 순이익 또는 순손실

순이익(또는 순손실)은 수익에서 매출환입, 비용, 지출, 세금을 빼고 얻게 되는 것으로 총결산(bottom line)을 의미하며, 총 결산은 기업이 일정 기간 동안 얼마만큼 이익 또는 손실을 냈는지를 알아보는 것이다.

14-2-3 현금흐름표

현금흐름표(statement of cash flows)는 영업, 투자, 재무 활동에 관련된 현금 유입과 유출을 보여주는 것이다. 즉 영업은 사업을 운영하는 데 관련된 현금을 말하며, 투자는 기업이 투자활동을 통해 사용되거나 유입되는 현금을 말하고, 재무는 새로운 채권이나 주식을 발행하여 유입된 현금, 운영비용, 과거 발행 채권의 상환, 배당 지급 등에 사용된 현금을 말한다. 〈표 14-3〉과 같은 가맹본부의 현금흐름표를 보면 가맹본부가 최근 사업을 통해 현금이 얼마나 들어 왔는지, 주식, 채권, 또는 다른 투자 대상의 매입에 현금이 얼마나 사용되었는지, 투자 대상의 매도를 통해 현금이 얼마나 유입되었는지, 주식 발행을 통해 현금이 얼마나 유입되었는지를 알 수 있다.

〈표 14-3〉 가맹본부의 현금흐름표 사례

(단위: 천 원)

① 영업활동 현금흐름		
고객에게 받은 현금	150,000	
직원과 납품업체에 지급한 현금	(90,000)	
이자비용	(5,000)	
법인세	(4,500)	
이자수익과 배당금	1,500	
순 영업활동 현금흐름		**52,000**
② 투자활동 현금흐름		
공장 매각을 통한 현금 유입	4,000	
설비 구입에 따른 현금 지출	(10,000)	
순 투자활동 현금흐름		**(6,000)**
③ 재무활동 현금흐름		
단기 사채발행을 통한 현금 유입	3,000	
당기 부채의 상환	(7,000)	
배당금 지급	(15,000)	
순 재무활동 현금흐름		**(19,000)**
단기현금 증감		**27,000**
기초현금 잔고		(2,000)
기말현금 잔고		**25,000**

14-2-4 재무제표 분석

재무제표 분석은 비율분석을 통해서 실행하게 되는데, 비율분석은 재무제표로부터 구한 재무비율을 계산하고 해석함으로써 기업의 재무 상태와 성과를 평가하는 것이다. 재무비율을 통해 기업의 실제 성과가 재무 목표대비, 같은 업종 내의 경쟁사들 대비 어느 정도 수준인지 분석하는 데 도움이 된다. 즉 재무비율은 중요한 정보들을 알려주는데, 기업의 유동성, 수익성, 전반적인 경영 활동 등에 있어서 같은 업종 내의 경쟁사들 대비 어느 정도 수준인지를 알려 준다. 경영비율들을 분석하고 이해하는 것은 재무분석의 핵심이며, 재무성과 측정에는 유동성 비율, 레버리지 비율, 수익성 비율, 활동성 비율 등 네 가지 종류가 있다.

1) 유동성 비율

유동성은 자산을 얼마나 빨리 현금화할 수 있는지를 의미한다. 유동성 비율(liquidity ratios)은 단기 부채 상환을 위해 자산을 현금화시킬 수 있는 기업의 능력을 측정하는 것으로 기업의 대차대조표에서 찾아 볼 수 있다. 단기부채는 정해진 시점에 돈을 돌려받기 원하는 대여자에게 매우 중요하다. 유동성 비율에는 유동비율과 당좌비율이 있다.

유동비율은 기업의 유동자산/유동부채의 비율을 말한다. 〈표 14-1〉에서 가맹본부의 유동비율을 보면 6억 원의 유동자산을 가지고 있고, 2억 8천 8백만 원의 유동부채를 가지고 있으므로 유동비율은 2.08이 된다. 보통 기업의 유동비율이 2 이상 경우 안전한 수준으로 판단한다. 따라서 가맹본부의 재정 안정성을 단기적으로 볼 때, 안전한 수준이라 판단되며, 시장 기대치와 부합하는 정도의 성과를 나타내고 있는 것으로 판단되어, 단기 신용대출을 받을 수 있는 것으로 판단된다.

당좌비율은 현금, 유가증권(주식 또는 채권), 외상매출금을 기업의 유동 부채와 비교해서 측정한다. 즉 당좌비율은 (현금 + 외상매출금 + 유가증권)/유동부채이다. 〈표 14-1〉에서 가맹본부의 당좌비율을 보면 현금 15,000천 원, 매출채권 200,000천 원, 받을 어음 50,000천 원, 유동부채 285,000천 원으로 0.92이다. 당좌비율은 재고를 빠르게 회전하기 어려운 기업들에게 매우 중요하다. 당좌비율은 산업마다 비율에 차이가 있지만, 일반적으로 0.50~01인 경우 적당한 수준이지만 현금의 흐름의 문제가 생길 수도 있는 것으로 여긴다. 가맹본부의 경우 기업이 단기 부채를 상환하지 못하게 되어 고금리 대여자에게 도움을 받아야 할지도 모른다는 우려도 할 수 있다.

2) 레버리지 비율

레버리지 비율(leverage ratios)은 한 기업이 영업 활동을 하는데 있어 타인 자본에 얼마만큼 의존하고 있는지를 측정하는 것이다. 너무 많은 부채를 가지고 있는 기업은 대여자에게 자금을 상환할 때나 주주에게 약속한 것을 지키지 못하는 문제가 발생할 수 있다. 레버리지 비율은 기업의 총부채/자기자본의 비율을 말한다. 〈표 14-1〉에서 가맹본부의 레버리지 비율을 보면 총부채 613,000천 원, 자기자본 213,000천 원으로 287%이다.

레버리지 비율이 100% 이상이면 자본보다 부채가 많다는 뜻이다. 가맹본부의 경우 레버리지 비율이 287%이므로 자본에 비해 3배 가까운 부채를 가지고 있다고 볼 수 있다. 따라서 대여자와 투자자는 가맹본부를 위험하다고 생각할 수 있다.

3) 수익성 비율

수익성 비율(profitability ratios)은 한 기업이 이익을 얻기 위해 다양한 자원을 얼마나 효율적으로 사용하는지를 측정하는 것이다. 기업의 경영성과를 측정하는 경우도 수익성 비율로 측정한다. 수익성의 중요한 비율로는 기본주당 순이익, 매출 이익률, 자기자본 이익률이 있다.

기본주당 순이익. 지속적인 수익 증가는 투자자와 대여자 모두에게 긍정적인 판단을 하게한다. 기본 주당순이익은 보통주 한 주당 기업의 이익을 나타내는 것으로 순이익/보통주의 발행주 수를 말한다. 〈표 14-2〉에서 가맹본부의 기본주당 순이익을 보면 순이익 49,000천 원, 보통주의 발행주 수가 1,000,000주이므로 주당 49원의 순이익을 내고 있다고 볼 수 있다.

매출 이익률. 매출 이익률은 기업이 경쟁사들 보다 이익을 얼마나 내고 있는가를 알아보는 비율로 기업의 순이익을 순매출과 비교하여 계산한다. 즉 매출 이익률은 순이익/순매출을 말한다. 〈표 10-2〉에서 가맹본부의 매출 이익률을 보면 순이익 49,000천 원, 순매출 700,000천 원이므로 7%이다.

자기자본 이익률. 자기자본 이익률은 주주들이 투자한 1,000원마다 얼마의 이익이 있었는지를 측정하는 것으로 기업의 세후 순이익을 자기자본과 비교하여 계산한다. 즉 자기자본 이익률은 세후 순이익/자기자본을 말한다. 〈표 10-2〉에서 가맹본부의 자기자본 이익률을 보면 세후 순이익 49,000천 원, 순매출 213,000천 원이므로 23%이다. 투자자는 위험이 높으면 높을수록 자신들의 투자에 대해 더 높은 수익을 기대한다.

4) 활동성 비율

활동성 비율(activity ratios)은 기업 자산 사용을 얼마나 효율적으로 했는지를 평가 한다. 활동성 비율 평가는 재고자산회전율로 평가하는데 재고자산회전율은 기업의 재고가 매출로 전환되는 속도를 측정한다. 판매되지 않은 재고는 비용을 초래한다. 재고가 판매되었을 때 이익이 발생한다. 재고자산 회전율은 매출원가/평균재고를 말한다. 〈표 14-2〉에서 가맹본부의 재고자산 회전율을 보면 매출원가 410,000천 원, 평균재고 215,000천 원이므로 1.9배이다.

재고자산 회전율이 산업평균보다 낮은 경우, 판매가 부진한 제품이 있거나 기업의 매입형태가 좋지 않은 것으로 간주되며, 재고자산 회전율이 산업평균보다 높은 경우, 불충분한 재고로 추가 가능한 매출을 못하는 경우가 나타날 수도 있다.

14-3 재무관리

14-3-1 재무관리의 의미

재무(finance)는 기업을 위해 자금을 조달하고 그 자금을 관리하는 사업의 기능이다. 재무활동은 예산을 준비하고, 현금흐름을 분석하고, 공장, 설비, 기계 등에 대한 자금 지출을 계획하는 일을 포함한다, 재무관리(financial management)는 기업의 목표와 목적을 달성하기 위해 기업의 재원을 관리하는 일이다. 즉 기업의 재원관리를 위한 기업 활동에 있어서 투자 결정과 자본 조달 결정을 하는 것을 말한다. 여기서 투자결정은 비용과 수익을 비교하여 이익 되는 쪽으로 결정하는 것으로 예를 들면 신제품 생산여부를 결정할 때, 신제품 생산에 소요되는 비용과 신제품 판매해서 벌어들일 미래 수익 중에서 수익이 더 크면 신제품 생산을 결정하게 될 것이다. 자본 조달 결정은 자금을 어떻게, 어디서 얼마나, 어느 수준의 대가를 지불하고 조달할 것인가의 문제를 결정하는 것이다.

상품이나 마케팅의 효율성에도 불구하고, 신중하게 계산된 재무계획이 없이는 기업이 살아남기 힘들다.

재무관리자의 업무는 예산 편성, 기획, 감사, 법인세 관리, 재무적인 문제에 대한 최고경영자에 조언, 자금 수금(신용관리), 자금관리(펀드관리), 자금 조달 등이다. 이 중 핵심 업무는 자금을 조달하고, 그 자금을 효과적으로 통제하는 것이다.

재무 관리자는 기업이 대금을 지불하는 것을 감독할 책임이 있으며, 상품을 신용으로 구매(매입채무)하거나 고객으로부터 받아야할 금액을 회수(매출채권)할 책임도 있다. 또한 재무관리자는 금융의 변화와 기회에 대해 적절히 대처해야 하고, 그에 순응하기 위해 준비할 책임도 있다.

기업의 재무적 실패원인으로는 자금부족, 잘못된 현금흐름 관리, 부적절한 지출관리 등 세 가지를 들 수 있다.

14-3-2 재무계획

재무계획(financial planning)이란 미래의 재무 상태와 영업실적에 대한 예측과 계획으로 목표이익을 내는 데 필요한 자금 조달 및 조달된 자금을 효과적으로 운영하기 위한 계획이다. 즉 재무계획은 기업의 수익성을 극대화하고 자금을 효율적으로 이용하기 위한 계획으로 첫 번째, 단기와 장기의 재무적 수요예측, 두 번째, 수요를 만족시키기 위한 예산수립, 세 번째, 기업이 재무활동을 잘 수행하고 있는지를 검증하는 단계로 이루어진다.

1) 단기와 장기의 재무적 수요예측

단기 재무적 예측이란 일 년 또는 그 이내의 기간 동안의 수익, 원가, 비용을 예측하는 것으로, 다른 재무계획의 기초가 되기 때문에 매우 정확해야 한다. 단기 재무적 예측은 미래 현금 유입과 유출을 월 또는 분기단위로 예측한 추정현금흐름의 형식을 나타낼 수 있다. 추정현금흐름에 기록된 현금의 유입과 유출은 예상 판매수익, 이미 발생한 다양한 원가와 비용과 발생시기가 모두 고려된 것으로 추정 판매량이란 해당 기업의 특정 기간 동안의 판매량을 예측한 것이다.

장기 재무적 예측이란 1년 이상, 5년 또는 10년 이상까지의 기간 동안 발생할 수익, 원가 및 비용을 예측하는 것으로 기업의 장기 전략적 계획 수립에 중요한 역할을 한다. 이는 최고경영자에게 각 전략계획이 어떠한 잠재적 수입 또는 수익을 가져다줄 수 있는지 알 수 있게 도와준다.

2) 예산수립

예산수립(budget)은 경영관리자의 기대 수입을 예상하고 그 예상에 따라 다시 특정 자원들을 기업 내 각 사업단위에 배분하는 것이다. 대차대조표, 손익계산서, 현금흐름표 등 주요 재무제표들은 기업 예산수립에 기초가 된다. 기업들은 지난 재무제표들로부터 얻은 수입 및 비용정보를 기초로 기업 예산을 책정한다. 기업 예산은 단기 및 장기적인 재무측면으로부터 만들어지기 때문에 수요예측은 최대한 정확해야 한다. 기업의 재무계획부문에서는 자본예산, 현금예산, 운영(종합)예산안이 수립된다.

자본예산(capital budget)이란 보통의 기업에서 큰 규모의 비용이 소요되는 주요자산 구입계획을 명시한 것으로 부동산, 건물, 장비들의 구입을 다룬다.

현금예산(cash budget)이란 기업이 일정기간(월 또는 분기)동안 현금 부족분 또는 잉여분을 해결하기 위해 사용할 수 있는 기업의 예상 현금유입 및 유출량을 확인하는 것이다.

운영(종합)예산(operating budget or master budget)은 기업의 다른 예산들을 종합해서 기업이 계획하고 있는 모든 재무활동을 요약해 준다. 즉 기업에 기대치만큼의 수입이 발생한다고 예상했을 때, 기업이 운영되는 데 필요한 각 비용 및 지출에 대한 현금분배의 추정치라 할 수 있다. 운영예산은 기업에서 만드는 예산안 중 가장 자세하게 기술되어 있어 유용하게 쓰이는 예산안으로 기업이 소모품, 출장비, 임대료, 광고, 봉급으로 얼마를 지출할 것인가를 나타낸다.

14-3-3 자금운영의 필요성

기업 활동에 있어 자금운영에 대한 수요는 끊임없이 발생하기 때문에 기업의 재무관리 능력은 매우 중요하다. 기업의 운영자금은 시간의 흐름에 따라 변한다. 작은 기업이 성장해 나가는 경우 소요자금이 급격히 변할 수 있고, 거대 기업들도 마찬가지로 새로운 제품이나 새로운 시장에 뛰어들 경우 소요자금이 급속히 증가하며, 다양한 용도에 사용할 자금도 필요하게 될 것이다. 기업에서 자금이 필요한 주요 부문에는 사업의 일일 소요관리, 외상매출 관리, 필요한 재고 확보, 자본지출 등이 있다.

1) 사업의 일일 소요관리

재무관리에 있어서의 어려움은 매일매일 필요한 자금을 조달해 기업의 잠재적 투자가치를 유지하는 것이다. 돈에는 시간 가치가 있기 때문에 재무 관리자들은 각종 지급금에 대해서는 최대한 늦게 지불하려고 하고, 자신들이 받을 것은 최대한 빨리 받으려고 한다. 이렇게 함으로써 기업 자금의 투자 잠재력을 최대화하려는 것이다. 소규모 기업들은 대기업에 비해 자금 조달능력이 제한적이기 때문에 효율적인 현금관리가 매우 중요하다.

2) 외상매출 관리

기업이 고객에게 외상으로 판매함으로써 기존 고객에게는 만족을 주고, 신규고객을 획득할 수 있다. 오늘날과 같이 경쟁이 심한 환경에서는 고객에게 외상판매를 하지 않고서는 기업이 살아남기 어려울 것이다. 외상매출의 가장 문제점은 사업의 자산이 매출채권에 묶인다는 것이다. 즉 기업이 고객에게 외상으로 상품이나 서비스를 판매할 때 이용 가능한 자금의 일부를 사용해야 한다는 것이다. 이러한 경우에 재무 관리자는 효율적인 자금회수절차를 개발해야 한다. 고객이 약속한 시점에 대금지불을 할 때 현금할인이나 공제를 해준다거나, 약속한 시점에 대금지불을 하지 않을 경우 추가 이자비용을 부담하게 하는 방법 등을 개발해야 한다.

3) 필요한 재고 확보

적정량의 재고 유지는 고객을 만족시키기 위해서이다. 고객의 만족은 기업의 생존과 번영을 위해서 필요하다. 이를 위해서는 고객에게 높은 수준의 서비스를 제공하고 상품이 고객의 수요에 맞추어 적시에 제공될 수 있도록 해야 한다. 따라서 고객을 만족시키기 위해서 기업은 비록 비용이 소요되더라도 적절한 양의 재고자산을 보유하고 있어야하며, 재고자산에 들어간 비용은 상품들을 고객에게 팔면서 충당된다. 효율적인 재고자산 관리는 불필요한 비용을 줄이고 그로 인해 충당된 기업의 자금은 더 효율적인 곳에 투자하여 수익을 늘릴 수 있다.

적시생산시스템(just-in-time: JIT)과 같은 혁신적인 관리 시스템은 기업의 자금이 필요이상으로 재고자산 유지에 묶이는 것을 방지해준다. 또한 재고자산의 회전율에 대한 분석을 통해 불필요한 비용을 최대한 줄여 기업의 재무건전성을 확고히 한다.

4) 자본지출

자본지출은 토지나 건물, 설비와 같은 유형자산과 특허나 저작권과 같은 무형의 자산에 대한 주요한 투자이다. 대부분의 기업에서 생산량을 늘리기 위하여 설비를 늘리는 것, 확장을 위하여 토지를 구입하는 것, 새로운 제품을 위한 연구에 투자하는 것 등이 주요한 투자에 속한다. 위와 같은 투자결과는 상업적으로 언제나 성공할 것이라는 보장은 없지만 기업은 자사의 자원을 어떤 투자에 어떻게 배분하여 그 투자의 다양한 결과의 가능성을 예측하는데 노력을 해야 한다. 즉 재무 관리자는 기업이 생산을 늘리기로 결정했을 때, 그것을 위하여 새로운 토지를 구매하고 설비를 지을지, 다른 공장을 구입하여 생산을 늘릴 것인지에 대해 기업 측에서는 적은 비용으로 많은 이익을 얻을 수 있는 선택을 해야 한다.

14-4 자금 조달

기업은 필요한 자금을 모으기 위해 돈을 빌리거나 자사의 소유권을 팔거나, 영업 활동을 통해 이익잉여금을 늘림으로써 자금 조달의 목적을 달성할 수 있다. 자금 조달 방법에는 부채 자금 조달 방법과 자기자본 자금 조달 방법이 있다. 부채 자금 조달 방법은 필요한 자금을 여러 가지 방법으로 빌려와 자금을 모으는 방법이며, 자기자본 자금 조달 방법은 기업 내에서 스스로 자본을 조달하거나 주식을 발행하고 판매함으로써 자금을 모으는 방법이다. 기업이 자금을 빌리는 형태로는 단기자금 조달 형태와 장기자금 조달 형태가 있다. 단기자금 조달이란 1년 이내에 만기가 도래하는 자금을 빌리는 것이고, 장기자금 조달이란 1년 이후(보통 2~10년)에 만기가 도래하는 자금을 빌리는 것이다. 〈그림 14-5〉는 기업이 단기와 장기자금을 필요로 하는 이유를 나타낸 것이다.

14-4-1 단기자금 조달

재무관리의 주 업무는 추가적인 자금재고 확보를 위하여 또는 예정에 없이 일찍 만기가 도래하는 단기 채무를 변제하는 데 소요될 자금을 확보하기 위한 단기자금 조달에 있다. 특히 중소기업 같은 경우 장기자금 조달 업무보다는 단기자금 조달 업무에 더 많은 업무시간을 투자한다.

〈그림 14-5〉 기업이 자금을 필요로 하는 이유

단기자금	장기자금
월별 비용지급	신상품 개발
긴급 상황대비	장비 및 시설교체
현금흐름 문제	인수 또는 합병
현재 재고 수준의 증가	새로운 시장 진출
임시 광고 홍보 프로그램	새로운 시설 구축

대부분의 중소기업은 적당한 자금을 확보할 때까지 혹은 높은 신용도를 쌓을 때까지 단기자금을 확보하고 있으려 한다. 기업들은 다양한 방법으로 단기자금을 조달할 수 있으며, 단기자금의 제공자는 자금을 필요로 하는 기업에게 담보를 요구할 수도 있다. 단기자금 조달 방법으로는 신용거래, 가족과 친구들에게 자금 조달, 상업은행, 팩토링, 기업어음, 신용카드 등이 있다.

1) 신용거래

신용거래(trade credit)는 지금 재화나 서비스를 구매하고 대금을 나중에 지불하는 것이다. 이는 단기자금 조달 방법이면서 가장 편리한 형태이다.

기업이 신용거래를 하고 나면 청구서를 발급받는데, 여기에는 2/10, net 30형식의 조건이 적혀 있다. 이는 대금 결제일이 거래 후 30일까지이나 첫 10일 이내에 대금을 결제하면 2%를 할인 받을 수 있다는 뜻이다.

재화나 서비스를 공급하는 기업들은 신용상태가 좋지 않은 기업이나 한 번도 거래를 해 본적이 없는 기업들과는 보통 신용거래를 피하려고 하며, 이런 기업과 거래를 할 경우 약속어음 발행을 요구한다. 약속어음(promissory note)이란 특정 기일 내에 약속된 어음을 지불하겠다는 증서이다. 약속어음을 받은 기업은 은행에서 할인된 금액으로 판매해 대금을 미리 수령할 수도 있다.

2) 가족과 친구들

중소기업에 있어 가족과 친구는 단기자금의 조달에 있어 주요한 원천이다. 보통 만기기간이 1년 이하의 경우 자금이기 때문에 자금을 빌리는 사람은 사채업자에게 빌리는 것보다 안심을 하게 되고, 빌려주는 사람은 안정적이라는 생각에 거부감을 느끼지 않는다. 하지만 자금을 빌린 기업이 자사의 현금흐름을 잘 파악하지 못할 경우 여러 사람에게 빌린 자금은 기업에 여러 문제를 야기할 수 있다. 거래초기에는 계약조건이나 이자율 등이 확립되지 않아 뜻하지 않게 대금지급을 하지 못하는 경우가 발생하여 서로의 신뢰에 금이 갈 수도 있다. 따라서 기업들은 가족이나 친구들에게 자금을 조달하는 것보다 미래의 자금수요를 예측할 수 있는 은행에서 자금을 조달하는 것이 더 현명하다.

3) 상업은행

대부분의 기업은 주거래 은행을 정하고 은행에서 자금 조달을 받으며, 자금 조달의 원천으로 삼고 있다. 그러나 은행은 위험이 언제나 상존하고 있는 중소기업에는 자금을 대출하기를 꺼린다. 그러나 중소기업들은 은행과 더 원활한 거래를 위해 은행관련 업무를 전담하는 종업원을 두고 은행원과의 정기적인 미팅을 통하여 재무제표 검토 및 자금에 대한 상담 등으로 좋은 관계를 유지하여 자금이 필요할 때 자금을 공급받을 수 있도록 하는 것이 좋다. 자금을 빌려준 은행은 그 자금을 회수할 수 있어야하기 때문에 그 누구보다도 기업의 성공을 바라며, 중소기업 지원의 중요성을 인식해야 한다.

상업은행은 기업들에게 다양한 형태로 자금을 빌려준다. 담보대출(secured loan)이란 부동산 같은 시중에서 가치가 있는 자산을 담보로 대출하는 것이다. 채무 기업이 대출금을 기한 내에 갚지 못할 경우 은행은 그 담보를 대가로 가져간다.

외상매출채권(accounts receivable)은 외상매출 대여금을 담보로 확보하는 것은 말한다. 이는 외상매출채권이 생기면 외상매출 채권의 대부분(75% 정도)에 대한 자금을 사업자가 미리 은행에서 받으며 매출채권에 대한 회수가 일어나면 그 돈은 바로 은행에서 미리 받은 돈에 대해 변상이 이루어진다. 담보로는 석탄이나 철과 같은 천연자원부터 건물이나 설비나 자사의 주식 등도 담보로 사용될 수 있다.

무담보대출(unsecured loan)은 신용도가 높고 오래 거래를 한 기업을 상대로 은행이 담보를 받지 않고 자금을 제공하는 경우이다. 중소기업의 경우 가장 어려운 형태의 대출방법이다.

신용공여한도(line of credit)란 은행이 충분한 자금을 보유하고 있을 때 기업에게 특정 한도 금액까지 무담보로 대출하는 것이다. 이는 기업이 은행과 오래된 거래를 통하여 신용도가 높은 경우에 신용공여한도를 정한다. 신용공여한도가 결정되면 기업은 신용공여한도 내에서 언제든지 무담보로 단기자금을 이용할 수 있다.

상업금융기업(commercial credit agreement)이란 유형자산을 담보로 제공하는 기업에게 단기대출을 해주는 가업이다. 즉 기업들은 은행으로부터 단기대여금을 지급받을 수 없을 때 유형자산을 담보로 요구하는 상업금융기업으로부터 단기대여금을 지급받는다.

4) 외상매출채권의 팩토링

팩토링(factoring)은 매출채권을 현금으로 매각하는 과정으로, 기업이 상품이나 서비스를 판매하고 받은 매출채권이나 어음을 단기자금 확보를 위해서 팩토링기업(신용기업)에 할인된 가격으로 판매하는 것이다. 이때 팩토링기업은 매출채권의 만기기간, 거래기업의 특성, 시장 경제의 상태 등을 고려해서 할인율을 정한다.

5) 기업어음

기업어음(commercial paper: CP)은 신용상태가 양호한 기업이 상거래와 관계없이 단기자금을 조달하기 위하여 자기신용을 바탕으로 발행하는 만기가 1년 이내인 융통어음이다

기업어음은 단기자금을 조달할 목적으로 신용상태가 양호한 기업이 발행한 약속어음으로, 기업과 어음상품투자자 사이의 자금수급관계에서 금리가 자율적으로 결정된다. 우리나라에서는 1981년부터 취급하고 있다.

6) 신용카드

신용카드(credit card)란 고객이 상품이나 서비스를 먼저 구입하고, 나중에 그 값을 고객의 예금계좌에서 자동적으로 갚게 하는 신용 거래카드이다. 중소기업들은 단기자금을 확보하기 위해 은행과 신용한도를 미리 정하고, 정해진 신용한도 내에서 자유롭게 자금을 차입할 수 있기 때문에 시간과 비용 면에서 편리하다. 하지만 차입에 적용되는 이자율과 연체율이 매우 높기 때문에 신중하게 결정해야 한다.

14-4-2 장기자금 조달

장기 재무적 수요예측은 재무계획 수립에 영향을 주고 재무계획은 오랜 기간에 걸쳐 기업에 필요한 자금의 양과 그러한 자금을 조달할 수 있는 가장 적절한 방법을 알려준다.

장기자금 조달 목표를 세울 때, 조직의 장기 목표가 무엇인지, 장기목표를 달성하기 위해 어떤 재무적 자원이 필요한지, 장기 자본의 원천으로 가능한 것이 어떤 것이 있으며 어느 것이 적합한지를 생각해야 한다. 장기 자본은 설비나 장비 같은 값비싼 자산을 구매하거나 신상품을 개발하거나 조직의 자본을 확충할 때 사용된다.

장기 자본 조달은 채권금융과 자기자본 조달이 있다.

1) 채권금융

채권금융(debt financing)은 타인자본 조달 방법으로 기업이 법적으로 상환할 의무를 가지고 돈을 차입하여 기업에 필요한 자금을 조달하는 것으로 기업은 여신기관으로부터 대출을 받거나 채권을 발행함으로써 자금을 조달한다.

여신기관으로부터 대출 받는 경우. 일반적으로 은행, 보험기업, 연기금, 상업금융기업, 또는 여타 여신기관들과 관계를 맺고 설립한 기업은 장기자금을 더 쉽게 확보할 수 있다. 장기대출은 짧게는 3년에서 7년, 길게는 15년에서 20년까지 되기도 한다. 기업이 여신기관에게 장기 대출을 받기 위해서는 차관계약을 체결해야 한다. 차관 계약이란 차입자가 특정 조건의 분할 납입형태로 상환할 것을 요구하는 약속어음이다. 장기 대출은 단기 대출보다 더 많은 금액을 조달할 수 있기 때문에 일반적으로 금리가 더 높다. 그리고 대출 여신기관은 부동산, 기계, 장비, 기업 주식 등 가치 있는 것을 담보로 요구한다. 장기 대출 이자율은 담보의 타당성, 기업의 신용등급, 시장 이자율 수준에 따라 정해진다.

채권을 발행하는 경우. 여신기관으로부터 장기대출을 받지 못한 기업은 채권을 발행하려 할 것이다. 채권은 정부나 기업의 장기 채무증권이다. 채권을 발행할 수 있는 기관은 정부나 지방정부, 정부의 유관기관, 기업, 또는 외국 정부나 외국기업이다. 채권은 특정 날짜에 빌린 만큼의 돈을 상환하겠다고 약속하는 약식 차용증서이다.

채권은 장기 부채와 마찬가지로 보증일 수도 있고, 무보증일 수도 있다. 보증 채권은 부동산, 장비 등 자산을 담보로 발행된다. 무보증 채권은 발행자의 평판에 의존해서 발행하는 채권이다. 일반적으로 무기명채권으로 발행되는 것이 보통이다. 발행기관별로 산업금융채권(산업은행), 장기신용채권(장기신용은행), 중소기업금융채권(중소기업은행) 등이 있다. 채권은 많은 기업들이 장기자금을 조달하는 핵심 수단이다.

2) 자기자본 조달

자기자본(equity capital) 조달은 기업의 소유주들이 지불하는 것으로 기업이 대출 기관으로부터 장기대출을 받을 수 없거나 채권을 발행할 수 없을 때 자금을 조달하는 방법이다. 자기 자본 조달은 주식의 형태로 기업의 소유권을 판매하거나 사업에 재투자하기 위해 보유한 이익금을 사용하는 것을 포함한다.

주식 판매를 통한 자기자본 조달. 기업이 추가적인 자금을 필요로 할 때 자금을 조달하는 한 가지 방법으로 개인 투자자들에게 기업의 소유권 지분(주식)을 판매하는 것이다. 기업이 주식을 공모로 판매하기 위해 기업이 처음으로 주식을 판매하는 것을 기업공개라고 한다.

자금을 얻기 위해 대중에게 주식을 판매하는 것은 결코 쉽지 않으며 자동으로 이루어지지도 않는다.

유보 이익을 통한 자기자본 조달. 유보 이익(retained income)은 기업이 재투자에 사용하기 위해 보관하는 수익으로 채권 및 주식 발행 등이 제한된 중소기업들이 장기자금 조달 방법으로 이용한다. 실제로 유보 이익을 이용하면 이자 지급, 배당금, 채권 및 주식 발행비용 등을 절약할 수 있기 때문에 장기자금 조달 시 기업들이 선호하는 방법이다. 유보 이익을 사용하면 주식을 발행할 때와 같이 새로운 소유권이 생성되지도 않는다.

벤처 자본을 통한 자기자본 조달. 벤처 자본(venture capital)은 위험성은 있지만 성장 가능성이 높다고 판단되는 신생기업에 투자하는 자본이다. 벤처 자본 기업들은 사업 초창기 또는 확장 단계로 들어서는 기업들이 초기 자본을 구할 수 있는 잠재적인 원천이다. 벤처 자본가들은 기업에 투자할 경우 사업에 대한 소유권을 대가로 투자한다는 사실이다. 또한 벤처 자본가들은 투자한 기업들에게 평균이상의 수익률과 투자에 대한 경쟁력 있는 경영 성과를 보여 줄 것을 요구한다. 그러므로 벤처 자본을 사용하려는 기업들이 벤처 자본을 선택할 때는 신중해야 한다.

제15장 프랜차이즈 마케팅관리

PROLOGUE

한솥도시락, 1월 요일별 사은행사 및 포장재 할인행사 실시

국내 1위 도시락 체인 한솥도시락이 해마다 시행하고 있는 1월 요일별 사은행사를 1월 1일(월)부터 1월 31일(수)까지 실시한다고 밝혔다. 한솥도시락의 요일별 사은행사는 21년간 고객의 전폭적인 사랑을 받고 있는 대대적인 정기 행사로, 행사를 통해 매출이 성수기 매출로 상승됨과 동시에 신규고객이 많이 창출되는 일석이조의 효과가 있다.

이번 행사명은 '1월 한달 한솥데이'로 그 구체적 내용은 다음과 같다. 월요일은 빅치킨마요 도시락을 할인가인 2900원(정상가 3400원)에, 화요일은 동백 도시락을 할인가인 3900원(정상가 5000원)에, 수요일은 돈까스카레 도시락을 할인가인 3000원(정상가 3900원)에, 목요일은 새치고기고기 도시락을 할인가인 4500원(정상가 6000원)에, 금요일은 진달래 도시락을 할인가인 5500원(정상가 7000원)에 판매한다.

그리고 주말인 토요일은 치킨제육 도시락을 할인가인 3400원(정상가 4300원)에, 일요일은 소고기육개장 도시락을 할인가인 3700원(정상가 4500원)과 묵은지김치찌개 도시락을 할인가인 3500원(정상가 4300원)에 판매한다. 또한 평일과 주말을 가리지 않고 매일 치킨box(대)는 할인가인 7900원(정상가 1만원), 치킨box(중)은 할인가인 3900원(정상가 5000원)에 판매한다. 행사 품목들의 할인율은 15~25% 선이며, 모든 할인행사 도시락은 1회 최대 10개까지만 할인이 적용된다.

특히 행사기간동안 가맹점에 공급되는 식자재 및 포장재는 본부지원으로 할인된 금액으로 제공한다. 이처럼 한솥도시락이 대대적인 사은행사를 매년 실시하는 것은 사은행사를 통해 고객의 가벼운 주머니 사정을 이해하고, 무엇보다 가맹점 매출증대에 본사의 모든 역량을 쏟아 붓는다는 것이 경영방침이기 때문이다.

한솥 본사에서는 사은행사 기간 동안 가맹점에 식자재 및 포장재를 할인해서 공급함으로써 가맹점과 본부의 상생경영을 실천하고 있는 것이다. 또한 행사가 성황리에 진행될 수 있도록 홍보물 내용과 부착 위치까지 본사에서 심혈을 기울여 제작한 홍보물과 홍보매뉴얼을 각 가맹점에 공급하고 있다. 한솥 이영덕 회장은 "프랜차이즈 시스템은 본사와 가맹점, 소비자 간의 유기적 함수관계"라며, "3자가 모두 만족하는 시스템을 구축했을 때, 브랜드의 영속성을 보장할 수 있다"고 말했다. 이어서 그는 "한솥도시락은 새해에도 소비자에게는 가성비 높고, 맛있고, 건강한 도시락을 제공하고, 가맹점에게는 안정적인 수익을 올릴 수 있도록 신 메뉴 개발과 다양한 이벤트를 지속적으로 펼쳐나갈 것"이라고 덧붙였다.

자료: 매일경제, 2017년 12월 31일자.

15-1 마케팅의 이해

프랜차이즈 기업의 성공은 다른 어떤 기업과 달리 마케팅의 능력에 의해 좌우된다. 최근 들어 경기침체로 자영업자들의 경영이 악화되면서 프랜차이즈 브랜드의 신규가맹점 모집에 어려움을 겪고 있다. 또한 정보공개서 등록 취소 건수를 보면 2009년 155개, 2010년 226개, 2011년 451개, 2012년 548개로 매년 크게 증가하고 있다. 2012년은 2011년보다 21.5%가 증가되었으며 2011년 말 등록된 2,816개 프랜차이즈 브랜드 중 18.6%가 등록 취소되었다. 이는 내수경기의 악화와 프랜차이즈 브랜드 간 경쟁이 치열해지면서 가맹점들의 폐업이 증가되고 있기 때문이다. 프랜차이즈 기업들이 치열한 경쟁에서 장기적으로 살아남기 위해서는 가맹본부의 최고경영자에서 가맹점 종업원에 이르기까지 마케팅의 중요성을 인식하고 이를 실행하여야 한다. 프랜차이즈 기업에서 기업의 가치를 증대시키는 가장 중요한 것은 무형자산인 상표 및 충성적인 고객기반을 구축하는 것이다.

15-1-1 마케팅의 정의

마케팅(marketing)이란 기업이 생존과 성장을 위해서 소비자의 필요와 욕구를 충족시킬 상품과 서비스를 생산하여 시장에서 현금을 받고 교환하는 일련의 과정이라고 정의할 수 있다. 즉 마케팅은 기업이 소비자의 욕구를 확인 규명하여 이윤을 창출하면서 욕구를 충족시키는 것이다. 미국마케팅학회의 마케팅 정의(2004년)는 조직체의 기능으로 고객가치를 창조하고, 가치를 커뮤니케이션하고 전달하며 또한 조직체와 이해관계자들에게 이익이 되는 방법으로 고객관계를 관리하는 일련의 과정이라고 정의하고 있다. 조직체는 일반 영리기업뿐만 아니라 비영리기업 및 정부기관까지 포함하는 것을 의미하며, 고객의 가치는 마케팅 대상인 상품(goods), 서비스(services), 행사(events), 경험(experiences), 사람(persons), 장소(places), 소유권(properties), 조직체(organizations), 정보(informations), 아이디어(ideas)를 포함하는 것이며, 이해관계자(stakeholder)란 소비자뿐만 아니라 종업원, 주주, 공급업체, 유통업체 등 거래처, 지역주민 등을 포함하는 개념이라고 할 수 있다. 이처럼 21세기 들어 마케팅의 정의를 한층 확대하여 정의하고 있다고 볼 수 있다.

마케팅관리란 조직의 목표(이익, 매출성장, 시장점유율 등)를 효과적으로 달성하기 위하여 상대방(주 고객시장의 구성원들)과의 호혜적인 교환관계를 개발하고 유지하기 위한 프로그램을 계획하고, 실행하고, 통제하는 경영관리 활동이다.

코틀러(P. Kotler)는 마케팅관리란 표적시장을 선정하고, 우수한 고객가치를 창조하며, 전달하고, 의사소통함으로써 고객을 확보 유지하며 증대시키는 기술과 과학라고 정의하고 있다.

15-1-2 마케팅의 실행

마케팅은 고객 경험의 모든 면에 영향을 주고, 이는 마케팅의 모든 접촉점, 즉 점포 내의 상품 진열, 포장 디자인, 상품 기능, 구성원 훈련, 수송과 물류 방법 등을 적절하게 관리해야 하며, 상품 혁신 및 신사업 개발과 같은 중요한 관리 활동에도 관여해야 한다. 따라서 마케팅은 마케팅부서에 의해서만 행하여지는 것이 아니라 전사적인 관점에서 실행되어야 한다. 현재 기업들은 모든 구성원이 고객에게 영향을 주고 있으며 또한 고객을 기업 자산의 원천이라고 인식해야 한다. 기업들은 신제품을 실현하고 고객 획득과 유지, 주문 이행과 같은 핵심적인 사업 과정을 유연하게 관리하고 있다.

마케팅을 행하는 것 중에서 중요한 것은 마케팅을 논리적인 과정으로 인식해야 한다는 것이다. 즉 마케팅 계획 수립 과정은 마케팅 기회 분석, 표적시장 선정, 마케팅 전략 수립, 마케팅 프로그램 개발 그리고 마케팅 노력관리 등으로 구성된다. 그러나 고도의 경쟁적인 상황에서의 마케팅 계획 수립은 시장 변화에 맞게 보다 유동적이며 지속적으로 새롭게 수립해야 한다. 기업들은 언제나 마케팅 프로그램을 추진해야 하고, 제품과 서비스를 혁신해야 하고, 고객의 욕구에 민감하여야 하며, 과거의 강점에 의존하기보다는 새로운 경쟁우위를 찾아내야 한다. 마케팅관리자는 다양한 정성적 및 정량적 기술, 기업가적 태도 그리고 마케팅이 조직 내에서 가치를 창조할 수 있는 방법을 정확히 이해하는 것이 필요하다. 또한 마케팅관리자는 상표의 자산을 증대시키고, 마케팅 결과를 측정하고, 고객의 욕구를 충족시킬 수 있는 신제품을 개발하고, 고객의 니즈를 파악하여 상품이나 서비스의 품질을 향상시키고, 새로운 마케팅 기술을 활용하는 등의 기능을 수행해야 한다.

15-1-3 마케팅의 중요성

마케팅의 중요성은 아무리 강조해도 지나치지 않는다. 즉 기업의 재무적 성공은 마케팅의 능력에 의해서 좌우된다. 상품과 서비스에 대한 충분한 수요가 창출되어야만 기업의 이익을 창출할 수 있고 이는 마케팅 기능이 재무, 관리, 회계 및 기타 기업 기능에도 영향을 미친다는 것이다. 과거에는 생산 중심적 사고가 강하게 자리 잡고 있었기 때문에 소비자는 단순히 상품을 구매하여 사용한다는 의미가 강했다. 그러나 시대가 변하면서 어떻게 하면 고객욕구를 만족시킬 것이며, 수요를 창출할 것인가에 대한 물음이 제기되면서, 가맹본부의 활동에서 경영을 포괄하는 방향으로 마케팅에 대한 인식의 전환이 이루어지고 있는 것이다. 따라서 가맹본부뿐만 아니라 사회적, 경제적, 그리고 개인적인 측면에서 볼 때 마케팅의 중요성과 가치에 대한 올바른 인식이 중요한 것이다.

마케팅관리자들은 상품의 특성을 어떻게 할 것인가, 소비자에게 어떤 가격을 제시할 것인가, 상품을 어디서 판매할 것인가, 소비자에게 제공할 제품을 어떻게 커뮤니케이션할 것인가 등과 같은 중요한 의사결정을 해야 한다. 또한 마케팅관리자들은 고객 및 경쟁사들이 변화를 지속적으로 조사해야 하고 자사가 제공하는 가치제공물을 언제나 개선하고 향상시켜야 한다. 이렇듯 시장변화에 적극적으로 대응해야만 이해관계자들을 만족시킬 수 있다.

마케팅은 실제로 소비자의 생활의 질을 높여주는 역할을 한다. 즉 가맹본부는 가맹점을 통해서 소비자가 편리한 공간에서, 위생적인 상품이나 서비스를 값싸게 구매할 수 있게 한다.

15-2 마케팅관리의 과정

마케팅관리 활동을 전개하기 위해서는 가장 먼저 현재의 시장상황에 대해 분석함으로써 시장에 어떠한 기회가 있는지 파악한다. 다음으로 시장 환경 분석을 통한 기회를 목표로 설정하고, 그리고 시장 전체의 수요를 파악하고 특히 마케팅 활동을 전개할 세분화된 특정 목표시장을 선정한 뒤 상품을 포지셔닝해야 한다. 다음으로 이 시장에 대해 제품, 가격, 유통경로, 촉진에 대한 마케팅 믹스를 개발하여 적용한다. 마지막으로 마케팅관리 활동의 결과를 계획하고 비교하여 조정 및 통제를 가하며 그 결과를 향후 마케팅관리 활동에 반영하게 된다.

15-2-1 시장조사 및 환경 분석

1) 시장조사

시장조사는 마케팅 조사라고도 하는데 이는 마케팅 의사결정에 도움을 주는 정보를 의사결정자에게 제공하기 위하여 관련 자료를 수집, 분석하는 것을 말한다. 시장조사의 절차는 먼저 해결해야 할 마케팅 의사결정 문제가 무엇인지를 정의하는 조사문제의 정의 단계, 둘째, 수집해야 할 자료의 종류와 수집 방법, 수집된 자료의 분석 방법 등에 대한 조사계획 수립 단계, 셋째, 자료 수집을 실시하는 조사 실시 단계, 조사한 자료를 의사결정자에게 분석하여 보고하는 분석·보고단계의 절차를 밟게 된다.

2) 환경 분석

기업의 마케팅관리 활동에 영향을 미치는 인구 통계적, 경제적, 자연적, 기술적, 정치적·법적, 사회적·문화적 환경요인과 같은 거시적 환경요인과 잠재고객, 경쟁사, 유통업자, 공급업자, 공중 등 미시적 환경요인을 분석하여 기회와 위협요인을 도출한다. 그리고 통제 가능한 조직 내부요인인 인적자원, 재무자원, 마케팅 능력, 물류, 제조 및 생산, 정보화 등을 경쟁사와 비교하여 강·약점을 분석하여 강점과 약점요인을 도출한다.

15-2-2 마케팅 목표 설정

마케팅관리 활동은 시장조사와 환경 분석을 통하여 얻은 기회를 활용하기 위하여 마케팅 목표를 설정해야 한다.

목표란 일정한 미래시점에서 성취해야 하는 바람직한 상태를 계량적으로 표현한 것을 말한다. 마케팅 목표는 기업 전체의 목표의 한 부문이므로 기업 전체의 목표와 일관성을 가져야 한다. 훌륭한 목표의 요건으로는 첫째, 목표를 달성해야 하는 기간을 결정해야 하고, 성취한 결과를 측정하고 평가할 수 있도록 계량적이어야 하며, 셋째, 조직이 달성 가능한 현실적인 목표여야 하며, 마지막으로 목표가 다른 목표들과 상충되지 않도록 일관성을 유지해야 한다.

15-2-3 시장 세분화 및 목표시장 선정

마케팅관리 활동은 마케팅 목표를 달성하기 위해 시장 세분화를 통해 마케팅 활동을 수행할 목표시장을 선정해야 한다.

시장 세분화(market segmentation)란 전체 시장을 구성하는 잠재고객들을 동질적인 집단들로 나누어 분리하는 과정으로 이러한 과정을 통해 산출된 집단들은 전체 시장과 구분하기 위해 세분시장(segment)이라 한다.

시장을 세분하는 데 사용하는 기준은 인구·통계적 변수, 지리적 변수, 심리적 변수, 행동적 변수가 있다. 첫째, 인구·통계적 변수는 연령, 성별, 소득별, 직업, 교육정도 등으로 구분하여 세분시장의 특성을 알아보고, 둘째, 지리적 변수는 지역(서울, 경기, 강원, 충청, 영남, 호남), 주거지역의 규모(특별시, 광역시, 시, 군), 인구밀도(도심지, 외곽지, 농어촌) 등으로 구분하여 세분시장의 특성을 알아보고, 셋째, 심리적 변수는 라이프스타일(절약형, 알뜰형, 낭비형), 퍼스낼리티(독선적, 사교적, 야심적), 구매계기(상용구매, 특별행사 구매) 등으로 구분하여 세분시장의 특성을 알아보고, 마지막으로 행동적 변수는 사용자 지위(비 사용자, 이전 사용자, 잠재 사용자), 사용률(대량 소비자, 평균 소비자, 소량 소비자), 충성도 정도(없음, 약함, 강함), 마케팅 요인(품질, 가격, 서비스, 광고, 판매촉진) 등으로 구분하여 세분시장의 특성을 알아본다.

효과적인 시장 세분화 전략 조건으로는 내부적 동질성과 외부적 이질성, 경제성, 측정가능성, 접근가능성, 실행가능성을 전제로 한다.

첫째, 일반적으로 적정한 규모의 세분시장들을 산출하는 군집화 선호패턴을 전제로 하여 전체 시장을 세분하며, '내부적 동질성과 외부적 이질성'의 조건을 충족해야 한다. 둘째,

전체 시장에서 세분된 시장의 규모가 별도의 마케팅 믹스를 제공받을 수 있는 정도로 경제성(substantiality)의 조건을 충족해야 한다. 셋째, 각 세분시장의 규모나 구매력 등의 크기를 계량적으로 측정하고 평가할 수 있어야 한다. 넷째, 마케팅관리자는 소비자들에게 효과적으로 접근하기 위한 정보제공 경로나 유통경로 확보가 가능해야 한다. 다섯째, 마케팅관리자는 세분시장에서 고객의 욕구를 효과적으로 충족시킬 실행가능성이 있어야 한다. 즉 마케팅 믹스를 개발할 능력과 자원이 필요 충분해야 한다.

목표시장(target market)이란 세분화된 시장 중에서 마케팅 활동을 전개할 가장 매력적인 시장으로 마케팅관리자가 조직의 목표를 달성하기 위해 마케팅 노력을 집중시킬 고객들의 집단을 말한다.

15-2-4 상품 포지셔닝

목표시장이 선정되면 그 다음 단계로 상품을 포지셔닝해야 한다. 포지션(position)은 기업이나 상품, 상표 등 마케팅 대상들이 잠재고객들의 마음속에 그려지는 모습으로 각 속성별 지각 결과(신념)들의 총체가 결국 포지션이며 그 대상을 이미지라고 한다.

포지셔닝(positioning)이란 잠재고객들이 '원하는 바'나 경쟁자가 제공하는 욕구 충족 수단에 대응하여 표적시장의 지각 상에 자신이 제공할 욕구충족 수단에 관한 아이디어를 개발하는 일이며, 동일화와 차별화를 동시에 추구하는 것이다. 즉 소비자로 하여금 '이 상품은 어떤 상품이다'라고 인식시키는 마케팅 활동이다.

포지셔닝 전략(positioning strategies)이란 마케팅 목표를 효과적으로 달성하기 위해 바람직한 목표 포지션을 결정하는 일로 잠재고객의 지각 속에 자리매김을 의미하며, 마케팅관리자는 일단 바람직한 목표 포지션을 결정하고 나면 잠재고객들의 마음속에 이미지를 구축하기 위해 마케팅 믹스 요소를 독특하게 결합해야 한다.

15-2-5 마케팅 믹스 개발

목표시장이 선정되고 상품 포지셔닝이 되었으면 그 포지셔닝에 적합한 마케팅 목표를 달성하기 위한 구체작인 마케팅 믹스 개발이 필요하다. 기업의 실제 상품에 대한 마케팅 활동 내용은 어떤 상품(product)을 어떤 가격(price)으로 어떤 장소(place)에서 어떤 방법으로 촉진(promotion)할 것인가를 결정하는 것이라 할 수 있다. 마케팅 믹스는 마케팅 목표를 달성하기 위하여 4P를 어떻게 적절히 배합(mix)할 것인가에 대한 내용이다. 그런데 서비스기업은 전통적 마케팅 요소 4P에 사람(people), 물리적 증거(physical evidence), 과정(process)을 포함해서 7P를 어떻게 적절하게 배합할 것인가를 개발해야 한다. 이는 15-3절 마케팅 믹스에서 자세히 설명하겠다.

15-2-6 피드백과 통제

마케팅 계획이 실행될 때 계획대로 실행되어 성과가 나타나기도 하지만 계획과 실제 성과가 다른 경우도 많다. 따라서 기업은 피드백을 통해 마케팅 활동을 통제할 수 있는 시스템을 갖추게 되는데, 이런 마케팅 통제시스템에는 기업의 매출이나 이익 등의 연간 목표를 달성할 수 있도록 하는 연간 계획 통제시스템, 상품별, 고객집단별, 유통경로별 실제 이익률을 측정하여 통제하는 이익률 통제시스템, 시장 환경 변화에 맞게 마케팅 전략이 적절하게 실행되는가를 통제하는 전략적 통제시스템 등이 있다.

15-3 마케팅 믹스

15-3-1 전통적 마케팅 믹스

마케팅관리자의 과업은 고객을 위한 가치를 창조하고 커뮤니케이션하며, 전달하기 위해 마케팅 활동을 고안하고, 완전하게 통합된 마케팅 프로그램을 조합하는 것이다. McCarthy 교수는 마케팅 활동을 4개의 마케팅 믹스 수단으로 분류하고, 4P라고 하는데 제품(product), 가격(price), 유통경로(place), 촉진(promotion)이다.

마케팅에서 가장 기본적인 개념인 마케팅 믹스는 고객을 만족시키거나 고객과 소통하는데 사용할 수 있는 요소 중 마케팅 조직이 통제할 수 있는 요소이다. 전통적 마케팅 믹스는 제품, 가격, 유통경로, 촉진 등 4Ps로 구성된다. 여기에서 믹스란 각 변수가 상호 관련을 맺고, 서로 의존하고 있다는 의미로 사용된다. 그리고 주어진 시기, 주어진 세분시장에 가장 적합한 혼합 비율이 있음을 나타낸다.

마케팅 믹스는 최종 소비자뿐만 아니라 거래 경로에 영향을 주기 위해 결정되어야 한다. 마케팅관리자는 최종 소비자의 유통경로에 대해 이해한 후 제공물이나 문제 해결 방법을 고객화하고, 기타 많은 정보 원천이 존재하고 있다는 사실을 깨닫고, 소비자들에게 정보를 제공하며, 실제 가치를 제공하는 가격을 설정하고 또한 그 제공물에 접근할 수 있는 장소를 선정한다. 〈표 15-1〉은 전통적 마케팅 믹스(4P)에 연관된 마케팅 변수들을 제시하고 있다.

기업은 가격, 판매원의 규모, 광고비용은 단기간에 변경할 수 있지만, 신제품 개발 및 마케팅 경로를 수정하기 위해서는 오랜 시간이 소요된다.

4P는 구매자의 영향을 미치기 위해서 이용되는 마케팅도구를 판매자의 입장에서 본 것이다. 구매자의 입장에서 볼 때 각각의 마케팅 도구는 고객에게 이점을 전달하도록 디자인 되어 있으며, 마케팅 활동은 고객을 중심으로 하여 보조적인 활동으로 분류되어 있다. 즉 고객가치(Customer value), 고객비용(Costs to the customer), 편의성(Convenience), 커뮤니케이션

〈표 15-1〉 전통적 마케팅 믹스의 4P

product	price	place	promotion
다양성 품질 디자인 특성 상표명 포장 크기 서비스 보증 반품	정가 할인 공제 할부조건 신용조건	경로 범위 분류(구색) 위치 재고 수송	판매촉진 광고 인적판매 공중관계 직접마케팅

(Communication) 등 네 가지 차원으로 설계되었다.

1) 제품

제품(product)이란 소비자의 필요와 욕구를 충족시키기 위해 시장에 제공되는 욕구충족 수단이라 할 수 있다. 마케팅관리자는 소비자의 필요와 욕구를 충족시키기 위해서 제품에 대한 다양성, 품질, 특성, 디자인, 브랜드명, 포장, 크기, 서비스, 보증, 반품 등의 적절한 조합이 필요하다. 프랜차이즈 가맹본부의 운영에 핵심이라 할 수 있는 제품의 품질과 특성은 경쟁 가맹본부가 쉽게 모방할 수 없도록 특허출원 등이 필요하며, 브랜드명에 많은 노력을 기울이는 것은 가맹점 희망자들이나 소비자들에게 흥미를 끌고 기억에 남는 것이 가맹점 모집은 물론이고 가맹점의 매출 증대에도 많은 기여를 하기 때문이다. 가맹본부는 상품을 사용하는 소비자들의 불만이나 요구사항을 꾸준히 알아보는 활동도 중요하다. 이런 요구사항을 잘 받아들여 이를 상품 만들 때 반영하면 더욱 좋은 상품이 탄생하기 때문이다. 이런 활동을 잘 하면 '그 가맹본부는 참 잘 한다.'는 평가를 받아 소비자들이 더욱 믿을 수 있게 된다. 또 소비자가 구매한 상품이 고장이 나거나 불량품이 있을 때 빨리 수리해 주고 바꿔주는 '애프터서비스(A/S)'도 마케팅 활동의 일부분이다. 이 활동을 제대로 하지 않으면 소비자들이 그 제품을 다시 구매하지 않기 때문이다.

제품은 구성요소의 관리 속에 가맹본부가 판매할 상품이나 서비스를 계획, 개발, 관리하는 것이 포함되는데, 상표명, 디자인, 품질, 포장, 크기, 서비스 등에 관한 의사결정을 신중히 해야 한다. 한편 서비스는 상품대비 무형이며, 이질적이며, 생산과 소비가 동시에 이루어지며, 사용하고 나면 소멸하는 특징을 가지고 있기 때문에 이를 고객들에게 가시적으로 보여줄 수 있도록 유형화시키고, 서비스를 표준화하여 모든 소비자가 동질의 서비스를 받도록 하고, 또한 서비스는 고객의 참여에 의해서 생산되므로 고객에 특별한 서비스를 제공하고, 사용 후 소멸되기 때문에 사용 후 기억에 남을 수 있도록 하는 것이 대단히 중요하다. 따라서 철저한 품질관리와 고객만족을 통한 브랜드 이미지를 제고시켜 소비자에게 서비스 구매에 따른 불안감을 줄여 주어야 하고, 서비스 품질보증제도 등의 도입을 통해서 서비스 품질의 가시적으로 확인시켜 주는 것도 필요하다.

프랜차이즈 산업 또한 의류나 화장품, 건강식품, 신발, 안경, 문구 등 일반적인 상품을 취급하는 도·소매 가맹본부와 인적서비스, 사무서비스 등 눈에 보이지 않는 서비스를 판매하는 서비스 가맹본부 그리고 상품과 서비스가 동시에 이루어지는 외식 가맹본부로 나눌 수 있다. 그러나 그 상품의 형태나 모양에 상관없이 프랜차이즈 시스템이 팔고자 하는 상품과 서비스가 전국적으로 잘 알려져 있다면 가맹점사업자를 통해 판매하는 것은 별 문제가 없으나 잘 알려지지 않은 가맹본부라면 철저한 마케팅 프로그램에 의해 계획을 수립해야 하고 자사의 고객들에게 상품과 서비스의 장점들을 알려야 한다. 그러기 위해서는 우선 만족스러운 상품과 서비스, 고객의 요구에 부응할 수 있는 상품과 서비스를 개발해야 한다.

2) 가격

가격(price)이란 소비자 입장에서는 필요와 욕구를 충족시킬 수 있는 가치의 대가이며, 마케팅관리자 입장에서는 기업이 생산해 제공한 제품의 대가라고 할 수 있다. 이러한 가격의 결정은 구매자와 판매자의 협상에 의해 결정된다. 따라서 가격은 구매자가 선택하는 것 중 중요한 결정요인이다. 마케팅관리자가 가격을 결정하기 위해서는 가격을 신중하게 다루어 결정해야 하며, 가격이 신중하게 결정되었다 하드래도 시장변화에 맞도록 확실하게 수정해야 하며, 마케팅 믹스에 기초를 두고 가격을 독자적으로 결정하기보다는 포지셔닝 전략에 맞게 수정해야 하며, 상이한 제품 품목과 세분시장, 유통경로 및 구매에 따라 충분한 가격차이로 수정해야 한다. 이러한 가격 결정에는 정가, 할인, 공제, 할부조건, 신용조건을 결정해야 하는 요소들로 구성되어 있다. 특히 프랜차이즈 가맹본부는 시장의 변화가 매우 빠르고, 모방과 경쟁이 심하기 때문에 가격 결정에 매우 민감하다. 이는 가맹점의 매출과 이익에도 중요한 영향을 미치게 된다. 경쟁사에 비해 가격을 조금 낮출 것인지, 아니면 높은 가격으로 고급제품이미지를 추구할 것인지는 상품 판매에 결정적인 영향을 미친다. 이외에도 가맹본부들은 무료로 샘플이나 쿠폰을 주기도 하고, 각종 경품이나 경연대회를 열거나 보너스를 제공하기도 한다. 이것도 마케팅 활동의 일부분이다.

상품의 경우에는 가격이라는 비교적 통일된 명칭이 사용되지만 서비스의 경우에는 다양한 명칭으로 사용된다. 이러한 서비스의 경우에는 원가요소를 객관적으로 정확히 산정할 수 없는 경우가 많기 때문에 가격 결정 메커니즘이 매우 주관적이고 어렵다. 따라서 경쟁사의 가격과 유사하게 결정하는 모방가격정책을 사용하는 경우가 많다.

소비자는 가격과 제품에 대해 인지된 가치가 일치할 때 구매하거나 만족하게 되는데, 그렇지 않을 경우 다른 상품을 구매하는 경우가 많다. 가맹본부 또한 시스템적으로는 다양한 종류의 상품과 서비스에 대한 가격을 결정해야 하고 가맹계약을 위하여 여러 가지 수수료의 가격을 결정해야 한다. 가격 결정에 있어서 고려해야 할 내용은 합리적인 상품과 서비스의 판매가격, 가격에 대한 고객들의 혜택, 가격의 결정 과정, 경쟁자의 가격 비교, 가맹본부의 수익구조, 가맹점사업자의 지불능력 등이다

3) 유통경로

유통경로(place)란 상품과 서비스를 생산업자로부터 최종 소비자에게 이용될 수 있도록 하는 과정과 관련되는 일체의 상호 의존적 조직이다. 즉 유통경로는 상품이나 서비스가 생산된 후에 최종 소비자에 의한 구매와 사용까지 거치게 되는 일체의 통로이다. 프랜차이즈 가맹본부의 유통경로는 프랜차이즈 시스템에 의해 결정된다. 즉 프랜차이즈 시스템은 가맹본부가 가맹점사업자에게 특정 상품을 유통하거나 서비스의 수행 또는 일정방식에 의해서 사업을 할 수 있는 권리를 계약을 통해서 부여하는 경로시스템의 한 형태이다. 프랜차이즈 시스템에 관한 내용은 3장에서 자세히 설명하였다.

유통경로는 고객들이 상품을 구입할 수 있도록 해주는 경로, 범위, 분류(구색), 위치, 재고, 수송 등을 총괄하는 것이다. 유통경로란 고객들에게 언제, 어디에서, 어떻게 상품이나 서비스를 전달할 것인지에 관한 문제이다.

유통경로는 소비자들이 상품을 구매하고자 하든, 서비스를 제공받고자 하든, 소비자들이 접근하기 쉽고 편리한 곳에 위치하는 것이 무엇보다 중요하다. 특히 프랜차이즈 가맹점은 위치가 매우 중요한 요소이다. 그래서 가맹본부의 중요한 요소 중에 하나가 상권분석과 입지선정 지원이다. 특히 권리금이 비싸고 좋은 상권은 이미 기존의 가맹본부들이 직영점이나 가맹점으로 차지하고 있기 때문에 신규 가맹본부들이 좋은 위치의 가맹점을 차지하기란 쉽지가 않다. 따라서 신규 가맹본부는 사업 초기에 가맹점 출점 전략이나 위치선정에 대한 전략을 신중하게 수립하여 시행해야 한다. 자사의 프랜차이즈 시스템이 대형 상권, 중형 상권, 소형 상권에 적합한지 아니면 고객들이 찾아오기 쉬운 위치를 택해야 하는 아이템인지를 잘 고려해야 하고 가급적이면 권리금이나 부동산 임대비용이 지나치게 비싼 상권에 들어가는 것은 피하는 것이 좋다.

4) 촉진

촉진(promotion)을 마케팅 커뮤니케이션이라고 하는데, 마케팅 커뮤니케이션(marketing communication)이란 기업이 판매하는 제품과 상표에 대해 직접 또는 간접적으로 소비자들에게 정보를 제공하고, 설득하며 또한 생각하도록 시도하는 수단들이다. 마케팅 커뮤니케이

션은 소비자에게 누가 그 제품을 만들고, 기업과 상표가 주장하는 것이 무엇인지를 가르쳐 주고, 기업에게는 다른 사람, 장소, 행사, 상표, 경험, 느낌 및 사물을 자사의 상표와 연결 시켜 준다. 따라서 마케팅 커뮤니케이션은 판매를 유발하고, 또한 주주의 가치에 영향을 줄 뿐만 아니라 그 상표를 기억시키고, 상표이미지를 조성함으로써 상표자산을 갖추는데 기여한다. 마케팅 커뮤니케이션 믹스(marketing communication mix)의 구성요소에는 광고, 판매촉진, 행사와 경험, 공중관계 및 홍보, 직접마케팅, 상호작용 마케팅, 구전 마케팅, 인적판매 등이 있다. 프랜차이즈 가맹본부는 브랜드의 가치증대와 가맹점 모집을 위해서 광고를 중심으로 커뮤니케이션 활동을 증대시키고 있다. 첫째, 가맹본부는 TV, 신문, 프랜차이즈 전문지 등의 광고매체를 통해서 브랜드와 가맹점 모집광고를 시행하고 있다. 둘째, 가맹본부는 가맹점의 판매촉진을 위해서 판촉물 제공, 쿠폰 제공, 견폰 배포 등 단기적이며 다양한 자극책을 이용하고 있다. 셋째, 가맹본부는 공장견학, 거리 행사, 스포츠 행사 등 행사와 경험을 통해서 상표와 관련된 상호작용을 조성하고 있다. 넷째, 가맹본부는 기업 이미지나 기업 상품을 촉진시키기 위해 보도자료 배포, CEO의 연설, 자선적 기부 등 공중관계에 힘쓰고 있다. 다섯째, 가맹본부는 고객들과 직접 및 상호작용 마케팅을 위해 특별한 고객 및 예상 잠재고객으로부터 직접 반응을 요청하거나, 또는 직접 의사소통을 위해 우편, 전화, 팩스, 전자우편 및 인터넷 등을 사용한다. 여섯째, 가맹본부는 우수고객을 통해서 제품 및 서비스의 장점이나 이점 등을 다른 사람에게 구두적, 문서적, 전자적 커뮤니케이션을 통해 구전 마케팅을 시행한다. 마지막으로 가맹본부는 박람회나 전시회, 설명회 등을 통해서 직접 대면하면서 상호작용을 통해 가맹점을 모집하여 판매를 제시하며, 질문에 응답하고, 주문을 획득하는 방법인 인적판매 방법을 사용하기도 한다.

15-3-2 확장된 마케팅 믹스

서비스는 상품에 비해 동시성이며, 무형성이며, 이질성이며, 소멸성의 특징을 가지고 있다. 서비스의 특징 중 하나인 생산과 소비가 동시에 이루어지는 동시성으로 인해 고객이 기업의 구성원과 직접 접촉하고 서비스 생산과정에 직접 참여하기 때문에 대량생산도 어렵고, 서비스 품질과 고객만족은 직원의 행동과 고객과 직원 간의 상호작용에 의해 달라지기도 한다. 둘째, 서비스는 무형성이란 특징을 가지고 있기 때문에 소비자가 느끼게 될 서비스 체험을 미리 이해시킬 수 있는 유형적인 단서를 보여줄 필요가 있다. 셋째, 서비스는 대부분 사람의 행위에 의해 생산되기 때문에 정확히 똑같은 서비스를 생산할 수 없는 이질성을 가지고 있기 때문에 일관성 있는 서비스 품질을 보증하기 어렵다. 마지막으로 서비스는 저장하거나, 재판매하거나, 돌려받을 수 없는 소멸성 때문에 수요예측이 어렵고, 창조적인 기획으로 시설활용도를 높이는 것이 매우 중요하다.

〈표 15-2〉 확장된 마케팅 믹스의 7P

product	price	place	promotion
다양성 품질 디자인 특성 상표명 포장 크기 서비스 보증 반품	정가 할인 공제 할부조건 신용조건	유통경로 범위 분류(구색) 위치 재고 수송	판매촉진 광고 인적판매 공중관계 직접마케팅
people	**physical evidence**	**process**	
직원 채용 훈련 동기부여 보상 팀워크 고객 교육 훈련	시설설계 장비 표식 직원의상 기타 유형단서 보고서 명함 연설문 보증	활동의 흐름 표준화 고객화 단계의 수 단순 복잡 고객 관여도	

이러한 서비스의 특징 때문에 마케팅관리자는 새로운 확장된 마케팅 믹스 개념을 받아 들여야 한다. 확장된 마케팅 믹스란 〈표 15-2〉에서 보는 바와 같이 전통적인 4P에 사람(people), 물리적 증거(physical evidence), 과정(process)을 포함한다.

프랜차이즈 시스템은 2장에서 보았듯이 서비스 마케팅에 더 가깝다고 할 수 있다. 프랜차이즈 시스템의 업종은 크게 외식업, 도·소매업, 서비스업으로 분류하고 있다.

프랜차이즈 시스템은 일반적인 마케팅의 4P 기능 외에, 첫째, 사람(people)에 해당하는 가맹점사업자와 직원 및 고객들과의 상호작용 및 접점관리 등의 추가적인 기능이 필요하다. 둘째, 가맹점 간의 동일성과 통일성을 갖기 위한 가맹점의 내·외부 인테리어 시설과 간판, 종업원의 단체복, 메뉴판 등의 물리적 증거(physical evidence)의 기능이 추가적으로 필요하다. 셋째, 과정(process)은 고객에게 서비스를 체험할 수 있도록 제공 절차나 서비스의 운영흐름으로 고객이 서비스를 판단하는 증거가 된다. 고객이 서비스를 체험하는 과정이 복잡하든 간편하든 간에 고객의 위치에서 생각하고 목표고객의 차원에서 설계되어야 한다.

특히 가맹본부의 마케팅은 가맹점사업자의 지속적인 관계 유지가 중요하기 때문에 가맹본부를 위한 마케팅과 가맹점사업자를 위한 마케팅을 목적과 필요성에 의해 적절하게 실시해야 한다. 최근에 인터넷을 비롯한 정보기술이 마케팅 분야에 도입되면서 마케팅 분야에 많은 변화가 일어나고 있다. 즉 이메일, SMS마케팅, 블로그, 페이스 북, 스마트 폰 및 QR코드 등의 대중화 확산으로 인해 동시성과 소멸성 등과 같은 서비스의 약점이 많이 보완되거나 극복되고 있으며 이는 마케팅 분야의 새로운 영역이 열릴 것으로 보인다.

1) 사람

확장된 마케팅 믹스에서 사람(people)은 서비스 제공에 참여하여 구매자의 지각에 영향을 미치는 모든 행위자로, 서비스가 제공되는 순간에 존재하는 직원과 고객 등을 말한다. 서비스 제공에 참여하는 모든 행위자는 고객이 서비스에 대해 미리 감을 잡게 하는 단서가 된다. 예를 들어 서비스 제공에 참여하는 모든 행위자(people)의 패션, 외모, 태도, 그리고 행동은 모든 고객의 서비스 지각에 영향을 미친다. 특히 프랜차이즈 가맹본부의 직원 또는 가맹점사업자나 그 종업원은 바로 서비스라 할 정도로 매우 중요하다. 예를 들면 미용실 관련 프랜차이즈 가맹본부는 고객이 가맹점을 선택할 수 있도록 가맹점사업자와 가맹점 종업원에게 미용관련 기술뿐만 아니라 고객에 대한 서비스에 이르기까지 체계적으로 교육시켜 고객이 원하는 서비스를 제공하도록 해야 한다. 이는 도·소매 관련 프랜차이즈 기업이나 외식업 관련 프랜차이즈 기업도 마찬가지다.

많은 서비스에 참여하는 고객들은 자신이 서비스를 제공 받는데 영향을 미치기도 하고, 서비스 품질과 자신의 만족에 영향을 주기도 한다. 예를 들면 미용실 가맹점의 고객은 미용사가 물어보는 디자인이나 기술적인 상황에 대해 즉시 응답함으로써, 미용서비스 품질 향상에 영향을 줄 수 있다. 외식업 가맹본부의 매뉴얼에 따라 가맹점 종업원이 제시하는 먹는 방법을 따르느냐 따르지 않느냐에 따라, 서비스 품질은 상당히 다를 수 있다.

고객은 자신이 지각하는 서비스의 성과에 영향을 미칠 뿐만 아니라 다른 고객에게도 영향을 미친다. 극장이나, 은행, 그리고 강의실의 경우 고객들은 다른 고객들의 체험 강화나 저하에 의해 서비스의 품질과 만족에 영향을 받는다.

2) 물리적 증거

서비스의 물리적 증거(physical evidence)는 서비스가 제공되는 접점에서 서비스의 수행이나 소통을 촉진하는 유형적인 요소이며, 서비스와 관련된 모든 유형적인 요소, 예를 들면 안내책자, 메뉴판, 명함, 보고서 양식, 표식, 장비 등 모든 것을 포함한다. 그리고 서비스가 제공되는 물리적 공간설비 중 프랜차이즈 가맹점의 점포 내·외부 시설과 프랜차이즈 외식업의 주방 기계설비는 매우 중요한 요소가 될 수 있다. 특히 가맹본부와 가맹점 간의 동일성과 통일성이 매우 중요하다. 물리적 증거 단서는 가맹본부의 목적, 세분시장, 서비스의 본질과 관련하여 일관성 있고 강력한 메시지를 고객에게 제공할 수 있는 기회가 된다.

3) 과정

서비스의 과정(process)은 서비스가 제공되는 실행절차, 메커니즘, 그리고 활동의 흐름이다. 즉 서비스 제공을 위한 운영시스템이다. 고객이 체험하는 제공절차나 서비스의 운영흐름 또한 고객이 서비스를 판단하는 증거가 된다. 서비스 제공과정과 관련된 또 하나의 특징은 과정이 표준화 되어 있는지, 고객화 되어 있는지의 여부이다. 이러한 과정은 어떤 접근법이 본질적으로 보다 우월한가에 대한 정답은 없지만 고객이 서비스를 판단하는데 사용하는 단서로 사용한다.

서비스 과정으로서 프랜차이즈 시스템은 공급업체, 가맹본부와 가맹점, 그리고 고객과 연결시켜 주는 과정으로 프랜차이즈 시스템 운영을 위해서 매우 중요하다. 3장 프랜차이즈 시스템에서 자세하게 설명하고 있듯이 프랜차이즈 시스템의 실행절차에 대한 매뉴얼이 정확하지 않으면 프랜차이즈 시스템 자체가 실패할 수 있다. 따라서 가맹본부는 프랜차이즈 시스템의 성공을 위해서 가맹점사업자가 운영하기 편리하고, 고객이 편리하게 서비스를 선택할 수 있도록 설계해야 한다.

15-4 상품구성 및 상품수명주기

15-4-1 상품구성 및 관리

마케팅 관점에서 상품이란 잠재고객의 욕구와 필요를 충족시켜 고객만족을 창출하기 위해 설계된 기능적 속성 및 상징적 속성과 지원서비스의 결합체를 말하는데 상품의 구성은 핵심 상품(core product), 실제 상품(actual product), 확장 상품(augmented product)으로 구성되어 있다. 핵심 상품이란 잠재고객의 기본적인 욕구를 충족시키거나 문제를 해결해주기 위해 제공되는 효익(benefits)을 의미하며, 실제 상품은 잠재고객들에게 바람직한 효익의 조합을 효과적으로 제공할 수 있도록 물리적·화학적 측면을 참조하는 기능적 속성과 여타의 상징적 속성을 결합한 것이다. 확장 상품이란 잠재고객들이 충분한 만족을 얻을 수 있도록 실제의 구매 및 소비 활동과 관련하여 지원서비스를 포함하는 상품을 말한다.

프랜차이즈 가맹본부의 상품 구성도 일반적인 상품구성의 3단계와 유사하게 구성되어 있다. 프랜차이즈 시스템의 핵심을 이루고 있는 가맹본부의 상품과 서비스가 소비자에 전달됨으로써 소비자는 가맹본부의 차별화된 유형의 상품을 통해 프랜차이즈 가맹점을 선택한다. 상품의 세 가지 수준을 그림으로 나타내면 아래 〈그림 15-1〉과 같다.

가맹본부가 유형의 상품을 시장에 출시하고 성장기로 진입하기 위해서는 캐즘의 위험을 극복해야 할 뿐만 아니라 다양한 환경의 변화에 따른 소비자의 욕구를 충족시킴으로써 공급과잉의 치열한 경쟁을 극복하고 소비자의 구매의사행동에 호의적인 반응을 얻을

〈그림 15-1〉 상품의 세 가지 수준

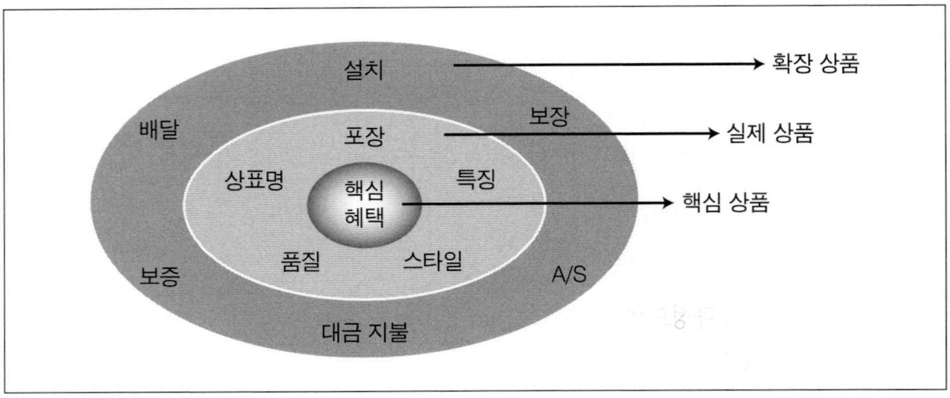

수 있도록 상품을 관리해야 한다.

1) 실제 상품의 관리

- 상품의 품질(product quality)은 제품이 지니는 기능을 발휘할 수 있는 능력으로 내구성, 신뢰성, 사용편리성, 정확성 등의 결합으로 결정된다.
- 상품의 특성(product feature)은 타 상품과 구별되는 기본적인 기능으로 소비자의 지각 가치와 생산원가에 의해 결정된다.
- 상품의 스타일(product style)은 상품의 색, 크기, 모양, 성분, 무게, 제작방법, 상품의 경향, 유행, 디자인 등을 총칭하는 것이다.
- 상품의 포장(product packaging)은 용기를 포함하여 상품을 감싸는 물체의 총칭으로 상품의 안전성과 사용편의성을 증가시킨다.
- 브랜드명(brand name)은 문자, 단어 혹은 숫자 등으로 표현된 상품의 이름이다.

2) 확장상품의 관리

- 보장(warranty)은 상품이나 서비스에 문제가 발생할 경우 제조업자가 제공해야 할 상품이나 서비스로부터 기대되는 기능을 기술한 공식적인 보증서이다.
- 보증(guarantee)은 상품이나 서비스의 성능이 소비자의 기대에 미치지 못할 경우 환불이나 교환과 같은 보상을 약속한 일종의 보험을 말한다.
- 대금의 지불(credit)이란 할부조건, 이자율, 기간 등과 같은 것으로 소비자가 구입한 상품이나 서비스에 대해 대가를 치르는 수단이다.
- 배달(delivery)이란 구매된 상품을 안전하고 신속하게 고객이 원하는 장소에 전달하는 행위로 인터넷 쇼핑이나 홈쇼핑 판매에 있어서는 매우 중요한 요소이다.

- A/S(after-sale service)란 서비스 품질, 서비스 기간, 신속성 등과 같은 요인들로 고객이 구매한 상품에 대해 보증하는 기간 내에 문제가 발생할 경우 제조업자가 약관에 따라 제공하는 서비스이다.
- 설치(installation)는 구매한 고객이 즉각적인 사용과 작동에 어려움이 있는 경우에 설비담당 기사를 파견하여 제품 사용이 가능하도록 준비하는 모든 과정이다.

15-4-2 상품수명주기 관리

프랜차이즈 상품 성장과정은 상품이 시장에 도입되어 사라질 때까지 일반 상품수명주기 패턴과 비슷한 S자 형태의 성장곡선을 유지하고 있다. 프랜차이즈 상품수명주기(franchise product life cycle)의 패턴을 모형으로 나타내면 〈그림 11-2〉와 같다.

〈그림 15-2〉와 같이 프랜차이즈 상품수명주기는 프랜차이즈 시스템을 이루는 하나의 제품이 개발되어 시장에 도입된 후 성장과 성숙과정을 거쳐 결국은 쇠퇴하여 시장에서 사라지는 과정이다. 이러한 프랜차이즈 상품수명주기 형태는 상품에 따라 다양하게 나타나기 때문에 일반화시키기는 곤란하다.

프랜차이즈 상품수명주기의 각 단계별 특성은 중요한 전략적 시사점을 지니고 있으므로 프랜차이즈 가맹본부는 이를 바탕으로 가맹점 모집과 시장에서 가격 책정 및 변동, 상품의 판매량, 상품지속 기간, 이익 등을 예측하고 마케팅 전략을 수립해야 할 필요가 있다.

〈그림 15-2〉 프랜차이즈 상품수명주기 모형

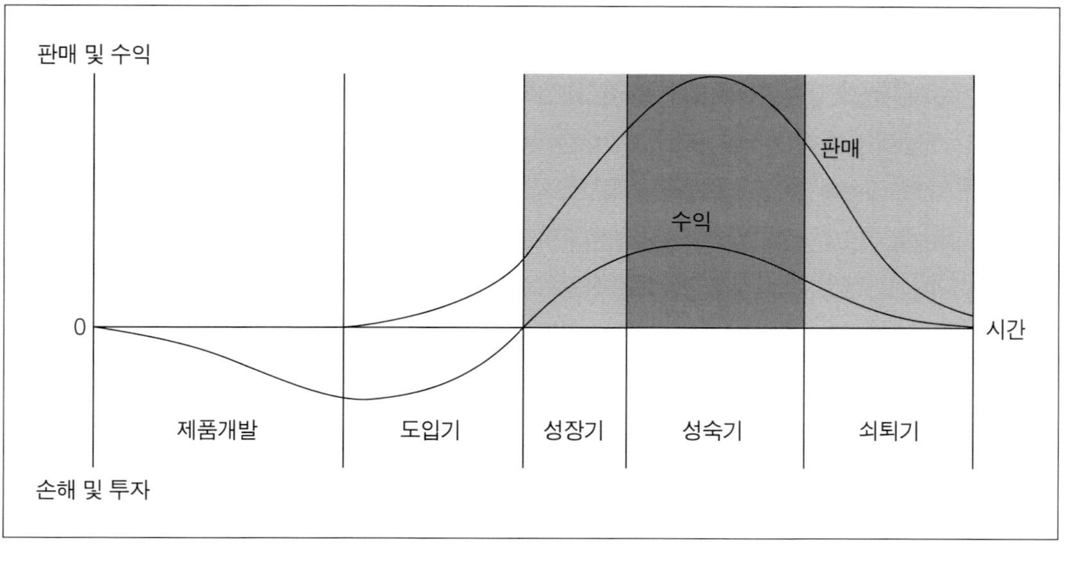

1) 제품 개발기

프랜차이즈 상품수명주기는 일반 상품수명 주기와는 달리 상품을 시장에 도입하기 전에 상품 개발단계가 길게 나타나게 된다. 이는 프랜차이즈 가맹본부와 가맹점 간의 공동의 이익 을 목표로 공생적 관계의 시스템적 특징을 가지고 있기 때문이다. 상품 개발단계에서 가맹점에 이익이 되는 상품을 제공하기 위해서 개발된 상품을 직영점이나 직영 모델점을 통해 시험 판매 후 소비자의 반응이 좋은 상품을 가맹점에 출시시키기 때문이다.

2) 도입기

상품수명주기상의 도입기에는 신상품을 시장에 내놓고, 기술적 문제를 해결하고, 판매망을 넓이고, 소비자의 수용을 획득하는데 시간이 소요되기 때문에 매출은 완만하다. 때문에 새롭게 출시된 상품에 대한 고객의 인지도가 매우 낮고 기존의 상품을 구매하던 습관 때문에 매출이 완만한 증가세를 나타내며, 신상품을 고객에게 신속하고 높게 인지시키기 위해 가맹점 모집 광고 및 판촉비용 지불 때문에 손실이 발생하거나 매우 낮은 이익률을 나타낸다.

신상품을 도입하기로 계획한 가맹본부는 시장 진입 시기를 결정해야 한다. 가맹본부가 시장에 선도적으로 출시하는 것은 높은 보상을 받을 수 있지만 너무 위험하고 비용이 많이 소요된다. 가맹본부가 후에 진입하는 경우는 가맹본부가 상대적으로 우수한 기술이나 품질 또는 상표상의 강점을 누릴 수 있는 경우에 의미가 있다.

3) 성장기

상품수명주기상의 성장기에는 초기 수용자가 그 상품을 좋아하고, 또한 추가적인 소비자들이 그 상품을 구입하기 시작하므로 새로운 경쟁업체가 대규모 생산과 이익에 끌려서 시장에 진출하기 시작한다. 시장에 출시한 상품이 목표시장 내 고객들을 만족시키면서 판매가 급속히 증가하고 성장이 이루어지고 있는 단계로서 가맹점 희망자가 가맹점 개설을 위해 가맹상담이 증가하고, 가맹본부의 매출 증대로 이익의 급속한 신장과 경쟁기업의 시장진입으로 시장 규모가 확대됨과 동시에 치열한 시장경쟁이 이루어진다. 특히 이 시기에는 가맹본부 간의 치열한 경쟁에 의해 캐즘현상이 나타나는 시기로 경쟁기업과의 경쟁에서 살아남기 위해 많은 재원이 필요한 시기이기도 하다.

성장기에 있는 가맹본부는 높은 시장 점유율과 높은 단기이익 사이에 나타나는 상관관계에 직면하게 된다. 상품 개선, 촉진 및 유통경로에 많은 자금을 투입하면 지배적인 시장위치를 구축하여 다음 단계에서 더 많은 이익을 획득할 수 있지만 현재의 극대 이윤을 희생하게 된다.

4) 성숙기

상품수명주기상의 성숙기에는 상품의 매출성장률이 지속적으로 둔화되기 시작하는 단계로 판매량의 절대적인 크기는 증가하지만 증가율은 서서히 감소하며, 가맹본부는 성숙기에 가장 높은 매출과 이익을 실현한다.

성숙기는 이전 단계보다 오래 지속되는 것이 보통이며, 성장 성숙기, 안정 성숙기 및 쇠퇴 성숙기로 구분한다. 성장 성숙기에는 판매성장율은 하락하고 새로운 경쟁세력이 나타난다. 안정 성숙기에는 시장 포화 때문에 장래의 판매는 인구성장과 대체 수요에 의해 좌우된다. 쇠퇴 성숙기에는 판매의 절대 수준이 하락하며, 고객들이 다른 상품과 대체품으로 전향하며, 경쟁자들은 틈새시장을 찾아 진입하기 위해 경쟁하게 된다.

5) 쇠퇴기

상품수명주기상의 쇠퇴기에는 기술진보, 소비자의 욕구변화, 국내외 경쟁의 격화 등으로 판매량은 하락하고 과잉생산에 따른 재고 누적, 가격인하 및 이익감소를 초래하게 된다. 판매하락은 외식 가맹본부의 치킨처럼 느릴 수도 있고, 뷔페식당처럼 빠를 수도 있다. 상품의 특성에 따라 속도의 차이는 있지만 상품의 절대적 판매량이 감소하게 되므로 대부분의 가맹본부들은 시장에서 철수하게 되고 시장에 남아 있는 가맹본부들은 경쟁력이 취약한 상품들을 시장에서 하나씩 철수하여 상품의 수를 축소해 간다.

15-5 신제품 개발과 관리

신제품은 새로운 시장을 창조하는 것으로 세계에서 아주 새로운 제품으로부터 기존 제품의 소규모의 개선이나 수정에 이르는 범위에 있다. 신제품이란 표적시장 내에서 소비자들이 기능적 및 상징적 속성과 지원서비스 면에서 기존 상품보다 더욱 바람직하다고 지각하는 상품을 말한다. 즉 신제품이란 단순히 다르다는 것뿐 아니라 가치가 크다는 것을 의미한다. 신제품과 유사한 의미로 사용되는 혁신은 신제품뿐만 아니라 신 시장, 신기술, 신 원료, 신조직 등을 포괄하는 보다 넓은 의미를 가지고 있다.

15-5-1 신제품의 중요성

신제품이 중요한 것은 첫째, 신제품이 기업의 매출 증대와 이익에 직접적인 영향을 미치므로 적절한 시점에 지속적으로 신제품을 개발해야 한다. 둘째, 경제가 발전하고, 소비자의 소득수준이 향상되고, 소비자의 기호가 빠른 속도로 변화하고, 소비자의 기대수준이 상승함에 따라 마케팅관리자는 소비자의 이러한 새로운 열망에 부응하기 위해 신제품을 개발해야 한다. 셋째, 자원과 노동력의 원가가 지속적으로 상승함에 따라 에너지와 노동력 및 시간을 절약하는 신제품의 요구와 소비자들의 환경에 대한 관심증대로 마케팅관리자는 환경영향을 고려한 신제품을 개발해야 한다. 신제품 개발을 위한 이러한 환경요인과 소비자들은 끊임없이 신제품 개발을 촉구하고 있으며 오늘날 신제품은 기업의 생존과 성장을 위해 필수적인 요건이다. 신제품을 개발하지 못하는 기업은 스스로 위험에 처하게 된다. 기존 상품들은 변화하는 소비자들의 욕구와 취향, 새로운 기술, 짧아지는 상품수명주기, 점차 증가하는 국내외 경쟁에 취약하며, 신기술에 위협을 받게 된다.

대부분의 기업들은 새로운 고객을 위해 상품을 개선 수정하여 새로운 시장에 진입하며, 그 시장에서 한발 앞서나가기 위해서 핵심 상품에 대한 변환을 이용하고 또한 산업 전반의 문제를 위한 임시적인 문제를 해결하는 점진적인 혁신(incremental innovation)에 집중하고 있다.

새로운 기업들은 기존 상품보다 더 저렴하고, 경쟁시장을 변화시킬 수 있는 파격적인 기술(disruptive technologies)을 창출하고 있다. 기존 기업들은 적극적인 투자와 파격적 기술 대응에 소홀이 하는 경향이 있다. 이러한 기업들은 파격적인 기술을 갖은 새로운 경쟁자를 만나면 대부분 실패하게 된다.

신제품은 시장조사를 무시하거나 잘못 해석하고, 시장 규모를 과다하게 추정하거나, 많은 개발비용, 잘못된 디자인, 잘못된 위치화, 비효율적인 광고, 잘못된 가격, 불충분한 유통경로의 지원, 강력한 경쟁상대에 의해 실패할 수 있다.

15-5-2 신제품 개발 과정

신제품은 간혹 우연히 개발되기도 하지만 대체로 신제품 개발 과정은 〈그림 15-3〉에서 보는 바와 같이 아이디어 탐색단계에서부터 상품화에 이르기까지 8단계를 거친다. 첫 번째 아이디어 탐색단계에서는 수많은 아이디어 중에서 '특별한 아이디어가 고려할 만한 가치가 있는가?'를 찾아내고, 두 번째 아이디어 심사단계에서는 '제품 아이디어가 자사의 목표, 전략 및 재원과 합당한가?'에 대해 아이디어 능력을 평가하고, 세 번째 개념개발 및 시험단계에서는 '소비자들이 사용할 것이라고 말하는 제품의 좋은 점을 발견할 수 있는가?'에 대해 아이디어를 소비자의 관점에서 구체화하여 소비자들의 반응을 시험하고, 네 번째 마케팅 전략 수립 단계에서는 시험단계를 거친 제품이 '원가에 효율적이며 시행 가능한 마케팅 전략을 수립 할 수 있는가?'의 예비적 마케팅 전략을 통해서 추구할 판매액, 시장점유율, 목표이익 등을 제시하고, 다섯 번째 사업성 분석 단계에서는 '이 제품이 이윤목표를 성취할 수 있는가?'를 알아보기 위해 손익분기점분석을 이용하여 신제품 계획의 매력도를 평가하고, 여섯 번째 제품 개발 단계에서는 제품 개념에 따라 몇 가지 형태의 실물을 개발하

〈그림 15-3〉 신제품 의사결정 과정

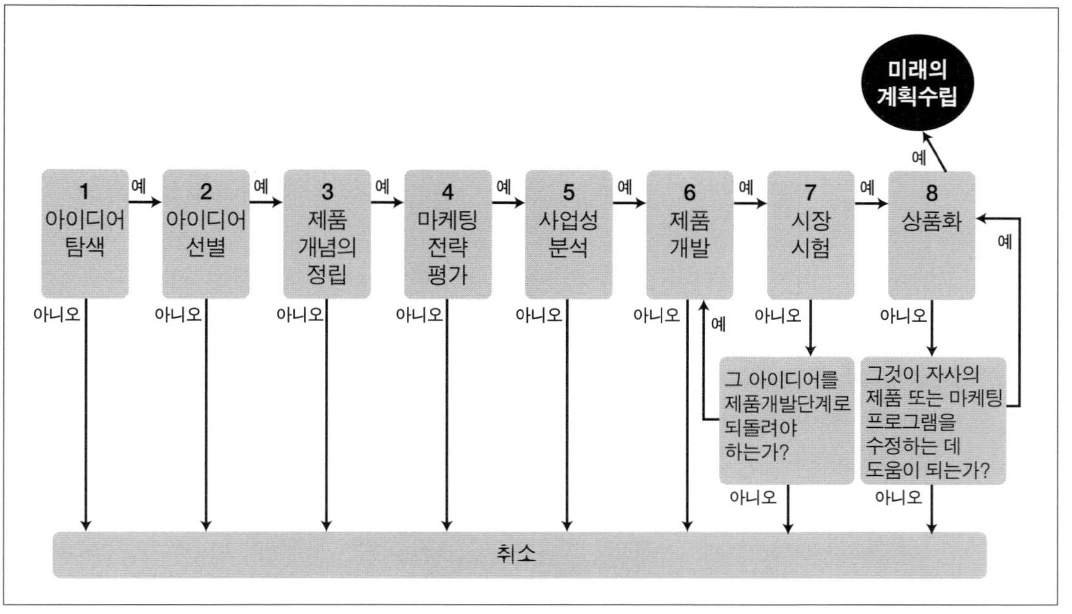

여 이 제품이 '기술 및 상업적으로 합당한 제품을 개발하고 있는가?'를 평가하여 시제품을 개발하고, 일곱 번째 시장시험 단계에서는 '제품판매가 기대를 충족시키고 있는가?'를 알아보기 위해 소비자와 판매상들이 어떻게 신제품을 취급·사용하고, 재구매하는지 현실적인 상황을 시험하는 단계이다. 마지막으로 여덟 번째 상품화 단계에서는 시장도입 시기, 판매장소, 촉진방법, 도입 방법 등을 고려하여 '제품판매가 기대를 충족시키고 있는가?' 판단해야 한다.

1) 아이디어 탐색

신제품 개발 과정은 아이디어 탐색에서부터 시작된다. 신제품 아이디어란 아이디어를 제품으로 전환시켜 기업이 시장에 도입할 가능성이 있는 아이디어를 말하며, 신제품에 대한 최상의 기회와 결과적 보상은 충족되지 못한 고객의 욕구 또는 기술적 혁신을 발견함으로써 성취할 수 있다. 기업들은 새로운 아이디어의 외부 원천을 개발하기 위해 고객, 구성원, 과학자, 엔지니어, 경로구성원, 마케팅 대행사, 최고경영층 및 경쟁사가 포함된다.

신제품 아이디어 탐색의 출발점은 고객의 1차적 욕구(needs)와 2차적 욕구(wants)이다. 고객들과의 일대일 면접과 집단 토론을 통해서 제품에 대한 욕구와 반응을 탐구할 수 있다. 또한 선도적인 고객들은 제품을 생산하는 기업에 대한 내용이나 심지어는 지식이 없는 기업들이 제품을 혁신할 때 좋은 투입원천이 될 수 있다.

첨단기술 기업들은 자사 제품에 대한 최신의 용법을 개발한 고객과 다른 고객들이 인식하기 전에 개선·향상에 대한 필요성을 인식한 고객들을 연구함으로써 많은 것을 배울 수 있다. 기업 내의 구성원들이 자사의 생산과 제품 및 서비스를 향상하는 데 필요한 아이디어 원천이 될 수 있다. 기업들은 경쟁사 및 다른 기업들의 상품과 서비스를 조사함으로써 새로운 아이디어를 발견할 수 있다. 최고경영자도 신제품 아이디어의 원천이다. 또한 신제품의 아이디어는 발명가, 특허권자, 대학 및 상설연구소, 업계자문기관, 광고대행사, 마케팅조사기업, 업체 잡지를 포함한 여러 원천에서 발견할 수 있다.

2) 아이디어 심사

기업들이 신제품 아이디어를 심사하면서 흔히 저지를 수 있는 오류는 탈락오류와 채택오류이다. 먼저 탈락오류는 아이디어를 심사하면서 실제 좋은 아이디어를 잘못 검토해 탈락시키는 것이다. 또한 다른 사람의 아이디어를 묵살하는 경우도 있을 수 있다. 둘째, 채택오류는 좋지 못한 아이디어가 잘못하여 개발과 상업화 단계로 진행되는 것이다.

제품의 실패는 크게 세 가지가 있을 수 있는데 첫째는 판매액이 변동비를 커버하지 못해 손실을 자아내는 절대적 제품 실패이다. 둘째는 제품의 판매액이 모든 변동비와 고정비 중 일부를 커버해 손실을 자아내는 부분적인 제품 실패이다. 셋째는 이윤을 산출하지만 그 이윤이 기업의 목표 수익률 이하의 수준인 상대적 제품 실패이다.

아이디어 심사과정을 거쳐 합격한 아이디어는 〈표 15-3〉과 같이 가중지수 방법을 사용해 평가한다. 첫 번째 열은 그 제품 출시가 성공하는 데 필요한 요인을 표시하고, 두 번째 열은 경영자가 각 성공요인의 상대적 중요성을 나타내기 위해 가중치를 부여한다. 세 번째 열은 각 요인에 대해 제품 아이디어를 0.0부터 1.0까지의 척도에 따라 평가하고 최종단계는 성공요인별 중요도에 제품 점수를 곱해, 신제품 아이디어의 능력을 전반적으로 평가한다.

〈표 15-3〉 제품 아이디어 평가표

제품의 성공 요건	상대적 가중치(a)	제품 점수(b)	제품 평가치(c= a × b)
독특한 또는 월등한 제품	0.40	0.9	0.36
고성능 대비 원가비용	0.30	0.6	0.18
마케팅 예산 지원	0.20	0.8	0.16
강력한 경쟁이 없음	0.10	0.5	0.05
합계	1.00		0.65

평가방법: 0.00~0.30 좋지 않음, 0.31~0.60 보통, 0.61~0.80 좋음.
소요 최저수용 평가치: 0.61

〈표 15-4〉 제품 성공 가능 예측 공식

전반적 성공 가능성	=	기술적 완결 가능성	×	특별한 기술적 완결에서 상업화의 가능성	×	특별한 상업화에서 경제적인 성공 가능성

신제품 아이디어가 개발 과정으로 진행됨에 따라 기업은 〈표 15-4〉 공식을 사용해, 그 제품의 전반적인 성공 가능성에 대한 예측치를 수정해야 한다.

3) 제품 개념의 개발과 시험

제품 개념이란 신제품 아이디어를 소비자의 관점에서 구체화한 것이다. 신제품 아이디어를 제품 개념으로 구체화하기 위해서는 첫째, 누가 신제품을 구매할 것인가? 즉 10대, 20대, 30대, 40대 등을 목표로 할 수 있다. 둘째, 신제품은 소비자들에게 어떤 이점을 제공해야 하는가? 즉 맛, 영양가, 신선함, 칼로리 등을 구체화해야 한다. 셋째, 신제품은 소비자들이 언제 사용할 것인가? 즉 아침, 오전, 점심, 오후, 저녁 등을 결정해야 하고 이러한 여러 질문을 통해서 여러 개념을 수립하게 된다.

제품 개념 시험이란 이러한 제품의 개념이 상징적으로 또는 실질적으로 표적 소비자들에게 제시되고 또한 소비자들의 반응을 획득하도록 하는 것이다. 시험되고 있는 개념들이 최종제품이나 경험과 유사할수록 개념시험의 신뢰성은 더욱더 높아진다. 제품 개념시험의 중요한 것은 소비자들에게 신제품 개념의 정교하게 구체화된 개념을 제시하는 것이다. 개념 시험을 좀 더 확실하게 하기 위해서는 첫째, 신제품의 이점이 분명하고 믿을 만한가에 대한 의사소통의 가능성과 신뢰성, 둘째, 신제품이 당신의 문제를 해결하고 욕구를 충족시키는가하는 욕구수준, 셋째, 다른 제품이 최근에 이러한 욕구를 충족시켜 당신을 만족시키고 있는가하는 차이분석, 넷째, 신제품의 가격은 가치에 비해 합리적인가하는 지각적 가치, 신제품을 살 것인가 하는 구매의도, 신제품을 누가 사용하며 언제 얼마나 자주 사용할 것인가 하는 표적사용자, 구매시기, 구매빈도 등을 측정해야 한다.

4) 마케팅 전략 수립

성공적인 제품 개념 시험을 한 후, 시제품 관리자는 신제품을 시장에 도입하는데 필요한 예비적인 마케팅 전략계획을 수립해야 한다. 마케팅 전략계획의 첫 번째 부문은 표적시장의 규모, 구조 및 행동, 제품 위치화의 계획 그리고 3개년 동안 추구할 판매액, 시장점유율, 목표이익 등을 제시해야 한다. 두 번째 부문은 1차 년도 예정가격, 유통전략 및 마케팅 예산 등을 제시해야 한다. 세 번째 부문은 정기적 매출액과 이익목표 및 기간별 마케팅 믹스전략을 제시해야 한다.

5) 사업성 분석

경영자가 제품 개념과 마케팅 전략을 수립하게 되면, 신제품 계획의 매력도를 평가해야 한다. 경영자는 매출액, 비용 및 이익 추정치를 검토해 신제품 계획안이 기업 목적에 적정한지 결정해야 한다. 매출액 예측은 예상되는 1회 판매액, 예상되는 대체판매액 및 예상되는 반복판매액 등을 예측해야 한다. 비용의 추정은 기술개발부, 생산부, 마케팅부, 재무부서 등에서 담당해야 하고 향후 5년간의 판매액, 비용, 이익추정치 등을 추정해야 한다.

신제품 제안을 평가하기 위해 손익분기점 분석(break even analysis)을 이용하는데, 이는 경영자가 어떤 특정가격과 원가구조에서 기업이 얼마만큼 판매해야만 손익분기가 되는지 예측하는 방법이다. 또는 판매액이 손익분기가 되는데 시간이 얼마나 걸리는지 예측할 수 있다. 이러한 분석을 통해서 사업성이 양호하다고 판단되면 제품 개념은 다음 단계인 제품개발 단계로 진행하게 된다.

6) 제품 개발

제품 개발 단계에서는 이전단계에서보다 막대한 투자가 소요된다. 제품 개발 단계에서는 특정 제품의 아이디어가 기술적 및 상업적으로 실행 가능한 제품으로 전환할 수 있는지 결정한다. 표적고객의 요구사항을 실제 적용되는 시제품으로 전환하는 것은 품질-기능전개라고 하는 일련의 방법으로 가능하다. 이 방법은 시장조사에서 얻어진 일련의 바람직한 고객속성을 이용하고 또한 고객속성을 엔지니어들이 사용할 수 있는 일련의 엔지니어링 속성으로 변환시킨다.

기술개발부에서는 제품 개념에 따라 몇 가지 형태의 실물을 개발한다. 이를 물질적 시제품이라 한다. 개발된 시제품은 첫째, 소비자의 입장에서 볼 때 제품 개념서에 명시된 핵심적 속성을 구체화해야 하고, 둘째, 시제품이 정상적 용도와 사용조건하에서 제대로 기능을 발휘해야 하고, 셋째, 시제품이 예정된 제조원가로 생산이 가능해야 한다.

시제품의 제작이 완료되면, 신제품이 시장에 출시되기 전에 엄격한 기능시험과 고객시험을 거쳐야 한다.

7) 시장시험

경영자가 신제품의 기능적 및 심리적 성능에 만족하게 되면, 신제품은 상표명과 포장을 적용하고 시장시험을 받을 준비를 해야 한다. 신제품의 시장 규모는 얼마나 큰가? 그리고 소비자와 판매상들이 어떻게 신제품을 취급·사용하고, 재 구매하는지 현실적인 상황시험을 하게 된다.

시장시험의 범위는 한편에서는 투자액과 위험 그리고 다른 한편으로는 시간압박과 조사비용에 영향을 받는다. 막대한 투자기 소요되고 위험이 높은 제품은 실패의 기회가 높으므로 시장시험을 받는 것이 좋다. 소비재의 경우 신제품을 시험하는 데는 시용, 최초 반복, 채택 및 구매빈도를 예측해야 한다.

8) 상품화

시장시험의 결과가 좋아 마케팅관리자가 신제품을 시장에 도입하기로 결정하였다면 원부자재와 관련한 제조업자와 계약을 체결하고, 완전한 생산설비를 갖추어야 하며 신제품 출시와 관련하여 네 가지의 의사결정을 하여야 한다.

신제품을 상업화하는 데 가장 중요한 것은 첫째, 시장도입 시기이다. 신제품 개발업무가 끝날 무렵 경쟁사도 개발업무가 마무리 단계에 있다는 정보를 입수했다면, 이 기업은 선발진출 할 것인가, 동시 진출할 것인가, 아니면 후발진출 할 것인가를 결정해야 한다.

둘째는 어느 지역에 출시할 것인가 하는 장소문제이다. 즉 신제품의 출시범위를 한 장소나 한 지역으로 할 것인지, 아니면 몇 개의 지역이나 전국시장 또는 국제시장으로 할 것인지를 결정해야 한다.

셋째는 침투시장 내에서 최적의 예상고객에게 유통과 촉진을 맞추어야 한다. 예상 잠재고객은 초기수용자이며, 대량 사용자이면서 의견 선도자이며 저렴한 비용으로 접촉 가능한 고객이면 금상첨화이다. 그러나 이러한 모든 특성을 가진 표적 집단을 찾기는 어렵다. 이러한 특성을 기준으로 여러 예상고객을 평가해 최종 예상 고객집단을 표적으로 한다.

넷째는 도입 방법이다. 기업은 공격침투시장에 신제품을 도입하기 위한 실행계획을 수립해야 한다. 신제품 출시가 예상보다 늦어지고 많은 비용이 지출되기 때문에 성공적으로 상품화된 신제품이라도 자금부족으로 고전하기도 한다. 따라서 충분한 시간과 재원을 할당하는 것이 중요하다.

15-6 소비자 행동

15-6-1 소비자 의사결정

소비자 행동(consumer behavior)이란 '소비자가 소비와 관련된 상품이나 서비스 등을 획득하기 위해 돈, 시간, 노력 등의 자원을 어떻게 배분할 것인지를 결정하는 의사결정 과정과 신체적 정신적 행동'으로 '소비자에게 의미 있는 상품이나 서비스의 교환을 원활하게 하며 완성시키는 행위'라 할 수 있다.

여기서 소비자란 상품이나 서비스를 획득하기 위해 어떠한 활동에 참여하는 모든 사람을 말한다. 행동이란 사람의 신체적·정신적(심리적) 활동을 말한다. 소비자의 역할은 소비의 필요성을 제기하는 역할(제안자), 의사결정에 영향력을 행사하는 역할(영향자), 구매를 결정하는 역할(결정자), 구매자금을 제공하는 역할(지출자), 상품이나 서비스를 구매하는 역할(구매자), 상품이나 서비스를 사용하는 역할(사용자) 등 다양한 역할을 수행한다. 예를 들면 음료수를 구매하는 경우 이 모든 역할을 혼자서 다할 수 있지만, 가족과 외식을 하는 경우 음식 메뉴나 장소결정에 영향력을 행사 하는 사람, 구매를 결정하는 사람, 음식값을 지출하는 사람이 다 다를 수 있다. 마케팅관리자는 상품이나 서비스를 소비하는 소비자의 역할만을 이해할 것이 아니라 이러한 소비자의 다양한 측면에서 이해해야 한다.

프랜차이즈 기업들은 2장 프랜차이즈 산업의 분류에서 보았듯이 서비스 기업이라고 할 수 있다. 소비자들은 서비스를 평가하고 선택할 때 상품에 비해 많은 어려움을 겪는다. 이는 서비스가 형태가 없는 무형적이고, 표준화되어 있지 않는 이질성이며, 소비와 생산이 동시에 일어나는 동시성, 그리고 사용 후 소멸하고 없는 소멸성의 특징 때문에 소비자의 구매 과정과 소비 과정 모든 단계에서 상품과 다르게 나타난다.

서비스에서 소비자의 의사결정 과정과 평가단계는 상품의 의사결과정과는 달리 〈그림 15-4〉와 같이 크게 소비자 선택, 소비자 체험, 체험 후 평가단계로 구분할 수 있고, 다시 소비자 선택에서는 욕구인식, 정보 탐색, 대안평가, 구매의 과정으로 구분한다.

〈그림 15-4〉 서비스에서 소비자 의사결정 과정

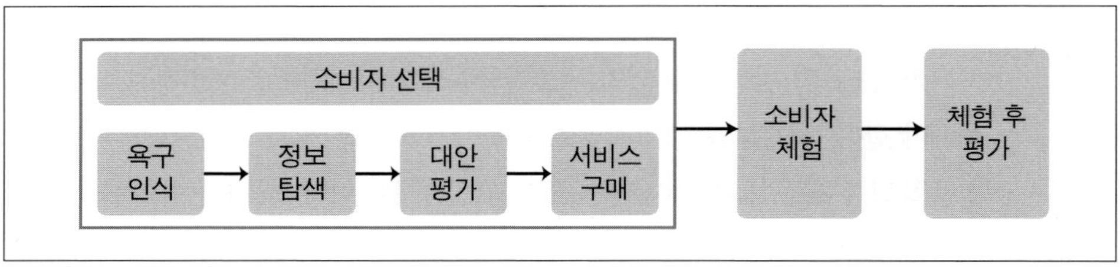

15-6-2 소비자 선택

소비자 행동에서 가장 중요한 것은 고객이 상품을 선택하고, 결정하고, 특정서비스를 구매하는 방법을 이해하는 것이다. 소비자는 욕구인식, 정보 탐색, 대안평가, 구매 등을 포함한 일련의 과정에 따라 의사결정을 한다.

1) 욕구인식

서비스를 구매하는 과정은 1차적 욕구(needs)와 2차적 욕구(wants)에 대한 인식에서 출발한다. 소비자가 욕구를 인식하는 데는 여러 가지 방법이 있지만 매슬로우(Abraham Maslow)의 다섯 가지 욕구단계에 의해 설명하고자 한다. 서비스는 이러한 모든 욕구를 충족시킬 수 있지만, 사회적 욕구, 자아 욕구, 자아실현 욕구에서 중요성이 더해진다.

먼저 첫째 단계인 생리적 욕구는 식품, 물, 그리고 수면과 같은 생리적 욕구이다. 이러한 기본적인 욕구의 인식은 직접적으로 나타난다. 둘째 단계인 안전과 보안 욕구는 주거, 보호, 안전을 추구한다. 즉 여행을 가는 경우 안전 욕구를 향상시킬 수 있는 안전 여행을 확보할 수 있는 여행사 선택이나 보험서비스를 구입한다. 셋째 단계인 사회적 욕구는 애정, 우정 그리고 인정에 관한 것으로 모든 소비자들은 소속에 관한 관심으로 기초적인 가족 구성부터 직장의 동료, 각종 모임의 구성원으로서의 서비스를 이용한다. 넷째 단계인 자아 욕구는 명예, 성공, 성취 그리고 자아존중에 관한 욕구이다. 소비자들은 자기가 성취한 일 때문에 다른 사람에게 존경받기를 원하고 스스로도 좋은 느낌을 갖기를 원한다. 자기 자신을 향상시키고 성공하려는 욕구는 교육, 훈련, 그리고 기술과 명예에 관련된 다른 서비스를 증가시키는 원인이 되었다. 다섯째 단계인 자아실현 욕구는 자기성취와 관련된 다양한 체험을 하려고 한다. 소비자들은 자신의 잠재력을 충분히 이용하고 그들의 삶을 즐기면서 살려고 한다.

매슬로우의 욕구단계이론에서는 욕구의 단계적 충족을 가정하고 있다. 하지만 기본적인 욕구를 충족하지 못한 소비자들도 자아실현욕구에 의해 동기부여가 될 수도 있다.

2) 정보 탐색

소비자가 욕구를 인식하면, 욕구를 충족시킬 수 있는 상품과 서비스에 관한 정보를 탐색하게 된다. 소비자에게 서비스나 상품이 중요하고, 유럽여행, 법률서비스 등과 같이 관여도가 높은 서비스라면 정보 탐색은 포괄적이고, 공식화된 과정을 거치게 될 것이다. 하지만 패스트푸드점, 이·미용서비스 등과 같이 관여도가 낮은 서비스의 경우라면 정보 탐색이 빠르고 비교적 자동적이다. 소비자는 서비스나 상품에 대한 정보를 얻기 위해 인적 정보원(친구나 전문가)이나 비인적 정보원(대중매체나 선택매체)을 이용한다. 정보 탐색은 위험을 줄이는 방식으로 소비자의 선택에 대해 더 큰 확신을 갖도록 도와준다.

인적 정보원과 비인적 정보원. 상품이나 서비스를 구입할 때 소비자는 인적 및 비인적 정보원을 광범위하게 이용하는데, 두 방법 모두 탐색 품질 속성에 대한 정보를 효과적으로 제공하기 때문이다. 소비자가 서비스를 구입할 때 인적 정보원에 더 의존하는 이유는 첫째, 대중매체나 선택매체는 체험품질 속성의 정보를 제공할 수 없기 때문이다. 이를 극복하기 위해 소비자들은 친구나 전문가에게 서비스에 대해 문의하여 대리체험으로 정보를 얻을 수 있다. 둘째, 비인적 정보원을 이용하기 쉽지 않다. 즉 대부분의 가맹본부가 광고 체험이 없거나, 광고할 자금 여력이 부족하여 매체를 통한 광고를 시행하기 어렵기 때문이다. 셋째, 소비자들이 서비스 구매 이전에 극히 소수의 속성만 평가할 수 있어 대안을 선택하는 데 따르는 위험이 크다. 서비스에 대해서는 구전 커뮤니케이션의 영향이 크다. 또한 소비자들은 인터넷을 통해 서비스의 시각적인 형태, 사진, 그리고 가상 체험으로 비인적 정보를 탐색할 수 있다.

지각된 위험. 모든 구매는 어느 정도 지각된 위험을 가지고 있지만, 서비스가 상품에 비해 지각된 위험성이 높은 이유는 서비스는 무형성이 크고, 표준화되어 있지 않기 때문에 불확실성이 존재하며, 보증이나 인증을 받지 못하며, 소비되고 난 후에 불만족을 지각하기 때문에 반환할 수 없으며, 너무 기술적이거나 전문적이어서 소비하고 난 후에도 자신이 만족하고 있는지의 여부를 판단할 만한 지식이나 체험을 갖고 있지 못하기 때문이다. 지각된 위험은 재무적 위험, 시간 위험, 성과 위험, 사회적 위험, 심리적 위험 등으로 분류할 수 있다.

따라서 서비스 구매에 있어 지각된 위험을 줄이기 위한 전략으로는 서비스 보증과 같은 직접적인 방법이나 지각된 위험을 유발하는 요인을 보여주는 방법 즉 택배 서비스의 경우 소비자들에게 위탁수화물 위치추적 서비스를 인터넷을 통해서 제시한다든지, 또는 서비스를 무료 또는 가격인하를 통하여 서비스 체험을 유도한다거나 서비스 불만족 시 요금을 깎아주는 만족 보증제 실시하든지, 직원 교육을 통한 서비스 제공절차의 표준화로 소비자로 하여금 품질을 예상할 수 있게 하는 것이다.

3) 대안평가

상품보다 서비스에서 대안이 적은 이유는 첫째, 서비스는 상품과 비교할 때 소매단계에서 차이가 있다는 것이다. 즉 상품의 경우는 소매점에서 경쟁상품과 비교하면서 구입할 수 있지만, 서비스의 경우는 브랜드가 오직 하나뿐인 시설(은행, 이·미용실, 세탁소 등)를 이용하기 때문이다. 둘째, 소비자가 같은 서비스를 제공하는 업체를 특정 지역 내에서 찾기는 어렵다. 셋째, 구매 전에 서비스에 대한 충분한 정보를 얻기가 어렵다는 것이다. 그러기 때문에 체험품질 속성을 평가하는 것이 중요할 때도 다른 대안을 찾기보다는 제일 처음 대하는 대안을 간단하게 선택하는 경우도 있다. 인터넷은 포털사이트를 통해서 대안브랜드의 범위를 넓히는 가능성을 가지고 있으며, 항공 산업과 호텔산업 등에서는 포털사이트를 통해 제시되고 있다.

비전문 서비스의 경우, 직업을 가진 사람은 집안청소, 세탁, 아기 돌보기, 잔디관리, 식사준비 등에 대해 '스스로 서비스를 할 것인가? 고용할 것인가?'를 선택해야 한다. 그러나 이런 비전문 서비스도 이제는 서비스 프랜차이즈 시스템을 통해 소비자들에게 제공되고 있다.

4) 서비스 구매

소비자는 대안을 고려한 후에 특별한 서비스를 구입하거나 아니면 그것에 대해 자신이 하려는 결정을 하게 된다. 레스토랑 식사, 영화, 공연장 등과 같은 서비스는 구입과 동시에 생산되기 때문에 구매시점에서도 많은 것을 모르고 있다.

소비자는 휴가 여행, 헬스클럽, 홈 리모델링, 대학 교육 등과 같은 서비스가 완성될 때까지 충분한 체험도 하지 못한 채 서비스의 구입 가격 일부 또는 전부를 선불로 지불한다.

이러한 서비스 구매결정 시 위험을 줄이는 방법으로 서비스 제공자는 서비스를 무료나 큰 폭으로 할인하여 사용하게 하든지, 유아원, 대학교 등과 같은 서비스는 시설의 시찰을 허용한다. 또한 기업 간 장기서비스 계약 시 위반사항에 대해 단계별로 벌칙을 규정하여 서비스 제공자의 신뢰를 높이는 것이 중요하다.

15-6-3 소비자 체험

서비스는 그 자체의 특성이 많이 알려져 있지 않아 소비자는 선택 과정에서 지각된 위험을 높게 느끼기 때문에 소비자 체험이 평가 과정에 많은 영향을 미친다. 따라서 서비스는 상품에 비해 상대적으로 체험 품질이나 신뢰 품질의 속성이 높다. 그러므로 소비자가 서비스를 실제로 받으면서 체험한 것은 평가 과정과 그 이후 재 구매 결정에 매우 중요하다. 서비스는 '소비자 체험이 바로 마케팅'이라고 말할 정도로 소비자 체험이 중요하다. 따라서 서비스는 '고객에게 인상적인 체험'이 중요하다.

소비자의 서비스 체험은 그 체험을 평가하는 방법과 관련된 소비자의 행동이 매우 중요하다. 소비자의 체험이 단지 즐겁고, 자극적이고, 인상적인 체험에 국한하지 않고 평범한 것부터 특별한 것까지 포괄한다. 즉 모든 서비스는 체험이다. 따라서 서비스 지속기간이 길든지 짧든지, 서비스가 복잡하든지 단순하든지, 서비스가 평범하든지 흥미롭고 독특하든지, 효과적인 서비스 과정과 서비스 체험을 창출하고 관리하는 것은 서비스 조직에게는 언제나 본질적인 관리업무다.

15-6-4 체험 후 평가

체험 후 평가(post experience evaluation)란 고객이 서비스 체험에 따라서 서비스 조직의 단골이 되어서 계속 이용할지, 다른 조직으로 전환할지를 결정하는 평가이다. 가맹본부는 소비자가 만족, 서비스 품질, 애호도, 그리고 때때로 감정적 애착을 측정하는 것이라고 이해한다. 체험 후 평가 방법으로는 구전 커뮤니케이션, 불만족의 귀인, 긍정적 또는 부정적인 편견, 브랜드 충성도 등이 있다.

1) 구전 커뮤니케이션

구전은 소비자가 서비스에 관해 다른 사람에게 얘기하는 것으로 다른 소비자들에게 큰 영향을 미친다. 따라서 가맹본부에게는 소비자의 구전이 다른 소비자에게 큰 영향을 미치므로 구전 커뮤니케이션에 대한 이해와 통제가 매우 중요하다. 물론 긍정적인 구전을 얻기 위한 가장 좋은 방법은 인상적이고 긍정적인 서비스 체험을 창조하는 것이다. 소비자가 자기가 체험한 서비스에 불만족했을 때 가장 중요한 것은 빠른 서비스 회복이 필요하다.

2) 불만족의 귀인

서비스 소비자는 서비스가 원하는 욕구를 충족하지 못할 때, 성능이 만족스럽지 못할 때, 제값을 하지 못할 때 구매에 대해 실망을 한다. 이런 경우 소비자는 불만족의 원인을 서비스 생산자, 서비스 제공자 혹은 소비자 자신 등 여러 곳에서 찾는다. 소비자는 서비스를 규정하고 생산하는 데 많이 참여하기 때문에 상품을 구입하는 경우보다 서비스를 구입하는 경우에 불만족에 대한 책임을 많이 느낀다.

서비스 품질은 고객이 서비스 접점에서 제공하는 정보에 달려 있다. 즉 의사는 진료를 정확히 하기 위해서 환자의 병력과 증상을 자세히 설명해 주기를 원한다. 세탁소에서 얼룩을 잘 제거하려면 고객에게 얼룩의 원인을 설명해 주도록 요구한다. 세무사는 만족스러운 업무수행을 위해서 고객이 모아 놓은 영수증을 요구한다. 이처럼 서비스는 소비자가 일정 부분 생산과정에 참여하기 때문에 자기 자신에게도 일말의 책임이 있다. 따라서 서비스의 소비자는 서비스에 대한 불만족의 탓을 그들이 수행해야 할 서비스의 일부분을 제대로 파악하고 수행하지 못한 자신의 무능으로 돌린다.

3) 긍정적 또는 부정적 편견

부정적 편견. 연구결과에 따르면 소비자들은 긍정적인 사건보다 부정적인 사건을 더 잘 기억하고, 긍정적인 정보보다 부정적인 정보에 더 영향을 받는다고 한다. 그리고 소비자는 일상적인 일이나 긍정적인 서비스 체험에 대한 생각보다는 부정적인 서비스 체험을 더 잘 기억한다. 또한 소비자는 전반적인 브랜드 태도 형성에 있어 제품속성에 관한 부정적인 정보를 긍정적인 정보보다 더 중요시한다.

긍정적 편견. 최근 흥미로운 연구결과를 보면 고객이 한 명의 서비스 직원에게서 좋은 체험을 하였다면 그 기업과 모든 직원에 대해 긍정적인 품질로 추론한다고 한다. 즉 서비스 제공자 개인이 긍정적인 평가를 받으면, 기업 내의 다른 서비스 제공자에 대한 소비자의 긍정적인 지각 또한 상승한다는 것이다. 한편으로 한 직원에게 부정적인 체험을 한 소비자는 전체 직원 또는 기업에 관해 부정적인 추론을 덜 하고 개별 직원의 탓으로 돌리는 경향이 있다는 것이다.

4) 브랜드 충성도

브랜드 충성도는 소비자가 특정 브랜드의 상품이나 서비스에 몰입하는 정도를 말하는데 소비자가 브랜드에 충성도를 가지는 이유는 브랜드를 바꾸는 비용(전환비용), 대체재의 이용가능성, 기업과 사회적 결속, 구매에 수반되는 지각된 위험, 기존제품에서 얻는 만족의 정도 등으로 특정회사의 고객으로 남는 경향이 강하다. 서비스는 다른 브랜드로 바꾸는데 비용이 더 들고, 대체제의 접근이 더 어렵고, 보다 높은 지각된 위험을 수반하기 때문에 소비자는 상품보다 브랜드 충성도가 더 높다고 할 수 있다.

서비스에서 브랜드 충성도가 보다 높은 이유는 서비스 소비자는 서비스에 관한 정보를 얻기 어려워 대체재가 있는지도 모르고, 비록 알고 있더라도 기존 브랜드에 비해 더 만족할 수 있을지에 대한 확신이 없다. 둘째, 서비스 소비자는 브랜드 전환에 비용이 든다. 즉 치과의사는 새로운 X-레이를 요구하고, 헬스클럽은 회원가입을 요구한다. 마지막으로 서비스 제공자로부터 최고의 만족을 얻는 데는 단골이 좋다는 인식을 하기 때문이다. 즉 단골고객이 되면 판매자가 고객의 취향과 기호를 알 수 있어 보다 나은 대우를 보장하고, 고객만족에 대해 보다 많은 관심을 기울이기 때문이다. 따라서 고객은 판매자와 만족스러운 관계를 구축하기 위해서 브랜드 충성도를 계속 유지하려 할 것이다.

15-7 가격 관리

15-7-1 가격의 이해

마케팅에서 가격이란 소비자가 상품 또는 서비스 단위를 사기 위해 지불해야 하는 화폐의 양이라고 할 수 있다. 즉 소비자 자신에게 필요한 상품이나 서비스를 제공받기 위해, 상품이나 서비스를 제공하는 판매자에게 주는 가치의 총합으로 보통 화폐로 표시된 금액을 말한다. 상품의 효용(utility)은 소비자의 기본적인 욕구와 필요를 충족시키거나 문제를 해결해 줄 수 있는 능력이며, 상품의 가치는 상품 효용에 대한 소비자의 추정치로서 대체로 시장에서 한 상품과 교환할 수 있는 다른 상품의 양이다.

소비자가 상품이나 서비스를 구입한다는 것은 그에 대한 지각된 가치가 가격보다 높기 때문이다. 소비자의 지각된 가치는 소비자가 지불하는 비용(cost) 분의 소비자가 얻는 이익(benefit)이다. 이를 식으로 나타내면 '지각된 가치 = 이익(benefit)/비용(cost)' 이다. 또한 경쟁상품이 있는 경우 우리 가맹본부의 상품이나 서비스를 구입하는 경우는 우리 가맹본부의 상품이나 서비스의 지각된 가치가 경쟁사의 상품이나 서비스의 지각된 가치보다 클 때이다.

가격은 많은 형태로 되어 있으며 또한 많은 기능을 수행한다. 임대료, 수수료, 요금, 수업료, 사용료, 통행료, 임금, 수당 등의 모든 것은 소비자가 어떤 제품이나 서비스에 지불하는 가격이다.

가격은 역사적으로 보면 구매자와 판매자의 협상에 의해 결정되었다. 구매자와 판매자 사이의 흥정은 아직까지도 일부 시장에서는 즐거움거리이다. 제품에 대한 단일가격은 19세기 말엽 대규모 소매상들이 등장하면서 시작되었다.

일물일가(一物一價)의 정책에 따라 모든 구매자에게 한 가지의 동일한 가격이 제시되는 현상이 나타났으며, 가격은 마케팅 믹스의 교환 잠재력을 결정짓는 중요한 결정요인이다.

20세기 후반 여러 형태의 소매상이 등장하면서 제조회사에서의 가격이 유통회사의 특성에 맞는 가격 결정을 통해서 여러 가지의 가격으로 결정되면서 일물다가(一物多價)로 변하고 있다.

15-7-2 가격 결정

어떤 상품의 경우는 가격을 관습적이나 경쟁사의 가격을 모방하여 단순하게 가격을 결정하기도 하지만, 첫째, 신제품을 개발하였거나, 둘째, 기존 상품을 새로운 유통경로 또는 새로운 지역에 도입할 경우, 셋째, 새로운 계약 시 입찰할 때는 상품의 품질이나 여러 상황을 반영하여 가격을 결정하기 때문에 상품의 가격 결정이 매우 어렵고 복잡한 과정을 거치게 된다. 가격 결정 과정은 1단계는 가격 결정 목표 설정, 2단계는 수요 결정, 3단계는 원가 추정, 4단계는 경쟁사의 원가, 가격 및 제공물의 분석, 5단계는 가격 결정 방법의 선정, 6단계는 최종가격 결정이다.

1) 가격 결정 목표 설정

마케팅관리자는 자사 제품을 위치화하고자 하는 곳을 결정해야 한다. 기업의 목표가 명확할수록 가격 결정은 용이하며, 기업목표는 기업의 존속, 단기이익의 극대화, 시장점유율 극대화, 시장고가격 극대화, 상품-품질 선도력 등을 추구할 수 있다.

첫째, 기업존속을 목표로 하려는 기업은 과잉설비나 경쟁격화 또는 소비자 욕구의 변화 등으로 고심하는 기업으로 변동비와 고정비의 일부를 충당하는 한 조업을 유지하는 가격을 선택하게 된다.

둘째, 단기이익 극대화를 목표로 하려는 기업은 대안적 가격에 관련된 수요와 비용을 추정한 다음 단기이익, 현금흐름 또는 투자수익률을 극대화하려는 가격을 선택하게 된다. 그러나 단기이익 극대화 목표는 사전에 구체적으로 계량화할 수 없기 때문에 마케팅 성과를 평가하기 위한 실무적 기준을 제공하지 못할 뿐만 아니라 원가와 수요에 관한 정확한 자료를 근거로 하지 않는다. 더욱이 이러한 목표는 이익극대화라는 용어가 지나치게 높은 가격, 독점, 이윤만 추구 등의 나쁜 이미지를 함축하고 있기 때문에 정부나 소비자 등 공중으로부터 비난을 받을 수 있다.

셋째, 시장점유율 극대화를 목표로 하려는 기업은 상품에 가능한 한 낮은 가격을 책정해 판매량을 증가시키고, 높은 시장점유율을 달성함으로써 원가를 낮추어 최저 가격을 유지하려는 가격을 선택하게 된다. 그러나 시장침투가격은 가격인하가 시장을 성장시킬 수 있도록 가격이 매우 가격 감수적이어야 하며, 축척된 생산경험이 생산비용과 유통비용을 인하해야 하며, 저가격이 실제적으로 잠재적인 경쟁력이 있어야 한다.

넷째, 시장 고가격극대화를 목표로 하려는 기업은 신기술을 통해서 초기 고가격정책을 실현하고 시간이 지남에 따라 서서히 가격을 낮추려는 전략으로 가격을 선택하게 된다. 이러한 정책이 성공하기 위해서는 고가정책에 대한 충분한 수요가 있어야 하며, 소량을 생산하는 단위당 원가는 거래비용을 충당할 정도의 이익을 초과해야 하며, 고가격이 많은 경쟁기업을 유인하지 않아야 하며, 고가격이 제품의 이미지를 높일 수 있어야 한다.

다섯째, 상품-품질 선도력을 목표로 하는 기업은 소비자의 범위를 벗어나지 않으면서도 충분히 고가격으로 높은 수준의 지각적 품질, 맛, 지위로 특성화되는 상품이나 서비스가 되려고 한다. 상품-품질 선도기업은 집중적 충성고객 기반에 품질, 고급스러움 및 고가격을 결합함으로써 품질선도자로 위치화할 수 있다. 이외에도 기업들은 가격에 대한 여러 가지 목표를 가질 수 있다.

2) 수요 결정

기업이 결정한 상품의 가격은 소비자에 의해 서로 다른 수준의 수요를 유발하므로 책정한 가격은 그 기업의 마케팅 목표에 영향을 미친다. 또한 상품의 가격이 적절한지는 소비자에 의해 결정되므로 가격 결정은 소비자 지향적이어야 한다. 현재의 시점에서 결정한 가격과 수요와의 관계는 〈그림 15-5〉와 같이 수요곡선으로 나타낼 수 있다.

수요량은 일정한 가격에서 소비자들이 기꺼이 구매하려는 상품의 양을 말하는데 대체로 수요와 가격은 역방향 관계이므로 가격이 높을수록 수요는 감소한다. 그러나 간혹 기능보다 상징적 의미를 갖는 유명제품의 경우 가격이 높을수록 수요가 증가하는 현상을 보인다. 그러나 가격을 너무 높게 책정하면 수요는 줄어든다. 즉 화장품이나 유명의류 및 악세서리, 의약품 등과 같은 위풍재(prestige goods)가 이에 해당한다.

일반적으로 소비자들은 저가격 품목이나 자주 구입하지 않는 품목에 대해서는 덜 감수적이다. 소비자들이 거의 감수적이지 않는 경우는 첫째, 대체품이나 경쟁사가 거의 또는 전혀 없을 때, 둘째, 소비자들이 상품가격을 미리 알고 있지 않을 때, 셋째, 소비자들이 자

〈그림 15-5〉 비탄력적 수요와 탄력적 수요

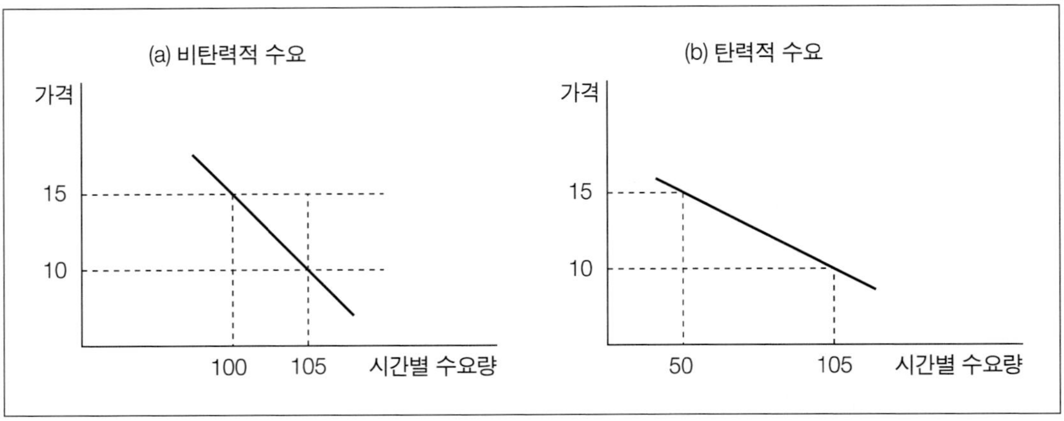

기의 구매습관을 변경하기 어려울 때, 넷째, 소비자가 고가격이 정당하다고 생각하는 경우, 다섯째, 상품가격이 상품수명주기 동안 그 상품을 소유하고 운영하고 또는 서비스를 받는 전체 비용 중에 작게 차지할 때이다.

수요곡선을 예측 방법에는 상이하게 제시된 가격으로 얼마나 많은 양을 구입하는가를 조사하는 설문조사 방법, 가격변화가 판매에 어떻게 영향을 미치는가를 보기 위한 가격실험법, 과거의 가격, 판매된 수량 및 기타 요인에 대한 통계분석을 통해 그 관계를 밝히는 통계분석 방법이 있다.

마케팅관리자는 가격변화가 수요에 어떻게 반응하는가를 반드시 알아야 한다. 즉 〈그림 15-5〉에서 보는 바와 같이 수요곡선 (a)에서 가격이 10원에서 15원으로 인상되면, 수요는 105에서 100으로 비교적 작게 감소한다. 수요곡선 (b)에서는 동일한 가격 상승에 의해서도 수요는 150에서 50으로 매우 크게 감소한다. 가격의 변화에도 수요가 거의 변화하지 않으면 수요는 비탄력적이고, 수요가 큰 변화가 있을 경우는 수요가 탄력적이라 한다.

3) 원가추정

수요는 기업이 상품에 부과할 수 있는 가격 상한선을 정하는 반면, 원가는 가격의 하한선을 정한다. 어떤 기업이든 상품의 생산과 유통 및 판매 등에 소요되는 비용을 충당하고, 투입한 노력과 위험에 비추어 적정이익이 보장되는 가격을 원한다. 상품에 대한 원가는 생산량이나 판매량에 관계없이 일정하게 발생하는 고정비(fixed cost)와 생산량이나 판매량에 비례하여 발생하는 변동비(variable cost)로 구분하고, 고정비와 변동비의 합계를 총 비용(total cost)이라 한다. 평균비용(average cost)은 총 비용을 생산량으로 나눈 값으로 단위당 비용을 말한다.

마케팅관리자는 기준가격을 결정하는 데 있어서 대체로 일정한 생산량이나 판매량에 대해 적어도 총생산비용을 보상해줄 가격을 원하는데, 이를 위해서는 생산량과 판매량에 따라 원가가 어떻게 변하는지 알아야 한다.

첫째, 생산수준에 따른 원가가 어떻게 변화하는지 알아야 한다. 만약 1,000개의 생산 능력을 갖춘 공장이 있다면, 1,000개에 가깝게 생산할수록 원가가 감소하고, 1,000개를 생산할 때 단위당 원가가 최저 수준이 된다. 만약 1,000개 이상 생산을 한다면 초과근무에 대한 인건비가 증가하고 공장의 효율성이 저하되어 단위당 원가는 다시 증가하게 된다.

둘째, 누적생산량에 따라 원가가 어떻게 변화하는지 알아야 한다. 즉 생산량이 누적되어 감에 따라 작업자는 요령을 터득하며, 원재료의 흐름이 개선되고, 원부재료 조달 원가가 낮아지는 등 평균원가가 누적생산량 증가에 따라 낮아진다. 이와 같이 생산경험이 축척됨에 따라 평균비용이 체감하는 현상을 경험곡선(experience curve) 또는 학습곡선(learning curve)이라고 한다. 단위당 평균원가를 뚜렷이 감소시키는 경험효과가 존재한다면 마케팅관리자는 저 가격을 통해 수요를 증대시킴으로써 원가를 더욱 낮출 수 있게 되어 가격경쟁우위를 누릴 뿐 아니라 시장점유율을 크게 향상시킬 수 있다.

4) 경쟁사의 원가, 가격 및 제공물 분석

마케팅관리자는 시장의 수요와 기업의 원가에 의해 결정된 가격 범위 내에서 경쟁사의 원가와 가격 그리고 그 가격에 대한 반응을 고려해야 한다. 첫째, 마케팅관리자는 가장 가까운 경쟁사의 가격을 고려해야 한다. 마케팅관리자는 자사의 제품과 경쟁사의 제품의 특성을 비교하여 경쟁사보다 가격을 높게, 동일하게 아니면 낮게 책정할 수 있는지 결정해야 한다. 그러나 경쟁사는 자사의 가격에 반응해 가격을 변경할 수도 있다는 사실을 알아야 한다.

새로운 가격 결정 및 기준가격의 변화는 고객, 경쟁사, 유통업체, 원료공급업자 심지어는 정부로부터 반응을 불러일으킬 수 있다. 경쟁사 수가 적고, 상품이 동질적이고 또한 소비자가 많은 정보를 가지고 있는 경우에 경쟁사가 가격 책정이나 기준가격 변화에 반응할 가능성이 매우 크다.

마케팅관리자는 경쟁사가 가격변화에 어떻게 반응할 것인가를 예측하기 위해서는 경쟁사의 현 재무상태, 최근 매출액, 고객충성도 그리고 기업의 목표를 조사해야 한다. 만약 경쟁사가 시장점유율을 목표로 하고 있다면, 가격으로 대응할 가능성이 높다. 그리고 경쟁사가 이익극대화를 목표로 하고 있다면, 광고예산을 증가하거나 상품품질 개선으로 반응할 가능성이 높다.

5) 가격 결정 방법 선정

마케팅관리자는 소비자들의 수요예측, 상품원가, 경쟁사의 가격 즉 3C(consumer, cost, competition)을 확인했다면 가격을 결정해야 한다. <그림 15-6>은 가격 결정시 세 가지의 주요 고려사항을 요약하였다. 즉 상품의 원가는 가격의 하한선이 되고, 경쟁사의 가격과 대체품의 가격은 마케팅관리자가 가격을 책정하는 기준점이 되며, 독특한 상품특성에 대한 고객의 평가가 가격의 상한선이 된다.

<그림 15-6> 가격 결정 모델

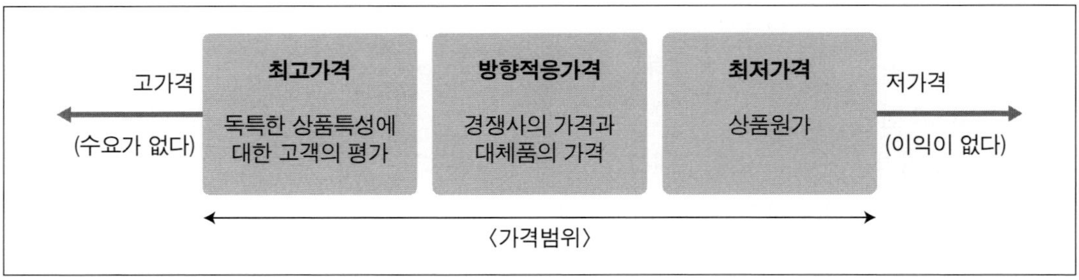

마케팅관리자는 최고가격과 최저가격 사이인 가격범위(price zone) 내에서 가격을 결정해야 한다. 즉 소비자가 느끼는 가치가격인 최고가격 이상으로 결정되면 수요가 없으며, 제품원가 최저가격 이하로 가격을 결정하면 기업에 이익이 없게 된다. 가격 결정 방법으로는 원가가산 가격 결정법, 목표수익률 가격 결정법, 지각적 가치 가격 결정법, 가치 가격 결정법, 경쟁사 모방 가격 결정법, 경매 가격 결정법 등이 있다.

6) 최종가격 결정

앞에서 알아본 여섯 가지의 가격 결정방법은 최종가격을 책정하기 위해 가격의 범위를 줄이려는 목적이며, 마케팅관리자가 최종가격을 결정하기 위해서는 가격을 제외한 기타 마케팅 믹스 요소, 기업의 가격 결정 방침, 획득과 위험공유 가격 결정 그리고 가격에 대한 타부서의 영향 등을 고려해야 한다.

첫째, 최종가격은 가격을 제외한 기타 마케팅 믹스 요소에 영향을 받는다. 경쟁사 대비 상품의 품질은 어떤가? 광고예산은 얼마나 사용할 것인가? 그리고 어떤 유통을 선택할 것인가 즉 유통비용이 얼마나 추가될 것인가에 의해서 최종가격이 결정된다. 상대적으로 품질 수준이 높으며, 상대적으로 광고예산이 높고, 편리한 유통에서 최고의 서비스를 받는다면, 소비자들은 기꺼이 최고의 가격을 지불하려 할 것이다. 둘째, 기업의 최종가격은 기업의 가격 결정 방침에 일치되어야 한다. 또한 기업들은 특정한 경우에 가격 결정에 대한 벌금부과 방침을 수립해야 한다. 즉 항공사들은 할인 항공권에 대한 예약을 변경하는 사람들에게 수수료를 부과한다. 일부기업들은 가격정책을 수립하고 가격을 결정하고 가격을 승인하는 부서를 설치하여, 판매원이 고객에게 판매하는 합당한 가격인지, 기업에게 이익을 가져다 주는 가격인지를 결정한다. 셋째, 획득과 위험공유 가격 결정은 판매업자가 완전하게 약속한 가치를 전달하지 않는 지각된 위험이 높을 경우 구매업자들은 판매업자의 제안을 받아들이지 않을 수 있다. 넷째, 기업의 최종가격은 가격에 대한 타부서의 영향과 반응을 고려해야 한다. 즉 도매상과 소매상들이 가격에 대해 어떻게 느끼고 있는가? 기업의 판매원들이 그 가격에 판매하고자 하는가? 경쟁사들이 그 가격에 대해 어떻게 반응하는가? 공급업자가 자사의 가격에 대해 원자재 가격을 인상하지 않을 것인가? 등을 고려해야 한다. 그리고 마지막으로 마케팅관리자는 가격에 영향을 미치는 법령을 숙지해야 한다. 즉 가격담합 행위는 불법이다.

15-7-3 가격 조정

기업은 하나의 유일한 가격을 정하지 않고, 지리적 수요와 비용의 차이를 반영하며, 세분시장의 요구조건, 구매 시기, 주문시기, 배달빈도, 보증, 서비스 계약 등을 모두 반영하는 가격구조를 결정한다. 또한 할인, 공제 및 촉진적 지원을 제공함으로써 기업은 판매하는 상품의 각 단위에 대해서 가격을 조정하게 되므로 동일 상품에 대해 동일한 이익을 얻지는 못한다. 가격 조정 전략으로는 지역적 가격 결정, 가격할인과 공제, 촉진적 가격 결정, 차별적 가격정책 등이 있다.

1) 지역적 가격 결정

수송비가 차지하는 비용이 점차 증가됨에 따라 마케팅관리자는 시장의 지역적 위치, 생산시설의 입지, 지역시장별 경쟁상황 등을 고려하여 수송비를 효과적으로 다루기 위해 여러 가지 지역적 가격을 결정한다. 즉 생산지점 가격 결정, 균일인도 가격 결정, 지역별 균일인도 가격 결정, 수송비 흡수가격 결정 등이 있다.

2) 가격할인과 공제

기업들은 조기에 대금을 지불하거나, 대량구매를 하는 경우, 또는 비 성수기에 구매하는 경우에 고객들에게 보상하기 위해 기준가격을 수정·조정해 가격할인과 공제를 하는 가격을 결정한다. 할인은 고객들에게 요구하는 시장가격 자체를 낮추는 가격 결정이고, 공제(allowance)란 재판매업자로 하여금 특별한 프로그램에 참여하도록 하기 위해 계획된 특별한 지급방법으로 시장가격을 그대로 유지하면서 단지 일정한 조건하에서 대금 일부를 감면해 주는 가격 결정이다.

3) 촉진적 가격 결정

기업들은 소비자들에게 초기 구매를 촉진시키거나 점포의 내점객을 증대시키기 위해 한시적으로 가격을 결정하는데 이는 고객유인 손실 가격 결정, 특별행사 가격 결정, 현금 환불, 저이자 금융, 장기지급조건, 보증 및 서비스 계약, 심리적 가격할인, 미끼 가격 결정(bait pricing) 방법 등이 있다.

4) 차별적 가격정책

기업들은 고객, 상품, 위치 등의 차이를 반영하여 기본 가격을 수정 결정한다. 차별가격 결정(discriminatory pricing)이란 상품 또는 서비스를 원가 차이에 비례하지 않고, 두 가지 이상의 가격으로 판매하는 것이다. 즉 판매업자는 고객의 수요 강도에 따라 각 고객에 대해 별도의 가격을 부과하는데 이에는 고객 세분화 가격 결정, 상품 형태 가격 결정, 이미지 가격 결정, 경로별 가격 결정, 위치별 가격 결정, 시간별 가격 결정 방법 등이 있다.

15-7-4 가격 변경의 시도와 반응

마케팅관리자는 상품이나 서비스의 기준가격을 결정하고, 가격 조정을 거쳐 가격을 결정한 다음에도 마케팅 목표를 변경하거나 시장 환경요인의 변화에 따라 가격 변경을 시도하게 되는데, 이때 마케팅관리자는 가격 변경이 적합한지의 여부와 가격 변경에 대한 고객 및 경쟁자의 반응을 고려해야 한다. 또한 경쟁자의 가격 변경은 자사의 마케팅 능력과 시장지위에 큰 영향을 미칠 것이므로 마케팅관리자는 경쟁자의 가격 변경에 대한 적절한 대응이 필요하다.

1) 가격인하 시도

기업이 가격인하를 시도하는 경우는 과잉설비의 경우, 저 원가를 이용해 시장을 지배하려는 경우로 대별 할 수 있다. 그러나 가격인하는 여러 가지의 위험을 초래할 수 있다. 첫째, 소비자는 저가격 상품은 품질이 나쁘다고 생각하는 저질 상품 위험이다. 둘째, 저가격으로는 시장 충성심을 끌어들일 수 없고, 소비자들은 언제나 더 싸게 파는 기업으로 전환하므로 시장점유율 확대에는 한계가 있을 수 있다. 셋째, 경쟁기업이 가격을 인하하는 경우 가격경쟁으로 인한 자금에 대한 위험을 초래할 수 있다. 넷째, 경쟁기업들과의 가격경쟁이 심화될 경우 가격전쟁의 위험이 있다.

또한 고객들은 기업이 가격을 인하하는 것에 대해 '조만간 새로운 모델을 출시하지는 않을까?' '혹시 제품에 결함이 있는 것은 아닐까?' '재무적으로 위험에 처하지는 않았을까?' '가격을 더 인하하지는 않을까?'와 같은 의문을 가질 수 있으므로 가격인하에 대해 신중하게 검토해야 한다.

2) 가격인상 시도

기업이 가격인상을 시도하는 경우는 크게 두 가지를 들 수 있는데 첫째는 원가상승이다. 즉 원가가 상승할 때 생산성 향상이 수반되지 않으면, 이익이 감소되기 때문에 기업은 가격인상을 결정하게 된다. 둘째는 초과수요가 발생하는 경우이다. 기업이 고객의 수요를 모두 충당 할 수 없는 경우 가격을 인상하든가, 고객별로 상품을 할당해야 하며, 또한 둘을 다 병행하기도 한다. 이러한 경우 가격을 인상하는 방법은 여러 가지가 있다. 첫째, 기업이 그 상품이 만들어질 때까지, 또는 운송이 완료될 때까지 최종 가격 결정을 미루는 가격결정 지연 방법(delayed quotation pricing)이다. 이 방법은 산업설비와 중장비 제조 등 생산준비기간이 긴 산업에서 자주 사용되는 방법이다. 둘째, 기업은 현재 가격뿐만 아니라 제품의 인도 전 발생하는 인플레이션 증가분의 전부 또는 일부를 고객이 자동 지급하도록 조항을 추가하여 가격을 결정하는 방법(escalator clauses)이다. 이 방법은 항공기 제작이나 교량 건설과 같이 장기간을 요하는 산업 프로젝트를 포함해 여러 계약에서 사용된다. 셋째, 기업이 현재 가격을 유지하지만 전에는 제공했던 것, 즉 무료 배달 또는 무료 설비 장착과 같은 요소들을 없애거나 별도로 가격을 부과하는 방법(unbundling)이다. 간혹 피자나, 치킨 가맹점에서 배달요금이나 콜라가격을 별도로 부과하는 경우 등이다. 넷째, 기업들은 판매원으로 하여금 정상적인 현금할인이나 수량할인 등을 제공하지 않도록 하여 할인율을 감소하는 가격결정 방법(reduction of discounts)이다.

가격인상이 소비자들에게 '인기가 있는 상품이다.' '좋은 가치가 있는 상품이다.' 라는 긍정적인 의미도 전달하지만 일반적으로 가격인상은 좋아하지 않는다. 즉 가격을 인상할 경우 가격의 인상분을 소비자에게 전가한다는 인상은 피해야 한다.

3) 경쟁사의 가격 변경에 대한 자사의 대응

기업은 경쟁사의 가격 변경시도에 대해 어떻게 대응해야 하는지 최상의 방법을 찾아야 한다. 즉 기업은 그 제품이 제품수명주기상의 단계, 자사의 포트폴리오에서의 중요성, 경쟁사의 의도와 재원, 시장가격과 품질에 대한 민감도, 수량에 대한 원가의 행위 그리고 기업의 대안적인 기회를 인식해야 한다.

제품의 동질성이 높은 시장에서는 경쟁사가 가격을 인하하면 가격인하에 대처해야 하지만, 가격을 인상하는 경우는 가격인상이 업계 전체에 대해 혜택이 없다면 가격 인상에 꼭 따를 필요는 없다.

제품이 비동질적인 경우에는 경쟁사와의 상품차별화나 포지셔닝을 통해 소비자들을 가격 차이에 대해 둔감하게 하는 것이 필요하다. 즉 기업은 경쟁사의 가격 변경에 대해 첫째, 경쟁사가 왜 가격을 변경했는가? 시장을 빼앗기 위한 것인가, 잉여설비를 이용하기 위한 것인가, 원가변화에 대응하기 위한 것인가, 아니면 업계 전체의 가격 변경을 선도하기 위한 것인가 등을 면밀히 검토해야 한다. 둘째, 경쟁사의 가격 변경이 일시적인 것인가, 또는 연구적인 것인가? 셋째, 가격 변경에 대응하지 않을 경우 자사의 시장점유율과 이익은 어떻게 될 것인가? 다른 기업들은 어떻게 반응할 것인가? 넷째, 자사의 대응에 따라 경쟁사와 다른 기업들은 어떻게 반응할 것인가? 등을 검토해야 한다.

제16장 프랜차이즈 경영정보와 물류관리

PROLOGUE

음식장사는 시스템이다

'푸드 포비아'가 2018년에도 이어지며 원산지와 물류 시스템이 확실하게 보장된 외식업체가 각광받고 있다.

지난해 대한민국은 '살충제 계란 파동'과 E형 간염을 유발시키는 '유럽산 소시지', '햄버거 병'(용혈성요독 증후군) 등으로 몸살을 앓았다. 작년의 여파로 올해 역시 먹거리에 대한 소비자들의 불안함은 여전할 것으로 보인다. 이에 원산지와 물류 시스템이 확실하게 보장된 음식 및 외식업체가 소비자들의 각광을 받을 것으로 전망된다.

국내 장수 프랜차이즈 이바돔은 20년 넘게 독자적인 프랜차이즈 시스템을 갖춘 한식 패밀리레스토랑이다. 매장 내 대형 어린이 놀이방 구축과 교육, 물류, 관리 시스템의 체계화를 통해 최상의 서비스를 제공하고 있다. 이바돔의 시래기는 전남 영광의 비옥한 황토에서 나고 자란 우리 농산물을 쓰고 있으며, 주 식재료인 돈골과 돈육 등은 본사가 지정한 스펙으로 맞춤 제공 받고 있다. 또한 이바돔의 노하우를 집약해 자체 개발한 삼중가열 가마솥 뼈탕기는 가열, 압력, 중탕 방식으로 열 손실 없이 진한 육수와 부드러운 육질을 만들어내며 매일 매장에서 직접 고아 깊고 진한 맛을 낸다.

닭가슴살 브랜드인 코어닭은 경희대학교 운동영양학과의 연구진이 '코어닭' R&D에 참여해 다이어터들에게 가장 필요한 필수 영양소와 열량을 계산해 제품을 완성했다. 코어닭은 본사에서 기른 국내산 닭을 모든 제품에 가공해 제공한다.

특히 신식 양계장에서 엄선된 병아리만을 사육해 최상급의 닭고기를 생산하고 있으며 냉동과정 없이 100% 생육만 사용한다. 코어닭은 닭가슴살 소시지, 훈제 통 닭가슴살, 데리야끼 닭가슴살, 닭가슴살 큐브, 닭가슴살 스테이크 등 다양한 제품을 선보이고 있다. 고추맛, 깻잎맛, 프랑크맛 등

사진 제공: 왼쪽 '이바돔', 오른쪽 '코어닭'

의 맛 외에 카레맛 바질 맛 역시 추가할 예정이다.

김동현 창업 디렉터는 "안전하고 질 좋은 먹거리를 향한 소비자들의 관심은 올해 역시 거셀 것"이라고 전망했다.

자료: 매일경제, 2018년 1월 12일자.

16-1 경영정보시스템의 개요

정보기술의 발전은 기업에 제품정보, 사회공헌 활동, 기업의 미래 활동 등과 같은 기업 정보가 고객에게 쉽게 노출되게 되었고, 기업 역시 쌍방향 커뮤니케이션을 통한 고객의 니즈(needs)와 욕구(wants)에 대한 정보수집이 용이하게 되었다.

또한 급증하고 있는 정보의 홍수 속에서 고객들은 다량의 정보를 접하게 되고, 기업들은 정보기술의 발달로 인한 데이터베이스(database) 자료를 통해 고객의 니즈와 욕구에 대한 솔루션(solution)을 제공할 수 있는 일대일 마케팅에 대한 필요성이 증대되었다.

따라서 개인은 업무생산성을 높이기 위해 워드, 한글, 엑셀, 파워포인트 등의 소프트웨어를 사용하는 반면 기업은 업무 생산성을 높일 목적으로 여러 가지 정보시스템을 사용한다. 여기서 시스템이란 한 가지 목적을 위해 복잡하게 상호작용을 하는 하위 시스템의 집합체를 말하며, 정보시스템이란 데이터를 정보로 변환시키는 시스템을 말한다.

16-1-1 경영정보시스템의 의의

정보는 생산하는 것도 중요하고 수집해서 쌓아놓는 것도 중요하지만 필요한 시기에 필요한 부서에게 제공하여 그 정보를 활용하게 해주는 것이 더 좋다. 이것을 정보 관리라고 한다면 정보 관리의 목적은 기업이 가지고 있는 모든 정보 자원을 최대한 효율적으로 사용하여 기업의 가치를 높이는 것이다. 그러나 기업은 너무나 방대한 정보를 가지고 있기에 적시적지(適時適地)에 활용한다는 것은 그리 쉬운 일이 아니기에 이를 관리하는 시스템이 필요한데 이를 정보 관리 시스템 혹은 정보시스템이라고 한다.

정보시스템이란 조직의 의사결정 및 통제를 지원하기 위해 정보를 수집, 저장, 검색, 가공 처리하여 적절한 시기에 적절한 형태로 의사 결정자에게 제공함으로써 조직의 목표를 보다 효과적으로 달성할 수 있도록 지원하는 조직화된 통합적 컴퓨터 시스템을 의미한다. 정보시스템의 목적은 신뢰성 있고, 정확한 정보가 필요할 때 사용가능한 형태로 제공하는 것이다.

정보시스템을 활용한 데이터베이스 마케팅이 정보기술의 발달로 모든 기업 경영 활동에 활용되고 있는데, 이는 신규고객 창출 비용이 기존고객 유지보다 5배 정도 소요됨으로써 기존고객 유지가 신규고객 창출보다 비용 면에서 효율적임을 인식하게 되었다.

데이터베이스 마케팅은 전산화된 관계형 데이터베이스시스템을 토대로 이익이 되는 고객에게 적절한 형식으로 적절한 시기에 적절한 메시지를 보낼 수 있도록 함으로써 마케팅 비용의 효율을 증대시킬 뿐만 아니라 주문당 비용을 낮추고 고객만족을 증대시키는 것이다. 이러한 정보시스템과 데이터베이스 마케팅은 프랜차이즈 산업에 중요하게 활용되고 있다.

따라서 정보시스템의 목적은 기업의 의사결정에 유용한 정보를 수집하고 가공, 저장하였다가 필요시에 빨리 찾아서 의사결정자에게 제공함으로써 조직목표를 효율적으로 달성하도록 지원하는 것이라고 할 수 있는데 주로 기업의 경영 활동에 사용되기 때문에 경영정보시스템(management information system : MIS)이라고 부른다.

16-1-2. 경영정보시스템의 구분

경영정보시스템은 실제 업무를 실행하는 데 쓰이는 운영적 역할, 그 업무를 지시하고 통제 감독하는 데 쓰이는 관리적 역할, 관리자들이 미래를 예측하고 계획을 세우는 데 쓰이는 전략적 역할 등 경영 활동의 모든 측면에서 사용된다. 회사업무의 계획과, 실행 그리고 관리가 각각 다른 계층에서 이루어지기 때문에 그들에게 제공되는 정보의 종류나 정보처리시스템도 달라질 수밖에 없다.

조직의 각 위계에 이용되는 정보의 특성을 비교해 보면 최고경영층으로 갈수록 활용하는 정보의 범위가 넓고 그 원천이 외부 지향적이며 통합적인 반면 정보의 정확성은 떨어진다. 이는 최고경영층이 주로 전략적인 의사결정을 해야 하는 특성 때문이다.

정보시스템을 용도에 따라 구분하면 거래처리시스템, 경영지원시스템, 사무자동화시스템으로 구분할 수 있는데, 거래처리시스템은 가장 기본적인 시스템으로 일상적인 거래업무에 처리하는 데 사용되며, 경영지원시스템은 수요예측, 산업동향 파악, 사업전략 수립 등에 필요한 데이터를 분석하는 용도에 사용된다. 사무자동화시스템은 사내 정보흐름을 효율적으로 관리해 준다.

경영정보시스템을 크게 구분하면 조직의 계층에 따른 구분과 경영 직능별로 구분할 수 있다.

1) 조직의 계층에 따른 구분

경영정보시스템을 조직계층에 따라 구분하면 〈그림 16-1〉과 같이 거래처리시스템, 정보보고시스템, 전문가시스템, 의사결정지원시스템, 중역정보시스템 등으로 구분할 수 있다.

거래처리시스템. 거래처리시스템(transactional processing system: TPS)은 조직의 하부에서 이루어지는 일상적인 업무처리를 돕는 시스템으로 업무 실행 단계에서 데이터를 저장, 관리하는 가장 일차적인 정보시스템이다. TPS는 판매량, 청구서 발행, 임금지급, 구매량, 회계업무, 예금 입출금 등과 같은 기본업무를 능률적으로 신속하게 처리결과와 관련된 자료를 작성, 축적해 놓은 시스템이다. 사용자는 데이터베이스 관리 시스템을 통해 저장된 정보를 조회

〈그림 16-1〉 조직 계층에 따른 경영정보시스템

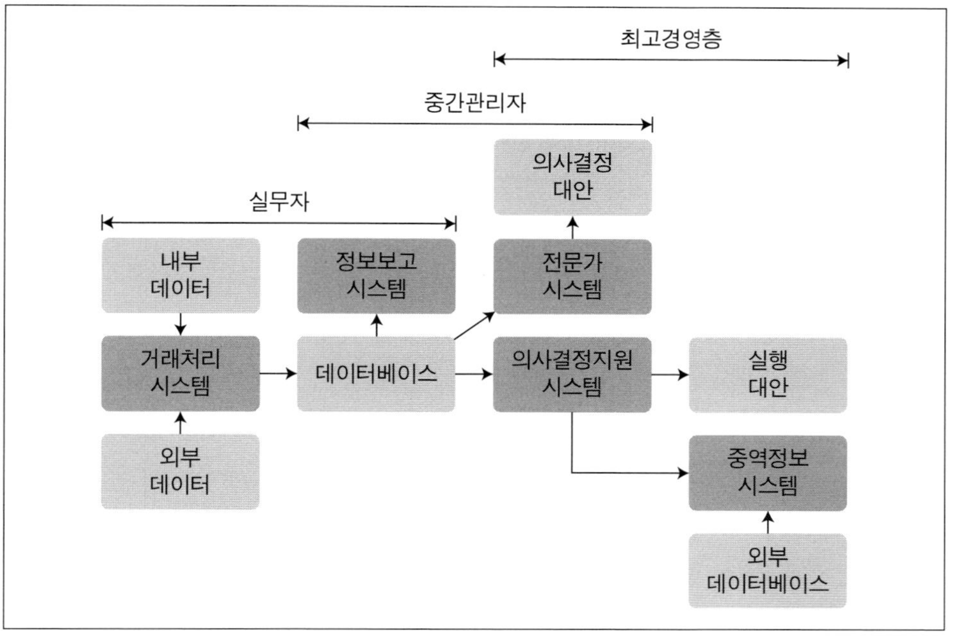

한다. TPS는 과거에 수작업에만 의존했던 일을 컴퓨터와 사무자동화를 통해 많은 일을 신속 정확하게 처리하게 되었다.

정보보고시스템. 정보보고시스템(information reporting system: IRS)은 경영지원시스템(management support system: MMS)의 한 모듈로, TPS가 생성한 데이터를 요약하여 정기적인 보고서를 작성하는 일에 사용된다. 보고서의 내용과 수준은 누가 어떤 용도로 작성해 사용하는가에 따라 달라진다. 즉 슈퍼바이저가 담당지역의 가맹점별 매출 비교 및 증감 내용을 분석하고자 할 때, 혹은 판매수수료 내역 및 수수료 납부를 독촉하고자 할 때 정보보고시스템을 사용하여 필요한 정보를 추출할 수 있다.

전문가시스템. 전문가시스템(expect system: EX)은 전문가의 경험과 학습에 의해 쌓여진 지식 및 데이터를 컴퓨터에 저장하여 전문가 수준의 노하우를 요구하는 특정분야의 어렵고 복잡한 문제를 해결해 주는 시스템으로 전문가가 하는 일을 컴퓨터가 대행해 주는 시스템이다.

전문가시스템은 구축하는 데 많은 비용이 들고 고도의 전문기술이 필요하지만, 다양한 응용영역이 개발되면서 최근 많이 사용되고 있다. 즉 석유탐사나 환자 진단 등의 업무에 사용되기도 한다.

전문가시스템은 전문가의 역할을 완전히 대신해 주기도 하고 전문가의 의사결정 보조

수단으로 사용되기도 한다.

의사결정지원시스템. 의사결정지원시스템(decision support system: DSS)은 실제 상황을 컴퓨터 프로그램으로 모형화한 후 이를 사용하여 의사결정 문제의 답을 얻을 수 있는 시스템으로 의사결정을 보다 쉽게 할 수 있도록 각종 자료를 분석해 주는 컴퓨터 운영시스템이다. 즉 기업의 각 계층별로 의사결정자가 있고, 그 대상이 구분되어 있는데, 그들이 해결책을 제대로 찾아 실천하도록 문제 파악 단계, 대안 수집 단계, 대안 선택 단계, 실행 단계의 전체 의사결정 프로세스에 걸쳐 필요한 정보를 제공해주는 시스템이다. 따라서 이미 해결책이 존재하는, 즉 결정이 끝난 문제에 대해서는 이 시스템이 필요 없고, 구조화되지 않고 프로그램화가 불가능한 문제에 부딪치면 사용하게 된다.

중역정보시스템. 중역정보시스템(executive information system: EIS)은 최고경영진에게 전략적 의사결정에 필요한 정보를 제공하는 시스템으로 회사의 경영진이 조직의 성공적인 경영과 경영목적을 달성하는 데 필요한 정보를 정확, 신속하게 조회하고 분석하여 기업의 내·외부 환경에 가장 적절하게 할 수 있도록 지원하는 컴퓨터 기반의 정보시스템이다. 즉 최고경영자가 차년도 경영목표를 수립하기 위해 자사와 경쟁사의 재무현황 비교자료, 경재동향 자료, 혹은 산업동향 자료 등을 보고자 한다면 중역정보시스템은 이를 스프레드시트에 담아 제공해준다. 요구되는 정보의 질, 사용자의 인터페이스, 정보기술적 능력 등에서 다른 정보시스템과 구별되는 특징을 가지고 있다.

사무자동화시스템. 사무자동화시스템(office automation system: OAS)은 기업 내부의 효과적인 정보 교환을 가능하게 하는 문서편집기, 이메일, 이동전화, PDA, 무선호출기, 팩스 등 제반 기기와 시스템을 망라한다. 기업들이 보편적으로 사용하고 있는 사무자동화시스템으로는 한글, 워드, 파워포인트 등의 문서편집기, 서신과 파일을 주고받는 이메일 시스템, 부서별 회의 등 공식 일정을 관리하는 일정관리 시스템, 업무용 이동전화, PDA를 이용한 개인일정 및 주소록 관리, 팩스, 화상회의시스템 등이 있다. 이와 같은 사무자동화시스템은 재택근무를 가능하게 하고 있다.

2) 경영의 직능별 정보시스템

기업 경영의 직능에는 크게 인적자원관리, 생산·운영관리, 마케팅관리, 재무관리 등이 있으며, 회계관리를 추가하기도 한다. 경영의 직능별 정보시스템은 이러한 기능분야에서 활용할 목적으로 구축된 정보시스템이다.

인적자원정보시스템. 인적자원정보시스템은 인적자원, 즉 종업원의 모집, 배치, 개발,

평가, 보상 등 인사관리 기능을 지원하는 정보시스템이다.

생산정보시스템. 생산정보시스템은 생산활동 즉 제품의 설계, 공정설계, 생산능력 결정, 입지선정, 설비배치, 작업설계와 작업 측정 등과 같은 생산시스템의 설계와 총괄계획, 재고 관리, 일정계획, 품질 관리 등과 같은 생산시스템의 운영 및 통제활동을 지원하는 정보시스템이다.

마케팅정보시스템. 마케팅정보시스템은 마케팅관리 활동인 마케팅 정보 수집과 시장기회 분석, 시장 세분화 및 목표시장 선정, 제품 포지셔닝, 마케팅 믹스 개발, 마케팅 활동의 조정 및 통제 등의 활동을 지원하는 정보시스템이다. 이는 시장 분석, 거래처리, 판매관리, 데이터베이스 마케팅, 텔레마케팅 등의 기능으로 활용된다.

재무정보시스템. 재무정보시스템은 투자활동과 자금 조달 등 재무활동을 지원하는 정보시스템이다. 이는 현금 관리, 운전 자본 관리, 경영 분석, 자본예산, 재무계획 등의 기능으로 활용된다.

회계정보시스템. 회계정보시스템은 정보기술을 이용하여 분개에서 전기, 결산에 이르는 회계의 제반 업무 및 이와 관련된 업무를 처리하는 시스템이다.

실제로 기업 현장을 가보면 자금력이 열세한 중소기업이라 하더라도 회계와 관련된 프로그램과 인사관리 프로그램은 대부분 운영하고 있다. 이들 영역은 업종이나 기업 규모에 관계없이 업무가 유사하기 때문에 일찍부터 많은 정보시스템 구축업체에서 많은 프로그램을 개발하여 저렴한 가격에 공급해 왔고 기업입장에서도 시스템 구축비용에 비해 성과가 뛰어 났기 때문이다.

16-2 가맹본부 경영정보시스템

가맹본부에 있어 중요한 정보는 가맹본부의 경영과 관련된 자료와 가맹점의 정보, 그리고 시장정보나 경쟁자에 대한 정보라 할 수 있다. 가맹본부와 관련된 데이터에는 가맹점의 상품 및 서비스 구입 상황, 가맹본부의 상품 수급 상황, 슈퍼바이징 상황 등에 관한 내용이 포함된다. 가맹본부의 프랜차이즈 시스템의 유지, 개선이나 신상품 개발을 위한 의사결정에 중요한 가맹점 관련 정보는 판매수량, 고객단위 구입수량 및 구매금액, 가맹점의 일일관리 실태 등이 중요하다. 마지막으로 프랜차이즈 산업 및 산업과 관련된 시장 및 경쟁자에 대한 자료에는 고객니즈 변화, 사회경제적 환경 변화, 법률 및 제도의 변화, 경쟁 현황 등이 중요하다.

가맹본부는 정보시스템의 급속한 확산으로 가맹점 관리, 가맹점 모집, 판매촉진, 인재

모집, 점포입지 및 상권분석, 상품판매 등의 업무들을 효율적으로 처리하고 있을 뿐만 아니라 가맹점과의 관계도 매우 밀접해지고 있다.

16-2-1 가맹본부의 혁신적 정보기술의 확산

가맹본부에 있어서 정보기술의 발전은 첫째, POS, 물류, 교육, 의사소통, 고용과 같은 분야에서 가맹본부의 정보모형에 적합하다. 둘째, 가맹본부에 다양한 솔류션을 제공하고 있다. 셋째, 가맹본부의 경쟁우위와 수익성 확보를 위한 기술투자를 확대할 가능성이 크다. 넷째, 무료 인터넷 접속에서부터 신속한 체크아웃 및 향상된 서비스에 이르기까지 혁신적인 무선통신 서비스가 제공되고 있다.

유동근, 이용기, 이성훈(2012)에 따르면 2011년 10월 현재까지 공정거래위원회에 정보공개서를 등록한 프랜차이즈 가맹본부 173개 기업을 대상으로 조사한 결과 가맹본부가 사용하고 있는 정보시스템으로는 〈표 16-1〉과 같이 POS시스템이 173개 업체 중 140개 업체

〈표 16-1〉 가맹본부 정보시스템 사용 현황

정보시스템	구분	빈도수	%	정보시스템	구분	빈도수	%
ERP	사용	32	18.5	의사결정	사용	11	6.4
	미사용	141	81.5		미사용	162	93.6
SCM	사용	19	11.0	회계관리	사용	105	60.7
	미사용	154	89.0		미사용	68	39.3
POS	사용	140	80.9	인사 관리	사용	44	25.4
	미사용	33	19.1		미사용	129	74.6
CRM	사용	48	27.3	생산 관리	사용	31	17.9
	미사용	125	72.3		미사용	142	82.1
그룹웨어	사용	55	31.8	물류관리	사용	98	56.6
	미사용	118	68.2		미사용	75	43.4
KMS	사용	12	6.9	가맹점 관리	사용	46	26.6
	미사용	161	93.1		미사용	127	73.4
경영지원	사용	22	12.7	계약 관리	사용	25	14.5
	미사용	151	87.3		미사용	148	85.5

자료: 유동근·이용기·이성훈 (2012), 지식공유, 상호의존, 상호이익공유가 프랜차이즈 정보시스템 성과에 미치는 영향, 지식경영연구, 13(2).

로 가장 많고, 회계관리 시스템, 물류관리시스템, 그룹웨어, CRM, 가맹점 관리, 인시관리 순으로 나타났다.

16-2-2 가맹본부의 정보시스템 도입 현황

IT산업의 발달에 따른 정보화의 진전으로 프랜차이즈 산업 내에서도 시스템의 특성과 결합된 선진 경영기법을 도입하여 활용하고 있는 기업들이 증가하고 있다. 프랜차이즈 산업의 정보시스템 활용 분야는 사무자동화시스템, 재고관리시스템, 창고 및 배송 시스템, 회계정보시스템, 점포(고객)관리시스템, 인적자원관리시스템 등이다.

또한 프랜차이즈 가맹본부의 인터넷 활용분야는 웹기반 인트라넷 시스템을 통한 판매데이터 보고, 이메일 시스템, 게시판, 고객의 소리 등 의사소통수단, 메뉴소개, 상품 및 주문 안내, 매장 안내 등 소비자 정보 제공, 웹기반 교육훈련, 인트라넷 사이트를 통한 광고물, 로고, 마케팅 계획, 개점소개, 가맹본부로부터의 주문자료 추적 및 재고관리, 가맹희망자에게 창업안내 및 가맹본부 정보 등을 제공하고 있다. 가맹본부의 인터넷 활용 사례를 보면 〈그림 16-2〉와 같다.

16-2-3 가맹본부의 정보화 전략

현대사회가 산업화 사회에서 정보화 사회로 진전됨에 따라 정보화시스템이 전략적 차

〈그림 16-2〉 가맹본부의 인터넷 활용 사례

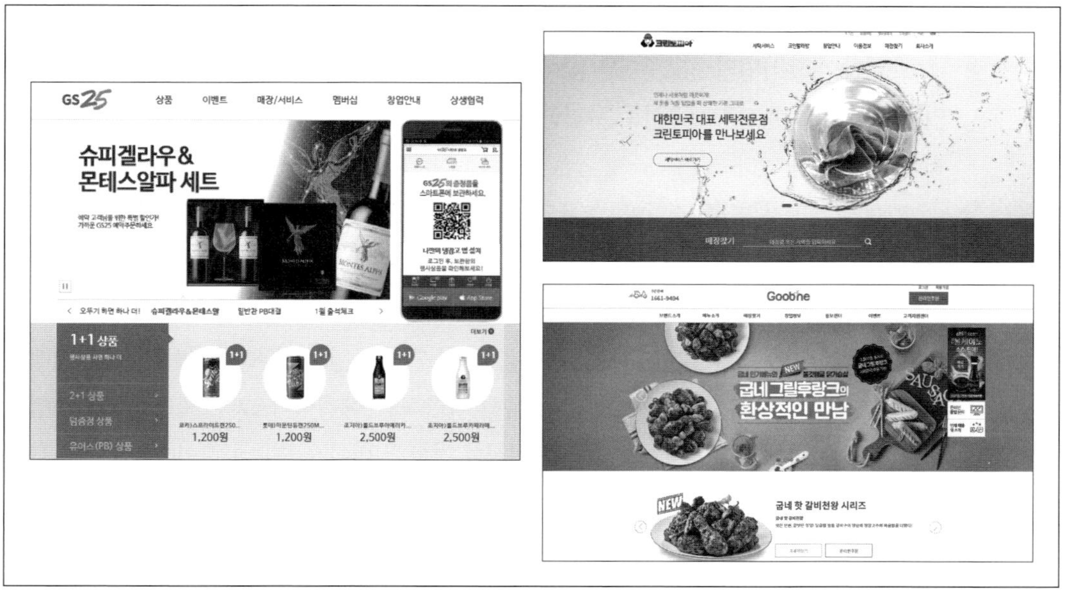

원에서 계획되어야 하며, 생산과 소비체제의 변화 속에 도래한 정보화 사회의 가장 큰 특징 중 하나는 구매 고객의 다양화를 들 수 있다.

고객이 제품의 개발과 생산에 직·간접적으로 참여하는 프로슈머(prosumer)의 등장은 정보화 사회의 일진보이며 고객 패러다임의 변화로 볼 수 있다.

정보화시대의 고객 욕구를 충족시키기 위한 마케팅으로 일대일 마케팅, VIP마케팅 등 고객의 최대만족을 지향하는 방향으로 변화하고 있으며, 데이터베이스 마케팅을 기반으로 정보 활용을 증대시키고 있다.

종합정보시스템인 가맹본부와 가맹점의 POS시스템의 가동으로 판매정보 뿐만 아니라 매입, 발주, 발송, 재고 등 점포 내에서 발생하는 정보를 관리하며, 판매시점에서 어떤 상품이 언제 얼마나 팔렸는지의 판매시점 정보의 관리에 활용함으로써 효율적인 운영체계 수립이 가능해 졌다.

프랜차이즈 사업은 가맹본부, 가맹점, 협력업체의 관계 특성에 의해 성과가 결정되며, 이러한 삼위일체적인 관계 특성은 프랜차이즈 사업에 있어 정보시스템 구축이 매우 중요한 전략임을 알 수 있다.

경영 전략 차원에서 필요한 정보화 전략으로는 고객과의 관계지속을 위한 고객관계관리(e-CRM), 제품의 효율적 유통관리를 위한 공급망관리(e-SCM), 가맹점사업자와 종업원, 가맹본부의 관리자와 최고경영자를 대상으로 신제품의 출시 및 경제 상황, 소비자의 구매동향, 서비스 교육 등을 목표로 하는 교육 프로그램(e-Learning) 전략이 매우 중요하다.

16-3 가맹본부의 경영정보화 사례

프랜차이즈 사업의 성공은 곧 정보 산업의 성공이라 말할 수 있을 만큼 프랜차이즈 사업은 네트워크 비즈니스의 선두 사업임과 동시에 그 본질은 정보 네트워크 비즈니스 그 자체라고 말할 수 있다.

21세기 경영자원, 즉 경영의 4요소라 하면 사람, 물질, 자본과 함께 정보를 들 수 있다. 그리고 이러한 정보가 종래처럼 과거를 돌아보는 정보에서 미래를 예측하는 정보가 중심이 되어가고 있다. 이처럼 미래 지향적인 정보라 할지라도 어느 범위까지, 그리고 어떠한 내용, 깊이까지 분석할 것인가가 문제이다. 또한 수많은 정보 중에서 어떤 정보를 선택할 것인가 하는 정보의 선택력은 미래의 변화를 예측하는 예측력과 그것들을 기초로 기업에 적응하는 적응력이 기업 경영의 성패와 실적의 격차를 벌이는 중요한 요인이 된다. 정보 시스템을 잘 활용하는 좋은 예로 롯데그룹의 7-eleven 편의점, 롯데마트, 롯데 백화점 등 그룹 전체의 임원들 간 정보 교환을 통해 많은 정보가 공유 되고 효과적으로 마케팅에 활용되고 있다. 협력업체의 정보 또한 귀중한 경영자원으로 활용도가 매우 높다.

지금은 프랜차이즈 가맹본부가 POS시스템과 ERP시스템이 가맹사업에 있어서 필수적인 정보 시스템으로 인식하고 있으나 실제로 활용도는 그다지 높지 않다.

POS(point-of-sale) 시스템은 상품 판매점 매장에 설치된 POS 단말기와 호스트 컴퓨터를 연결해 판매와 동시에 각 상품별로 발생하는 판매 정보를 입력시킨 후 이 정보를 활용해 상품의 구입과 생산에 반영하거나 세세한 판매관리에 응용하는 시스템이다.

POS시스템이 편의점의 경우에는 ABC 분석을 통해 없어져야 할 상품을 결정하는 기기로 그 기능을 하고 있는데. 그 본질은 머천다이징의 검증인 것이다. 머천다이징 정책을 전개해 나가기 위해서는 모든 사회적, 문화적, 경제적 환경 속에서 고객의 니즈에 맞는 머천다이징이 필요하게 된다.

이를 실제로 활용한 결과, 단품 하나하나 별로 검증하고 머천다이징의 신속한 수정에 들어가야 하는 것이다. 즉 POS시스템은 마케팅의 중요한 무기인 것이다. 예를 들어, 편의점의 경우 대부분 도시락은 1일 3편성제로 가맹점에 배송하고 있으나 도시락의 종류나 지역에 따라서 매출 추이가 3편성 중 어느 시간대가 가장 높은가가 매우 중요하다.

즉, 도시락은 선도가 떨어지면 고객이 구입하지 않을 수도 있기 때문이다. 3편성 이후에 팔리는 상품은, 1편성에 납품된 것일지라도 팔리기는커녕 폐기시켜야 하무로 로스가 많다. 또한 3편성에 납품되지 않으면 판매 기회를 놓치는 기회 로스가 생긴다. 이와 같이 도시락 한가지에도 단품 관리를 하게 됨으로써 고객의 니즈에 부응하고 있는지 여부가 예측 가능하게 되는 것이다.

ERP(enterprise resource planning) 시스템은 전사적 자원관리라고 한다. 기업 전체의 경영자원을 효과적으로 이용한다는 관점에서 통합적으로 관리하고 경영의 효율화를 기하기 위한 수단이다. 쉽게 말해 정보의 통합을 위해 기업의 모든 자원을 최적으로 관리하자는 개념으로 기업자원관리 혹은 업무 통합관리라고 볼 수 있다.

좁은 의미에서는 통합적인 컴퓨터 데이터베이스를 구축해 회사의 자금, 회계, 구매, 생산, 판매 등 모든 업무의 흐름을 효율적으로 자동 조절해 주는 전산 시스템을 뜻하기도 한다. 기업 전반의 업무프로세스를 통합적으로 관리, 경영 상태를 실시간으로 파악하고 정보를 공유하게 함으로써 빠르고 투명한 업무처리의 실현을 목적으로 한다.

16-3-1 원할머니보쌈 통합정보시스템

원할머니보쌈은 2004년 총 14억 원을 투자하여 ERP시스템을 구축하였는데 이는 우리나라 프랜차이즈 업계에서 보기 드문 사례이다. ERP시스템은 인사급여, 회계, 주문, 생산, 구매, POS, 원가, 가맹사업, MIS로 구성되어 있으며 타 기업체의 전사적 자원시스템과 차별된 점은 가맹사업 프로그램과 POS 프로그램으로 볼 수 있다. 가맹점 관련 기본사항은 가맹점 프로그램에 저장되며 상권분석, 개설상담, 가맹점 이력관리, 교육현황, 컴플레인, 종합 매출 및 목표관리로 구성되어 있다.

프로그램은 시스템의 특성을 살려 상호 복잡하게 연관되어 있다. 이 때문에 수정사항 또는 신규 프로그램 추가 시에는 관련 부서 담당자들이 서로 협의를 거쳐 전산파트에서 수정을 진행한다. POS 프로그램의 경우 주문, 매출, 재고, 판매, 고객관리 등으로 구성되어 있는데 가맹점사업자들이 쉽게 프로그램에 접근할 수 있도록 되어 있는 것이 특징적이다. 또한 중소외식업계 최초로 사이버 브렌치를 도입하여 2005년 9월부터 가동하고 있다. 사이버 브랜치는 국민은행과 원할머니 보쌈 본사를 초고속망 라인으로 연결하고 있으며 본사 소유의 모든 금융기관 예금계좌 조회/ 입출금 거래내역 실시간 조회 및 원하는 시점에 모든 계좌에 입금한 금액을 한 계좌로 모을 수 있는 기능이 포함 되어 있어 매우 효율적인 시스템이다. 이로 인해 2005년 매출액이 2004년보다 40% 이상 증가하였음에도 인력이 줄어드는 등 생산성의 큰 향상의 효과를 볼 수 있었다.

16-3-2 한국인삼공사 정관장 경영정보시스템

1) 판매시점관리

판매시점관리(point of sales: POS)란 가맹점 각 매장의 실시간 매출 등록과 매출 자료의 자동 정산 및 집계를 가능하게 해 주는 프로그램과 장치 및 주변기기를 말한다. 이에 따라 매출 내역의 집계 및 동향, 재고 및 자재관리 등 다양한 마케팅 정보의 취득이 용이하다.

정관장은 프랜차이즈 전환 계획 당시 국내유통을 위한 네트워크 형태의 일반적인 POS 시스템 구축뿐만 아니라 이와 연계한 생산이력관리, 수출품 진품관리를 포함하는 재고 및 유통관리 전문화 시스템을 구축하기로 계획하였다. 따라서 각 사업부문별 상세설계를 완료한 후 Web-POS, 유통 추적 바코드 시스템, 고객관리(e-CRM) 및 매장관리 시스템 등을 포괄하는 재고 및 유통 관리 전문화시스템을 추진하였다.

정관장이 장기적으로 구현하고자 하는 재고 및 유통 관리 정보화 시스템은 크게 4단계로 이루어져 있다. 첫 번째 단계는 경작자들이 인삼을 재배하는 시점부터 수매 과정까지이고, 두 번째 단계는 완제품 생산 단계까지이며, 세 번째 단계는 완제품이 시중에 출고되어 유통망을 거쳐 소비자에게 판매되기까지의 유통관리 과정이다. 마지막 네 번째 단계에서는 수출품 진품 관리로서 정관장 홍삼의 국제적 유명세를 악용, 위조품을 유통시키는 사례를 방지하기 위한 관리 과정에 해당한다. 이 가운데 정관장의 POS시스템은 3단계인 국내유통을 관리하는 과정까지 해당한다. 정관장의 POS데이터 내용을 보면 〈표 16-2〉와 같다.

〈표 16-2〉 POS 데이터의 실질적 활용사례 — 정관장

구분	작업 목표	마케팅 목표
경영관리	• 상품 구색의 효율화 • 재고의 적정화 • 판매의 적극화	• 매출극대화 • 수익성 향상
판매관리	• 일별 판매추이 파악 • 고객의 구매행동 파악	• 매출동향 평가 • 고객관리 효율화
상품구색	• 상품별 ABC분석 • 진열의 효율화 • 상품관리 최적화	• MD개선
매입재고관리	• 정량/정시 발주 • 적정 재고량 유지 • 상품별 매입/재고관리	• 비용통제 • 도매판매 행위근절
진열관리	• 공간배분 최적화 • 품목별 연관판매	• 과학적 매장관리
판촉관리	• 점별 판매촉진 분석 • 캠페인 관리	• VIP 마케팅(CRM)
고객관리	• 고객 리스트 확보 • 신용카드와 연계	• 고객 활성화

2) 제품안전 경영시스템

소비자 보호에 관한 법률이 강화되면서, 제품 안전성에 대한 기업의 책임과 의무가 한층 증대되었다. 정관장은 이러한 경영환경을 반영해 제품 안전을 최우선으로 하는 기업이념을 정립하고, 소비자 피해 예방활동 강화를 통한 소비자의 신뢰를 제고하기 위해 시스템을 구축하기로 계획하였다.

제품안전 경영시스템(process safety management system: PSMS)의 구축을 위한 예비 진단을 실시하고, PSMS에 대한 계획을 수립하였으며 예비 진단에서 드러난 제품의 결함 및 취약 부문에 대한 개선에 착수하였다.

PSMS에서 실행한 내용은 다음과 같다. 첫째, 과거의 소비자 클레임 사례와 제조물 책임법(product liability law: PL) 사고가 우려되는 항목을 분석해 뿌리홍삼, 농축액류, 톤류, 파우치 등에 위해발생 예방을 위한 표시가 누락된 점을 보완하였다.

둘째, 철저한 품질관리로 불량품이 납품되지 않도록 재료공급업체에 대한 품질 및 위생관리 점검시스템을 구축해 나갔다. 이와 더불어 전년도 재료품별 불량유형을 정밀분석하고, 납품업체에 대한 품질 개선을 계도하는 한편, 협력업체의 제조공정별 품질위생 체크리스트에 의한 현지점검을 정기적으로 실시해 우수 협력업체 평가 자료를 축적하였다.

셋째, 포장 재료의 재질 변경 및 날인 사항의 안전성을 검토해 국제적 오염 규제물질인 PVC를 PET로 변경하고, 유통 과정 중에 악의적으로 포장품의 제트프린터 날인사항(유통기한)을 변조 또는 제거하지 못하도록 포장 재료를 개선하였다.

이처럼 제품에 관련된 불량 및 개선사항을 총점검하면서 PL방어 기능을 구축해 나갔다. 이에 따라 PL사고 대응을 위한 문서관리를 강화하기 위해 제조기록을 더욱 철저히 관리토록 하고, 문서 보관기간을 기존 4~6년에서 10년으로 연장하였다. 관련업체와 각종 계약을 체결할 경우에는 PL법과 관련된 조항을 삽입해 책임소재를 명확히 하도록 하였다.

따라서 제품 안전 경영 시스템은 운영 취지는 일차적으로는 소비자들의 신뢰를 확보하고, 가맹점사업자들에게 2차 피해가 가지 않도록 제품 안전에 대한 여러 위험 요인들을 사전에 제거함이 목적이라 할 수 있다.

16-3-3 코오롱 웰케어(주) W-스토어 경영정보시스템

1) 판매 매니저 배치·전산 시스템 제공 등 약사 업무 지원

의약품을 주로 취급하는 약국 친화형인 W-스토어는 약사들의 업무를 지원해주는 시스템을 도입하여 상품 수가 너무 많아 약사 혼자 감당하기 어려웠던 점을 개선하기 위해 재고관리 등의 전산시스템 제공 및 의약품 전문 상담사 배치로 업무 편의성을 높여주고 있으며, 화장품 판매 시 구체적인 설명이 필요하기 때문에 전문판매 매니저를 두고 상담판매를 실시함으로써 업무 효율성을 높이고 있다. 또한 전문판매 매니저 월 2회 정기 방문하여 운영사항 협의, 약국경영지원, 행사제품 안내 등을 지도하고 있다.

2) 온라인 사내 교육방송 및 가맹점전용 시스템

W-스토어 온라인사이트 내에 가맹점전용 시스템을 제공함으로써, 가맹점사업자들의 정보공유 및 전달을 손쉽게 만들어 놓았다. 특히 온라인 사내 교육방송은 인터넷 카페를 통해서 제공되고 있는데, 그 목록으로는 영업계획과 운영관리, 고객감동 실천약국, 비타민 건강과 식품건강, 생활건강과 부분별 건강, 피부건강, 전산시스템의 이해 등으로 나눠져 있다.

3) POS시스템 적극 활용한 고객 정보 지원

다양한 계층이 이용하는 만큼 환자가 무슨 약을 언제부터 복용을 했는지, 현재 복용하고 있는 약은 무엇인지, 언제 처방을 했었는지, 어떤 일반 약을 구입했었는지 체계적인 관리가 필요하다. 이를 위해 POS시스템을 적극 활용해 환자를 관리하고 있다. POS시스템으로 인해 환자의 약력을 한눈에 확인할 수 있고, 이로써 맞춤형 복약지도가 가능해졌다.

16-3-4 크린토피아 경영정보시스템

1) 세탁자동화시스템

고품질과 합리적인 요금을 위한 최첨단 세탁 설비를 갖추고 Y셔츠 다림질 자동화와 자동터널시스템 등 최첨단의 세탁설비로 더 좋은 품질과 합리적인 요금의 세탁 서비스를 제공하고 있다.

빠르고 정확한 세탁서비스를 위한 자동화, 전산화 시스템을 도입하여 매장의 세탁물 접수부터 지사의 세탁업무까지 전 단계가 실시간 온라인시스템으로 관리되어 〈그림 16-3〉과 같이 세탁물의 정확한 위치추적과 고객의 서비스 이용 이력관리가 가능하게 하였다. 또한, 세탁 공정에 자동분류 시스템(바코드택 인식 시스템)을 도입하여 보다 정확하고 빠른 서비스를 제공하고 있다.

〈그림 16-3〉 크린토피아 세탁물 위치추적

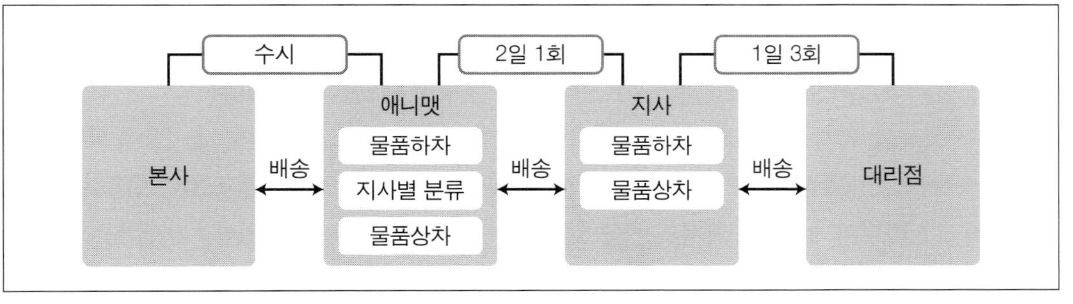

크린토피아의 차별적 기술력으로는 항균세탁과 철저한 세정액 관리 시스템, 독자적 제품 개발 등을 들 수 있다. 일반세탁소나 집에서 세탁을 할 경우 옷에 있는 곰팡이나 먼지 등 세균이 완전히 제거되지 않고 섬유 속에 잔존하게 되어 섬유의 손상이나 피부염 등을 유발할 수 있다. 이러한 문제를 해결하기 위해 크린토피아는 한국의류시험연구원에서 인증 받은 기술을 이용하여 99.9%의 세균 제거율을 가진 항균세탁을 시행하고 있다. 이를 통해 세탁업계 최초로 항균마크를 획득하는 쾌거를 달성하였다. 다음으로는 위생적인 세탁과 역 오염 방지를 위한 세정액관리 시스템을 운용하고 있다. 드라이크리닝의 경우 일반 물세탁과 달리 고가의 세정액을 별다른 처리 없이 재차 사용하는 것이 통상적인 관행이었다. 세정액의 재차사용은 비위생적일 뿐만 아니라 역 오염의 가능성을 가지고 있기 때문에 세탁의 질이 떨어진다. 크린토피아는 철저한 세정액관리를 위해서 사용한 세정액을 증류하여 오염물질을 제거하는 증류식세탁과 첨단필터링시스템 등 세정액을 깨끗하게 유지하는 기술을 보유하고 있다.

2) 정보시스템

크린토피아는 세탁물 접수 및 인도, 매출, 자재주문 데이터 관리를 위해 POS시스템을 전 대리점에 보급하여 운영하고 있다. 둘째, 교육관리 시스템을 통하여 오픈 교육과정 중 전산교육을 강화하고 있으며 전산교육 테스트를 이수하지 않을 경우 재수강, 재테스트 매뉴얼을 배포하여 교육을 실시하고 있다. 셋째, 안정적인 지사·대리점 프로그램을 통하여 가맹본부의 정기적인 전산시스템 정비와 문제 발생 시 원격관리를 통한 신속한 복구를 시행하고 있다. 넷째, 전산 설비 전문 업체와 전산설비 제휴를 통하여 문제 발생 시 즉각적인 대응이 가능하게 하였다. 다섯째, 가맹본부 홈페이지 수시 업데이트하여 도우미 코너 운영, 각종 세탁 정보 게시와 가맹점사업자와 게시판, 건의함 등 통해 실시간 커뮤니케이션 수단으로 이용하고 있다. 여섯째, 홈페이지 교육 시스템 구축으로 온라인 동영상 강의를 통한 편리하고 효과적인 학습이 가능해 졌다.

16-4 물적 유통관리의 개요

최근 유통환경은 고객욕구의 다양화 추세에 따른 다품종 소량생산으로 운송 및 보관 효율을 크게 저하시키고 있다. 또한 각 기업이 경쟁적으로 신제품을 출시함에 따라 안전재고량이 급격히 늘어나게 되어 다빈도(多頻度) 소물량(小物量) 배송체계의 도입이 필요하게 되었다. 따라서 제조업의 물류비용 증가가 매출액 증가율을 상회하고 있어 기업에게 상당한 원가 압박으로 작용하고 있다.

16-4-1 물적 유통의 정의

물류란 기업의 경영 활동 중에서 제품, 부품, 원자재 등의 물품에 관련된 것이며, 물류관리란 물류가 원자재나 부품의 공급자 단계에서 생산단계를 거쳐 최종 소비자에게 물리적 재화가 전달되는 과정을 관리하는 것이다.

물적 유통의 범위는 두 가지 관점에서 정의될 수 있다. 그 하나는 미국 마케팅학회에서 제시한 물적 유통에 대한 고전적 정의로 "생산지점으로부터, 소비 또는 이용지점까지 재화의 이동을 관리하는 것"으로 물적 유통을 협의의 관점에서 정의하고 있다. 다른 하나는 물적 유통을 보다 광의의 로지스틱스(logistics)라 불리는 물류개념에서 정의할 수 있다. 즉 물류를 원재료나 부품의 공급자 단계에서 생산단계를 거쳐 최종 소비자에게까지 물리적 재화가 전달되는 과정을 관리하는 것으로 보는 것이다.

미국의 물류관리협회(The Council of Logistics Management)의 정의에 의하면, 물적 유통 또는 로지스틱스를 "원자재·재공품·완제품 및 관련 정보를 발생지점에서 소비지점까지 효율적이고 효과적으로 흐르도록 계획·실시·통제하는 과정"으로 정의하고 있으며, 이 정의에는 고객서비스·수송·창고 및 보관·공장 및 위치선정·재고관리·주문처리·유통정보·조달·원료취급·부품 및 서비스 지원·폐품처리·포장·반품저리·수요예측 등을 포함한다.

최근 물적 유통 개념을 이야기할 때 협의의 물적 유통보다는 광의의 물적 유통 개념인 로지스틱스 개념이 주류를 이루고 있는데, 이는 기업의 경영 활동을 원자재 조달→생산→판매라는 하나의 시스템으로 볼 때 당연한 추세라 하겠다. 결국 물적 유통이란 조달·생산·판매활동에 수반되는 물적 흐름을 효율적으로 관리하는 과정으로 요약된다. 〈그림 16-4〉는 물류의 흐름도를 나타낸 것이다.

〈그림 16-4〉 물류의 흐름도

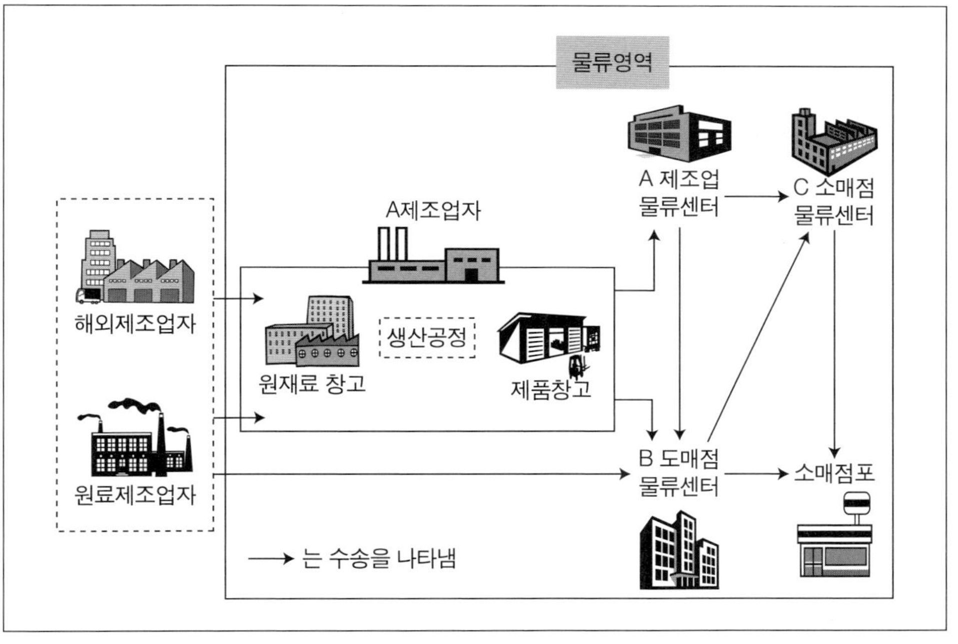

급속히 발전하고 있는 정보기술(information technology)은 물류관리 분야에서도 물류정보시스템(logistics information system)을 구축하여 활용하고 있다.

물류정보종합시스템이란 종합적인 물류 활동의 원활화를 도모하기 위한 필수적인 요소들로 물류활동을 구성하고 있는 운송, 하역, 보관, 포장, 수송 등의 각 기능을 유기적으로 결합시켜 전체적인 물류관리를 효율적으로 수행하도록 하는 정보시스템을 의미 한다. 이러한 기능을 수행하는 물류정보시스템의 구축은 기업의 원활한 물류활동 뿐만 아니라 물류성과를 높여 경쟁우위를 확보하게 된다.

16-4-2 물적 유통의 중요성

기업경영에서 중요한 이윤의 원천에는 매출증가, 제조원가의 절감, 구매원가의 절감 등이다. 물적 유통에서 가장 중요한 이윤의 원천은 물적 유통비용의 절감이다. 과거에는 물적 유통의 분야가 기업 내에서 각광을 받지 못하는 거의 무시된 존재였다. 그러나 현재는 기업경영의 중요한 이익의 원천으로 인식되면서부터 전문적인 물적 유통부서가 생겨나고 자리 잡게 되었다. 물적 유통이 중요한 것은 다음과 같은 이유 때문이다.

첫째, 물류비 절감은 기업에게 매출액 증대 효과를 가져다준다. 가령, 지금 매출액 2,000억 원의 기업이 있다고 가정해 보자. 이 회사의 물류비용은 100억 원(매출액의 5%), 기타비용이 1,840억 원, 영업이익이 60억 원(매출액 대비 3%)이다. 만약 이 회사에서 물류비용 절감에 성공하여 10%를 절감했다고 하면 이익이 10억 원 증가한 것과 마찬가지이다. 만약에 물류비를 절감하여 생긴 10억 원을 매출증가로 얻고자 한다면 이익률이 3%이므로, 10억 원의 추가이익을 얻기 위해서는 약 333억 원의 추가적인 매출 증대 노력이 필요함을 알 수 있다. 이 금액은 매출을 기준으로 환산하면 16.7%에 해당하는 금액이다. 이것이 바로 물류비의 중요성이다. 매출액의 5%에 지나지 않는 물류비를 10%만 절약하더라도 매출액의 16.7%를 증가시킨 것과 같은 효과를 보는 것이다.

둘째, 고객이 주문한 제품을 납기일에 정확하게 전달하는 물류서비스의 제공은 기회비용 발생을 방지하고 고객충성도를 구축하는 데 기여한다. 고객은 공급업체의 신속하고 정확한 물류서비스를 전제로 비즈니스를 운영한다. 도요타의 생산시스템의 일종인 'JIT생산방식'에서는 정해진 시간에 필요한 양의 부품이 차질 없이 도착할 것을 전제로 생산이 수행된다. 만일 정해진 시간에 도착하지 않으면, 생산라인은 가동이 중단되는 것이다. 일반 소매상의 경우도 마찬가지이다. 소매점은 제품이 약속한 시간에 납품된다는 전제하에 주문을 한다. 따라서 만일 그 시간에 납품되지 않는다면, 점포에 제품이 품절되는 사태가 발생할 것이다. 이렇게 되면 점포로서는 제품이 있었으면 팔았을 것을 없어서 팔지 못하는 매상손실(기회비용)이 생기고, 고객에 대해서는 신용을 잃게 되는 결과를 초래한다.

셋째, 물적 유통비용의 절감은 이윤창출의 주요원천이 되고 있다. 갈수록 치열한 경쟁 환경 하에서 물류비용의 지속적 증가는 기업 이익의 커다란 압박요인이 되고 있다. 이러한 상황 속에서 물적 유통비용의 절감은 이윤 유지 및 증대의 주요원천으로 부상하고 있다.

16-4-3 물적 유통의 영역과 기능

앞에서 언급하였듯이 기업의 경영 활동을 조달, 생산 및 판매라는 시스템으로 볼 때, 기업 전체의 입장에서 물적 유통을 원자재의 조달에서부터 생산단계를 거쳐 최종 소비자에게 제품이 전달되는 과정으로 이해할 수 있다. 따라서 물적 유통의 영역은 〈그림 16-5〉

〈그림 16-5〉 물적 유통의 영역

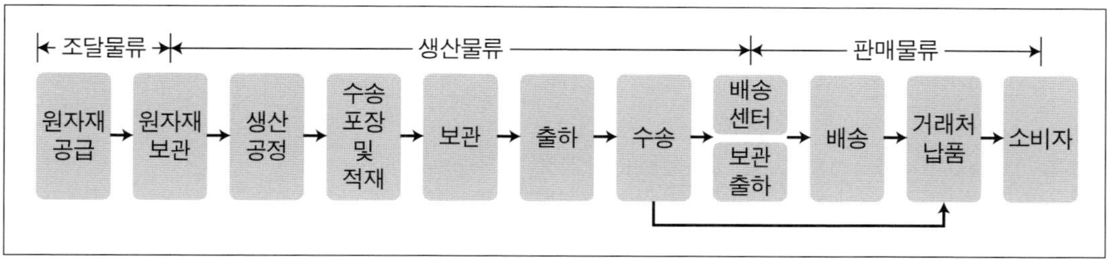

에서 보는 바와 같이 조달·생산·판매과정에서의 물적 흐름을 관리하는, 즉 조달물류·생산물류·판매물류를 포함하는 것으로 볼 수 있다.

조달물류는 제조업체로부터 공급 요청을 받은 공급처가 원자재를 포장하여 제조업체의 자재창고까지 수송 및 배송을 하고, 제조업자가 입고된 원자재를 자체창고에 보관 및 재고 관리하는 단계까지를 말한다.

생산물류는 자재창고에서의 출고로부터 생산 공정으로의 운반, 생산 공정에서의 하역, 그리고 창고로의 입고까지의 과정을 말한다. 생산물류에서는 운반 및 하역의 자동화와 창고의 자동화가 관리의 초점이 된다.

판매물류는 제품이 소비자에게로 전달될 때까지의 수송 및 배송활동으로서, 제품창고로부터 제품의 출고, 배송센터까지의 수송, 배송센터로부터 각 대리점이나 고객에게 배송되는 작업 등이 포함된다.

이와 같은 물적 유통 활동이 효과적으로 이루어지기 위해서 마케팅관리자는 물적 흐름과 관련된 기능들을 지원하여야 한다. 기업은 물적 흐름을 원활하게 하기 위해 수송(transportation), 보관(storage), 재고관리(inventory), 주문처리(order processing), 정보처리시스템과 같은 중요한 물류 기능들을 수행해야 한다.

16-4-4 제3자 로지스틱스

대부분의 대기업은 자사제품을 생산하고 판매하기를 좋아한다. 그러나 많은 기업이 로지스틱스 업무를 꺼려한다. 그들은 공장에 원자재를 공급하고 고객에게 제품을 보내기 위해 수행되는 포장, 선적, 하역, 분류, 보관, 운송, 세관통과, 추적 등 일련의 과정을 좋아하지 않는다. 이런 업무가 과중해짐에 따라 로지스틱스의 일부 또는 전체를 제3자인 3PL(third-party logistics) 사업자에게 맡기는 기업이 늘고 있다.

기업은 여러 가지 이유로 3PL 서비스를 이용한다. 첫째, 제품을 시장에 전달하는 것이 3PL 핵심 활동이기 때문에 더 효율적이고, 낮은 비용으로 업무를 수행할 수 있다. 아웃소싱은 일반적으로 15~30%에 달하는 비용 절감 효과를 가져다준다. 둘째, 아웃소싱은 기업이 본연의 업무, 핵심 사업에 집중할 수 있도록 도와준다. 마지막으로, 전문적인 3PL 기업은 복잡한 로지스틱스 환경의 이해도가 높다. 그렇기 때문에 글로벌 시장으로 그 범위를 확장하려는 기업에게 큰 도움이 될 수 있다.

16-5 가맹본부의 물류 시스템

프랜차이즈 가맹본부의 물류 시스템이란 가맹점에서 상품을 발주함과 동시에 고객의 니즈에 맞는 적정한 상품을 적절한 시기에 제공하고, 구매, 생산, 배송, 운반, 가맹점 보관 등과 이에 소요되는 비용의 효율적인 구현을 위한 통합적인 시스템이다.

가맹점사업자의 입장에서는 가맹본부가 제공하는 가맹본부 공급 제품의 매입원가가 낮아야 수익이 많이 생기게 된다. 또한 주력 상품의 원활하고 효율적인 배송시스템도 필요하게 된다. 이처럼 물류 시스템의 효율적인 관리가 영향을 미치는 분야는 매우 많다고 하겠다.

가맹본부 생산관리 측면의 좋은 예로 외식 프랜차이즈 사업의 경우, 가맹점에서 최종적으로 상품을 가공하여 고객에게 제공하게 되므로, 숙련된 직원이 필요 없는 상품 가공방법이 시스템적으로 개발 되어 있어야 한다. 동일한 프랜차이즈 가맹점이라면 어느 점포에 가더라도 동일한 맛과 서비스를 고객에게 제공하기 위한 품질관리가 중요하다. 가능한 한 제 1차 가공을 센트럴 키친이나 메이커에서 하고, 점포에서는 초보 스태프라도 어느 정도의 훈련만 받으면 숙련된 사람과 동일한 수준으로 상품을 만들 수 있는 시스템을 갖추어야 한다. 우리나라의 기업의 경우도 놀부, 투다리 등 CK(central kitchen)를 조기에 구축해서 성공한 브랜드가 많다.

프랜차이즈 시스템에 있어서 만약 각 가맹점 간 마케팅 격차가 거의 없어졌을 때, 즉 동질화 경쟁에 돌입하게 되었을 때 중요하게 대두 되는 것이, 시스템 격차나 원가 격차이다. 이중 특히 중요한 것은 물류 시스템이다.

이처럼 물류 시스템은 단순히 물건을 옮기는 것뿐 아니라 마케팅 활동의 중요한 요소의 하나로 생각할 수 있다. 프랜차이즈 가맹점은 하나하나의 점포 규모는 작더라도 다점포화 함에 따라서 직영 체인과 같은 효과를 만들어 내는 시스템이다.

16-5-1 물류 시스템 기능

가맹본부가 가맹점에게 공급하는 상품이나 원자재, 부자재, 비품 등의 원활한 공급과 최고의 품질을 유지하기 위해서는 물류 시스템을 구축해야 한다.

물류 시스템의 기능은 첫째, 제품보관, 제품주문, 제품조달에 관련된 리드타임 정보 및 예측정보를 통한 주문정보를 정확히 파악하고 전달하는 기획 기능을 한다. 둘째, 생산계획과 물자조달 계획을 조정할 수 있는 제품의 흐름을 정확히 파악하고 전달하는 조정 기능을 한다. 셋째, 고객에게 납기정보, 주문정보, 화물추적정보 등을 제공함으로써 고객서비스 및 고객과의 커뮤니케이션 기능의 고객 중심의 물류흐름이 가능해진다. 넷째, 물류의 각 기능의 지표를 설정하고 관리함으로써 제반 계획과 성과통제 기능을 수행할 수 있다.

가맹본부의 프랜차이즈 사업 초기에는 가맹점 수가 많지 않기 때문에 직접 물류 시스템을 갖추고 운영하기는 쉽지 않다. 따라서 직접물류가 가능한 가맹점이 확보되기 전까지는 전문물류업체에 위탁하여 운영하는 것도 필요하다.

16-5-2 프랜차이즈 물류 시스템의 필요성

프랜차이즈 가맹본부가 물적 유통관리를 위한 목적은 물류비용의 최소화와 고객서비스 향상에 있다고 할 수 있다. 프랜차이즈 사업은 서비스 사업으로 고객서비스 향상이 매우 중요하다. 그런데 고객서비스 향상은 물류비용의 증대를 가져오게 된다.

프랜차이즈 물류관리의 필요성은 첫째, 상품의 입출고, 재고관리, 수·배송 등 거래를 실현하기 위한 물류정보 획득, 둘째, 프랜차이즈 업체가 중소기업 위주로 구성되어 있고, 현실적으로 영세성을 면치 못하고 있는 실정이나 프랜차이즈 업계의 경쟁구도가 심화되면서 타 업체와의 차별화를 위한 물류관리 경쟁우위 실현, 셋째, 공동물류 시스템, 표준화, 정보화를 통한 효율적인 물류 시스템의 구축과 공동 물류화 및 정보화를 촉진하기 위한 지원시스템의 개발이 필요하다.

16-5-3 프랜차이즈 물류 환경

유가상승 및 도로정체에 따른 물류비용 상승, 고객의 욕구 다양화에 따른 소비 환경의 변화, 다품종 소량생산 체제로 운송 및 보관의 효율성 저하, 경쟁적인 신제품 출시에 따른 완전재고량 증가로 물류비용 증가, 프랜차이즈 가맹본부의 중소기업 및 영세업의 형태 등 물류 환경의 변화에 따른 문제점을 해결하기 위한 방안으로는 물류의 아웃소싱과 공동물류 시스템 구축이 필요하다. 그러나 대부분의 프랜차이즈 가맹본부가 중소기업 및 영세업의 형태로 경영이 이루어지고 있어 물류 환경 변화에 적절하게 대응하기 어려울 뿐만 아니라 정략적으로 물류 시스템을 구축하여 운영하기가 어렵다. 프랜차이즈 사업의 특성상 물류배송에 소요되는 리드타임은 가맹점의 영업 활동과 직결되어 있으며, 가맹본부와의 관계지속에도 매우 중요한 영향을 미치고 있다. 이를 극복하기 위한 소규모 프랜차이즈 가맹본부는 아웃소싱 업체를 활용하여 제3자 물류를 하고 있으나, 가맹점 모니터링, 원활한 주문처리, 납기 신뢰성, 제품 구색 등에 있어 만족스런 물류편의 제공에는 한계가 있다.

16-5-4 프랜차이즈 물류공동화 시스템

최근 물류 환경은 기업 내의 물류 활동을 연결하여 하나로 통합하는 것에서 한걸음 나아가 공급업체, 고객, 물류 관련 제3자와의 전략적 제휴를 통해 물류의 효율성을 실현하는 단계로 발전하고 있다. 프랜차이즈 사업에 있어서도 전사적 자원관리(enterprise resource planning: ERP), 경영정보시스템(MIS) 등을 기반으로 공급망관리(supply chain management: SCM)의 도입과 활용방안이 지속적으로 추진되고 있다.

물류공동화 시스템은 물류네트워크를 기반으로 물류 효율화를 위하여 제조업체 또는 유통업체가 공동으로 수 배송, 보관 및 물류정보망 구축 등의 물류공동화 사업을 추진하거나 물류전문업체가 물류공동화 사업을 수탁 받아 물류업무를 대행하는 사업을 말한다.

치열해지는 프랜차이즈 기업 간의 경쟁 환경에 살아남기 위해 프랜차이즈 관련 업체들은 자재구매를 위한 의사결정과 계획, 생산 스케줄, 배송, 재고를 최적화하는 과정에서 SCM의 속도와 확실성을 보장해 조직의 이익과 효율을 증가시키는 방법으로 평가받고 있으므로 이를 활용한 경영성과 극대화를 위한 전략적 차원의 물류 시스템의 구축을 실행해야 한다.

16-6 가맹본부 물류관리 사례

16-6-1 (주)제너시스코리아 종합물류 시스템 구현

(주)제너시스코리아는 1999년 경기도 광주군 오포면에 총대지 면적 13,200m^2(4,000평), 연건평 3,300m^2(1,000평), 물류창고 2,640m^2(800평), 냉동·냉장창고 330m^2(100평) 규모의 GNS 로직스틱스을 설립하였다. 이후 (주)제너시스는 각종 첨단 설비와 수송능력을 갖추어, 국내 3,500여 개 가맹점에 1일 콜드시스템을 통해 신선한 원료 공급과 최상의 맛을 고객에게 제공하고 있다. GNS 로지스틱스의 물류 시스템은 온라인화된 주문발주 시스템, 1일 콜드 시스템, 품질관리 QA제도, 클레임처리 시스템이 있다.

1) (주)제너시스의 물류통합정보시스템

(주)제너시스는 IT와 통합 물류 시스템을 결합하여 물류통합정보시스템을 구축하였다. 온라인화 된 주문발주 시스템은 제너시스가 자랑하는 프랜차이즈 시스템이다. 제너시스는 IT 부문에 막대한 자금을 투자했다. 9개 브랜드를 관리해야 하기 때문에 자체 물류망인 물류자회사인 GNS Logistics를 설립하였다. 이로 인해 물류가 분산되어 있지 않고 통합돼 있다는 것이 강점으로 작용하고 있다. 그만큼 물류비용을 줄일 수 있기 때문이다. 프랜차이즈 사업의 성공조건으로 빼놓을 수 없는 게 IT와 물류다. IT와 물류는 가맹점사업자가

〈그림 16-6〉 물류통합정보시스템 사례 — (주)제너시스

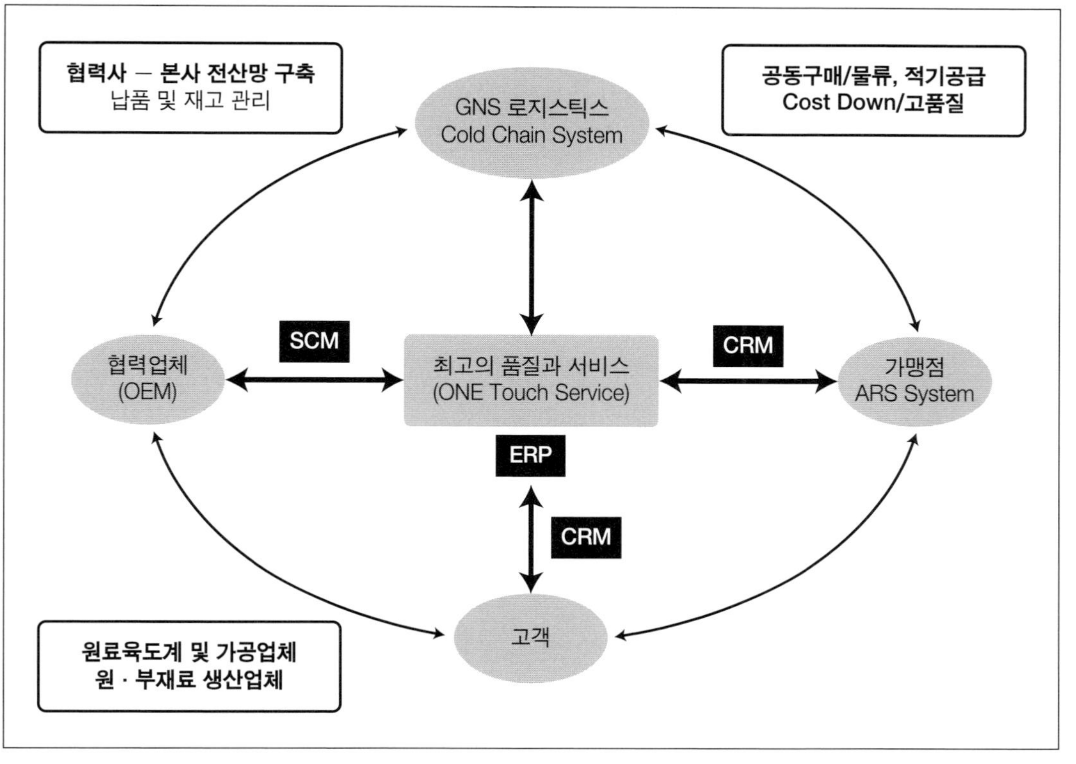

손쉽게 점포를 관리하게 해주고, 인건비를 줄일 수 있는 인프라이기 때문이다. 〈그림 16-6〉은 제너시스코리아의 물류통합정보시스템이다.

2) 물류 시스템 능력

제너시스코리아는 일일 콜드 시스템 완비하여 전국 3,500여 개 가맹점에 콜드시스템을 통해 매일 가장 신선한 상태로 공급이 가능한 국내 프랜차이즈 기업 중 최고의 시설을 구축하고 있다. 또한 유통 전문기업으로 도약하기 위한 기반시설에 40억 원을 투자하여 400여 개 품목의 농축산물을 취급하고 있다. 물류센터의 전산화를 구축 본사, 가맹점, 협력업체의 전산화를 통해 최상의 품질 상품을 적기에 제공하기 위해 자동화된 시스템에 의한 체계적이고 과학적인 상품관리와 생산 공장 및 물류 시스템의 전산화를 통해 적정 재고관리를 유지하고 있다.

16-6-2 한국인삼공사 정관장 물류 시스템

1) 제3자 물류관리시스템

정관장은 초기 물류 시스템의 문제점들을 개선하기 위해서 기존의 물류 시스템에서 제3자 물류 시스템으로 개편하였다. 초기의 제3자 물류 시스템의 추진목적은 핵심역량인 영업력을 집중적으로 강화해 경쟁력 우위를 확보하고, 배송부문의 아웃소싱을 통해 물류합리화 기반을 마련하는 것 이였다. 이에 따라 전국적 수송체계를 3개 거점별 물류 시스템으로 개편하고 물류 이동빈도가 높은 수도권을 중심으로 단계적으로 추진한다는 방침을 설정하였다.

또한 최상의 물류서비스 기반을 구축하기 위해 수도권을 중심으로 광역시 등 시 소재 판매점에 대한 배송을 위탁배송체제로 전환시켜 서비스를 대폭 개선한 것은 물론, 발주 후 1일 이내에 납품을 완료할 수 있는 체제로 개편하였다. 동시에 물류창고는 특수품목을 제외하고는 1개월분의 재고만 유지하게 됨으로써 제품의 과다보유를 방지하면서도 제품 수급은 더욱 원활해지게 운영하였다.

제3자 물류가 실시된 이후와 현재의 정관장 제3자 물류 시스템의 현황과 바뀐 점은 첫째, 대행업체 '레스코' 관할 이였던 외부 물류기지(경산, 이천)를 정관장의 '인삼창'으로 통합관리하여, 물류비를 절감시켰다. 즉 3개의 창고를 1개창고로 집중화하여 효율적인 물류 서비스를 실현시킨 것이다. 또한 '인삼창'에서의 자체 재고관리를 통한 제품의 안정성도 확보할 수 있었다.

둘째, '인삼창' 외부와 내부에 물류센터 운영을 시작하면서 최신 물류 시스템 도입을 통해 재고관리의 최적화는 물론 물류관리의 효율성을 향상시킬 수 있었다. 이러한 '인삼창' 내부 물류 센터 설립은 '인삼창'이 주관하여 창고 임대비용(연 1억 8천만 원) 및 창고 관리비용 절감 효과를 볼 수 있었으며, 외부 물류센터는 아웃소싱 '레스코' 관할로 물류 전산시스템 연동화를 통한 창고보관 및 출하시스템을 정착시킬 수 있었다. 정관장의 제3자 물류 프로세스를 보면 〈그림 16-7〉과 같다.

2) 식품 이력 추적 관리제도

식품 이력 추적 관리제도는 소비자의 알 권리를 보장해 주기 위한 취지로 만들어진 제도이지만, 이러한 소비자의 알 권리 외에도 본사 입장에서 이력 추적 시스템은 가격 유지 정책의 일환으로 사용되기도 한다. 가격 유지 정책을 시행하는 이유는 가맹점·직영점 외에 쇼핑몰 온라인 등 여러 유통 채널에서 기존 정가보다 가격이 지나치게 저렴하게 팔리는 경우를 방지하기 위함이라 볼 수 있다.

이력 추적시스템의 가격 유지 정책 전개 과정으로는 제품에 코드·라벨 등을 각각 모

〈그림 16-7〉 제3자 물류 프로세스 사례 — 정관장

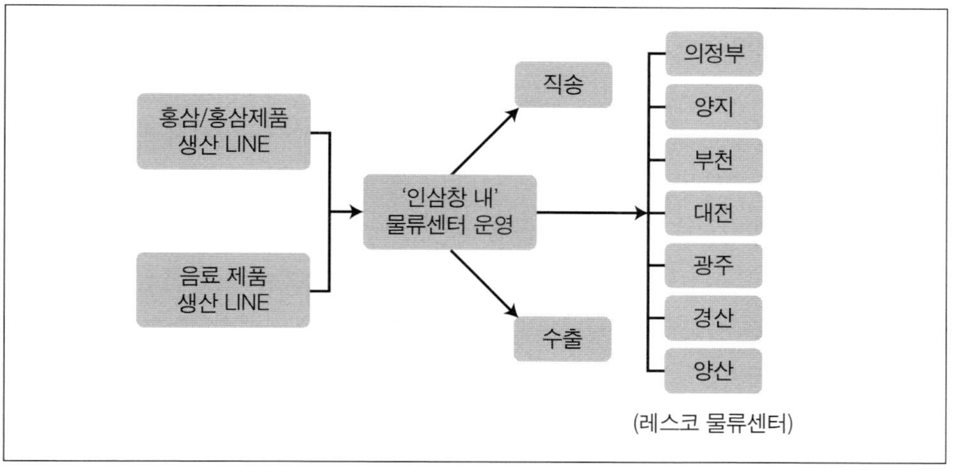

두 다르게 부착한 뒤, 각 가맹점에 제공되는 상품을 DB화 시키고 보관한다. 그 이후 쇼핑몰 에서 판매되는 물품을 조사하여 어느 지점의 가맹점에서 유출된 상품인지를 확인하고 추적하는 과정으로 운영되고 있다. 정관장의 식품이력추적시스템은 〈그림 16-8〉과 같다.

〈그림 16-8〉 정관장의 식품 이력 추적시스템

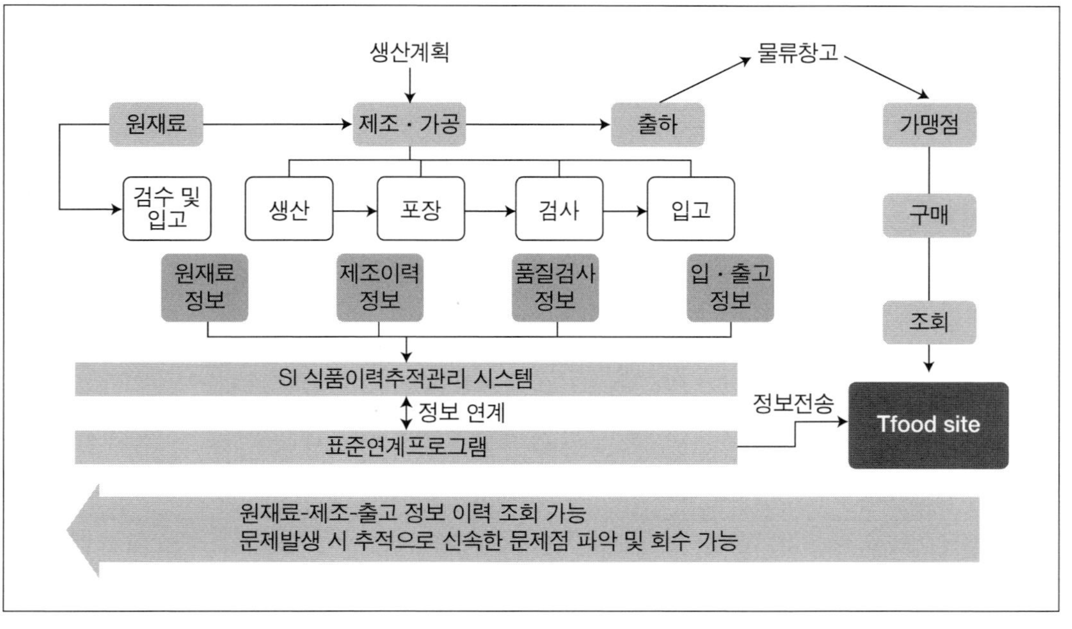

16-6-3 원할머니보쌈 물류관리

1) 가맹점 식재료 직배송

원할머니보쌈은 대표적인 생산자 중심 소매상 프랜차이즈 시스템이다. 즉 가맹점 식재료의 90% 정도를 가맹본부에서 가맹점으로 직접 배송함으로 가맹점은 점포를 꾸려나가는데 한결 수월하며 가맹본부는 이러한 수수료를 통해 재정적으로 유리하다. 원할머니보쌈은 이러한 물류 시스템의 구축을 사업초기부터 시행함으로써 가맹점의 지속적인 관리 및 통제할 수 있었고 가맹점의 증가로 인한 물류마진율의 상태로 재정상 이점을 볼 수 있었다. 현재 가맹분부 공장에서 김치·족발·소스·양념장 등을 직접 제조하고 있으며 돈육은 OEM 방식으로 생산에 각 가맹점에 직접 배송하고 있다. OEM 방식 특성상 마진이 거의 없다고 볼 수 있는데 가맹점의 일관된 맛을 관리하기 위해 값싸고 품질 좋은 것을 가맹점에 공급하기 위한 원할머니보쌈의 일종의 투자라고 볼 수 있다. 또한 신선한 식자재의 원활한 배송관리를 위해 배송차량에 GPS 시스템을 구축하였다. 이로 인해 가맹본부에서도 GPS 위성을 통해 배송상태를 실시간으로 조회가능하며, 필요 업무 지시의 적시성도 확보하였다. 원할머니보쌈은 물류혁신을 위해 일일배송체제를 2006년 5월부터 격일배송 체제로 바꾸었으며 냉동 탑차를 1.3톤에서 2.5톤으로 바꾸어 한 번에 많이 배송할 수 있도록 하였다. 격일 대량배송으로 인해 물류비용의 20%를 절감하였으며 이를 통해 가맹점의 원가 절감을 이룰 수 있었다

2) CK공장의 운영

CK(control kitchen)공장이란 원할머니보쌈의 모든 노하우가 결집된 하나의 거대한 주방과 같은 곳으로서 총 3개의 생산라인(김치·족발·양념가공)으로 구성되어 있으며 부대시설로는 물류창고 및 위생실험실, 조리연구실 등이 있다. CK공장은 각 가맹점에 식재료를 냉장으로 유통하기 때문에 어느 가맹점에서라도 원할머니보쌈의 고유의 맛을 동일하게 제공 가능하게 만들고 있다. 원할머니보쌈 CK생산라인 및 생산 규모는 〈표 16-3〉과 같다.

〈표 16-3〉 원할머니보쌈 CK생산라인 및 생산 규모

생산라인	생산 시설과 규모
김치 생산라인	240평 규모로서 5단자동세척기/압착기/혼합기/호이스트/냉장실 등의 설비를 이용해 일평균 10000kg의 제품을 생산 가능
족발 라인	230평 규모로서 스팀솥/버블세척기/진공포장기/멸균포장실/급냉실 등의 최신식 설비를 통해 최대 1000벌(4000족)의 족발을 생산 가능
양념가공 라인	50평 규모로서 혼합기/포장기/세절기/믹서기 등의 주요설비를 갖추고 있으며 일평균 약 700kg의 양념 생산

16-6-4 명인만두 제조 및 물류관리

1) 물류공장

명인만두는 경기도 광주에 중점관리시스템(HACCP) 인증을 받은 직영 생산 공장을 운영하고 있다. 냉장만두소에 관한 HACCP는 아직 정립되지 않아서 외부의 세스코 같은 업체를 이용하고, 내부적으로 에어샤워나 HACCP에 준하는 교육 및 도구를 통해서 관리되고 있다. 철저한 품질-위생관리를 실현하며 직영생산 및 재료 직구매를 통해 생산원가를 절감할 수 있도록 한다.

만두소는 냉동이 아닌 냉장으로 유통되고 관리된다. 만두소는 그 특성상 여러 음식이 섞여 만들어지는데, 음식이 섞이는 순간 부패가 시작되므로 그 유통에 있어서 관리가 무척 어렵고 중요하다. 그러나 이러한 어려움 속에서도 냉장으로 유통하기 위해 물류공장을 운영하는 데는 그만한 이유가 있다. 냉동 만두와 냉장 만두는 맛에 있어서 확연한 차이가 있으므로 더욱 질 좋은 음식을 소비자에게 제공하여 고객가치를 극대화하기 위해 직영공장을 설립해 가맹본부의 통제 아래 물류관리를 하는 것이다. 물류공장 주변에는 지역 지주의 대형 목장이 있어 혹시 모를 위생에 대비하기 위해 현재 세스코 업체를 통해 많은 자금을 투자해 관리를 하는 등 위생관리에도 많은 노력을 하고 있다.

2) 물류 시스템

물류공장에서 가맹점까지의 매일 배송을 위한 자체물류 시스템을 구축하여 운영하는 독립성을 갖춰 효율적으로 가맹점을 지원하고 있다. 전화를 통한 ARS 또는 매장 POS를 통한 FSM 발주를 오후 4시까지 받아서 주간보다는 온도가 낮은 야간 시간을 이용하여 당일 생산분을 당일 야간에 Daily Cold Chain System으로 배송한다. 예상 판매량의 1.5배 정도의 식품 원자재를 공급하여 신선하고 저렴하며 로스가 적은 식재료를 공급하는 데 이바지하고 있다.

현재는 대전, 원주, 춘천 등의 지역까지 경기도 광주의 직영 생산 공장에서부터 운송이 이루어지고 있으나 다른 지방으로의 프랜차이즈 확장에 발맞춰 부산지사 발족하여 영호남 지방의 가맹점에 제품들은 부산지사를 통해 공급될 예정이다. 또한, ERP시스템과 연계하여 적정 재고 관리 시스템을 구축하고 있다.

3) 중앙집중식 조리시설 CK시스템

국내 최초 낱개 냉장 만두피 개발을 이끈 CK(central kitchen) 시스템은 명인만두의 성공 시스템 요소 중 하나이다. 개발 계기는 냉동에 비해 짧은 유통기한으로 냉장 유통 사업이 침체 상황에서 냉장 유통의 한계를 극복하기 위해서였다. 또한, 계절적 요인으로 인하여 동절기에만 유통되는 냉장 만두피 시장을 개척하고, 기존 냉동제품류의 식품사고로 인한 소비자 불신이 팽배한 시점에서 냉동 제품에 대한 불신을 해소하는 것 등이 CK 시스템의 개발 요인이다. 개발성과는 차별화된 명인만두만의 '날개 냉장 만두피' 개발하여 만두피 유통기한 연장하였고, 최적의 수분 함유량 보유한 만두피가 탄생했으며, 이 만두피는 상하좌우 방향의 탄성이 일정하고, 얇고 균일한 두께를 지녔다.

4) 가맹본부 노하우의 가맹점 적용

가맹본부의 노하우나 특허를 이용한 주요 품목들은 모든 가맹점이 반드시 사용해야 한다. 하지만 보통 대기업이나 다른 프랜차이즈 가맹본부에서는 자사의 모든 식자재 구입을 강요하는 반면, 명인만두는 기타 소스류나 참치통조림 등은 같이 시중 어디서나 구할 수 있는 것들은 본부를 통해 반드시 구매하지 않더라도 가맹점 사업장에 따라 자율 선택할 수 있도록 하여 가맹점의 독립성을 보장하고 있다.

부록 1.

프랜차이즈 관련 법률

1. 유통산업발전법
2. 가맹사업 진흥에 관한 법률
3. 가맹사업거래의 공정화에 관한 법률

유통산업발전법

[법률 제14997호 일부개정 2017. 10. 31.]

제1장 총칙

제1조 【목적】 이 법은 유통산업의 효율적인 진흥과 균형 있는 발전을 꾀하고, 건전한 상거래질서를 세움으로써 소비자를 보호하고 국민경제의 발전에 이바지함을 목적으로 한다.

[전문개정 2013.1.23〉 [[시행일 2013.4.24〉]

제2조 【정의】 이 법에서 사용하는 용어의 뜻은 다음과 같다. [개정 2013.3.23 제11690호(정부조직법), 2015.2.3〉 [[시행일 2015.5.4〉] [[2020.11.23까지 유효, 제48조의2: 제4호]]

1. "유통산업"이란 농산물·임산물·축산물·수산물(가공물 및 조리물을 포함한다) 및 공산품의 도매·소매 및 이를 경영하기 위한 보관·배송·포장과 이와 관련된 정보·용역의 제공 등을 목적으로 하는 산업을 말한다.
2. "매장"이란 상품의 판매와 이를 지원하는 용역의 제공에 직접 사용되는 장소를 말한다. 이 경우 매장에 포함되는 용역의 제공 장소의 범위는 대통령령으로 정한다.
3. "대규모점포"란 다음 각 목의 요건을 모두 갖춘 매장을 보유한 점포의 집단으로서 별표에 규정된 것을 말한다.

   가. 하나 또는 대통령령으로 정하는 둘 이상의 연접되어 있는 건물 안에 하나 또는 여러 개로 나누어 설치되는 매장일 것

   나. 상시 운영되는 매장일 것

   다. 매장면적의 합계가 3천제곱미터 이상일 것
4. "준대규모점포"란 다음 각 목의 어느 하나에 해당하는 점포로서 대통령령으로 정하는 것을 말한다.

   가. 대규모점포를 경영하는 회사 또는 그 계열회사(「독점규제 및 공정거래에 관한 법률」에 따른 계열회사를 말한다)가 직영하는 점포

   나. 「독점규제 및 공정거래에 관한 법률」에 따른 상호출자제한기업집단의 계열회사가 직영하는 점포

   다. 가목 및 나목의 회사 또는 계열회사가 제6호가목에 따른 직영점형 체인사업 및 같은 호 나목에 따른 프랜차이즈형 체인사업의 형태로 운영하는 점포
5. "임시시장"이란 다수(多數)의 수요자와 공급자가 일정한 기간 동안 상품을 매매하거나 용역을 제공하는 일정한 장소를 말한다.
6. "체인사업"이란 같은 업종의 여러 소매점포를 직영(자기가 소유하거나 임차한 매장에서 자기의 책임과 계산하에 직접 매장을 운영하는 것을 말한다. 이하 같다)하거나 같은 업종의 여러 소매점포에 대하여 계속적으로 경영을 지도하고 상품·원재료 또는 용역을 공급하는 다음 각 목의 어느 하나에 해당하는 사업을 말한다.

   가. 직영점형 체인사업

체인본부가 주로 소매점포를 직영하되, 가맹계약을 체결한 일부 소매점포(이하 이 호에서 "가맹점"이라 한다)에 대하여 상품의 공급 및 경영지도를 계속하는 형태의 체인사업

나. 프랜차이즈형 체인사업

독자적인 상품 또는 판매·경영 기법을 개발한 체인본부가 상호·판매방법·매장운영 및 광고방법 등을 결정하고, 가맹점으로 하여금 그 결정과 지도에 따라 운영하도록 하는 형태의 체인사업

다. 임의가맹점형 체인사업

체인본부의 계속적인 경영지도 및 체인본부와 가맹점 간의 협업에 의하여 가맹점의 취급품목·영업 방식 등의 표준화사업과 공동구매·공동판매·공동시설 활용 등 공동사업을 수행하는 형태의 체인사업

라. 조합형 체인사업

같은 업종의 소매점들이 「중소기업협동조합법」 제3조에 따른 중소기업협동조합, 「협동조합 기본법」 제15조에 따른 협동조합, 같은 법 제71조에 따른 협동조합연합회, 같은 법 제85조에 따른 사회적협동조합 또는 같은 법 제114조에 따른 사회적협동조합연합회를 설립하여 공동구매·공동판매·공동시설활용 등 사업을 수행하는 형태의 체인사업

7. "상점가"란 일정 범위의 가로(街路) 또는 지하도에 대통령령으로 정하는 수 이상의 도매점포·소매점포 또는 용역점포가 밀집하여 있는 지구를 말한다.

8. "전문상가단지"란 같은 업종을 경영하는 여러 도매업자 또는 소매업자가 일정 지역에 점포 및 부대시설 등을 집단으로 설치하여 만든 상가단지를 말한다.

9. "무점포판매"란 상시 운영되는 매장을 가진 점포를 두지 아니하고 상품을 판매하는 것으로서 산업통상자원부령으로 정하는 것을 말한다.

10. "유통표준코드"란 상품·상품포장·포장용기 또는 운반용기의 표면에 표준화된 체계에 따라 표기된 숫자와 바코드 등으로서 산업통상자원부령으로 정하는 것을 말한다.

11. "유통표준전자문서"란 「전자문서 및 전자거래 기본법」 제2조제1호에 따른 전자문서 중 유통부문에 관하여 표준화되어 있는 것으로서 산업통상자원부령으로 정하는 것을 말한다.

12. "판매시점 정보 관리 시스템"이란 상품을 판매할 때 활용하는 시스템으로서 광학적 자동판독방식에 따라 상품의 판매·매입 또는 배송 등에 관한 정보가 수록된 것을 말한다.

13. "물류설비"란 화물의 수송·포장·하역·운반과 이를 관리하는 물류정보처리활동에 사용되는 물품·기계·장치 등의 설비를 말한다.

14. "도매배송서비스"란 집배송시설을 이용하여 자기의 계산으로 매입한 상품을 도매하거나 위탁받은 상품을 「화물자동차 운수사업법」 제3조 및 제29조에 따른 허가를 받은 자가 수수료를 받고 도매점포 또는 소매점포에 공급하는 것을 말한다.

15. "집배송시설"이란 상품의 주문처리·재고관리·수송·보관·하역·포장·가공 등 집하(集荷) 및 배송에 관한 활동과 이를 유기적으로 조정하거나 지원하는 정보처리활동에 사용되는 기계·장치 등의 일련의 시설을 말한다.

16. "공동집배송센터"란 여러 유통사업자 또는 제조업자가 공동으로 사용할 수 있도록 집배송시설 및 부대업무시설이 설치되어 있는 지역 및 시설물을 말한다.

[전문개정 2013.1.23〉 [[시행일 2013.4.24〉]

제3조 【유통산업시책의 기본방향】 정부는 제1조의 목적을 달성하기 위하여 다음 각 호의 시책을 마련하여야 한다.

1. 유통구조의 선진화 및 유통기능의 효율화 촉진
2. 유통산업에서의 소비자 편익의 증진
3. 유통산업의 지역별 균형발전의 도모
4. 유통산업의 종류별 균형발전의 도모
5. 중소유통기업(유통산업을 경영하는 자로서 「중소기업기본법」 제2조에 따른 중소기업자에 해당하는 자를 말한다. 이하 같다)의 구조개선 및 경쟁력 강화
6. 유통산업의 국제경쟁력 제고
7. 유통산업에서의 건전한 상거래질서의 확립 및 공정한 경쟁여건의 조성
8. 그 밖에 유통산업의 발전을 촉진하기 위하여 필요한 사항

[전문개정 2013.1.23〉 [[시행일 2013.4.24〉]

제4조 【적용 배제】 다음 각 호의 시장·사업장 및 매장에 대하여는 이 법을 적용하지 아니한다. [개정 2015.11.20] [[시행일 2016.5.21]]

1. 「농수산물 유통 및 가격안정에 관한 법률」제2조제2호·제5호·제6호 및 제12호에 따른 농수산물도매시장·농수산물공판장·민영농수산물도매시장 및 농수산물종합유통센터
2. 「축산법」 제34조에 따른 가축시장

[전문개정 2013.1.23] [[시행일 2013.4.24]]

제2장 유통산업발전계획 등

[개정 2005.12.23] [[시행일 2006.6.24]]

제5조 【기본계획의 수립·시행 등】 ① 산업통상자원부장관은 유통산업의 발전을 위하여 5년마다 유통산업발전기본계획(이하 "기본계획"이라 한다)을 관계 중앙행정기관의 장과 협의를 거쳐 세우고 시행하여야 한다. [개정 2013.3.23 제11690호(정부조직법)] [[시행일 2013.4.24]]

② 기본계획에는 다음 각 호의 사항이 포함되어야 한다.

1. 유통산업 발전의 기본방향
2. 유통산업의 국내외 여건 변화 전망
3. 유통산업의 현황 및 평가
4. 유통산업의 지역별·종류별 발전 방안
5. 산업별·지역별 유통기능의 효율화·고도화 방안
6. 유통전문인력·부지 및 시설 등의 수급(需給) 변화에 대한 전망
7. 중소유통기업의 구조개선 및 경쟁력 강화 방안
8. 대규모점포와 중소유통기업 및 중소제조업체 사이의 건전한 상거래질서의 유지 방안
9. 그 밖에 유통산업의 규제 완화 및 제도개선 등 유통산업의 발전을 촉진하기 위하여 필요한 사항

③ 산업통상자원부장관은 기본계획을 세우기 위하여 필요하다고 인정하는 경우에는 관계 중앙행정기관의 장에게 필요한 자료를 요청할 수 있다. 이 경우 자료를 요청받은 관계 중앙행정기관의 장은 특별한 사정이 없으면 요청에 따라야 한다. [개정 2013.3.23 제11690호(정부조직법)] [[시행일 2013.4.24]]

④ 산업통상자원부장관은 기본계획을 특별시장·광역시장·특별자치시장·도지사·특별자치도지사(이하 "시·도지사"라 한다)에게 알려야 한다. [개정 2013.3.23 제11690호(정부조직법)] [[시행일 2013.4.24]]

[전문개정 2013.1.23] [[시행일 2013.4.24]]

제6조 【시행계획의 수립·시행 등】 ① 산업통상자원부장관은 기본계획에 따라 매년 유통산업발전시행계획(이하 "시행계획"이라 한다)을 관계 중앙행정기관의 장과 협의를 거쳐 세워야 한다. [개정 2013.3.23 제11690호(정부조직법)] [[시행일 2013.4.24]]

② 산업통상자원부장관은 시행계획을 세우기 위하여 필요하다고 인정하는 경우에는 관계 중앙행정기관의 장에게 필요한 자료를 요청할 수 있다. 이 경우 자료를 요청받은 관계 중앙행정기관의 장은 특별한 사정이 없으면 요청에 따라야 한다. [개정 2013.3.23 제11690호(정부조직법)] [[시행일 2013.4.24]]

③ 산업통상자원부장관 및 관계 중앙행정기관의 장은 시행계획 중 소관 사항을 시행하고 이에 필요한 재원을 확보하기 위하여 노력하여야 한다. [개정 2013.3.23 제11690호(정부조직법)] [[시행일 2013.4.24]]

④ 산업통상자원부장관은 시행계획을 시·도지사에게 알려야 한다. [개정 2013.3.23 제11690호(정부조직법)] [[시행일 2013.4.24]]

[전문개정 2013.1.23] [[시행일 2013.4.24]]

제7조 【지방자치단체의 사업시행 등】 ① 시·도지사는 기본계획 및 시행계획에 따라 다음 각 호의 사항을 포함하는 지역별 시행계획을 세우고 시행하여야 한다. 이 경우 시·도지사(특별자치시장은 제외한다)는 미리 시장(「제주특별자치도 설치 및 국제자유도시 조성을 위한 특별법」 제11조제1항에 따른 행정시장을 포함한다. 이하 같다)·군수·구청장(자치구의 구청장을 말한다. 이하 같다)의 의견을 들어야 한다. [개정 2015.7.24 제13426호(제주특별자치도 설치 및 국제자유도시 조성을 위한 특별법)] [[시행일 2016.1.25]]

1. 지역유통산업 발전의 기본방향
2. 지역유통산업의 여건 변화 전망
3. 지역유통산업의 현황 및 평가
4. 지역유통산업의 종류별 발전 방안

5. 지역유통기능의 효율화·고도화 방안
6. 유통전문인력·부지 및 시설 등의 수급 방안
7. 지역중소유통기업의 구조개선 및 경쟁력 강화 방안
8. 그 밖에 지역유통산업의 규제 완화 및 제도개선 등 지역유통산업의 발전을 촉진하기 위하여 필요한 사항

② 관계 중앙행정기관의 장은 유통산업의 발전을 위하여 필요하다고 인정하는 경우에는 시·도지사 또는 시장·군수·구청장에게 시행계획의 시행에 필요한 조치를 할 것을 요청할 수 있다.

[전문개정 2013.1.23〉 [[시행일 2013.4.24〉]

제7조의2

삭제 [2009.4.1〉 [[시행일 2009.10.2〉]

제7조의3

삭제 [2009.4.1〉 [[시행일 2009.10.2〉]

제7조의4 【유통산업의 실태조사】 ① 산업통상자원부장관은 기본계획 및 시행계획 등을 효율적으로 수립·추진하기 위하여 유통산업에 대한 실태조사를 할 수 있다. [개정 2013.3.23 제11690호(정부조직법)] [[시행일 2013.4.24〉]

② 산업통상자원부장관은 유통산업의 실태조사를 위하여 필요하다고 인정하는 경우에는 관계 중앙행정기관의 장, 지방자치단체의 장, 공공기관의 장, 유통사업자 및 관련 단체 등에 필요한 자료를 요청할 수 있다. 이 경우 자료를 요청받은 관계 중앙행정기관의 장 등은 특별한 사정이 없으면 요청에 따라야 한다. [개정 2013.3.23 제11690호(정부조직법)] [[시행일 2013.4.24〉]

③ 유통산업의 실태조사를 위한 범위 등 필요한 사항은 대통령령으로 정한다.

[전문개정 2013.1.23〉 [[시행일 2013.4.24〉]

제7조의5 【유통업상생발전협의회】 ① 대규모점포 및 준대규모점포(이하 "대규모점포등"이라 한다)와 지역중소유통기업의 균형발전을 협의하기 위하여 특별자치시장·시장·군수·구청장 소속으로 유통업상생발전협의회(이하 "협의회"라 한다)를 둔다.

② 협의회의 구성 및 운영 등에 필요한 사항은 산업통상자원부령으로 정한다. [개정 2013.3.23 제11690호(정부조직법)] [[시행일 2013.4.24〉]

[본조신설 2013.1.23〉 [[시행일 2013.4.24〉]

제3장 대규모점포 등

제8조 【대규모점포등의 개설등록 및 변경등록】 ① 대규모점포를 개설하거나 제13조의3에 따른 전통상업보존구역에 준대규모점포를 개설하려는 자는 영업을 시작하기 전에 산업통상자원부령으로 정하는 바에 따라 상권영향평가서 및 지역협력계획서를 첨부하여 특별자치시장·시장·군수·구청장에게 등록하여야 한다. 등록한 내용을 변경하려는 경우에도 또한 같다. [개정 2013.3.23 제11690호(정부조직법)] [[시행일 2013.7.24〉] [[2020.11.23까지 유효, 제48조의2: 준대규모점포와 관련된 부분]]

② 특별자치시장·시장·군수·구청장은 제1항에 따라 제출받은 상권영향평가서 및 지역협력계획서가 미진하다고 판단하는 경우에는 제출받은 날부터 대통령령으로 정하는 기간 내에 그 사유를 명시하여 보완을 요청할 수 있다. [[시행일 2013.7.24〉] [[2020.11.23까지 유효, 제48조의2: 준대규모점포와 관련된 부분]]

③ 특별자치시장·시장·군수·구청장은 제1항에 따라 개설등록 또는 변경등록[점포의 소재지를 변경하거나 매장면적이 개설등록(매장면적을 변경등록한 경우에는 변경등록) 당시의 매장면적보다 10분의 1이상 증가하는 경우로 한정한다]을 하려는 대규모점포등의 위치가 제13조의3에 따른 전통상업보존구역에 있을 때에는 등록을 제한하거나 조건을 붙일 수 있다. [개정 2014.3.18〉 [[2020.11.23까지 유효, 제48조의2〉]

④ 제3항에 따른 등록 제한 및 조건에 관한 세부 사항은 해당 지방자치단체의 조례로 정한다. [[2020.11.23까지 유효, 제48조의2〉]

⑤ 특별자치시장·시장·군수·구청장은 개설등록 또는 변경등록하려는 점포의 소재지로부터 산업통상자원부령으로 정하는 거리 이내의 범위 일부가 인접 특별자치시·시·군·구(자치구를 말한다. 이하 같다)에 속하여 있는 경우 인접지역의 특별자치시장·시장·군수·구청장에게 개설등록 또는 변경등록을 신청 받은 사실을 통보하여야 한다. [신설 2016.1.6〉 [[시행일 2016.7.7〉]

⑥ 제5항에 따라 신청 사실을 통보받은 인접지역의 특별자치시장·시장·군수·구청장은 신청 사실을 통보받은 날로부터 20일 이내에 개설등록 또는 변경등록에 대한 의견을 제시할 수 있다. [신설 2016.1.6〉 [[시행일 2016.7.7〉]

⑦ 특별자치시장·시장·군수·구청장은 제1항에 따라 제출받은 상권영향평가서 및 지역협력계획서를 검토하는 경우 협의회의 의견을 청취하여야 하며, 필요한 때에는 대통령령으로 정하는 전문기관에 이에 대한 조사를 하게 할 수 있다. [신설 2016.1.6〉 [[시행일 2016.7.7〉]

[전문개정 2013.1.23〉 [[시행일 2013.4.24〉]

제8조의2 【지역협력계획서의 내용 및 이행실적 평가·점검】 ① 제8조에 따른 지역협력계획서에는 지역 중소유통기업과의 상생협력, 지역 고용 활성화 등의 사항을 포함할 수 있다.

② 특별자치시장·시장·군수·구청장은 지역협력계획서의 이행실적을 점검하고, 이행실적이 미흡하다고 판단되는 경우에는 개선을 권고할 수 있다.

[본조신설 2016.1.12 종전의 제8조의2는 제8조의3으로 이동] [[시행일 2016.7.7〉]

제8조의3 【대규모점포등의 개설계획 예고】 대규모점포를 개설하려는 자는 영업을 개시하기 60일 전까지, 준대규모점포를 개설하려는 자는 영업을 시작하기 30일 전까지 산업통상자원부령으로 정하는 바에 따라 개설 지역 및 시기 등을 포함한 개설계획을 예고하여야 한다. [개정 2013.3.23 제11690호(정부조직법), 2016.1.6〉 [[시행일 2016.7.7〉]

[본조신설 2013.1.23〉 [[시행일 2013.4.24〉]

[본조개정 2016.1.12 제8조의2에서 이동] [[시행일 2016.7.7〉]

제9조 【허가등의 의제 등】 ① 제8조에 따라 대규모점포등을 등록하는 경우 다음 각 호의 신고·지정·등록 또는 허가(이하 이 조에서 "허가등"이라 한다)에 관하여 특별자치시장·시장·군수·구청장이 제3항에 따라 다른 행정기관의 장과 협의를 한 사항에 대하여는 해당 허가등을 받은 것으로 본다. [개정 2015.11.20, 2016.1.6 제13726호(옥외광고물 등의 관리와 옥외광고산업 진흥에 관한 법률)] [[시행일 2016.7.7〉]

1. 「영화 및 비디오물의 진흥에 관한 법률」에 따른 비디오물제작업·비디오물배급업, 「게임산업진흥에 관한 법률」에 따른 게임제작업·게임배급업·게임제공업 또는 「음악산업진흥에 관한 법률」에 따른 음반·음악영상물제작업 및 음반·음악영상물배급업의 신고 또는 등록
2. 「담배사업법」 제16조제1항에 따른 소매인의 지정
3. 「식품위생법」 제37조제1항 또는 제4항에 따른 식품의 제조업·가공업·판매업 또는 식품접객업의 허가 또는 신고로서 대통령령으로 정하는 것
4. 「식품위생법」 제88조제1항에 따른 집단급식소 설치·운영의 신고
5. 「관광진흥법」 제5조제4항에 따른 유원시설업(遊園施設業)의 신고
6. 「평생교육법」 제35조제2항 전단에 따른 평생교육시설 설치의 신고
7. 「체육시설의 설치·이용에 관한 법률」 제20조에 따른 체육시설업의 신고
8. 「전자상거래 등에서의 소비자보호에 관한 법률」 제12조제1항에 따른 통신판매업자의 신고
9. 「공연법」 제9조제1항에 따른 공연장의 등록
10. 「옥외광고물 등의 관리와 옥외광고산업 진흥에 관한 법률」 제3조에 따른 광고물 또는 게시시설의 허가 또는 신고
11. 「외국환거래법」 제8조에 따른 외국환업무의 등록
12. 「주세법」 제8조의2에 따른 주류 판매업면허 승계의 신고
13. 「축산물 위생관리법」제24조에 따른 축산물판매업의 신고
14. 「수질 및 수생태계 보전에 관한 법률」 제33조에 따른 배출시설 설치의 허가 또는 신고
15. 「폐기물관리법」 제17조제2항에 따른 사업장폐기물 배출자의 신고
16. 「약사법」 제20조에 따른 약국 개설의 등록
17. 「의료기사 등에 관한 법률」 제12조에 따른 안경업소개설의 등록

② 허가등의 의제(擬制)를 받으려는 자는 대규모점포

등의 개설등록 신청 시에 허가등에 필요한 서류를 함께 제출하여야 한다.

③ 특별자치시장·시장·군수·구청장은 대규모점포등의 등록신청 서류와 제2항에 따른 서류를 받은 경우에 제1항 각 호의 어느 하나에 해당하는 사항이 다른 행정기관의 권한에 속하는 경우에는 미리 그 다른 행정기관의 장과 협의하여야 한다.

[전문개정 2013.1.23] [[시행일 2013.4.24]]

제10조 【등록의 결격사유】 다음 각 호의 어느 하나에 해당하는 자는 대규모점포등의 등록을 할 수 없다. [개정 2015.11.20] [[시행일 2016.5.21]]

1. 피성년후견인 또는 미성년자
2. 파산선고를 받고 복권되지 아니한 자
3. 이 법을 위반하여 징역의 실형을 선고받고 그 집행이 끝나거나(집행이 끝난 것으로 보는 경우를 포함한다) 집행이 면제된 날부터 1년이 지나지 아니한 사람
4. 이 법을 위반하여 징역형의 집행유예선고를 받고 그 유예기간 중에 있는 사람
5. 제11조제1항에 따라 등록이 취소(이 조 제1호 또는 제2호에 해당하여 등록이 취소된 경우는 제외한다)된 후 1년이 지나지 아니한 자
6. 대표자가 제1호부터 제5호까지의 어느 하나에 해당하는 법인

[전문개정 2013.1.23] [[시행일 2013.4.24]]

제11조 【등록의 취소 등】 ① 특별자치시장·시장·군수·구청장은 제8조에 따라 대규모점포등의 개설등록을 한 자(이하 "대규모점포등개설자"라 한다)가 다음 각 호의 어느 하나에 해당하는 경우에는 그 등록을 취소하여야 한다. 이 경우 특별자치시장·시장·군수·구청장은 제9조제1항 각 호의 어느 하나에 해당하는 사항과 관련되는 행정기관의 장에게 등록의 취소에 관한 사항을 지체 없이 알려야 한다.

1. 대규모점포등개설자가 정당한 사유 없이 1년 이내에 영업을 시작하지 아니한 경우. 이 경우 대규모점포등의 건축에 정상적으로 소요되는 기간은 산입(算入)하지 아니한다.
2. 대규모점포등의 영업을 정당한 사유 없이 1년 이상 계속하여 휴업한 경우
3. 제10조 각 호의 어느 하나에 해당하게 된 경우
4. 제8조제3항에 따른 조건을 이행하지 아니한 경우

② 다음 각 호의 어느 하나에 해당하는 경우에는 제10조제6호에 해당하게 된 날 또는 상속을 개시한 날부터 6개월이 지난 날까지는 제1항을 적용하지 아니한다.

1. 법인이 제10조제6호에 해당하게 된 경우
2. 대규모점포등개설자의 지위를 승계한 상속인이 제10조제1호부터 제5호까지의 어느 하나에 해당하는 경우

[전문개정 2013.1.23] [[시행일 2013.4.24]]

제12조 【대규모점포등개설자의 업무 등】 ① 대규모점포등개설자는 다음 각 호의 업무를 수행한다.

1. 상거래질서의 확립
2. 소비자의 안전유지와 소비자 및 인근 지역주민의 피해·불만의 신속한 처리
3. 그 밖에 대규모점포등을 유지·관리하기 위하여 필요한 업무

② 매장이 분양된 대규모점포 및 등록 준대규모점포에서는 다음 각 호의 어느 하나에 해당하는 자가 제1항 각 호의 업무를 수행한다.

1. 매장면적의 2분의 1 이상을 직영하는 자가 있는 경우에는 그 직영하는 자
2. 매장면적의 2분의 1 이상을 직영하는 자가 없는 경우에는 다음 각 목의 어느 하나에 해당하는 자

가. 입점상인(入店商人) 3분의 2 이상이 동의하여 설립한 「민법」또는 「상법」에 따른 법인

나. 입점상인 3분의 2 이상이 동의하여 설립한 「중소기업협동조합법」 제3조제1항제1호에 따른 협동조합(이하 "협동조합"이라 한다) 또는 같은 항 제2호에 따른 사업협동조합(이하 "사업조합"이라 한다).

다. 입점상인 3분의 2 이상이 동의하여 조직한 자치관리단체. 이 경우 6개월 이내에 가목 또는 나목에 따른 법인·협동조합 또는 사업조합의 자격을 갖추어야 한다.

라. 가목부터 다목까지의 어느 하나에 해당하는 자가 없는 경우에는 입점상인 2분의 1 이상이 동의하여 지정하는 자. 이 경우 6개월 이내에 가목 또는 나목에 따른 법인·협동조합 또는 사업조합을 설립하여야 한다.

③ 제2항에 따라 대규모점포등개설자의 업무를 수행하는 자는 산업통상자원부령으로 정하는 바에 따라 특별자치시장·시장·군수·구청장에게 신고를 하여야 한다. 신고한 사항을 변경하려는 경우에도 또한 같다. [개정 2013.3.23 제11690호(정부조직법)] [[시행일 2013.4.24]]

④ 매장이 분양된 대규모점포 및 등록 준대규모점포에서는 제1항 각 호의 업무 중 구분소유(區分所有)와 관련된 사항에 대하여는 「집합건물의 소유 및 관리에 관한 법률」에 따른다.

[전문개정 2013.1.23] [[시행일 2013.4.24]]

제12조의2 【대규모점포등에 대한 영업시간의 제한 등】 ① 특별자치시장·시장·군수·구청장은 건전한 유통질서 확립, 근로자의 건강권 및 대규모점포등과 중소유통업의 상생발전(相生發展)을 위하여 필요하다고 인정하는 경우 대형마트(대규모점포에 개설된 점포로서 대형마트의 요건을 갖춘 점포를 포함한다)와 준대규모점포에 대하여 다음 각 호의 영업시간 제한을 명하거나 의무휴업일을 지정하여 의무휴업을 명할 수 있다. 다만, 연간 총매출액 중 「농수산물 유통 및 가격안정에 관한 법률」에 따른 농수산물의 매출액 비중이 55퍼센트 이상인 대규모점포등으로서 해당 지방자치단체의 조례로 정하는 대규모점포등에 대하여는 그러하지 아니하다.

1. 영업시간 제한
2. 의무휴업일 지정

② 특별자치시장·시장·군수·구청장은 제1항제1호에 따라 오전 0시부터 오전 10시까지의 범위에서 영업시간을 제한할 수 있다.

③ 특별자치시장·시장·군수·구청장은 제1항제2호에 따라 매월 이틀을 의무휴업일로 지정하여야 한다. 이 경우 의무휴업일은 공휴일 중에서 지정하되, 이해당사자와 합의를 거쳐 공휴일이 아닌 날을 의무휴업일로 지정할 수 있다.

④ 제1항부터 제3항까지의 규정에 따른 영업시간 제한 및 의무휴업일 지정에 필요한 사항은 해당 지방자치단체의 조례로 정한다.

[전문개정 2013.1.23] [[시행일 2013.4.24]]

제13조 【대규모점포등개설자의 지위승계】 ① 다음 각 호의 어느 하나에 해당하는 자는 종전의 대규모점포등개설자의 지위를 승계한다.

1. 대규모점포등개설자가 사망한 경우 그 상속인
2. 대규모점포등개설자가 대규모점포등을 양도한 경우 그 양수인
3. 법인인 대규모점포등개설자가 다른 법인과 합병한 경우 합병 후 존속하는 법인이나 합병으로 설립되는 법인

② 제1항에 따라 지위를 승계한 자에 대하여는 제10조를 준용한다.

[전문개정 2013.1.23] [[시행일 2013.4.24]]

제13조의2 【대규모점포등의 휴업·폐업 신고】 대규모점포등개설자(제12조제3항에 따라 신고한 자를 포함한다)가 대규모점포등을 휴업하거나 폐업하려는 경우에는 산업통상자원부령으로 정하는 바에 따라 특별자치시장·시장·군수·구청장에게 신고를 하여야 한다. [개정 2013.3.23 제11690호(정부조직법)] [[시행일 2013.4.24]]

[전문개정 2013.1.23] [[시행일 2013.4.24]]

제13조의3 【전통상업보존구역의 지정】 ① 특별자치시장·시장·군수·구청장은 지역 유통산업의 전통과 역사를 보존하기 위하여 「전통시장 및 상점가 육성을 위한 특별법」에 따른 전통시장이나 중소벤처기업부장관이 정하는 전통상점가(이하 "전통시장등"이라 한다)의 경계로부터 1킬로미터 이내의 범위에서 해당 지방자치단체의 조례로 정하는 지역을 전통상업보존구역으로 지정할 수 있다. [개정 2017.7.26 제14839호(정부조직법)]

② 제1항에 따라 전통상업보존구역을 지정하려는 특별자치시장·시장·군수·구청장은 관할구역 전통시장등의 경계로부터 1킬로미터 이내의 범위 일부가 인접 특별자치시·시·군·구에 속해 있는 경우에는 인접지역의 특별자치시장·시장·군수·구청장에게 해당 지역을 전통상업보존구역으로 지정할 것을 요청할 수 있다. [개정 2016.1.6] [[시행일 2016.7.7]]

③ 제2항에 따라 요청을 받은 인접지역의 특별자치시장·시장·군수·구청장은 요청한 특별자치시장·시장·

군수·구청장과 협의하여 해당 지역을 전통상업보존구역으로 지정하여야 한다.

④ 제1항부터 제3항까지에 따른 전통상업보존구역의 범위, 지정 절차 및 지정 취소 등에 관하여 필요한 사항은 해당 지방자치단체의 조례로 정한다.

[전문개정 2013.1.23〉 [[시행일 2013.4.24〉]

[[2020.11.23까지 유효, 제48조의2〉]

제13조의4【영업정지】 특별자치시장·시장·군수·구청장은 다음 각 호의 어느 하나에 해당하는 경우에는 1개월 이내의 기간을 정하여 영업의 정지를 명할 수 있다.

1. 제12조의2제1항제1호에 따른 명령을 1년 이내에 3회 이상 위반하여 영업제한시간에 영업을 한 자 또는 같은 항 제2호에 따른 명령을 1년 이내에 3회 이상 위반하여 의무휴업일에 영업을 한 자. 이 경우 제12조의2제1항제1호에 따른 명령 위반과 같은 항 제2호에 따른 명령 위반의 횟수는 합산한다.
2. 이 조에 따른 영업정지 명령을 위반하여 영업정지 기간 중 영업을 한 자

[본조신설 2013.1.23〉 [[시행일 2013.4.24〉]

제14조【임시시장의 개설 등】 ① 임시시장의 개설방법·시설기준과 그 밖에 임시시장의 운영·관리에 관한 사항은 특별자치시·시·군·구의 조례로 정한다.

② 지방자치단체의 장은 임시시장의 활성화를 위하여 임시시장을 체계적으로 육성·지원하여야 한다.

[전문개정 2013.1.23〉 [[시행일 2013.4.24〉]

제4장 유통산업의 경쟁력 강화

제15조【분야별 발전시책】 ① 산업통상자원부장관은 유통산업의 경쟁력을 강화하기 위하여 다음 각 호의 시책을 수립·시행할 수 있다. [개정 2013.3.23 제11690호(정부조직법)] [[시행일 2013.4.24〉]

1. 체인사업의 발전시책
2. 무점포판매업의 발전시책
3. 그 밖에 유통산업의 분야별 경쟁력 강화를 위하여 필요한 시책

② 제1항 각 호의 시책에는 다음 각 호의 사항이 포함되어야 한다.

1. 국내외 사업현황
2. 산업별·유형별 발전전략에 관한 사항
3. 유통산업에 대한 인식의 제고에 관한 사항
4. 전문인력의 양성에 관한 사항
5. 관련 정보의 원활한 유통에 관한 사항
6. 그 밖에 유통산업의 분야별 발전 또는 경쟁력 강화를 위하여 필요한 사항

③ 정부는 재래시장의 활성화에 필요한 시책을 수립·시행하여야 하고, 정부 또는 지방자치단체의 장은 이에 필요한 행정적·재정적 지원을 할 수 있다.

④ 정부 또는 지방자치단체의 장은 다음 각 호의 사항이 포함된 중소유통기업의 구조개선 및 경쟁력 강화에 필요한 시책을 수립·시행할 수 있고, 이에 필요한 행정적·재정적 지원을 할 수 있다.

1. 중소유통기업의 창업을 지원하기 위한 사항
2. 중소유통기업에 대한 자금·경영·정보·기술·인력의 지원에 관한 사항
3. 선진유통기법의 도입·보급 등을 위한 중소유통기업자의 교육·연수의 지원에 관한 사항
4. 제17조의2제1항에 따른 중소유통공동도매물류센터의 설립·운영 등 중소유통기업의 공동협력사업 지원에 관한 사항
5. 그 밖에 중소유통기업의 구조개선을 촉진하기 위하여 필요하다고 인정되는 사항으로서 대통령령으로 정하는 사항

[전문개정 2013.1.23〉 [[시행일 2013.4.24〉]

제16조【체인사업자의 경영개선사항 등】 ① 체인사업자는 직영하거나 체인에 가입되어 있는 점포(이하 "체인점포"라 한다)의 경영을 개선하기 위하여 다음 각 호의 사항을 추진하여야 한다. [개정 2017.7.26 제14839호(정부조직법)]

1. 체인점포의 시설 현대화
2. 체인점포에 대한 원재료·상품 또는 용역 등의 원활한 공급
3. 체인점포에 대한 점포 관리·품질관리·판매촉진 등 경영 활동 및 영업 활동에 관한 지도
4. 체인점포 종사자에 대한 유통교육훈련의 실시
5. 체인사업자와 체인점포 간의 유통정보시스템의 구

축
6. 집배송시설의 설치 및 공동물류사업의 추진
7. 공동브랜드 또는 자기부착상표의 개발·보급
8. 유통관리사의 고용 촉진
9. 그 밖에 중소벤처기업부장관이 체인사업의 경영개선을 위하여 필요하다고 인정하는 사항
② 산업통상자원부장관·중소벤처기업부장관 또는 지방자치단체의 장은 체인사업자 또는 체인사업자단체가 제1항 각 호의 사업을 추진하는 경우에는 예산의 범위에서 필요한 자금 등을 지원할 수 있다. [개정 2013.3.23 제11690호(정부조직법), 2017.7.26 제14839호(정부조직법)]
[전문개정 2013.1.23〉 [[시행일 2013.4.24〉]

제17조

삭제 [2015.11.20] [[시행일 2016.5.21〉]

제17조의2 【중소유통공동도매물류센터에 대한 지원】 ① 산업통상자원부장관, 중소벤처기업부장관 또는 지방자치단체의 장은 「중소기업기본법」 제2조에 따른 중소기업자 중 대통령령으로 정하는 소매업자 50인 또는 도매업자 10인 이상의 자(이하 이 조에서 "중소유통기업자단체"라 한다)가 공동으로 중소유통기업의 경쟁력 향상을 위하여 다음 각 호의 사업을 하는 물류센터(이하 "중소유통공동도매물류센터"라 한다)를 건립하거나 운영하는 경우에는 필요한 행정적·재정적 지원을 할 수 있다. [개정 2013.3.23 제11690호(정부조직법), 2015.2.3, 2017.7.26 제14839호(정부조직법)]
1. 상품의 보관·배송·포장 등 공동물류사업
2. 상품의 전시
3. 유통·물류정보시스템을 이용한 정보의 수집·가공·제공
4. 중소유통공동도매물류센터를 이용하는 중소유통기업의 서비스능력 향상을 위한 교육 및 연수
5. 그 밖에 중소유통공동도매물류센터 운영의 고도화를 위하여 산업통상자원부장관이 필요하다고 인정하여 공정거래위원회와 협의를 거친 사업
② 지방자치단체의 장은 중소유통공동도매물류센터를 건립하여 다음 각 호의 단체 또는 법인에 그 운영을 위탁할 수 있다.
1. 중소유통기업자단체
2. 중소유통공동도매물류센터를 운영하기 위하여 지방자치단체와 중소유통기업자단체가 출자하여 설립한 법인
③ 제2항에 따라 지방자치단체가 중소유통공동도매물류센터를 건립하여 운영을 위탁하는 경우에는 운영주체와 협의하여 해당 중소유통공동도매물류센터의 매출액의 1천분의 5 이내에서 시설 및 장비의 이용료를 징수하여 시설물 및 장비의 유지·관리 등에 드는 비용에 충당할 수 있다.
④ 중소유통공동도매물류센터의 건립, 운영 및 관리 등에 필요한 사항은 중소벤처기업부장관이 정하여 고시한다. [신설 2015.2.3, 2017.7.26 제14839호(정부조직법)]
[전문개정 2013.1.23〉 [[시행일 2013.4.24〉]

제18조 【상점가진흥조합】 ① 상점가에서 도매업·소매업·용역업이나 그 밖의 영업을 하는 자는 해당 상점가의 진흥을 위하여 상점가진흥조합을 결성할 수 있다.
② 상점가진흥조합의 조합원이 될 수 있는 자는 제1항의 자로서 「중소기업기본법」 제2조에 따른 중소기업자에 해당하는 자로 한다.
③ 상점가진흥조합은 제2항에 따른 조합원의 자격이 있는 자의 3분의 2 이상의 동의를 받아 결성한다. 다만, 조합원의 자격이 있는 자 중 같은 업종을 경영하는 자가 2분의 1 이상인 경우에는 그 같은 업종을 경영하는 자의 5분의 3 이상의 동의를 받아 결성할 수 있다.
④ 상점가진흥조합은 협동조합 또는 사업조합으로 설립한다.
⑤ 상점가진흥조합의 구역은 다른 상점가진흥조합의 구역과 중복되어서는 아니 된다.
[전문개정 2013.1.23〉 [[시행일 2013.4.24〉]

제19조 【상점가진흥조합에 대한 지원】 지방자치단체의 장은 상점가진흥조합이 다음 각 호의 사업을 하는 경우에는 예산의 범위에서 필요한 자금을 지원할 수 있다.
1. 점포시설의 표준화 및 현대화
2. 상품의 매매·보관·수송·검사 등을 위한 공동시설의 설치

3. 주차장·휴게소 등 공공시설의 설치
4. 조합원의 판매촉진을 위한 공동사업
5. 가격표시 등 상거래질서의 확립
6. 조합원과 그 종사자의 자질향상을 위한 연수사업 및 정보제공
7. 그 밖에 지방자치단체의 장이 상점가 진흥을 위하여 필요하다고 인정하는 사업

[전문개정 2013.1.23〉 [[시행일 2013.4.24〉]

제20조 【전문상가단지 건립의 지원 등】 ① 산업통상자원부장관, 관계 중앙행정기관의 장 또는 지방자치단체의 장은 다음 각 호의 어느 하나에 해당하는 자가 전문상가단지를 세우려는 경우에는 필요한 행정적·재정적 지원을 할 수 있다. [개정 2013.3.23 제11690호(정부조직법)] [[시행일 2013.4.24〉]

1. 도매업자 또는 소매업자로 구성되는 「중소기업협동조합법」 제3조제1항제1호부터 제4호까지에 규정된 협동조합·사업협동조합·협동조합연합회 또는 중소기업중앙회로서 산업통상자원부령으로 정하는 기준에 해당하는 자
2. 제1호에 해당하는 자와 신탁계약을 체결한 「자본시장과 금융투자업에 관한 법률」에 따른 신탁업자로서 자본금 또는 연간 매출액이 산업통상자원부령으로 정하는 금액 이상인 자

② 제1항에 따른 지원을 받으려는 자는 전문상가단지 조성사업계획을 작성하여 산업통상자원부장관, 관계 중앙행정기관의 장 또는 지방자치단체의 장에게 제출하여야 한다. [개정 2013.3.23 제11690호(정부조직법)] [[시행일 2013.4.24〉]

[전문개정 2013.1.23〉 [[시행일 2013.4.24〉]

제5장 유통산업발전기반의 조성

제21조 【유통정보화시책 등】 ① 산업통상자원부장관은 유통정보화의 촉진 및 유통부문의 전자거래기반을 넓히기 위하여 다음 각 호의 사항이 포함된 유통정보화시책을 세우고 시행하여야 한다. [개정 2013.3.23 제11690호(정부조직법)] [[시행일 2013.4.24〉]

1. 유통표준코드의 보급
2. 유통표준전자문서의 보급
3. 판매시점 정보 관리 시스템의 보급
4. 점포 관리의 효율화를 위한 재고관리 시스템·매장관리 시스템 등의 보급
5. 상품의 전자적 거래를 위한 전자장터 등의 시스템의 구축 및 보급
6. 다수의 유통·물류기업 간 기업정보시스템의 연동을 위한 시스템의 구축 및 보급
7. 유통·물류의 효율적 관리를 위한 무선주파수 인식 시스템의 적용 및 실용화 촉진
8. 유통정보 또는 유통정보시스템의 표준화 촉진
9. 그 밖에 유통정보화를 촉진하기 위하여 필요하다고 인정되는 사항

② 산업통상자원부장관은 유통정보화에 관한 시책을 세우기 위하여 필요하다고 인정하는 경우에는 과학기술정보통신부장관에게 유통정보화서비스를 제공하는 전기통신사업자에 관한 자료를 요청할 수 있다. [개정 2013.3.23 제11690호(정부조직법), 2017.7.26 제14839호(정부조직법)]

③ 산업통상자원부장관은 유통사업자·제조업자 또는 유통 관련 단체가 제1항 각 호의 사업을 추진하는 경우에는 예산의 범위에서 필요한 자금을 지원할 수 있다. [개정 2013.3.23 제11690호(정부조직법)] [[시행일 2013.4.24〉]

[전문개정 2013.1.23〉 [[시행일 2013.4.24〉]

제22조 【유통표준전자문서 및 유통정보의 보안 등】 ① 누구든지 유통표준전자문서를 위작 또는 변작하거나 위작 또는 변작된 전자문서를 사용하거나 유통시켜서는 아니 된다.

② 유통정보화서비스를 제공하는 자는 유통표준전자문서 또는 컴퓨터 등 정보처리조직의 파일에 기록된 유통정보를 공개하여서는 아니 된다. 다만, 국가의 안전보장에 위해(危害)가 없고 타인의 비밀을 침해할 우려가 없는 정보로서 대통령령으로 정하는 것은 그러하지 아니하다.

③ 유통정보화서비스를 제공하는 자는 유통표준전자문서를 대통령령으로 정하는 기간 동안 보관하여야 한다.

[전문개정 2013.1.23〉 [[시행일 2013.4.24〉]

제23조【유통전문인력의 양성】 ① 산업통상자원부장관 또는 중소벤처기업부장관은 유통전문인력을 양성하기 위하여 다음 각 호의 사업을 할 수 있다. [개정 2013.3.23 제11690호(정부조직법), 2017.7.26 제14839호(정부조직법)]

1. 유통산업에 종사하는 사람의 자질 향상을 위한 교육·연수
2. 유통산업에 종사하려는 사람의 취업·재취업 또는 창업의 촉진을 위한 교육·연수
3. 선진유통기법의 개발·보급
4. 그 밖에 유통전문인력을 양성하기 위하여 필요하다고 인정되는 사업

② 산업통상자원부장관 또는 중소벤처기업부장관은 다음 각 호의 기관이 제1항 각 호의 사업을 하는 경우에는 예산의 범위에서 그 사업에 필요한 경비의 전부 또는 일부를 지원할 수 있다. [개정 2013.3.23 제11690호(정부조직법), 2017.7.26 제14839호(정부조직법)]

1. 「정부출연연구기관 등의 설립·운영 및 육성에 관한 법률」또는 「과학기술분야 정부출연연구기관 등의 설립·운영 및 육성에 관한 법률」에 따른 정부출연연구기관
2. 「고등교육법」 제2조제1호에 따른 대학 또는 같은 법 제29조에 따른 대학원
3. 유통연수기관

③ 제2항제3호의 "유통연수기관"이란 다음 각 호의 어느 하나에 해당하는 기관을 말한다. [개정 2013.3.23 제11690호(정부조직법)] [[시행일 2013.4.24〉]

1. 「상공회의소법」 제34조에 따른 대한상공회의소(이하 "대한상공회의소"라 한다)
2. 「산업발전법」 제32조에 따른 한국생산성본부
3. 유통인력 양성을 위한 대통령령으로 정하는 시설·인력 및 연수 실적의 기준에 적합한 법인으로서 산업통상자원부장관이 지정하는 기관

④ 제3항제3호에 따른 유통연수기관(이하 "지정유통연수기관"이라 한다)의 지정절차 등에 관하여 필요한 사항은 산업통상자원부령으로 정한다. [개정 2013.3.23 제11690호(정부조직법)] [[시행일 2013.4.24〉]

⑤ 산업통상자원부장관은 지정유통연수기관이 제1호에 해당하는 경우에는 그 지정을 취소하여야 하고, 제2호에 해당하는 경우에는 그 지정을 취소하거나 3개월 이내의 기간을 정하여 지정의 효력을 정지할 수 있다. [개정 2013.3.23 제11690호(정부조직법)] [[시행일 2013.4.24〉]

1. 거짓이나 그 밖의 부정한 방법으로 지정받은 경우
2. 제3항제3호에 따른 지정기준에 적합하지 아니한 경우

⑥ 지정유통연수기관이 해산되는 경우 해당 기관의 장은 산업통상자원부령으로 정하는 바에 따라 산업통상자원부장관에게 통보하여야 한다. [개정 2013.3.23 제11690호(정부조직법)] [[시행일 2013.4.24〉]

[전문개정 2013.1.23〉 [[시행일 2013.4.24〉]

제24조【유통관리사】 ① 유통관리사는 다음 각 호의 직무를 수행한다.

1. 유통경영·관리 기법의 향상
2. 유통경영·관리와 관련한 계획·조사·연구
3. 유통경영·관리와 관련한 진단·평가
4. 유통경영·관리와 관련한 상담·자문
5. 그 밖에 유통경영·관리에 필요한 사항

② 유통관리사가 되려는 사람은 산업통상자원부장관이 실시하는 유통관리사 자격시험에 합격하여야 한다. [개정 2013.3.23 제11690호(정부조직법)] [[시행일 2013.4.24〉]

③ 유통관리사의 등급, 유통관리사 자격시험의 실시방법·응시자격·시험과목 및 시험과목의 면제나 시험점수의 가산, 자격증의 발급 등에 필요한 사항은 대통령령으로 정한다.

④ 산업통상자원부장관 또는 지방자치단체의 장은 유통관리사를 고용한 유통사업자 및 유통사업자단체에 대하여 다른 유통사업자 및 사업자단체에 우선하여 자금 등을 지원할 수 있다. [개정 2013.3.23 제11690호(정부조직법)] [[시행일 2013.4.24〉]

⑤ 산업통상자원부장관은 거짓이나 그 밖의 부정한 방법으로 유통관리사의 자격을 취득한 사람에 대하여 그 자격을 취소하여야 한다. [개정 2013.3.23 제11690호(정부조직법), 2016.1.27〉 [[시행일 2016.7.28〉]

⑥ 산업통상자원부장관은 다른 사람에게 유통관리

사의 명의를 사용하게 하거나 자격증을 빌려준 사람에 대하여 대통령령으로 정하는 바에 따라 6개월 이내의 기간을 정하여 자격을 정지할 수 있다. [신설 2016.1.27〉 [[시행일 2016.7.28〉]

⑦ 제5항에 따라 유통관리사의 자격이 취소된 사람은 취소일부터 3년간 유통관리사 자격시험에 응시할 수 없다. [개정 2016.1.27〉 [[시행일 2016.7.28〉]

[전문개정 2013.1.23〉 [[시행일 2013.4.24〉]

제25조【유통산업의 국제화 촉진】 산업통상자원부장관은 유통사업자 또는 유통사업자단체가 다음 각 호의 사업을 추진하는 경우에는 예산의 범위에서 필요한 경비의 전부 또는 일부를 지원할 수 있다. [개정 2013.3.23 제11690호(정부조직법)] [[시행일 2013.4.24〉]

1. 유통 관련 정보·기술·인력의 국제교류
2. 유통 관련 국제 표준화·공동조사·연구·기술 협력
3. 유통 관련 국제학술대회·국제박람회 등의 개최
4. 해외유통시장의 조사·분석 및 수집정보의 체계적인 유통
5. 해외유통시장에 공동으로 진출하기 위한 공동구매·공동판매망의 구축 등 공동협력사업
6. 그 밖에 유통산업의 국제화를 위하여 필요하다고 인정되는 사업

[전문개정 2013.1.23〉 [[시행일 2013.4.24〉]

제6장 유통기능의 효율화

제26조【유통기능 효율화 시책】 ① 산업통상자원부장관은 유통기능을 효율화하기 위하여 다음 각 호의 사항에 관한 시책을 마련하여야 한다. [개정 2013.3.23 제11690호(정부조직법)] [[시행일 2013.4.24〉]

1. 물류표준화의 촉진
2. 물류정보화 기반의 확충
3. 물류공동화의 촉진
4. 물류기능의 외부 위탁 촉진
5. 물류기술·기법의 고도화 및 선진화
6. 집배송시설 및 공동집배송센터의 확충 및 효율적 배치
7. 그 밖에 유통기능의 효율화를 촉진하기 위하여 필요하다고 인정되는 사항

② 산업통상자원부장관은 제1항제5호에 따른 물류기술·기법의 고도화 및 선진화를 위하여 다음 각 호의 사업을 할 수 있다. [개정 2013.3.23 제11690호(정부조직법)] [[시행일 2013.4.24〉]

1. 국내외 물류기술 수준의 조사
2. 물류기술·기법의 연구개발 및 개발된 물류기술·기법의 활용
3. 물류에 관한 기술협력·기술지도 및 기술이전
4. 그 밖에 물류기술·기법의 개발 및 그 수준의 향상을 위하여 필요하다고 인정되는 사업

③ 산업통상자원부장관은 유통사업자·제조업자·물류사업자 또는 관련 단체가 제1항 및 제2항 각 호의 사업을 하는 경우에는 산업통상자원부령으로 정하는 바에 따라 예산의 범위에서 필요한 자금을 지원할 수 있다. [개정 2013.3.23 제11690호(정부조직법)] [[시행일 2013.4.24〉]

[전문개정 2013.1.23〉 [[시행일 2013.4.24〉]

제27조

삭제 [2015.11.20] [[시행일 2016.5.21〉]

제27조의2

삭제 [2015.11.20] [[시행일 2016.5.21〉]

제28조

삭제 [2015.11.20] [[시행일 2016.5.21〉]

제29조【공동집배송센터의 지정 등】 ① 산업통상자원부장관은 물류공동화를 촉진하기 위하여 필요한 경우에는 시·도지사의 추천을 받아 부지 면적, 시설 면적 및 유통시설로의 접근성 등 산업통상자원부령으로 정하는 요건에 해당하는 지역 및 시설물을 공동집배송센터로 지정할 수 있다. [개정 2013.3.23 제11690호(정부조직법), 2015.11.20] [[시행일 2016.5.21〉]

② 제1항에 따른 공동집배송센터의 지정을 받으려는 자는 산업통상자원부령으로 정하는 바에 따라 공동집배송센터의 조성·운영에 관한 사업계획을 첨부하여 시·도지사에게 공동집배송센터 지정 추천을 신청하여야 한다. [개정 2013.3.23 제11690호(정부조직법)] [[시행일 2013.4.24〉]

③ 제2항에 따라 추천 신청을 받은 시·도지사는 그

사업의 타당성 등을 검토한 결과 해당 지역 집배송 체계의 효율화를 위하여 필요하다고 인정하는 경우에는 추천 사유서와 산업통상자원부령으로 정하는 서류를 산업통상자원부장관에게 제출하여야 한다. [개정 2013.3.23 제11690호(정부조직법)] [[시행일 2013.4.24]]

④ 제1항에 따라 지정받은 공동집배송센터를 조성·운영하려는 자(이하 "공동집배송센터사업자"라 한다)는 지정받은 사항 중 산업통상자원부령으로 정하는 중요사항을 변경하려면 산업통상자원부장관의 변경지정을 받아야 한다. [개정 2013.3.23 제11690호(정부조직법)] [[시행일 2013.4.24]]

⑤ 산업통상자원부장관은 공동집배송센터를 지정하거나 변경지정하려면 미리 관계 중앙행정기관의 장과 협의하여야 한다. [개정 2013.3.23 제11690호(정부조직법)] [[시행일 2013.4.24]]

⑥ 산업통상자원부장관은 제1항에 따라 공동집배송센터를 지정하였을 때에는 산업통상자원부령으로 정하는 바에 따라 고시하여야 한다. [개정 2013.3.23 제11690호(정부조직법)] [[시행일 2013.4.24]]

⑦ 공동집배송센터사업자는 산업통상자원부령으로 정하는 시설기준 및 운영기준에 따라 공동집배송센터를 설치하고 운영하여야 한다. [개정 2013.3.23 제11690호(정부조직법)] [[시행일 2013.4.24]]

[전문개정 2013.1.23] [[시행일 2013.4.24]]

제30조 【인·허가등의 의제】 ① 제29조제1항에 따라 공동집배송센터를 지정하는 경우 다음 각 호의 허가·신고·승인·인가·협의·해제·지정 및 심사(이하 이 조에서 "인·허가등"이라 한다)에 관하여 산업통상자원부장관이 제2항에 따라 다른 행정기관의 장과 협의한 결과 동의를 받은 사항에 대하여는 해당 인·허가등을 받은 것으로 본다. [개정 2013.3.23 제11690호(정부조직법), 2014.1.14 제12248호(도로법), 2014.6.3 제12738호(공간정보의 구축 및 관리 등에 관한 법률), 2016.12.27 제14480호(농어촌정비법)]

1. 「농지법」 제34조제1항에 따른 농지의 전용허가
2. 「산지관리법」 제14조·제15조에 따른 산지전용허가 및 산지전용신고, 같은 법 제15조의2에 따른 산지일시사용 허가·신고, 「산림자원의 조성 및 관리에 관한 법률」 제36조제1항·제4항에 따른 입목벌채등의 허가·신고 및 「산림보호법」 제9조제2항제1호·제2호에 따른 입목·죽의 벌채, 임산물의 굴취·채취, 가축의 방목, 그 밖에 토지의 형질을 변경하는 행위의 허가·신고
3. 「초지법」 제23조제2항 및 제3항에 따른 초지의 전용 허가 또는 신고
4. 「공유수면 관리 및 매립에 관한 법률」 제8조에 따른 공유수면의 점용·사용 허가, 같은 법 제35조에 따른 국가 등이 시행하는 매립의 협의 또는 승인 및 같은 법 제38조에 따른 공유수면매립실시계획의 승인
5. 「하천법」 제30조제1항에 따른 하천공사의 허가 및 같은 법 제33조제1항에 따른 하천의 점용허가
6. 「도로법」 제36조에 따른 도로공사 시행의 허가 및 같은 법 제61조제1항에 따른 도로의 점용허가(도로굴착을 수반하는 경우는 제외한다)
7. 「사도법」 제4조에 따른 사도의 개설·개축·증축 또는 변경의 허가
8. 「수도법」 제17조제1항에 따른 일반수도사업의 인가, 같은 법 제49조에 따른 공업용수도사업의 인가, 같은 법 제52조제1항에 따른 전용상수도의 인가 및 같은 법 제54조에 따른 전용공업용수도의 인가
9. 「하수도법」 제16조제1항에 따른 공공하수도공사 시행의 허가
10. 「농어촌정비법」 제23조제1항에 따른 농업생산기반시설의 사용허가
11. 「항만법」 제9조제2항에 따른 항만공사계획의 허가 및 같은 법 제10조제2항에 따른 항만공사실시계획의 승인
12. 「사방사업법」 제14조제1항에 따른 입목·죽의 벌채, 토석·나무뿌리 또는 풀뿌리의 채취, 가축의 방목, 그 밖에 사방시설을 훼손·변경하거나 토지의 형질을 변경하는 행위의 허가 및 같은 법 제20조제1항에 따른 사방지의 지정해제
13. 「국토의 계획 및 이용에 관한 법률」 제56조제1항에 따른 개발행위의 허가 및 같은 법 제86조에 따른 도시·군계획시설사업의 시행자 지정
14. 「장사 등에 관한 법률」 제27조제1항에 따른 개장

의 허가

15. 「공간정보의 구축 및 관리 등에 관한 법률」 제15조제3항에 따른 지도등의 간행 심사

② 산업통상자원부장관은 제29조에 따라 공동집배송센터를 지정하려는 경우 그 지정 내용에 제1항 각 호의 어느 하나에 해당하는 사항이 포함되어 있을 때에는 관계 행정기관의 장과 협의하여야 한다. 이 경우 관계 행정기관의 장은 산업통상자원부장관의 협의 요청을 받은 날부터 대통령령으로 정하는 기간 이내에 의견을 제출하여야 한다. [개정 2013.3.23 제11690호(정부조직법)] [[시행일 2013.4.24〉]

[전문개정 2013.1.23〉 [[시행일 2013.4.24〉]

제31조【공동집배송센터의 지원】 ① 산업통상자원부장관은 제29조제1항에 따라 지정받은 공동집배송센터의 조성에 필요한 자금 등을 지원할 수 있다. [개정 2013.3.23 제11690호(정부조직법)] [[시행일 2013.4.24〉]

② 삭제 [2015.11.20] [[시행일 2016.5.21〉]

③ 산업통상자원부장관은 공동집배송센터의 조성을 위하여 필요하다고 인정하는 경우에는 부지의 확보, 도시·군계획의 변경 또는 도시·군계획시설의 설치 등에 관하여 시·도지사에게 협조를 요청할 수 있다. [개정 2013.3.23 제11690호(정부조직법)] [[시행일 2013.4.24〉]

[전문개정 2013.1.23〉 [[시행일 2013.4.24〉]

제32조【공동집배송센터의 신탁개발】 ① 공동집배송센터사업자는 「자본시장과 금융투자업에 관한 법률」에 따른 신탁업자와 신탁계약을 체결하여 공동집배송센터를 신탁개발할 수 있다.

② 제1항에 따라 신탁계약을 체결한 신탁업자는 공동집배송센터사업자의 지위를 승계한다. 이 경우 공동집배송센터사업자는 계약체결일부터 14일 이내에 신탁계약서 사본을 산업통상자원부장관에게 제출하여야 한다. [개정 2013.3.23 제11690호(정부조직법)] [[시행일 2013.4.24〉]

[전문개정 2013.1.23〉 [[시행일 2013.4.24〉]

제33조【시정명령 및 지정취소】 ① 산업통상자원부장관은 제29조제1항 및 제7항에 따른 공동집배송센터의 지정요건 및 시설·운영 기준에 미달하는 경우에는 산업통상자원부령으로 정하는 바에 따라 공동집배송센터사업자에 대하여 시정명령을 할 수 있다. [개정 2013.3.23 제11690호(정부조직법)] [[시행일 2013.4.24〉]

② 산업통상자원부장관은 다음 각 호의 어느 하나에 해당하는 경우에는 공동집배송센터의 지정을 취소할 수 있다. 다만, 제1호에 해당하는 경우에는 그 지정을 취소하여야 한다. [개정 2013.3.23 제11690호(정부조직법)] [[시행일 2013.4.24〉]

1. 거짓이나 그 밖의 부정한 방법으로 공동집배송센터의 지정을 받은 경우
2. 공동집배송센터의 지정을 받은 날부터 정당한 사유 없이 3년 이내에 시공을 하지 아니하는 경우
3. 제1항에 따른 시정명령을 이행하지 아니하는 경우
4. 공동집배송센터사업자의 파산 등 대통령령으로 정하는 사유로 정상적인 사업추진이 곤란하다고 인정되는 경우

[전문개정 2013.1.23〉 [[시행일 2013.4.24〉]

제34조【공동집배송센터 개발촉진지구의 지정 등】 ① 시·도지사는 집배송시설의 집단적 설치를 촉진하고 집배송시설의 효율적 배치를 위하여 공동집배송센터 개발촉진지구(이하 "촉진지구"라 한다)의 지정을 산업통상자원부장관에게 요청할 수 있다. [개정 2013.3.23 제11690호(정부조직법)] [[시행일 2013.4.24〉]

② 산업통상자원부장관은 시·도지사가 제1항에 따라 요청한 지역이 산업통상자원부령으로 정하는 요건에 적합하다고 판단하는 경우에는 촉진지구로 지정하고, 그 내용을 산업통상자원부령으로 정하는 바에 따라 고시하여야 한다. [개정 2013.3.23 제11690호(정부조직법)] [[시행일 2013.4.24〉]

③ 산업통상자원부장관은 촉진지구를 지정하려면 미리 관계 중앙행정기관의 장과 협의하여야 한다. [개정 2013.3.23 제11690호(정부조직법)] [[시행일 2013.4.24〉]

④ 제1항 및 제2항에 따른 지정의 요건 및 절차 등에 관하여 필요한 사항은 산업통상자원부령으로 정한다. [개정 2013.3.23 제11690호(정부조직법)] [[시행일

2013.4.24)]
[전문개정 2013.1.23) [[시행일 2013.4.24)]

제35조【촉진지구에 대한 지원】 ① 산업통상자원부장관 또는 시·도지사는 촉진지구의 개발을 활성화하기 위하여 촉진지구에 설치되거나 촉진지구로 이전하는 집배송시설에 대하여 자금이나 그 밖에 필요한 사항을 지원할 수 있다. [개정 2013.3.23 제11690호(정부조직법)] [[시행일 2013.4.24)]

② 산업통상자원부장관은 촉진지구의 집배송시설에 대하여는 제29조제1항에도 불구하고 시·도지사의 추천이 없더라도 공동집배송센터로 지정할 수 있다. [개정 2013.3.23 제11690호(정부조직법)] [[시행일 2013.4.24)]
[전문개정 2013.1.23) [[시행일 2013.4.24)]

제35조의2【국유재산·공유재산의 매각 등】 ① 국가 또는 지방자치단체는 제8조에 따른 대규모점포의 개설과 중소유통공동도매물류센터의 건립을 위하여 필요한 경우로서 대통령령으로 정하는 경우에는 「국유재산법」또는 「공유재산 및 물품 관리법」에도 불구하고 국유재산·공유재산을 수의계약으로 매각할 수 있다. 이 경우 국유재산·공유재산의 매각의 내용 및 조건에 관하여는 「국유재산법」또는 「공유재산 및 물품 관리법」에서 정하는 바에 따른다.

② 대규모점포를 개설하려는 자 또는 중소유통공동도매물류센터를 건립하려는 자는 도로의 개설에 관한 업무를 대통령령으로 정하는 바에 따라 국가기관 또는 지방자치단체에 위탁하여 시행할 수 있다.

③ 대규모점포를 개설하려는 자 또는 중소유통공동도매물류센터를 건립하려는 자가 제2항에 따라 도로의 개설에 관한 업무를 국가기관 또는 지방자치단체에 위탁하여 시행하는 경우에는 산업통상자원부령으로 정하는 요율의 위탁수수료를 지급하여야 한다. [개정 2013.3.23 제11690호(정부조직법)] [[시행일 2013.4.24)]
[전문개정 2013.1.23) [[시행일 2013.4.24)]

제7장 상거래질서의 확립

제36조【유통분쟁조정위원회】 ① 유통에 관한 다음 각 호의 분쟁을 조정하기 위하여 특별시·광역시·특별자치시·도·특별자치도(이하 "시·도"라 한다) 및 시(「제주특별자치도 설치 및 국제자유도시 조성을 위한 특별법」 제10조제2항에 따른 행정시를 포함한다. 이하 같다)·군·구에 각각 유통분쟁조정위원회(이하 "위원회"라 한다)를 둔다. [개정 2015.7.24 제13426호(제주특별자치도 설치 및 국제자유도시 조성을 위한 특별법)] [[시행일 2016.1.25)]

1. 등록된 대규모점포등과 인근 지역의 도매업자·소매업자 사이의 영업 활동에 관한 분쟁. 다만, 「독점규제 및 공정거래에 관한 법률」을 적용받는 사항은 제외한다.
2. 등록된 대규모점포등과 중소제조업체 사이의 영업활동에 관한 사항. 다만, 「독점규제 및 공정거래에 관한 법률」을 적용받는 사항은 제외한다.
3. 등록된 대규모점포등과 인근 지역의 주민 사이의 생활환경에 관한 분쟁

② 위원회는 위원장 1명을 포함하여 11명 이상 15명 이하의 위원으로 구성한다.

③ 위원회의 위원장은 위원 중에서 호선(互選)한다.

④ 위원회의 위원은 다음 각 호의 사람이 된다.
1. 다음 각 목의 어느 하나에 해당하는 사람으로서 해당 지방자치단체의 장이 위촉하는 사람
가. 판사·검사 또는 변호사의 자격이 있는 사람
나. 대한상공회의소의 임원 또는 직원
다. 소비자단체의 대표
라. 유통산업 분야에 관한 학식과 경험이 풍부한 사람
마. 해당 지방자치단체에 거주하는 소비자
2. 해당 지방자치단체의 도매업·소매업에 관한 업무를 담당하는 공무원으로서 그 지방자치단체의 장이 지명하는 사람

⑤ 공무원이 아닌 위원의 임기는 2년으로 한다.

⑥ 제1항 각 호에 따른 대규모점포등, 영업 활동 및 생활환경의 범위에 대하여는 대통령령으로 정한다.

⑦ 제1항부터 제5항까지에서 규정한 사항 외에 위원회의 조직 및 운영 등에 필요한 사항은 해당 지방자치단체의 조례로 정한다.
[전문개정 2013.1.23) [[시행일 2013.4.24)]

제37조【분쟁의 조정】 ① 제36조에 따른 대규모점포

등과 관련된 분쟁의 조정을 원하는 자는 특별자치시·시·군·구의 위원회에 분쟁의 조정을 신청할 수 있다.
② 제1항에 따라 분쟁의 조정신청을 받은 위원회는 신청을 받은 날부터 60일 이내에 이를 심사하여 조정안을 작성하여야 한다. 다만, 부득이한 사정이 있는 경우에는 위원회의 의결로 그 기간을 연장할 수 있다.
③ 제2항에 따른 시(특별자치시는 제외한다)·군·구의 위원회의 조정안에 불복하는 자는 조정안을 제시받은 날부터 15일 이내에 시·도의 위원회에 조정을 신청할 수 있다.
④ 제3항에 따라 조정신청을 받은 시·도의 위원회는 그 신청 내용을 시·군·구의 위원회 및 신청인 외의 당사자에게 통지하고, 조정신청을 받은 날부터 30일 이내에 이를 심사하여 조정안을 작성하여야 한다. 다만, 부득이한 사정이 있는 경우에는 위원회의 의결로 그 기간을 연장할 수 있다.
⑤ 위원회는 제2항 단서 및 제4항 단서에 따라 기간을 연장하는 경우에는 기간을 연장하게 된 사유 등을 당사자에게 통보하여야 한다.
[전문개정 2013.1.23〉 [[시행일 2013.4.24〉]

제38조 【자료 요청 등】 ① 위원회는 분쟁조정을 위하여 필요한 자료를 제공하여 줄 것을 당사자 또는 참고인에게 요청할 수 있다. 이 경우 해당 당사자는 정당한 사유가 없으면 요청에 따라야 한다.
② 위원회는 필요하다고 인정하는 경우에는 당사자 또는 참고인으로 하여금 위원회에 출석하게 하여 그 의견을 들을 수 있다.
[전문개정 2013.1.23〉 [[시행일 2013.4.24〉]

제39조 【조정의 효력】 ① 위원회는 제37조에 따라 조정안을 작성하였을 때에는 지체 없이 조정안을 각 당사자에게 제시하여야 한다.
② 제1항에 따라 조정안을 제시받은 당사자는 그 제시를 받은 날부터 15일 이내에 그 수락 여부를 위원회에 통보하여야 한다.
③ 당사자가 조정안을 수락하였을 때에는 위원회는 즉시 조정서를 작성하여야 하며, 위원장 및 각 당사자는 조정서에 기명날인하거나 서명하여야 한다. [개정 2016.1.6〉
④ 당사자가 제3항에 따라 조정안을 수락하고 조정서에 기명날인하거나 서명하였을 때에는 당사자 간에 조정서와 동일한 내용의 합의가 성립된 것으로 본다. [개정 2016.1.6〉
[전문개정 2013.1.23〉 [[시행일 2013.4.24〉]

제40조 【조정의 거부 및 중지】 ① 위원회는 분쟁의 성질상 위원회에서 조정함이 적합하지 아니하다고 인정하거나 부정한 목적으로 신청되었다고 인정하는 경우에는 조정을 거부할 수 있다. 이 경우 조정거부의 사유 등을 당사자에게 통보하여야 한다.
② 위원회는 신청된 조정사건에 대한 처리절차의 진행 중에 한쪽 당사자가 소(訴)를 제기한 때에는 그 조정의 처리를 중지하고 그 사실을 당사자에게 통보하여야 한다.
[전문개정 2013.1.23〉 [[시행일 2013.4.24〉]

제41조 【조정절차 등】 제36조부터 제40조까지에서 규정한 사항 외에 분쟁의 조정방법, 조정절차, 조정업무의 처리 및 조정비용의 분담 등에 필요한 사항은 대통령령으로 정한다.
[전문개정 2013.1.23〉 [[시행일 2013.4.24〉]

제42조 【비영리법인에 대한 권고】 ① 지방자치단체의 장은 「민법」이나 그 밖의 법률에 따라 설립된 비영리법인이 판매사업을 할 때 그 법인의 목적사업의 범위를 벗어남으로써 인근 지역의 도매업자 또는 소매업자의 이익을 현저히 해치고 있다고 인정하는 경우에는 해당 법인에 대하여 목적사업의 범위를 벗어난 판매사업을 중단하도록 권고할 수 있다.
② 지방자치단체의 장은 제1항에 해당하는 비영리법인에 대하여 판매사업에 관한 현황 등의 자료를 제공하여 줄 것을 요청할 수 있다.
[전문개정 2013.1.23〉 [[시행일 2013.4.24〉]

제43조 【상거래의 투명화】 정부는 유통부문에서 공정하고 투명한 상거래가 이루어질 수 있도록 노력하여야 한다.
[전문개정 2013.1.23〉 [[시행일 2013.4.24〉]

제8장 보칙

제44조 【청문】 산업통상자원부장관, 중소벤처기업부

장관 또는 특별자치시장·시장·군수·구청장은 다음 각 호의 어느 하나에 해당하는 처분을 하려면 청문을 하여야 한다. [개정 2013.3.23 제11690호(정부조직법), 2015.11.20, 2017.7.26 제14839호(정부조직법)]

1. 제11조제1항에 따른 대규모점포등 개설등록의 취소
2. 삭제 [2015.11.20] [[시행일 2016.5.21〉]
3. 제23조제5항에 따른 지정유통연수기관의 취소
4. 제24조제5항에 따른 유통관리사 자격의 취소
5. 삭제 [2015.11.20] [[시행일 2016.5.21〉]
6. 삭제 [2015.11.20] [[시행일 2016.5.21〉]
7. 제33조제2항에 따른 공동집배송센터 지정의 취소

[전문개정 2013.1.23〉 [[시행일 2013.4.24〉]

제45조 【보고】 ① 시·도지사 또는 시장·군수·구청장은 산업통상자원부령으로 정하는 바에 따라 다음 각 호의 사항을 산업통상자원부장관에게 보고하여야 한다. [개정 2013.3.23 제11690호(정부조직법)] [[시행일 2013.4.24〉]

1. 제7조에 따른 지역별 시행계획 및 추진 실적
2. 제8조·제11조 및 제12조에 따른 대규모점포등 개설등록·취소 및 대규모점포등개설자의 업무를 수행하는 자의 신고현황
3. 제37조에 따른 분쟁의 조정 실적
4. 제42조에 따른 비영리법인에 대한 권고 실적

② 산업통상자원부장관, 중소벤처기업부장관 또는 지방자치단체의 장은 이 법에 따른 자금 등의 지원을 위하여 특히 필요하다고 인정하는 경우에는 다음 각 호에 해당하는 자에 대하여 사업실적 등 산업통상자원부령으로 정하는 사항을 보고하게 할 수 있다. [개정 2013.3.23 제11690호(정부조직법), 2015.11.20, 2017.7.26 제14839호(정부조직법)]

1. 중소유통공동도매물류센터운영자 또는 공동집배송센터사업시행자
2. 유통사업자단체
3. 제23조제3항 각 호의 유통연수기관

[전문개정 2013.1.23〉 [[시행일 2013.4.24〉]

제46조 【권한 또는 업무의 위임·위탁】 ① 이 법에 따른 산업통상자원부장관의 권한은 대통령령으로 정하는 바에 따라 그 일부를 국가기술표준원장에게 위임할 수 있다. [개정 2013.3.23 제11690호(정부조직법), 2015.11.20, 2017.7.26 제14839호(정부조직법)]

② 이 법에 따른 산업통상자원부장관 또는 중소벤처기업부장관의 권한은 대통령령으로 정하는 바에 따라 그 일부를 시·도지사에게 위임할 수 있다. [개정 2013.3.23 제11690호(정부조직법), 2017.7.26 제14839호(정부조직법)]

③ 이 법에 따른 산업통상자원부장관의 권한은 대통령령으로 정하는 바에 따라 그 일부를 중소벤처기업부장관에게 위탁할 수 있다. [신설 2017.7.26 제14839호(정부조직법)]

④ 산업통상자원부장관은 제24조에 따른 유통관리사 자격시험의 실시에 관한 업무를 대통령령으로 정하는 바에 따라 대한상공회의소에 위탁할 수 있다. [개정 2013.3.23 제11690호(정부조직법), 2017.7.26 제14839호(정부조직법)]

⑤ 산업통상자원부장관은 제7조의4에 따른 유통산업의 실태조사에 관한 업무를 「통계법」 제15조에 따른 통계작성지정기관에 위탁할 수 있다. [개정 2013.3.23 제11690호(정부조직법), 2017.7.26 제14839호(정부조직법)]

[전문개정 2013.1.23〉 [[시행일 2013.4.24〉]

제47조 【벌칙 적용 시의 공무원 의제】 제46조제4항에 따라 위탁한 업무에 종사하는 대한상공회의소의 임원 및 직원은 「형법」 제129조부터 제132조까지의 규정을 적용할 때에는 공무원으로 본다. [개정 2017.7.26 제14839호(정부조직법)]

[전문개정 2013.1.23〉 [[시행일 2013.4.24〉]

제48조 【수수료】 ① 제8조에 따라 대규모점포등의 개설등록을 하려는 자는 산업통상자원부령으로 정하는 범위에서 특별자치시·시·군·구의 조례로 정하는 바에 따라 수수료를 내야 한다. [개정 2013.3.23 제11690호(정부조직법)] [[시행일 2013.4.24〉]

② 삭제 [2015.11.20] [[시행일 2016.5.21〉]

[전문개정 2013.1.23〉 [[시행일 2013.4.24〉]

제48조의2 【규제의 존속기한】 제2조제4호, 제8조제1항·제2항 중 준대규모점포와 관련된 부분, 제8조제3항·제4항 및 제13조의3은 2020년 11월 23일까지 그

효력을 가진다.
[본조신설 2015.11.20]

제9장 벌칙

제49조 【벌칙】 ① 제22조제1항을 위반하여 유통표준전자문서를 위작 또는 변작하거나 위작 또는 변작된 전자문서를 사용하거나 유통시킨 자는 10년 이하의 징역 또는 1억 원 이하의 벌금에 처한다.
② 다음 각 호의 어느 하나에 해당하는 자는 1년 이하의 징역 또는 3천만 원 이하의 벌금에 처한다.
1. 제8조제1항 전단을 위반하여 등록을 하지 아니하고 대규모점포등을 개설하거나 거짓이나 그 밖의 부정한 방법으로 대규모점포등의 개설등록을 한 자
2. 제12조제3항을 위반하여 신고를 하지 아니하고 대규모점포등개설자의 업무를 수행하거나 거짓이나 그 밖의 부정한 방법으로 대규모점포등개설자의 업무수행신고를 한 자
③ 제22조제3항을 위반하여 유통표준전자문서를 보관하지 아니한 자는 1년 이하의 징역 또는 1천만 원 이하의 벌금에 처한다.
④ 제1항에 규정된 죄의 미수범은 처벌한다.
[전문개정 2013.1.23〉 [[시행일 2013.4.24〉]

제50조 【벌칙】 제22조제2항을 위반하여 유통표준전자문서 또는 컴퓨터 등 정보처리조직의 파일에 기록된 유통정보를 공개한 자는 1천만 원 이하의 벌금에 처한다.
[전문개정 2013.1.23〉 [[시행일 2013.4.24〉]

제51조 【양벌규정】 법인의 대표자나 법인 또는 개인의 대리인, 사용인, 그 밖의 종업원이 그 법인 또는 개인의 업무에 관하여 제49조 또는 제50조의 위반행위를 하면 그 행위자를 벌하는 외에 그 법인 또는 개인에게도 해당 조문의 벌금형을 과(科)한다. 다만, 법인 또는 개인이 그 위반행위를 방지하기 위하여 해당 업무에 관하여 상당한 주의와 감독을 게을리하지 아니한 경우에는 그러하지 아니하다.
[전문개정 2008.12.26〉

제52조 【과태료】 ① 다음 각 호의 어느 하나에 해당하는 자에게는 1억 원 이하의 과태료를 부과한다.
1. 제12조의2제1항제1호에 따른 명령을 위반하여 영업제한시간에 영업을 한 자
2. 제12조의2제1항제2호에 따른 의무휴업 명령을 위반한 자
② 다음 각 호의 어느 하나에 해당하는 자에게는 500만 원 이하의 과태료를 부과한다.
1. 제8조제1항 후단을 위반하여 대규모점포등의 변경등록을 하지 아니하거나 거짓이나 그 밖의 부정한 방법으로 변경등록을 한 자
2. 제12조제1항 및 제2항에 따른 대규모점포등개설자의 업무를 수행하지 아니한 자
3. 제14조제1항을 위반하여 임시시장을 개설한 자
4. 제29조제4항을 위반하여 변경지정을 받지 아니한 자
5. 제33조제1항에 따른 시정명령을 이행하지 아니한 공동집배송센터사업자
6. 제45조제2항에 따른 보고를 거짓으로 한 자
③ 제1항 및 제2항에 따른 과태료는 대통령령으로 정하는 바에 따라 산업통상자원부장관, 중소벤처기업부장관 또는 지방자치단체의 장이 부과·징수한다. [개정 2013.3.23 제11690호(정부조직법), 2017.7.26 제14839호(정부조직법)]
[전문개정 2013.1.23〉 [[시행일 2013.4.24〉]

부칙 [1997.4.10 제5327호]

제1조 【施行日】 이 법은 1997년 7월 1일부터 시행한다.

제2조 【다른 법률의 폐지】 다음 각호의 법률은 이를 각각 폐지한다.
1.유통산업합리화촉진법
2.도·소매업진흥법

제3조 【기존 시장등에 관한 경과조치】 ①이 법 시행당시 종전의 도·소매업진흥법 제6조의 규정에 의하여 허가를 받은 시장·대형점·대규모소매점 또는 도매센터는 이 법 제8조의 규정에 의한 대규모점포의 개설등록을 한 것으로 본다.
②이 법 시행당시 종전의 도·소매업진흥법 부칙 제2조의 규정에 의하여 종전의 도·소매업진흥법의 개정

전의 규정에 의한 허가를 신청한 시장·대형점·대규모 소매점 또는 도매센터는 대통령령이 정하는 바에 따라 이 법 제8조의 규정에 의한 대규모점포의 등록신청을 한 것으로 본다.

③이 법 시행당시 종전의 도·소매업진흥법 제12조제1항제3호의 규정에 의하여 동법 제9조제1항 각호의 업무를 수행하고 있는 자는 이 법 시행일로부터 6월이내에 이 법 제13조제2항제3호 후단의 규정에 의한 자격을 갖추어야 한다.

제4조【시범도매센터에 관한 경과조치】 이 법 시행당시 종전의 도·소매업진흥법 제20조의 규정에 의하여 시범도매센터의 지정을 받은 도매센터는 이 법 제17조의 규정에 의한 시범도매센터의 지정을 받은 것으로 본다.

제5조【유통연수기관등에 관한 경과조치】 ① 이 법 시행당시 종전의 도·소매업진흥법 제37조의 규정에 의하여 지정을 받은 유통연수기관은 이 법 제30조제2항의 규정에 의한 유통연수기관의 지정을 받은 것으로 본다.

②이 법 시행당시 종전의 도·소매업진흥법 제38조의 규정에 의한 판매사의 자격이 있는 자는 이 법 제32조의 규정에 의한 판매관리사의 자격이 있는 것으로 본다.

제6조【지정연쇄화사업자에 관한 경과조치】 이 법 시행당시 종전의 도·소매업진흥법 제22조의 규정에 의하여 지정을 받은 지정연쇄화사업자는 이 법 제41조의 규정에 의한 지정체인사업자의 지정을 받은 것으로 본다.

제7조【사업자단체에 관한 경과조치】 이 법 시행당시 종전의 도·소매업진흥법 제39조의 규정에 의하여 설립허가를 받은 사업자단체는 이 법 제53조의 규정에 의한 사업자단체의 설립허가를 받은 것으로 본다.

제8조【이행조치명령에 관한 경과조치】 이 법 시행당시 종전의 도·소매업진흥법 제17조제2항의 규정에 의하여 행하여진 명령은 이 법 제23조의 규정에 의하여 행하여진 것으로 본다.

제9조【벌칙에 관한 경과조치】 이 법 시행전의 이 법 부칙 제2조에서 폐지되는 도·소매업진흥법에 정한 행위에 대한 벌칙의 적용에 있어서는 종전의 규정에 의한다.

제10조【다른 법령과의 관계】 이 법 시행당시 다른 법령에서 종전의 유통산업합리화촉진법과 도·소매업진흥법 또는 그 규정을 인용하고 있는 경우에는 이 법 중 그에 해당되는 규정이 있는 때에는 이 법 또는 이 법의 해당 규정을 인용한 것으로 본다.

부칙 [1997.12.13 제5453호(행정절차법의시행에따른 공인회계사법등의정비에관한법률)]

제1조【施行日】 이 법은 1998년 1월1일부터 시행한다. 〈단서 생략〉

제2조 생략

부칙 [1997.12.13 제5454호(정부부처명칭등의변경에 따른건축법등의정비에관한법률)]

이 법은 1998년 1월 1일부터 시행한다. 〈단서 생략〉

부칙 [1998.2.28 제5529호(정부조직법)]

제1조【施行日】 이 법은 공포한 날부터 시행한다.〈단서 생략〉

제2조 내지 제4조 생략

제5조【다른 법률의 개정】 ① 내지 〈22〉 생략

〈23〉유통산업발전법중 다음과 같이 개정한다.

제2조제7호·제9호, 제11조 본문, 제12조제3항, 제14조제3항, 제17조제2항 후단·제3항, 제19조, 제30조제2항, 제33조제2항 후단·제4항·제5항, 제41조제1항, 제44조제2항, 제50조제1항·제3항 및 제59조중 "통상산업부령"을 각각 "산업자원부령"으로 한다.

제5조제1항·제3항·제4항, 제6조제1항·제2항·제4항, 제13조제3항, 제14조제1항·제2항, 제17조제1항·제2항 전단·제4항, 제18조제2항, 제19조, 제20조제2항, 제25조 본문, 제26조제1항 내지 제4항, 제27조, 제30조, 제31조, 제32조제2항·제4항, 제33조제1항·제3항·제5항·제6항, 제35조제2항, 제36조 내지 제39조, 제40조제1항·제3항·제4항, 제43조, 제51조, 제52조제1항 본문·제2항·제3항 및 제57조제2항·제3항 및 제58조중 "통상산업부장관"을 각각 "산업자원부장관"으로 한다.

제41조제2항중 "통상산업부장관"을 "중소기업청장"으로 한다.

제53조제1항을 다음과 같이 한다.

①상거래질서의 유지와 회원의 공동이익을 증진하기 위하여 대통령령이 정하는 바에 따라 대규모점포개설자 또는 지정도매배송업자는 산업자원부장관의 허가를 받아 업태별로 사업자단체를 설립할 수 있으며, 지정체인사업자는 중소기업청장의 허가를 받아 체인종류별로 사업자단체를 설립할 수 있다.

제54조제9호중 "통상산업부장관"을 "산업자원부장관 또는 중소기업청장"으로 한다.

제56조제1항중 "통상산업부령"을 "산업자원부령"으로, "통상산업부장관"을 "산업자원부장관"으로 하고, 동항 본문에 단서를 다음과 같이 신설한다.

다만, 제3호의 사항은 중소기업청장에게 보고하여야 한다.제56조제2항, 제57조제1항 및 제58조중 "통상산업부장관"을 각각 "산업자원부장관 또는 중소기업청장"으로 한다.

제56조제4항중 "통상산업부장관"을 "산업자원부장관·중소기업청장"으로 한다.

〈24〉 내지 〈34〉 생략

제6조 및 **제7조** 생략

부칙 [1999.2.8 제5833호]

제1조【施行日】 이 법은 공포후 6월이 경과한 날부터 시행한다.

제2조【대규모점포 등록시의 인·허가등의 의제에 관한 적용례】 제10조의 개정규정은 이 법 시행당시 대규모점포의 등록절차가 진행중인 것에 대하여도 이를 적용한다. 이 경우 제10조제1항의 개정규정의 적용을 받고자 하는 자는 동조제2항의 규정에 따라 해당서류를 시·도지사에게 제출하여야 한다.

제3조【행정처분등에 관한 경과조치】 이 법 시행전의 행위가 종전의 제15조의 규정에 해당하는 경우의 행정처분 및 과징금의 부과·징수에 관하여는 종전의 제15조의 규정에 의한다.

제4조【사업자단체에 관한 경과조치】 ①이 법 시행당시 종전의 제53조의 규정에 의한 사업자단체(이하 "사업자단체"라 한다)는 그 지위의 승계에 관하여 이사회의 의결을 거쳐 산업자원부장관 또는 중소기업청장에게 신고를 한 때에는 민법 제32조의 규정에 의하여 설립된 사단법인으로 본다.

②종전의 사업자단체는 제1항의 규정에 의한 신고를 한 때에는 이 법 시행일부터 지체없이 그 해산등기와 동항의 규정에 의하여 설립이 의제되는 사단법인의 설립등기를 하여야 한다.

③제1항의 경우 종전의 사업자단체의 재산 및 권리·의무는 동항의 규정에 의하여 설립이 의제되는 사단법인이 이를 승계한다.

제5조【벌칙적용에 관한 경과조치】 이 법 시행전의 행위에 대한 벌칙의 적용에 있어서는 종전의 규정에 의한다.

부칙 [2000.1.28 제6223호(농수산물유통및가격안정에관한법률)]

제1조【施行日】 이 법은 2000년 6월 1일부터 시행한다. 〈단서 생략〉

1. 내지 3. 생략

제2조 내지 제7조 생략

제8조【다른 법률의 개정】 ① 및 ② 생략

③유통산업발전법중 다음과 같이 개정한다.

제4조제1호를 다음과 같이 한다.

1. 농수산물유통및가격안정에관한법률에 의한 농수산물도매시장·농수산물공판장·민영농수산물도매시장 및 농수산물종합유통센터

제9조 생략

부칙 [2000.1.28 제6239호(화물유통촉진법)]

제1조【施行日】 이 법은 공포후 6월이 경과한 날부터 시행한다.

제2조 생략

제3조【다른 법률의 개정】 ①생략

②유통산업발전법중 다음과 같이 개정한다.

제38조중 "화물유통촉진법 제6조의 규정에 의한 물류표준화추진위원회"를 "화물유통촉진법 제4조의6의 규정에 의한 물류정책위원회"로 한다.

③생략

부칙 [2001.4.7 제6460호(담배사업법)]

제1조 【시행일】 이 법은 2001년 7월 1일부터 시행한다.

제2조 및 **제3조** 생략

제4조 【다른 법률의 개정】 ①내지 ④생략

⑤유통산업발전법중 다음과 같이 개정한다.

제10조제1항제2호중 "제조담배소매인"을 "담배소매인"으로 한다.

⑥내지 ⑧생략

부칙 [2002.8.26 제6727호(건강기능식품에관한법률)]

제1조 【시행일】 이 법은 공포후 1년이 경과한 날부터 시행한다.

제2조 내지 제8조 생략

제9조 【다른 법률의 개정】 ①및 ②생략

③유통산업발전법중 제10조제1항에 제3호의2를 다음과 같이 신설한다.

3의2. 건강기능식품에관한법률 제5조의 규정에 의한 건강기능식품제조업 또는 동법 제6조의 규정에 의한 건강기능식품판매업

④생략

부칙 [2002.12.30 제6841호(산지관리법)]

제1조 【시행일】 이 법은 공포 후 9월이 경과한 날부터 시행한다.

제2조 내지 제10조 생략

제11조 【다른 법률의 개정】 ①내지 〈44〉생략

〈45〉유통산업발전법중 다음과 같이 개정한다.

제18조제1항제2호를 다음과 같이 한다.

2. 산지관리법 제14조·제15조의 규정에 의한 산지전용허가 및 산지전용신고, 산림법 제62조제1항의 규정에 의한 벌채 등의 허가 및 동법 제73조의 규정에 의한 국유림안에서의 벌채승인 또는 동의 및 동법 제90조제1항의 규정에 의한 입목벌채 등의 허가

제34조제1항제2호를 다음과 같이 한다.

2. 산지관리법 제14조·제15조의 규정에 의한 산지전용허가 및 산지전용신고, 산림법 제62조제1항의 규정에 의한 벌채 등의 허가 및 동법 제73조의 규정에 의한 국유림안에서의 벌채승인 또는 동의 및 동법 제90조제1항의 규정에 의한 입목벌채 등의 허가

〈46〉내지 〈74〉생략

제12조 생략

부칙 [2003.7.30 제6959호]

제1조 【시행일】 이 법은 공포후 6월이 경과한 날부터 시행한다.

제2조 【유효기간】 제17조 및 제28조의 개정규정은 이 법 시행 후 5년까지 효력을 가진다.

제3조 【대규모점포의 개설등록 등에 관한 경과조치】 ①이 법 시행 당시 종전의 규정에 의하여 시·도지사에게 대규모점포 개설등록 또는 신청을 한 자는 제8조의 개정규정에 의하여 시장·군수·구청장에게 개설등록 또는 신청을 한 것으로 본다.

②제9조의 개정규정은 이 법 시행 당시 대규모점포의 등록절차가 진행중인 것에 대하여도 이를 적용한다. 이 경우 제9조제1항의 개정규정을 적용받고자 하는 자는 동조제2항의 개정규정에 따라 해당서류를 시장·군수·구청장에게 제출하여야 한다.

제4조 【지정체인사업자에 관한 경과조치】 이 법 시행 당시 종전의 규정에 의하여 지정을 받은 지정체인사업자는 제17조제1항의 개정규정에 의한 우수체인사업자로 지정을 받은 것으로 본다.

제5조 【판매관리사에 관한 경과조치】 이 법 시행 당시 종전의 규정에 의한 판매관리사의 자격이 있는 자는 제24조의 개정규정에 의한 유통관리사의 자격이 있는 것으로 본다.

제6조 【지정도매배송업자에 관한 경과조치】 이 법 시행 당시 종전의 규정에 의하여 지정을 받은 지정도매배송업자는 제28조제1항의 개정규정에 의한 우수도매배송서비스사업자로 지정을 받은 것으로 본다.

제7조 【공동집배송단지에 관한 경과조치】 ①이 법 시행 당시 종전의 규정에 의하여 지정을 받은 공동집배송단지안에 조성된 집배송센터는 제29조제1항의 개정규정에 의한 공동집배송센터의 지정을 받은 것으로 본다.

②이 법 시행 당시 종전의 규정에 의하여 지정을 받은 공동집배송단지는 제34조의 개정규정에 의한 공동집

배송센터개발촉진지구의 지정을 받은 것으로 본다.

제8조【벌칙적용에 관한 경과조치】 이 법 시행전의 행위에 대한 벌칙의 적용에 있어서는 종전의 규정에 의한다.

제9조【다른 법률과의 관계】 이 법 시행 당시 다른 법률에서 종전의 유통산업발전법 또는 그 규정을 인용하고 있는 경우 이 법중 그에 해당하는 규정이 있는 때에는 이법 또는 이 법의 해당 규정을 인용한 것으로 본다.

부칙 [2004.1.20 제7100호(화물자동차운수사업법)]

제1조【시행일】 이 법은 공포후 3월이 경과한 날부터 시행한다. 〈단서 생략〉

제2조 내지 제23조 생략

제24조【다른 법률의 개정】 ①유통산업발전법중 다음과 같이 개정한다. 제2조제13호중 "화물자동차운수사업법 제3조"를 "화물자동차운수사업법 제3조 및 제24조의2"로 한다.

②및 ③생략

부칙 [2004.9.23 제7219호(과학기술분야정부출연연구기관등의설립·운영및육성에관한법률)]

제1조【시행일】 이 법은 공포후 1월이 경과한 날부터 시행한다.

제2조 및 **제3조** 생략

제4조【다른 법률의 개정】 ①내지 ⑧생략

⑨유통산업발전법중 다음과 같이 개정한다.

제23조제2항중 "정부출연연구기관등의설립·운영및육성에관한법률"을 "정부출연연구기관등의설립·운영및육성에관한법률 또는 과학기술분야정부출연연구기관등의설립·운영및육성에관한법률"로 한다.

⑩내지 〈20〉생략

제5조 생략

부칙 [2005.3.31 제7428호(채무자 회생 및 파산에 관한 법률)]

제1조【시행일】 이 법은 공포 후 1년이 경과한 날부터 시행한다.

제2조 내지 제4조 생략

제5조【다른 법률의 개정】 ①내지 〈87〉생략

〈88〉유통산업발전법 일부를 다음과 같이 개정한다.

제10조제2호중 "파산자"를 "파산선고를 받은 자"로 한다.

〈89〉내지 〈145〉생략

제6조 생략

부칙 [2005.8.4 제7678호(산림자원의 조성 및 관리에 관한 법률)]

제1조【시행일】 이 법은 공포 후 1년이 경과한 날부터 시행한다.

제2조 내지 제10조 생략

제11조【다른 법률의 개정】 ①내지 〈45〉생략

〈46〉유통산업발전법 일부를 다음과 같이 개정한다.

제30조제1항제2호중 "산림법 제62조제1항의 규정에 의한 입목·죽의 벌채, 임산물의 굴취·채취, 가축의 방목, 기타 토지의 형질을 변경하는 행위의 허가, 동법 제73조제2항의 규정에 의한 입목·죽 벌채의 승인 또는 동의 및 동법 제90조제1항의 규정에 의한 입목의 벌채 또는 임산물의 굴취·채취의 허가"를 "「산림자원의 조성 및 관리에 관한 법률」 제36조제1항·제4항의 규정에 의한 입목벌채등의 허가·신고, 동법 제45조제1항·제2항의 규정에 의한 입목·죽의 벌채, 임산물의 굴취·채취, 가축의 방목, 그 밖에 토지의 형질을 변경하는 행위의 허가"로 한다.

〈47〉내지 〈87〉생략

제12조 생략

부칙 [2005.12.23 제7756호]

①(시행일) 이 법은 공포 후 6월이 경과한 날부터 시행한다.

②(유통분쟁조정위원회의 위원장 선출방식에 관한 적용례) 제36조제3항의 개정규정은 이 법 시행 후 최초로 선출하는 위원장부터 적용한다.

③(물류설비의 인증에 관한 경과조치) 이 법 시행 당시 종전의 규정에 의하여 인증을 받은 물류설비는 제27조제1항의 개정규정에 의하여 물류설비의 인증을 받은 것으로 본다.

④(벌칙적용에 관한 경과조치) 이 법 시행 전의 행위에 대한 벌칙의 적용에 있어서는 종전의 규정에 의한다.

⑤(다른 법률의 개정) 유통단지개발촉진법 일부를 다음과 같이 개정한다.

제2조제2호나목을 다음과 같이 한다.

나. 「유통산업발전법」 제2조제3호·제7호·제15호 및 제17조의2의 규정에 의한 대규모점포·전문상가단지·공동집배송센터 및 중소유통공동도매물류센터

부칙 [2006.4.28 제7943호(영화 및 비디오물의 진흥에 관한 법률]

제1조 【시행일】 이 법은 공포 후 6개월이 경과한 날부터 시행한다.

제2조 내지 제13조 생략

제14조 【다른 법률의 개정】 ①내지 ②생략

③유통산업발전법 일부를 다음과 같이 개정한다.

제9조제1항제1호를 다음과 같이 한다.

1. 「영화 및 비디오물의 진흥에 관한 법률」에 의한 비디오물제작업·비디오물배급업, 「게임산업진흥에 관한 법률」에 의한 게임제작업·게임배급업·게임제공업 또는 「음악산업진흥에 관한 법률」에 의한 음반·음악영상물제작업 및 음반·음악영상물배급업의 신고 또는 등록

④내지 ⑤생략

제15조 생략

부칙 [2006.9.27 제7995호]

제1조 【시행일】 이 법은 공포 후 6개월이 경과한 날부터 시행한다.

제2조 내지 제5조 생략

제6조 【다른 법률 개정】 ① 내지 ⑥ 생략

⑦유통산업발전법 일부를 다음과 같이 개정한다.

제30조제1항제3호중 "제23조제1항"을 "제23조제2항 및 제3항"으로 한다.

⑧ 내지 ⑨ 생략

부칙 [2007.4.11 제8349호(체육시설의 설치·이용에 관한 법률)]

제1조 【시행일】 이 법은 공포한 날부터 시행한다.

제2조 내지 제6조 생략

제7조 【다른 법률의 개정】 ① 생략

②유통산업발전법 일부를 다음과 같이 개정한다.

제9조제1항제7호 중 "제22조"를 "제20조"로 한다.

③ 내지 ④ 생략

제8조 생략

부칙 [2007.4.11 제8351호(농어촌정비법)]

제1조 【시행일】 이 법은 공포한 날부터 시행한다. 〈단서 생략〉

제2조부터 제13조까지 생략

제14조 【다른 법률의 개정】 ①부터 〈23〉까지 생략

〈24〉유통산업발전법 일부를 다음과 같이 개정한다.

제30조제1항제11호 중 "「농어촌정비법」 제20조제1항"을 "「농어촌정비법」 제22조제1항"으로 한다.

〈25〉부터 〈42〉까지 생략

제15조 생략

부칙 [2007.4.11 제8352호(농지법)]

제1조 【시행일】 이 법은 공포한 날부터 시행한다. [단서 생략]

제2조 내지 제14조 생략

제15조 【다른 법률의 개정】 ① 내지 〈45〉 생략

〈46〉유통산업발전법 일부를 다음과 같이 개정한다.

제30조제1항제1호 중 "「농지법」 제36조제1항"을 "「농지법」 제34조제1항"으로 한다.

〈47〉 내지 〈77〉

제16조 생략

부칙 [2007.4.11 제8354호(축산법)]

제1조 【시행일】 이 법은 공포한 날부터 시행한다. 다만, 제33조와 제47조제1항제8호의 개정규정은 2007년 6월 29일부터 시행하고, 부칙 제8조제1항의 개정규정은 2007년 9월 28일부터 시행한다.

제2조 내지 제7조 생략

제8조 【다른 법률의 개정】 ① 내지 ② 생략

③유통산업발전법 일부를 다음과 같이 개정한다.

제4조제2호 중 "「축산법」 제27조"를 "「축산법」 제34조"로 한다.

④ 내지 ⑧ 생략

제9조 생략

부칙 [2007.4.11 제8365호(약사법)]

제1조 【시행일】 이 법은 공포한 날부터 시행한다. [단서

생략]

제2조 내지 제20조 생략

제21조 【다른 법률의 개정】 ① 내지 ⑦ 생략

⑧유통산업발전법 일부를 다음과 같이 개정한다.

제9조제1항제16호 중 "「약사법」 제16조의 규정에 의한"을 "「약사법」 제20조에 따른"으로 한다.

⑨ 내지 ⑫ 생략

제22조 생략

부칙 [2007.4.11 제8370호(수도법)]

제1조 【시행일】 이 법은 공포한 날부터 시행한다. 다만, 부칙 제19조제55항의 개정규정은 2007년 7월 4일부터 시행하고, 제7조제3항제1호 및 제56조제1항의 개정규정은 2007년 9월 28일부터 시행하며, 제68조 및 제71조의 개정규정은 2008년 1월 4일부터 시행한다.

제2조 내지 제18조 생략

제19조 【다른 법률의 개정】 ① 내지 〈35〉 생략

〈36〉유통산업발전법 일부를 다음과 같이 개정한다.

제30조제1항제9호 중 "「수도법」 제12조제1항"을 "「수도법」 제17조제1항"으로, "동법 제33조의2"를 "같은 법 제49조"로, "동법 제36조제1항"을 "같은 법 제52조제1항"으로, "동법 제38조"를 "같은 법 제54조"로 한다.

〈37〉 내지 〈66〉 생략

제20조 생략

부칙 [2007.4.11 제8371호(폐기물관리법)]

제1조 【시행일】 이 법은 공포한 날부터 시행한다. 단서 생략

제2조 내지 제8조 생략

제9조 【다른 법률의 개정】 ① 내지 〈26〉 생략

〈27〉유통산업발전법 일부를 다음과 같이 개정한다.

제9조제1항제15호 중 "제24조"를 "제17조"로 한다.

〈28〉 내지 〈46〉 생략

제10조 생략

부칙 [2007.4.27 제8387호(통계법)]

제1조 【시행일】 이 법은 공포 후 6개월이 경과한 날부터 시행한다.

제2조 내지 제7조 생략

제8조 【다른 법률의 개정】 ① 내지 ⑥ 생략

⑦유통산업발전법 일부를 다음과 같이 개정한다.

제46조제4항 중 "「통계법」 제4조의 규정에 의한 지정기관"을 "「통계법」 제15조에 따른 통계작성지정기관"으로 한다.

⑧ 내지 ⑭ 생략

제9조 생략

부칙 [2007.5.17 제8466호(수질 및 수생태계 보전에 관한 법률)]

제1조 【시행일】 이 법은 공포 후 6개월이 경과한 날부터 시행한다.

제2조 내지 **제3조** 생략

제4조 【다른 법률의 개정】 ① 내지 〈29〉 생략

〈30〉유통산업발전법 일부를 다음과 같이 개정한다.

제9조제1항제14호 중 "「수질환경보전법」"을 "「수질 및 수생태계 보전에 관한 법률」"로 한다.

〈31〉 내지 〈55〉 생략

제5조 생략

부칙 [2007.8.3 제8617호(물류정책기본법)]

제1조 【시행일】 이 법은 국세 공포 후 6개월이 경과한 날부터 시행한다.

제2조 내지 제8조 생략

제9조 【다른 법률의 개정】 ①유통산업발전법 일부를 다음과 같이 개정 한다.

제27조제2항 후단중 "「화물유통촉진법」 제4조의6의 규정에 의한 물류정책위원회"를 "「물류정책기본법」 제19조제1항제2호의 물류시설분과위원회"로 한다.

② 생략

제10조 생략

부칙 [2007.8.3 제8635호(자본시장과 금융투자업에 관한 법률)]

제1조 【시행일】 이 법은 공포 후 1년 6개월이 경과한 날부터 시행한다. [단서생략]

제2조 내지 제41조 생략

제42조 【다른 법률의 개정】 ① 내지 〈43〉 생략

〈44〉유통산업발전법 일부를 다음과 같이 개정한다.

제20조제1항제2호 중 "「신탁업법」에 의한 신탁회사"를 "「자본시장과 금융투자업에 관한 법률」에 따른

신탁업자"로 한다.

제32조제1항 중 "「신탁업법」에 의한 신탁회사"를 "「자본시장과 금융투자업에 관한 법률」에 따른 신탁업자"로 하고, 같은 조 제2항 전단 중 "신탁회사"를 "신탁업자"로 한다.

〈45〉 내지 〈67〉 생략

제43조 내지 **제44조** 생략

부칙 [2007.12.27 제8820호(공유수면매립법)]

제1조 【시행일】 이 법은 공포 후 6개월이 경과한 날부터 시행한다. 다만, 부칙 제8조제36항의 개정규정은 2008년 8월 4일부터 시행한다 .

제2조 내지 제7조 생략

제8조 【다른 법률의 개정】 ① 내지 〈22〉 생략

〈23〉유통산업발전법 일부를 다음과 같이 개정한다.

제30조제1항제5호 중 "실시계획의 인가"를 "실시계획의 승인"으로 한다.

〈24〉 내지 〈39〉 생략

제9조 생략

부칙 [2008.2.29 제8852호(정부조직법)]

제1조 【시행일】 이 법은 공포한 날부터 시행한다. 단서 생략

제2조부터 제5조까지 생략

제6조 【다른 법률의 개정】 ①부터 〈386〉까지 생략

〈387〉 유통산업발전법 일부를 다음과 같이 개정한다.

제2조제8호부터 제10호까지, 제8조, 제12조제3항, 제13조의2, 제17조제1항제1호·제2호, 제20조제1항제1호·제2호, 제23조제4항·제6항, 제26조제3항, 제27조제3항제3호·제6항, 제28조제1항제1호 및 제2호·제2항제5호, 제29조제1항·제2항·제3항·제4항·제6항·제7항, 제33조제1항, 제34조제2항·제4항, 제35조의2제3항, 제45조제1항·제2항, 제48조제1항·제2항 중 "산업자원부령"을 각각 "지식경제부령"으로 한다.

제5조제1항·제3항·제4항, 제6조제1항·제2항·제3항·제4항, 제7조의2제1항제7호·제3항, 제7조의3, 제7조의4제1항·제2항, 제15조제1항, 제16조제2항, 제17조제1항·제3항·제4항, 제17조의2제1항 및 같은 항 제5호, 제20조제1항·제2항, 제21조제1항부터 제3항까지, 제23조제1항·제2항·제3항제3호·제5항·제6항, 제24조제2항·제4항·제5항, 제25조, 제26조제1항부터 제3항까지, 제27조제1항·제2항 전단·제3항·제4항·제5항, 제27조의2제1항·제2항, 제28조제1항부터 제3항까지, 제29조제1항·제3항·제4항·제5항·제6항, 제30조제1항·제2항, 제31조제1항부터 제3항까지, 제32조제2항, 제33조제1항·제2항, 제34조제1항부터 제3항까지, 제35조제1항·제2항, 제44조, 제45조제1항·제2항, 제46조제1항부터 제4항까지, 제52조제2항 중 "산업자원부장관"을 각각 "지식경제부장관"으로 한다.

제7조의2제1항 중 "산업자원부"를 "지식경제부"로 한다.

제21조제2항 중 "정보통신부장관에게"를 "방송통신위원회에"로 한다.

제27조제2항 전단 및 후단 중 "건설교통부장관"을 각각 "국토해양부장관"으로 한다.

〈388〉부터 〈760〉까지 생략

제7조 생략

부칙 [2008.3.21 제8976호(도로법)]

제1조 【시행일】 이 법은 공포한 날부터 시행한다. 〈단서 생략〉

제2조부터 제8조까지 생략

제9조 【다른 법률의 개정】 ①부터 〈57〉까지 생략

〈58〉 유통산업발전법 일부를 다음과 같이 개정한다.

제30조제1항제7호 중 "동법 제40조제1항"을 "같은 법 제38조제1항"으로 한다.

〈59〉부터 〈99〉까지 생략

제10조 생략

부칙 [2008.3.21 제8979호(화물자동차 운수사업법)]

제1조 【시행일】 이 법은 공포한 날부터 시행한다.

제2조부터 제4조까지 생략

제5조 【다른 법률의 개정】 ①부터 ⑦까지 생략

⑧ 유통산업발전법 일부를 다음과 같이 개정한다.

제2조제13호 중 "제24조의2"를 "제29조"로 한다.

⑨부터 ⑪까지 생략

제6조 생략

부칙 [2008.12.26 제9242호]

이 법은 공포한 날부터 시행한다.

부칙[2009.2.6 제9432호(식품위생법)]

제1조【시행일】 이 법은 공포 후 6개월이 경과한 날부터 시행한다. 〈단서 생략〉

제2조부터 제5조까지 생략

제6조【다른 법률의 개정】 ①부터 〈16〉까지 생략

〈17〉 유통산업발전법 일부를 다음과 같이 개정한다.

제 9조제1항제3호 중 "「식품위생법」 제22조제1항 또는 제5항의 규정에 의한"을 "「식품위생법」 제37조제1항 또는 제4항에 따 른"으로 하고, 같은 항 제4호 중 "「식품위생법」 제69조제1항의 규정에 의한"을 "「식품위생법」 제88조제1항에 따른"으로 한다.

〈18〉부터 〈30〉까지 생략

제7조 생략

부칙[2009.4.1 제9584호(산업발전법)]

제1조【시행일】 이 법은 2009년 5월 8일부터 시행한다.

제2조부터 제4조까지 생략

제5조【다른 법률의 개정】 ①부터 ④까지 생략

⑤ 유통산업발전법 일부를 다음과 같이 개정한다.

제23조제3항제2호 중 "「산업발전법」 제27조의 규정에 의한"을 "「산업발전법」 제32조에 따른"으로 한다.

⑥부터 ⑪까지 생략

제6조 생략

부칙[2009.4.1 제9585호]

이 법은 공포 후 6개월이 경과한 날부터 시행한다.

부칙[2009.6.9 제9758호(농어촌정비법)]

제1조【시행일】 이 법은 공포 후 6개월이 경과한 날부터 시행한다. 〈단서 생략〉

제2조부터 제21조까지 생략

제22조【다른 법률의 개정】 ①부터 〈31〉까지 생략

〈32〉 유통산업발전법 일부를 다음과 같이 개정한다.

제30조제1항제11호 중 "「농어촌정비법」 제22조제1항의 규정에 의한 농업기반시설"을 "「농어촌정비법」 제23조제1항에 따른 농업생산기반시설"로 한다.

〈33〉부터 〈53〉까지 생략

제23조 생략

부칙[2009.6.9 제9774호(측량·수로조사 및 지적에 관한 법률)]

제1조【시행일】 이 법은 공포 후 6개월이 경과한 날부터 시행한다.

제2조부터 제17조까지 생략

제18조【다른 법률의 개정】 ①부터 〈30〉까지 생략

〈31〉 유통산업발전법 일부를 다음과 같이 개정한다.

제30조제1항제16호를 다음과 같이 한다.

16. 「측량·수로조사 및 지적에 관한 법률」 제15조제3항에 따른 지도등의 간행 심사

〈32〉부터 〈44〉까지 생략

제19조 생략

부칙[2010.4.15 제10272호(공유수면 관리 및 매립에 관한 법률)]

제1조【시행일】 이 법은 공포 후 6개월이 경과한 날부터 시행한다.

제2조부터 제12조까지 생략

제13조【다른 법률의 개정】 ①부터 〈40〉까지 생략

〈41〉 유통산업발전법 일부를 다음과 같이 개정한다.

제30조제1항제4호를 다음과 같이 하고, 같은 항 제5호를 삭제한다.

4. 「공유수면 관리 및 매립에 관한 법률」 제8조에 따른 공유수면의 점용·사용허가, 같은 법 제35조에 따른 국가 등이 시행하는 매립의 협의 또는 승인 및 같은 법 제38조에 따른 공유수면 매립실시계획의 승인

〈42〉부터 〈75〉까지 생략

제14조 생략

부칙[2010.5.25 제10310호(축산물위생관리법)]

제1조【시행일】 이 법은 공포 후 6개월이 경과한 날부터 시행한다. 〈단서 생략〉

제2조부터 제12조까지 생략

제13조【다른 법률의 개정】 ①부터 〈20〉까지 생략

〈21〉 유통산업발전법 일부를 다음과 같이 개정한다.

제9조제1항제13호 중 "「축산물가공처리법」"을 "「축산물위생관리법」"으로 한다.
〈22〉부터 〈28〉까지 생략
제14조 생략

부칙[2010.5.31 제10331호(산지관리법)]
제1조 【시행일】 이 법은 공포 후 6개월이 경과한 날부터 시행한다. 〈단서 생략〉
제2조부터 제11조까지 생략
제12조 【다른 법률의 개정】 ①부터 〈54〉까지 생략
〈55〉 유통산업발전법 일부를 다음과 같이 개정한다.
제30조제1항제2호 중 "산지전용신고"를 "산지전용신고, 같은 법 제15조의2에 따른 산지일시사용허가·신고"로 한다.
〈56〉부터 〈89〉까지 생략
제13조 생략

부칙[2010.11.24 제10398호]
제1조 【시행일】 이 법은 공포한 날부터 시행한다.
제2조 삭제 [2015.11.20]
제3조 【대규모점포등의 개설등록에 관한 경과조치 등】 ① 이 법 시행 당시 종전의 규정에 따라 대규모점포의 개설등록을 하였거나 제13조의3의 개정규정에 따라 전통상업보존구역에 관한 조례를 제정하는 당시 해당 전통상업보존구역에서 준대규모점포에 해당하는 영업을 하고 있는 자는 각각 제8조제1항의 개정규정에 따라 개설등록을 한 것으로 본다.
② 제13조의3의 개정규정에 따라 전통상업보존구역에 관한 조례를 제정하는 당시 해당 전통상업보존구역에서 준대규모점포에 해당하는 영업을 하고 있는 자는 그 조례 시행 후 6개월 이내에 지식경제부령으로 정하는 바에 따라 시장·군수·구청장에게 신고하여야 한다.

부칙[2011.4.14 제10599호(국토의 계획 및 이용에 관한 법률)]
제1조 【시행일】 이 법은 공포 후 1년이 경과한 날부터 시행한다. 〈단서 생략〉
제2조부터 제7조까지 생략
제8조 【다른 법률의 개정】 ①부터 〈53〉까지 생략
〈54〉 유통산업발전법 일부를 다음과 같이 개정한다.
제30조제1항제14호 중 "도시계획시설사업"을 "도시·군계획시설사업"으로 한다.
제31조제3항 중 "도시계획"을 "도시·군계획"으로, "도시계획시설"을 "도시·군계획시설"로 한다.
〈55〉부터 〈83〉까지 생략
제9조 생략

부칙[2011.6.30 제10813호]
제1조 【시행일】 이 법은 공포한 날부터 시행한다.
제2조 【전통상업보존구역 확대에 따른 개설등록 등에 관한 경과조치】 ① 제13조의3의 개정규정에 따라 전통상업보존구역에 관한 조례를 시행하는 당시 해당 전통상업보존구역에서 준대규모점포에 해당하는 영업을 하고 있는 자(이하 "기존 영업자"라 한다)는 제8조제1항에 따라 개설등록을 한 것으로 본다.
② 기존 영업자는 해당 조례 시행 후 6개월 이내에 지식경제부령으로 정하는 바에 따라 시장·군수·구청장에게 신고하여야 한다.

부칙[2012.1.17 제11175호]
이 법은 공포한 날부터 시행한다.

부칙[2012.6.1 제11461호(전자문서 및 전자거래 기본법)]
제1조 【시행일】 이 법은 공포 후 3개월이 경과한 날부터 시행한다.
제2조부터 제9조까지 생략
제10조 【다른 법률의 개정】 ①부터 ⑫까지 생략
⑬ 유통산업발전법 일부를 다음과 같이 개정한다.
제2조제10호 중 "「전자거래기본법」 제2조제1호의 규정에 의한"을 "「전자문서 및 전자거래 기본법」 제2조제1호에 따른"으로 한다.
⑭부터 〈25〉까지 생략

부칙[2013.1.23 제11626호]
이 법은 공포 후 3개월이 경과한 날부터 시행한다. 다만, 제8조제1항·제2항의 개정규정은 공포 후 6개월이 경과한 날부터 시행한다.

부칙[2013.3.23 제11690호(정부조직법)]
제1조 【시행일】 ① 이 법은 공포한 날부터 시행한다.

② 부칙 제6조에 따라 개정되는 법률 중 이 법의 시행 전에 공포되었으나 시행일이 도래하지 아니한 법률을 개정한 부분은 각각 해당 법률의 시행일부터 시행하되, 같은 조 제477항에 따른 「약사법」 제47조제1항 및 제481항에 따른 「의료기기법」 제18조제1항의 개정규정은 이 법 시행 후 1년의 범위에서 해당 법률에 관한 대통령령으로 정하는 날부터 시행한다.

제2조부터 제5조까지 생략

제6조 【다른 법률의 개정】 ①부터 〈411〉까지 생략

〈412〉 유통산업발전법 일부를 다음과 같이 개정한다.

제2조제8호부터 제10호까지, 제8조제1항 전단, 제12조제3항 전단, 제13조의2, 제17조제1항제1호·제2호, 제20조제1항제1호·제2호, 제23조제4항·제6항, 제26조제3항, 제27조제3항제3호, 같은 조 제6항, 제28조제1항제1호·제2호, 같은 조 제2항제5호, 제29조제1항부터 제4항까지, 제6항·제7항, 제33조제1항, 제34조제2항·제4항, 제35조의2제3항, 제45조제1항 각 호 외의 부분, 같은 조 제2항 각 호 외의 부분 및 제48조제1항·제2항 중 "지식경제부령"을 각각 "산업통상자원부령"으로 한다.

제5조제1항, 같은 조 제3항 전단, 같은 조 제4항, 제6조제1항, 같은 조 제2항 전단, 같은 조 제3항·제4항, 제7조의4제1항, 같은 조 제2항 전단, 제15조제1항 각 호 외의 부분, 제16조제2항, 제17조제1항 각 호 외의 부분 후단, 같은 조 제3항·제4항, 제17조의2제1항 각 호 외의 부분, 같은 항 제5호, 제20조제1항 각 호 외의 부분, 같은 조 제2항, 제21조제1항 각 호 외의 부분, 같은 조 제2항·제3항, 제23조제1항 각 호 외의 부분, 같은 조 제2항, 같은 조 제3항제3호, 같은 조 제5항 각 호 외의 부분, 같은 조 제6항, 제24조제2항·제4항·제5항, 제25조 각 호 외의 부분, 제26조제1항 각 호 외의 부분, 같은 조 제2항 각 호 외의 부분, 같은 조 제3항, 제27조제1항, 같은 조 제2항 전단, 같은 조 제3항 각 호 외의 부분, 같은 조 제4항·제5항, 제27조의2제1항 각 호 외의 부분, 같은 조 제2항 각 호 외의 부분 본문, 제28조제1항 각 호 외의 부분, 같은 조 제2항 각 호 외의 부분, 같은 조 제3항, 제29조제1항, 같은 조 제3항부터 제6항까지, 제30조제1항 각 호 외의 부분, 같은 조 제2항 전단 및 후단, 제31조제1항부터 제3항까지, 제32조제2항 후단, 제33조제1항, 같은 조 제2항 각 호 외의 부분 본문, 제34조제1항부터 제3항까지, 제35조제1항·제2항, 제44조 각 호 외의 부분, 제45조제1항 각 호 외의 부분, 같은 조 제2항 각 호 외의 부분, 제46조제1항부터 제4항까지 및 제52조제3항 중 "지식경제부장관"을 각각 "산업통상자원부장관"으로 한다.

제21조제2항 중 "방송통신위원회에"를 "미래창조과학부장관에게"로 한다.

제27조제2항 전단 및 후단 중 "국토해양부장관"을 각각 "국토교통부장관"으로 한다.

법률 제11626호 유통산업발전법 일부개정법률 제2조제9호부터 제11호까지, 제7조의5제2항, 제8조제1항 전단, 제8조의2, 제12조제3항 전단, 제13조의2, 제17조제1항제1호·제2호, 제20조제1항제1호·제2호, 제23조제4항·제6항, 제26조제3항, 제27조제3항제3호, 같은 조 제6항, 제28조제1항제1호·제2호, 같은 조 제2항제5호, 제29조제1항부터 제4항까지, 제6항·제7항, 제33조제1항, 제34조제2항·제4항, 제35조의2제3항, 제45조제1항 각 호 외의 부분, 같은 조 제2항 각 호 외의 부분 및 제48조제1항·제2항 중 "지식경제부령"을 각각 "산업통상자원부령"으로 한다.

법률 제11626호 유통산업발전법 일부개정법률 제5조제1항, 같은 조 제3항 전단, 같은 조 제4항, 제6조제1항, 같은 조 제2항 전단, 같은 조 제3항·제4항, 제7조의4제1항, 같은 조 제2항 전단, 제15조제1항 각 호 외의 부분, 제16조제2항, 제17조제1항 각 호 외의 부분 후단, 같은 조 제3항·제4항, 제17조의2제1항 각 호 외의 부분, 같은 항 제5호, 제20조제1항 각 호 외의 부분, 같은 조 제2항, 제21조제1항 각 호 외의 부분, 같은 조 제2항·제3항, 제23조제1항 각 호 외의 부분, 같은 조 제2항 각 호 외의 부분, 같은 조 제3항제3호, 같은 조 제5항 각 호 외의 부분, 같은 조 제6항, 제24조제2항·제4항·제5항, 제25조 각 호 외의 부분, 제26조제1항 각 호 외의 부분, 같은 조 제2항 각 호 외의 부분, 같은 조 제3항, 제27조제1항, 같은 조 제2항 전단, 같은 조 제3항 각 호 외의 부분, 같은 조 제4항·제5항, 제27조의2제1항 각 호 외의 부분, 같은 조 제2항 각 호 외의 부분 본

문, 제28조제1항 각 호 외의 부분, 같은 조 제2항 각 호 외의 부분, 같은 조 제3항, 제29조제1항, 같은 조 제3항부터 제6항까지, 제30조제1항 각 호 외의 부분, 같은 조 제2항 전단 및 후단, 제31조제1항부터 제3항까지, 제32조제2항 후단, 제33조제1항, 같은 조 제2항 각 호 외의 부분 본문, 제34조제1항부터 제3항까지, 제35조제1항·제2항, 제44조 각 호 외의 부분, 제45조제1항 각 호 외의 부분, 같은 조 제2항 각 호 외의 부분, 제46조제1항부터 제4항까지 및 제52조제3항 중 "지식경제부장관"을 각각 "산업통상자원부장관"으로 한다.

법률 제11626호 유통산업발전법 일부개정법률 제21조제2항 중 "방송통신위원회에"를 "미래창조과학부장관에게"로 하고, 제27조제2항 전단 및 후단의 개정규정 중 "국토해양부장관"을 각각 "국토교통부장관"으로 한다.

〈413〉부터 〈710〉까지 생략

제7조 생략

부칙[2014.1.14 제12248호(도로법)]

제1조 【시행일】 이 법은 공포 후 6개월이 경과한 날부터 시행한다.

제2조부터 제23조까지 생략

제24조 【다른 법률의 개정】 ①부터 〈84〉까지 생략

〈85〉 유통산업발전법 일부를 다음과 같이 개정한다.

제30조제1항제6호 중 "「도로법」 제34조"를 "「도로법」 제36조"로 하고, "같은 법 제38조제1항"을 "같은 법 제61조제1항"으로 한다.

〈86〉부터 〈126〉까지 생략

제25조 생략

부칙[2014.3.18 제12443호]

제1조 【시행일】 이 법은 공포한 날부터 시행한다.

제2조 【변경등록의 제한 또는 조건부과에 관한 경과조치】 ① 이 법 시행 당시 종전의 규정에 따라 전통상업보존구역에 개설등록한 대규모점포등이 매장면적을 변경하려는 경우로서 제8조제3항의 개정규정에 해당하는 때에는 이 법 시행 당시 해당 대규모점포등의 매장면적을 개설등록 또는 변경등록 당시의 매장면적으로 본다.

② 이 법 시행 당시 종전의 규정에 따라 전통상업보존구역에서 대규모점포등의 영업을 하고 있는 자는 이 법 시행 후 6개월 이내에 이 법 시행 당시 해당 점포의 매장면적을 산업통상자원부령으로 정하는 바에 따라 특별자치시장·시장·군수·구청장에게 등록하여야 한다.

부칙[2014.6.3 제12738호(공간정보의 구축 및 관리 등에 관한 법률)]

제1조 【시행일】 이 법은 공포 후 1년이 경과한 날부터 시행한다. 〈단서 생략〉

제2조 【다른 법률의 개정】 ①부터 〈46〉까지 생략

〈47〉 유통산업발전법 일부를 다음과 같이 개정한다.

제30조제1항제15호 중 "「측량·수로조사 및 지적에 관한 법률」 제15조제3항"을 "「공간정보의 구축 및 관리 등에 관한 법률」 제15조제3항"으로 한다.

〈48〉부터 〈65〉까지 생략

제3조 생략

부칙[2015.2.3 제13152호]

이 법은 공포 후 3개월이 경과한 날부터 시행한다.

부칙[2015.7.24 제13426호(제주특별자치도 설치 및 국제자유도시 조성을 위한 특별법)]

제1조 【시행일】 이 법은 공포 후 6개월이 경과한 날부터 시행한다. 〈단서 생략〉

제2조부터 제37조까지 생략

제38조 【다른 법률의 개정】 ①부터 〈33〉까지 생략

〈34〉 유통산업발전법 일부를 다음과 같이 개정한다.

제7조제1항 각 호 외의 부분 후단 중 "「제주특별자치도 설치 및 국제자유도시 조성을 위한 특별법」 제17조제1항"을 "「제주특별자치도 설치 및 국제자유도시 조성을 위한 특별법」 제11조제1항"으로 한다.

제36조제1항 각 호 외의 부분 중 "「제주특별자치도 설치 및 국제자유도시 조성을 위한 특별법」 제15조제2항"을 "「제주특별자치도 설치 및 국제자유도시 조성을 위한 특별법」 제10조제2항"으로 한다.

〈35〉부터 〈45〉까지 생략

제39조 생략

부칙[2015.11.20 제13510호]

제1조 【시행일】 이 법은 공포 후 6개월이 경과한 날부터 시행한다. 다만, 제48조의2의 개정규정 및 법률 제10398호 유통산업발전법 일부개정법률 부칙 제2조의 개정규정은 공포한 날부터 시행한다.

제2조 【금치산자 등에 대한 경과조치】 제10조제1호의 개정규정에 따른 피성년후견인에는 법률 제10429호 민법 일부개정법률 부칙 제2조에 따라 금치산 또는 한정치산 선고의 효력이 유지되는 자를 포함하는 것으로 본다.

제3조 【물류설비의 인증에 관한 경과조치】 이 법 시행 당시 종전의 제27조제1항에 따라 물류설비의 인증을 받은 설비 또는 인증을 신청한 설비는 「산업표준화법」 제15조제1항에 따라 인증을 받은 설비 또는 인증을 신청한 설비로 본다.

제4조 【물류설비성능검사기관 및 물류설비인증기관에 대한 경과조치】 ① 이 법 시행 당시 종전의 제27조제5항에 따라 물류설비성능검사기관 및 물류설비인증기관으로 지정을 신청한 경우에는 「산업표준화법」 제13조제2항에 따라 인증기관으로 지정을 신청한 것으로 본다.

② 이 법 시행 당시 종전의 제27조제5항에 따라 물류설비성능검사기관 및 물류설비인증기관으로 지정을 받은 경우에는 「산업표준화법」 제13조제1항에 따라 인증기관으로 지정을 받은 것으로 본다. 다만, 이 법 시행 이후 6개월 이내에 「산업표준화법」 제13조제1항에 따라 인증기관으로 다시 지정을 받아야 한다.

제5조 【물류설비인증의 취소 등에 관한 경과조치】 이 법 시행 전의 위반행위에 대한 물류설비인증의 취소 또는 인증 효력의 정지에 관하여는 종전의 제27조의2 제1항 및 제3항에 따른다.

제6조 【물류설비성능검사기관 및 물류설비인증기관의 지정취소 등에 관한 경과조치】 이 법 시행 전의 위반행위에 대한 물류설비성능검사기관 및 물류설비인증기관의 지정취소 또는 업무의 정지에 관하여는 종전의 제27조의2제2항에 따른다.

제7조 【다른 법률의 개정】 전통시장 및 상점가 육성을 위한 특별법 일부를 다음과 같이 개정한다.

제2조제2호 중 "「유통산업발전법」 제2조제6호"를 "「유통산업발전법」 제2조제7호"로 한다.

부칙[2016.1.6 제13726호(옥외광고물 등의 관리와 옥외광고산업 진흥에 관한 법률)]

제1조 【시행일】 이 법은 공포 후 6개월이 경과한 날부터 시행한다. 〈단서 생략〉

제2조부터 제5조까지 생략

제6조 【다른 법률의 개정】 ①부터 ⑪까지 생략

⑫ 유통산업발전법 일부를 다음과 같이 개정한다.

제9조제1항제10호 중 "「옥외광고물 등 관리법」"을 "「옥외광고물 등의 관리와 옥외광고산업 진흥에 관한 법률」"로 한다.

⑬부터 〈19〉까지 생략

제7조 생략

부칙[2016.1.6 제13739호]

제1조 【시행일】 이 법은 공포 후 6개월이 경과한 날부터 시행한다. 다만, 제39조제3항 및 제4항의 개정규정은 공포한 날부터 시행한다.

제2조 【대규모점포등의 개설등록 및 변경등록에 관한 적용례】 제8조제5항의 개정규정은 이 법 시행 후 최초로 특별자치시장·시장·군수·구청장이 상권영향평가서 및 지역협력계획서를 제출받은 경우부터 적용한다.

제3조 【대규모점포등의 개설계획 예고에 관한 적용례】 제8조의3의 개정규정은 이 법 시행 후 최초로 대규모점포등을 개설하려는 자가 개설계획을 예고하려는 경우부터 적용한다.

부칙[2016.1.27 제13855호]

이 법은 공포 후 6개월이 경과한 날부터 시행한다.

부칙[2016.12.27 제14480호(농어촌정비법)]

제1조 【시행일】 이 법은 공포한 날부터 시행한다. 〈단서 생략〉

제2조부터 제6조까지 생략

제7조 【다른 법률의 개정】 ①부터 〈44〉까지 생략

〈45〉 유통산업발전법 일부를 다음과 같이 개정한다.

제30조제1항제10호 중 "목적 외 사용의 승인"을

"사용허가"로 한다.
〈40〉부터 〈65〉까지 생략

부칙[2017.1.17 제14532호(물환경보전법)]

제1조【시행일】 이 법은 공포 후 1년이 경과한 날부터 시행한다. 다만, 부칙 제6조에 따라 개정되는 법률 중 이 법 시행 전에 공포되었으나 시행일이 도래하지 아니한 법률을 개정한 부분은 각각 해당 법률의 시행일부터 시행한다.

제2조부터 제5조까지 생략

제6조【다른 법률의 개정】 ①부터 〈55〉까지 생략

〈56〉 유통산업발전법 일부를 다음과 같이 개정한다.

제9조제1항제14호 중 "「수질 및 수생태계 보전에 관한 법률」 제33조"를 "「물환경보전법」 제33조"로 한다.

〈57〉부터 〈89〉까지 생략

제7조 생략

부칙[2017.7.26 제14839호(정부조직법)]

제1조【시행일】 ① 이 법은 공포한 날부터 시행한다. 다만, 부칙 제5조에 따라 개정되는 법률 중 이 법 시행 전에 공포되었으나 시행일이 도래하지 아니한 법률을 개정한 부분은 각각 해당 법률의 시행일부터 시행한다.

제2조부터 제4조까지 생략

제5조【다른 법률의 개정】 ①부터 〈152〉까지 생략

〈153〉 유통산업발전법 일부를 다음과 같이 개정한다.

제13조의3제1항, 제16조제1항제9호, 같은 조 제2항, 제17조의2제1항 각 호 외의 부분, 같은 조 제4항, 제23조제1항 각 호 외의 부분, 같은 조 제2항 각 호 외의 부분, 제44조 각 호 외의 부분, 제45조제2항 각 호 외의 부분 및 제52조제3항 중 "중소기업청장"을 각각 "중소벤처기업부장관"으로 한다.

제21조제2항 중 "미래창조과학부장관"을 "과학기술정보통신부장관"으로 한다.

제46조제1항 중 "중소기업청장 또는 국가기술표준원장"을 "국가기술표준원장"으로 하고, 같은 조 제2항 중 "중소기업청장"을 "중소벤처기업부장관"으로 하며, 같은 조 제3항 및 제4항을 각각 제4항 및 제5항으로 하고, 같은 조에 제3항을 다음과 같이 신설한다.

③ 이 법에 따른 산업통상자원부장관의 권한은 대통령령으로 정하는 바에 따라 그 일부를 중소벤처기업부장관에게 위탁할 수 있다.

제47조 중 "제46조제3항"을 "제46조제4항"으로 한다.

〈154〉부터 〈382〉까지 생략

제6조 생략

부칙[2017.10.31 제14997호]

제1조【시행일】 이 법은 공포 후 6개월이 경과한 날부터 시행한다.

제2조【관리비 등의 공개에 관한 적용례】 제12조의3제4항의 개정규정은 이 법 시행일이 속하는 달의 다음 달의 관리비 등부터 적용한다.

제3조【대규모점포등관리자의 계약체결방식과 계약서 공개에 관한 적용례】 제12조의3제5항 및 제6항의 개정규정은 이 법 시행 후 최초로 체결되는 계약부터 적용한다.

제4조【대규모점포등관리자의 회계서류 작성 및 보관에 관한 적용례】 제12조의4의 개정규정은 이 법 시행일이 속하는 달의 다음 달의 회계부터 적용한다.

제5조【대규모점포등관리자의 회계감사에 관한 적용례】 제12조의5의 개정규정은 이 법 시행 후 최초로 개시되는 회계연도부터 적용한다.

제6조【대규모점포등관리자의 신고에 관한 경과조치】 이 법 시행 당시 종전의 규정에 따라 특별자치시장·시장·군수·구청장에게 신고를 한 대규모점포등관리자는 이 법에 따라 신고를 한 것으로 본다. 다만, 동의를 얻은 입점상인이 운영하는 매장면적의 합이 전체 매장면적의 2분의 1 이상이 되지 않는 경우에는 이 법 시행일부터 1년 이내에 이 법에 따른 요건을 갖추어 신고를 하여야 한다.

별표 대규모점포의 종류(제2조제3호 관련)

가맹사업 진흥에 관한 법률

[법률 제13836호 일부개정 2016. 01. 27.]

제1조 【목적】 이 법은 가맹사업의 진흥에 필요한 사항을 정하여 가맹사업 발전의 기반을 조성하고 가맹사업의 경쟁력을 강화함으로써 국민경제의 건전한 발전에 이바지함을 목적으로 한다.

제2조 【정의】 이 법에서 사용하는 용어의 뜻은 다음과 같다.

1. "가맹사업"이란 가맹본부가 가맹점사업자로 하여금 자기의 상표, 서비스표, 상호, 휘장(徽章) 또는 그 밖의 영업표지[이하 "영업표지(營業標識)"라 한다]를 사용하여 일정한 품질기준이나 영업 방식에 따라 상품(원재료 및 부재료를 포함한다) 또는 용역을 판매하도록 하면서 이에 따른 경영 및 영업 활동 등에 대한 지원·교육과 통제를 하고, 가맹점사업자는 이에 대한 대가로 가맹본부에 금전을 지급하는 계속적인 거래 관계를 말한다.
2. "가맹본부"란 가맹계약에 따라 가맹점사업자에게 가맹사업을 경영할 수 있는 권리를 주는 사업자를 말한다.
3. "가맹점사업자"란 가맹계약에 따라 가맹본부로부터 자기의 책임과 비용으로 가맹사업을 경영할 수 있는 권리를 받은 사업자를 말한다.
4. "가맹사업자"란 가맹본부와 가맹점사업자를 말한다.

제3조 【다른 법률과의 관계】 가맹사업 지원 및 육성에 관하여 다른 법률에 특별한 규정이 있는 경우를 제외하고는 이 법으로 정하는 바에 따른다.

제4조 【기본계획】 ①산업통상자원부장관은 가맹사업을 진흥하기 위하여 5년마다 관계 중앙행정기관의 장과의 협의를 거쳐 가맹사업 진흥 기본계획(이하 "기본계획"이라 한다)을 세워야 한다. [개정 2008.2.29 제8852호(정부조직법), 2013.3.23 제11690호(정부조직법)]

②기본계획에는 다음 각 호의 사항이 포함되어야 한다. [개정 2014.1.21〉

1. 가맹사업 진흥의 기본방향
2. 가맹사업의 진흥을 위한 추진체계에 관한 사항
3. 가맹사업의 부문별 발전전략에 관한 사항
4. 가맹사업 발전의 기반 조성에 관한 사항
5. 가맹사업의 구조 개선 및 경쟁력 강화 방안
6. 가맹본부와 가맹점사업자 간의 상생협력 방안
7. 그 밖에 가맹사업의 진흥을 위하여 필요한 사항

제5조 【시행계획】 ①산업통상자원부장관은 기본계획을 시행하기 위하여 해마다 관계 중앙행정기관의 장과의 협의를 거쳐 가맹사업 진흥 시행계획(이하 "시행계획"이라 한다)을 세워야 한다. [개정 2008.2.29 제8852호(정부조직법), 2013.3.23 제11690호(정부조직법)]

②산업통상자원부장관과 관계 중앙행정기관의 장은 시행계획 중 소관 사항을 시행하고, 이에 필요한 재원을 확보하기 위하여 노력하여야 한다. [개정 2008.2.29 제8852호(정부조직법), 2013.3.23 제11690호(정부조직법)]

③관계 중앙행정기관의 장은 가맹사업을 진흥하기 위하여 필요한 때에는 특별시장·광역시장·도지사 및 특별자치도지사에게 시행계획을 시행하는 데에 필요한 조치를 취할 것을 요청할 수 있다.

제6조 【관계 중앙행정기관의 장 등의 협조】 산업통상자원부장관은 기본계획과 시행계획을 수립·시행하기 위하여 필요한 때에는 관계 중앙행정기관의 장 및 지방자치단체의 장에게 협조를 요청할 수 있다. 이 경우 협조를 요청받은 관계 중앙행정기관의 장 등은 특별한 사정이 없으면 요청에 따라야 한다. [개정 2008.2.29 제8852호(정부조직법), 2013.3.23 제11690호(정부조직법)]

제7조 【실태조사】 ①산업통상자원부장관은 기본계획과 시행계획을 효율적으로 수립·추진하기 위하여 가맹사업에 대한 실태조사를 할 수 있다. [개정 2008.2.29 제8852호(정부조직법), 2013.3.23 제11690호(정부조직법)]

②산업통상자원부장관은 가맹사업에 대한 실태조사를 위하여 필요한 때에는 관계 중앙행정기관의 장, 지방자치단체의 장 또는 「공공기관의 운영에 관한 법률」에 따른 공공기관(이하 "공공기관"이라 한다)의 장에게 관련 자료를 요청할 수 있다. 이 경우 자료를 요청받은 관계 중앙행정기관의 장 등은 특별한 사정이 없으면

요청에 따라야 한다. [개정 2008.2.29 제8852호(정부조직법), 2013.3.23 제11690호(정부조직법)]
③제1항에 따른 실태조사의 범위와 방법 등 필요한 사항은 대통령령으로 정한다.

제8조

삭제[2009.3.18〉 [[시행일 2009.9.19]]

제9조 【가맹사업의 물류 효율화 및 정보화 촉진】 정부는 가맹사업의 물류 효율화 및 정보화를 촉진하기 위하여 다음 각 호의 사업을 추진할 수 있다.
1. 원재료·부재료 및 상품의 보관·배송·포장 등을 위한 공동물류시설의 확충
2. 가맹사업 현황 및 물류시설에 관한 데이터베이스 및 정보제공시스템 구축
3. 판매시점 정보 관리 시스템의 개발 및 보급
4. 점포 관리의 효율화를 위한 정보 관리 시스템의 개발 및 보급
5. 그 밖에 가맹사업의 물류 효율화 및 정보화를 촉진하기 위하여 필요하다고 인정하는 사업

제10조 【가맹사업자의 전문성 제고】 정부는 가맹사업자의 전문성을 높이기 위하여 다음 각 호의 사업을 추진할 수 있다.
1. 가맹사업에 종사하는 자의 자질 향상을 위한 교육·연수
2. 가맹사업에 관한 전문인력의 양성
3. 그 밖에 가맹사업자의 전문성을 높이기 위하여 필요하다고 인정하는 사업

제11조 【기술개발사업 등】 ①정부는 가맹사업과 관련된 다음 각 호의 기술개발사업을 추진할 수 있다.
1. 가맹사업과 관련된 상품의 제조 및 관리 기술의 개발
2. 영업표지의 디자인 개발
②정부는 가맹사업의 기술개발에 관한 정보를 제공하기 위하여 필요한 시책을 마련할 수 있다.

제12조 【산업재산권의 보호】 ①정부는 가맹사업의 산업재산권 보호시책을 마련하여야 한다.
②정부는 가맹사업의 산업재산권을 보호하기 위하여 다음 각 호의 사업을 추진할 수 있다. [개정 2016.1.27〉 [[시행일 2016.4.28〉]
1. 가맹사업의 상품·영업표지에 대한 기술적 보호
2. 가맹사업의 권리자를 식별하기 위한 정보 등 권리관리정보의 표시 활성화
3. 가맹사업의 산업재산권 보호에 관한 데이터베이스 및 정보제공시스템 구축
4. 가맹사업의 산업재산권 관련 교육·홍보·컨설팅
5. 그 밖에 가맹사업의 산업재산권을 보호하기 위하여 필요하다고 인정하는 사업

제13조 【창업 지원】 ①정부는 가맹사업의 창업을 활성화하기 위하여 가맹사업을 창업하려는 자(이하 "가맹사업창업자"라 한다)에 대하여 필요한 지원을 할 수 있다.
②정부는 가맹사업창업자에게 창업 및 가맹사업의 성장·발전에 필요한 자금·인력·기술·판로 및 입지 등에 관한 정보를 제공하기 위하여 필요한 시책을 마련하여야 한다.
③정부는 중앙행정기관의 장, 지방자치단체의 장 또는 공공기관의 장에게 제2항에 따른 정보 제공에 필요한 자료를 요청할 수 있다.

제14조 【사업전환에 필요한 정보 제공 등】 ①정부는 가맹사업자로의 전환을 추진하는 중소기업자(「중소기업기본법」 제2조에 따른 중소기업자를 말한다. 이하 같다)와 다른 가맹사업으로의 전환을 추진하는 가맹사업자에게 기술·판로 및 진출 업종 등 사업전환에 필요한 정보를 제공하기 위하여 필요한 시책을 추진할 수 있다.
②정부는 제1항에 따른 중소기업자와 가맹사업자에게 경영·기술·재무·회계 등의 개선을 위한 컨설팅 지원을 할 수 있다.

제15조 【가맹사업 진흥활동】 산업통상자원부장관은 가맹사업에 대한 국민의 인식을 높이고 창업을 촉진하기 위하여 다음 각 호의 사업을 추진할 수 있다. [개정 2008.2.29 제8852호(정부조직법), 2013.3.23 제11690호(정부조직법)]
1. 독창적인 아이디어를 기반으로 한 창업 사례 및 우수 상품·서비스의 발굴 및 포상
2. 창업박람회 및 우수 상품·서비스 전시회의 개최
3. 그 밖에 가맹사업의 창업 및 진흥에 관한 행사의

개최

제16조 【가맹사업의 국제화 촉진】 정부는 가맹사업의 국제화를 촉진하기 위하여 다음 각 호의 사업을 추진할 수 있다.

1. 가맹사업과 관련한 정보·기술·인력의 국제교류
2. 가맹사업과 관련한 국제학술대회·국제박람회 등의 개최
3. 해외 가맹사업 시장의 조사·분석과 수집 정보의 체계적인 제공
4. 가맹본부의 해외진출에 관한 컨설팅 지원
5. 그 밖에 가맹사업의 국제화를 위하여 필요하다고 인정하는 사업

제17조 【자금의 지원】 정부는 다음 각 호의 해당 사항에 필요한 자금을 지원할 수 있다.

1. 가맹사업창업자의 가맹사업 창업 또는 아이디어의 사업화
2. 중소기업자가 가맹사업자로 전환하는 데에 필요한 경영환경 조성 및 시설 개선
3. 「가맹사업거래의 공정화에 관한 법률」 제6조의2에 따라 공정거래위원회에 정보공개서를 등록한 가맹본부(이하 이 조에서 "정보공개서를 등록한 가맹본부"라 한다)와 이에 속한 가맹점사업자의 정보화, 기술개발
4. 정보공개서를 등록한 가맹본부의 해외시장 개척
5. 그 밖에 가맹사업의 구조 개선을 촉진하기 위하여 필요하다고 인정되는 사항으로서 대통령령으로 정하는 사항

제18조 【업무의 위탁】 ①이 법에 따른 다음 각 호의 업무 중 산업통상자원부장관의 소관에 속하는 업무는 대통령령으로 정하는 바에 따라 대통령령으로 정하는 법인 또는 단체에 위탁할 수 있다. [개정 2008.2.29 제8852호(정부조직법), 2013.3.23 제11690호(정부조직법), 2016.1.27〉 [[시행일 2016.4.28)]

1. 제9조에 따른 가맹사업의 물류 효율화 및 정보화 촉진에 관한 업무
2. 제10조에 따른 교육·연수 및 전문인력 양성에 관한 업무
3. 제12조에 따른 가맹사업의 산업재산권 보호에 관한 업무
4. 제15조에 따른 가맹사업 진흥활동에 관한 업무
5. 제16조에 따른 가맹사업의 국제화 촉진에 관한 업무

②산업통상자원부장관은 제1항에 따라 업무를 위탁받은 법인 또는 단체가 해당 업무를 원활하게 수행할 수 있도록 필요한 지원을 할 수 있다. [개정 2008.2.29 제8852호(정부조직법), 2013.3.23 제11690호(정부조직법)]

부칙 [2007.12.21 제8761호]

이 법은 공포 후 6개월이 경과한 날부터 시행한다.

부칙 [2008.2.29 제8852호(정부조직법)]

제1조 【시행일】 이 법은 공포한 날부터 시행한다. 단서 생략

제2조부터 제5조까지 생략

제6조 【다른 법률의 개정】 ①부터 〈331〉까지 생략

〈332〉 가맹사업 진흥에 관한 법률 일부를 다음과 같이 개정한다.

제4조제1항, 제5조제1항·제2항, 제6조 전단, 제7조제1항·제2항, 제8조제3항, 제15조 각 호 외의 부분, 제18조제1항 각 호 외의 부분 및 같은 조 제2항 중 "산업자원부장관"을 각각 "지식경제부장관"으로 한다.

제8조제1항 각 호 외의 부분 중 "산업자원부"를 "지식경제부"로 한다.

〈333〉부터 〈760〉까지 생략

제7조 생략

부칙[2009.3.18 제9495호]

이 법은 공포 후 6개월이 경과한 날부터 시행한다.

부칙[2013.3.23 제11690호(정부조직법)]

제1조 【시행일】 ① 이 법은 공포한 날부터 시행한다.

② 생략

제2조부터 제5조까지 생략

제6조 【다른 법률의 개정】 ①부터 〈355〉까지 생략

〈356〉 가맹사업 진흥에 관한 법률 일부를 다음과 같이 개정한다.

제4조제1항, 제5조제1항·제2항, 제6조 전단, 제7조제1항, 같은 조 제2항 전단, 제15조 각 호 외의 부

분, 제18조제1항 각 호 외의 부분 및 같은 조 제2항 중 "지식경제부장관"을 각각 "산업통상자원부장관"으로 한다.

〈357〉부터 〈710〉까지 생략

제7조 생략

부칙[2014.1.21 제12281호]

이 법은 공포한 날부터 시행한다.

부칙[2016.1.27 제13836호]

이 법은 공포 후 3개월이 경과한 날부터 시행한다.

가맹사업거래의 공정화에 관한 법률

[법률 제14839호(정부조직법) 일부개정 2017. 07. 26.]

제1장 총칙

제1조 【목적】 이 법은 가맹사업의 공정한 거래질서를 확립하고 가맹본부와 가맹점사업자가 대등한 지위에서 상호보완적으로 균형있게 발전하도록 함으로써 소비자 복지의 증진과 국민경제의 건전한 발전에 이바지함을 목적으로 한다.

제2조 【정의】 이 법에서 사용하는 용어의 정의는 다음과 같다. [개정 2007.8.3, 2013.8.13〉 [[시행일 2014.2.14〉]

1. "가맹사업"이라 함은 가맹본부가 가맹점사업자로 하여금 자기의 상표·서비스표·상호·간판 그 밖의 영업표지(이하 "영업표지"라 한다)를 사용하여 일정한 품질기준이나 영업 방식에 따라 상품(원재료 및 부재료를 포함한다. 이하 같다) 또는 용역을 판매하도록 함과 아울러 이에 따른 경영 및 영업 활동 등에 대한 지원·교육과 통제를 하며, 가맹점사업자는 영업표지의 사용과 경영 및 영업 활동 등에 대한 지원·교육의 대가로 가맹본부에 가맹금을 지급하는 계속적인 거래 관계를 말한다.

2. "가맹본부"라 함은 가맹사업과 관련하여 가맹점사업자에게 가맹점 운영권을 부여하는 사업자를 말한다.

3. "가맹점사업자"라 함은 가맹사업과 관련하여 가맹본부로부터 가맹점 운영권을 부여받은 사업자를 말한다.

4. "가맹희망자"란 가맹계약을 체결하기 위하여 가맹본부나 가맹지역본부와 상담하거나 협의하는 자를 말한다.

5. "가맹점 운영권"이란 가맹점사업자가 가맹본부의 가맹사업과 관련하여 가맹점을 운영할 수 있는 계약상의 권리를 말한다.

6. "가맹금"이란 명칭이나 지급형태가 어떻든 간에 다음 각 목의 어느 하나에 해당하는 대가를 말한다. 다만, 가맹본부에 귀속되지 아니하는 것으로서 대통령령으로 정하는 대가를 제외한다.

가. 가입비·입회비·가맹비·교육비 또는 계약금 등 가맹점사업자가 영업표지의 사용 허락 등 가맹점 운영권이나 영업 활동에 대한 지원·교육 등을 받기 위하여 가맹본부에 지급하는 대가

나. 가맹점사업자가 가맹본부로부터 공급받는 상품의 대금 등에 관한 채무액이나 손해배상액의 지급을 담보하기 위하여 가맹본부에 지급하는 대가

다. 가맹점사업자가 가맹점 운영권을 부여받을 당시에 가맹사업을 착수하기 위하여 가맹본부로부터 공급받는 정착물·설비·상품의 가격 또는 부동산의 임차료 명목으로 가맹본부에 지급하는 대가

라. 가맹점사업자가 가맹본부와의 계약에 의하여 허락받은 영업표지의 사용과 영업 활동 등에 관한 지원·교육, 그 밖의 사항에 대하여 가맹본부에 정기적으로 또는 비정기적으로 지급하는 대가로서 대통령령으로 정하는 것

마. 그 밖에 가맹희망자나 가맹점사업자가 가맹점 운영권을 취득하거나 유지하기 위하여 가맹본부에 지급하는 모든 대가

7. "가맹지역본부"라 함은 가맹본부와의 계약에 의하여 일정한 지역 안에서 가맹점사업자의 모집, 상품 또는 용역의 품질유지, 가맹점사업자에 대한 경영 및 영

업 활동의 지원·교육·통제 등 가맹본부의 업무의 전부 또는 일부를 대행하는 사업자를 말한다.

8. "가맹중개인"이라 함은 가맹본부 또는 가맹지역본부로부터 가맹점사업자를 모집하거나 가맹계약을 준비 또는 체결하는 업무를 위탁받은 자를 말한다.

9. "가맹계약서"라 함은 가맹사업의 구체적 내용과 조건 등에 있어 가맹본부 또는 가맹점사업자(이하 "가맹사업당사자"라 한다)의 권리와 의무에 관한 사항(특수한 거래 조건이나 유의사항이 있는 경우에는 이를 포함한다)을 기재한 문서를 말한다.

10. "정보공개서"란 다음 각 목에 관하여 대통령령으로 정하는 사항을 수록한 문서를 말한다.

가. 가맹본부의 일반 현황

나. 가맹본부의 가맹사업 현황(가맹점사업자의 매출에 관한 사항을 포함한다)

다. 가맹본부와 그 임원(「독점규제 및 공정거래에 관한 법률」 제2조제5호에 따른 임원을 말한다. 이하 같다)이 다음의 어느 하나에 해당하는 경우에는 해당 사실

1) 이 법, 「독점규제 및 공정거래에 관한 법률」또는 「약관의 규제에 관한 법률」을 위반한 경우

2) 사기·횡령·배임 등 타인의 재산을 영득하거나 편취하는 죄에 관련된 민사소송에서 패소의 확정판결을 받았거나 민사상 화해를 한 경우

3) 사기·횡령·배임 등 타인의 재산을 영득하거나 편취하는 죄를 범하여 형을 선고받은 경우

라. 가맹점사업자의 부담

마. 영업 활동에 관한 조건과 제한

바. 가맹사업의 영업 개시에 관한 상세한 절차와 소요기간

사. 가맹본부의 경영 및 영업 활동 등에 대한 지원과 교육훈련에 대한 설명

11. "점포환경개선"이란 가맹점 점포의 기존 시설, 장비, 인테리어 등을 새로운 디자인이나 품질의 것으로 교체하거나 신규로 설치하는 것을 말한다. 이 경우 점포의 확장 또는 이전을 수반하거나 수반하지 아니하는 경우를 모두 포함한다.

12. "영업지역"이란 가맹점사업자가 가맹계약에 따라 상품 또는 용역을 판매하는 지역을 말한다.

제3조 【적용배제】 ①이 법은 다음 각 호의 어느 하나에 해당하는 경우에는 적용하지 아니한다. [개정 2012.2.17, 2013.8.13〉 [[시행일 2014.2.14〉]

1. 가맹점사업자가 가맹금의 최초 지급일부터 6개월까지의 기간동안 가맹본부에게 지급한 가맹금의 총액이 100만 원 이내의 범위에서 대통령령으로 정하는 금액을 초과하지 아니하는 경우

2. 가맹본부의 연간 매출액이 2억 원 이내의 범위에서 대통령령으로 정하는 일정규모 미만인 경우. 다만, 가맹본부와 계약을 맺은 가맹점사업자의 수가 5개 이상의 범위에서 대통령령으로 정하는 수 이상인 경우는 제외한다.

② 제1항에도 불구하고 제9조 및 제10조【제10조제1항제1호는 제외한다)는 모든 가맹사업거래에 대하여 적용한다. [신설 2013.8.13〉 [[시행일 2014.2.14〉]

제2장 가맹사업거래의 기본원칙

제4조 【신의성실의 원칙】 가맹사업당사자는 가맹사업을 영위함에 있어서 각자의 업무를 신의에 따라 성실하게 수행하여야 한다.

제5조 【가맹본부의 준수사항】 가맹본부는 다음 각호의 사항을 준수한다.

1. 가맹사업의 성공을 위한 사업구상
2. 상품이나 용역의 품질관리와 판매 기법의 개발을 위한 계속적인 노력
3. 가맹점사업자에 대하여 합리적 가격과 비용에 의한 점포설비의 설치, 상품 또는 용역 등의 공급
4. 가맹점사업자와 그 직원에 대한 교육훈련
5. 가맹점사업자의 경영·영업 활동에 대한 지속적인 조언과 지원
6. 가맹계약기간중 가맹점사업자의 영업지역안에서 자기의 직영점을 설치하거나 가맹점사업자와 유사한 업종의 가맹점을 설치하는 행위의 금지
7. 가맹점사업자와의 대화와 협상을 통한 분쟁해결 노력

제6조 【가맹점사업자의 준수사항】 가맹점사업자는 다음 각호의 사항을 준수한다.

1. 가맹사업의 통일성 및 가맹본부의 명성을 유지하기

위한 노력

2. 가맹본부의 공급 계획과 소비자의 수요 충족에 필요한 적정한 재고 유지 및 상품 진열

3. 가맹본부가 상품 또는 용역에 대하여 제시하는 적절한 품질기준의 준수

4. 제3호의 규정에 의한 품질기준의 상품 또는 용역을 구입하지 못하는 경우 가맹본부가 제공하는 상품 또는 용역의 사용

5. 가맹본부가 사업장의 설비와 외관, 운송수단에 대하여 제시하는 적절한 기준의 준수

6. 취급하는 상품·용역이나 영업 활동을 변경하는 경우 가맹본부와의 사전 협의

7. 상품 및 용역의 구입과 판매에 관한 회계장부 등 가맹본부의 통일적 사업경영 및 판매전략의 수립에 필요한 자료의 유지와 제공

8. 가맹점사업자의 업무 현황 및 제7호의 규정에 의한 자료의 확인과 기록을 위한 가맹본부의 임직원 그 밖의 대리인의 사업장 출입허용

9. 가맹본부의 동의를 얻지 아니한 경우 사업장의 위치변경 또는 가맹점 운영권의 양도 금지

10. 가맹계약기간중 가맹본부와 동일한 업종을 영위하는 행위의 금지

11. 가맹본부의 영업기술이나 영업비밀의 누설 금지

12. 영업표지에 대한 제3자의 침해사실을 인지하는 경우 가맹본부에 대한 영업표지침해사실의 통보와 금지조치에 필요한 적절한 협력

제3장 가맹사업거래의 공정화

제6조의2【정보공개서의 등록 등】 ① 가맹본부는 가맹희망자에게 제공할 정보공개서를 공정거래위원회에 등록하여야 한다. [개정 2013.8.13〉 [[시행일 2014.2.14〉]

② 가맹본부는 제1항에 따라 등록한 정보공개서의 기재사항 중 대통령령으로 정하는 사항을 변경하려는 경우에는 대통령령으로 정하는 기한 이내에 공정거래위원회에 기재사항의 변경등록을 하여야 한다. 다만, 대통령령으로 정하는 경미한 사항을 변경하려는 경우에는 신고하여야 한다. [신설 2013.8.13〉 [[시행일 2014.2.14〉]

③ 공정거래위원회는 제1항 또는 제2항에 따라 등록·변경등록하거나 신고한 정보공개서를 공개하여야 한다. 다만, 「개인정보 보호법」 제2조제1호에 따른 개인정보와 「부정경쟁방지 및 영업비밀보호에 관한 법률」 제2조제2호에 따른 영업비밀은 제외한다. [개정 2013.8.13, 2016.12.20] [[시행일 2017.3.21〉]

④ 공정거래위원회는 제3항에 따라 정보공개서를 공개하는 경우 해당 가맹본부에 공개하는 내용과 방법을 미리 통지하여야 하고, 사실과 다른 내용을 정정할 수 있는 기회를 주어야 한다. [개정 2013.8.13, 2016.3.29] [[시행일 2016.9.30]]

⑤ 공정거래위원회는 제3항에 따라 정보공개서를 공개하기 위하여 예산의 범위 안에서 가맹사업정보제공시스템을 구축·운용할 수 있다. [개정 2013.8.13〉 [[시행일 2014.2.14〉]

⑥ 그 밖에 정보공개서의 등록, 변경등록, 신고 및 공개의 방법과 절차는 대통령령으로 정한다. [개정 2013.8.13〉 [[시행일 2014.2.14〉]

[본조신설 2007.8.3〉 [[시행일 2008.2.4〉]

제6조의3【정보공개서 등록의 거부 등】 ① 공정거래위원회는 제6조의2에 따른 정보공개서 등록 신청이 다음 각 호의 어느 하나에 해당하는 경우에는 정보공개서의 등록을 거부하거나 그 내용의 변경을 요구할 수 있다. [개정 2016.12.20] [[시행일 2017.3.21〉]

1. 정보공개서나 그 밖의 신청서류에 거짓이 있거나 필요한 내용을 적지 아니한 경우

2. 정보공개서에 기재된 가맹사업의 내용에 다른 법률에서 금지하고 있는 사항이 포함되어 있는 경우

② 공정거래위원회는 정보공개서의 등록을 하였을 때에는 가맹본부에게 등록증을 내주어야 한다. [개정 2016.12.20] [[시행일 2017.3.21〉]

[본조신설 2007.8.3〉 [[시행일 2008.2.4〉]

제6조의4【정보공개서 등록의 취소】 ①공정거래위원회는 정보공개서가 다음 각 호의 어느 하나에 해당하는 경우에는 그 등록을 취소할 수 있다. 다만, 제1호 및 제2호에 해당하는 경우에는 등록을 취소하여야 한다. [개정 2013.8.13, 2016.12.20] [[시행일 2017.3.21〉]

1. 거짓이나 그 밖의 부정한 방법으로 정보공개서가 등록된 경우
2. 제6조의3제1항제2호에 해당하는 경우
3. 제2조제10호 각 목의 기재사항 중 대통령령으로 정하는 중요한 사항(이하 "중요사항"이라 한다)이 누락된 경우
4. 가맹본부가 폐업 신고를 한 경우
5. 가맹본부가 정보공개서 등록취소를 요청하는 경우

② 공정거래위원회는 정보공개서 등록이 취소된 가맹본부의 명단을 공개할 수 있다. [신설 2013.8.13〉 [[시행일 2014.2.14〉]

[본조신설 2007.8.3〉 [[시행일 2008.2.4〉]

제6조의5 【가맹금 예치 등】 ① 가맹본부는 가맹점사업자(가맹희망자를 포함한다. 이하 이 조, 제15조의2 및 제41조제3항제1호에서 같다)로 하여금 가맹금(제2조제6호가목 및 나목에 해당하는 대가로서 금전으로 지급하는 경우에 한하며, 계약체결 전에 가맹금을 지급한 경우에는 그 가맹금을 포함한다. 이하 "예치가맹금"이라 한다)을 대통령령으로 정하는 기관(이하 "예치기관"이라 한다)에 예치하도록 하여야 한다. 다만, 가맹본부가 제15조의2에 따른 가맹점사업자피해보상보험계약 등을 체결한 경우에는 그러하지 아니하다. [개정 2016.3.29] [[시행일 2016.9.30]]

② 예치기관의 장은 가맹점사업자가 예치가맹금을 예치한 경우에는 예치일부터 7일 이내에 그 사실을 가맹본부에 통지하여야 한다.

③ 가맹본부는 다음 각 호의 어느 하나에 해당하는 경우에는 예치기관의 장에게 대통령령으로 정하는 바에 따라 예치가맹금의 지급을 요청할 수 있다. 이 경우 예치기관의 장은 10일 이내에 예치가맹금을 가맹본부에 지급하여야 한다.

1. 가맹점사업자가 영업을 개시한 경우
2. 가맹계약 체결일부터 2개월이 경과한 경우. 다만, 2개월이 경과하기 전에 가맹점사업자가 제5항제1호부터 제3호까지의 규정 중 어느 하나에 해당하는 조치를 취한 사실을 예치기관의 장에게 서면으로 통보한 경우에는 그러하지 아니하다.

④ 가맹본부는 거짓이나 그 밖의 부정한 방법으로 예치가맹금의 지급을 요청하여서는 아니 된다.

⑤ 예치기관의 장은 제1호부터 제3호까지의 규정 중 어느 하나에 해당하는 경우에는 제24조에 따른 가맹사업거래분쟁조정협의회의 조정이나 그 밖의 분쟁해결의 결과(이하 "분쟁조정 등의 결과"라 한다) 또는 제33조에 따른 공정거래위원회의 시정조치가 확정될 때(공정거래위원회의 시정조치에 대하여 이의신청이 제기된 경우에는 재결이, 시정조치나 재결에 대하여 소가 제기된 경우에는 확정판결이 각각 확정된 때를 말한다. 이하 이 조에서 같다)까지 예치가맹금의 지급을 보류하여야 하고, 제4호에 해당하는 경우에는 예치가맹금의 지급요청을 거부하거나 가맹본부에 그 내용의 변경을 요구하여야 한다.

1. 가맹점사업자가 예치가맹금을 반환받기 위하여 소를 제기한 경우
2. 가맹점사업자가 예치가맹금을 반환받기 위하여 알선, 조정, 중재 등을 신청한 경우
3. 가맹점사업자가 제10조의 위반을 이유로 가맹본부를 공정거래위원회에 신고한 경우
4. 가맹본부가 제4항을 위반하여 거짓이나 그 밖의 부정한 방법으로 예치가맹금의 지급을 요청한 경우

⑥ 예치기관의 장은 가맹본부 또는 가맹점사업자가 분쟁조정 등의 결과나 시정조치 결과를 첨부하여 예치가맹금의 지급 또는 반환을 요청하는 경우 요청일부터 30일 이내에 그 결과에 따라 예치가맹금을 가맹본부에 지급하거나 가맹점사업자에게 반환하여야 한다.

⑦ 예치기관의 장은 가맹점사업자가 가맹본부의 동의를 받아 예치가맹금의 반환을 요청하는 경우에는 제5항 및 제6항에도 불구하고 요청일부터 10일 이내에 예치가맹금을 가맹점사업자에게 반환하여야 한다.

⑧ 그 밖에 가맹금의 예치 등에 관하여 필요한 사항은 대통령령으로 정한다.

[본조신설 2007.8.3〉 [[시행일 2008.8.4〉]

제7조 【정보공개서의 제공의무 등】 ①가맹본부(가맹지역본부 또는 가맹중개인이 가맹점사업자를 모집하는 경우를 포함한다. 이하 같다)는 가맹희망자에게 제6조의2제1항 및 제2항에 따라 등록 또는 변경등록한 정보공개서를 내용증명우편 등 제공시점을 객관적으

로 확인할 수 있는 대통령령으로 정하는 방법에 따라 제공하여야 한다. [개정 2007.8.3, 2013.8.13〉 [[시행일 2014.2.14〉]

② 가맹본부는 제1항에 따라 정보공개서를 제공할 경우에는 가맹희망자의 장래 점포 예정지에서 가장 인접한 가맹점 10개(정보공개서 제공시점에 가맹희망자의 장래 점포 예정지가 속한 광역지방자치단체에서 영업 중인 가맹점의 수가 10개 미만인 경우에는 해당 광역지방자치단체 내의 가맹점 전체)의 상호, 소재지 및 전화번호가 적힌 문서(이하 "인근가맹점 현황문서"라 한다)를 함께 제공하여야 한다. 다만, 정보공개서를 제공할 때 장래 점포 예정지가 확정되지 아니한 경우에는 확정되는 즉시 제공하여야 한다. [신설 2013.8.13〉 [[시행일 2014.2.14〉]

③ 가맹본부는 등록된 정보공개서 및 인근가맹점 현황문서(이하 "정보공개서등"이라 한다)를 제1항의 방법에 따라 제공하지 아니하였거나 정보공개서등을 제공한 날부터 14일(가맹희망자가 정보공개서에 대하여 변호사 또는 제27조에 따른 가맹거래사의 자문을 받은 경우에는 7일로 한다)이 지나지 아니한 경우에는 다음 각 호의 어느 하나에 해당하는 행위를 하여서는 아니 된다. [신설 2007.8.3, 2013.8.13〉 [[시행일 2014.2.14〉]

1. 가맹희망자로부터 가맹금을 수령하는 행위. 이 경우 가맹희망자가 예치기관에 예치가맹금을 예치하는 때에는 최초로 예치한 날(가맹본부가 가맹희망자와 최초로 가맹금을 예치하기로 합의한 때에는 그 날)에 가맹금을 수령한 것으로 본다.

2. 가맹희망자와 가맹계약을 체결하는 행위

④ 공정거래위원회는 대통령령이 정하는 바에 따라 정보공개서의 표준양식을 정하여 가맹본부 또는 가맹본부로 구성된 사업자단체에게 그 사용을 권장할 수 있다. [개정 2007.8.3, 2013.8.13〉 [[시행일 2014.2.14〉]

[본조제목개정 2007.8.3〉 [[시행일 2008.2.4〉]

제8조

삭제 [2007.8.3〉 [[시행일 2008.2.4〉]

제9조 【허위·과장된 정보제공 등의 금지】 ① 가맹본부는 가맹희망자나 가맹점사업자에게 정보를 제공함에 있어서 다음 각 호의 행위를 하여서는 아니 된다. [개정 2013.8.13〉 [[시행일 2014.2.14〉]

1. 사실과 다르게 정보를 제공하거나 사실을 부풀려 정보를 제공하는 행위(이하 "허위·과장의 정보제공행위"라 한다)

2. 계약의 체결·유지에 중대한 영향을 미치는 사실을 은폐하거나 축소하는 방법으로 정보를 제공하는 행위(이하 "기만적인 정보제공행위"라 한다)

② 제1항 각 호의 행위의 유형은 대통령령으로 정한다. [신설 2013.8.13〉 [[시행일 2014.2.14〉]

③가맹본부는 가맹희망자나 가맹점사업자에게 다음 각 호의 어느 하나에 해당하는 정보를 제공하는 경우에는 서면으로 하여야 한다. [개정 2007.8.3, 2013.8.13〉 [[시행일 2014.2.14〉]

1. 가맹희망자의 예상매출액·수익·매출총이익·순이익 등 장래의 예상수익상황에 관한 정보

2. 가맹점사업자의 매출액·수익·매출총이익·순이익 등 과거의 수익상황이나 장래의 예상수익상황에 관한 정보

④가맹본부는 제3항에 따라 정보를 제공하는 경우에는 그 정보의 산출근거가 되는 자료로서 대통령령으로 정하는 자료를 가맹본부의 사무소에 비치하여야 하며, 영업시간 중에 언제든지 가맹희망자나 가맹점사업자의 요구가 있는 경우 그 자료를 열람할 수 있도록 하여야 한다. [개정 2007.8.3, 2013.8.13〉 [[시행일 2014.2.14〉]

⑤ 제3항에도 불구하고 다음 각 호의 어느 하나에 해당하는 가맹본부는 가맹계약을 체결할 때 가맹희망자에게 대통령령으로 정하는 예상매출액의 범위 및 그 산출 근거를 서면(이하 "예상매출액 산정서"라 한다)으로 제공하여야 한다. [신설 2013.8.13〉 [[시행일 2014.2.14〉]

1. 중소기업자(「중소기업기본법」 제2조제1항 또는 제3항에 따른 자를 말한다)가 아닌 가맹본부

2. 직전 사업연도 말 기준으로 가맹본부와 계약을 체결·유지하고 있는 가맹점사업자(가맹본부가 복수의 영업표지를 보유하고 있는 경우에는 동일 영업표지를 사용하는 가맹점사업자에 한정한다)의 수가 대통령령으로 정하는 수 이상인 가맹본부

⑥ 가맹본부는 예상매출액 산정서를 가맹계약 체결일부터 5년간 보관하여야 한다. [신설 2013.8.13〉 [[시행일 2014.2.14〉]

⑦ 공정거래위원회는 예상매출액 산정서의 표준양식을 정하여 사용을 권장할 수 있다. [신설 2013.8.13〉 [[시행일 2014.2.14〉]

제10조 【가맹금의 반환】 ① 가맹본부는 다음 각 호의 어느 하나에 해당하는 경우에는 가맹희망자나 가맹점사업자가 대통령령으로 정하는 사항이 적힌 서면으로 요구하는 날부터 1개월 이내에 가맹금을 반환하여야 한다. [개정 2007.8.3, 2013.8.13〉 [[시행일 2014.2.14〉]

1. 가맹본부가 제7조제3항을 위반한 경우로서 가맹희망자 또는 가맹점사업자가 가맹계약 체결 전 또는 가맹계약의 체결일부터 4개월 이내에 가맹금의 반환을 요구하는 경우
2. 가맹본부가 제9조제1항을 위반한 경우로서 가맹희망자가 가맹계약 체결 전에 가맹금의 반환을 요구하는 경우
3. 가맹본부가 제9조제1항을 위반한 경우로서 허위 또는 과장된 정보나 중요사항의 누락된 내용이 계약 체결에 중대한 영향을 준 것으로 인정되어 가맹점사업자가 가맹계약의 체결일부터 4개월 이내에 가맹금의 반환을 요구하는 경우
4. 가맹본부가 정당한 사유 없이 가맹사업을 일방적으로 중단하고 가맹점사업자가 대통령령으로 정하는 가맹사업의 중단일부터 4개월 이내에 가맹금의 반환을 요구하는 경우

② 제1항의 규정에 의하여 반환하는 가맹금의 금액을 정함에 있어서는 가맹계약의 체결경위, 금전이나 그 밖에 지급된 대가의 성격, 가맹계약기간, 계약이행기간, 가맹사업당사자의 귀책정도 등을 고려하여야 한다. [개정 2007.8.3〉 [[시행일 2008.2.4〉]

제11조 【가맹계약서의 기재사항 등】 ① 가맹본부는 가맹희망자가 가맹계약의 내용을 미리 이해할 수 있도록 제2항 각 호의 사항이 적힌 문서를 가맹희망자에게 제공한 날부터 14일이 지나지 아니한 경우에는 다음 각 호의 어느 하나에 해당하는 행위를 하여서는 아니 된다. [개정 2007.8.3, 2017.4.18〉 [[시행일 2017.10.19]]

1. 가맹희망자로부터 가맹금을 수령하는 행위. 이 경우 가맹희망자가 예치기관에 예치가맹금을 예치하는 때에는 최초로 예치한 날(가맹희망자가 최초로 가맹금을 예치하기로 가맹본부와 합의한 날이 있는 경우에는 그 날)에 가맹금을 수령한 것으로 본다.
2. 가맹희망자와 가맹계약을 체결하는 행위

② 가맹계약서는 다음 각호의 사항을 포함하여야 한다. [개정 2007.8.3〉 [[시행일 2008.2.4〉]

1. 영업표지의 사용권 부여에 관한 사항
2. 가맹점사업자의 영업 활동 조건에 관한 사항
3. 가맹점사업자에 대한 교육훈련, 경영지도에 관한 사항
4. 가맹금 등의 지급에 관한 사항
5. 영업지역의 설정에 관한 사항
6. 계약기간에 관한 사항
7. 영업의 양도에 관한 사항
8. 계약해지의 사유에 관한 사항
9. 가맹희망자 또는 가맹점사업자가 가맹계약을 체결한 날부터 2개월(가맹점사업자가 2개월 이전에 가맹사업을 개시하는 경우에는 가맹사업개시일)까지의 기간 동안 예치가맹금을 예치기관에 예치하여야 한다는 사항. 다만, 가맹본부가 제15조의2에 따른 가맹점사업자 피해보상보험계약 등을 체결한 경우에는 그에 관한 사항으로 한다.
10. 가맹희망자가 정보공개서에 대하여 변호사 또는 제27조에 따른 가맹거래사의 자문을 받은 경우 이에 관한 사항
11. 그 밖에 가맹사업당사자의 권리·의무에 관한 사항으로서 대통령령이 정하는 사항

③ 가맹본부는 가맹계약서를 가맹사업의 거래가 종료된 날부터 3년간 보관하여야 한다.

④ 공정거래위원회는 가맹본부에게 건전한 가맹사업거래질서를 확립하고 불공정한 내용의 가맹계약이 통용되는 것을 방지하기 위하여 일정한 가맹사업거래에서 표준이 되는 가맹계약서의 작성 및 사용을 권장할 수 있다.

[본조제목개정 2007.8.3〉 [[시행일 2008.2.4〉]

제12조 【불공정거래행위의 금지】 ①가맹본부는 다

음 각 호의 어느 하나에 해당하는 행위로서 가맹사업의 공정한 거래를 저해할 우려가 있는 행위를 하거나 다른 사업자로 하여금 이를 행하도록 하여서는 아니 된다. [개정 2007.8.3, 2013.8.13, 2016.3.29] [[시행일 2016.9.30]]

1. 가맹점사업자에 대하여 상품이나 용역의 공급 또는 영업의 지원 등을 부당하게 중단 또는 거절하거나 그 내용을 현저히 제한하는 행위

2. 가맹점사업자가 취급하는 상품 또는 용역의 가격, 거래상대방, 거래지역이나 가맹점사업자의 사업활동을 부당하게 구속하거나 제한하는 행위

3. 거래상의 지위를 이용하여 부당하게 가맹점사업자에게 불이익을 주는 행위

4. 삭제 [2013.8.13〉 [[시행일 2014.2.14〉]

5. 계약의 목적과 내용, 발생할 손해 등 대통령령으로 정하는 기준에 비하여 과중한 위약금을 부과하는 등 가맹점사업자에게 부당하게 손해배상 의무를 부담시키는 행위

6. 제1호부터 제3호까지 및 제5호 외의 행위로서 부당하게 경쟁가맹본부의 가맹점사업자를 자기와 거래하도록 유인하는 행위 등 가맹사업의 공정한 거래를 저해할 우려가 있는 행위

② 제1항 각호의 규정에 의한 행위의 유형 또는 기준은 대통령령으로 정한다.

제12조의2【부당한 점포환경개선 강요 금지 등】 ① 가맹본부는 대통령령으로 정하는 정당한 사유 없이 점포환경개선을 강요하여서는 아니 된다.

② 가맹본부는 가맹점사업자의 점포환경개선에 소요되는 비용으로서 대통령령으로 정하는 비용의 100분의 40 이내의 범위에서 대통령령으로 정하는 비율에 해당하는 금액을 부담하여야 한다. 다만, 다음 각 호의 어느 하나에 해당하는 경우에는 그러하지 아니하다.

1. 가맹본부의 권유 또는 요구가 없음에도 가맹점사업자의 자발적 의사에 의하여 점포환경개선을 실시하는 경우

2. 가맹점사업자의 귀책사유로 인하여 위생·안전 및 이와 유사한 문제가 발생하여 불가피하게 점포환경개선을 하는 경우

③ 제2항에 따라 가맹본부가 부담할 비용의 산정, 청구 및 지급절차, 그 밖에 필요한 사항은 대통령령으로 정한다.

[본조신설 2013.8.13〉 [[시행일 2014.2.14〉]

제12조의3【부당한 영업시간 구속 금지】 ① 가맹본부는 정상적인 거래관행에 비추어 부당하게 가맹점사업자의 영업시간을 구속하는 행위(이하 "부당한 영업시간 구속"이라 한다)를 하여서는 아니 된다.

② 다음 각 호의 어느 하나에 해당하는 가맹본부의 행위는 부당한 영업시간 구속으로 본다.

1. 가맹점사업자의 점포가 위치한 상권의 특성 등의 사유로 대통령령으로 정하는 심야 영업시간대의 매출이 그 영업에 소요되는 비용에 비하여 저조하여 대통령령으로 정하는 일정한 기간 동안 영업손실이 발생함에 따라 가맹점사업자가 영업시간 단축을 요구함에도 이를 허용하지 아니하는 행위

2. 가맹점사업자가 질병의 발병과 치료 등 불가피한 사유로 인하여 필요 최소한의 범위에서 영업시간의 단축을 요구함에도 이를 허용하지 아니하는 행위

[본조신설 2013.8.13〉 [[시행일 2014.2.14〉]

제12조의4【부당한 영업지역 침해금지】 ① 가맹본부는 가맹계약 체결 시 가맹점사업자의 영업지역을 설정하여 가맹계약서에 이를 기재하여야 한다.

② 상권의 급격한 변화 등 대통령령으로 정하는 사유가 발생하는 경우에는 가맹계약 갱신과정에서 가맹본부와 가맹점사업자가 합의하여 기존 영업지역을 합리적으로 변경할 수 있다. [개정 2016.3.29] [[시행일 2016.9.30]]

③ 가맹본부는 정당한 사유 없이 가맹계약기간 중 가맹점사업자의 영업지역 안에서 가맹점사업자와 동일한 업종(수요층의 지역적·인적 범위, 취급품목, 영업형태 및 방식 등에 비추어 동일하다고 인식될 수 있을 정도의 업종을 말한다)의 자기 또는 계열회사(「독점규제 및 공정거래에 관한 법률」 제2조제3호에 따른 계열회사를 말한다)의 직영점이나 가맹점을 설치하는 행위를 하여서는 아니 된다.

[본조신설 2013.8.13〉 [[시행일 2014.8.14〉]

제12조의5【(업종별 거래기준 권고】 공정거래위원회

는 가맹사업거래의 공정한 거래질서 확립을 위하여 필요한 경우 업종별로 바람직한 거래기준을 정하여 가맹본부에 이의 준수를 권고할 수 있다.
[본조신설 2013.8.13〉 [[시행일 2014.2.14〉]

제12조의6【광고·판촉행사 관련 집행 내역 통보 등】 ① 가맹본부는 가맹점사업자가 비용의 전부 또는 일부를 부담하는 광고나 판촉행사를 실시한 경우 그 집행 내역을 가맹점사업자에게 통보하고 가맹점사업자의 요구가 있는 경우 이를 열람할 수 있도록 하여야 한다.
② 제1항에 따른 집행 내역 통보 또는 열람의 구체적인 시기·방법·절차는 대통령령으로 정한다.
[본조신설 2016.3.29] [[시행일 2016.9.30]]

제13조【가맹계약의 갱신 등】 ①가맹본부는 가맹점사업자가 가맹계약기간 만료 전 180일부터 90일까지 사이에 가맹계약의 갱신을 요구하는 경우 정당한 사유 없이 이를 거절하지 못한다. 다만, 다음 각 호의 어느 하나에 해당하는 경우에는 그러하지 아니하다.
1. 가맹점사업자가 가맹계약상의 가맹금 등의 지급의무를 지키지 아니한 경우
2. 다른 가맹점사업자에게 통상적으로 적용되는 계약조건이나 영업방침을 가맹점사업자가 수락하지 아니한 경우
3. 가맹사업의 유지를 위하여 필요하다고 인정되는 것으로서 다음 각 목의 어느 하나에 해당하는 가맹본부의 중요한 영업방침을 가맹점사업자가 지키지 아니한 경우
가. 가맹점의 운영에 필요한 점포·설비의 확보나 법령상 필요한 자격·면허·허가의 취득에 관한 사항
나. 판매하는 상품이나 용역의 품질을 유지하기 위하여 필요한 제조공법 또는 서비스기법의 준수에 관한 사항
다. 그 밖에 가맹점사업자가 가맹사업을 정상적으로 유지하기 위하여 필요하다고 인정되는 것으로서 대통령령으로 정하는 사항
② 가맹점사업자의 계약갱신요구권은 최초 가맹계약기간을 포함한 전체 가맹계약기간이 10년을 초과하지 아니하는 범위 내에서만 행사할 수 있다.
③ 가맹본부가 제1항에 따른 갱신 요구를 거절하는 경우에는 그 요구를 받은 날부터 15일 이내에 가맹점사업자에게 거절 사유를 적어 서면으로 통지하여야 한다.
④ 가맹본부가 제3항의 거절 통지를 하지 아니하거나 가맹계약기간 만료 전 180일부터 90일까지 사이에 가맹점사업자에게 조건의 변경에 대한 통지나 가맹계약을 갱신하지 아니한다는 사실의 통지를 서면으로 하지 아니하는 경우에는 계약 만료 전의 가맹계약과 같은 조건으로 다시 가맹계약을 체결한 것으로 본다. 다만, 가맹점사업자가 계약이 만료되는 날부터 60일 전까지 이의를 제기하거나 가맹본부나 가맹점사업자에게 천재지변이나 그 밖에 대통령령으로 정하는 부득이한 사유가 있는 경우에는 그러하지 아니하다.
[전문개정 2007.8.3〉 [[시행일 2008.2.4〉]
[본조제목개정 2007.8.3〉 [[시행일 2008.2.4〉]

제14조【가맹계약해지의 제한】 ①가맹본부는 가맹계약을 해지하려는 경우에는 가맹점사업자에게 2개월 이상의 유예기간을 두고 계약의 위반 사실을 구체적으로 밝히고 이를 시정하지 아니하면 그 계약을 해지한다는 사실을 서면으로 2회 이상 통지하여야 한다. 다만, 가맹사업의 거래를 지속하기 어려운 경우로서 대통령령이 정하는 경우에는 그러하지 아니하다. [개정 2007.8.3〉 [[시행일 2008.2.4〉]
②제1항의 규정에 의한 절차를 거치지 아니한 가맹계약의 해지는 그 효력이 없다.

제14조의2【가맹점사업자단체의 거래 조건 변경 협의 등】 ① 가맹점사업자는 권익보호 및 경제적 지위 향상을 도모하기 위하여 단체(이하 "가맹점사업자단체"라 한다)를 구성할 수 있다.
② 특정 가맹본부와 가맹계약을 체결·유지하고 있는 가맹점사업자(복수의 영업표지를 보유한 가맹본부와 계약 중인 가맹점사업자의 경우에는 동일한 영업표지를 사용하는 가맹점사업자로 한정한다)로만 구성된 가맹점사업자단체는 그 가맹본부에 대하여 가맹계약의 변경 등 거래 조건(이하 이 조에서 "거래 조건"이라 한다)에 대한 협의를 요청할 수 있다.
③ 제2항에 따른 협의를 요청받은 경우 가맹본부는

성실하게 협의에 응하여야 한다. 다만, 복수의 가맹점사업자단체가 협의를 요청할 경우 가맹본부는 다수의 가맹점사업자로 구성된 가맹점사업자단체와 우선적으로 협의한다.

④ 제2항에 따른 협의와 관련하여 가맹점사업자단체는 가맹사업의 통일성이나 본질적 사항에 반하는 거래조건을 요구하는 행위, 가맹본부의 경영 등에 부당하게 간섭하는 행위 또는 부당하게 경쟁을 제한하는 행위를 하여서는 아니 된다.

⑤ 가맹본부는 가맹점사업자단체의 구성·가입·활동 등을 이유로 가맹점사업자에게 불이익을 주는 행위를 하거나 가맹점사업자단체에 가입 또는 가입하지 아니할 것을 조건으로 가맹계약을 체결하여서는 아니 된다.

[본조신설 2013.8.13〉 [[시행일 2014.2.14〉]

제15조 【자율규약】 ① 가맹본부 또는 가맹본부를 구성원으로 하는 사업자단체는 가맹사업의 공정한 거래질서를 유지하기 위하여 자율적으로 규약을 정할 수 있다.

② 가맹본부 또는 가맹본부를 구성원으로 하는 사업자단체는 제1항의 규정에 의하여 자율규약을 정하고자 하는 경우 그 규약이 제12조제1항의 규정에 위반하는지에 대한 심사를 공정거래위원회에 요청할 수 있다.

③ 공정거래위원회는 제2항의 규정에 의하여 자율규약의 심사를 요청받은 때에는 그 요청을 받은 날부터 60일 이내에 심사결과를 신청인에게 통보하여야 한다.

제15조의2 【가맹점사업자피해보상보험계약 등】 ①가맹본부는 가맹점사업자의 피해를 보상하기 위하여 다음 각 호의 어느 하나에 해당하는 계약(이하 "가맹점사업자피해보상보험계약 등"이라 한다)을 체결할 수 있다. [개정 2012.2.17〉 [[시행일 2012.5.18〉]

1. 「보험업법」에 따른 보험계약
2. 가맹점사업자 피해보상금의 지급을 확보하기 위한 「금융위원회의 설치 등에 관한 법률」 제38조에 따른 기관의 채무지급보증계약
3. 제15조의3에 따라 설립된 공제조합과의 공제계약

② 가맹점사업자피해보상보험계약 등에 의하여 가맹점사업자 피해보상금을 지급할 의무가 있는 자는 그 지급사유가 발생한 경우 지체 없이 이를 지급하여야 한다. 이를 지연한 경우에는 지연배상금을 지급하여야 한다.

③ 가맹점사업자피해보상보험계약 등을 체결하고자 하는 가맹본부는 가맹점사업자피해보상보험계약 등을 체결하기 위하여 매출액 등의 자료를 제출함에 있어서 거짓 자료를 제출하여서는 아니 된다.

④ 가맹본부는 가맹점사업자피해보상보험계약 등을 체결함에 있어서 가맹점사업자의 피해보상에 적절한 수준이 되도록 하여야 한다.

⑤ 가맹점사업자피해보상보험계약 등을 체결한 가맹본부는 그 사실을 나타내는 표지를 사용할 수 있다.

⑥ 가맹점사업자피해보상보험계약 등을 체결하지 아니한 가맹본부는 제5항에 따른 표지를 사용하거나 이와 유사한 표지를 제작 또는 사용하여서는 아니 된다.

⑦ 그 밖에 가맹점사업자피해보상보험계약 등에 대하여 필요한 사항은 대통령령으로 정한다.

[본조신설 2007.8.3〉 [[시행일 2008.8.4〉]

제15조의3 【공제조합의 설립】 ① 가맹본부는 제15조의2제1항제3호에 따른 공제사업을 영위하기 위하여 공정거래위원회의 인가를 받아 공제조합(이하 "공제조합"이라 한다)을 설립할 수 있다.

② 공제조합은 법인으로 하며, 주된 사무소의 소재지에 설립등기를 함으로써 성립한다.

③ 공제조합에 가입한 가맹본부는 공제사업의 수행에 필요한 출자금 등을 조합에 납부하여야 한다.

④ 공제조합의 기본재산은 조합원의 출자금 등으로 조성한다.

⑤ 공제조합의 조합원의 자격, 임원에 관한 사항 및 출자금의 부담기준에 관한 사항은 정관으로 정한다.

⑥ 공제조합의 설립인가 기준 및 절차, 정관기재사항, 운영 및 감독 등에 관하여 필요한 사항은 대통령령으로 정한다.

⑦ 공제조합이 제1항에 따른 공제사업을 하고자 하는 때에는 공제규정을 정하여 공정거래위원회의 인가를 받아야 한다. 공제규정을 변경하고자 하는 때에도 또한 같다.

⑧ 제7항의 공제규정에는 공제사업의 범위, 공제료, 공제사업에 충당하기 위한 책임준비금 등 공제사업의 운영에 관하여 필요한 사항을 포함하여야 한다.
⑨ 공제조합에 관하여 이 법에 규정된 것을 제외하고는 「민법」 중 사단법인에 관한 규정을 준용한다.
⑩ 이 법에 따른 공제조합의 사업에 대하여는 「보험업법」을 적용하지 아니한다.
[본조신설 2007.8.3〉 [[시행일 2008.8.4〉]

제15조의4 【가맹본부와 가맹점사업자 간 협약체결의 권장 등】 ① 공정거래위원회는 가맹본부와 가맹점사업자가 가맹사업 관계 법령의 준수 및 상호 지원·협력을 약속하는 자발적인 협약을 체결하도록 권장할 수 있다.
② 공정거래위원회는 가맹본부와 가맹점사업자가 제1항에 따른 협약을 체결하는 경우 그 이행을 독려하기 위하여 포상 등 지원시책을 마련하여 시행하여야 한다.
③ 공정거래위원회는 제1항 및 제2항에 따른 협약의 내용·체결절차·이행실적평가 및 지원시책 등에 필요한 사항을 정한다.
[본조신설 2013.8.13〉 [[시행일 2014.2.14〉]

제4장 분쟁의 조정 등

제16조 【가맹사업거래분쟁조정협의회의 설치】 가맹사업에 관한 분쟁을 조정하기 위하여 「독점규제 및 공정거래에 관한 법률」 제48조의2제1항에 따른 한국공정거래조정원(이하 "조정원"이라 한다)에 가맹사업거래분쟁조정협의회(이하 "협의회"라 한다)를 둔다.
[전문개정 2007.8.3〉 [[시행일 2008.2.4〉]

제17조 【협의회의 구성】 ① 협의회는 위원장 1인을 포함한 9인의 위원으로 구성한다.
② 위원은 공익을 대표하는 위원, 가맹본부의 이익을 대표하는 위원, 가맹점사업자의 이익을 대표하는 위원으로 구분하되 각각 동수로 한다.
③ 위원은 조정원의 장이 추천한 자와 다음 각 호의 어느 하나에 해당하는 자중 공정거래위원회 위원장이 임명 또는 위촉하는 자가 된다. [개정 2005.12.29 제7796호(국가공무원법), 2007.8.3〉 [[시행일 2008.2.4〉]
1. 대학에서 법률학·경제학·경영학을 전공한 자로서 「고등교육법」 제2조제1호·제2호 또는 제5호에 따른 학교나 공인된 연구기관에서 부교수 이상의 직 또는 이에 상당하는 직에 있거나 있었던 자
2. 판사·검사 직에 있거나 있었던 자 또는 변호사의 자격이 있는 자
3. 독점금지 및 공정거래업무에 관한 경험이 있는 4급 이상 공무원(고위공무원단에 속하는 일반직공무원을 포함한다)의 직에 있거나 있었던 자
④ 위원장은 공익을 대표하는 위원중에서 공정거래위원회 위원장이 위촉한다. [개정 2007.8.3〉 [[시행일 2008.2.4〉]
⑤ 위원의 임기는 3년으로 하고 연임할 수 있다.
⑥ 위원중 결원이 생긴 때에는 제3항의 규정에 의하여 보궐위원을 위촉하여야 하며, 그 보궐위원의 임기는 전임자의 잔임기간으로 한다.

제18조 【공익을 대표하는 위원의 위촉제한】 ① 공익을 대표하는 위원은 위촉일 현재 가맹본부 또는 가맹점사업자의 임원·직원으로 있는 자중에서 위촉될 수 없다.
② 공정거래위원회 위원장은 공익을 대표하는 위원으로 위촉받은 자가 가맹본부 또는 가맹점사업자의 임원·직원으로 된 때에는 즉시 해촉하여야 한다. [개정 2007.8.3〉 [[시행일 2008.8.4〉]

제19조 【협의회의 회의】 ① 협의회의 회의는 위원 전원으로 구성되는 회의(이하 "전체회의"라 한다)와 공익을 대표하는 위원, 가맹본부의 이익을 대표하는 위원, 가맹점사업자의 이익을 대표하는 위원 각 1인으로 구성되는 회의(이하 "소회의"라 한다)로 구분한다. [개정 2007.8.3〉 [[시행일 2008.2.4〉]
② 협의회의 전체회의는 다음 각 호의 사항을 심의·의결한다. [신설 2013.8.13〉 [[시행일 2014.2.14〉]
1. 소회의가 전체회의에서 처리하도록 결정한 사항
2. 협의회 운영세칙의 제정·개정에 관한 사항
3. 그 밖에 전체회의에서 처리할 필요가 있다고 인정하는 사항으로서 협의회의 위원장이 전체회의에 부치는 사항
③ 협의회의 소회의는 제2항 각 호 외의 사항을 심의·

의결한다. [개정 2013.8.13> [[시행일 2014.2.14>]
④ 협의회의 전체회의는 위원장이 주재하며, 재적위원 과반수의 출석으로 개의하고, 출석위원 과반수의 찬성으로 의결한다. [개정 2007.8.3, 2013.8.13> [[시행일 2014.2.14>]
⑤ 협의회의 소회의는 공익을 대표하는 위원이 주재하며, 구성위원 전원의 출석과 출석위원 전원의 찬성으로 의결한다. 이 경우 소회의의 의결은 협의회의 의결로 보되, 회의의 결과를 전체회의에 보고하여야 한다. [신설 2007.8.3, 2013.8.13> [[시행일 2014.2.14>]
⑥ 위원장이 사고로 직무를 수행할 수 없을 때에는 공익을 대표하는 위원중에서 공정거래위원회 위원장이 지명하는 위원이 그 직무를 대행한다. [개정 2007.8.3, 2013.8.13> [[시행일 2014.2.14>]
⑦ 조정의 대상이 된 분쟁의 당사자인 가맹사업당사자(이하 "분쟁당사자"라 한다)는 협의회의 회의에 출석하여 의견을 진술하거나 관계자료를 제출할 수 있다. [개정 2007.8.3, 2013.8.13> [[시행일 2014.2.14>]

제20조【위원의 제척·기피·회피】 ① 위원은 다음 각 호의 어느 하나에 해당하는 경우에는 해당 조정사항의 조정에서 제척된다. [개정 2016.3.29] [[시행일 2016.9.30]]
1. 위원 또는 그 배우자나 배우자이었던 자가 해당 조정사항의 분쟁당사자가 되거나 공동권리자 또는 의무자의 관계에 있는 경우
2. 위원이 해당 조정사항의 분쟁당사자와 친족관계에 있거나 있었던 경우
3. 위원 또는 위원이 속한 법인이 분쟁당사자의 법률·경영 등에 대하여 자문이나 고문의 역할을 하고 있는 경우
4. 위원 또는 위원이 속한 법인이 해당 조정사항에 대하여 분쟁당사자의 대리인으로 관여하거나 관여하였던 경우 및 증언 또는 감정을 한 경우
② 분쟁당사자는 위원에게 협의회의 조정에 공정을 기하기 어려운 사정이 있는 때에 협의회에 그 위원에 대한 기피신청을 할 수 있다. [개정 2016.3.29] [[시행일 2016.9.30]]
③ 위원이 제1항 또는 제2항의 사유에 해당하는 경우에는 스스로 해당 조정사항의 조정에서 회피할 수 있다. [개정 2016.3.29] [[시행일 2016.9.30]]

제21조【협의회의 조정사항】 협의회는 공정거래위원회 또는 분쟁당사자가 요청하는 가맹사업거래의 분쟁에 관한 사항을 조정한다.

제22조【조정의 신청 등】 ① 분쟁당사자는 제21조의 규정에 의하여 협의회에 대통령령이 정하는 사항이 기재된 서면으로 그 조정을 신청할 수 있다.
② 공정거래위원회는 가맹사업거래의 분쟁에 관한 사건에 대하여 협의회에 그 조정을 의뢰할 수 있다.
③ 협의회는 제1항의 규정에 의하여 조정을 신청받은 때에는 즉시 그 조정사항을 분쟁당사자에게 통지하여야 한다. [개정 2007.8.3> [[시행일 2008.2.4>]
④ 제1항에 따른 분쟁조정의 신청은 시효중단의 효력이 있다. 다만, 신청이 취하되거나 각하된 때에는 그러하지 아니하다. [신설 2017.4.18> [[시행일 2017.10.19]]
⑤ 제4항 단서의 경우에 6개월 내에 재판상의 청구, 파산절차참가, 압류 또는 가압류, 가처분을 한 때에는 시효는 최초의 분쟁조정의 신청으로 인하여 중단된 것으로 본다. [신설 2017.4.18> [[시행일 2017.10.19]]
⑥ 제4항 본문에 따라 중단된 시효는 다음 각 호의 어느 하나에 해당하는 때부터 새로이 진행한다. [신설 2017.4.18> [[시행일 2017.10.19]]
1. 분쟁조정이 이루어져 조정조서를 작성한 때
2. 분쟁조정이 이루어지지 아니하고 조정절차가 종료된 때

제23조【조정 등】 ① 협의회는 제22조제1항에 따라 조정을 신청 받거나 같은 조 제2항에 따라 조정을 의뢰 받는 경우에는 대통령령으로 정하는 바에 따라 지체 없이 분쟁조정 절차를 개시하여야 한다. [신설 2016.3.29] [[시행일 2016.9.30]]
② 협의회는 분쟁당사자에게 조정사항에 대하여 스스로 조정하도록 권고하거나 조정안을 작성하여 이를 제시할 수 있다. [개정 2016.3.29] [[시행일 2016.9.30]]
③ 협의회는 다음 각 호의 어느 하나에 해당되는 경우에는 그 조정을 거부하거나 중지할 수 있다. [개정 2007.8.3, 2016.3.29] [[시행일 2016.9.30]]
1. 분쟁당사자의 일방이 조정을 거부한 경우

2. 이미 법원에 소를 제기하였거나 조정의 신청이 있은 후 법원에 소를 제기한 경우 또는 조정의 신청이 있은 후 분쟁당사자가 「중재법」에 따른 중재합의를 한 경우
3. 신청의 내용이 관계법령 또는 객관적인 자료에 의하여 명백하게 인정되는 등 조정을 할 실익이 없는 것으로서 대통령령이 정하는 사항이 발생하는 경우
④ 협의회는 다음 각 호의 어느 하나에 해당되는 경우에는 조정절차를 종료하여야 한다. [개정 2007.8.3, 2016.3.29] [[시행일 2016.9.30]]
1. 분쟁당사자가 협의회의 권고 또는 조정안을 수락하거나 스스로 조정하는 등 조정이 성립된 경우
2. 조정을 신청 또는 의뢰 받은 날부터 60일(분쟁당사자 쌍방이 기간연장에 동의한 경우에는 90일로 한다)이 경과하여도 조정이 성립하지 아니한 경우
3. 제3항에 의하여 조정이 중지된 경우로서 조정절차를 진행할 실익이 없는 경우
⑤ 협의회는 제3항에 의하여 조정을 거부 또는 중지하거나 제4항에 의하여 조정절차를 종료한 경우에는 대통령령이 정하는 바에 따라 공정거래위원회에 조정의 경위, 조정거부·중지 또는 종료의 사유 등과 관계서류를 서면으로 지체없이 보고하여야 하고 분쟁당사자에게 그 사실을 통보하여야 한다. [개정 2016.3.29] [[시행일 2016.9.30]]
⑥ 협의회는 해당 조정사항에 관한 사실을 확인하기 위하여 필요한 경우 조사를 하거나 분쟁당사자에 대하여 관련자료의 제출이나 출석을 요구할 수 있다. [개정 2016.3.29] [[시행일 2016.9.30]]
⑦ 공정거래위원회는 조정사항에 관하여 조정절차가 종료될 때까지 해당 분쟁당사자에게 시정조치를 권고하거나 명하여서는 아니된다. 다만, 공정거래위원회가 이미 제32조의 규정에 의하여 조사중인 사건에 대하여는 그러하지 아니하다. [개정 2016.3.29] [[시행일 2016.9.30]]

제24조 【조정조서의 작성과 그 효력】 ① 협의회는 조정사항에 대하여 조정이 성립된 경우 조정에 참가한 위원과 분쟁당사자가 기명날인한 조정조서를 작성한다. [개정 2016.3.29] [[시행일 2016.9.30]]
② 협의회는 분쟁당사자가 조정절차를 개시하기 전에 조정사항을 스스로 조정하고 조정조서의 작성을 요구하는 경우에는 그 조정조서를 작성하여야 한다. [개정 2016.3.29] [[시행일 2016.9.30]]
③ 제1항 또는 제2항에 따라 조정조서를 작성한 경우 조정조서는 재판상 화해와 동일한 효력을 갖는다. [신설 2016.3.29] [[시행일 2016.9.30]]

제25조 【협의회의 조직 등에 관한 규정】 제16조 내지 제24조의 규정외에 협의회의 조직·운영·조정절차 등에 관하여 필요한 사항은 대통령령으로 정한다.

제26조
삭제 [2007.8.3〉 [[시행일 2008.2.4〉]

제27조 【가맹거래사】 ① 공정거래위원회가 실시하는 가맹거래사 자격시험에 합격한 후 대통령령이 정하는 바에 따라 실무수습을 마친 자는 가맹거래사의 자격을 가진다. [개정 2004.1.20, 2007.8.3〉 [[시행일 2008.2.4〉]
② 다음 각 호의 어느 하나에 해당하는 자는 가맹거래사가 될 수 없다. [개정 2007.8.3, 2017.4.18〉 [[시행일 2017.10.19]]
1. 미성년자·피성년후견인 또는 피한정후견인
2. 파산선고를 받고 복권되지 아니한 자
3. 금고 이상의 실형의 선고를 받고 그 집행이 종료(종료된 것으로 보는 경우를 포함한다)되거나 집행을 받지 아니하기로 확정된 후 2년이 경과되지 아니한 자
4. 금고 이상의 형의 집행유예를 받고 그 집행유예기간중에 있는 자
5. 제31조의 규정에 의하여 가맹거래사의 등록이 취소된 날부터 2년이 경과되지 아니한 자
③ 제1항에 따른 시험에 응시한 사람이 그 시험에 관하여 부정한 행위를 한 경우에는 해당 시험을 무효로 하고 그 시험의 응시일부터 5년간 시험의 응시자격을 정지한다. [신설 2016.3.29] [[시행일 2016.9.30]]
④ 가맹거래사 자격시험의 시험과목·시험방법, 실무수습의 기간 등 자격시험 및 실무수습에 관하여 필요한 사항은 대통령령으로 정한다. [신설 2004.1.20, 2007.8.3, 2016.3.29] [[시행일 2016.9.30]]
[본조제목개정 2007.8.3〉 [[시행일 2008.2.4〉]

제28조【가맹거래사의 업무】 가맹거래사는 다음 각 호의 사항에 관한 업무를 수행한다. [개정 2013.8.13, 2017.4.18》 [[시행일 2017.10.19]]

1. 가맹사업의 사업성에 관한 검토
2. 정보공개서와 가맹계약서의 작성·수정이나 이에 관한 자문
3. 가맹점사업자의 부담, 가맹사업 영업 활동의 조건 등에 관한 자문
4. 가맹사업당사자에 대한 교육훈련이나 이에 대한 자문
5. 가맹사업거래 분쟁조정 신청의 대행 및 의견의 진술
6. 정보공개서 등록의 대행

[전문개정 2007.8.3》 [[시행일 2008.2.4》]

[본조제목개정 2007.8.3》 [[시행일 2008.2.4》]

제29조【가맹거래사의 등록】 ① 가맹거래사 자격이 있는 자가 제28조에 따른 가맹거래사의 업무를 개시하고자 하는 경우에는 대통령령이 정하는 바에 따라 공정거래위원회에 등록하여야 한다. [개정 2004.1.20, 2007.8.3》 [[시행일 2008.2.4》]

② 제1항의 규정에 의하여 등록을 한 가맹거래사는 공정거래위원회가 정하는 바에 따라 5년마다 등록을 갱신하여야 한다. [개정 2007.8.3》 [[시행일 2008.2.4》]

③ 제1항의 규정에 의하여 등록을 한 가맹거래사가 아닌 자는 제27조의 규정에 의한 가맹거래사임을 표시하거나 이와 유사한 용어를 사용하여서는 아니된다. [개정 2007.8.3》 [[시행일 2008.2.4》]

[본조제목개정 2007.8.3》 [[시행일 2008.2.4》]

제30조【가맹거래사의 책임】 ①가맹거래사는 성실히 직무를 수행하며 품위를 유지하여야 한다. [개정 2007.8.3》 [[시행일 2008.2.4》]

② 가맹거래사는 직무를 수행함에 있어서 고의로 진실을 감추거나 허위의 보고를 하여서는 아니된다. [개정 2007.8.3》 [[시행일 2008.2.4》]

[본조제목개정 2007.8.3》 [[시행일 2008.2.4》]

제31조【가맹거래사의 등록취소와 자격정지】 ①공정거래위원회는 제29조의 규정에 의하여 등록을 한 가맹거래사가 다음 각 호의 어느 하나에 해당하는 경우에는 그 등록을 취소할 수 있다. 다만, 제1호 및 제2호에 해당하는 경우에는 그 등록을 취소하여야 한다. [개정 2007.8.3》 [[시행일 2008.2.4》]

1. 허위 그 밖의 부정한 방법으로 등록 또는 갱신등록을 한 경우
2. 제27조제2항의 규정에 의한 결격사유에 해당하게 된 경우
3. 업무수행과 관련하여 알게 된 비밀을 다른 사람에게 누설한 경우
4. 가맹거래사 등록증을 다른 사람에게 대여한 경우
5. 업무수행과 관련하여 고의 또는 중대한 과실로 다른 사람에게 중대한 손해를 입힌 경우

② 제29조제2항의 규정에 의한 갱신등록을 하지 아니한 가맹거래사는 그 자격이 정지된다. 이 경우 공정거래위원회가 고시로서 정하는 바에 따라 보수교육을 받고 갱신등록을 한 때에는 그 때부터 자격이 회복된다. [개정 2007.8.3》 [[시행일 2008.2.4》]

③ 제1항에 따라 가맹거래사의 등록을 취소하려는 경우에는 청문을 실시하여야 한다. [신설 2012.2.17》 [[시행일 2012.5.18》]

[본조제목개정 2007.8.3》 [[시행일 2008.2.4》]

제31조의2【가맹사업거래에 대한 교육 등】 ①공정거래위원회는 공정한 가맹사업거래질서를 확립하기 위하여 다음 각 호의 업무를 수행할 수 있다.

1. 가맹본부에 대한 교육·연수
2. 가맹희망자 및 가맹점사업자에 대한 교육·연수
3. 가맹거래사에 대한 교육·연수(제27조제1항에 따른 실무수습을 포함한다)
4. 가맹본부가 이 법을 자율적으로 준수하도록 유도하기 위한 자율준수프로그램의 보급·확산
5. 그 밖에 공정한 가맹사업거래질서 확립을 위하여 필요하다고 인정하는 업무

② 공정거래위원회는 제1항의 업무를 대통령령으로 정하는 시설·인력 및 교육실적 등의 기준에 적합한 법인으로서 공정거래위원회가 지정하는 기관 또는 단체(이하 "교육기관 등"이라 한다)에 위탁할 수 있다.

③ 교육기관 등은 제1항에 따른 업무를 수행하는데 필요한 재원을 조달하기 위하여 수익사업을 할 수 있다.

④ 공정거래위원회는 교육기관 등이 제1항에 따른 업무를 충실히 수행하지 못하거나 대통령령으로 정하는 기준에 미치지 못하는 경우에는 지정을 취소하거나 3개월 이내의 기간을 정하여 지정의 효력을 정지할 수 있다.
⑤ 교육기관 등의 지정절차 및 방법, 제3항에 따른 수익사업 등에 관하여 필요한 사항은 공정거래위원회가 정하여 고시한다.
[본조신설 2007.8.3〉 [[시행일 2008.2.4〉]

제5장 공정거래위원회의 사건처리절차 등

제32조【조사개시대상행위의 제한】 이 법의 규정에 의하여 공정거래위원회의 조사개시대상이 되는 가맹사업거래는 그 거래가 종료된 날부터 3년을 경과하지 아니한 것에 한한다. 다만, 그 거래가 종료된 날부터 3년 이내에 신고된 가맹사업거래의 경우에는 그러하지 아니하다.

제32조의2【서면실태조사】 ① 공정거래위원회는 가맹사업거래에서의 공정한 거래질서 확립을 위하여 가맹본부와 가맹점사업자 등 사이의 거래에 관한 서면실태조사를 실시하여 그 결과를 공표하여야 한다. [개정 2016.12.20] [[시행일 2017.3.21〉]
② 공정거래위원회가 제1항에 따라 서면실태조사를 실시하려는 경우에는 조사대상자의 범위, 조사기간, 조사내용, 조사방법, 조사절차 및 조사결과 공표범위 등에 관한 계획을 수립하여야 하고, 조사대상자에게 거래실태 등 조사에 필요한 자료의 제출을 요구할 수 있다.
③ 공정거래위원회가 제2항에 따라 자료의 제출을 요구하는 경우에는 조사대상자에게 자료의 범위와 내용, 요구사유, 제출기한 등을 명시하여 서면으로 알려야 한다.
[본조신설 2013.8.13〉 [[시행일 2014.2.14〉]

제32조의3【위반행위의 신고 등】 ① 누구든지 이 법에 위반되는 사실이 있다고 인정할 때에는 그 사실을 공정거래위원회에 신고할 수 있다. 이 경우 공정거래위원회는 대통령령으로 정하는 바에 따라 신고자가 동의한 경우에는 가맹본부 또는 가맹지역본부에게 신고가 접수된 사실을 통지하여야 한다.
② 공정거래위원회는 제1항 전단에 따른 신고가 있거나 이 법에 위반되는 혐의가 있다고 인정할 때에는 필요한 조사를 할 수 있다.
③ 제1항 후단에 따라 공정거래위원회가 가맹본부 또는 가맹지역본부에게 통지한 때에는 「민법」 제174조에 따른 최고가 있은 것으로 본다. 다만, 신고된 사실이 이 법의 적용대상이 아니거나 제32조 본문에 따른 조사개시대상행위의 제한 기한을 경과하여 공정거래위원회가 심의절차를 진행하지 아니하기로 한 경우, 신고된 사실에 대하여 공정거래위원회가 무혐의로 조치한 경우 또는 신고인이 신고를 취하한 경우에는 그러하지 아니하다.
④ 공정거래위원회는 제2항에 따라 조사를 한 경우에는 그 결과(조사결과 시정조치 명령 등의 처분을 하고자 하는 경우에는 그 처분의 내용을 포함한다)를 서면으로 해당 사건의 당사자에게 통지하여야 한다.
[본조신설 2016.12.20] [[시행일 2017.3.21〉]

제33조【시정조치】 ① 공정거래위원회는 제6조의5제1항·제4항, 제7조제3항, 제9조제1항, 제10조제1항, 제11조제1항·제2항, 제12조제1항, 제12조의2제1항·제2항, 제12조의3제1항·제2항, 제12조의4제1항·제3항, 제12조의6제1항, 제14조의2제5항, 제15조의2제3항·제6항을 위반한 가맹본부에 대하여 가맹금의 예치, 정보공개서등의 제공, 점포환경개선 비용의 지급, 가맹금 반환, 위반행위의 중지, 위반내용의 시정을 위한 필요한 계획 또는 행위의 보고 그 밖에 위반행위의 시정에 필요한 조치를 명할 수 있다. [개정 2007.8.3, 2013.8.13, 2016.3.29] [[시행일 2016.9.30]]
② 공정거래위원회는 제24조의 규정에 의하여 협의회의 조정이 이루어진 경우에는 특별한 사유가 없는 한 제1항에 따른 시정조치 및 제34조제1항에 따른 시정권고를 하지 아니한다. [개정 2007.8.3〉 [[시행일 2008.2.4〉]
③ 공정거래위원회는 제1항에 따라 시정명령을 하는 경우에는 가맹본부에게 시정명령을 받았다는 사실을 공표하거나 거래상대방에 대하여 통지할 것을 명할 수 있다. [개정 2007.8.3〉 [[시행일 2008.2.4〉]

제34조 【시정권고】 ①공정거래위원회는 이 법의 규정을 위반한 가맹본부에 대하여 제33조의 규정에 의한 시정조치를 명할 시간적 여유가 없는 경우에는 대통령령이 정하는 바에 따라 시정방안을 마련하여 이에 따를 것을 권고할 수 있다. 이 경우 그 권고를 수락한 때에는 시정조치를 한 것으로 본다는 뜻을 함께 통지하여야 한다. [개정 2016.3.29] [[시행일 2016.9.30]]

② 제1항의 규정에 의한 권고를 받은 가맹본부는 그 권고를 통지받은 날부터 10일 이내에 이를 수락하는지의 여부에 관하여 공정거래위원회에 통지하여야 한다. [개정 2016.3.29] [[시행일 2016.9.30]]

③ 제1항의 규정에 의한 권고를 받은 가맹본부가 그 권고를 수락한 때에는 제33조의 규정에 의한 시정조치를 받은 것으로 본다. [개정 2016.3.29] [[시행일 2016.9.30]]

제35조 【과징금】 ① 공정거래위원회는 제6조의5제1항·제4항, 제7조제3항, 제9조제1항, 제10조제1항, 제11조제1항·제2항, 제12조제1항, 제12조의2제1항·제2항, 제12조의3제1항·제2항, 제12조의4제1항·제3항, 제12조의6제1항, 제14조의2제5항, 제15조의2제3항·제6항을 위반한 가맹본부에 대하여 대통령령으로 정하는 매출액(대통령령으로 정하는 사업자의 경우에는 영업수익을 말한다. 이하 같다)에 100분의 2를 곱한 금액을 초과하지 아니하는 범위에서 과징금을 부과할 수 있다. 다만, 그 위반행위를 한 가맹본부가 매출액이 없거나 매출액의 산정이 곤란한 경우로서 대통령령으로 정하는 경우에는 5억 원을 초과하지 아니하는 범위에서 과징금을 부과할 수 있다. [개정 2016.3.29] [[시행일 2016.9.30]]

② 공정거래위원회는 제1항에 따라 과징금을 부과하는 경우에는 다음 각 호의 사항을 고려하여야 한다.

1. 위반행위의 내용 및 정도
2. 위반행위의 기간 및 횟수
3. 위반행위로 취득한 이익의 규모 등

③ 이 법을 위반한 회사인 가맹본부가 합병을 하는 경우에는 그 가맹본부가 한 위반행위는 합병 후 존속하거나 합병으로 설립되는 회사가 한 위반행위로 보아 과징금을 부과·징수할 수 있다.

④ 공정거래위원회는 이 법을 위반한 회사인 가맹본부가 분할되거나 분할합병되는 경우 분할되는 가맹본부의 분할일 또는 분할합병일 이전의 위반행위를 다음 각 호의 어느 하나에 해당하는 회사의 행위로 보고 과징금을 부과·징수할 수 있다.

1. 분할되는 회사
2. 분할 또는 분할합병으로 설립되는 새로운 회사
3. 분할되는 회사의 일부가 다른 회사에 합병된 후 그 다른 회사가 존속하는 경우 그 다른 회사

⑤ 공정거래위원회는 이 법을 위반한 회사인 가맹본부가 「채무자 회생 및 파산에 관한 법률」 제215조에 따라 신회사를 설립하는 경우에는 기존 회사 또는 신회사 중 어느 하나의 행위로 보고 과징금을 부과·징수할 수 있다.

⑥ 제1항에 따른 과징금의 부과기준은 대통령령으로 정한다.

[전문개정 2013.8.13〉 [[시행일 2014.2.14〉]

제36조 【관계행정기관의 장의 협조】 공정거래위원회는 이 법의 시행을 위하여 필요하다고 인정하는 때에는 관계행정기관의 장의 의견을 듣거나 관계행정기관의 장에 대하여 조사를 위한 인원의 지원 그 밖의 필요한 협조를 요청할 수 있다.

제37조 【「독점규제 및 공정거래에 관한 법률」의 준용】 ① 이 법에 의한 공정거래위원회의 조사·심의·의결 및 시정권고에 관하여는 「독점규제 및 공정거래에 관한 법률」 제42조, 제43조, 제43조의2, 제44조, 제45조, 제50조제1항 내지 제4항, 제52조, 제52조의2, 제53조, 제53조의2 및 제55조의2의 규정을 준용한다. [개정 2007.8.3, 2016.12.20] [[시행일 2017.3.21〉]

② 이 법에 의한 과징금의 부과·징수에 관하여는 「독점규제 및 공정거래에 관한 법률」 제55조의4부터 제55조의8까지를 준용한다. [개정 2004.12.31 제7315호(독점규제및공정거래에관한법률), 2007.8.3, 2013.8.13〉 [[시행일 2014.2.14〉]

③ 이 법에 의한 이의신청, 소의 제기 및 불복의 소의 전속관할에 관하여는 「독점규제 및 공정거래에 관한 법률」 제53조, 제53조의2, 제54조, 제55조의 규정을 준용한다. [개정 2007.8.3, 2016.3.29, 2017.4.18〉 [[시행

일 2017.10.19]]

④ 이 법에 의한 직무에 종사하거나 종사하였던 공정거래위원회의 위원, 공무원 또는 협의회에서 가맹사업거래에 관한 분쟁의 조정업무를 담당하거나 담당하였던 자에 대하여는 독점규제및공정거래에관한법률 제62조의 규정을 준용한다.

⑤ 삭제 [2007.8.3》 [[시행일 2008.2.4》]

[본조제목개정 2007.8.3》 [[시행일 2008.2.4》]

제37조의2 【손해배상책임】 ① 가맹본부는 이 법의 규정을 위반함으로써 가맹점사업자에게 손해를 입힌 경우에는 가맹점사업자에 대하여 손해배상의 책임을 진다. 다만, 가맹본부가 고의 또는 과실이 없음을 입증한 경우에는 그러하지 아니하다.

② 제1항에도 불구하고 가맹본부가 제9조제1항, 제12조제1항제1호를 위반함으로써 가맹점사업자에게 손해를 입힌 경우에는 가맹점사업자에게 발생한 손해의 3배를 넘지 아니하는 범위에서 배상책임을 진다. 다만, 가맹본부가 고의 또는 과실이 없음을 입증한 경우에는 그러하지 아니하다.

③ 법원은 제2항의 배상액을 정할 때에는 다음 각 호의 사항을 고려하여야 한다.

1. 고의 또는 손해 발생의 우려를 인식한 정도
2. 위반행위로 인하여 가맹점사업자가 입은 피해 규모
3. 위법행위로 인하여 가맹본부가 취득한 경제적 이익
4. 위반행위에 따른 벌금 및 과징금
5. 위반행위의 기간·횟수
6. 가맹본부의 재산상태
7. 가맹본부의 피해구제 노력의 정도

④ 제1항 또는 제2항에 따라 손해배상청구의 소가 제기된 경우 「독점규제 및 공정거래에 관한 법률」 제56조의2 및 제57조를 준용한다.

[본조신설 2017.4.18》 [[시행일 2017.10.19]]

제38조 【「독점규제 및 공정거래에 관한 법률」과의 관계】 가맹사업거래에 관하여 이 법의 적용을 받는 사항에 대하여는 「독점규제 및 공정거래에 관한 법률」 제23조제1항제1호(부당하게 거래를 거절하는 행위에 한한다)·제3호(부당하게 경쟁자의 고객을 자기와 거래하도록 유인하는 행위에 한한다)·제4호·제5호(거래의 상대방의 사업활동을 부당하게 구속하는 조건으로 거래하는 행위에 한한다) 및 동법 제29조제1항의 규정을 적용하지 아니한다.

[본조제목개정 2007.8.3》 [[시행일 2008.2.4》]

제39조 【권한의 위임과 위탁】 ① 이 법에 의한 공정거래위원회의 권한은 그 일부를 대통령령이 정하는 바에 따라 소속기관의 장이나 특별시장·광역시장·도지사 또는 특별자치도지사에게 위임하거나 다른 행정기관의 장에게 위탁할 수 있다. [개정 2007.8.3》 [[시행일 2008.2.4》]

② 공정거래위원회는 다음 각 호의 어느 하나에 해당하는 업무를 대통령령으로 정하는 바에 따라 「독점규제 및 공정거래에 관한 법률」 제48조의2에 따라 설립된 한국공정거래조정원이나 관련 법인·단체에 위탁할 수 있다. 이 경우 제1호의 위탁관리에 소요되는 경비의 전부 또는 일부를 지원할 수 있다. [개정 2007.8.3, 2012.2.17》 [[시행일 2012.5.18》]

1. 제6조의2 및 제6조의3에 따른 정보공개서의 등록, 등록 거부 및 공개 등에 관한 업무
2. 제27조제1항에 따른 가맹거래사 자격시험의 시행 및 관리 업무

제40조 【보고】 공정거래위원회는 제39조의 규정에 의하여 위임 또는 위탁한 사무에 대하여 위임 또는 위탁받은 자에게 필요한 보고를 하게 할 수 있다.

제6장 벌칙

제41조 【벌칙】 ① 제9조제1항의 규정에 위반하여 허위·과장의 정보제공행위나 기만적인 정보제공행위를 한 자는 5년 이하의 징역 또는 3억 원 이하의 벌금에 처한다. [개정 2007.8.3, 2013.8.13》 [[시행일 2014.2.14》]

② 다음 각 호의 어느 하나에 해당하는 자는 3년 이하의 징역 또는 1억 원 이하의 벌금에 처한다. [개정 2007.8.3》 [[시행일 2008.2.4》]

1. 제33조제1항에 따른 시정조치의 명령에 따르지 아니한 자
2. 제37조제4항의 규정에 의하여 준용되는 「독점규제 및 공정거래에 관한 법률」 제62조의 규정에 위반한 자

③ 다음 각 호의 어느 하나에 해당하는 자는 2년 이하의 징역 또는 5천만 원 이하의 벌금에 처한다. [개정 2007.8.3, 2013.8.13〉 [[시행일 2014.2.14〉]

1. 제6조의5제1항을 위반하여 가맹점사업자로부터 예치가맹금을 직접 수령한 자
2. 제7조제3항을 위반하여 가맹금을 수령하거나 가맹계약을 체결한 자
3. 제15조의2제6항을 위반하여 가맹점사업자피해보상보험계약 등을 체결하였다는 사실을 나타내는 표지 또는 이와 유사한 표지를 제작하거나 사용한 자

④ 제6조의5제4항을 위반하여 거짓이나 그 밖의 부정한 방법으로 예치가맹금의 지급을 요청한 자는 예치가맹금의 2배에 상당하는 금액 이하의 벌금에 처한다. [신설 2007.8.3〉 [[시행일 2008.2.4〉]

제42조 【양벌규정】 법인의 대표자나 법인 또는 개인의 대리인, 사용인, 그 밖의 종업원이 그 법인 또는 개인의 업무에 관하여 제41조의 위반행위를 하면 그 행위자를 벌하는 외에 그 법인 또는 개인에게도 해당 조문의 벌금형을 과(科)한다. 다만, 법인 또는 개인이 그 위반행위를 방지하기 위하여 해당 업무에 관하여 상당한 주의와 감독을 게을리하지 아니한 경우에는 그러하지 아니하다.

[전문개정 2010.3.22〉

제43조 【과태료】 ① 가맹본부가 제3호 또는 제4호의 규정에 해당하는 경우에는 1억 원이하, 제1호 또는 제2호의 규정에 해당하는 경우에는 5천만 원 이하의 과태료에 처한다. [개정 2007.8.3, 2013.8.13〉 [[시행일 2014.2.14〉]

1. 제32조의2제2항에 따른 자료를 제출하지 아니하거나 거짓의 자료를 제출한 자
2. 제37조제1항의 규정에 의하여 준용되는 「독점규제 및 공정거래에 관한 법률」 제50조제1항제1호의 규정에 위반하여 정당한 사유 없이 2회이상 출석하지 아니한 자
3. 제37조제1항의 규정에 의하여 준용되는 「독점규제 및 공정거래에 관한 법률」 제50조제1항제3호 또는 동조제3항의 규정에 의한 보고 또는 필요한 자료나 물건의 제출을 정당한 사유없이 하지 아니하거나, 허위의 보고 또는 자료나 물건을 제출한 자
4. 제37조제1항의 규정에 의하여 준용되는 「독점규제 및 공정거래에 관한 법률」 제50조제2항의 규정에 의한 조사를 정당한 사유없이 거부·방해 또는 기피한 자

② 가맹점사업자가 제1항제2호 또는 제3호의 규정에 해당하는 경우에는 1억 원 이하, 동항제1호의 규정에 해당하는 경우에는 1천만 원 이하의 과태료에 처한다.

③ 가맹본부 또는 가맹점사업자의 임원이 각각 제1항제3호의 규정에 해당하는 경우에는 5천만 원 이하, 동항제1호 또는 제2호의 규정에 해당하는 경우에는 1천만 원 이하의 과태료에 처한다.

④ 가맹본부 또는 가맹점사업자의 종업원 또는 이에 준하는 법률상 이해관계에 있는 자가 각각 제1항제3호의 규정에 해당하는 경우에는 5천만 원 이하, 동항제2호의 규정에 해당하는 경우에는 1천만 원 이하, 동항제1호의 규정에 해당하는 경우에는 5백만 원 이하의 과태료에 처한다.

⑤ 제37조제1항의 규정에 의하여 준용되는 「독점규제 및 공정거래에 관한 법률」 제43조의2의 규정에 의한 질서유지명령에 응하지 아니한 자는 100만 원 이하의 과태료에 처한다. [개정 2007.8.3〉 [[시행일 2008.2.4〉]

⑥ 다음 각 호의 어느 하나에 해당하는 자에게는 1천만 원 이하의 과태료를 부과한다. [개정 2007.8.3, 2013.8.13〉 [[시행일 2014.2.14〉]

1. 제6조의2제2항 본문을 위반하여 기한 내에 변경등록을 하지 아니하거나 거짓으로 변경등록을 한 자
2. 제9조제3항을 위반하여 같은 항 각 호의 어느 하나에 해당하는 정보를 서면으로 제공하지 아니한 자
3. 제9조제4항을 위반하여 근거자료를 비치하지 아니하거나 자료요구에 응하지 아니한 자
4. 제9조제5항을 위반하여 예상매출액 산정서를 제공하지 아니한 자
5. 제9조제6항을 위반하여 예상매출액 산정서를 보관하지 아니한 자
6. 제11조제3항을 위반하여 가맹계약서를 보관하지 아니한 자

⑦ 다음 각 호의 어느 하나에 해당하는 자에게는 300

만 원 이하의 과태료를 부과한다. [개정 2007.8.3, 2013.8.13〉 [[시행일 2014.2.14〉]

1. 제6조의2제2항 단서를 위반하여 신고를 하지 아니하거나 거짓으로 신고한 자
2. 제29조제3항을 위반하여 가맹거래사임을 표시하거나 유사한 용어를 사용한 자

⑧ 제1항부터 제7항까지의 규정에 따른 과태료는 대통령령으로 정하는 바에 따라 공정거래위원회가 부과·징수한다. [신설 2007.8.3〉 [[시행일 2008.2.4〉]

⑨ 삭제 [2010.3.22〉

⑩ 삭제 [2010.3.22〉

⑪ 삭제 [2010.3.22〉

제44조【고발】 ① 제41조제1항·제2항제1호 및 제3항의 죄는 공정거래위원회의 고발이 있어야 공소를 제기할 수 있다.

② 공정거래위원회는 제41조제1항·제2항제1호 및 제3항의 죄중 그 위반의 정도가 객관적으로 명백하고 중대하다고 인정하는 경우에는 검찰총장에게 고발하여야 한다.

③ 검찰총장은 제2항의 규정에 의한 고발요건에 해당하는 사실이 있음을 공정거래위원회에 통보하여 고발을 요청할 수 있다. [개정 2013.8.13〉 [[시행일 2014.2.14〉]

④ 공정거래위원회가 제2항에 따른 고발요건에 해당하지 아니한다고 결정하더라도 감사원장, 중소벤처기업부장관은 사회적 파급효과, 가맹희망자나 가맹점사업자에게 미친 피해 정도 등 다른 사정을 이유로 공정거래위원회에 고발을 요청할 수 있다. [신설 2013.8.13, 2017.7.26 제14839호(정부조직법)]

⑤ 제3항 또는 제4항에 따른 고발요청이 있는 때에는 공정거래위원회 위원장은 검찰총장에게 고발하여야 한다. [신설 2013.8.13〉 [[시행일 2014.2.14〉]

⑥ 공정거래위원회는 공소가 제기된 후에는 고발을 취소하지 못한다. [개정 2013.8.13〉 [[시행일 2014.2.14〉]

부칙 [2002.5.13 제6704호]

① (시행일) 이 법은 2002년 11월 1일부터 시행한다.

② (시정조치·과징금 및 벌칙에 관한 경과조치) 이 법 시행전의 종전의 독점규제및공정거래에관한법률 제23조제1항제1호(부당하게 거래를 거절하는 행위에 한한다)·제3호(부당하게 경쟁자의 고객을 자기와 거래하도록 유인하는 행위에 한한다)·제4호·제5호(거래의 상대방의 사업활동을 부당하게 구속하는 조건으로 거래하는 행위에 한한다) 및 동법 제29조제1항의 규정에 위반한 행위에 대한 시정조치·과징금 및 벌칙의 적용에 있어서는 동법의 규정에 의한다.

부칙 [2004.1.20 제7109호]

이 법은 공포한 날부터 시행한다.

부칙 [2004.12.31 제7315호(독점규제및공정거래에관한법률)]

제1조【시행일】 이 법은 2005년 4월 1일부터 시행한다. 〈단서 생략〉

제2조 내지 제9조 생략

제10조【다른 법률의 개정】 ①가맹사업거래의공정화에관한법률중 다음과 같이 개정한다.

제37조제2항중 "제55조의3 내지 제55조의6"을 "제55조의3 내지 제55조의7"로 한다.

②내지 ⑤생략

부칙 [2005.12.29 제7796호(국가공무원법)]

제1조【시행일】 이 법은 2006년 7월 1일부터 시행한다.

제2조 내지 제5조 생략

제6조【다른 법률의 개정】 ①가맹사업거래의공정화에관한법률 일부를 다음과 같이 개정한다.

제17조제3항제3호중 "3급 이상의 공무원"을 "3급 이상의 공무원 또는 고위공무원단에 속하는 일반직공무원"으로 한다.

② 내지 〈68〉 생략

부칙 [2007.8.3 제8630호]

제1조【시행일】 이 법은 공포 후 6개월이 경과한 날부터 시행한다. 다만, 제37조제2항의 개정규정은 공포 후 3개월이 경과한 날부터 시행하고, 제6조의5, 제15조의2 및 제15조의3의 개정규정은 공포 후 1년이 경과한 날부터 시행한다.

제2조 【가맹금에 관한 적용례】 제2조제6호의 개정규정은 이 법 시행 후 지급하는 가맹금부터 적용한다.

제3조 【불공정거래행위의 금지에 관한 적용례】 제12조제4호의 개정규정은 이 법 시행 이후 체결되거나 갱신된 가맹계약부터 적용한다.

제4조 【가맹계약의 갱신에 관한 적용례】 제13조의 개정규정은 이 법 시행 이후 체결되거나 갱신된 가맹계약부터 적용한다.

제5조 【가맹계약 해지의 제한에 관한 적용례】 제14조제1항 본문의 개정규정은 이 법 시행 후 계약의 위반 사실이 발생하여 계약을 해지하는 경우부터 적용한다.

제6조 【정보공개서에 관한 특례】 가맹본부는 이 법 시행일부터 6개월까지는 제6조의2와 제7조제1항·제2항의 개정규정에도 불구하고 종전의 정보공개서를 제공할 수 있다.

제7조 【가맹계약 종료 사실 통지 등에 관한 경과조치】 이 법 시행 전에 체결되거나 갱신된 가맹계약의 종료 사실 통지 등에 관하여는 종전의 규정에 따른다.

제8조 【가맹금의 반환에 관한 경과조치】 이 법 시행 전에 가맹본부가 종전의 제9조제1항을 위반하여 거짓 또는 과장된 정보를 제공하거나 종전의 제8조제2항에 따른 중요한 사항을 누락한 경우 또는 정당한 사유 없이 가맹사업을 일방적으로 중단한 경우에 있어서 가맹금의 반환에 관하여는 종전의 규정에 따른다. 이 경우 이 법 시행 전에 지급된 가맹금의 반환 범위에 관하여는 종전의 제2조제6호와 제10조에 따른다.

제9조 【협의회 등에 관한 경과조치】 ① 이 법 시행 당시 종전의 가맹사업거래분쟁조정협의회는 제16조의 개정규정에 따른 협의회로 본다.

② 이 법 시행 당시 종전의 가맹사업거래분쟁조정협의회에 신청되거나 조정 중인 사건은 제16조의 개정규정에 따른 협의회에 신청되거나 조정 중인 사건으로 본다.

③ 이 법 시행 당시 종전의 가맹사업거래분쟁조정협의회의 위원은 제17조제3항의 개정규정에 따라 임명되거나 위촉된 자로 본다. 이 경우 위원의 임기는 잔여기간으로 한다.

제10조 【가맹사업거래상담사에 대한 경과조치】 ① 이 법 시행 당시 종전의 규정에 따라 가맹사업거래상담사 자격시험을 합격한 자, 가맹사업거래상담사 자격을 가지거나 등록을 한 자는 이 법에 따른 가맹거래사 자격시험에 합격한 자, 가맹거래사 자격을 가지거나 등록을 한 자로 본다.

② 이 법 시행 당시 종전의 규정에 따라 가맹사업거래상담사 등록이 취소되거나 자격이 정지된 자는 이 법에 따라 가맹거래사 등록이 취소되거나 자격이 정지된 자로 본다.

제11조 【벌칙과 과태료에 관한 경과조치】 이 법 시행 전의 행위에 대한 벌칙과 과태료의 적용은 종전의 규정에 따른다.

부칙[2010.3.22 제10168호]

이 법은 공포한 날부터 시행한다.

부칙[2012.2.17 제11323호]

이 법은 공포 후 3개월이 경과한 날부터 시행한다.

부칙[2013.8.13 제12094호]

제1조 【시행일】 이 법은 공포 후 6개월이 경과한 날부터 시행한다. 다만, 제12조의4의 개정규정은 공포 후 1년이 경과한 날부터 시행한다.

제2조 【정보공개서 등록에 관한 경과조치】 이 법 시행 전에 등록한 정보공개서는 제2조제10호 및 제6조의2제1항의 개정규정에 따라 등록한 것으로 본다. 다만, 가맹본부는 이 법 시행 후 최초의 변경등록 시 제2조제10호의 개정규정에 따라 추가되는 사항을 수록하여 변경등록하여야 한다.

제3조 【영업지역 설정에 관한 경과조치】 이 법 시행 전에 제11조제2항제5호에 따라 영업지역의 설정에 관한 사항을 가맹계약서에 포함한 경우에는 제12조의4제1항의 개정규정에도 불구하고 종전의 규정에 따른다. 다만, 가맹본부는 이 법 시행 후 최초의 가맹계약 갱신 시 제12조의4제1항의 개정규정에 따른 영업지역을 설정하여 가맹계약서에 기재하여야 한다.

부칙[2016.3.29 제14135호]

제1조 【시행일】 이 법은 공포 후 6개월이 경과한 날부터 시행한다.

제2조 【영업지역 변경에 관한 적용례】 제12조의4제2항의 개정규정은 이 법 시행 후 갱신되는 가맹계약부터 적용한다.

제3조 【광고·판촉행사 관련 집행 내역 통보 등에 관한 적용례】 제12조의6제1항의 개정규정은 이 법 시행 후 실시되는 광고나 판촉행사부터 적용한다.

제4조 【조정 및 조정조서 효력에 관한 적용례】 제23조 및 제24조의 개정규정은 이 법 시행 후 최초로 신청되거나 의뢰된 분쟁조정부터 적용한다.

제5조 【손해배상에 관한 적용례】 제37조제3항의 개정규정은 이 법 시행 후 최초로 제기되는 손해배상 소송부터 적용한다.

부칙[2016.12.20 제14454호]

제1조 【시행일】 이 법은 공포 후 3개월이 경과한 날부터 시행한다.

제2조 【최고의 효력에 관한 적용례】 제32조의3제3항의 개정규정은 이 법 시행 후 최초로 신고된 위반행위부터 적용한다.

부칙[2017.4.18 제14811호]

제1조 【시행일】 이 법은 공포 후 6개월이 경과한 날부터 시행한다.

제2조 【가맹계약서 제공시기에 관한 적용례】 제11조제1항의 개정규정은 이 법 시행 이후에 최초로 체결되거나 갱신되는 가맹계약부터 적용한다.

제3조 【시효중단의 효력에 관한 적용례】 제22조제4항부터 제6항까지의 개정규정은 이 법 시행 후 최초로 신청된 분쟁조정부터 적용한다.

제4조 【손해배상책임에 관한 적용례】 제37조의2의 개정규정은 이 법 시행 후에 최초로 가맹본부가 제9조제1항, 제12조제1항제1호를 위반하여 가맹점사업자에게 손해를 입힌 경우의 손해배상청구분부터 적용한다.

제5조 【금치산자 등에 대한 경과조치】 제27조제2항제1호의 개정규정에 따른 피한정후견인 또는 피성년후견인에는 법률 제10429호 민법 일부개정법률 부칙 제2조에 따라 금치산 또는 한정치산 선고의 효력이 유지되는 사람을 포함하는 것으로 본다.

부칙[2017.7.26 제14839호(정부조직법)]

제1조 【시행일】 ① 이 법은 공포한 날부터 시행한다. 다만, 부칙 제5조에 따라 개정되는 법률 중 이 법 시행 전에 공포되었으나 시행일이 도래하지 아니한 법률을 개정한 부분은 각각 해당 법률의 시행일부터 시행한다.

제2조부터 제4조까지 생략

제5조 【다른 법률의 개정】 ①부터 〈289〉까지 생략

〈290〉 가맹사업거래의 공정화에 관한 법률 일부를 다음과 같이 개정한다.

제44조제4항 중 "중소기업청장"을 "중소벤처기업부장관"으로 한다.

〈291〉부터 〈382〉까지 생략

제6조 생략

부록 2.

프랜차이즈 표준계약서

1. 프랜차이즈(외식업) 표준계약서
2. 프랜차이즈(도소매업) 표준계약서
3. 프랜차이즈(교육서비스업) 표준계약서
4. 프랜차이즈(편의점업) 표준계약서

프랜차이즈(외식업) 표준계약서

공정거래위원회

이 표준계약서의 목적은 외식업을 운영하는 가맹사업에 있어서 가맹본부와 가맹점사업자 간에 공정한 계약조건에 따라 가맹계약(프랜차이즈계약)을 체결하도록 하기 위한 표준적 계약조건을 제시함에 있습니다.

이 표준계약서에서는 외식업 가맹사업의 운영에 있어서 표준이 될 계약의 기본적 공통사항만을 제시하였습니다. 따라서 실제 가맹계약을 체결하려는 계약당사자는 이 표준계약서의 기본 틀과 내용을 유지하는 범위에서 이 표준계약서보다 더 상세한 사항을 계약서에 규정하거나 특약으로 달리 약정할 수 있습니다.

또한 이 표준계약서의 일부 내용은 현행 「가맹사업거래의 공정화에 관한 법률」 및 그 시행령을 기준으로 한 것이므로 계약당사자는 이들 법령이 개정되는 경우에는 개정내용에 부합되도록 기존의 계약을 수정 또는 변경할 수 있으며 특히 개정법령에 강행규정이 추가되는 경우에는 반드시 그 개정규정에 따라 계약내용을 수정하여야 합니다.

이 표준계약서는 하위가맹본부(지사 등)가 가맹본부로부터 계약체결권을 부여받아 가맹점사업자를 모집할 경우에도 그 하위가맹계약의 표준이 될 수 있습니다.

제 1 장 총 칙

제1조 (목 적)

이 표준계약서는 외식업을 영업으로 하는 가맹사업에 있어서 가맹본부와 가맹점사업자 간에 공정한 계약조건에 따른 가맹계약을 체결하도록 하기 위한 표준적 계약조건을 제시함을 목적으로 한다.

제2조 (용어의 정의)

이 계약서에서 사용된 용어는 다음 각 호와 같은 의미를 갖는다.

1. "가맹사업"이라 함은 가맹본부가 가맹점사업자(가맹희망자를 포함한다)로 하여금 자신의 상표 · 서비스표 · 상호 · 간판 그 밖의 영업표지(이하 "영업표지"라 한다)를 사용하여 일정한 품질기준이나 영업방식에 따라 외식업을 영위함과 아울러 이에 따른 경영 및 영업활동 등에 대한 지원 · 교육과 통제를 하고, 가맹점사업자는 이에 대한 대가로 가맹본부에 가맹금을 지급하는 것을 내용으로 하는 계속적인 거래관계를 말한다.
2. "가맹본부"라 함은 가맹계약과 관련하여 가맹점사업자에게 가맹점운영권을 부여하는 사업자를 말한다.
3. "가맹점사업자"라 함은 가맹계약과 관련하여 가맹본부로부터 가맹점운영권을 부여받은 사업자를 말한다.
4. "가맹금"이라 함은 명칭이나 지급형태의 여하에 관계없이 가맹점사업자가 가맹계약에 따라 가맹본부에 지급하는 대가를 말하며, 최초가맹금, 계속가맹금, 계약이행보증금을 포함한다.
5. "최초가맹금"이라 함은 가입비 · 입회비 · 계약금 · 할부금 · 오픈지원비 · 최초교육비 등 명칭을 불문하고 가맹점사업자가 가맹점운영권을 부여받아 가맹사업에 착수하기 위하여 가맹본부에 지급하는 대가를 말한다.

본인은 본 페이지의 내용에 대한 설명을 듣고, 이를 완전히 이해하였음	(인)

6. "계속가맹금"이라 함은 상표사용료, 교육비, 경영지원비 등 명칭을 불문하고 가맹점사업자가 가맹사업에 착수한 이후 가맹사업을 유지하기 위하여 영업표지의 사용과 영업활동 등에 관한 지원 · 교육, 그 밖의 사항과 관련하여 가맹본부에 정기적으로 또는 비정기적으로 지급하는 모든 대가를 말한다.
7. "계약이행보증금"이란 가맹점사업자가 가맹본부로부터 공급받는 상품의 대금 등에 관한 채무액이나 이와 관련한 손해배상액의 지급을 담보하기 위하여 가맹본부에 지급하는 대가를 말한다.
8. "영업비밀"이라 함은 공공연히 알려져 있지 아니하고 독립된 경제적 가치를 가지는 것으로서, 가맹본부의 상당한 노력에 의하여 비밀로 유지된 생산방법, 판매방법, 그 밖에 영업활동에 유용한 기술상 또는 경영상의 정보를 말한다.

제3조 (계약당사자의 지위)

① 가맹본부와 가맹점사업자는 상호간에 독립한 사업자로서 대등한 관계에서 이 건 가맹계약을 체결한다.

② 가맹본부와 가맹점사업자 사이에는 상호간에 대리관계나 위임관계, 사용자와 피용자 관계, 동업자 관계 등 여하한 특별한 관계도 존재하지 아니한다.

제4조 (신의성실의 원칙)

가맹본부와 가맹점사업자는 이 가맹계약에 따라 가맹사업을 영위함에 있어서 각자의 업무를 신의에 따라 성실하게 수행하여야 한다.

제5조 (가맹본부의 준수사항)

가맹본부는 이 계약에서 정한 의무 외에 다음 각 호의 사항을 준수한다.

본인은 본 페이지의 내용에 대한 설명을 듣고, 이를 완전히 이해하였음	(인)

1. 가맹사업의 성공을 위한 사업구상
2. 상품이나 용역의 품질관리와 판매기법의 개발을 위한 계속적 노력
3. 가맹점사업자에 대하여 합리적 가격과 비용에 의한 점포설비의 설치, 상품 또는 용역 등의 공급
4. 가맹점사업자와 그 직원에 대한 교육 · 훈련
5. 가맹점사업자의 경영 · 영업활동에 대한 지속적인 조언과 지원
6. 가맹계약기간 중 가맹점사업자의 영업지역에서 자기의 직영점을 설치하거나 가맹점사업자와 동일한 업종의 가맹점을 설치하는 행위의 금지
7. 가맹점사업자와의 대화와 협상을 통한 분쟁해결 노력
8. 특정 가맹점사업자에 대한 보복 목적의 관리 및 감독 금지

제6조 (가맹점사업자의 준수사항)

가맹점사업자는 이 계약에서 정한 의무 외에 다음 각 호의 사항을 준수한다.

1. 가맹사업의 통일성 및 가맹본부의 명성을 유지하기 위한 노력
2. 가맹본부의 공급계획과 소비자의 수요충족에 필요한 적정한 재고유지 및 상품진열
3. 가맹본부가 상품 또는 용역에 대하여 제시하는 적절한 품질기준의 준수
4. 제3호의 규정에 의한 품질기준의 상품 또는 용역을 구입하지 못하는 경우 가맹본부가 제공하는 상품 또는 용역의 사용
5. 가맹본부가 사업장의 설비와 외관, 운송수단에 대하여 제시하는 적절한 기준의 준수
6. 취급하는 상품 · 용역이나 영업활동을 변경하는 경우 가맹본부와의 사전협의
7. 상품 및 용역의 구입과 판매에 관한 회계장부 등 가맹본부의 통일적 사업경영 및 판매전략의 수립에 필요한 자료의 유지와 제공
8. 가맹점의 업무현황 및 제7호의 규정에 의한 자료의 확인과 기록을 위한 가맹본부의 임직원 그 밖의 대리인의 사업장 출입 허용

본인은 본 페이지의 내용에 대한 설명을 듣고, 이를 완전히 이해하였음	(인)

9. 가맹본부의 동의를 얻지 아니한 경우 사업장의 위치변경 또는 가맹점 운영권의 양도금지
10. 가맹계약기간 중 가맹본부와 동일한 업종을 영위하는 행위의 금지
11. 가맹본부의 영업기술이나 영업비밀의 누설 금지
12. 가맹본부의 영업표지 기타 지적재산권에 대한 침해사실을 인지하는 경우 가맹본부에 대한 침해사실의 통보와 금지조치에 필요한 적절한 협력

제7조 [불공정거래행위의 금지]

가맹본부는 다음 각 호의 어느 하나에 해당하는 행위로서 가맹사업의 공정한 거래를 저해할 우려가 있는 행위를 하거나 제3자에게 이를 행하도록 하지 아니한다.

1. 가맹점사업자의 귀책으로 보기 어려운 행위 등을 이유로 가맹점사업자에게 상품이나 용역의 공급 또는 영업지원 등을 중단 또는 거절하거나 그 내용을 현저히 제한하는 행위
2. 가격구속, 거래상대방 구속, 상품 또는 용역의 판매제한, 영업지역 준수 강제 등의 방법으로 가맹점사업자가 취급하는 상품 또는 용역의 가격, 거래상대방, 거래지역이나 가맹점사업자의 사업활동을 가맹본부의 상표권 보호, 상품 또는 용역의 동일성 유지 등 가맹사업경영에 필수적인 수준에 비추어 과도하게 구속하거나 제한하는 행위
3. 거래상 지위를 이용하여 구입강제, 경제적이익제공 또는 비용부담 강요, 가맹점사업자에게 불리한 계약조항의 설정 또는 변경, 경영간섭, 판매목표 강제 등의 방법으로 가맹점사업자에게 불이익을 주는 행위
4. 계약의 목적과 내용, 발생할 손해 등에 비하여 과중한 위약금 또는 지연손해금을 설정·부과하는 행위
5. 경쟁가맹본부의 가맹점사업자를 자기와 거래하도록 유인하여 자기의 가맹점사업자의 영업에 불이익을 주는 행위 등 제1호 내지 제4호 외의 행위로서 가맹사업의 공정한 거래질서를 저해할 우려가 있는 행위

본인은 본 페이지의 내용에 대한 설명을 듣고, 이를 완전히 이해하였음	(인)

제 2 장 개점의 준비

제8조 (가맹점의 표시)

이 계약에 의하여 가맹점사업자가 개설하게 되는 가맹점의 표시는 다음과 같다.

(1) 점포 명 :
(2) 상호 및 대표자 :
(3) 점포 소재지 :
(4) 점포 규모 : ㎡
(5) 영업지역 : 별첨[1]에 표시된 지역

제9조 (가맹점운영권의 부여)

① 가맹본부는 가맹점사업자가 계약기간 중에 가맹본부의 영업시스템에 따라 외식업을 운영하도록 하기 위하여 필요한 범위에서 가맹점사업자에게 다음 각 호의 권리를 부여한다.

1. 가맹본부의 영업표지의 사용권
2. 가맹사업과 관련하여 등기 · 등록된 권리나 영업비밀의 사용권
3. 상품 또는 원 · 부재료(이하 "원 · 부재료 등"이라 한다)를 공급받을 권리
4. 노하우(know-how) 전수, 지도, 교육 기타 경영지원을 받을 권리
5. 기타 가맹본부가 본 계약상의 영업과 관련하여 보유하는 권리로서 당사자가 사용허가의 대상으로 삼은 권리

② 이 계약에서 가맹점사업자에게 사용이 허가된 영업표지의 표시는 별첨[2]와 같다.

본인은 본 페이지의 내용에 대한 설명을 듣고, 이를 완전히 이해하였음	(인)

제10조 (지식재산권의 확보)

① 가맹본부는 가맹사업에 사용하는 영업표지에 대한 배타적 독점권을 확보하여야 한다.

② 가맹본부는 가맹점사업자에게 사용을 허가한 각종 권리의 진정성과 적법성 및 대항력에 대하여 책임을 진다.

③ 가맹본부가 사용을 허가한 지식재산권이 기간 만료 등으로 인하여 더 이상 사용할 수 없게 된 경우 가맹본부는 가맹본부의 책임과 비용으로 가맹점사업자에게 이를 대체할 수 있는 수단을 제공하여야 하며 이로 인하여 발생한 손해를 배상할 책임을 진다.

제11조 (계약의 발효일과 계약기간)

이 계약은 20　 년　 월　 일부터 발효되며 그 기간은 계약 발효일로부터 20　 년　 월　 일까지 (　　)년간으로 한다.

제12조 (영업지역의 보호)

① 가맹점사업자의 영업지역은 별첨[1]과 같이 하며, 가맹본부는 계약기간 중 가맹점 사업자의 영업지역에서 가맹점사업자와 동일한 업종의 자기 또는 계열회사의 직영점이나 가맹점을 개설하지 아니한다.

② 가맹본부는 계약기간 중 또는 계약갱신과정에서 가맹점사업자의 영업지역을 축소할 수 없다. 다만, 계약갱신 과정에서 다음 각 호의 어느 하나에 해당하는 경우에는 가맹점사업자와의 합의를 통해 영업지역을 조정할 수 있다.

1. 재건축, 재개발 또는 신도시 건설 등으로 인하여 상권의 급격한 변화가 발생하는 경우

본인은 본 페이지의 내용에 대한 설명을 듣고, 이를 완전히 이해하였음	(인)

2. 해당 상권의 거주인구 또는 유동인구가 현저히 변동되는 경우
3. 소비자의 기호변화 등으로 인하여 해당 상품·용역에 대한 수요가 현저히 변동되는 경우
4. 제1호부터 제3호까지의 규정에 준하는 경우로서 기존 영업지역을 그대로 유지하는 것이 현저히 불합리하다고 인정되는 경우

③ 가맹점사업자는 가맹본부와 약정한 영업지역을 준수하며, 영업지역을 벗어나 다른 가맹점의 영업지역을 침범하지 아니한다. 가맹점사업자가 자신의 영업지역을 벗어나 다른 가맹점사업자의 영업지역에 속한 고객에게 영업활동을 하는 경우 가맹본부는 다음 각 호의 어느 하나의 조치를 취하여 가맹점사업자 상호간의 이해관계를 합리적으로 조정할 수 있다.

1. 가맹본부가 두 가맹점사업자 간의 보상금 지불에 대한 중재안을 제시
2. 영업지역을 침해받은 가맹점사업자의 영업지역 조정 요구가 있는 경우 매출액 현황 조사 등 필요한 조치 수행
3. 특정 가맹점사업자가 다른 가맹점사업자의 영업지역을 반복적으로 침해하여 다른 가맹점사업자의 영업과 가맹본부의 가맹사업 경영에 심각한 손해를 가한 경우 그 가맹점사업자에게 행위의 시정을 요구하고 손해배상 청구

④ 가맹본부는 가맹점사업자가 영업 지역 내의 다른 점포로의 이전 승인을 요청하는 경우 이전희망 점포가 기존 점포 승인 당시의 승인요건을 충족하면 이를 조건없이 승인한다.

제13조 [점포의 설비]

① 가맹점사업자의 점포설비(인테리어)는 가맹사업 전체의 통일성과 독창성을 유지할 수 있도록 가맹본부가 정한 사양에 따라 설계 · 시공한다(기존시설을 변경하는 경우에도 같다). 가맹본부는 기본적인 설계도면과 시방서를 마련하고 계약체결 이후 가맹점사업자에게 이를 제공하여야 한다.

본인은 본 페이지의 내용에 대한 설명을 듣고, 이를 완전히 이해하였음	(인)

② 가맹점사업자는 가맹본부가 정한 사양에 따라 직접 시공하거나 가맹본부 또는 가맹본부가 지정한 업체를 통해 시공할 수 있다.

③ 가맹점사업자가 점포 설비에 관한 시공을 하는 경우 가맹본부는 공사의 원활한 진행을 위하여 자신의 비용으로 직원을 파견할 수 있다.

④ 가맹점사업자가 가맹본부 또는 가맹본부가 지정한 업체를 통해 시공하는 경우 가맹본부는 영업설비기간·공사세부내역·구체적인 부담액·담보기간 등 구체적인 내용을 가맹점사업자와 협의하여 정하며, 협의한 내용을 가맹점사업자에게 서면으로 제공한다.

⑤ 점포설비에 따른 제반 인 · 허가는 이 계약체결일로부터 (　　)일 이내에 가맹점사업자가 자신의 책임과 비용으로 취득한다. 다만, 가맹본부가 직접 시공한 경우 또는 가맹본부가 지정하거나 권유한 업체를 통하여 시공한 경우에는 당사자간 협의하여 그 책임과 비용을 분담할 수 있다.

⑥ 가맹본부는 점포의 시설, 장비, 인테리어 등의 노후화가 객관적으로 인정되는 경우 또는 위생·안전의 결함이나 이에 준하는 사유로 인하여 가맹사업의 통일성을 유지하기 어렵거나 정상적인 영업에 현저한 지장을 주는 경우에는 점포환경개선을 요구 또는 권유할 수 있다. 단, 노후화에 대한 객관적인 인정 시점은 최근 개선일로부터 최소 (　　)년 [커피업종(예시) : 5년, 치킨업종(예시) : 7년]으로 한다.

⑦ 가맹본부는 공사의 원활한 진행을 위하여 가맹점사업자에게 공사에 필요한 설계도면 제공 및 공사의 감리를 진행하며, 가맹점사업자는 이에 대한 대가로 실측 및 설계도면 제공비 (　　)원과 공사감리비 3.3㎡당 (　　)원을 가맹본부에게 지급한다. 다만 가맹점사업자가 가맹본부 또는 가맹본부가 지정한 업체에게 공사를 의뢰하는 경우에는 그러하지 아니하다.

<u>본인은 본 페이지의 내용에 대한 설명을 듣고, 이를 완전히 이해하였음</u>	<u>(인)</u>

⑧ 가맹점사업자가 가맹본부와 직접 공사 계약을 하고 가맹본부가 공사업체에 이를 다시 도급하는 경우에는 가맹본부는 해당 가맹점사업자에게 공사업체와 체결하는 도급 금액 정보 및 도급계약서를 제공하여야 한다.

⑨ 가맹본부는 가맹점사업자의 점포환경개선에 간판교체비용, 인테리어 공사비용(장비·집기의 교체비용을 제외한 실내건축공사에 소요되는 일체의 비용을 말한다)이 소요될 경우에는 그 금액의 20%(점포의 확장 또는 이전을 수반하는 경우에는 40%)를 부담한다. 다만, 가맹본부의 권유 또는 요구가 없음에도 가맹점사업자가 자발적 의사에 의하여 점포환경을 개선하거나 가맹점사업자의 귀책사유로 위생·안전 및 이와 유사한 문제가 발생하여 불가피하게 점포환경을 개선하는 경우는 그러하지 아니하다.

제14조 (가맹점사업자 피해보상보험계약 등의 체결)

① 가맹본부는 가맹점사업자의 피해를 보상하기 위하여 다음 각 호의 어느 하나에 해당하는 계약(이하 "가맹점사업자 피해보상보험 등"이라 한다)을 체결할 수 있다.

1. 「보험업법」에 따른 보험계약
2. 가맹점사업자 피해보상금의 지급을 확보하기 위한 「금융감독기구의 설치 등에 관한 법률」 제38조에 따른 기관의 채무지급보증계약
3. 공정거래위원회의 인가를 받아 설립된 공제조합과의 공제계약

② 가맹본부가 가맹점사업자 피해보상보험 등을 체결한 경우, 가맹본부는 가맹점사업자로부터 최초가맹금을 직접 수령할 수 있다.

본인은 본 페이지의 내용에 대한 설명을 듣고, 이를 완전히 이해하였음	(인)

제 3 장 가맹점사업자의 부담

제15조 (최초가맹금)

① 가맹점사업자가 가맹본부에 지급하여야 할 최초가맹금의 내역은 다음 표와 같다.

최초가맹금 내역	금액 (단위: 천원)	포함내역	지급 기한	반환 조건	반환될 수 없는 사유
가입비		장소선정 지원비, 가맹사업운영매뉴얼 제공비, 오픈지원비 등			
최초교육비					
합계					

② 가맹점사업자는 가맹점 영업이 개시되거나 계약체결일로부터 (　)일이 경과할 때까지 제1항의 최초가맹금 중 다음 표에 기재된 내역을 가맹본부가 지정하는 아래 금융회사에 예치하여야 한다. 다만, 가맹본부가 제14조의 가맹점사업자 피해보상보험 등을 체결한 경우에는 가맹본부가 직접 지급받을 수 있다.

예치가맹금 내역	금액(단위: 천원)
가입비	
최초교육비	
합계	

* 예치금융회사: 　　은행 　　지점 　　　부

계좌번호: 　　　　　　　　예금주:

본인은 본 페이지의 내용에 대한 설명을 듣고, 이를 완전히 이해하였음	(인)

③ 가맹본부는 다음 각 호의 어느 하나에 해당하는 경우에 위 예치기관의 장에게 예치가맹금의 지급을 요청할 수 있다.

1. 가맹점사업자가 영업을 개시한 경우
2. 가맹계약 체결일로부터 2개월이 경과한 경우

제16조 [가맹금의 반환]

① 가맹점사업자 또는 가맹희망자는 다음 각 호의 어느 하나에 해당하는 경우에 이 계약의 체결일로부터 4개월 이내(제3호의 경우 가맹본부의 영업중단일로부터 4개월 이내)에 가맹본부에 서면으로 가맹금의 반환을 청구할 수 있다. 이 경우 반환하는 가맹금의 금액은 가맹계약의 체결 경위, 금전이나 그 밖에 지급된 대가의 성격, 가맹계약기간, 계약이행기간, 가맹사업당사자의 귀책정도 등을 고려하여 당사자의 협의에 의하여 결정한다.

1. 가맹본부가 등록된 정보공개서를 제공하지 아니하거나 정보공개서를 제공한 날로부터 14일(제45조에 따라 변호사 또는 가맹거래사의 자문을 받은 경우에는 7일)이 지나지 아니하였음에도 가맹금을 수령(가맹금을 예치하는 경우에는 예치)하거나 가맹계약을 체결한 경우
2. 가맹본부가 가맹희망자에게 정보를 제공함에 있어 허위 또는 과장된 정보를 제공하거나 중요사항을 누락하여 계약 체결에 중대한 영향을 준 것으로 인정되는 경우
3. 가맹본부가 정당한 사유 없이 가맹사업을 일방적으로 중단한 경우

② 가맹점사업자는 계약기간 내에 자기의 귀책사유 없는 사유로 계약이 해지되는 등 가맹계약이 중도에 종료되는 경우에는 영업표지 사용료, 영업시스템의 계속적 이용료 등과 같이 전체 계약기간에 대한 선급금의 성질을 갖는 가맹금 중 미경과 잔여계약기간의 비율에 해당하는 금액의 반환을 청구할 수 있다. 다만, 이는 손해배상의 청구에 영향을 미치지 아니한다.

<u>본인은 본 페이지의 내용에 대한 설명을 듣고, 이를 완전히 이해하였음</u>	<u>(인)</u>

③ 제2항의 경우에 최초교육비 등과 같이 계약기간에 따른 선급금의 성질을 갖지 않는 가맹금 중 이행이 완료된 급부의 대가에 해당하는 가맹금에 관하여는 공평의 관념에 어긋나지 않는 범위에서 당사자의 약정에 따라 반환하지 아니할 수 있다.

④ 제2항에 의해 가맹본부가 가입비의 일부를 반환해야 하는 경우에는 가맹점사업자의 청구가 있는 날로부터 ( )일 이내에 반환하여야 한다.

※ 가맹사업법 제10조 제2항에 의하여 가맹점사업자의 청구가 있는 날로부터 1개월을 초과할 수 없음

제17조 (계속가맹금)

① 가맹점사업자가 가맹본부에 지급하여야 할 계속가맹금의 내역은 다음 표와 같다. 계속가맹금에는 가맹점사업자가 가맹본부로부터 공급받는 상품·원재료·부재료 등에 대하여 가맹본부에 지급하는 대가 중 적정한 도매가격을 넘는 대가를 포함한다.

계속가맹금 내역	금액 (단위: 천원)	지급기한	반환조건	반환될 수 없는 사유
영업표지 사용료				
수시교육비				
광고비				
판촉비				
상품,원·부재료 마진				
합계				

주1」 내역을 구분하지 않고 지급받는 경우에는 합계만 기재한다.

주2」 상품·원·부재료에 이윤을 부가하여 가맹금을 수취하는 경우, 정확한 금액을 기재하기 어려운 때에는 (전년도 상품, 원·부재료 공급 이윤 총액/전년도 말 기준 총 가맹점 개수)의 값을 기재한다.

본인은 본 페이지의 내용에 대한 설명을 듣고, 이를 완전히 이해하였음	(인)

② 가맹점사업자는 분기 종료 후 (　　)일 까지 직전 분기의 총매출액을 서면 또는 POS시스템을 통하여 가맹본부에게 통지하여야 한다.

제18조 (계약이행보증금)

① 가맹점사업자는 영업표지 사용료, 광고 · 판촉비(가맹점사업자가 부담하게 되는 금액에 한한다) 등 계속가맹금 및 상품 등의 대금과 관련한 채무액 또는 손해배상액의 지급을 담보하기 위하여 직전년도 전체 가맹점사업자의 1회 평균 상품 등의 대금 (원·부재료 대금 포함)의 3배 이내에서 계약이행보증금으로 (　　　)원을 가맹본부에게 지급하거나 이에 상당하는 계약이행보증보험증권 또는 담보를 제공하여야 한다.

② 전항의 계약이행보증금을 금전으로 지급하는 경우, 가맹점사업자는 가맹점 영업이 개시되거나 계약체결일로부터 (　)일이 경과할 때까지 위 금전을 제15조 제2항에 지정된 금융기관에 예치하여야 한다. 다만, 가맹본부가 제14조의 가맹점사업자 피해보상보험 등을 체결한 경우에는 가맹본부에 직접 지급할 수 있다.

③ 계약이 기간만료 또는 해지 등의 사유로 인하여 종료된 경우 가맹본부는 기간만료일 또는 해지일로부터 (　)일 이내에 가맹점사업자에게 계약이행보증금으로 잔존 채무액과 손해배상액을 정산한 잔액을 상환하고 정산서를 교부하여야 한다.

④ 물적담보가 제공된 경우에는 가맹본부는 가맹점사업자로부터 잔존 채무액과 손해배상액을 지급받음과 동시에 물적담보의 말소에 필요한 서류를 담보권설정자에게 교부하여야 한다.

⑤ 가맹본부는 가맹점사업자가 적정한 계약이행보증금 등을 제공하였음에도 인적보증 등 담보를 추가로 요구해서는 아니 된다.

본인은 본 페이지의 내용에 대한 설명을 듣고, 이를 완전히 이해하였음	(인)

제19조 (최저임금 인상 등 비용부담 증가로 인한 가맹금의 조정)

① 가맹점사업자는 최저임금 인상 등으로 인해 비용이 증가하는 경우 가맹본부에게 가맹금의 조정을 요청할 수 있다.

② 가맹본부는 제1항에 따른 요청이 있은 날부터 10일 이내에 가맹금 조정을 위한 협의를 개시하며, 천재지변이나 전시·사변 등의 부득이한 사유 없이 협의를 거부하거나 게을리 하지 아니한다.

제 4 장 영업활동의 조건

제20조 (교육 및 훈련)

① 가맹본부가 정한 교육 및 훈련과정을 이수하지 아니하는 자는 가맹점의 관리자로 근무할 수 없다.

② 가맹본부의 교육훈련은 다음 표와 같이 구분하여 실시한다.

교육훈련과정	실시시기	가맹점사업자 부담비용 (단위: 천원)
최초교육		
정기교육	연 ( )회	
특별교육		

③ 정기교육은 이를 실시하기 ( )일 전에 그 교육계획을 수립하여 가맹점사업자에게 서면으로 통지한다.

본인은 본 페이지의 내용에 대한 설명을 듣고, 이를 완전히 이해하였음	(인)

④ 특별교육은 이를 실시하기 (　　)일 전에 장소와 시간을 정하여 서면으로 통지한다.

⑤ 가맹본부는 실비를 기준으로 교육비용을 산출하고, 그 산출근거를 명시한 서면에 의하여 가맹점사업자에게 그 지급을 요구하여야 한다.

⑥ 가맹점사업자는 자신이 비용을 부담하여 가맹본부에게 교육 및 훈련요원의 파견을 요청할 수 있다.

제21조 (경영지도)

① 가맹본부는 가맹점사업자의 경영활성화를 위하여 경영지도를 할 수 있다.

② 가맹점사업자는 자신의 비용부담으로 가맹본부에게 경영지도를 요청할 수 있다. 다만, 가맹점사업자가 부담하여야 할 비용은 가맹금에 포함된 통상의 경영지도 비용을 초과한 부분에 한한다.

③ 제2항의 요청을 받은 가맹본부는 경영지도계획서를 가맹점사업자에 제시하여야 한다.

④ 제3항의 경영지도계획서에는 경영지도내용, 기간, 경영진단 및 지도 관계자의 성명, 소요비용 등이 포함되어야 한다.

⑤ 가맹본부는 경영지도결과 및 경영개선 방안을 경영지도 후 (　)일 이내에 가맹본부 담당자가 가맹점사업자에게 직접 방문하여 서면으로 제시하고 이를 설명하도록 한다.

<u>본인은 본 페이지의 내용에 대한 설명을 듣고, 이를 완전히 이해하였음</u>	<u>(인)</u>

제22조 [감독 및 통제]

① 가맹본부는 가맹점사업자의 경영상태를 파악하기 위하여 월(주)( )회 점포를 점검하고 가맹점사업자에 그 결과를 지체 없이 통지하여야 하며 기준에 위반하는 사항에 대해 시정을 요구할 수 있다.

② 점포의 점검은 청결, 위생, 회계처리, 각종설비관리, 원 · 부재료관리 등의 상태를 대상으로 한다.

③ 가맹본부는 점포관리기준을 가맹점사업자에게 제시하고, 제시 후 ( ) 일부터 그 기준에 의하여 점검한다. 점포관리기준을 변경하는 경우에도 같다.

제23조 [주방기기의 설치 및 유지]

① 가맹점사업자는 가맹본부가 제시한 모델과 동일한 주방기기를 설치 및 사용하여야 한다.

② 가맹점사업자가 주방기기를 설치하는 경우 공사의 원활한 진행을 위하여 가맹본부는 자신의 비용으로 직원을 파견하여 지원할 수 있다.

③ 가맹본부는 가맹사업의 통일적인 운영을 위하여 가맹점사업자에게 일정 사양의 주방기기를 직접 공급하거나 업체를 지정하여 공급하도록 할 수 있으며 구체적인 내역과 가격은 별첨[4]와 같다.

④ 제3항의 경우 가맹점사업자는 가맹본부 또는 가맹본부가 지정한 업체로부터 공급받은 주방기기의 수리를 가맹본부에 의뢰할 수 있다.

⑤ 제4항의 경우 가맹본부는 수리비의 견적 및 수리에 소요되는 기간을 즉시 통지하여야 하고, 수리가 불가능한 때에는 이유를 명시하여 소정 기일 내에 회수하여야 하며 이유 없이 신품의 교체를 강요할 수 없다.

본인은 본 페이지의 내용에 대한 설명을 듣고, 이를 완전히 이해하였음	(인)

제24조 [POS 등 설비 및 기기]

① 가맹점사업자는 가맹점운영에 필요한 POS 등 설비 및 기기를 구비하여야 한다.

② 가맹본부는 가맹점사업자의 요청이 있는 경우 가맹점 영업에 필요한 설비 · 기기를 유상으로 대여할 수 있다. 이 경우 대여할 설비 및 기기의 내역, 대여비용 등 구체적인 사항은 당사자간에 합의하여 별도로 결정한다.

③ 가맹점사업자는 대여 받은 설비 · 기기를 제3자에게 양도하거나 담보로 제공할 수 없다.

④ 가맹점사업자는 대여 받은 설비 · 기기를 자신의 비용으로 유지 · 보수한다.

⑤ 가맹점사업자가 대여 받은 설비 · 기기를 멸실 · 훼손한 경우에는 구입가격에서 감가상각한 금액으로 배상한다.

제25조 [광고]

① 가맹본부는 가맹사업 및 가맹점 영업의 활성화를 위하여 전국단위 및 지역단위로 광고를 시행할 수 있다. 다만, 해당지역 가맹점사업자 과반수의 반대가 있는 경우에는 그러하지 아니하다.

② 광고의 목적 · 횟수 · 시기 · 매체 등에 관한 기본적 사항은 가맹본부가 정하는 바에 의한다. 이와 관련하여 필요한 세부사항은 가맹본부가 합리적으로 결정하여 시행하고 위 세부사항을 기재한 서면으로 가맹점사업자에게 사후 통지한다.

③ 전국단위 광고에 소요되는 비용은 가맹본부가 (　　)%, 해당 가맹점사업자가 (　　)%씩 각각 분담한다. 가맹점사업자 간의 개별 분담액은 광고시행 직전 분기의 각 가맹점사업자의 총매출액 비율에 따라 산정한다.

본인은 본 페이지의 내용에 대한 설명을 듣고, 이를 완전히 이해하였음	(인)

④ 가맹본부는 당해분기에 지출한 광고비 중에서 각 가맹점사업자가 부담해야 할 금액을 다음 분기 첫달의 말일까지 명세서를 첨부하여 통지하고, 가맹점사업자는 그 통지를 받은 날로부터 (   )일 이내에 지급한다.

⑤ 가맹점사업자는 자기의 비용으로 영업지역 내에서 광고를 시행할 수 있다. 이 경우 가맹점사업자는 광고의 계획과 문안, 기타 광고와 관련된 세부사항에 관하여 사전에 가맹본부의 승인을 받아야 한다.

⑥ 가맹본부는 사업연도 중 가맹점사업자가 비용의 일부라도 부담한 광고를 시행한 경우 다음 각 호의 사항을 사업연도 종료후 3개월 이내에 가맹점사업자에게 통보하여야 한다.

1. 해당 사업연도에 실시한 광고(해당 사업연도에 일부라도 비용이 집행된 경우를 포함한다. 이하 같다)별 명칭, 내용 및 실시기간
2. 해당 사업연도에 광고를 위하여 전체 가맹점사업자로부터 지급받은 금액
3. 해당 사업연도에 실시한 광고로 집행한 비용 및 가맹점사업자가 부담한 총액

⑦ 가맹점사업자가 광고매체별 광고 횟수, 광고단가 등 세부 산출 근거가 포함된 광고집행 내역의 열람을 요구하는 경우 기맹본부는 열람의 일시, 장소를 정하여 이를 열람할 수 있도록 한다.

제26조 [판촉]

① 가맹본부는 가맹사업 및 가맹점 영업의 활성화를 위하여 전국단위 및 지역단위로 할인판매, 경품제공, 이벤트 등과 같은 판촉활동을 시행할 수 있다. 다만, 해당지역 가맹점사업자 30%이상이 판촉활동의 시행여부 및 판촉행사의 주요내용에 반대가 있는 경우에는 그러하지 아니하다.

본인은 본 페이지의 내용에 대한 설명을 듣고, 이를 완전히 이해하였음	(인)

② 제1항의 절차에 따라 판촉행사를 실시하는 경우에 가맹본부는 판촉행사의 주요내용(판촉시기, 판촉물품의 종류, 가맹본부와 가맹점사업자간의 비용분담 기준)을 포함한 판촉계획을 사전에 가맹점사업자에게 제공하여야 한다.

③ 가맹점에서 판매하는 상품의 할인비용이나 제공하는 경품·기념품 등의 비용, 판촉활동을 위한 통일적 팜플렛·전단·리플렛·카달로그의 제작 비용, 온라인·모바일 상품권 발행비용 등 판촉행사에 소요되는 비용은 가맹본부와 가맹점사업자가 균등하게 분담한다.

④ 가맹점사업자는 자기의 비용으로 자기 지역 내에서 판촉활동을 할 수 있다. 이 경우 가맹점사업자는 판촉활동의 구체적 내용에 관하여 가맹본부와 사전에 협의하여야 한다.

⑤ 가맹본부는 사업연도 중 가맹점사업자가 일부라도 비용을 부담한 판촉행사를 시행한 경우 다음 각 호의 사항을 사업연도 종료 후 3개월 이내에 가맹점사업자에게 통보하여야 한다.

1. 해당 사업연도에 실시한 판촉활동(해당 사업연도에 일부라도 비용이 집행된 경우를 포함한다. 이하 같다)별 명칭, 내용 및 실시기간
2. 해당 사업연도에 판촉활동을 위하여 전체 가맹점사업자로부터 지급받은 금액
3. 해당 사업연도에 실시한 판촉활동으로 집행한 비용 및 가맹점사업자가 부담한 총액

⑥ 가맹점사업자가 세부 산출 근거가 포함된 판촉행사 집행 내역의 열람을 요구하는 경우 가맹본부는 열람의 일시, 장소를 정하여 이를 열람할 수 있도록 한다.

본인은 본 페이지의 내용에 대한 설명을 듣고, 이를 완전히 이해하였음	(인)

第27조 [원 · 부재료 등의 조달과 관리]

① 가맹본부가 가맹점사업자에게 공급하여야 할 원 · 부재료 등의 내역 및 가격은 별첨[3]와 같다. 다만, 물가인상 기타 경제여건의 변동으로 인하여 원 · 부재료 등의 공급내역, 가격의 변경이 필요할 경우 가맹본부는 변경내역, 변경사유 및 변경가격 산출 근거를 가맹점사업자에 서면으로 제시하고 양 당사자가 협의하여 결정한다.

② 가맹본부는 가맹점사업자가 제1항에 따른 원·부재료 등의 납품대금을 신용카드로 결제하려는 경우 이를 거절하거나 현금결제를 강요하여서는 아니된다.

③ 가맹본부는 가맹사업의 목적달성에 필요한 합리적 사유가 있는 경우에는 원 · 부재료 등의 공급원을 자기 또는 특정한 제3자로 한정할 수 있다.

④ 가맹본부와 가맹점사업자는 관련 법률에서 정한 설비와 장비를 갖추고 원 · 부재료 등의 성질에 적합한 방법으로 운반 · 보관하여야 한다.

⑤ 가맹점사업자는 공급받은 원 · 부재료 등을 가맹본부의 허락 없이 타인에게 제공하거나 대여할 수 없다.

第28조 [원 · 부재료 등의 직접 조달]

① 가맹본부가 공급하지 아니하거나 합리적 사유 없이 공급을 지연하는 원 · 부재료 등 및 가맹본부로부터 사전에 승인을 얻은 원 · 부재료 등은 가맹점사업자가 직접 조달하여 판매할 수 있다. 이 경우 가맹점사업자는 브랜드의 동일성을 해치지 않도록 하여야 한다.

② 가맹본부는 가맹점사업자가 제2항에 의하여 직접 조달하는 원 · 부재료 등에 대하여 품질관리기준을 제시하고 그 기준의 준수여부를 검사할 수 있다. 이 경우 가맹점사업자는 가맹본부의 품질검사에 협조하여야 한다.

본인은 본 페이지의 내용에 대한 설명을 듣고, 이를 완전히 이해하였음	(인)

第29条 (원 · 부재료 등의 검사와 하자통지의무)

① 가맹점사업자는 원 · 부재료 등을 공급받는 즉시 수량 및 품질을 검사하여야 하고, 하자를 발견하였을 경우 지체 없이 이를 서면으로 가맹본부에게 통지하여야 한다.

② 가맹점사업자가 원 · 부재료 등의 성질상 수령 즉시 하자를 발견할 수 없는 경우에는 6개월 이내에 이를 발견하여 통지하고 완전물로 교환을 청구할 수 있다.

③ 가맹점사업자가 제1항 및 제2항의 검사를 태만히 하여 이로 인한 손해가 발생한 경우에는 가맹본부에 대하여 반품 · 수량보충 또는 손해배상을 청구할 수 없다. 다만, 가맹본부가 상품 등에 하자가 있음을 알면서 공급한 경우에는 제2항의 기간과 상관없이 가맹본부에 손해배상 등을 청구할 수 있다.

④ 가맹본부는 그의 상표를 사용하여 공급한 원 · 부재료 등의 하자로 인하여 소비자 등 제3자가 입은 손해에 대하여 책임이 있다. 다만, 가맹본부가 공급하지 않은 원 · 부재료 등을 가맹점사업자가 판매하여 제3자에게 손해를 가한 경우나 가맹점사업자의 보관상의 주의의무위반, 가맹점사업자의 상품제공상의 별도 과실로 인한 경우에는 이에 대한 책임을 지지 아니한다.

⑤ 계약이 기간만료, 해지 등으로 인하여 종료한 때에는 가맹점사업자는 공급된 원 · 부재료 등의 중에서 완전물을 가맹본부에 반환할 수 있고, 이에 대하여 가맹본부는 공급가격으로 상환하여야 한다. 다만, 가맹점사업자의 책임있는 사유로 인하여 해지된 경우에는 그러하지 아니하다.

⑥ 제5항의 경우에 하자 있는 원 · 부재료 등에 대하여는 그 상태를 감안하여 가맹본부와 가맹점사업자의 협의에 의하여 상환가격을 결정한다.

본인은 본 페이지의 내용에 대한 설명을 듣고, 이를 완전히 이해하였음	(인)

第30조 (원 · 부재료 등 공급의 중단)

① 가맹본부는 다음 각 호의 어느 하나에 해당하는 경우에는 (　　)일 전에 해당사유를 적시한 서면으로 예고하고 가맹점사업자에 대한 원 · 부재료 등의 공급을 중단할 수 있다. 다만, 위 기간 중 가맹점사업자가 해당사유를 시정한 경우에는 그러하지 아니하다.

1. 가맹점사업자가 (　　)개월에 걸쳐 3회 이상 원 · 부재료 등에 관한 대금 등의 지급의무를 지체하는 경우
2. 가맹점사업자가 2회 이상 정기납입경비의 지급을 연체하는 경우
3. 가맹점사업자가 정기납입경비의 산정을 위한 총매출액 또는 매출액 증가비율을 3회 이상 허위로 통지하는 경우
4. 가맹본부의 품질관리기준을 (　　)개월에 걸쳐 3회 이상 위반하는 경우
5. 가맹점사업자가 가맹본부와의 협의 없이 점포 운영을 3일 이상 방치하는 경우
6. 가맹점사업자가 가맹본부와 약정한 판매촉진활동을 이행하지 않는 경우
7. 가맹점사업자가 정당한 사유 없이 제13조 제5항에 의한 노후 점포 설비의 교체 · 보수 요청에 따르지 않는 경우
8. 가맹점사업자가 가맹본부로부터 본 계약상의 의무위반을 지적받고 상당한 기간 내에 시정조치를 취하지 않는 경우

② 가맹본부는 다음 각 호의 어느 하나에 해당하는 경우에는 즉시 원 · 부재료 등의 공급을 중단할 수 있다.

1. 가맹점사업자에게 파산 신청이 있거나 강제집행절차 또는 회생절차가 개시된 경우
2. 가맹점사업자가 발행한 어음 · 수표가 부도 등으로 지급거절된 경우
3. 천재지변, 중대한 일신상의 사유 등으로 가맹점사업자가 더 이상 가맹사업을 경영할 수 없게 된 경우
4. 가맹점사업자가 공연히 허위사실을 유포함으로써 가맹본부의 명성이나

본인은 본 페이지의 내용에 대한 설명을 듣고, 이를 완전히 이해하였음	(인)

신용을 뚜렷이 훼손하거나 가맹본부의 영업비밀 또는 중요 정보를 유출하여 가맹사업에 중대한 장애를 초래한 경우

5. 가맹점사업자가 가맹사업의 운영과 관련되는 법령의 위반사실을 통보받은 후 10일 이내에 이를 시정하지 아니한 경우
6. 가맹점사업자의 가맹사업과 관련한 가맹본부의 시정요구에 따른 후에 다시 같은 위반행위를 2회 이상 반복한 경우
7. 가맹점사업자가 가맹점 운영과 관련된 행위로 형사처벌을 받은 경우
8. 가맹점사업자가 공중의 건강이나 안전에 급박한 위해를 일으킬 염려가 있는 방법이나 형태로 가맹점을 운영하는 경우
9. 가맹점사업자가 정당한 사유 없이 연속하여 7일 이상 영업을 중단한 경우

③ 제1항 및 제2항의 경우 가맹본부는 원 · 부재료 등의 공급중단조치를 취함과 동시에 재공급조건을 가맹점사업자에 서면으로 통지하여야 한다.

제31조 (영업)

① 가맹점사업자는 주 (　　)일 이상 월 (　　)일 이상 개장하여야 하고, 연속하여 (　　)일 이상 임의로 휴업할 수 없다.

② 가맹점사업자가 특정일에 점포를 열지 못할 특별한 사정이 있는 경우에는 이를 3일 전부터 매장 입구에 개시하여 고객이 알 수 있도록 하여야 한다.

③ 가맹점사업자가 일정기간 휴업할 경우에는 사전에 가맹본부에게 그 사유를 서면으로 통지하고 가맹본부의 승인을 얻어야 한다.

④ 영업시간은 (　)부터 (　)까지로 한다.

<u>본인은 본 페이지의 내용에 대한 설명을 듣고, 이를 완전히 이해하였음</u>	<u>(인)</u>

⑤ 가맹본부는 가맹점사업자가 심야영업시간대(오전 1시부터 오전 6시까지)의 매출이 저조하여 영업시간 단축을 요구한 날이 속한 달의 직전 6개월 동안 영업손실이 발생함에 따라 영업시간 단축을 요구하거나 질병의 발병과 치료 등 불가피한 사유로 인하여 영업시간의 단축을 요구하는 경우에는 이를 허용한다.

제32조 (복장)

① 가맹점사업자와 종업원은 가맹점영업과 관련하여 가맹본부가 지정한 복장을 착용하여야 한다.

② 가맹본부는 복장의 색상, 규격을 가맹점사업자에게 서면으로 통지한다.

③ 가맹본부는 가맹점사업자의 청구에 따라 종업원의 복장을 공급할 수 있다.

④ 가맹점사업자는 임직원 및 종업원이 외식업소에 근무하는 자로서의 품격에 어긋나지 않는 복장상태를 유지하도록 하여야 한다.

제33조 (보고의무)

① 가맹점사업자는 가맹점 영업과 관련하여 영업장부와 회계자료를 성실히 작성 · 유지하여야 한다.

② 가맹점사업자는 년(월, 주) (   )회 매출상황과 회계원장 등을 가맹본부에 서면 또는 POS시스템을 통하여 보고하여야 한다.

③ 가맹점사업자는 가맹본부가 파견한 경영지도원의 서면에 의한 요구가 있을 때에는 영업장부 등 관련서류를 제시하여야 한다.

본인은 본 페이지의 내용에 대한 설명을 듣고, 이를 완전히 이해하였음	(인)

④ 가맹점사업자는 가맹본부로부터 사용허가를 받은 영업표지와 특허권 등에 대한 침해를 이유로 제3자가 소를 제기한 경우에는 이를 가맹본부에 보고하여야 한다.

제34조 (보험)

① 가맹본부는 가맹점사업자가 영업상 과실, 상품의 하자, 점포의 화재 등으로 가맹점 이용 고객이나 제3자에게 부담하는 손해배상책임을 보장하기 위하여 책임보험에 가입할 것을 권유할 수 있다.

② 가맹점사업자는 자신의 책임으로 보험업자, 보험의 종류, 피보험자를 정한다.

제35조 (영업양도 및 담보제공)

① 가맹점사업자는 가맹본부의 승인을 얻어 영업을 양도, 임대하거나 영업재산을 담보로 제공(이하 "영업양도 등"이라 한다)할 수 있다.

② 제1항의 경우 가맹점사업자는 영업양도일(또는 영업임대일, 담보제공일. 이하 같다)(   )일 전에 가맹본부에 대하여 서면으로 영업양도 등의 승인을 요청하여야 한다.

③ 가맹본부는 전항의 승인을 요청받은 날로부터 (   )일 이내에 그 사유를 명시한 서면으로 승인 또는 거절의 의사를 표시하여야 한다. 가맹본부가 이 기간 중에 이유를 적시하여 거절하지 않으면 영업양도 등을 승인한 것으로 본다.

④ 가맹점사업자가 영업 양도의 승인을 요청한 경우 가맹본부는 영업양도 승인조건으로 점포환경 개선을 요구하지 아니한다.

본인은 본 페이지의 내용에 대한 설명을 듣고, 이를 완전히 이해하였음	(인)

⑤ 영업양도의 경우 영업양수인은 가맹점사업자의 가맹본부에 대한 권리와 의무를 승계한다.

⑥ 영업양수인, 영업임차인은 제15조의 최초가맹금의 지급의무가 면제된다. 다만, 양도 등에 따라 가맹본부에게 초래된 행정적 실비 및 소정의 교육비, 계약이행보증금은 면제되지 아니한다.

⑦ 가맹본부는 영업양수인이 요청하는 경우에는 영업양도인의 잔여 계약기간 대신에 완전한 계약기간을 영업양수인에게 부여할 수 있다. 이 경우에는 신규계약을 체결하여야 한다.

⑧ 가맹본부가 가맹사업을 타인에게 양도하는 경우 가맹점사업자는 가맹계약을 종료하고 계약관계에서 탈퇴할 수 있다. 이 경우 가맹본부는 가맹점사업자에 대하여 제16조 제2항의 금원을 반환하여야 한다.

⑨ 가맹본부는 가맹점운영권의 양도와 관련된 분쟁을 예방하기 위하여, 승인 전후를 불문하고 양도인의 투자비 내역, 영업 현황 등의 자료를 양수희망자 또는 양수인에게 제공할 수 있다.

第36조 [영업의 상속]

① 가맹점사업자의 상속인은 가맹점 영업을 상속할 수 있다.

② 상속인이 영업을 상속할 경우에는 상속개시일로부터 3개월 이내에 상속사실을 가맹본부에게 통지하여야 한다.

③ 상속인이 미성년자, 피성년후견인, 피한정후견인에 해당하거나 이에 준하는 사유가 있는 경우 가맹본부는 영업의 상속을 승인하지 아니할 수 있으며, 이 경우 가맹계약은 종료한다. 다만, 가맹본부는 상속인에게 제39조 제2항 및 제3항의 금원을 지급하여야 한다.

본인은 본 페이지의 내용에 대한 설명을 듣고, 이를 완전히 이해하였음	(인)

④ 상속인에 대해서는 제15조의 최초가맹금이 면제된다. 단, 소정의 교육비, 계약이행보증금은 면제되지 아니한다.

제 5 장 계약의 갱신, 해지, 종료

제37조 [계약의 갱신과 거절]

① 가맹본부는 가맹점사업자가 가맹계약기간 만료 전 180일부터 90일까지 사이에 가맹계약의 갱신을 요구하는 경우에는 정당한 사유가 없으면 이를 거절하지 못한다. 다만 가맹점사업자가 다음 각 호의 어느 하나에 해당하는 경우에는 갱신을 거절할 수 있다.

1. 가맹계약상의 가맹금 등의 지급의무를 지키지 아니한 경우
2. 다른 가맹점사업자에게 통상적으로 적용되는 계약조건이나 영업방침을 가맹점사업자가 수락하지 아니한 경우
3. 가맹점의 운영에 필요한 점포 · 설비의 확보나 법령상 필요한 자격 · 면허 · 허가의 취득에 관한 가맹본부의 중요한 영업방침을 지키지 아니한 경우
4. 상품의 품질을 유지하기 위하여 필요한 조리법, 식자재 구입 및 관리 또는 서비스기법의 준수에 관하여 가맹본부가 정한 영업방침을 지키지 아니한 경우
5. 가맹본부의 가맹사업 경영에 필수적인 지식재산권의 보호에 관하여 가맹본부가 정한 영업방침을 지키지 아니한 경우
6. 다른 가맹본부가 통상적으로 요구하는 비용에 의하여 가맹본부가 가맹점사업자에게 정기적으로 실시하는 교육 · 훈련의 준수에 관한 가맹본부의 영업방침을 지키지 아니한 경우.

본인은 본 페이지의 내용에 대한 설명을 듣고, 이를 완전히 이해하였음	(인)

② 제1항의 가맹점사업자의 계약갱신요구권은 최초 가맹계약기간을 포함한 전체 가맹계약기간이 10년을 초과하지 아니하는 범위 내에서만 행사할 수 있다.

③ 가맹본부가 제1항에 따른 갱신요구를 거절하는 경우에는 갱신을 요구받은 날로부터 15일 이내에 가맹점사업자에게 거절사유를 적은 서면으로 통지하여야 한다.

④ 가맹본부가 제1항 단서의 어느 사유를 들어 계약만료 전 180일부터 90일까지 갱신하지 않는다는 사실을 서면으로 통지하거나 제3항의 거절통지를 한 경우가 아니면, 가맹계약은 종전계약과 동일한 조건으로 (　　)년간 갱신된 것으로 본다.

⑤ 다음 각 호의 어느 하나에 해당하는 경우에는 제4항을 적용하지 아니한다.

1. 가맹점사업자가 계약만료 60일전까지 이의를 제기한 경우
2. 천재지변 등 양 당사자에게 책임 없는 사유로 인하여 가맹계약을 유지하기 어려운 경우
3. 가맹본부나 가맹점사업자에게 파산신청이 있거나 강제집행절차 또는 회생절차가 개시된 경우
4. 가맹본부나 가맹점사업자가 발행한 어음 · 수표가 부도 등으로 지급거절된 경우
5. 가맹점사업자에게 중대한 일신상의 사유가 발생하여 더 이상 가맹사업을 경영할 수 없게 된 경우

제38조 [계약의 해지]

① 가맹본부는 가맹점사업자에게 제30조 제1항 각호의 사유가 있는 경우에는 가맹계약을 해지할 수 있다. 이 경우 가맹계약을 해지하기 위해서는 가맹점사업자에게 2개월 이상의 유예기간을 두고 계약의 위반사실을

본인은 본 페이지의 내용에 대한 설명을 듣고, 이를 완전히 이해하였음	(인)

구체적으로 밝히고 이를 시정하지 아니하면 그 계약을 해지한다는 사실을 서면으로 2회 이상 통지하여야 하고, 이 절차를 거치지 아니한 가맹계약의 해지는 그 효력이 없다.

② 가맹본부는 가맹사업의 거래를 지속하기 어려운 경우로서 다음 각 호의 어느 하나에 해당하는 경우에는 제1항의 절차를 거치지 아니하고 계약을 해지할 수 있다.

1. 가맹점사업자에게 파산신청이 있거나 강제집행절차 또는 회생절차가 개시된 경우
2. 가맹점사업자가 발행한 어음 · 수표가 부도 등으로 지급거절된 경우
3. 천재지변, 중대한 일신상의 사유 등으로 가맹점사업자가 더 이상 가맹사업을 경영할 수 없게 된 경우
4. 가맹점사업자가 공연히 허위사실을 유포함으로써 가맹본부의 명성이나 신용을 뚜렷이 훼손하거나 가맹본부의 영업비밀 또는 중요정보를 유출하여 가맹사업에 중대한 장애를 초래한 경우
5. 가맹점사업자가 가맹사업의 운영과 관련되는 법령의 위반사실을 통보받은 후 10일 이내에 이를 시정하지 아니한 경우
6. 가맹점사업자가 제1항 후문에 따른 가맹본부의 시정요구에 따른 후 다시 같은 위반행위를 2회 이상 반복한 경우
7. 가맹점사업자가 가맹점운영과 관련된 행위로 형사처벌을 받은 경우
8. 가맹점사업자가 공중의 건강이나 안전에 급박한 위해를 일으킬 염려가 있는 방법이나 형태로 가맹점을 운영하는 경우
9. 가맹점사업자가 정당한 사유 없이 연속하여 7일 이상 영업을 중단한 경우.

③ 가맹점사업자는 가맹본부가 약정한 원 · 부재료 등의 공급, 경영지원 등을 정당한 이유 없이 이행하지 않거나 지체하는 경우 등 이 계약상의 의무를 불이행하는 경우에는 상당한 기간을 정하여 서면으로 그 시정을 요구하고 그래도 시정하지 않을 경우에는 가맹계약을 해지할 수 있다.

본인은 본 페이지의 내용에 대한 설명을 듣고, 이를 완전히 이해하였음	(인)

④ 가맹점사업자는 다음 각 호의 어느 하나에 해당하여 재정상태가 객관적으로 악화됨에 따라 본 계약의 유지가 어렵다고 합리적 · 객관적으로 판단되는 경우에는 최고 없이 즉시 계약을 해지할 수 있다.

1. 가맹본부가 파산한 경우
2. 가맹본부가 발행한 어음 · 수표가 부도 등으로 지급거절된 경우
3. 가맹본부가 (가)압류, 가처분, 강제집행, 체납처분 또는 이와 유사한 법적 · 행정적 처분을 당한 경우
4. 천재지변으로 가맹점 운영이 곤란한 경우

⑤ 가맹본부와 가맹점사업자는 계약기간 중에도 서면에 의하여 양 당사자가 합의하여 해지할 수 있다. 다만, 해지를 원하는 당사자는 상대방에 대하여 「약관의 규제에 관한 법률」 제8조(손해배상액의 예정)에 위반되지 아니하는 범위 내에서 금 (　　)원을 위약금으로 지급하여야 하며, 이는 손해배상액의 예정으로서의 성격을 갖는다.

제39조 [계약의 종료와 조치]

① 계약이 기간만료나 해지로 인하여 종료된 경우, 가맹점사업자는 지체없이 가맹본부의 상호 · 간판 등 영업표지의 사용을 중단하고 이를 철거내지 제거하여야 하며, 가맹본부가 제공한 설비, 전산시스템 등 영업관련 자산을 가맹본부에 반환하여야 한다.

② 제1항의 규정에도 불구하고 가맹점사업자가 계약이행보증금을 지급한 경우에는 가맹본부로부터 제18조 제3항의 정산잔액과 정산서를 받을 때까지(계약이행보증보험증권이나 물적 담보를 제공한 경우에는 잔존 채무 · 손해배상액의 통지서를 받을 때까지) 제1항의 의무이행을 거절할 수 있다. 가맹본부가 제16조 제2항에 의하여 가맹금의 일부를 반환해야 하는 경우에도 또한 같다.

본인은 본 페이지의 내용에 대한 설명을 듣고, 이를 완전히 이해하였음	(인)

③ 제1항의 철거 · 원상복구의 비용은 계약이 가맹점사업자의 귀책사유로 종료되는 경우에는 가맹점사업자가 부담하고 가맹본부의 귀책사유로 종료되는 경우에는 가맹본부가 부담한다. 다만, 합의해지의 경우에는 가맹본부와 가맹점사업자가 협의하여 비용을 분담할 수 있다.

④ 가맹본부는 가맹계약서를 가맹사업의 거래가 종료된 날부터 3년간 보관하여야 한다.

제 6 장 기 타

제40조 (가맹점사업자의 비밀유지, 경업금지 의무)

① 가맹점사업자는 계약 및 가맹점 운영상 알게 된 가맹본부의 조리법 등 영업비밀을 계약기간은 물론 계약종료 후에도 제3자에게 누설해서는 아니된다.

② 가맹점사업자는 가맹본부의 허락 없이 교육과 세미나 자료 기타 가맹점 운영과 관련하여 가맹본부의 영업비밀이 담긴 관계서류의 내용을 인쇄 또는 복사할 수 없다.

③ 가맹점사업자는 계약의 존속 중에 가맹본부의 허락 없이 자기 또는 제3자의 명의로 가맹본부의 영업과 동종의 영업을 하지 않는다.

제41조(개량기술의 사용)

가맹점사업자가 가맹본부로부터 지원받은 영업노하우 등 기술과 관련하여 독자적으로 기술을 개량한 경우, 개량기술에 대한 소유권은 가맹점사업자에게 있는 것으로 한다. 다만, 가맹본부는 기술개발비, 예상수익, 원천기술의 기여분, 개량기술의 가치 등이 반영된 정당한 대가를 지급하고 그 소유권의 이전이나 실시권, 사용권 등의 설정을 가맹점사업자에게 청구할 수 있다.

본인은 본 페이지의 내용에 대한 설명을 듣고, 이를 완전히 이해하였음	(인)

제42조 (지연이자)

계약의 일방당사자가 본 계약과 관련하여 상대방에게 부담하는 일체의 금전 지급의무를 지체하는 경우에는 미지급액에 대하여 지급기일의 다음날부터 지급하는 날까지 연 ( )%의 비율에 의한 지연이자를 가산하여 지급한다.

제43조 (손해배상)

이 계약의 당사자는 상대방의 계약위반이나 불법행위로 인한 손해에 대하여 본 계약상 구제수단 외에 별도로 손해배상을 청구할 수 있다.

제44조 (분쟁의 해결)

① 이 계약의 당사자는 이 계약의 해석 또는 이 계약에 의하여 명시되지 아니한 사항에 관하여 다툼이 있을 경우 우선적으로 대화와 협상을 통하여 분쟁을 해결하도록 최선을 다한다.

② 제1항에 의한 해결이 되지 아니한 경우에는 「가맹사업거래의 공정화에 관한 법률」 제22조에 따라 한국공정거래조정원의 가맹사업거래분쟁조정협의회에 조정을 신청하거나 다른 법령에 의하여 설치된 중재기관에 중재를 신청할 수 있다.

③ 가맹본부 및 가맹점사업자의 협의에 의하여 제2항에 의한 중재를 신청하지 아니하는 경우, 이 계약에 관한 분쟁의 관할법원은 가맹점사업자의 주소지나 점포소재지를 관할하는 법원으로 한다. 다만, 가맹본부와 가맹점사업자가 합의하여 관할법원을 달리 정하는 경우에는 그러하지 아니하다.

본인은 본 페이지의 내용에 대한 설명을 듣고, 이를 완전히 이해하였음	(인)

제45조 (정보공개서의 자문)

① 가맹본부는 이 계약을 체결하기 전에 가맹희망자에게 정보공개서를 제공하고 충분한 숙고기간을 부여하여야 하며 정보공개서의 이해를 돕기 위하여 가맹거래사 또는 변호사의 자문을 받을 수 있다는 사실을 고지하여야 한다.

② 가맹점사업자는 제1항의 자문을 받은 경우 자문일자가 기재된 확인서를 가맹본부에 제출하여야 한다.

제46조 (정보공개서 및 가맹계약서의 수령일)

① 가맹점사업자는 가맹금의 일부를 지급하거나 이 계약을 체결하는 날로부터 14일(제45조의 자문을 받은 경우에는 7일) 이상 이전인 20 년 월 일에 가맹본부로부터 관련 정보공개서를 제공받았음을 확인한다.

② 가맹점사업자는 가맹본부가 가맹금을 최초로 수령한 날(가맹금을 예치한 경우에는 예치한 날, 예치하기로 합의한 경우에는 예치 예정일)과 이 계약을 체결한 날 중 빠른 날 전인 20 년 월 일에 이 계약서를 사전제공 받았음을 확인한다.

별첨 [1] : 영업지역의 표시
별첨 [2] : 가맹점사업자에게 사용이 허가된 영업표지의 표시
별첨 [3] : 공급 원 · 부재료 등의 내역
별첨 [4] : 공급 주방기기 등의 내역

본인은 본 페이지의 내용에 대한 설명을 듣고, 이를 완전히 이해하였음	(인)

가맹본부와 가맹점사업자는 이 가맹계약서에 열거된 각 조항을 면밀히 검토하고 충분히 이해하였으며, 이 계약의 체결을 증명하기 위하여 계약서 2통을 작성하여 각각 기명 · 날인한 후 각 1통씩 보관한다.

20 년 월 일

[가맹본부]

대 표 자: (인)
사업자등록번호:
상 호:
주 소:
연 락 처:

[가맹점사업자]

성 명: (인)
생 년 월 일:
점 포 명:
주 소:
연 락 처:

본인은 본 페이지의 내용에 대한 설명을 듣고, 이를 완전히 이해하였음	(인)

별첨 [1] : 영업지역의 표시

※ 영업지역을 표시한 지도를 첨부하여 주십시오

본인은 본 페이지의 내용에 대한 설명을 듣고, 이를 완전히 이해하였음	(인)

별첨 [2] : 가맹점사업자에게 사용이 허가된 영업표지의 표시

(1) 허용대상 영업표지

영업표지 견본	
등록번호(출원번호)	
등록결정(심결) 연월일	
존속기간 (예정) 만료일	
지정상품 또는 지정서비스업	
등록권리자	

(2) 영업표지 사용방법 : 간판, 상징물, 홍보물, 집기 비품, 문구류 등에 표시

(3) 영업표지의 사용기간 : 이 계약의 효력이 존속되는 기간과 원칙적으로 동일함

(4) 영업표지의 사용지역 : 별도 약정이 없는 한 해당 영업지역 내로 한정됨

본인은 본 페이지의 내용에 대한 설명을 듣고, 이를 완전히 이해하였음	(인)

별첨 [3] : 공급 원 · 부재료 등의 내역

연번	원 · 부재료명	공급가격

본인은 본 페이지의 내용에 대한 설명을 듣고, 이를 완전히 이해하였음	(인)

별첨 [4] : 공급 주방기기의 내역

연번	주방기기명	공급가격

본인은 본 페이지의 내용에 대한 설명을 듣고, 이를 완전히 이해하였음	(인)

프랜차이즈(도소매업) 표준계약서

공정거래위원회

이 표준계약서의 목적은 도소매업을 운영하는 가맹사업에 있어서 가맹본부와 가맹점사업자 간에 공정한 계약조건에 따라 가맹계약(프랜차이즈계약)을 체결하도록 하기 위한 표준적 계약조건을 제시함에 있습니다.

이 표준계약서에서는 도소매업 가맹사업의 운영에 있어서 표준이 될 계약의 기본적 공통사항만을 제시하였습니다. 따라서 실제 가맹계약을 체결하려는 계약당사자는 이 표준계약서의 기본 틀과 내용을 유지하는 범위에서 이 표준계약서보다 더 상세한 사항을 계약서에 규정하거나 특약으로 달리 약정할 수 있습니다.

또한 이 표준계약서의 일부 내용은 현행 「가맹사업거래의 공정화에 관한 법률」 및 그 시행령을 기준으로 한 것이므로 계약당사자는 이들 법령이 개정되는 경우에는 개정내용에 부합되도록 기존의 계약을 수정 또는 변경할 수 있으며 특히 개정법령에 강행규정이 추가되는 경우에는 반드시 그 개정규정에 따라 계약내용을 수정하여야 합니다.

이 표준계약서는 하위가맹본부(지사 등)가 가맹본부로부터 계약체결권을 부여받아 가맹점사업자를 모집할 경우에도 그 하위가맹계약의 표준이 될 수 있습니다.

제 1 장 총 칙

제1조 [목 적]

이 표준계약서는 상품 도소매업을 영업으로 하는 가맹사업에 있어서 가맹본부와 가맹점사업자 간에 공정한 계약조건에 따른 가맹계약을 체결하도록 하기 위한 표준적 계약조건을 제시함을 목적으로 한다.

제2조 [용어의 정의]

이 계약서에서 사용된 용어는 다음 각 호와 같은 의미를 갖는다.

1. "가맹사업"이라 함은 가맹본부가 가맹점사업자(가맹희망자를 포함한다)로 하여금 자신의 상표 · 서비스표 · 상호 · 간판 그 밖의 영업표지(이하 "영업표지"라 한다)를 사용하여 일정한 품질기준이나 영업방식에 따라 상품을 판매하도록 함과 아울러 이에 따른 경영 및 영업활동 등에 대한 지원 · 교육과 통제를 하고, 가맹점사업자는 이에 대한 대가로 가맹본부에 가맹금을 지급하는 것을 내용으로 하는 계속적인 거래관계를 말한다.
2. "가맹본부"라 함은 가맹계약과 관련하여 가맹점사업자에게 가맹점운영권을 부여하는 사업자를 말한다.
3. "가맹점사업자"라 함은 가맹계약과 관련하여 가맹본부로부터 가맹점운영권을 부여받은 사업자를 말한다.
4. "가맹금"이라 함은 명칭이나 지급형태의 여하에 관계없이 가맹점사업자가 가맹계약에 따라 가맹본부에 지급하는 대가를 말하며, 최초가맹금, 계속가맹금, 계약이행보증금을 포함한다.

본인은 본 페이지의 내용에 대한 설명을 듣고, 이를 완전히 이해하였음	(인)

5. "최초가맹금"이라 함은 가입비 · 입회비 · 계약금 · 할부금 · 오픈지원비 · 최초교육비 등 명칭을 불문하고 가맹점사업자가 가맹점운영권을 부여받아 가맹사업에 착수하기 위하여 가맹본부에 지급하는 대가를 말한다.
6. "계속가맹금"이라 함은 상표사용료, 교육비, 경영지원비 등 명칭을 불문하고 가맹점사업자가 가맹사업에 착수한 이후 가맹사업을 유지하기 위하여 영업표지의 사용과 영업활동 등에 관한 지원 · 교육, 그 밖의 사항과 관련하여 가맹본부에 정기적으로 또는 비정기적으로 지급하는 모든 대가를 말한다.
7. "계약이행보증금"이란 가맹점사업자가 가맹본부로부터 공급받는 상품의 대금 등에 관한 채무액이나 이와 관련한 손해배상액의 지급을 담보하기 위하여 가맹본부에 지급하는 대가를 말한다.
8. "영업비밀"이라 함은 공공연히 알려져 있지 아니하고 독립된 경제적 가치를 가지는 것으로서, 가맹본부의 상당한 노력에 의하여 비밀로 유지된 생산방법, 판매방법, 그 밖에 영업활동에 유용한 기술상 또는 경영상의 정보를 말한다.

제3조 (계약당사자의 지위)

① 가맹본부와 가맹점사업자는 상호간에 독립한 사업자로서 대등한 관계에서 이 건 가맹계약을 체결한다.

② 가맹본부와 가맹점사업자 사이에는 상호간에 대리관계나 위임관계, 사용자와 피용자 관계, 동업자 관계 등 여하한 특별한 관계도 존재하지 아니한다.

제4조 (신의성실의 원칙)

가맹본부와 가맹점사업자는 이 가맹계약에 따라 가맹사업을 영위함에 있어서 각자의 업무를 신의에 따라 성실하게 수행하여야 한다.

본인은 본 페이지의 내용에 대한 설명을 듣고, 이를 완전히 이해하였음	(인)

第5조 (가맹본부의 준수사항)

가맹본부는 이 계약에서 정한 의무 외에 다음 각 호의 사항을 준수한다.

1. 가맹사업의 성공을 위한 사업구상
2. 상품이나 용역의 품질관리와 판매기법의 개발을 위한 계속적 노력
3. 가맹점사업자에 대하여 합리적 가격과 비용에 의한 점포설비의 설치, 상품 또는 용역 등의 공급
4. 가맹점사업자와 그 직원에 대한 교육 · 훈련
5. 가맹점사업자의 경영 · 영업활동에 대한 지속적인 조언과 지원
6. 가맹계약기간 중 가맹점사업자의 영업지역에서 자기의 직영점이나 가맹점을 설치하거나 가맹점사업자와 동일한 업종의 가맹점을 설치하는 행위의 금지
7. 가맹점사업자와의 대화와 협상을 통한 분쟁해결 노력

第6조 (가맹점사업자의 준수사항)

가맹점사업자는 이 계약에서 정한 의무 외에 다음 각 호의 사항을 준수한다.

1. 가맹사업의 통일성 및 가맹본부의 명성을 유지하기 위한 노력
2. 가맹본부의 공급계획과 소비자의 수요충족에 필요한 적정한 재고유지 및 상품진열
3. 가맹본부가 상품 또는 용역에 대하여 제시하는 적절한 품질기준의 준수
4. 제3호의 규정에 의한 품질기준의 상품 또는 용역을 구입하지 못하는 경우 가맹본부가 제공하는 상품 또는 용역의 사용
5. 가맹본부가 사업장의 설비와 외관, 운송수단에 대하여 제시하는 적절한 기준의 준수
6. 취급하는 상품 · 용역이나 영업활동을 변경하는 경우 가맹본부와의 사전 협의

본인은 본 페이지의 내용에 대한 설명을 듣고, 이를 완전히 이해하였음	(인)

7. 상품 및 용역의 구입과 판매에 관한 회계장부 등 가맹본부의 통일적 사업경영 및 판매전략의 수립에 필요한 자료의 유지와 제공
8. 가맹점의 업무현황 및 제7호의 규정에 의한 자료의 확인과 기록을 위한 가맹본부의 임직원 그 밖의 대리인의 사업장 출입 허용
9. 가맹본부의 동의를 얻지 아니한 경우 사업장의 위치변경 또는 가맹점 운영권의 양도금지
10. 가맹계약기간 중 가맹본부와 동일한 업종을 영위하는 행위의 금지
11. 가맹본부의 영업기술이나 영업비밀의 누설 금지
12. 가맹본부의 영업표지 기타 지적재산권에 대한 침해사실을 인지하는 경우 가맹본부에 대한 침해사실의 통보와 금지조치에 필요한 적절한 협력

제7조 (불공정거래행위의 금지)

가맹본부는 다음 각 호의 어느 하나에 해당하는 행위로서 가맹사업의 공정한 거래를 저해할 우려가 있는 행위를 하거나 제3자에게 이를 행하도록 하지 아니한다.

1. 가맹점사업자의 귀책으로 보기 어려운 행위 등을 이유로 가맹점사업자에게 상품이나 용역의 공급 또는 영업지원 등을 중단 또는 거절하거나 그 내용을 현저히 제한하는 행위
2. 가격구속, 거래상대방 구속, 상품 또는 용역의 판매제한, 영업지역 준수 강제 등의 방법으로 가맹점사업자가 취급하는 상품 또는 용역의 가격, 거래상대방, 거래지역이나 가맹점사업자의 사업활동을 가맹본부의 상표권 보호, 상품 또는 용역의 동일성 유지 등 가맹사업경영에 필수적인 수준에 비추어 과도하게 구속하거나 제한하는 행위
3. 거래상 지위를 이용하여 구입강제, 경제적이익제공 또는 비용부담 강요, 가맹점사업자에게 불리한 계약조항 설정 또는 변경, 경영간섭, 판매목표 강제 등의 방법으로 가맹점사업자에게 불이익을 주는 행위

본인은 본 페이지의 내용에 대한 설명을 듣고, 이를 완전히 이해하였음	(인)

4. 계약의 목적과 내용, 발생할 손해 등에 비하여 과중한 위약금 또는 지연손해금을 설정·부과하는 행위
5. 경쟁가맹본부의 가맹점사업자를 자기와 거래하도록 유인하여 자기의 가맹점사업자의 영업에 불이익을 주는 행위 등 제1호 내지 제4호 외의 행위로서 가맹사업의 공정한 거래를 저해할 우려가 있는 행위

제 2 장 개점의 준비

제8조 (가맹점의 표시)

이 계약에 의하여 가맹점사업자가 개설하게 되는 가맹점의 표시는 다음과 같다.

(1) 점포 명 :

(2) 상호 및 대표자 :

(3) 점포 소재지 :

(4) 점포 규모 : ㎡

(5) 영업지역 : 별첨[1]에 표시된 지역

제9조 (가맹점운영권의 부여)

① 가맹본부는 가맹점사업자가 계약기간 중에 가맹본부의 영업시스템에 따라 도소매업을 운영하도록 하기 위하여 필요한 범위에서 가맹점사업자에게 다음 각 호의 권리를 부여한다.

1. 가맹본부의 영업표지의 사용권
2. 가맹사업과 관련하여 등기 · 등록된 권리나 영업비밀의 사용권

본인은 본 페이지의 내용에 대한 설명을 듣고, 이를 완전히 이해하였음	(인)

3. 상품 또는 원 · 부자재(이하 "상품 등"이라 한다)를 공급받을 권리
4. 노하우(know-how) 전수, 지도, 교육 기타 경영지원을 받을 권리
5. 기타 가맹본부가 본 계약상의 영업과 관련하여 보유하는 권리로서 당사자가 사용허가의 대상으로 삼은 권리

② 이 계약에서 가맹점사업자에게 사용이 허가된 영업표지의 표시는 별첨[2]와 같다.

제10조 (지식재산권의 확보)

① 가맹본부는 가맹사업에 사용하는 영업표지에 대한 배타적 독점권을 확보하여야 한다.

② 가맹본부는 가맹점사업자에게 사용을 허가한 각종 권리의 진정성과 적법성 및 대항력에 대하여 책임을 진다.

③ 가맹본부가 사용을 허가한 지식재산권이 기간 만료 등으로 인하여 더 이상 사용할 수 없게 된 경우 가맹본부는 가맹본부의 책임과 비용으로 가맹점사업자에게 이를 대체할 수 있는 수단을 제공하여야 하며 이로 인하여 발생한 손해를 배상할 책임을 진다.

제11조 (계약의 발효일과 계약기간)

이 계약은 20 년 월 일부터 발효되며 그 기간은 계약 발효일로부터 20 년 월 일까지 ( )년간으로 한다.

제12조 (영업지역의 보호)

① 가맹점사업자의 영업지역은 별첨[1]과 같이 하며, 가맹본부는 계약기간 중 가맹점사업자의 영업지역에서 가맹점사업자와 동일한 업종의 자기 또는 계열회사의 직영점이나 가맹점을 개설하지 아니한다.

본인은 본 페이지의 내용에 대한 설명을 듣고, 이를 완전히 이해하였음	(인)

② 가맹계약의 당사자는 계약기간 중 상대방의 동의 없이 영업지역을 변경할 수 없다. 가맹본부는 도로사정의 변경이나 재개발 등으로 인하여 영업지역이 충돌되는 경우에는 가맹점사업자 상호간의 이해관계를 합리적으로 조정할 수 있다.

③ 가맹점사업자는 가맹본부와 약정한 영업지역을 준수하며, 영업지역을 벗어나 다른 가맹점의 영업지역을 침범하지 아니한다. 가맹점사업자가 자신의 영업지역을 벗어나 다른 가맹점사업자의 영업지역에 속한 고객에게 영업활동을 하는 경우 가맹본부는 다음 각 호의 어느 하나의 조치를 취하여 가맹점사업자 상호간의 이해관계를 합리적으로 조정할 수 있다.

1. 가맹본부가 두 가맹점사업자 간의 보상금 지불에 대한 중재안을 제시
2. 영업지역을 침해받은 가맹점사업자의 영업지역 조정 요구가 있는 경우 매출액 현황 조사 등 필요한 조치 수행
3. 특정 가맹점사업자가 다른 가맹점사업자의 영업지역을 반복적으로 침해하여 다른 가맹점사업자의 영업과 가맹본부의 가맹사업 경영에 심각한 손해를 가한 경우 그 가맹점사업자에게 행위의 시정을 요구하고 손해배상 청구

제13조 (점포의 설비)

① 가맹점사업자의 점포설비(인테리어)는 가맹사업 전체의 통일성과 독창성을 유지할 수 있도록 가맹본부가 정한 사양에 따라 설계 · 시공한다(기존 시설을 변경하는 경우에도 같다). 가맹본부는 기본적인 설계도면과 시방서를 마련하고 계약체결 이후 가맹점사업자에게 이를 제공하여야 한다.

② 가맹점사업자는 가맹본부가 정한 사양에 따라 직접 시공하거나 가맹본부가 지정한 업체를 선정하여 시공할 수 있다. 이 경우 가맹본부는 공사의 원활한 진행을 위하여 자신의 비용으로 직원을 파견할 수 있고, 영업설비

본인은 본 페이지의 내용에 대한 설명을 듣고, 이를 완전히 이해하였음	(인)

기간 · 공사세부내역 · 구체적인 부담액 · 담보기간 등 구체적인 내용은 별도로 협의하여 정한다.

③ 가맹점사업자의 의뢰가 있는 경우에는 가맹본부가 직접 시공할 수 있다.

④ 점포설비에 따른 제반 인 · 허가는 이 계약체결일로부터 ( )일 이내에 가맹점사업자가 자신의 책임과 비용으로 취득한다. 다만, 가맹본부가 직접 시공한 경우 또는 가맹본부가 지정하거나 권유한 업체를 통하여 시공한 경우에는 당사자간 협의하여 그 책임과 비용을 분담할 수 있다.

⑤ 가맹본부는 점포의 시설, 장비, 인테리어 등의 노후화가 객관적으로 인정되는 경우 또는 위생·안전의 결함이나 이에 준하는 사유로 인하여 가맹사업의 통일성을 유지하기 어렵거나 정상적인 영업에 현저한 지장을 주는 경우에는 점포환경개선을 요구 또는 권유할 수 있다.

⑥ 가맹본부는 가맹점사업자의 점포환경개선에 간판교체비용, 인테리어 공사비용(장비·집기의 교체비용을 제외한 실내건축공사에 소요되는 일체의 비용을 말한다)이 소요될 경우에는 그 금액의 20%(점포의 확장 또는 이전을 수반하는 경우에는 40%)를 부담한다. 다만, 가맹본부의 권유 또는 요구가 없음에도 가맹점사업자가 자발적 의사에 의하여 점포환경을 개선하거나 가맹점사업자의 귀책사유로 위생·안전 및 이와 유사한 문제가 발생하여 불가피하게 점포환경을 개선하는 경우는 그러하지 아니하다.

제14조 (가맹점사업자 피해보상보험계약 등의 체결)

① 가맹본부는 가맹점사업자의 피해를 보상하기 위하여 다음 각 호의 어느 하나에 해당하는 계약(이하 "가맹점사업자 피해보상보험 등"이라 한다)을 체결할 수 있다.

본인은 본 페이지의 내용에 대한 설명을 듣고, 이를 완전히 이해하였음	(인)

1. 「보험업법」에 따른 보험계약
2. 가맹점사업자 피해보상금의 지급을 확보하기 위한 「금융감독기구의 설치 등에 관한 법률」 제38조에 따른 기관의 채무지급보증계약
3. 공정거래위원회의 인가를 받아 설립된 공제조합과의 공제계약

② 가맹본부가 가맹점사업자 피해보상보험 등을 체결한 경우, 가맹본부는 가맹점사업자로부터 최초가맹금을 직접 수령할 수 있다.

제 3 장 가맹점사업자의 부담

제15조 (최초가맹금)

① 가맹점사업자가 가맹본부에 지급하여야 할 최초가맹금의 내역은 다음 표와 같다.

최초가맹금 내역	금액 (단위: 천원)	포함내역	지급 기한	반환 조건	반환될 수 없는 사유
가입비		장소선정 지원비, 가맹사업운영매뉴얼 제공비, 오픈지원비 등			
최초교육비					
합계					

② 가맹점사업자는 가맹점 영업이 개시되거나 계약체결일로부터 (　)일이 경과할 때까지 제1항의 최초가맹금 중 다음 표에 기재된 내역을 가맹본부가 지정하는 아래 금융회사에 예치하여야 한다. 다만, 가맹본부가 제14조의 가맹점사업자 피해보상보험 등을 체결한 경우에는 가맹본부가 직접 지급받을 수 있다.

본인은 본 페이지의 내용에 대한 설명을 듣고, 이를 완전히 이해하였음	(인)

예치가맹금 내역	금액(단위: 천원)
가입비	
최초교육비	
합계	

* 예치금융회사: 은행 지점 부
계좌번호: 예금주:

③ 가맹본부는 다음 각 호의 어느 하나에 해당하는 경우에 위 예치기관의 장에게 예치가맹금의 지급을 요청할 수 있다.

1. 가맹점사업자가 영업을 개시한 경우
2. 가맹계약 체결일로부터 2개월이 경과한 경우

제16조 [가맹금의 반환]

① 가맹점사업자 또는 가맹희망자는 다음 각 호의 어느 하나에 해당하는 경우에 이 계약의 체결일로부터 4개월 이내(제3호의 경우 가맹본부의 영업중단일로부터 4개월 이내)에 가맹본부에 서면으로 가맹금의 반환을 청구할 수 있다. 이 경우 반환하는 가맹금의 금액은 가맹계약의 체결 경위, 금전이나 그 밖에 지급된 대가의 성격, 가맹계약기간, 계약이행기간, 가맹사업당사자의 귀책정도 등을 고려하여 당사자의 협의에 의하여 결정한다.

1. 가맹본부가 등록된 정보공개서를 제공하지 아니하거나 정보공개서를 제공한 날로부터 14일(제43조에 따라 변호사 또는 가맹거래사의 자문을 받은 경우에는 7일)이 지나지 아니하였음에도 가맹금을 수령(가맹금을 예치하는 경우에는 예치)하거나 가맹계약을 체결한 경우

본인은 본 페이지의 내용에 대한 설명을 듣고, 이를 완전히 이해하였음	(인)

2. 가맹본부가 가맹희망자에게 정보를 제공함에 있어 허위 또는 과장된 정보를 제공하거나 중요사항을 누락하여 계약 체결에 중대한 영향을 준 것으로 인정되는 경우
3. 가맹본부가 정당한 사유 없이 가맹사업을 일방적으로 중단한 경우

② 가맹점사업자는 계약기간 내에 자기의 귀책사유 없는 사유로 계약이 해지되는 등 가맹계약이 중도에 종료되는 경우에는 영업표지 사용료, 영업시스템의 계속적 이용료 등과 같이 전체 계약기간에 대한 선급금의 성질을 갖는 가맹금 중 미경과 잔여계약기간의 비율에 해당하는 금액의 반환을 청구할 수 있다. 다만, 이는 손해배상의 청구에 영향을 미치지 아니한다.

③ 제2항의 경우에 최초교육비 등과 같이 계약기간에 따른 선급금의 성질을 갖지 않는 가맹금 중 이행이 완료된 급부의 대가에 해당하는 가맹금에 관하여는 공평의 관념에 어긋나지 않는 범위에서 당사자의 약정에 따라 반환하지 아니할 수 있다.

④ 제1항 또는 제2항에 의해 가맹본부가 가입비의 일부를 반환해야 하는 경우에는 가맹점사업자의 청구가 있는 날로부터 ( )일 이내에 반환하여야 한다.

※ 가맹사업법 제10조 제1항에 의하여 가맹점사업자의 청구가 있는 날로부터 1개월을 초과할 수 없음

제17조 [계속가맹금]

① 가맹점사업자가 가맹본부에 지급하여야 할 계속가맹금의 내역은 다음 표와 같다.

본인은 본 페이지의 내용에 대한 설명을 듣고, 이를 완전히 이해하였음	(인)

계속가맹금 내역	금액 (단위: 천원)	지급기한	반환조건	반환될 수 없는 사유
영업표지 사용료				
수시교육비				
광고비				
판촉비				
합계				

② 가맹점사업자는 분기 종료 후 ( )일 까지 직전 분기의 총매출액을 서면 또는 POS시스템을 통하여 가맹본부에게 통지하여야 한다.

제18조 [계약이행보증금]

① 가맹점사업자는 영업표지 사용료, 광고 · 판촉비(가맹점사업자가 부담하게 되는 금액에 한한다) 등 계속가맹금 및 상품 등의 대금과 관련한 채무액 또는 손해배상액의 지급을 담보하기 위하여 직전년도 전체 가맹점사업자의 1회 평균 상품 등의 대금의 3배이내에서 계약이행보증금으로 ( )원을 가맹본부에게 지급하거나 이에 상당하는 계약이행보증보험증권 또는 담보를 제공하여야 한다.

② 전항의 계약이행보증금을 금전으로 지급하는 경우, 가맹점사업자는 가맹점영업이 개시되거나 계약체결일로부터 ( )일이 경과할 때까지 위 금전을 제15조 제2항에 지정된 금융회사에 예치하여야 한다. 다만, 가맹본부가 제14조의 가맹점사업자 피해보상보험 등을 체결한 경우에는 가맹본부에 직접 지급할 수 있다.

③ 계약이 기간만료 또는 해지 등의 사유로 인하여 종료된 경우 가맹본부는 기간만료일 또는 해지일로부터 ( )일 이내에 가맹점사업자에게 계약

본인은 본 페이지의 내용에 대한 설명을 듣고, 이를 완전히 이해하였음	(인)

이행보증금으로 잔존 채무액과 손해배상액을 정산한 잔액을 상환하고 정산서를 교부하여야 한다.

④ 물적담보가 제공된 경우에는 가맹본부는 가맹점사업자로부터 잔존 채무액과 손해배상액을 지급받음과 동시에 물적담보의 말소에 필요한 서류를 담보권설정자에게 교부하여야 한다.

⑤ 가맹본부는 가맹점사업자가 적정한 계약이행보증금 등을 제공하였음에도 인적보증 등 담보를 추가로 요구해서는 아니 된다.

제19조 (최저임금 인상 등 비용부담 증가로 인한 가맹금의 조정)

① 가맹점사업자는 최저임금 인상 등으로 인해 비용이 증가하는 경우 가맹본부에게 가맹금의 조정을 요청할 수 있다.

② 가맹본부는 제1항에 따른 요청이 있은 날부터 10일 이내에 가맹금 조정을 위한 협의를 개시하며, 천재지변이나 전시·사변 등의 부득이한 사유 없이 협의를 거부하거나 게을리 하지 아니한다.

제 4 장 영업활동의 조건

제20조 (교육 및 훈련)

① 가맹본부가 정한 교육 및 훈련과정을 이수하지 아니하는 자는 가맹점의 관리자로 근무할 수 없다.

② 가맹본부의 교육훈련은 다음 표와 같이 구분하여 실시한다.

본인은 본 페이지의 내용에 대한 설명을 듣고, 이를 완전히 이해하였음	(인)

교육훈련과정	실시시기	가맹점사업자 부담비용 (단위: 천원)
최초교육		
정기교육	연 ( )회	
특별교육		

③ 정기교육은 이를 실시하기 ( )일 전에 그 교육계획을 수립하여 가맹점사업자에게 서면으로 통지한다.

④ 특별교육은 이를 실시하기 ( )일 전에 장소와 시간을 정하여 서면으로 통지한다.

⑤ 가맹본부는 실비를 기준으로 교육비용을 산출하고, 그 산출근거를 명시한 서면에 의하여 가맹점사업자에게 그 지급을 요구하여야 한다.

⑥ 가맹점사업자는 자신이 비용을 부담하여 가맹본부에게 교육 및 훈련요원의 파견을 요청할 수 있다.

제21조 [경영지도]

① 가맹본부는 가맹점사업자의 경영활성화를 위하여 경영지도를 할 수 있다.

② 가맹점사업자는 자신의 비용부담으로 가맹본부에게 경영지도를 요청할 수 있다. 다만, 가맹점사업자가 부담하여야 할 비용은 가맹금에 포함된 통상의 경영지도 비용을 초과한 부분에 한한다.

③ 제2항의 요청을 받은 가맹본부는 경영지도계획서를 가맹점사업자에 제시하여야 한다.

본인은 본 페이지의 내용에 대한 설명을 듣고, 이를 완전히 이해하였음	(인)

④ 제3항의 경영지도계획서에는 경영지도내용, 기간, 경영진단 및 지도 관계자의 성명, 소요비용 등이 포함되어야 한다.

⑤ 가맹본부는 경영지도결과 및 경영개선 방안을 경영지도 후 (   )일 이내에 가맹본부 담당자가 가맹점사업자에게 직접 방문하여 서면으로 제시하고 이를 설명하도록 한다.

제22조 (감독 및 통제)

① 가맹본부는 가맹점사업자의 경영상태를 파악하기 위하여 월(주)(   )회 점포를 점검하고 가맹점사업자에 그 결과를 지체 없이 통지하여야 하며 기준에 위반하는 사항에 대한 시정을 요구할 수 있다.

② 점포의 점검은 청결, 위생, 회계처리, 각종설비관리, 상품 등의 관리 상태를 대상으로 한다.

③ 가맹본부는 점포관리기준을 가맹점사업자에게 제시하고, 제시 후 (   ) 일부터 그 기준에 의하여 점검한다. 점포관리기준을 변경하는 경우에도 같다.

제23조 (설비 및 기기)

① 가맹점사업자는 가맹점운영에 필요한 설비 및 기기를 구비하여야 한다.

② 가맹본부는 가맹점사업자의 요청이 있는 경우 가맹점 영업에 필요한 설비 · 기기를 유상으로 대여할 수 있다. 이 경우 대여할 설비 및 기기의 내역, 대여비용 등 구체적인 사항은 당사자간에 합의하여 별도로 결정한다.

본인은 본 페이지의 내용에 대한 설명을 듣고, 이를 완전히 이해하였음	(인)

③ 가맹점사업자는 대여 받은 설비 · 기기를 제3자에게 양도하거나 담보로 제공할 수 없다.

④ 가맹점사업자는 대여 받은 설비 · 기기를 자신의 비용으로 유지 · 보수한다.

⑤ 가맹점사업자가 대여 받은 설비 · 기기를 멸실 · 훼손한 경우에는 구입 가격에서 감가상각한 금액으로 배상한다.

제24조 [광고]

① 가맹본부는 가맹사업 및 가맹점 영업의 활성화를 위하여 전국단위 및 지역단위로 광고를 시행할 수 있다. 다만, 해당지역 가맹점사업자 과반수의 반대가 있는 경우에는 그러하지 아니하다.

② 광고의 목적 · 횟수 · 시기 · 매체 등에 관한 기본적 사항은 가맹본부가 정하는 바에 의한다. 이와 관련하여 필요한 세부사항은 가맹본부가 합리적으로 결정하여 시행하고 위 세부사항을 기재한 서면으로 가맹점사업자에게 사후 통지한다.

③ 전국단위 광고에 소요되는 비용은 가맹본부가 (   )%, 해당 가맹점사업자가 (   )%씩 각각 분담한다. 가맹점사업자 간의 개별 분담액은 광고 시행 직전 분기의 각 가맹점사업자의 총매출액 비율에 따라 산정한다.

④ 가맹본부는 당해분기에 지출한 광고비 중에서 각 가맹점사업자가 부담해야 할 금액을 다음 분기 첫달의 말일까지 명세서를 첨부하여 통지하고, 가맹점사업자는 그 통지를 받은 날로부터 (   )일 이내에 지급한다.

⑤ 가맹점사업자는 자기의 비용으로 영업지역 내에서 광고를 시행할 수 있다. 이 경우 가맹점사업자는 광고의 계획과 문안, 기타 광고와 관련된 세부사항에 관하여 사전에 가맹본부의 승인을 받아야 한다.

본인은 본 페이지의 내용에 대한 설명을 듣고, 이를 완전히 이해하였음	(인)

제25조 (판촉)

① 가맹본부는 가맹사업 및 가맹점 영업의 활성화를 위하여 전국단위 및 지역단위로 할인판매, 경품제공, 이벤트 등과 같은 판촉활동을 시행할 수 있다. 다만, 해당지역 가맹점사업자 30%이상이 판촉활동의 시행여부 및 판촉행사의 주요내용에 반대가 있는 경우에는 그러하지 아니하다.

② 제1항의 절차에 따라 판촉행사를 실시하는 경우에 가맹본부는 판촉행사의 주요내용(판촉시기, 판촉물품의 종류, 가맹본부와 가맹점사업자 간의 비용분담 기준)을 포함한 판촉계획을 사전에 가맹점사업자에게 제공하여야 한다.

③ 가맹점에서 판매하는 상품의 할인비용이나 제공하는 경품 · 기념품 등의 비용, 판촉활동을 위한 통일적 팜플렛·전단·리플렛·카달로그 등의 제작비용 등 판촉행사에 소요되는 비용은 가맹본부와 가맹점사업자가 균등하게 분담한다.

④ 가맹점사업자는 자기의 비용으로 자기 지역 내에서 판촉활동을 할 수 있다. 이 경우 가맹점사업자는 판촉활동의 구체적 내용에 관하여 가맹본부와 사전에 협의하여야 한다.

제26조 (상품 등의 조달과 관리)

① 가맹본부가 가맹점사업자에게 공급하여야 할 상품 등의 내역 및 가격은 별첨[3]와 같다. 다만, 물가인상 기타 경제여건의 변동으로 인하여 상품 등의 공급내역, 가격의 변경이 필요할 경우 가맹본부는 변경내역, 변경사유 및 변경가격 산출 근거를 가맹점사업자에 서면으로 제시하고 양 당사자가 협의하여 결정한다.

본인은 본 페이지의 내용에 대한 설명을 듣고, 이를 완전히 이해하였음	(인)

② 가맹본부가 공급하지 아니하거나 합리적 사유 없이 공급을 지연하는 상품 등은 가맹점사업자가 직접 조달하여 판매할 수 있다. 이 경우 가맹점사업자는 브랜드의 동일성을 해치지 않도록 하여야 한다.

③ 가맹본부는 가맹점사업자가 제2항에 의하여 직접 조달하는 상품 등에 대하여 품질관리기준을 제시하고 그 기준의 준수여부를 검사할 수 있다. 이 경우 가맹점사업자는 가맹본부의 품질검사에 협조하여야 한다.

④ 가맹본부와 가맹점사업자는 관련 법률에서 정한 설비와 장비를 갖추고 상품 등의 성질에 적합한 방법으로 운반 · 보관하여야 한다.

⑤ 가맹본부는 가맹사업의 목적달성에 필요한 합리적 사유가 있는 경우에는 상품 등의 공급원을 자기 또는 특정한 제3자로 한정할 수 있다.

⑥ 가맹점사업자는 공급받은 상품 등을 가맹본부의 허락 없이 타인에게 제공하거나 대여할 수 없다.

제27조 (상품 등의 검사와 하자통지의무)

① 가맹점사업자는 상품 등을 공급받는 즉시 수량 및 품질을 검사하여야 하고, 하자를 발견하였을 경우 지체 없이 이를 서면으로 가맹본부에게 통지하여야 한다.

② 가맹점사업자가 상품 등의 성질상 수령 즉시 하자를 발견할 수 없는 경우에는 6개월 이내에 이를 발견하여 통지하고 완전물로 교환을 청구할 수 있다.

③ 가맹점사업자가 제1항 및 제2항의 검사를 태만히 하여 이로 인한 손해가 발생한 경우에는 가맹본부에 대하여 반품 · 수량보충 또는 손해배상을

본인은 본 페이지의 내용에 대한 설명을 듣고, 이를 완전히 이해하였음	(인)

청구할 수 없다. 다만, 가맹본부가 상품 등에 하자가 있음을 알면서 공급한 경우에는 제2항의 기간과 상관없이 가맹본부에 손해배상 등을 청구할 수 있다.

④ 가맹본부는 그의 상표를 사용하여 공급한 상품 등의 하자로 인하여 소비자 등 제3자가 입은 손해에 대하여 책임이 있다. 다만, 가맹본부가 공급하지 않은 상품 등을 가맹점사업자가 판매하여 제3자에게 손해를 가한 경우나 가맹점사업자의 보관상의 주의의무위반, 가맹점사업자의 상품제공상의 별도 과실로 인한 경우에는 이에 대한 책임을 지지 아니한다.

⑤ 계약이 기간만료, 해지 등으로 인하여 종료한 때에는 가맹점사업자는 공급된 상품 등의 중에서 완전물을 가맹본부에 반환할 수 있고, 이에 대하여 가맹본부는 공급가격으로 상환하여야 한다. 다만, 가맹점사업자의 책임있는 사유로 인하여 해지된 경우에는 그러하지 아니하다.

⑥ 제5항의 경우에 하자 있는 상품 등에 대하여는 그 상태를 감안하여 가맹본부와 가맹점사업자의 협의에 의하여 상환가격을 결정한다.

第28조 (상품 등 공급의 중단)

① 가맹본부는 다음 각 호의 어느 하나에 해당하는 경우에는 (　　)일 전에 해당사유를 적시한 서면으로 예고하고 가맹점사업자에 대한 상품 등의 공급을 중단할 수 있다. 다만, 위 기간 중 가맹점사업자가 해당사유를 시정한 경우에는 그러하지 아니하다.

1. 가맹점사업자가 (　　)개월에 걸쳐 3회 이상 상품 등에 관한 대금 등의 지급의무를 지체하는 경우
2. 가맹점사업자가 2회 이상 정기납입경비의 지급을 연체하는 경우

본인은 본 페이지의 내용에 대한 설명을 듣고, 이를 완전히 이해하였음	(인)

3. 가맹점사업자가 정기납입경비의 산정을 위한 총매출액 또는 매출액 증가비율을 3회 이상 허위로 통지하는 경우
4. 가맹본부의 품질관리기준을 ( )개월에 걸쳐 3회 이상 위반하는 경우
5. 가맹점사업자가 가맹본부와의 협의 없이 점포 운영을 3일 이상 방치하는 경우
6. 가맹점사업자가 가맹본부와 약정한 판매촉진활동을 이행하지 않는 경우
7. 가맹점사업자가 정당한 사유 없이 제13조 제5항에 의한 노후 점포 설비의 교체 · 보수 요청에 따르지 않는 경우
8. 가맹점사업자가 가맹본부로부터 본 계약상의 의무위반을 지적받고 상당한 기간 내에 시정조치를 취하지 않는 경우

② 가맹본부는 다음 각 호의 어느 하나에 해당하는 경우에는 즉시 상품 등의 공급을 중단할 수 있다.

1. 가맹점사업자에게 파산 신청이 있거나 강제집행절차 또는 회생절차가 개시된 경우
2. 가맹점사업자가 발행한 어음 · 수표가 부도 등으로 지급거절된 경우
3. 천재지변, 중대한 일신상의 사유 등으로 가맹점사업자가 더 이상 가맹사업을 경영할 수 없게 된 경우
4. 가맹점사업자가 공연히 허위사실을 유포함으로써 가맹본부의 명성이나 신용을 뚜렷이 훼손하거나 가맹본부의 영업비밀 또는 중요 정보를 유출하여 가맹사업에 중대한 장애를 초래한 경우
5. 가맹점사업자가 가맹사업의 운영과 관련되는 법령의 위반사실을 통보받은 후 10일 이내에 이를 시정하지 아니한 경우
6. 가맹점사업자의 가맹사업과 관련한 가맹본부의 시정요구에 따른 후에 다시 같은 위반행위를 2회 이상 반복한 경우
7. 가맹점사업자가 가맹점 운영과 관련된 행위로 형사처벌을 받은 경우
8. 가맹점사업자가 공중의 건강이나 안전에 급박한 위해를 일으킬 염려가 있는 방법이나 형태로 가맹점을 운영하는 경우

<u>본인은 본 페이지의 내용에 대한 설명을 듣고, 이를 완전히 이해하였음</u>	<u>(인)</u>

9. 가맹점사업자가 정당한 사유 없이 연속하여 7일 이상 영업을 중단한 경우

③ 제1항 및 제2항의 경우 가맹본부는 상품 등의 공급중단조치를 취함과 동시에 재공급조건을 가맹점사업자에 서면으로 통지하여야 한다.

제29조 (영업)

① 가맹점사업자는 주 (   )일 이상 월 (   )일 이상 개장하여야 하고, 연속하여 (   )일 이상 임의로 휴업할 수 없다.

② 가맹점사업자가 특정일에 점포를 열지 못할 특별한 사정이 있는 경우에는 이를 3일 전부터 매장 입구에 개시하여 고객이 알 수 있도록 하여야 한다.

③ 가맹점사업자가 일정기간 휴업할 경우에는 사전에 가맹본부에게 그 사유를 서면으로 통지하고 가맹본부의 승인을 얻어야 한다.

④ 영업시간은 (   )부터 (   )까지로 한다.

⑤ 가맹본부는 가맹점사업자가 심야영업시간대(오전 1시부터 오전 6시까지)의 매출이 저조하여 영업시간 단축을 요구한 날이 속한 달의 직전 6개월 동안 영업손실이 발생함에 따라 영업시간 단축을 요구하거나 질병의 발병과 치료 등 불가피한 사유로 인하여 영업시간의 단축을 요구하는 경우에는 이를 허용한다.

제30조 (복장)

① 가맹점사업자와 종업원은 가맹점영업과 관련하여 가맹본부가 지정한 복장을 착용하여야 한다.

② 가맹본부는 복장의 색상, 규격을 가맹점사업자에게 서면으로 통지한다.

본인은 본 페이지의 내용에 대한 설명을 듣고, 이를 완전히 이해하였음	(인)

③ 가맹본부는 가맹점사업자의 청구에 따라 종업원의 복장을 공급할 수 있다.

④ 가맹점사업자는 임직원 및 종업원이 도소매업소에 근무하는 자로서의 품격에 어긋나지 않는 복장상태를 유지하도록 하여야 한다.

제31조 (보고의무)

① 가맹점사업자는 가맹점 영업과 관련하여 영업장부와 회계자료를 성실히 작성 · 유지하여야 한다.

② 가맹점사업자는 년(월, 주) (　　)회 매출상황과 회계원장 등을 가맹본부에 서면 또는 POS시스템을 통하여 보고하여야 한다.

③ 가맹점사업자는 가맹본부가 파견한 경영지도원의 서면에 의한 요구가 있을 때에는 영업장부 등 관련서류를 제시하여야 한다.

④ 가맹점사업자는 가맹본부로부터 사용허가를 받은 영업표지와 특허권 등에 대한 침해를 이유로 제3자가 소를 제기한 경우에는 이를 가맹본부에 보고하여야 한다.

제32조 (보험)

① 가맹본부는 가맹점사업자가 영업상 과실, 상품의 하자, 점포의 화재 등으로 소비자나 제3자에게 부담하는 손해배상책임을 보장하기 위하여 책임보험에 가입할 것을 권유할 수 있다.

② 가맹점사업자는 자신의 책임으로 보험업자, 보험의 종류, 피보험자를 정한다.

본인은 본 페이지의 내용에 대한 설명을 듣고, 이를 완전히 이해하였음	(인)

第33조 [영업양도 및 담보제공]

① 가맹점사업자는 가맹본부의 승인을 얻어 영업을 양도, 임대하거나 영업재산을 담보로 제공(이하 "영업양도 등"이라 한다)할 수 있다.

② 제1항의 경우 가맹점사업자는 영업양도일(또는 영업임대일, 담보제공일. 이하 같다)(　　)일 전에 가맹본부에 대하여 서면으로 영업양도 등의 승인을 요청하여야 한다.

③ 가맹본부는 전항의 승인을 요청받은 날로부터 (　　)일 이내에 그 사유를 명시한 서면으로 승인 또는 거절의 의사를 표시하여야 한다. 가맹본부가 이 기간 중에 이유를 적시하여 거절하지 않으면 영업양도 등을 승인한 것으로 본다.

④ 영업양도의 경우 영업양수인은 가맹점사업자의 가맹본부에 대한 권리와 의무를 승계한다.

⑤ 영업양수인, 영업임차인은 제15조의 최초가맹금의 지급의무가 면제된다. 다만, 양도 등에 따라 가맹본부에게 초래된 행정적 실비 및 소정의 교육비, 계약이행보증금은 면제되지 아니한다.

⑥ 가맹본부는 영업양수인이 요청하는 경우에는 영업양도인의 잔여 계약기간 대신에 완전한 계약기간을 영업양수인에게 부여할 수 있다. 이 경우에는 신규계약을 체결하여야 한다.

⑦ 가맹본부가 가맹사업을 타인에게 양도하는 경우 가맹점사업자는 가맹계약을 종료하고 계약관계에서 탈퇴할 수 있다. 이 경우 가맹본부는 가맹점사업자에 대하여 제16조 제2항의 금원을 반환하여야 한다.

본인은 본 페이지의 내용에 대한 설명을 듣고, 이를 완전히 이해하였음	(인)

⑧ 가맹본부는 가맹점운영권의 양도와 관련된 분쟁을 예방하기 위하여, 승인 전후를 불문하고 양도인의 투자비 내역, 영업 현황 등의 자료를 양수 희망자 또는 양수인에게 제공할 수 있다.

제34조 (영업의 상속)

① 가맹점사업자의 상속인은 가맹점 영업을 상속할 수 있다.

② 상속인이 영업을 상속할 경우에는 상속개시일로부터 3개월 이내에 상속사실을 가맹본부에게 통지하여야 한다.

③ 상속인이 미성년자, 피성년후견인, 피한정후견인에 해당하거나 이에 준하는 사유가 있는 경우 가맹본부는 영업의 상속을 승인하지 아니할 수 있으며, 이 경우 가맹계약은 종료한다. 다만, 가맹본부는 상속인에게 제37조 제2항 및 제3항의 금원을 지급하여야 한다.

④ 상속인에 대해서는 제15조의 최초가맹금이 면제된다. 단, 소정의 교육비, 계약이행보증금은 면제되지 아니한다.

제 5 장 계약의 갱신, 해지, 종료

제35조 (계약의 갱신과 거절)

① 가맹본부는 가맹점사업자가 가맹계약기간 만료 전 180일부터 90일까지 사이에 가맹계약의 갱신을 요구하는 경우에는 정당한 사유가 없으면 이를 거절하지 못한다. 다만 가맹점사업자가 다음 각 호의 어느 하나에 해당하는 경우에는 갱신을 거절할 수 있다.

본인은 본 페이지의 내용에 대한 설명을 듣고, 이를 완전히 이해하였음	(인)

1. 가맹계약상의 가맹금 등의 지급의무를 지키지 아니한 경우
2. 다른 가맹점사업자에게 통상적으로 적용되는 계약조건이나 영업방침을 가맹점사업자가 수락하지 아니한 경우
3. 가맹점의 운영에 필요한 점포 · 설비의 확보나 법령상 필요한 자격 · 면허 · 허가의 취득에 관한 가맹본부의 중요한 영업방침을 지키지 아니한 경우
4. 상품의 품질을 유지하기 위하여 필요한 제조공법 또는 서비스기법의 준수에 관하여 가맹본부가 정한 영업방침을 지키지 아니한 경우
5. 가맹본부의 가맹사업 경영에 필수적인 지식재산권의 보호에 관하여 가맹본부가 정한 영업방침을 지키지 아니한 경우
6. 다른 가맹본부가 통상적으로 요구하는 비용에 의하여 가맹본부가 가맹점사업자에게 정기적으로 실시하는 교육 · 훈련의 준수에 관한 가맹본부의 영업방침을 지키지 아니한 경우.

② 제1항의 가맹점사업자의 계약갱신요구권은 최초 가맹계약기간을 포함한 전체 가맹계약기간이 10년을 초과하지 아니하는 범위 내에서만 행사할 수 있다.

③ 가맹본부가 제1항에 따른 갱신요구를 거절하는 경우에는 갱신을 요구받은 날로부터 15일 이내에 가맹점사업자에게 거절사유를 적은 서면으로 통지하여야 한다.

④ 가맹본부가 제1항 단서의 어느 사유를 들어 계약만료 전 180일부터 90일까지 갱신하지 않는다는 사실을 서면으로 통지하거나 제3항의 거절통지를 한 경우가 아니면, 가맹계약은 종전계약과 동일한 조건으로 (   )년간 갱신된 것으로 본다.

⑤ 다음 각 호의 어느 하나에 해당하는 경우에는 제4항을 적용하지 아니한다.

본인은 본 페이지의 내용에 대한 설명을 듣고, 이를 완전히 이해하였음	(인)

1. 가맹점사업자가 계약만료 60일전까지 이의를 제기한 경우
2. 천재지변 등 양 당사자에게 책임 없는 사유로 인하여 가맹계약을 유지하기 어려운 경우
3. 가맹본부나 가맹점사업자에게 파산신청이 있거나 강제집행절차 또는 회생절차가 개시된 경우
4. 가맹본부나 가맹점사업자가 발행한 어음 · 수표가 부도 등으로 지급거절된 경우
5. 가맹점사업자에게 중대한 일신상의 사유가 발생하여 더 이상 가맹사업을 경영할 수 없게 된 경우

第36조 (계약의 해지)

① 가맹본부는 가맹점사업자에게 제28조 제1항 각호의 사유가 있는 경우에는 가맹계약을 해지할 수 있다. 이 경우 가맹계약을 해지하기 위해서는 가맹점사업자에게 2개월 이상의 유예기간을 두고 계약의 위반사실을 구체적으로 밝히고 이를 시정하지 아니하면 그 계약을 해지한다는 사실을 서면으로 2회 이상 통지하여야 하고, 이 절차를 거치지 아니한 가맹계약의 해지는 그 효력이 없다.

② 가맹본부는 가맹사업의 거래를 지속하기 어려운 경우로서 다음 각 호의 어느 하나에 해당하는 경우에는 제1항의 절차를 거치지 아니하고 계약을 해지할 수 있다.

1. 가맹점사업자에게 파산신청이 있거나 강제집행절차 또는 회생절차가 개시된 경우
2. 가맹점사업자가 발행한 어음 · 수표가 부도 등으로 지급거절된 경우
3. 천재지변, 중대한 일신상의 사유 등으로 가맹점사업자가 더 이상 가맹사업을 경영할 수 없게 된 경우
4. 가맹점사업자가 공연히 허위사실을 유포함으로써 가맹본부의 명성이나

본인은 본 페이지의 내용에 대한 설명을 듣고, 이를 완전히 이해하였음	(인)

신용을 뚜렷이 훼손하거나 가맹본부의 영업비밀 또는 중요정보를 유출하여 가맹사업에 중대한 장애를 초래한 경우

5. 가맹점사업자가 가맹사업의 운영과 관련되는 법령의 위반사실을 통보받은 후 10일 이내에 이를 시정하지 아니한 경우
6. 가맹점사업자가 제1항 후문에 따른 가맹본부의 시정요구에 따른 후 다시 같은 위반행위를 2회 이상 반복한 경우
7. 가맹점사업자가 가맹점운영과 관련된 행위로 형사처벌을 받은 경우
8. 가맹점사업자가 공중의 건강이나 안전에 급박한 위해를 일으킬 염려가 있는 방법이나 형태로 가맹점을 운영하는 경우
9. 가맹점사업자가 정당한 사유 없이 연속하여 7일 이상 영업을 중단한 경우.

③ 가맹점사업자는 가맹본부가 약정한 상품 등의 공급, 경영지원 등을 정당한 이유 없이 이행하지 않거나 지체하는 경우 등 이 계약상 의무를 불이행하는 경우에는 상당한 기간을 정하여 서면으로 그 시정을 요구하고 그래도 시정하지 않을 경우에는 가맹계약을 해지할 수 있다.

④ 가맹점사업자는 다음 각 호의 어느 하나에 해당하여 재정상태가 객관적으로 악화됨에 따라 본 계약의 유지가 어렵다고 합리적 · 객관적으로 판단되는 경우에는 최고 없이 즉시 계약을 해지할 수 있다.

1. 가맹본부가 파산한 경우
2. 가맹본부가 발행한 어음 · 수표가 부도 등으로 지급거절된 경우
3. 가맹본부가 (가)압류, 가처분, 강제집행, 체납처분 또는 이와 유사한 법적 · 행정적 처분을 당한 경우
4. 천재지변으로 가맹점 운영이 곤란한 경우

⑤ 가맹본부와 가맹점사업자는 계약기간 중에도 서면에 의하여 양 당사자가 합의하여 해지할 수 있다. 다만, 해지를 원하는 당사자는 상대방에 대하여 「약관의 규제에 관한 법률」 제8조(손해배상액의 예정)에 위반

본인은 본 페이지의 내용에 대한 설명을 듣고, 이를 완전히 이해하였음	(인)

되지 아니하는 범위 내에서 금 (   )원을 위약금으로 지급하여야 하며, 이는 손해배상액의 예정으로서의 성격을 갖는다.

제37조 (계약의 종료와 조치)

① 계약이 기간만료나 해지로 인하여 종료된 경우, 가맹점사업자는 지체 없이 가맹본부의 상호 · 간판 등 영업표지의 사용을 중단하고 이를 철거 내지 제거하여야 하며, 가맹본부가 제공한 설비, 전산시스템 등 영업관련 자산을 가맹본부에 반환하여야 한다.

② 제1항의 규정에도 불구하고 가맹점사업자가 계약이행보증금을 지급한 경우에는 가맹본부로부터 제18조 제3항의 정산잔액과 정산서를 받을 때까지(계약이행보증보험증권이나 물적 담보를 제공한 경우에는 잔존 채무 · 손해배상액의 통지서를 받을 때까지) 제1항의 의무이행을 거절할 수 있다. 가맹본부가 제16조 제2항에 의하여 가맹금의 일부를 반환해야 하는 경우에도 또한 같다.

③ 제1항의 철거 · 원상복구의 비용은 계약이 가맹점사업자의 귀책사유로 종료되는 경우에는 가맹점사업자가 부담하고 가맹본부의 귀책사유로 종료되는 경우에는 가맹본부가 부담한다. 다만, 합의해지의 경우에는 가맹본부와 가맹점사업자가 협의하여 비용을 분담할 수 있다.

④ 가맹본부는 가맹계약서를 가맹사업의 거래가 종료된 날부터 3년간 보관하여야 한다.

본인은 본 페이지의 내용에 대한 설명을 듣고, 이를 완전히 이해하였음	(인)

제 6 장 기 타

제38조 (가맹점사업자의 비밀유지, 경업금지 의무)

① 가맹점사업자는 계약 및 가맹점 운영상 알게 된 가맹본부의 영업비밀을 계약기간은 물론 계약종료 후에도 제3자에게 누설해서는 안 된다.

② 가맹점사업자는 가맹본부의 허락 없이 교육과 세미나 자료 기타 가맹점 운영과 관련하여 가맹본부의 영업비밀이 담긴 관계서류의 내용을 인쇄 또는 복사할 수 없다.

③ 가맹점사업자는 계약의 존속 중에 가맹본부의 허락 없이 자기 또는 제3자의 명의로 가맹본부의 영업과 동종의 영업을 하지 않는다.

제39조 (개량기술의 사용)

가맹점사업자가 가맹본부로부터 지원받은 영업노하우 등 기술과 관련하여 독자적으로 기술을 개량한 경우, 개량기술에 대한 소유권은 가맹점사업자에게 있는 것으로 한다. 다만, 가맹본부는 기술개발비, 예상수익, 원천기술의 기여분, 개량기술의 가치 등이 반영된 정당한 대가를 지급하고 그 소유권의 이전이나 실시권, 사용권 등의 설정을 가맹점사업자에게 청구할 수 있다.

제40조 (지연이자)

계약의 일방당사자가 본 계약과 관련하여 상대방에게 부담하는 일체의 금전지급의무를 지체하는 경우에는 미지급액에 대하여 지급기일의 다음날부터 지급하는 날까지 연 (　)%의 비율에 의한 지연이자를 가산하여 지급한다.

본인은 본 페이지의 내용에 대한 설명을 듣고, 이를 완전히 이해하였음	(인)

제41조 (손해배상)

이 계약의 당사자는 상대방의 계약위반이나 불법행위로 인한 손해에 대하여 이 계약상 구제수단 외에 별도로 손해배상을 청구할 수 있다.

제42조 (분쟁의 해결)

① 이 계약의 당사자는 이 계약의 해석 또는 이 계약에 의하여 명시되지 아니한 사항에 관하여 다툼이 있을 경우 우선적으로 대화와 협상을 통하여 분쟁을 해결하도록 최선을 다한다.

② 제1항에 의한 해결이 되지 아니한 경우에는 「가맹사업거래의 공정화에 관한 법률」 제22조에 따라 한국공정거래조정원의 가맹사업거래분쟁조정협의회에 조정을 신청하거나 다른 법령에 의하여 설치된 중재기관에 중재를 신청할 수 있다.

③ 가맹본부 및 가맹점사업자의 협의에 의하여 제2항에 의한 중재를 신청하지 아니하는 경우, 이 계약에 관한 분쟁의 관할법원은 가맹점사업자의 주소지나 점포소재지를 관할하는 법원으로 한다. 다만, 가맹본부와 가맹점사업자가 합의하여 관할법원을 달리 정하는 경우에는 그러하지 아니하다.

제43조 (정보공개서의 자문)

① 가맹본부는 이 계약을 체결하기 전에 가맹희망자에게 정보공개서를 제공하고 충분한 숙고기간을 부여하여야 하며 정보공개서의 이해를 돕기 위하여 가맹거래사 또는 변호사의 자문을 받을 수 있다는 사실을 고지하여야 한다.

본인은 본 페이지의 내용에 대한 설명을 듣고, 이를 완전히 이해하였음	(인)

② 가맹점사업자는 제1항의 자문을 받은 경우 자문일자가 기재된 확인서를 가맹본부에 제출하여야 한다.

제44조 (정보공개서 및 가맹계약서의 수령일)

① 가맹점사업자는 가맹금의 일부를 지급하거나 이 계약을 체결하는 날로부터 14일(제43조의 자문을 받은 경우에는 7일) 이상 이전인 20 년 월 일에 가맹본부로부터 관련 정보공개서를 제공받았음을 확인한다.

② 가맹점사업자는 가맹본부가 가맹금을 최초로 수령한 날(가맹금을 예치한 경우에는 예치한 날, 예치하기로 합의한 경우에는 예치 예정일)과 이 계약을 체결한 날 중 빠른 날 전인 20 년 월 일에 이 계약서를 사전제공 받았음을 확인한다.

별첨 [1] : 영업지역의 표시

별첨 [2] : 가맹점사업자에게 사용이 허가된 영업표지의 표시

별첨 [3] : 공급 상품 등의 내역

본인은 본 페이지의 내용에 대한 설명을 듣고, 이를 완전히 이해하였음	(인)

가맹본부와 가맹점사업자는 이 가맹계약서에 열거된 각 조항을 면밀히 검토하고 충분히 이해하였으며, 이 계약의 체결을 증명하기 위하여 계약서 2통을 작성하여 각각 기명 · 날인한 후 각 1통씩 보관한다.

20 년 월 일

[가맹본부]

대 표 자: (인)
사업자등록번호:
상 호:
주 소:
연 락 처:

[가맹점사업자]

성 명: (인)
생 년 월 일:
점 포 명:
주 소:
연 락 처:

본인은 본 페이지의 내용에 대한 설명을 듣고, 이를 완전히 이해하였음	(인)

별첨 [1] : 영업지역의 표시

※ 영업지역을 표시한 지도를 첨부하여 주십시오

본인은 본 페이지의 내용에 대한 설명을 듣고, 이를 완전히 이해하였음	(인)

별첨 [2] : 가맹점사업자에게 사용이 허가된 영업표지의 표시

(1) 허용대상 영업표지

영업표지 견본	
등록번호(출원번호)	
등록결정(심결) 연월일	
존속기간 (예정) 만료일	
지정상품 또는 지정서비스업	
등록권리자	

(2) 영업표지 사용방법 : 간판, 상징물, 홍보물, 집기 비품, 문구류 등에 표시

(3) 영업표지의 사용기간 : 이 계약의 효력이 존속되는 기간과 원칙적으로 동일함

(4) 영업표지의 사용지역 : 별도 약정이 없는 한 해당 영업지역 내로 한정됨

본인은 본 페이지의 내용에 대한 설명을 듣고, 이를 완전히 이해하였음	(인)

별첨 [3] : 공급상품 등의 내역

연번	상품명	공급가격

본인은 본 페이지의 내용에 대한 설명을 듣고, 이를 완전히 이해하였음	(인)

프랜차이즈(교육서비스업) 표준계약서

공정거래위원회

이 표준계약서의 목적은 교육서비스업을 운영하는 가맹사업에 있어서 가맹본부와 가맹점사업자 간에 공정한 계약조건에 따라 가맹계약(프랜차이즈계약)을 체결하도록 하기 위한 표준적 계약조건을 제시함에 있습니다.

이 표준계약서에서는 교육서비스업 가맹사업의 운영에 있어서 표준이 될 계약의 기본적 공통사항만을 제시하였습니다. 따라서 실제 가맹계약을 체결하려는 계약당사자는 이 표준계약서의 기본 틀과 내용을 유지하는 범위에서 이 표준계약서보다 더 상세한 사항을 계약서에 규정하거나 특약으로 달리 약정할 수 있습니다.

또한 이 표준계약서의 일부 내용은 현행 「가맹사업거래의 공정화에 관한 법률」 및 그 시행령을 기준으로 한 것이므로 계약당사자는 이들 법령이 개정되는 경우에는 개정내용에 부합되도록 기존의 계약을 수정 또는 변경할 수 있으며 특히 개정법령에 강행규정이 추가되는 경우에는 반드시 그 개정규정에 따라 계약내용을 수정하여야 합니다.

이 표준계약서는 하위가맹본부(지사 등)가 가맹본부로부터 계약체결권을 부여받아 가맹점사업자를 모집할 경우에도 그 하위가맹계약의 표준이 될 수 있습니다.

제 1 장 총 칙

제1조 (목 적)

이 표준계약서는 교육서비스업을 영업으로 하는 가맹사업에 있어서 가맹본부와 가맹점사업자 간에 공정한 계약조건에 따른 가맹계약을 체결하도록 하기 위한 표준적 계약조건을 제시함을 목적으로 한다.

제2조 (용어의 정의)

이 계약서에서 사용된 용어는 다음 각 호와 같은 의미를 갖는다.

1. "가맹사업"이라 함은 가맹본부가 가맹점사업자(가맹희망자를 포함한다)로 하여금 자신의 상표 · 서비스표 · 상호 · 간판 그 밖의 영업표지(이하 "영업표지"라 한다)를 사용하여 일정한 품질기준이나 영업방식에 따라 학원사업을 영위하도록 함과 아울러 이에 따른 경영 및 영업활동 등에 대한 지원 · 교육과 통제를 하고, 가맹점사업자는 이에 대한 대가로 가맹본부에 가맹금을 지급하는 것을 내용으로 하는 계속적인 거래관계를 말한다.
2. "가맹본부"라 함은 가맹계약과 관련하여 가맹점사업자에게 가맹점운영권을 부여하는 사업자를 말한다.
3. "가맹점사업자"라 함은 가맹계약과 관련하여 가맹본부로부터 가맹점 운영권을 부여받은 사업자를 말한다.
4. "가맹금"이라 함은 명칭이나 지급형태의 여하에 관계없이 가맹점사업자가 가맹계약에 따라 가맹본부에 지급하는 대가를 말하며, 최초가맹금, 계속가맹금, 계약이행보증금을 포함한다.
5. "최초가맹금"이라 함은 가입비 · 입회비 · 계약금 · 할부금 · 오픈지원비

본인은 본 페이지의 내용에 대한 설명을 듣고, 이를 완전히 이해하였음	(인)

· 최초교육비 등 명칭을 불문하고 가맹점사업자가 가맹점운영권을 부여받아 가맹사업에 착수하기 위하여 가맹본부에 지급하는 대가를 말한다.

6. "계속가맹금"이라 함은 상표사용료, 교육비, 경영지원비 등 명칭을 불문하고 가맹점사업자가 가맹사업에 착수한 이후 가맹사업을 유지하기 위하여 영업표지의 사용과 영업활동 등에 관한 지원 · 교육, 그 밖의 사항과 관련하여 가맹본부에 정기적으로 또는 비정기적으로 지급하는 모든 대가를 말한다.
7. "계약이행보증금"이란 가맹점사업자가 가맹본부로부터 공급받는 상품의 대금 등에 관한 채무액이나 이와 관련한 손해배상액의 지급을 담보하기 위하여 가맹본부에 지급하는 대가를 말한다.
8. "영업비밀"이라 함은 공공연히 알려져 있지 아니하고 독립된 경제적 가치를 가지는 것으로서, 가맹본부의 상당한 노력에 의하여 비밀로 유지된 생산방법, 판매방법, 그 밖에 영업활동에 유용한 기술상 또는 경영상의 정보를 말한다.

제3조 (계약당사자의 지위)

① 가맹본부와 가맹점사업자는 상호간에 독립한 사업자로서 대등한 관계에서 이 건 가맹계약을 체결한다.

② 가맹본부와 가맹점사업자 사이에는 상호간에 대리관계나 위임관계, 사용자와 피용자 관계, 동업자 관계 등 여하한 특별한 관계도 존재하지 아니한다.

제4조 (신의성실의 원칙)

가맹본부와 가맹점사업자는 이 가맹계약에 따라 가맹사업을 영위함에 있어서 각자의 업무를 신의에 따라 성실하게 수행하여야 한다.

본인은 본 페이지의 내용에 대한 설명을 듣고, 이를 완전히 이해하였음	(인)

제5조 (가맹본부의 준수사항)

가맹본부는 이 계약에서 정한 의무 외에 다음 각 호의 사항을 준수한다.

1. 가맹사업의 성공을 위한 사업구상
2. 상품이나 용역의 품질관리와 판매기법의 개발을 위한 계속적 노력
3. 가맹점사업자에 대하여 합리적 가격과 비용에 의한 점포설비의 설치, 상품 또는 용역 등의 공급
4. 가맹점사업자와 그 직원에 대한 교육 · 훈련
5. 가맹점사업자의 경영 · 영업활동에 대한 지속적인 조언과 지원
6. 가맹계약기간 중 가맹점사업자의 영업지역에서 자기의 직영점을 설치하거나 가맹점사업자와 동일한 업종의 가맹점을 설치하는 행위의 금지
7. 가맹점사업자와의 대화와 협상을 통한 분쟁해결 노력

제6조 (가맹점사업자의 준수사항)

가맹점사업자는 이 계약에서 정한 의무 외에 다음 각 호의 사항을 준수한다.

1. 가맹사업의 통일성 및 가맹본부의 명성을 유지하기 위한 노력
2. 가맹본부의 공급계획과 소비자의 수요충족에 필요한 적정한 재고유지 및 상품진열
3. 가맹본부가 상품 또는 용역에 대하여 제시하는 적절한 품질기준의 준수
4. 제3호의 규정에 의한 품질기준의 상품 또는 용역을 구입하지 못하는 경우 가맹본부가 제공하는 상품 또는 용역의 사용
5. 가맹본부가 사업장의 설비와 외관, 운송수단에 대하여 제시하는 적절한 기준의 준수
6. 취급하는 상품 · 용역이나 영업활동을 변경하는 경우 가맹본부와의 사전 협의
7. 상품 및 용역의 구입과 판매에 관한 회계장부 등 가맹본부의 통일적 사업경영 및 판매전략의 수립에 필요한 자료의 유지와 제공

본인은 본 페이지의 내용에 대한 설명을 듣고, 이를 완전히 이해하였음	(인)

8. 가맹점의 업무현황 및 제7호의 규정에 의한 자료의 확인과 기록을 위한 가맹본부의 임직원 그 밖의 대리인의 사업장 출입 허용
9. 가맹본부의 동의를 얻지 아니한 경우 사업장의 위치변경 또는 가맹점 운영권의 양도금지
10. 가맹계약기간 중 가맹본부와 동일한 업종을 영위하는 행위의 금지
11. 가맹본부의 영업기술이나 영업비밀의 누설 금지
12. 가맹본부의 영업표지 기타 지적재산권에 대한 침해사실을 인지하는 경우 가맹본부에 대한 침해사실의 통보와 금지조치에 필요한 적절한 협력

제7조 (불공정거래행위의 금지)

가맹본부는 다음 각 호의 어느 하나에 해당하는 행위로서 가맹사업의 공정한 거래를 저해할 우려가 있는 행위를 하거나 제3자에게 이를 행하도록 하지 아니한다.

1. 가맹점사업자의 귀책으로 보기 어려운 행위 등을 이유로 가맹점사업자에게 상품이나 용역의 공급 또는 영업지원 등을 중단 또는 거절하거나 그 내용을 현저히 제한하는 행위
2. 가격구속, 거래상대방 구속, 상품판매 또는 용역의 제한, 영업지역 준수 강제 등의 방법으로 가맹점사업자가 취급하는 상품 또는 용역의 가격, 거래상대방, 거래지역이나 가맹점사업자의 사업활동을 가맹본부의 상표권 보호, 상품 또는 용역의 동일성 유지 등 가맹사업경영에 필수적인 수준에 비추어 과도하게 구속하거나 제한하는 행위
3. 거래상 지위를 이용하여 구입강제, 경제적이익제공 또는 비용부담 강요, 가맹점사업자에게 불리한 계약조항의 설정 또는 변경, 경영간섭, 판매목표 강제 등의 방법으로 가맹점사업자에게 불이익을 주는 행위
4. 계약의 목적과 내용, 발생할 손해 등에 비하여 과중한 위약금 또는 지연손해금을 설정·부과하는 행위

본인은 본 페이지의 내용에 대한 설명을 듣고, 이를 완전히 이해하였음	(인)

5. 경쟁가맹본부의 가맹점사업자를 자기와 거래하도록 유인하여 자기의 가맹점사업자의 영업에 불이익을 주는 행위 등 제1호 내지 제4호 외의 행위로서 가맹사업의 공정한 거래질서를 저해할 우려가 있는 행위

제 2 장 개점의 준비

제8조 (학원의 표시)

이 계약에 의하여 가맹점사업자가 개설하게 되는 가맹학원의 표시는 다음과 같다.

(1) 학원 명 :
(2) 상호 및 대표자 :
(3) 학원 소재지 :
(4) 학원 규모 : ㎡
(5) 영업지역 : 별첨[1]에 표시된 지역

제9조 (학원운영권의 부여)

① 가맹본부는 가맹점사업자가 계약기간 중에 가맹본부의 영업시스템에 따라 교육서비스업을 운영하도록 하기 위하여 필요한 범위에서 가맹점사업자에게 다음 각 호의 권리를 부여한다.

1. 가맹본부의 영업표지의 사용권
2. 가맹사업과 관련하여 등기 · 등록된 권리나 영업비밀의 사용권
3. 이 계약에서 규정한 서비스, 교재 또는 교구(이하 "교재 등"이라 한다)를 공급받을 권리
4. 노하우(know-how) 전수, 지도, 교육 기타 경영지원을 받을 권리
5. 기타 가맹본부가 본 계약상의 영업과 관련하여 보유하는 권리로서 당사자가 사용허가의 대상으로 삼은 권리

본인은 본 페이지의 내용에 대한 설명을 듣고, 이를 완전히 이해하였음	(인)

② 이 계약에서 가맹점사업자에게 사용이 허가된 영업표지의 표시는 별첨 [2]와 같다.

제10조 [지식재산권의 확보]

① 가맹본부는 가맹사업에 사용하는 영업표지에 대한 배타적 독점권을 확보하여야 한다.

② 가맹본부는 가맹점사업자에게 사용을 허가한 각종 권리의 진정성과 적법성 및 대항력에 대하여 책임을 진다.

③ 가맹본부가 사용을 허가한 지식재산권이 기간 만료 등으로 인하여 더 이상 사용할 수 없게 된 경우 가맹본부는 가맹본부의 책임과 비용으로 가맹점사업자에게 이를 대체할 수 있는 수단을 제공하여야 하며 이로 인하여 발생한 손해를 배상할 책임을 진다.

제11조 [계약의 발효일과 계약기간]

이 계약은 20 년 월 일부터 발효되며 그 기간은 계약 발효일로부터 20 년 월 일까지 ( )년간으로 한다.

제12조 [학원의 장소 선정]

① 가맹점사업자는 자신의 책임 하에 가맹학원을 설치할 지역 및 장소를 선정하여야 한다.

② 가맹본부는 학원의 설치 지역 및 장소에 대하여 시장특성, 교통량, 교육대상(수강생)의 분포 및 수강특성, 주요 근린시설, 학원별 특성에 따른 매출성향 등을 고려하여 가맹점사업자에게 조언을 할 수 있다.

본인은 본 페이지의 내용에 대한 설명을 듣고, 이를 완전히 이해하였음	(인)

제13조 (영업지역의 보호)

① 가맹점사업자의 영업지역은 별첨[1]과 같이 하며, 가맹본부는 계약기간 중 가맹점사업자의 영업지역에서 가맹점사업자와 동일한 업종의 자기 또는 계열회사의 직영점이나 가맹점을 개설하지 아니한다.

② 가맹계약의 당사자는 계약기간 중 상대방의 동의 없이 영업지역을 변경할 수 없다. 가맹본부는 도로사정의 변경이나 재개발 등으로 인하여 영업지역이 충돌되는 경우에는 가맹점사업자 상호간의 이해관계를 합리적으로 조정할 수 있다.

③ 가맹점사업자는 가맹본부와 약정한 영업지역을 준수하며, 영업지역을 벗어나 다른 가맹점의 영업지역을 침범하지 아니한다. 가맹점사업자가 자신의 영업지역을 벗어나 다른 가맹점사업자의 영업지역에 속한 고객에게 영업활동을 하는 경우 가맹본부는 다음 각 호의 어느 하나의 조치를 취하여 가맹점사업자 상호간의 이해관계를 합리적으로 조정할 수 있다.

1. 가맹본부가 두 가맹점사업자 간의 보상금 지불에 대한 중재안을 제시
2. 영업지역을 침해받은 가맹점사업자의 영업지역 조정 요구가 있는 경우 매출액 현황 조사 등 필요한 조치 수행
3. 특정 가맹점사업자가 다른 가맹점사업자의 영업지역을 반복적으로 침해하여 다른 가맹점사업자의 영업과 가맹본부의 가맹사업 경영에 심각한 손해를 가한 경우 그 가맹점사업자에게 행위의 시정을 요구하고 손해배상 청구

제14조 (학원의 설비)

① 가맹점사업자의 가맹학원설비(인테리어)는 가맹사업 전체의 통일성과 독창성을 유지할 수 있도록 가맹본부가 정한 사양에 따라 설계 · 시공한다(기존시설을

본인은 본 페이지의 내용에 대한 설명을 듣고, 이를 완전히 이해하였음	(인)

변경하는 경우에도 같다). 가맹본부는 기본적인 설계도면과 시방서를 마련하고 계약체결 이후 가맹점사업자에게 이를 제공하여야 한다.

② 가맹점사업자는 가맹본부가 정한 사양에 따라 직접 시공하거나 가맹본부가 지정한 업체를 선정하여 시공할 수 있다. 이 경우 가맹본부는 공사의 원활한 진행을 위하여 자신의 비용으로 직원을 파견할 수 있고, 영업설비기간·공사세부내역·구체적인 부담액·담보기간 등 구체적인 내용은 별도로 협의하여 정한다.

③ 가맹점사업자의 의뢰가 있는 경우에는 가맹본부가 직접 시공할 수 있다.

④ 점포설비에 따른 제반 인·허가는 이 계약체결일로부터 (　　)일 이내에 가맹점사업자가 자신의 책임과 비용으로 취득한다. 다만, 가맹본부가 직접 시공한 경우 또는 가맹본부가 지정하거나 권유한 업체를 통하여 시공한 경우에는 당사자간 협의하여 그 책임과 비용을 분담할 수 있다.

⑤ 가맹본부는 점포의 시설, 장비, 인테리어 등의 노후화가 객관적으로 인정되는 경우 또는 위생·안전의 결함이나 이에 준하는 사유로 인하여 가맹사업의 통일성을 유지하기 어렵거나 정상적인 영업에 현저한 지장을 주는 경우에는 점포환경개선을 요구 또는 권유할 수 있다.

⑥ 가맹본부는 가맹점사업자의 점포환경개선에 간판교체비용, 인테리어 공사비용(장비·집기의 교체비용을 제외한 실내건축공사에 소요되는 일체의 비용을 말한다)이 소요될 경우에는 그 금액의 20%(점포의 확장 또는 이전을 수반하는 경우에는 40%)를 부담한다. 다만, 가맹본부의 권유 또는 요구가 없음에도 가맹점사업자가 자발적 의사에 의하여 점포환경을 개선하거나 가맹점사업자의 귀책사유로 위생·안전 및 이와 유사한 문제가 발생하여 불가피하게 점포환경을 개선하는 경우는 그러하지 아니하다.

본인은 본 페이지의 내용에 대한 설명을 듣고, 이를 완전히 이해하였음	(인)

第15조 [학원 설명회 지원]

① 가맹점사업자는 개원을 전후로 하거나 가맹본부와 합의한 기일에 가맹학원의 영업활성화를 위하여 가맹본부의 직원이나 기타 저명 강사를 초빙하여 학원 설명회를 개최할 수 있다.

② 제1항의 학원설명회를 개최하는 비용은 가맹본부와 가맹점사업자가 협의하여 분담할 수 있다.

第16조 (가맹점사업자 피해보상보험계약 등의 체결)

① 가맹본부는 가맹점사업자의 피해를 보상하기 위하여 다음 각 호의 어느 하나에 해당하는 계약(이하 "가맹점사업자 피해보상보험 등"이라 한다)을 체결할 수 있다.

1. 「보험업법」에 따른 보험계약
2. 가맹점사업자 피해보상금의 지급을 확보하기 위한 「금융감독기구의 설치 등에 관한 법률」 제38조에 따른 기관의 채무지급보증계약
3. 공정거래위원회의 인가를 받아 설립된 공제조합과의 공제계약

② 가맹본부가 가맹점사업자 피해보상보험 등을 체결한 경우, 가맹본부는 가맹점사업자로부터 최초가맹금을 직접 수령할 수 있다.

제 3 장 가맹점사업자의 부담

第17조 (최초가맹금)

① 가맹점사업자가 가맹본부에 지급하여야 할 최초가맹금의 내역은 다음 표와 같다.

본인은 본 페이지의 내용에 대한 설명을 듣고, 이를 완전히 이해하였음	(인)

최초가맹금 내역	금액 (단위: 천원)	포함내역	지급 기한	반환 조건	반환될 수 없는 사유
가입비		장소선정 지원비, 가맹사업운영매뉴얼 제공비, 오픈지원비 등			
최초교육비					
합계					

② 가맹점사업자는 가맹점 영업이 개시되거나 계약체결일로부터 (   )일이 경과할 때까지 제1항의 최초가맹금 중 다음 표에 기재된 내역을 가맹본부가 지정하는 아래 금융회사에 예치하여야 한다. 다만, 가맹본부가 제16조의 가맹점사업자 피해보상보험 등을 체결한 경우에는 가맹본부가 직접 지급받을 수 있다.

예치가맹금 내역	금액(단위: 천원)
가입비	
최초교육비	
합계	

* 예치금융회사: 은행   지점   부
  계좌번호: 예금주:

③ 가맹본부는 다음 각 호의 어느 하나에 해당하는 경우에 위 예치기관의 장에게 예치가맹금의 지급을 요청할 수 있다.

1. 가맹점사업자가 영업을 개시한 경우
2. 가맹계약 체결일로부터 2개월이 경과한 경우

본인은 본 페이지의 내용에 대한 설명을 듣고, 이를 완전히 이해하였음	**(인)**

제18조 [가맹금의 반환]

① 가맹점사업자 또는 가맹희망자는 다음 각 호의 어느 하나에 해당하는 경우에 이 계약의 체결일로부터 4개월 이내(제3호의 경우 가맹본부의 영업중단일로부터 4개월 이내)에 가맹본부에 서면으로 가맹금의 반환을 청구할 수 있다. 이 경우 반환하는 가맹금의 금액은 가맹계약의 체결 경위, 금전이나 그 밖에 지급된 대가의 성격, 가맹계약기간, 계약이행기간, 가맹사업당사자의 귀책정도 등을 고려하여 당사자의 협의에 의하여 결정한다.

1. 가맹본부가 등록된 정보공개서를 제공하지 아니하거나 정보공개서를 제공한 날로부터 14일(제45조에 따라 변호사 또는 가맹거래사의 자문을 받은 경우에는 7일)이 지나지 아니하였음에도 가맹금을 수령(가맹금을 예치하는 경우에는 예치)하거나 가맹계약을 체결한 경우
2. 가맹본부가 가맹희망자에게 정보를 제공함에 있어 허위 또는 과장된 정보를 제공하거나 중요사항을 누락하여 계약 체결에 중대한 영향을 준 것으로 인정되는 경우
3. 가맹본부가 정당한 사유 없이 가맹사업을 일방적으로 중단한 경우

② 가맹점사업자는 계약기간 내에 자기의 귀책사유 없는 사유로 계약이 해지되는 등 가맹계약이 중도에 종료되는 경우에는 영업표지 사용료, 영업시스템의 계속적 이용료 등과 같이 전체 계약기간에 대한 선급금의 성질을 갖는 가맹금 중 미경과 잔여계약기간의 비율에 해당하는 금액의 반환을 청구할 수 있다. 다만, 이는 손해배상의 청구에 영향을 미치지 아니한다.

③ 제2항의 경우에 최초교육비 등과 같이 계약기간에 따른 선급금의 성질을 갖지 않는 가맹금 중 이행이 완료된 급부의 대가에 해당하는 가맹금에 관하여는 공평의 관념에 어긋나지 않는 범위에서 당사자의 약정에 따라 반환하지 아니할 수 있다.

본인은 본 페이지의 내용에 대한 설명을 듣고, 이를 완전히 이해하였음	(인)

④ 제2항에 의해 가맹본부가 가입비의 일부를 반환해야 하는 경우에는 가맹점사업자의 청구가 있는 날로부터 ( )일 이내에 반환하여야 한다.

※ 가맹사업법 제10조 제2항에 의하여 가맹점사업자의 청구가 있는 날로부터 1개월을 초과할 수 없음

제19조 (계속가맹금)

① 가맹점사업자가 가맹본부에 지급하여야 할 계속가맹금의 내역은 다음 표와 같다.

계속가맹금 내역	금액 (단위: 천원)	지급기한	반환조건	반환될 수 없는 사유
영업표지 사용료				
수시교육비				
광고비				
판촉비				
합계				

② 가맹점사업자는 분기 종료 후 ( )일 까지 직전 분기의 총매출액을 서면을 통하여 가맹본부에게 통지하여야 한다.

제20조 (계약이행보증금)

① 가맹점사업자는 영업표지 사용료, 광고 · 판촉비(가맹점사업자가 부담하게 되는 금액에 한한다) 등 계속가맹금 및 상품 등의 대금과 관련한 채무액 또는 손해배상액의 지급을 담보하기 위하여 직전년도 전체 가맹점사업자의 1회 평균 상품 등의 대금의 3배이내에서 계약이행보증금으로 ( )원을 가맹본부에게 지급하거나 이에 상당하는 계약이행보증보험 증권 또는 담보를 제공하여야 한다.

본인은 본 페이지의 내용에 대한 설명을 듣고, 이를 완전히 이해하였음	(인)

② 전항의 계약이행보증금을 금전으로 지급하는 경우, 가맹점사업자는 가맹점 영업이 개시되거나 계약체결일로부터 ( )일이 경과할 때까지 위 금전을 제17조 제2항에 지정된 금융기관에 예치하여야 한다. 다만, 가맹본부가 제16조의 가맹점사업자 피해보상보험 등을 체결한 경우에는 가맹본부에 직접 지급할 수 있다.

③ 계약이 기간만료 또는 해지 등의 사유로 인하여 종료된 경우 가맹본부는 기간만료일 또는 해지일로부터 ( )일 이내에 가맹점사업자에게 계약이행보증금으로 잔존 채무액과 손해배상액을 정산한 잔액을 상환하고 정산서를 교부하여야 한다.

④ 물적담보가 제공된 경우에는 가맹본부는 가맹점사업자로부터 잔존 채무액과 손해배상액을 지급받음과 동시에 물적담보의 말소에 필요한 서류를 담보권설정자에게 교부하여야 한다.

⑤ 가맹본부는 가맹점사업자가 적정한 계약이행보증금 등을 제공하였음에도 인적보증 등 담보를 추가로 요구해서는 아니 된다.

제21조 [최저임금 인상 등 비용부담 증가로 인한 가맹금의 조정]

① 가맹점사업자는 최저임금 인상 등으로 인해 비용이 증가하는 경우 가맹본부에게 가맹금의 조정을 요청할 수 있다.

② 가맹본부는 제1항에 따른 요청이 있은 날부터 10일 이내에 가맹금 조정을 위한 협의를 개시하며, 천재지변이나 전시·사변 등의 부득이한 사유 없이 협의를 거부하거나 게을리 하지 아니한다.

본인은 본 페이지의 내용에 대한 설명을 듣고, 이를 완전히 이해하였음	(인)

제 4 장 영업활동의 조건

제22조 (교육 및 훈련)

① 가맹본부가 정한 교육 및 훈련과정을 이수하지 아니하는 자는 가맹점의 관리자로 근무할 수 없다.

② 가맹본부의 교육훈련은 다음 표와 같이 구분하여 실시한다.

교육훈련과정	실시시기	가맹점사업자 부담비용 (단위: 천원)
최초교육		
정기교육	연 ( )회	
특별교육		

③ 정기교육은 이를 실시하기 ( )일 전에 그 교육계획을 수립하여 가맹점사업자에게 서면으로 통지한다.

④ 특별교육은 이를 실시하기 ( )일 전에 장소와 시간을 정하여 서면으로 통지한다.

⑤ 가맹본부는 실비를 기준으로 교육비용을 산출하고, 그 산출근거를 명시한 서면에 의하여 가맹점사업자에게 그 지급을 요구하여야 한다.

⑥ 가맹점사업자는 자신이 비용을 부담하여 가맹본부에게 교육 및 훈련요원의 파견을 요청할 수 있다.

본인은 본 페이지의 내용에 대한 설명을 듣고, 이를 완전히 이해하였음	(인)

제23조 [경영지도]

① 가맹본부는 가맹점사업자의 경영활성화를 위하여 경영지도를 할 수 있다.

② 가맹점사업자는 자신의 비용부담으로 가맹본부에게 경영지도를 요청할 수 있다. 다만, 가맹점사업자가 부담하여야 할 비용은 가맹금에 포함된 통상의 경영지도 비용을 초과한 부분에 한한다.

③ 제2항의 요청을 받은 가맹본부는 경영지도계획서를 가맹점사업자에 제시하여야 한다.

④ 제3항의 경영지도계획서에는 경영지도내용, 기간, 경영진단 및 지도관계자의 성명, 소요비용 등이 포함되어야 한다.

⑤ 가맹본부는 경영지도결과 및 경영개선 방안을 경영지도 후 ( )일 이내에 가맹본부 담당자가 가맹점사업자에게 직접 방문하여 서면으로 제시하고 이를 설명하도록 한다.

제24조 [강사의 채용 및 교육]

① 가맹점사업자는 통일적 강의와 교육방법을 준수하고 가맹본부의 명예와 신용이 훼손되지 아니하도록 가맹본부가 합리적으로 정하는 기준에 따라 우수한 능력과 자질을 가진 강사를 채용하여야 한다.

② 가맹점사업자는 채용대상자의 이력서와 증빙서류를 채용예정일 (   )일 전까지 가맹본부에게 제출하여야 한다. 다만, 이 계약이 체결되기 전에 강사를 채용한 경우에는 본 계약 체결 후 (   )일 이내에 가맹본부에게 강사의 이력서와 급여명세서를 제출하여야 한다.

본인은 본 페이지의 내용에 대한 설명을 듣고, 이를 완전히 이해하였음	(인)

③ 가맹점사업자가 가맹본부의 자격기준에 미달한 자를 강사로 채용한 경우 가맹본부는 가맹점사업자에게 강사의 해임을 요구할 수 있다. 이 경우 합리적 이유가 없는 한 가맹점사업자는 가맹본부의 해임요구에 응하여야 한다.

④ 가맹본부는 가맹점사업자의 요청이 있을 경우 외국인 강사의 채용을 지원할 수 있다.

⑤ 가맹점사업자가 신규로 고용하고자 하는 모든 강사 및 교직원은 이 계약서에 규정된 소정의 교육과정을 반드시 수료하여야 한다. 이 경우 교육에 필요한 교육자의 선정과 강의장소의 준비 등에 소요되는 교육 관련 비용은 가맹본부의 부담으로 하고 수강자의 숙식비, 여비 등의 비용은 가맹점사업자의 부담으로 하는 것을 원칙으로 하되, 세부적인 내용은 별도로 협의하여 결정한다.

⑥ 가맹점사업자가 고용한 내 · 외국인 강사 및 교직원과 관련한 제반 법적·행정적 사항 및 이에 수반되는 의무는 가맹점사업자가 부담한다. 다만, 제4항에 의하여 가맹본부가 외국인 강사의 채용을 지원한 경우에는 양 당사자가 협의하여 의무를 분담한다.

제25조 (감독 및 통제)

① 가맹본부는 가맹점사업자의 경영상태를 파악하기 위하여 월(주)(　　)회 가맹학원을 점검하고 가맹점사업자에 그 결과를 지체 없이 통지하여야 하며 기준에 위반하는 사항에 대해 시정을 요구할 수 있다.

② 가맹학원의 점검은 강사의 현황과 관리, 회계처리, 각종설비관리, 교재·교구 관리, 학원의 위생과 청결 등의 상태를 대상으로 한다.

본인은 본 페이지의 내용에 대한 설명을 듣고, 이를 완전히 이해하였음	(인)

③ 가맹본부는 점포관리기준을 가맹점사업자에게 제시하고, 제시 후 (　) 일부터 그 기준에 의하여 점검한다. 점포관리기준을 변경하는 경우에도 같다.

第26조 [설비 및 기기]

① 가맹점사업자는 가맹학원의 운영에 필요한 설비 및 기기를 구비하여야 한다.

② 가맹본부는 가맹점사업자의 요청이 있는 경우 가맹학원 영업에 필요한 설비·기기를 유상으로 대여할 수 있다. 이 경우 대여할 설비 및 기기의 내역, 대여비용 등 구체적인 사항은 당사자간에 합의하여 별도로 결정한다.

③ 가맹점사업자는 대여 받은 설비·기기를 제3자에게 양도하거나 담보로 제공할 수 없다.

④ 가맹점사업자는 대여 받은 설비·기기를 자신의 비용으로 유지·보수한다.

⑤ 가맹점사업자가 대여 받은 설비·기기를 멸실·훼손한 경우에는 구입가격에서 감가상각한 금액으로 배상한다.

第27조 [광고]

① 가맹본부는 가맹사업 및 가맹학원 영업의 활성화를 위하여 전국단위 및 지역단위로 광고를 시행할 수 있다. 다만, 해당지역 가맹점사업자 과반수의 반대가 있는 경우에는 그러하지 아니하다.

본인은 본 페이지의 내용에 대한 설명을 듣고, 이를 완전히 이해하였음	(인)

② 광고의 목적 · 횟수 · 시기 · 매체 등에 관한 기본적 사항은 가맹본부가 정하는 바에 의한다. 이와 관련하여 필요한 세부사항은 가맹본부가 합리적으로 결정하여 시행하고 위 세부사항을 기재한 서면으로 가맹점사업자에게 사후 통지한다.

③ 전국단위 광고에 소요되는 비용은 가맹본부가 (   )%, 해당 가맹점사업자가 (   )%씩 각각 분담한다. 가맹점사업자 간의 개별 분담액은 광고시행 직전 분기의 각 가맹점사업자의 총매출액 비율에 따라 산정한다.

④ 가맹본부는 당해분기에 지출한 광고비 중에서 각 가맹점사업자가 부담해야 할 금액을 다음 분기 첫달의 말일까지 명세서를 첨부하여 통지하고, 가맹점사업자는 그 통지를 받은 날로부터 (   )일 이내에 지급한다.

⑤ 가맹점사업자는 자기의 비용으로 영업지역 내에서 광고를 시행할 수 있다. 이 경우 가맹점사업자는 광고의 계획과 문안, 기타 광고와 관련된 세부사항에 관하여 사전에 가맹본부의 승인을 받아야 한다.

제28조 [판촉]

① 가맹본부는 가맹사업 및 가맹점 영업의 활성화를 위하여 전국단위 및 지역단위로 할인판매, 경품제공, 이벤트 등과 같은 판촉활동을 시행할 수 있다. 다만, 해당지역 가맹점사업자 30%이상이 판촉활동의 시행여부 및 판촉행사의 주요내용에 반대가 있는 경우에는 그러하지 아니하다.

② 제1항의 절차에 따라 판촉행사를 실시하는 경우에 가맹본부는 판촉행사의 주요내용(판촉시기, 판촉물품의 종류, 가맹본부와 가맹점사업자 간의 비용분담 기준)을 포함한 판촉계획을 사전에 가맹점사업자에게 제공하여야 한다.

본인은 본 페이지의 내용에 대한 설명을 듣고, 이를 완전히 이해하였음	(인)

③ 가맹점에서 판매하는 상품의 할인비용이나 제공하는 경품 · 기념품 등의 비용, 판촉활동을 위한 통일적 팜플렛·전단·리플렛·카달로그 등의 제작비용 등 판촉행사에 소요되는 비용은 가맹본부와 가맹점사업자가 균등하게 분담한다.

④ 가맹점사업자는 자기의 비용으로 자기 지역 내에서 판촉활동을 할 수 있다. 이 경우 가맹점사업자는 판촉활동의 구체적 내용에 관하여 가맹본부와 사전에 협의하여야 한다.

第29조 (교재 등의 조달과 관리)

① 가맹본부가 가맹점사업자에게 공급하여야 할 교재 등의 내역 및 가격은 별첨[3]와 같다. 다만, 물가인상 기타 경제여건의 변동으로 인하여 교재 등의 공급내역, 가격의 변경이 필요할 경우 가맹본부는 변경내역, 변경사유 및 변경가격 산출 근거를 가맹점사업자에 서면으로 제시하고 양당사자가 협의하여 결정한다.

② 가맹본부가 공급하지 아니하거나 합리적 사유 없이 공급을 지연하는 교재 등은 가맹점사업자가 직접 조달하여 판매할 수 있다. 이 경우 가맹점사업자는 브랜드의 동일성을 해치지 않도록 하여야 한다.

③ 가맹본부는 가맹점사업자가 제2항에 의하여 직접 조달하는 교재 등에 대하여 품질관리기준을 제시하고 그 기준의 준수여부를 검사할 수 있다. 이 경우 가맹점사업자는 가맹본부의 품질검사에 협조하여야 한다.

④ 가맹본부와 가맹점사업자는 관련 법률에서 정한 설비와 장비를 갖추고 교재 등의 성질에 적합한 방법으로 운반·보관하여야 한다.

본인은 본 페이지의 내용에 대한 설명을 듣고, 이를 완전히 이해하였음	(인)

⑤ 가맹본부는 가맹사업의 목적달성에 필요한 합리적 사유가 있는 경우에는 교재 등의 공급원을 자기 또는 특정한 제3자로 한정할 수 있다.

⑥ 가맹점사업자는 공급받은 교재 등을 가맹본부의 허락 없이 타인에게 제공하거나 대여할 수 없다.

제30조 (교재 등의 검사와 하자통지의무)

① 가맹점사업자는 교재 등을 공급받는 즉시 수량 및 품질을 검사하여야 하고, 하자를 발견하였을 경우 지체 없이 이를 서면으로 가맹본부에게 통지하여야 한다.

② 가맹점사업자가 교재 등의 성질상 수령 즉시 하자를 발견할 수 없는 경우에는 6개월 이내에 이를 발견하여 통지하고 완전물로 교환을 청구할 수 있다.

③ 가맹점사업자가 제1항 및 제2항의 검사를 태만히 하여 이로 인한 손해가 발생한 경우에는 가맹본부에 대하여 반품 · 수량보충 또는 손해배상을 청구할 수 없다. 다만, 가맹본부가 교재 등에 하자가 있음을 알면서 공급한 경우에는 제2항의 기간과 상관없이 가맹본부에 손해배상 등을 청구할 수 있다.

④ 가맹본부는 그의 상표를 사용하여 공급한 교재 등의 하자로 인하여 소비자 등 제3자가 입은 손해에 대하여 책임이 있다. 다만, 가맹본부가 공급하지 않은 교재 등을 가맹점사업자가 판매하여 제3자에게 손해를 가한 경우나 가맹점사업자의 보관상의 주의의무위반, 가맹점사업자의 상품제공상의 별도 과실로 인한 경우에는 이에 대한 책임을 지지 아니한다.

본인은 본 페이지의 내용에 대한 설명을 듣고, 이를 완전히 이해하였음	(인)

⑤ 계약이 기간만료, 해지 등으로 인하여 종료한 때에는 가맹점사업자는 공급된 교재 등의 중에서 완전물을 가맹본부에 반환할 수 있고, 이에 대하여 가맹본부는 공급가격으로 상환하여야 한다. 다만, 가맹점사업자의 책임있는 사유로 인하여 해지된 경우에는 그러하지 아니하다.

⑥ 제5항의 경우에 하자 있는 교재 등에 대하여는 그 상태를 감안하여 가맹본부와 가맹점사업자의 협의에 의하여 상환가격을 결정한다.

제31조 (교재 등 공급의 중단)

① 가맹본부는 다음 각 호의 어느 하나에 해당하는 경우에는 (　　)일 전에 해당사유를 적시한 서면으로 예고하고 가맹점사업자에 대한 교재 등의 공급을 중단할 수 있다. 다만, 위 기간 중 가맹점사업자가 해당사유를 시정한 경우에는 그러하지 아니하다.

1. 가맹점사업자가 (　　)개월에 걸쳐 3회 이상 교재 등에 관한 대금 등의 지급의무를 지체하는 경우
2. 가맹점사업자가 2회 이상 정기납입경비의 지급을 연체하는 경우
3. 가맹점사업자가 정기납입경비의 산정을 위한 총매출액 또는 매출액 증가비율을 3회 이상 허위로 통지하는 경우
4. 가맹본부의 품질관리기준을 (　　)개월에 걸쳐 3회 이상 위반하는 경우
5. 가맹점사업자가 가맹본부와의 협의 없이 가맹학원 운영을 3일 이상 방치하는 경우
6. 가맹점사업자가 가맹본부와 약정한 판매촉진활동을 이행하지 않는 경우
7. 가맹점사업자가 정당한 사유 없이 제14조 제5항에 의한 노후 점포설비의 교체·보수 요청에 따르지 않는 경우
8. 가맹점사업자가 가맹본부로부터 본 계약상의 의무위반을 지적받고 상당한 기간 내에 시정조치를 취하지 않는 경우

본인은 본 페이지의 내용에 대한 설명을 듣고, 이를 완전히 이해하였음	(인)

② 가맹본부는 다음 각 호의 어느 하나에 해당하는 경우에는 즉시 교재 등의 공급을 중단할 수 있다.

1. 가맹점사업자에게 파산 신청이 있거나 강제집행절차 또는 회생절차가 개시된 경우
2. 가맹점사업자가 발행한 어음 · 수표가 부도 등으로 지급거절된 경우
3. 천재지변, 중대한 일신상의 사유 등으로 가맹점사업자가 더 이상 가맹사업을 경영할 수 없게 된 경우
4. 가맹점사업자가 공연히 허위사실을 유포함으로써 가맹본부의 명성이나 신용을 뚜렷이 훼손하거나 가맹본부의 영업비밀 또는 중요 정보를 유출하여 가맹사업에 중대한 장애를 초래한 경우
5. 가맹점사업자가 가맹사업의 운영과 관련되는 법령의 위반사실을 통보받은 후 10일 이내에 이를 시정하지 아니한 경우
6. 가맹점사업자의 가맹사업과 관련한 가맹본부의 시정요구에 따른 후에 다시 같은 위반행위를 2회 이상 반복한 경우
7. 가맹점사업자가 가맹학원 운영과 관련된 행위로 형사처벌을 받은 경우
8. 가맹점사업자가 공중의 건강이나 안전에 급박한 위해를 일으킬 염려가 있는 방법이나 형태로 가맹학원을 운영하는 경우
9. 가맹점사업자가 정당한 사유 없이 연속하여 7일 이상 영업을 중단한 경우

③ 제1항 및 제2항의 경우 가맹본부는 교재 등의 공급중단조치를 취함과 동시에 재공급조건을 가맹점사업자에 서면으로 통지하여야 한다.

제32조 (영업)

① 가맹점사업자는 수강생과 약속한 바에 따라 학원을 개원하고 매 해당일에 수강생에게 교육을 시행하여야 하며 (　　)일 이상 임의로 휴업할 수 없다.

본인은 본 페이지의 내용에 대한 설명을 듣고, 이를 완전히 이해하였음	(인)

② 가맹점사업자가 특정일에 학원을 열지 못할 특별한 사정이 있는 경우에는 이를 충분한 기간을 두어 사전에 수강생들에게 고지하고 보충교육 일정을 제시하여 불만이 제기되지 않도록 하여야 한다.

③ 가맹점사업자가 일정기간 휴업할 경우에는 사전에 가맹본부에게 그 사유를 서면으로 통지하고 가맹본부의 승인을 얻어야 한다.

④ 영업시간은 (   )부터 (   )까지로 한다.

⑤ 가맹본부는 가맹점사업자가 심야영업시간대(오전 1시부터 오전 6시까지)의 매출이 저조하여 영업시간 단축을 요구한 날이 속한 달의 직전 6개월 동안 영업손실이 발생함에 따라 영업시간 단축을 요구하거나 질병의 발병과 치료 등 불가피한 사유로 인하여 영업시간의 단축을 요구하는 경우에는 이를 허용한다.

제33조 (보고의무)

① 가맹점사업자는 가맹학원 영업과 관련하여 영업장부와 회계자료를 성실히 작성·유지하여야 한다.

② 가맹점사업자는 년(월, 주) (   )회 매출상황과 회계원장 등을 가맹본부에 서면을 통하여 보고하여야 한다.

③ 가맹점사업자는 가맹본부가 파견한 경영지도원의 서면에 의한 요구가 있을 때에는 영업장부 등 관련서류를 제시하여야 한다.

④ 가맹점사업자는 가맹본부로부터 사용허가를 받은 영업표지와 특허권 등에 대한 침해를 이유로 제3자가 소를 제기한 경우에는 이를 가맹본부에 보고하여야 한다.

본인은 본 페이지의 내용에 대한 설명을 듣고, 이를 완전히 이해하였음	(인)

第34조 [보험]

① 가맹본부는 가맹점사업자가 영업상 과실, 교재 등의 하자, 점포의 화재 등으로 수강생이나 제3자에게 부담하는 손해배상책임을 보장하기 위하여 책임보험에 가입할 것을 권유할 수 있다.

② 가맹점사업자는 자신의 책임으로 보험업자, 보험의 종류, 피보험자를 정한다.

第35조 [영업양도 및 담보제공]

① 가맹점사업자는 가맹본부의 승인을 얻어 영업을 양도, 임대하거나 영업재산을 담보로 제공(이하 "영업양도 등"이라 한다)할 수 있다.

② 제1항의 경우 가맹점사업자는 영업양도일(또는 영업임대일, 담보제공일. 이하 같다)(　　)일 전에 가맹본부에 대하여 서면으로 영업양도 등의 승인을 요청하여야 한다.

③ 가맹본부는 전항의 승인을 요청받은 날로부터 (　　)일 이내에 그 사유를 명시한 서면으로 승인 또는 거절의 의사를 표시하여야 한다. 가맹본부가 이 기간 중에 이유를 적시하여 거절하지 않으면 영업양도 등을 승인한 것으로 본다.

④ 영업양도의 경우 영업양수인은 가맹점사업자의 가맹본부에 대한 권리와 의무를 승계한다.

⑤ 영업양수인, 영업임차인은 제17조의 최초가맹금의 지급의무가 면제된다. 다만, 양도 등에 따라 가맹본부에게 초래된 행정적 실비 및 소정의 교육비, 계약이행보증금은 면제되지 아니한다.

본인은 본 페이지의 내용에 대한 설명을 듣고, 이를 완전히 이해하였음	(인)

⑥ 가맹본부는 영업양수인이 요청하는 경우에는 영업양도인의 잔여 계약기간 대신에 완전한 계약기간을 영업양수인에게 부여할 수 있다. 이 경우에는 신규계약을 체결하여야 한다.

⑦ 가맹본부가 가맹사업을 타인에게 양도하는 경우 가맹점사업자는 가맹계약을 종료하고 계약관계에서 탈퇴할 수 있다. 이 경우 가맹본부는 가맹점사업자에 대하여 제18조 제2항의 금원을 반환하여야 한다.

⑧ 가맹본부는 가맹학원운영권의 양도와 관련된 분쟁을 예방하기 위하여, 승인 전후를 불문하고 양도인의 투자비 내역, 영업 현황 등의 자료를 양수희망자 또는 양수인에게 제공할 수 있다.

제36조 [영업의 상속]

① 가맹점사업자의 상속인은 가맹점 영업을 상속할 수 있다.

② 상속인이 영업을 상속할 경우에는 상속개시일로부터 3개월 이내에 상속사실을 가맹본부에게 통지하여야 한다.

③ 상속인이 미성년자, 피성년후견인, 피한정후견인에 해당하거나 이에 준하는 사유가 있는 경우 가맹본부는 영업의 상속을 승인하지 아니할 수 있으며, 이 경우 가맹계약은 종료한다. 다만, 가맹본부는 상속인에게 제39조 제2항 및 제3항의 금원을 지급하여야 한다.

④ 상속인에 대해서는 제17조의 최초가맹금이 면제된다. 단, 소정의 교육비, 계약이행보증금은 면제되지 아니한다.

본인은 본 페이지의 내용에 대한 설명을 듣고, 이를 완전히 이해하였음	(인)

제 5 장 계약의 갱신, 해지, 종료

제37조 (계약의 갱신과 거절)

① 가맹본부는 가맹점사업자가 가맹계약기간 만료 전 180일부터 90일까지 사이에 가맹계약의 갱신을 요구하는 경우에는 정당한 사유가 없으면 이를 거절하지 못한다. 다만 가맹점사업자가 다음 각 호의 어느 하나에 해당하는 경우에는 갱신을 거절할 수 있다.

1. 가맹계약상의 가맹금 등의 지급의무를 지키지 아니한 경우
2. 다른 가맹점사업자에게 통상적으로 적용되는 계약조건이나 영업방침을 가맹점사업자가 수락하지 아니한 경우
3. 가맹점의 운영에 필요한 학원 · 설비 · 강사진 등 인력의 확보나 법령상 필요한 자격 · 면허 · 허가의 취득에 관한 가맹본부의 중요한 영업방침을 지키지 아니한 경우
4. 교육의 수준을 유지하기 위하여 필요한 서비스기법의 준수에 관하여 가맹본부가 정한 영업방침을 지키지 아니한 경우
5. 가맹본부의 가맹사업 경영에 필수적인 지식재산권의 보호에 관하여 가맹본부가 정한 영업방침을 지키지 아니한 경우
6. 다른 가맹본부가 통상적으로 요구하는 비용에 의하여 가맹본부가 가맹점사업자에게 정기적으로 실시하는 교육 · 훈련의 준수에 관한 가맹본부의 영업방침을 지키지 아니한 경우.

② 제1항의 가맹점사업자의 계약갱신요구권은 최초 가맹계약기간을 포함한 전체 가맹계약기간이 10년을 초과하지 아니하는 범위 내에서만 행사할 수 있다.

본인은 본 페이지의 내용에 대한 설명을 듣고, 이를 완전히 이해하였음	(인)

③ 가맹본부가 제1항에 따른 갱신요구를 거절하는 경우에는 갱신을 요구받은 날로부터 15일 이내에 가맹점사업자에게 거절사유를 적은 서면으로 통지하여야 한다.

④ 가맹본부가 제1항 단서의 어느 사유를 들어 계약만료 전 180일부터 90일까지 갱신하지 않는다는 사실을 서면으로 통지하거나 제3항의 거절 통지를 한 경우가 아니면, 가맹계약은 종전계약과 동일한 조건으로 ( )년간 갱신된 것으로 본다.

⑤ 다음 각 호의 어느 하나에 해당하는 경우에는 제4항을 적용하지 아니한다.

1. 가맹점사업자가 계약만료 60일전까지 이의를 제기한 경우
2. 천재지변 등 양 당사자에게 책임 없는 사유로 인하여 가맹계약을 유지하기 어려운 경우
3. 가맹본부나 가맹점사업자에게 파산신청이 있거나 강제집행절차 또는 회생절차가 개시된 경우
4. 가맹본부나 가맹점사업자가 발행한 어음 · 수표가 부도 등으로 지급거절된 경우
5. 가맹점사업자에게 중대한 일신상의 사유가 발생하여 더 이상 가맹사업을 경영할 수 없게 된 경우

제38조 [계약의 해지]

① 가맹본부는 가맹점사업자에게 제31조 제1항 각호의 사유가 있는 경우에는 가맹계약을 해지할 수 있다. 이 경우 가맹계약을 해지하기 위해서는 가맹점사업자에게 2개월 이상의 유예기간을 두고 계약의 위반사실을 구체적으로 밝히고 이를 시정하지 아니하면 그 계약을 해지한다는 사실을 서면으로 2회 이상 통지하여야 하고, 이 절차를 거치지 아니한 가맹계약의 해지는 그 효력이 없다.

본인은 본 페이지의 내용에 대한 설명을 듣고, 이를 완전히 이해하였음	(인)

② 가맹본부는 가맹사업의 거래를 지속하기 어려운 경우로서 다음 각 호의 어느 하나에 해당하는 경우에는 제1항의 절차를 거치지 아니하고 계약을 해지할 수 있다.

1. 가맹점사업자에게 파산신청이 있거나 강제집행절차 또는 회생절차가 개시된 경우
2. 가맹점사업자가 발행한 어음 · 수표가 부도 등으로 지급거절된 경우
3. 천재지변, 중대한 일신상의 사유 등으로 가맹점사업자가 더 이상 가맹사업을 경영할 수 없게 된 경우
4. 가맹점사업자가 공연히 허위사실을 유포함으로써 가맹본부의 명성이나 신용을 뚜렷이 훼손하거나 가맹본부의 영업비밀 또는 중요정보를 유출하여 가맹사업에 중대한 장애를 초래한 경우
5. 가맹점사업자가 가맹사업의 운영과 관련되는 법령의 위반사실을 통보받은 후 10일 이내에 이를 시정하지 아니한 경우
6. 가맹점사업자가 제1항 후문에 따른 가맹본부의 시정요구에 따른 후 다시 같은 위반행위를 2회 이상 반복한 경우
7. 가맹점사업자가 가맹점운영과 관련된 행위로 형사처벌을 받은 경우
8. 가맹점사업자가 공중의 건강이나 안전에 급박한 위해를 일으킬 염려가 있는 방법이나 형태로 가맹점을 운영하는 경우
9. 가맹점사업자가 정당한 사유 없이 연속하여 7일 이상 영업을 중단한 경우

③ 가맹점사업자는 가맹본부가 약정한 교재 등의 공급, 경영지원 등을 정당한 이유 없이 이행하지 않거나 지체하는 경우 등 이 계약상의 의무를 불이행하는 경우에는 상당한 기간을 정하여 서면으로 그 시정을 요구하고 그래도 시정하지 않을 경우에는 가맹계약을 해지할 수 있다.

본인은 본 페이지의 내용에 대한 설명을 듣고, 이를 완전히 이해하였음	(인)

④ 가맹점사업자는 다음 각 호의 어느 하나에 해당하여 재정상태가 객관적으로 악화됨에 따라 본 계약의 유지가 어렵다고 합리적 · 객관적으로 판단되는 경우에는 최고 없이 즉시 계약을 해지할 수 있다.

1. 가맹본부가 파산한 경우
2. 가맹본부가 발행한 어음 · 수표가 부도 등으로 지급거절된 경우
3. 가맹본부가 (가)압류, 가처분, 강제집행, 체납처분 또는 이와 유사한 법적 · 행정적 처분을 당한 경우
4. 천재지변으로 가맹학원 운영이 곤란한 경우

⑤ 가맹본부와 가맹점사업자는 계약기간 중에도 서면에 의하여 양 당사자가 합의하여 해지할 수 있다. 다만, 해지를 원하는 당사자는 상대방에 대하여 「약관의 규제에 관한 법률」 제8조(손해배상액의 예정)에 위반되지 아니하는 범위 내에서 금 (　　)원을 위약금으로 지급하여야 하며, 이는 손해배상액의 예정으로서의 성격을 갖는다.

제39조 (계약의 종료와 조치)

① 계약이 기간만료나 해지로 인하여 종료된 경우, 가맹점사업자는 지체없이 가맹본부의 상호·간판 등 영업표지의 사용을 중단하고 이를 철거내지 제거하여야 하며, 가맹본부가 제공한 설비, 전산시스템 등 영업관련 자산을 가맹본부에 반환하여야 한다.

② 제1항의 규정에도 불구하고 가맹점사업자가 계약이행보증금을 지급한 경우에는 가맹본부로부터 제20조 제3항의 정산잔액과 정산서를 받을 때까지(계약이행보증보험증권이나 물적 담보를 제공한 경우에는 잔존 채무·손해배상액의 통지서를 받을 때까지) 제1항의 의무이행을 거절할 수 있다. 가맹본부가 제18조 제2항에 의하여 가맹금의 일부를 반환해야 하는 경우에도 또한 같다.

본인은 본 페이지의 내용에 대한 설명을 듣고, 이를 완전히 이해하였음	(인)

③ 제1항의 철거 · 원상복구의 비용은 계약이 가맹점사업자의 귀책사유로 종료되는 경우에는 가맹점사업자가 부담하고 가맹본부의 귀책사유로 종료되는 경우에는 가맹본부가 부담한다. 다만, 합의해지의 경우에는 가맹본부와 가맹점사업자가 협의하여 비용을 분담할 수 있다.

④ 가맹본부는 가맹계약서를 가맹사업의 거래가 종료된 날부터 3년간 보관하여야 한다.

제 6 장 기 타

제40조 (가맹점사업자의 비밀유지, 경업금지 의무)

① 가맹점사업자는 계약 및 가맹학원 운영상 알게 된 가맹본부의 영업비밀을 계약기간은 물론 계약종료 후에도 제3자에게 누설해서는 안 된다.

② 가맹점사업자는 가맹본부의 허락 없이 교육과 세미나 자료 기타 가맹점 운영과 관련하여 가맹본부의 영업비밀이 담긴 관계서류의 내용을 인쇄 또는 복사할 수 없다.

③ 가맹점사업자는 계약의 존속 중에 가맹본부의 허락 없이 자기 또는 제3자의 명의로 가맹본부의 영업과 동종의 영업을 하지 않는다.

제41조(개량기술의 사용)

가맹점사업자가 가맹본부로부터 지원받은 영업노하우 등 기술과 관련하여 독자적으로 기술을 개량한 경우, 개량기술에 대한 소유권은 가맹점사업자에게 있는 것으로 한다. 다만, 가맹본부는 기술개발비, 예상수익, 원천기술의 기여분, 개량기술의 가치 등이 반영된 정당한 대가를 지급하고 그 소유권의 이전이나 실시권, 사용권 등의 설정을 가맹점사업자에게 청구할 수 있다.

본인은 본 페이지의 내용에 대한 설명을 듣고, 이를 완전히 이해하였음	(인)

제42조 (지연이자)

계약의 일방당사자가 이 계약과 관련하여 상대방에게 부담하는 일체의 금전 지급의무를 지체하는 경우에는 미지급액에 대하여 지급기일의 다음날부터 지급하는 날까지 연 (   )%의 비율에 의한 지연이자를 가산하여 지급한다.

제43조 (손해배상)

이 계약의 당사자는 상대방의 계약위반이나 불법행위로 인한 손해에 대하여 이 계약상 구제수단 외에 별도로 손해배상을 청구할 수 있다.

제44조 (분쟁의 해결)

① 이 계약의 당사자는 이 계약의 해석 또는 이 계약에 의하여 명시되지 아니한 사항에 관하여 다툼이 있을 경우 우선적으로 대화와 협상을 통하여 분쟁을 해결하도록 최선을 다한다.

② 제1항에 의한 해결이 되지 아니한 경우에는 「가맹사업거래의 공정화에 관한 법률」 제22조에 따라 한국공정거래조정원의 가맹사업거래분쟁조정협의회에 조정을 신청하거나 다른 법령에 의하여 설치된 중재기관에 중재를 신청할 수 있다.

③ 가맹본부 및 가맹점사업자의 협의에 의하여 제2항에 의한 중재를 신청하지 아니하는 경우, 이 계약에 관한 분쟁의 관할법원은 가맹점사업자의 주소지나 점포소재지를 관할하는 법원으로 한다. 다만, 가맹본부와 가맹점사업자가 합의하여 관할법원을 달리 정하는 경우에는 그러하지 아니하다.

본인은 본 페이지의 내용에 대한 설명을 듣고, 이를 완전히 이해하였음	(인)

제45조 (정보공개서의 자문)

① 가맹본부는 이 계약을 체결하기 전에 가맹희망자에게 정보공개서를 제공하고 충분한 숙고기간을 부여하여야 하며 정보공개서의 이해를 돕기 위하여 가맹거래사 또는 변호사의 자문을 받을 수 있다는 사실을 고지하여야 한다.

② 가맹점사업자는 제1항의 자문을 받은 경우 자문일자가 기재된 확인서를 가맹본부에 제출하여야 한다.

제46조 (정보공개서 및 가맹계약서의 수령일)

① 가맹점사업자는 가맹금의 일부를 지급하거나 이 계약을 체결하는 날로부터 14일(제45조의 자문을 받은 경우에는 7일) 이상 이전인 20 년 월 일에 가맹본부로부터 관련 정보공개서를 제공받았음을 확인한다.

② 가맹점사업자는 가맹본부가 가맹금을 최초로 수령한 날(가맹금을 예치한 경우에는 예치한 날, 예치하기로 합의한 경우에는 예치 예정일)과 이 계약을 체결한 날 중 빠른 날 전인 20 년 월 일에 이 계약서를 사전제공 받았음을 확인한다.

별첨 [1] : 영업지역의 표시

별첨 [2] : 가맹점사업자에게 사용이 허가된 영업표지의 표시

별첨 [3] : 공급 교재 등의 내역

본인은 본 페이지의 내용에 대한 설명을 듣고, 이를 완전히 이해하였음	(인)

가맹본부와 가맹점사업자는 이 가맹계약서에 열거된 각 조항을 면밀히 검토하고 충분히 이해하였으며, 이 계약의 체결을 증명하기 위하여 계약서 2통을 작성하여 각각 기명 · 날인한 후 각 1통씩 보관한다.

20 년 월 일

[가맹본부]

대 표 자: (인)
사업자등록번호:
상 호:
주 소:
연 락 처:

[가맹점사업자]

성 명: (인)
생 년 월 일:
점 포 명:
주 소:
연 락 처:

<u>본인은 본 페이지의 내용에 대한 설명을 듣고, 이를 완전히 이해하였음</u>	<u>(인)</u>

별첨 [1] : 영업지역의 표시

※ 영업지역을 표시한 지도를 첨부하여 주십시오

본인은 본 페이지의 내용에 대한 설명을 듣고, 이를 완전히 이해하였음	(인)

별첨 [2] : 가맹점사업자에게 사용이 허가된 영업표지의 표시

(1) 허용대상 영업표지

영업표지 견본	
등록번호(출원번호)	
등록결정(심결) 연월일	
존속기간 (예정) 만료일	
지정상품 또는 지정서비스업	
등록권리자	

(2) 영업표지 사용방법 : 간판, 상징물, 홍보물, 집기 비품, 문구류 등에 표시

(3) 영업표지의 사용기간 : 이 계약의 효력이 존속되는 기간과 원칙적으로 동일함

(4) 영업표지의 사용지역 : 별도 약정이 없는 한 해당 영업지역 내로 한정됨

본인은 본 페이지의 내용에 대한 설명을 듣고, 이를 완전히 이해하였음	(인)

별첨 [3] : 공급 교재 등의 내역

연번	교재(교구)명	공급가격

본인은 본 페이지의 내용에 대한 설명을 듣고, 이를 완전히 이해하였음	(인)

프랜차이즈(편의점업) 표준계약서

공정거래위원회

이 표준계약서의 목적은 편의점업을 운영하는 가맹사업에 있어서 가맹본부와 가맹점사업자 간에 공정한 계약조건에 따라 가맹계약(프랜차이즈계약)을 체결하도록 하기 위한 표준적 계약조건을 제시함에 있습니다.

이 표준계약서에서는 편의점업 가맹사업의 운영에 있어서 표준이 될 계약의 기본적 공통사항만을 제시하였습니다. 따라서 실제 가맹계약을 체결하려는 계약당사자는 이 표준계약서의 기본 틀과 내용을 유지하는 범위에서 이 표준계약서보다 더 상세한 사항을 계약서에 규정하거나 특약으로 달리 약정할 수 있습니다.

또한 이 표준계약서의 일부 내용은 현행 「가맹사업거래의 공정화에 관한 법률」 및 그 시행령을 기준으로 한 것이므로 계약당사자는 이들 법령이 개정되는 경우에는 개정내용에 부합되도록 기존의 계약을 수정 또는 변경할 수 있으며 특히 개정법령에 강행규정이 추가되는 경우에는 반드시 그 개정규정에 따라 계약내용을 수정하여야 합니다.

이 표준계약서는 하위가맹본부(지사 등)가 가맹본부로부터 계약체결권을 부여받아 가맹점사업자를 모집할 경우에도 그 하위가맹계약의 표준이 될 수 있습니다.

제 1 장 총 칙

제1조 [목 적]

이 표준계약서는 편의점업을 영업으로 하는 가맹사업 중 "완전가맹형"으로 계약을 체결하는 가맹본부와 가맹점사업자 간에 공정한 계약조건에 따른 가맹계약을 체결하도록 하기 위한 표준적 계약조건을 제시함을 목적으로 한다.

제2조 [용어의 정의]

이 계약서에서 사용된 용어는 다음과 같다.

① "가맹사업"이라 함은 가맹본부가 가맹점사업자(가맹희망자를 포함한다)로 하여금 자신의 상표·서비스표·상호·간판 그 밖의 영업표지(이하 "영업표지"라 한다)를 사용하여 일정한 품질기준이나 영업방식에 따라 편의점업을 영위함과 아울러 이에 따른 경영 및 영업활동 등에 대한 지원·교육과 통제를 하고, 가맹점사업자는 이에 대한 대가로 가맹본부에 가맹금을 지급하는 것을 내용으로 하는 계속적인 거래관계를 말한다.

② "가맹본부"라 함은 가맹계약과 관련하여 가맹점사업자에게 가맹점운영권을 부여하는 사업자를 말한다.

③ "가맹점사업자"라 함은 가맹계약과 관련하여 가맹본부로부터 가맹점 운영권을 부여받은 사업자를 말한다.

본인은 본 페이지의 내용에 대한 설명을 듣고, 이를 완전히 이해하였음	(인)

④ "가맹금"이란 명칭이나 지급형태가 어떻든 간에 다음 각 호의 어느 하나에 해당하는 대가를 말한다. 단, 가맹본부에 귀속되지 아니하는 것으로서 소비자의 구매수단으로 인하여 신용카드사, 상품권 발행회사에 지급하는 수수료, 직불전자지급수단 · 선불전자지급수단, 전자화폐, 전자지급결제 대행 서비스 등에 대하여 발생하는 수수료나 할인금은 제외한다.

1. 가입비 · 입회비 · 가맹비 · 교육비 또는 계약금 등 가맹점사업자가 영업표지의 사용허락 등 가맹점운영권이나 영업활동에 대한 지원 · 교육 등을 받기 위하여 가맹본부에 지급하는 대가
2. 가맹점사업자가 가맹본부로부터 공급받는 상품의 대금 등에 관한 채무액이나 손해배상액의 지급을 담보하기 위하여 가맹본부에 지급하는 대가
3. 가맹점사업자가 가맹점운영권을 부여받을 당시에 가맹사업을 착수하기 위하여 가맹본부로부터 공급받는 정착물 · 설비 · 상품의 가격 또는 부동산의 임차료 명목으로 가맹본부에 지급하는 대가
4. 가맹점사업자가 가맹본부와의 계약에 의하여 허락받은 영업표지의 사용과 영업활동 등에 관한 지원 · 교육에 대하여 지급하는 대가
5. 그 밖에 가맹희망자나 가맹점사업자가 가맹점운영권을 취득하거나 유지하기 위하여 가맹본부에 지급하는 모든 대가

⑤ “영업비밀”이라 함은 공공연히 알려져 있지 아니하고 독립된 경제적 가치를 가지는 것으로서, 가맹본부의 상당한 노력에 의하여 비밀로 유지된 생산방법, 판매방법, 그 밖에 영업활동에 유용한 기술상 또는 경영상의 정보를 말한다.

⑥ “점포환경개선”이란 가맹점 점포의 기존 시설, 장비, 인테리어 등을 새로운 디자인이나 품질의 것으로 교체하거나 신규로 설치하는 것을 말한다. 이 경우 점포의 확장을 또는 이전을 수반하거나 수반하지 아니하는 경우를 모두 포함한다.

본인은 본 페이지의 내용에 대한 설명을 듣고, 이를 완전히 이해하였음	(인)

⑦ "영업지역"이란 가맹점사업자가 가맹계약에 따라 상품 또는 용역을 판매하는 지역을 말한다.

제3조 [가맹사업의 합의]

① 가맹점사업자는 가맹본부와 (　　　) 가맹사업과 관련하여 가맹본부의 (　　　) 시스템 및 (　　) 영업표지를 사용할 것을 약정한다.

② 가맹본부와 가맹점사업자는 가맹사업을 영위함에 있어서 사업운영에 필요한 관계법령을 준수하고 각자의 업무를 신의에 따라 성실하게 수행하여야 한다.

③ 이 계약은 20　년　월　일부터 발효되며 그 기간은 계약 발효일로부터 20　년　　월　　일까지 (　　)년간으로 한다.

제4조 [당사자의 지위]

① 가맹본부와 가맹점사업자는 상호간에 독립한 사업자로서 대등한 관계에서 이 건 가맹계약을 체결한다.

② 가맹본부와 가맹점사업자 사이에는 상호간에 대리관계나 위임관계, 사용자와 피용자 관계, 동업자 관계 등 여하한 특별한 관계도 존재하지 아니한다.

③ 가맹점사업자는 자신의 책임과 부담으로 가맹점을 운영하고, 종업원을 고용하는 등 사업주로서의 모든 권리와 의무를 가진다.

<u>본인은 본 페이지의 내용에 대한 설명을 듣고, 이를 완전히 이해하였음</u>	<u>(인)</u>

제5조 [가맹점사업자의 권리와 권리행사의 한계]

① 가맹본부는 가맹계약기간동안 가맹점사업자에게 다음 각 호의 권리를 부여한다.

1. 가맹본부가 제공하는 경영노하우 및 운영에 관한 각종 정보를 제공받아 이를 사용하는 권리
2. 가맹점사업자의 경영을 위하여 가맹본부가 제공하는 가맹본부의 상표 등의 지식재산권 및 영업표지를 사용할 권리
3. 가맹본부가 제공 또는 대여하는 각종 서식 · 장비 및 내 · 외장 시설을 사용할 권리
4. 기타 가맹본부가 이 계약상의 영업과 관련하여 보유하는 권리로서 당사자가 사용허가의 대상으로 삼은 권리

② 가맹점사업자는 제1항의 권리를 행사할 경우 다음 각 호의 행위를 해서는 아니된다.

1. (　　　　) 시스템에 유해한 행위 및 제3장에서 규정하는 영업활동의 내용에 위배되는 매입 · 판매 · 기타 영업을 하는 행위
2. 가맹본부의 특허, 디자인 · 상표권, 실용신안, 영업비밀 등 지식재산권을 침해하거나 또는 침해할 우려가 있는 행위
3. 가맹본부의 영업표지·로고, 기타 이미지 도안 등을 가맹사업 이외의 목적으로 사용하여 가맹본부의 신뢰에 해를 끼치는 행위
4. 가맹본부의 영업기술이나 영업비밀을 누설하는 행위
5. 가맹계약기간 중 가맹본부와 동일한 업종을 영위하는 행위
6. 가맹본부의 동의를 얻지 아니하고 사업장의 위치변경 또는 가맹점 운영권에 대한 질권의 설정, 양도, 증여 등 기타 당사자간 권리변동을 수반하는 행위

본인은 본 페이지의 내용에 대한 설명을 듣고, 이를 완전히 이해하였음	(인)

제6조 [가맹점사업자의 투자비용]

① 가맹점의 경영을 위한 가맹점사업자의 다음 각 호의 초기 투자비용은 다음과 같다.

		금액	지급기한
1	가맹점가입비		
2	상품준비금		
3	소모품준비금		
4	시설·인테리어		
5	집기		
6	기타		
	합계		

② 가맹본부는 투자비용중 시설·인테리어[내장공사,전기공사, 정수설비, 냉장부대시설(한전부담금, 설계비 포함), 냉난방기 등]공사 비용에 대한 내역을 가맹점 개점 후 1개월 이내에 가맹점사업자에게 제공하기로 한다.

제7조 [가맹금의 반환]

① 가맹본부는 다음 각 호의 어느 하나에 해당하는 경우에는 가맹희망자나 가맹점사업자가 서면으로 요구하는 날부터 1개월 이내에 가맹금을 반환하여야 한다. 이 경우 반환하는 가맹금의 금액은 가맹계약의 체결 경위, 금전이나 그 밖에 지급된 대가의 성격, 가맹계약기간, 계약이행기간, 가맹사업당사자의 귀책정도 등을 고려하여 당사자의 협의에 의하여 결정한다.

1. 가맹본부가 등록된 정보공개서 및 인근가맹점 현황문서(이하 "정보공개서 등"이라고 한다)를 제공하지 아니하거나 정보공개서를 제공한 날로부터 14일(제47조에 따라 변호사 또는 가맹거래사의 자문을 받은 경우에는 7일)이 지나지 아니하였음에도 가맹금을 수령(가맹금을 예치

본인은 본 페이지의 내용에 대한 설명을 듣고, 이를 완전히 이해하였음	(인)

하는 경우에는 예치)하거나 가맹계약을 체결한 경우로서 가맹희망자 또는 가맹점사업자가 가맹계약 체결전 또는 가맹계약체결후 4개월이내에 가맹금의 반환을 요구하는 경우

2. 가맹본부가 가맹희망자에게 정보를 제공함에 있어 허위 또는 과장된 정보를 제공하거나 중요사항을 누락하여 가맹희망자가 가맹계약 체결 전에 가맹금의 반환을 요구하는 경우
3. 제2호의 행위를 통하여 계약 체결에 중대한 영향을 준 것으로 인정되어 가맹점 사업자가 가맹계약의 체결일부터 4개월 이내에 가맹금의 반환을 요구하는 경우
4. 가맹본부가 정당한 사유 없이 가맹사업을 일방적으로 중단한 경우로서 가맹점사업자가 가맹사업중단일로부터 4개월 이내에 가맹금의 반환을 요구하는 경우

② 가맹점사업자는 제3항에 따라 가맹금의 반환을 요구하고자 할 때에는 다음 각 호의 사항이 기재된 서면으로 요구하여야 한다.

1. 가맹금의 반환을 요구하는 가맹점사업자 또는 가맹희망자의 주소 · 성명
2. 가맹본부가 허위 또는 과장된 정보를 제공하거나 중요사항을 누락한 사실
3. 가맹본부가 허위 또는 과장된 정보를 제공하거나 중요사항을 누락하여 계약체결에 중대한 영향을 준 것으로 인정되는 사실
4. 가맹본부가 정당한 이유없이 가맹사업을 일방적으로 중단한 사실과 그 일자
5. 반환대상이 되는 가맹금의 금액
6. 가맹본부가 정보공개서를 제공하지 아니한 사실 또는 정보공개서를 제공한 날부터 14일(제47조에 따라 변호사 또는 가맹거래사의 자문을 받은 경우에는 7일)이 지나지 아니한 상태에서 가맹희망자로부터 가맹금을 수령하거나 가맹희망자와 가맹계약을 체결한 사실과 그 날짜

본인은 본 페이지의 내용에 대한 설명을 듣고, 이를 완전히 이해하였음	(인)

③ 가맹점사업자는 계약기간 내에 자기의 귀책사유 없는 사유로 계약이 해지되는 등 가맹계약이 중도에 종료되는 경우에는 영업표지 사용료, 영업시스템의 계속적 이용료 등과 같이 전체 계약기간에 대한 선급금의 성질을 갖는 가맹금 중 잔여계약기간의 비율에 해당하는 금액의 반환을 청구할 수 있다. 단, 이는 손해배상의 청구에 영향을 미치지 아니한다.

④ 제3항의 경우에 최초교육비 등과 같이 계약기간에 따른 선급금의 성질을 갖지 않는 가맹금 중 이행이 완료된 급부의 대가에 해당하는 가맹금에 관하여는 공평의 관념에 어긋나지 않는 범위에서 당사자의 약정에 따라 반환하지 아니할 수 있다.

제8조 [가맹점사업자의 확인사항]

① (　　　) 시스템은 가맹본부의 투자와 노력으로 독자적으로 개발한 가맹본부의 고유한 경영노하우이자 기업비밀로서 보호하여야 한다.

② 가맹본부의 상호, 상표, 서비스마크, 배포하는 자료, 상품진열 등에 대한 지적재산권은 가맹본부가 갖는다.

③ 가맹점사업자는 가맹사업의 통일성 및 가맹본부의 명성을 유지하기 위해 노력하여야 한다.

④ 가맹점사업자는 취급하는 상품의 품질 및 사업장의 위생을 적정하게 유지하여야 한다.

⑤ 가맹점사업자는 가맹본부가 사업장에 제공한 설비 · 집기 일체를 자기 책임 하에 성실하게 유지 · 관리하여야 한다.

⑥ 가맹점사업자는 가맹본부가 이 계약에서 정한 사항의 이행을 위하여 필요한 경우 가맹본부의 사업장 출입을 허용하여야 한다.

본인은 본 페이지의 내용에 대한 설명을 듣고, 이를 완전히 이해하였음	(인)

제 2 장 개점의 준비

제9조 [입지선정]

① 가맹점사업자는 자신의 판단과 책임 하에 점포의 입지를 선정한다.

② 가맹본부는 제1항의 입지선정과 관련하여 해당지역의 행정구역상의 구분, 시장의 특성, 주요한 근린시설, 업종특성에 따른 매출성향 등을 고려하여 해당점포의 실사를 통하여 가맹점사업자에게 조언을 할 수 있다.

③ 가맹점사업자의 입지선정과 관련하여 가맹본부의 조언이 있는 경우라도 최종 결정은 가맹점사업자 스스로의 책임하에 결정하며, 점포의 매출액 및 수익액은 가맹점사업자의 관리능력이나 여건의 변화에 의하여 변동될 수 있음을 충분히 고려하고 확인한다. 또한 가맹점사업자 자신의 책임으로 점포 개점과 관련된 인허가 사항 및 상가규약 등을 확인하고 절차를 진행하여야 한다.

제10조 [교육]

① 가맹본부는 가맹점사업자의 원활한 경영을 위하여 교육 및 훈련을 실시하며, 가맹점사업자는 교육 및 훈련의 전 과정을 일정수준 이상의 성적으로 수료하여야 한다.

② 가맹본부는 가맹점사업자의 점포 운영 능력 향상을 위해 정기적으로 교육훈련을 실시 할 수 있으며, 이 경우 가맹점사업자는 교육훈련에 적극적으로 참여하여야 한다. 이때의 교육비용은 가맹본부와 가맹점사업자가 협의하여 정하도록 하며, 가맹점사업자는 필요시 자신의 비용부담으로 가맹본부에 특별교육 및 훈련요원의 파견을 요청할 수 있다.

본인은 본 페이지의 내용에 대한 설명을 듣고, 이를 완전히 이해하였음	(인)

③ 가맹본부는 개점시 가맹점사업자의 교육 성적이 정하는 일정 수준에 미달하는 경우 가맹점사업자에게 ( )회의 재교육의 기회를 부여한다. 그러나 가맹점사업자가 재교육 후에도 불합격한 경우 가맹본부는 계약을 해지할 수 있으며, 점포공사비 지급 및 집기류 등의 반환에 대하여는 제15조 제1항 및 제2항이 준용된다.

제11조 [점포 [시설 · 인테리어]]

① 가맹본부는 가맹점사업자의 점포(시설·인테리어)를 가맹본부가 정한 점포공사표준사양의 범위 내에서 가맹본부의 부담으로 실시하고, 가맹점사업자에게 가맹계약기간동안 제공한다.

② 가맹점사업자는 문서로 가맹본부의 사전 승인을 얻지 않고서는 가맹본부가 실시한 시설, 인테리어 등 점포공사를 변경하거나 점포공사표준사양 외의 추가공사를 할 수 없다.

제12조 [대여설비 및 상품 등의 점검]

① 가맹본부는 제11조에서 정하는 개점에 필요한 점포공사가 완성된 경우 대여설비 및 상품 · 소모품 등을 가맹점사업자에게 인도한다. 이때 가맹본부가 제공하는 대여설비의 목록 등은 별첨Ⅰ로 한다.

② 가맹점사업자는 제1항에 따라 인도받은 대여설비의 상태, 상품 및 소모품 등의 수량 · 상태를 점검하고 이상이 없다는 것을 문서로서 즉시 확인한다. 단, 가맹점사업자는 7일 이내에 이의를 제기할 수 있으며, 이후에는 하자와 수량 부족이 없는 완전한 상태로서 인도가 된 것으로 본다.

본인은 본 페이지의 내용에 대한 설명을 듣고, 이를 완전히 이해하였음	(인)

제13조 [인 · 허가]

① 이 계약에 따른 가맹점 운영을 위하여 필요한 영업신고증, 사업자등록증, 관련 자격증 및 면허증 등의 제반 인 · 허가는 영업개시일 전까지 가맹점사업자의 책임과 비용으로 취득하여야 하고, 필요에 따라 갱신하여야 한다.

② 가맹점사업자가 제1항의 의무를 이행하지 않아서 발생하는 일체의 법적 책임은 가맹점사업자에게 있다.

제14조 [개점일]

① 가맹점사업자의 개점일은 점포공사 등의 진척상황을 감안해서 가맹본부와 가맹점사업자가 협의하여 진행한다.

② 가맹본부 또는 가맹점사업자가 각각 귀책사유로 인하여 개점일이 지연되는 경우 발생하는 손해에 대하여는 귀책사유가 있는 당사자가가 부담한다.

제15조 [개점전 계약해지]

① 가맹점사업자가 불가피한 사유로 개점일 이전에 계약을 해지하고자 할 경우에는 가맹본부에 대하여 (　　)일 전까지 문서로써 의사표시를 하고, 위약금 (　　　　　)원을 지급한다. 또한 가맹본부가 점포 건물의 점포 내 · 외장 공사에 착수한 이후에는 투입된 점포공사비용 일체를 별도로 지급한다.

② 가맹점사업자의 제1항에 따른 해지의 의사표시가 가맹본부가 대여 · 제공하는 집기 · 설비의 설치 후에 이루어진 경우, 가맹점사업자는 자신의

본인은 본 페이지의 내용에 대한 설명을 듣고, 이를 완전히 이해하였음	(인)

부담으로 해당 집기 · 설비를 철거하고 이를 가맹본부에 반환하여야 한다.

③ 가맹본부 또는 가맹점사업자가 각각 사정으로 인하여 개점일 이전에 계약을 해지하고자 하는 경우 점포 내·외장공사의 원상회복 및 집기·설비의 철거 비용 및 위약금 ( )원을 해지사정이 있는 당사자가 부담한다.

제16조 [개점 점검]

① 가맹점사업자는 개점일 전까지 가맹본부에 대하여 점포시설 및 초도물품 등에 대하여 점검 및 진열을 완료하여야 한다.

② 가맹점사업자는 개점에 앞서 직접 실시한 점포의 설비와 비품의 구입 등에 관하여 가맹본부가 정한 기준과 사양을 준수하였는지 여부와 시설 공사의 완전성과 가맹사업의 이미지 통일성을 준수하였는지 등에 대하여 가맹본부로부터 점검을 받아야 한다.

③ 가맹본부는 다음 각 호의 어느 하나에 해당하는 경우에는 가맹점사업자에 대한 개점을 거부하거나 보류할 수 있다.

1. 가맹점사업자의 사업장에 적정 직원이 채용되지 않아 정상적인 운영이 어렵다고 판단되는 경우
2. 가맹본부 또는 가맹본부가 지정하는 공급자로부터 정해진 초도물품과 상품 기타 기기의 공급 주문을 완료하지 않은 경우
3. 가맹점 사업자가 가맹점 개설에 소요되는 비용의 지급을 가맹점 개점 전까지 완료하지 못한 경우
4. 그 밖에 가맹점사업자의 귀책사유로 개점이 연기되는 경우
5. 기타 객관적으로 판단하여 정상적인 운영이 어렵다고 인정되는 경우

본인은 본 페이지의 내용에 대한 설명을 듣고, 이를 완전히 이해하였음	(인)

④ 제3항의 각호의 사유로 계약이 해지되는 경우 가맹점사업자는 가맹본부에게 위약금(　　)원 및 시설·인테리어 잔존가 및 철거·운반비용을 가맹본부에 지급하기로 한다.

제 3 장 영업활동

第17조 [영업시간]

가맹점사업자의 영업시간은 원칙적으로 매일 24시간으로 하기로 하되, 다음 각 호의 경우에 해당하여 가맹점사업자가 영업시간 단축을 요구하는 경우 가맹본부는 이를 허용하여야 한다.

1. 심야 영업시간대(오전 1시부터 오전 6시까지)의 매출이 그 영업에 소요되는 비용에 비하여 저조하여 직전 6개월 동안 영업손실이 발생하는 경우 가맹점사업자가 서면으로 영업시간 단축을 요구하는 경우
2. 가맹점사업자가 질병의 발병과 치료 등 불가피한 사유로 인하여 필요 최소한의 범위에서 영업시간 단축을 요구하는 경우
3. 기타 가맹본부에 요청하여 사전 승인을 얻은 경우

第18조 [영업지역의 보호]

① 가맹점사업자의 영업지역은 별첨Ⅱ로 한다.

② 제1항에도 불구하고 다음 각 호의 사유가 발생하는 경우에는 가맹계약 갱신과정에서 가맹본부와 가맹점사업자는 협의를 통하여 기존 영업지역을 합리적으로 변경할 수 있다.

본인은 본 페이지의 내용에 대한 설명을 듣고, 이를 완전히 이해하였음	(인)

1. 재건축, 재개발 또는 신도시 건설 등으로 인하여 상권의 급격한 변화가 발생하는 경우
2. 해당 상권의 거주인구 또는 유동인구가 현저히 변동되는 경우
3. 소비자의 기호변화 등으로 인하여 해당 상품ㆍ용역에 대한 수요가 현저히 변동되는 경우
4. 제1호부터 제3호까지의 규정에 준하는 경우로서 기존 영업지역을 그대로 유지하는 것이 현저히 불합리하다고 인정되는 경우

③ 가맹본부는 정당한 사유없이 가맹계약기간 중 가맹점사업자의 영업지역 안에서 가맹점사업자와 동일한 업종(수요층의 지역적ㆍ인적 범위, 취급품목, 영업형태 및 방식 등에 비추어 동일하다고 인식될 수 있을 정도의 업종을 말한다)의 자기 또는 계열회사(「독점규제 및 공정거래에 관한 법률」 제2조 제3호에 따른 계열회사를 말한다)의 직영점이나 가맹점을 설치하는 행위를 하여서는 아니된다.

제19조 [상품매입 및 재고유지 관리]

① 가맹점사업자는 가맹본부가 제공하는 표준 상품진열안내서를 기초로 하여 적합한 상품의 구색과 LAY OUT 및 진열 표준화를 가맹본부의 지도하에 실행하여야 하며, 결품, 상품의 부족, 상품의 선도 또는 품질의 저하 등이 발생하지 않도록 최적의 발주 및 상품관리를 해야 한다.

② 가맹점사업자는 제1항의 상품관리를 위해서 가맹본부가 추천하는 상품을 가맹본부 및 가맹본부가 지정한 거래처로부터 매입한다. 만일 그 외의 자로부터 상품을 매입하고자 할 때에는 사전에 가맹본부에 문서로 승인요청을 받아야 한다.

③ 가맹점사업자는 상품매입에 대한 모든 거래명세 서류를 가맹본부에 지체없이 송부하여야 하고 거래명세에 대한 전산 데이터를 해당일에 지체없이 등록하여야 한다.

본인은 본 페이지의 내용에 대한 설명을 듣고, 이를 완전히 이해하였음	(인)

④ 가맹점사업자는 통상의 판매실적에 의거한 적절한 발주를 통해 적정 상품 재고를 유지하여야 한다.

제20조 [판매가격 결정]

가맹점사업자는 가맹본부의 권장에 따른 판매가격을 기준으로 하여 자신의 판단으로 판매가격을 결정한다. 단, 가맹점사업자가 가맹본부가 제시한 표준판매가격과 판매가격을 다르게 정하고자 하는 경우에는 사전에 그 내역을 문서로써 가맹본부에 통지해야하며, 가맹본부는 정당한 이유없이 이를 거절하지 못한다.

제21조 [광고 및 마케팅]

① 가맹본부는 필요한 경우 가맹본부의 부담으로 다음 각 호의 판매촉진 활동을 할 수 있다.

1. 가맹점에서 사용하는 홍보물의 제공
2. (　　　) 시스템 및 (　　　) 영업표지를 고양시키기 위한 판매촉진 활동

② 가맹점사업자는 자기의 부담으로 가맹본부의 통일성을 해치지 않는 범위 내에서 영업을 위해 필요한 판매촉진활동을 할 수 있다.

③ 가맹본부가 상품이나 서비스를 구매하는 고객에 대해 마일리지 적립, 할인 등의 보상을 할 경우 가맹점사업자는 자신의 판단으로 이에 참여하고, 이에 따른 비용은 가맹본부와 가맹점사업자가 제30조에서 정한 비율(가맹수수료비율)로 부담하기로 한다.

본인은 본 페이지의 내용에 대한 설명을 듣고, 이를 완전히 이해하였음	(인)

제22조 [POS 등록]

① 가맹점사업자는 모든 매출액 및 수입금 등을 POS에 등록하여야 한다.

② 가맹점사업자는 자가소비하는 상품에 대해서는 그 당시 판매가격으로 매출등록을 하여야 한다.

③ 가맹점사업자가 제1항 또는 제2항의 어느 하나를 위반하는 경우에 가맹본부는 이를 확인한 즉시 가맹점사업자에 대하여 상품공급 · 전산지원 · 각종 장려금(초기 안정화 지원금 포함)을 중단할 수 있다.

④ 가맹점사업자는 가맹점의 상품 운영에 있어 발주마감 시간 및 정산시간을 준수하고, POS시스템을 이용한 정확한 스캐닝 판매, 일 단위 단품별 마감을 하여야 한다.

제23조 [매출액 송금]

① 가맹점사업자는 매일의 총매출액(상품매출액 및 부가세 등을 포함한 총수입금액) 및 판매장려금, 대행수납금(공과금 등 일체), 대행판매(로또, 스포츠 토토, 선불카드, 상품권 등 일체), 기타 잡수입금의 합계를 가맹본부가 지정하는 금융기관에 개설된 계좌로 송금해야 한다. 다만, 가맹본부와 가맹점사업자가 별도로 사전 협의한 경우 그에 따른다.

② 가맹점사업자가 정당한 이유없이 제1항을 위반한 경우 가맹본부는 가맹점사업자에게 상품공급, 전산지원, 제 장려금 지급, 초기안정화 지원금 등을 중단할 수 있다. 또한 정당한 이유가 없으면 가맹점사업자는 지체 1일당(공휴일 제외) 연 ( )%의 비율로 계산한 지체송금수수료를 가맹본부에게 지불한다. 동 수수료는 연 20% 이내로 한다.

③ 이 조에서 정하지 않은 사항은 특약으로 정하도록 한다.

본인은 본 페이지의 내용에 대한 설명을 듣고, 이를 완전히 이해하였음	(인)

第24条 [점포시설 등 관리]

① 가맹점사업자는 가맹본부의 문서에 의한 승낙없이 가맹점의 경영 · 영업 활동에 사용하는 대여설비, 본건점포, 부속건축물, 기계, 서비스 상품 운영용 기기, 집기, 조명기구, 비품, 간판류 등의 모든 물건(이하 "영업용 물건"이라 한다)의 사양 · 설비를 변경(또는 처분)할 수 없다.

② 대여설비 및 영업용물건의 유지 · 관리 및 보수와 그 위탁에 대해서는 별첨Ⅲ에 따른다.

③ 가맹본부는 가맹점사업자의 점포에 출입하여 영업용물건의 사양 및 그 수리, 도장, 청소상태 등 유지 · 보수 및 관리 상태를 조사할 수 있다. 또한 가맹본부에 대한 대중의 이미지, 인식 등을 고양하기 위하여 필요한 경우 가맹점사업자에게 영업용물건의 관리 상태에 관한 개선을 요구할 수 있고, 가맹점사업자는 이에 따라야 한다.

第25条 [점포의 환경개선]

① 가맹본부는 제11조에 따른 점포의 시설・인테리어를 가맹점사업자가 부담하여 실시한 경우 다음 각 호에 해당하는 정당한 사유가 있을 때에는 점포환경개선을 요구할 수 있다.

1. 점포의 시설, 장비, 인테리어 등의 노후화가 객관적으로 인정되는 경우
2. 위생 또는 안전의 결함이나 이에 준하는 사유로 인하여 가맹사업의 통일성을 유지하기 어렵거나 정상적인 영업에 현저한 지장을 주는 경우

② 가맹본부는 제11조에 따른 점포의 시설・인테리어를 가맹점사업자가 부담하여 실시한 경우 가맹점사업자의 점포환경개선에 소요되는 비용으로서 점포의 확장 또는 이전을 수반하지 아니하는 경우에는 간판 교체

본인은 본 페이지의 내용에 대한 설명을 듣고, 이를 완전히 이해하였음	(인)

비용과 인테리어공사비용(장비 · 집기의 교체비용을 제외한 실내건축공사에 소요되는 일체의 비용을 말한다)의 100분의 20, 점포의 확장 또는 이전을 수반하는 경우에는 위의 비용의 100분의 40을 부담하여야 한다. 다만, 다음 각 호의 어느 하나에 에 해당하는 경우에는 그러하지 아니하다.

1. 가맹본부의 권유 또는 요구가 없음에도 가맹점사업자의 자발적 의하에 의하여 점포환경개선을 실시한 경우
2. 가맹점사업자의 귀책사유로 인하여 위생·안전 및 이와 유사한 문제가 발생하여 불가피하게 점포환경개선을 하는 경우

③ 가맹점사업자는 제2항의 가맹본부부담액을 청구하려면 가맹본부에 공사계약서 등 공사비용을 증명할 수 있는 서류를 제출하여야 한다.

④ 가맹본부는 전항에 따른 지급청구일부터 90일 이내에 가맹본부부담액을 가맹점사업자에게 지급하여야 한다. 다만, 가맹본부와 가맹점사업자가 별도의 협의가 있는 경우에는 1년의 범위에서 가맹본부부담액을 분할하여 지급할 수 있다.

⑤ 가맹본부는 점포환경개선이 끝난 날부터 3년 이내에 가맹본부의 책임 없는 사유로 계약종료(계약의 해지 또는 영업양도를 포함한다)되는 경우에는 가맹본부부담액 중 나머지 기간에 비례하는 부담액에 한해서는 이를 지급하지 아니하거나 이미 지급한 경우에는 환수할 수 있다.

제26조 [손해부담 및 보험가입]

① 가맹점사업자는 이 계약에 달리 명시된 사항을 제외하고는 자신의 책임과 부담으로 가맹점을 운영하므로 점포 운영과 관련된 모든 손해를 부담한다.

본인은 본 페이지의 내용에 대한 설명을 듣고, 이를 완전히 이해하였음	(인)

② 가맹점사업자는 제1항의 손해에 대비하기 위하여 보험에 가입할 수 있다. 단, 가입한 보험의 손실보상 범위를 초과하는 가맹점사업자의 자산 등의 손실분에 대하여는 가맹점사업자가 그 위험을 부담한다.

③ 가맹본부는 도난·화재 등에 대비하기 위하여 가맹본부를 보험금 수취인으로 하는 각종 보험에 가맹본부의 명의와 비용으로 가입할 수 있다.

제 4 장 회계

제27조 [회계자료 작성 · 제공 및 세금신고의 협력]

① 가맹본부는 가맹점사업자의 경영상황에 대한 회계자료를 가맹본부의 부담으로 작성하여 다음달 (　)일까지 가맹점사업자에게 제공한다. 또한 가맹본부는 이 회계자료에 반영되어 있는 범위 내에서 가맹점사업자의 경영에 관련한 세무신고를 위하여 정보 · 자료를 제공하고 협력한다.

② 가맹점사업자는 가맹본부가 제1항에서 제공하는 자료를 기초로 하여 가맹점사업자의 책임과 비용부담으로 세무신고를 하여야 한다. 단, 부가가치세 및 원천징수세와 가맹점사업자의 정산보고서 작성을 위한 세무대행수수료에 대해서는 가맹본부가 가맹점사업자의 위탁을 받아 그 납부를 대행할 수 있으며, 납부내역은 상호계산계정에서 정산하도록 한다.

제28조 [실재고 및 현장입점 조사]

① 가맹본부는 가맹점사업자가 적정한 재고품 관리를 행하도록 하기 위하여 재고품의 출입 변동 시 마다 장부에 기재한다. 이때, 재고금액의 산정방식은 가맹본부와 가맹점사업자가 협의하여 정하기로 한다.

본인은 본 페이지의 내용에 대한 설명을 듣고, 이를 완전히 이해하였음	(인)

② 가맹본부는 다음 각 호와 같이 가맹점사업자의 재고 상품 · 유가증권 등에 대한 실재고조사를 실시할 수 있다.

1. 가맹본부는 가맹본부의 비용으로 연 ( )회 또는 필요하다고 인정되는 경우에 가맹점사업자의 재고 상품·유가증권 등에 대한 실재고조사를 실시할 수 있다. 이 경우 가맹점사업자는 정당한 이유없이 이를 거부할 수 없다.
2. 가맹점사업자는 자신의 부담으로 가맹본부에게 실재고조사의 실시를 요구할 수 있다.
3. 가맹본부는 가맹점사업자에게 사전에 구두 또는 문서로 통지하고 실재고조사를 실시하되, 긴급한 경우는 통지없이 실시할 수 있다.
4. 가맹본부는 실재고조사의 결과를 가맹점사업자에게 문서로 통지하며, 가맹점사업자가 자료의 확인시점에서 ( )시간 이내에 문서로서 이의를 제기하지 않으면 실재고조사 결과가 확정된 것으로 한다. 가맹점사업자가 이의를 제기할 경우 가맹본부는 재조사를 실시하며 이때의 비용부담은 상호 협의하는 것으로 한다.
5. 실재고조사의 결과 장부상 재고와의 불일치에 대한 처리 등은 별첨Ⅳ에서 정하는 바에 따른다.

③ 가맹본부는 가맹점사업자의 경영상태를 파악하기 위하여 필요하다고 판단되는 경우에는 재고상품 · 판매가격 · 매출액 · 현금 · 영업용 물건 및 전표 등에 대하여 현장입점조사를 실시할 수 있다.

제29조 [상호계산계정]

① 가맹본부와 가맹점사업자는 이 계약을 바탕으로 상호거래상의 대차 및 그 결제를 가맹본부가 가맹점사업자를 위하여 순차 기장하는 상호계산 절차와 결제방식에 따라 계속적으로 처리한다.

본인은 본 페이지의 내용에 대한 설명을 듣고, 이를 완전히 이해하였음	(인)

② 상호계산계정의 내용 및 상호계산계정에 계리하는 채권·채무 및 정산방법은 별첨Ⅴ로 정한다.

③ 상호계산개정은 개점일에 개설하고, 이 계약이 종료한 경우에 제43조에 따라 폐쇄하여 정산한다.

제 5 장 영업이익의 배분

제30조 [가맹수수료]

① 가맹점사업자는 가맹점의 경영을 위한 가맹본부의 지원의 대가로 월 매출이익의 ( )%의 금액(이하 "가맹수수료"라 한다)을 매월 ( )일에 가맹본부에게 지급한다(부가가치세 별도).

② 제1항에서 정하는 가맹수수료율은 별첨Ⅵ에 따라 조정할 수 있다.

제31조 [최저임금 인상 등 비용부담 증가로 인한 가맹수수료의 조정]

① 가맹점사업자는 최저임금 인상 등으로 인해 비용이 증가하는 경우 가맹본부에게 가맹수수료의 조정을 신청할 수 있다.

② 가맹본부는 제1항에 따른 신청이 있은 날부터 10일 이내에 가맹수수료 조정을 위한 협의를 개시하며, 천재지변이나 전시·사변 등의 부득이한 사유 없이 협의를 거부하거나 게을리 하지 아니한다.

본인은 본 페이지의 내용에 대한 설명을 듣고, 이를 완전히 이해하였음	(인)

第32조 [영업지원금 및 장려금]

가맹본부는 가맹점사업자가 초기안정화 단계에서 손실을 보전해 주는 등 초기안정화를 돕기 위하여 가맹점사업자에게 초기안정화 지원금을 지급할 수 있으며, 가맹점사업자의 운영에 대하여 장려금제도를 운영할 수 있다. 다만, 가맹점사업자가 본 계약에서 정한 사항을 위반하여 가맹본부로부터 시정요청을 받고도 이를 시정하지 않을 경우에는 가맹본부는 가맹점사업자에게 지급하기로 한 일체의 지원금 등을 중단할 수 있다.

第33조 [정산금]

가맹본부는 가맹점사업자에게 매월 (   )일에 가맹점사업자의 영업실적에 따른 이익배분금을 포함한 정산금을 계산하여 지급하는 것으로 한다.

제 6 장 계약의 갱신, 해지, 종료

第34조 [영업양도]

① 가맹점사업자는 어떠한 경우에도 가맹본부로부터 사전에 문서에 의한 승낙을 받지 않고 이 계약에 기초한 권리·의무 기타 계약상 지위의 전부 또는 일부를 제3자에게 이전 또는 양도하거나 담보설정을 하는 등의 처분을 할 수 없다.

② 가맹점사업자가 제3자에게 영업을 양도하고자 하는 경우, 문서로써 가맹본부에 통지하고 승인을 받아야 한다. 이에 대하여 가맹본부는 양수인이 가맹자격과 조건에 비추어 자격을 갖추었는지 여부와 가맹점사업자의 양도요청시점의 계약준수 상태 등을 고려하여 승인여부를 판단할 수 있으며, 승인하는 경우 제36조의 중도해지규정을 적용하지 않는다.

본인은 본 페이지의 내용에 대한 설명을 듣고, 이를 완전히 이해하였음	(인)

③ 영업양도의 경우 영업양수인은 가맹점사업자의 가맹본부에 대한 권리와 의무를 승계한다.

④ 가맹본부는 영업양수인이 요청하는 경우에는 영업양도인의 잔여계약기간 대신에 완전한 계약기간을 영업양수인에게 부여할 수 있다. 이 경우에는 신규계약을 체결하여야 한다.

第35조 [계약의 갱신과 거절]

① 가맹본부는 가맹점사업자가 가맹계약기간 만료 전 180일부터 90일까지 사이에 가맹계약의 갱신을 요구하는 경우에는 정당한 사유가 없으면 이를 거절하지 못한다. 단, 가맹점사업자가 다음 각 호의 어느 하나에 해당하는 경우에는 갱신을 거절할 수 있다.

1. 가맹점사업자가 이 계약상의 금전지급의무를 지키지 아니한 경우
2. 다른 가맹점사업자에게 통상적으로 적용되는 계약조건이나 영업방침을 가맹점사업자가 수락하지 아니하는 경우
3. 가맹사업의 유지를 위하여 필요하다고 인정되는 것으로서 다음 각 목의 어느 하나에 해당하는 가맹본부의 중요한 영업방침을 가맹점사업자가 지키지 아니한 경우
 가. 가맹점의 운영에 필요한 점포 · 설비의 확보나 법령상 필요한 자격 · 면허 · 허가의 취득에 관한 사항
 나. 판매하는 상품이나 용역의 품질을 유지하기 위하여 필요한 제조공법 또는 서비스기법의 준수에 관한 사항
 다. 가맹본부의 가맹사업 경영에 필수적인 지식재산권의 보호에 관한 사항
 라. 가맹본부가 가맹점사업자에게 실시하는 정기적인 교육 · 훈련의 준수에 관한 사항. 단, 가맹점사업자가 부담하는 교육 · 훈련비용이 같은 업종의 다른 가맹본부가 통상적으로 요구하는 비용보다 뚜렷하게 높은 경우는 제외한다.

본인은 본 페이지의 내용에 대한 설명을 듣고, 이를 완전히 이해하였음	(인)

② 제1항의 가맹점사업자의 계약갱신요구권은 최초 가맹계약기간을 포함한 전체 가맹계약기간이 10년을 초과하지 아니하는 범위 내에서만 행사할 수 있다.

③ 가맹본부가 제1항에 따른 갱신요구를 거절하는 경우에는 갱신을 요구받은 날로부터 15일 이내에 가맹점사업자에게 거절사유를 적은 서면으로 통지하여야 한다.

④ 가맹본부가 제1항 단서의 어느 사유를 들어 계약만료 전 180일부터 90일까지 갱신하지 않는다는 사실의 통지 또는 조건의 변경에 대한 통지를 서면으로 하거나 제3항의 거절통지를 한 경우가 아니면, 가맹계약은 종전계약과 동일한 조건으로 갱신된 것으로 본다.

⑤ 다음 각 호의 어느 하나에 해당하는 경우에는 제4항을 적용하지 아니한다.

1. 가맹점사업자가 계약만료 60일전까지 이의를 제기한 경우
2. 천재지변 등 양 당사자에게 책임 없는 사유로 인하여 가맹계약을 유지하기 어려운 경우
3. 가맹본부나 가맹점사업자에게 파산신청이 있거나 강제집행절차 또는 회생절차가 개시된 경우
4. 가맹본부나 가맹점사업자가 발행한 어음·수표가 부도 등으로 지급거절된 경우
5. 가맹점사업자에게 중대한 일신상의 사유가 발생하여 더 이상 가맹사업을 경영할 수 없게 된 경우

본인은 본 페이지의 내용에 대한 설명을 듣고, 이를 완전히 이해하였음	(인)

제36조 [임의 중도해지 및 위약금]

① 가맹본부와 가맹점사업자가 개점 후 계약기간 중에 이 계약을 중도해지 하려는 경우에는 상대방에게 해지일로부터 90일 전에 문서로 통보하기로 한다.

② 제1항에 따라 계약을 해지하는 경우에는 가맹본부 또는 가맹점사업자는 위약금으로서 다음 각 호에서 정하는 금액을 상대방에게 지급하기로 한다(월 평균 이익배분금은 해지일이 속한 달의 전월부터 12개월간으로 계산한다).

1. 개점일 이후 3년 미 경과 시 : 상대방 월 평균 이익배분금 × 6개월
2. 개점일 이후 3년 경과 시 : 상대방 월 평균 이익배분금 × 4개월
3. 개점일 이후 4년 경과 시 : 상대방 월 평균 이익배분금 × 2개월

※ 상대방 월 평균 이익배분금이라 함은 가맹점사업자의 경우 '가맹수수료율', 가맹본부의 경우 '1-가맹수수료율'에 매출이익을 곱한 금원을 말한다

제37조 [가맹본부의 계약해지]

① 가맹본부는 가맹점사업자가 다음 각호에 위반하는 행위를 하는 경우 가맹계약을 해지할 수 있다. 이 경우 가맹계약을 해지하기 위해서는 가맹점사업자에게 2개월 이상의 유예기간을 두고 계약의 위반사실을 구체적으로 밝히고 이를 시정하지 아니하면 그 계약을 해지한다는 사실을 서면으로 2회 이상 통지하여야 한다.

1. 가맹점사업자가 가맹본부의 서면에 의한 승낙없이 가맹점의 영업 및 주요 자산을 양도한 경우
2. 가맹점사업자가 가맹본부의 서면에 의한 승낙없이 가맹점의 경영의 전반적 · 실질적인 부분에 관여하지 않고 방치한 경우

본인은 본 페이지의 내용에 대한 설명을 듣고, 이를 완전히 이해하였음	(인)

3. 가맹점사업자가 정당한 이유없이 가맹점의 영업을 중단한 경우
4. 기타 정당한 이유없이 이 계약을 이행하지 않은 것이 가맹계약을 계속 하기 어려운 중대한 계약위반에 해당하는 경우

② 가맹본부는 가맹사업의 거래를 지속하기 어려운 경우로서 다음 각 호의 어느 하나에 해당하는 경우에는 제1항의 절차를 거치지 아니하고 계약을 해지할 수 있다.

1. 가맹점사업자에게 파산 신청이 있거나 강제집행절차 또는 회생절차가 개시된 경우
2. 가맹점사업자가 발행한 어음 · 수표가 부도 등으로 지불정지된 경우
3. 천재지변, 중대한 일신상의 사유 등으로 가맹점사업자가 더 이상 가맹사업을 경영할 수 없게 된 경우
4. 다음 각 목의 어느 하나에 해당하여 가맹사업에 중대한 장애를 초래한 경우
   가. 가맹점사업자가 공연히 허위사실을 유포함으로써 가맹본부의 명성이나 신용을 뚜렷이 훼손한 경우
   나. 가맹점사업자가 가맹점과 관련되는 법령을 위반하여 다음의 해당하는 행정처분을 받음으로써 가맹본부의 명성이나 신용을 뚜렷이 훼손한 경우
      1) 그 위법사실을 시정하라는 내용의 행정처분
      2) 그 위법사실을 처분사유로 하는 과징금・과태료 등 부과처분
      3) 그 위법사실을 처분사유로 하는 영업정지명령
   다. 가맹점사업자가 가맹본부의 영업비밀 또는 중요정보를 유출한 경우
5. 가맹점사업자가 가맹점 운영과 관련되는 법령을 위반하여 이를 시정하라는 내용의 행정처분(과징금 · 과태료 등의 부과처분을 포함한다)을 통보받고도 행정청이 정한 시정기한(시정기한을 정하지 아니한 경우에는 통보받은 날부터 10일) 내에 시정하지 않는 경우
6. 가맹점사업자가 가맹점 운영과 관련되는 법령을 위반하여 자격 · 면허 ·

본인은 본 페이지의 내용에 대한 설명을 듣고, 이를 완전히 이해하였음	(인)

허가 취소 또는 영업정지 명령(15일 이내의 영업정지 명령을 받은 경우는 제외한다) 등 그 시정이 불가능한 성격의 행정처분을 받은 경우. 단, 법령에 근거하여 행정처분을 갈음하는 과징금 등의 부과 처분을 받은 경우는 제외한다.

7. 가맹점사업자가 제1항에 따른 가맹본부의 시정요구에 따라 위반사항을 시정한 날부터 1년(계약갱신이나 재계약된 경우에는 종전 계약기간에 속한 기간을 합산한다) 이내에 다시 같은 사항을 위반하는 경우. 단, 가맹본부가 시정을 요구하는 서면에 다시 같은 사항을 1년 이내에 위반하는 경우에는 제1항의 절차를 거치지 아니하고 가맹계약이 해지될 수 있다는 사실을 누락한 경우는 제외한다.
8. 가맹점사업자가 가맹점 운영과 관련된 행위로 형사처벌을 받은 경우
9. 가맹점사업자가 공중의 건강이나 안전에 급박한 위해를 일으킬 염려가 있는 방법이나 형태로 가맹점을 운영하는 경우
10. 가맹점사업자가 정당한 사유 없이 연속하여 7일 이상 영업을 중단한 경우

제38조 [가맹점사업자의 계약해지]

① 가맹점사업자는 가맹본부가 다음 각 호의 어느 하나에 해당하는 경우에 한하여 가맹본부에게 사전에 문서로 통지 또는 최고를 하고 그 문서가 도달된 후 7일 이상이 경과하여도 가맹본부가 개선하거나 의무를 이행하지 않은 경우는 문서 통지로써 이 계약을 해지 할 수 있다.

1. 가맹본부가 약정한 상품 등의 공급. 경영지원 등을 정당한 이유없이 이행하지 않거나 지체하는 경우 정당한 이유 없이 대금지급의무를 위반하는 경우
2. 기타 정당한 이유없이 이 계약을 이행하지 않은 것이 중대한 계약위반에 해당하는 경우

본인은 본 페이지의 내용에 대한 설명을 듣고, 이를 완전히 이해하였음	(인)

② 가맹점사업자는 가맹본부가 다음 각 호의 어느 하나에 해당하는 경우에 한하여 가맹점사업자는 사전에 통지 또는 최고를 하지 않고 곧바로 이 계약을 해지할 수 있다.

1. 회생 또는 파산 절차의 개시를 신청하거나 또는 타인의 신청 등에 의하여 회생 또는 파산절차가 개시된 경우
2. 채권자에 의하여 자산 · 부채의 전반적인 관리 또는 정리를 받은 경우
3. 천재지변으로 가맹점운영이 곤란한 경우

제39조 [계약위반 중도해지 및 위약금]

① '가맹본부' 또는 '가맹점사업자'가 제37조, 제38조에 따라 계약을 해지하는 경우 귀책사유 있는 당사자는 다음 각 호 중 하나의 위약금을 지급하여야 한다(월 평균 이익배분금은 해지일이 속한 달의 전월부터 12개월간으로 계산한다).

1. 개점일 이후 3년 미 경과 시 : 상대방 월 평균 이익배분금 × ( )개월
2. 개점일 이후 3년 경과 시 : 상대방 월 평균 이익배분금 × ( )개월
3. 개점일 이후 4년 경과 시 : 상대방 월 평균 이익배분금 × ( )개월

※ 상대방 월 평균 이익배분금이라 함은 가맹점사업자의 경우 '가맹수수료율', 가맹본부의 경우 '1-가맹수수료율'에 매출이익을 곱한 금원을 말한다.

② 가맹점사업자의 귀책사유로 계약이 해지되는 경우, 가맹점사업자는 가맹본부가 부담한 시설·인테리어 잔존액과 철거 · 보수비용을 가맹본부에 별도로 배상하여야 한다.

③ 가맹본부의 귀책사유로 계약이 해지되는 경우, 가맹본부가 시설·인테리어 잔존액과 철거·보수 비용을 부담하여야 한다.

본인은 본 페이지의 내용에 대한 설명을 듣고, 이를 완전히 이해하였음	(인)

제 7 장 계약해지 이후의 조치

제40조 [권리상실]

이 계약의 종료시 가맹점사업자는 이 계약에 기한 가맹점의 경영에 관한 모든 권리를 상실하며, 상실한 후에는 가맹본부의 지적재산권을 침해하거나 부정경쟁이 되는 행위를 해서는 아니된다.

제41조 [정산재고조사]

계약기간 만료나 계약해지 및 기타 사유로 이 계약이 종료한 경우에는 가맹본부는 이 계약의 종료와 동시에 사업장 내에 입회해서 모든 영업용물건ㆍ매상금ㆍ현금ㆍ재고상품을 점유ㆍ관리할 수 있으며, 즉시 재고조사를 실시하는 것으로 하고, 가맹점사업자는 원활하고 신속한 정산종료를 위하여 가맹본부에 협력하여야 한다.

제42조 [원상회복]

가맹점사업자는 이 계약의 종료에 따라 다음 각 항에서 정하는 바에 따라 원상회복 의무를 지체없이 이행하여야 한다.

① 가맹점의 영업을 중지하고 폐점하여야 한다.

② 가맹점시스템 및 기타 경영기밀에 속하는 모든 정보자료ㆍ서식 용구 등을 가맹본부에 반환하고, 가맹본부를 표시하는 모든 간판ㆍ공작물ㆍ점포 내ㆍ외장을 파기 내지 제거하고 가맹본부의 확인을 받아야 한다.

③ 가맹본부의 대여설비를 철거하고 파손부위를 수리한 후 가맹본부가 통

본인은 본 페이지의 내용에 대한 설명을 듣고, 이를 완전히 이해하였음	(인)

보한 기일 내에 지정한 장소에 반환하여야 하며, 가맹본부는 가맹점사업자의 비용으로 이를 대신할 수 있다. 단, 계약종료에 대한 귀책사유가 가맹본부에 있는 때에는 가맹본부의 부담으로 한다.

④ 가맹점사업자는 가맹계약 종료로 인한 폐점을 위한 재고조사, 정산수수료 등에 필요한 폐점수수료 (   )원을 가맹본부에 지급한다. 단, 불가피한 사유로 계약이 종료하거나 계약종료에 대한 귀책사유가 가맹본부에 있는 때에는 가맹점사업자는 이를 부담하지 아니한다.

제43조 [상호계산계정의 폐쇄]

① 가맹본부와 가맹점사업자간의 상호계산계정은 계약해지일부터 (   )일 이내에 폐쇄하기로 하며 영업용 물건 등의 관리·회복 과정이나 이 계약에 바탕한 가맹본부와 가맹점사업자간의 원상회복 등 정산과정에서 발생하는 모든 채권·채무는 상호계산계정의 해당 차변 및 대변에 계리하도록 한다.

② 위 제1항의 약정에도 불구하고 상호계산계정에 계리되지 않은 채권·채무에 대해서는 가맹본부가 별도로 작성하는 가맹점사업자의 최종정산합의서에 계리한다.

③ 가맹본부는 가맹점사업자에 대해 이 계약의 종료일부터 (   )일 이내에 최종정산합의서를 가맹점사업자에게 교부한다. 이 경우, 가맹점사업자는 이 계약 종료일부터 (   )일 이내에 정산을 위한 모든 자료를 가맹본부에 제출해야 하며, 비협력 등 가맹점사업자의 귀책사유에 의해서 최종정산합의서의 작성이 (   )일 이내에 불가능할 경우에는 가맹본부의 자료만으로 최종정산합의서를 작성한다.

본인은 본 페이지의 내용에 대한 설명을 듣고, 이를 완전히 이해하였음	(인)

④ 가맹본부가 교부한 최종정산합의서에 대하여 가맹점사업자는 수령 후 (　)일 내에 문서로 이의를 제기 할 수 있으며, 그 기간 내에 이의가 없을 경우에 그 기간이 경과한 날에 최종정산합의서의 정산액은 확정된다.

⑤ 제4항에 따라 최종정산합의서의 정산액이 확정된 경우에는 최종정산합의서 상의 채무자는 채권자에 대하여 (　)일 이내에 채무금 전액을 변제하기로 한다. 단, 가맹본부와 가맹점사업자는 채무변제일전에 지급받을 은행계좌, 지급받을 금액 등이 기재된 최종정산합의서를 확인·제공하기로 한다.

⑥ 제5항에 따른 최종정산합의서는 채무자의 채무변제 의무에는 아무런 영향을 미치지 아니하나, 채무변제일까지 채무금 전액이 변제된 경우에는 영수증에 갈음할 수 있다.

제 8 장　기타

제44조 [개량기술의 사용]

가맹점사업자가 가맹본부로부터 지원받은 영업노하우 등 기술과 관련하여 독자적으로 기술을 개량한 경우, 개량기술에 대한 소유권은 가맹점사업자에게 있는 것으로 한다. 다만, 가맹본부는 기술개발비, 예상수익, 원천기술의 기여분, 개량기술의 가치 등이 반영된 정당한 대가를 지급하고 그 소유권의 이전이나 실시권, 사용권 등의 설정을 가맹점사업자에게 청구할 수 있다.

본인은 본 페이지의 내용에 대한 설명을 듣고, 이를 완전히 이해하였음	(인)

第45조 [손해배상]

이 계약의 당사자는 상대방의 계약위반이나 불법행위로 인한 손해에 대하여 이 계약상 구제수단이 있는 경우 그에 따르고 그 외의 경우에는 별도로 손해배상을 청구할 수 있다.

第46조 [분쟁해결]

① 이 계약의 당사자는 이 계약의 해석 또는 이 계약에 의하여 명시되지 아니한 사항에 관하여 다툼이 있을 경우 우선적으로 대화와 협상을 통하여 분쟁을 해결하도록 최선을 다한다.

② 제1항에 의한 해결이 되지 아니한 경우에는 「가맹사업거래의 공정화에 관한 법률」 제22조에 따라 한국공정거래조정원의 가맹사업거래분쟁조정협의회에 조정을 신청하거나 다른 법령에 의하여 설치된 중재기관에 중재를 신청할 수 있다.

③ 가맹본부 및 가맹점사업자의 협의에 의하여 제2항에 의한 중재를 신청하지 아니하는 경우, 이 계약에 관한 분쟁의 관할 법원은 가맹점사업자의 주소지나 점포소재지를 관할하는 법원으로 한다. 다만, 가맹본부와 가맹점사업자가 합의하여 관할법원을 달리 정하는 경우에는 그러하지 아니하다.

第47조 [정보공개서의 자문]

① 가맹본부는 이 계약을 체결하기 전에 가맹희망자에게 정보공개서를 제공하고 충분한 숙고기간을 부여하여야 하며, 정보공개서의 이해를 돕기 위하여 가맹거래사 또는 변호사의 자문을 받을 수 있다는 사실을 고지하여야 한다.

본인은 본 페이지의 내용에 대한 설명을 듣고, 이를 완전히 이해하였음	(인)

② 가맹점사업자는 가맹본부의 비용으로 제1항의 자문을 받은 경우 자문 일자가 기재된 확인서를 가맹본부에 제출하여야 한다.

본인은 본 페이지의 내용에 대한 설명을 듣고, 이를 완전히 이해하였음	(인)

가맹본부와 가맹점사업자는 이 가맹계약서에 열거된 각 조항을 면밀히 검토하고 충분히 이해하였으며, 이 계약의 체결을 증명하기 위하여 계약서 2통을 작성하여 각각 기명 . 날인한 후 각 1통씩 보관한다.

20 년 월 일

[가맹본부]

대 표 자: (인)
사업자등록번호:
상 호:
주 소:
연 락 처:

[가맹점사업자]

성 명: (인)
생 년 월 일:
점 포 명:
주 소:
연 락 처:

본인은 본 페이지의 내용에 대한 설명을 듣고, 이를 완전히 이해하였음	(인)

참 고 문 헌

강병오, 이정희, 김진수(2009), "프랜차이즈 사업의 성공요인 분석을 통한 프랜차이즈 산업 육성정책 방안," 유통연구, 14(5).

김기홍(2006), 프랜차이즈 경영론, 형설출판사.

김문태(2012), 소비자행동론, 한국맥그로힐

김상현(1995), "사업형 프랜차이즈 시스템에서의 프랜차이저와 프랜차이지 간 효율적 관계정립에 관한 영구," 유통연구, 2(1).

김선경, 김영국(2010), "프랜차이즈 본부의 권력행사가 가맹점의 갈등해결 유형과 성과에 미치는 영향," 호텔경영학연구, 19(1).

김의근(2011), 프랜차이즈 경영론, 법문사.

김종제, 윤종록, 이경근((2005), 중소기업의 창업과 경영, 박영사.

박주영, 노기엽, 김현순(2009), 프랜차이즈 창업론, 학현사.

안광호, 조재운, 한상린(2010), 유통원론, 학현사.

안광호, 한상만, 전성률(2005), 전략적 브랜드관리, 학현사.

유동근(2010), 통합마케팅, 한경사.

유동근, 이용기, 이성훈(2012), "지식공유, 상호의존, 상호이익공유가 프랜차이즈 정보시스템 성과에 미치는 영향', 지식경영연구, 13(2).

이상규, 김영국(2008), "프랜차이즈 조직에서 관계적 지배구조와 계약적 지배구조의 차이", 관광레저연구, 20(4).

임창희(2006), 경영학, 학현사.

원석희(2011), 프랜차이즈 운영론, 도서출판 청람.

장영광, 정기만(2007), 생활속의 경영학, 신영사.

조경동(2004), 소자본 기업창업론, 형설출판사.

조현진(2006), "프랜차이즈 본부와 가맹점간의 거래특성이 갈등과 재무성과에 미치는 영향," 외식경영연구, 9(2).

최용훼(2011), 프랜차이즈 창업과 경영, 한경사.

최용훼(2014), 프랜차이즈 창업, 한경사.

한규철(2010), 프랜차이즈 시스템, 범한.

한상만, 하영원, 장대련(2005), 마케팅전략, 박영사.

삼성경제연구소(2008), 서비스 산업의 동반성장 방안: 프랜차이즈.

지식경제부(2008), 2008년 프랜차이즈업 현황 및 발전연구.

산업자원부, 한국프랜차이즈협회(2004), 프랜차이즈 경영원론

산업자원부, 한국프랜차이즈협회(2005), 중소유통업 발전을 위한 연구-프랜차이즈산업 편-

지식경제부(2009), 자영업자의 경쟁력 강화를 위한 프랜차이즈 산업 활성화 방안.

지식경제부, 대한상공회의소(2010), 2010년 전국 프랜차이즈 브랜드 실태조사.

KOTRA(2008), 해외 프랜차이즈 산업동향 및 진출전략.

Brown, J. R., Lusch, R. F. & Muehling, D. D., "Conflict and Power-dependance Relations in Retailer-supplier Relations", *Journal of Retailing*, 59, 1983, pp53-80.

Caves, R. E, Murphy, W. F.(1976). "Franchising: firms markets, and intangible assets", *Southern Economic Journal*, 42(4), 572-586.

Combs, J, Michael, S. & G. Castrogiovanni, "Franchising: A Review and Avenues to Greater Theoretical Diversity", *Journal of Management*, 30(60), 2004, pp.907~931.

Combs, j. g., & Kentchen, Jr.(1999), "Can Capital Scarcity Help Agency Theory Explain Franchising? Revisting The Capital Scarcity Hypothesis," *Academy of Management Journal*, Vol. 42, pp. 196-207.

David Jobber, Geoff Lancaster(2009), " Selling and Sales Management" 7th Edition, Prentice Hall

Dant, R, Berger, P.(1996). "Modeling cooperative advertising decision in franchising", *Journal of Operational Research Society*, 47, 1120-1136

Don Peppers and Martha Rogers, "Customers Dont's Grow on Trees," *Fast Company*(July 2005)

Hoover, V.L, Ketchen, D.J., Combs, J.G.(2003). "Why restaurant firms franchise: an analysis of two possible explanations", *Hospitality Strategy*, 44(1), 9-16.

Hsu, L. & Jang, S.C.(2009), "Effects of restaurant franchising: Does an optimal franchise Proportion exist?", *International Journal of Hospitality Management.*, 28(2), 204-211.

Hunt, S.D.(1973), "The trend toward company-operated units in franchise chains", *Journal of retailing*, 49(2), 3-12

Hunt, Shelby D. & John R. Nevin(1976), "Full Disclosure Laws in Franchising: An Empirical Investigation," *Journal of Marketing*, 40 (April), pp. 53-62.

K. L. Keller(1998), "strategic brand management", Prentice Hall.

Lafontaine, F.(1992), "Agency theory and franchising: some empirical results", *The RAND Journal of Economics*, 23 (2), 263-283.

Morgan, R. M., & Hunt, S. D.(1994), "The Commitment Trust Theory of Relationship Marketing," *Journal of Marketing*, 58. pp. 20-38.

Norton, S.W.(1998), "An empirical look an franchising as an organizational form", *Journal of Business*, 61(2), 197-218.

Oxenfeldt, A.R., Thompson, D.N.(1968), "Franchising in perspective", *Journal of Retailing*, 44(4), 3-20

Oxenfelt, A. R & Kelly, A. O.(1968-1969), "Will successful franchise systems ultimately become wholly owned chains?" *Journal of Retailing*, 44(Winter). pp. 69-83.

Peter Ducker, Management: Tasks, Responsibilities and Practices (New York: Harper and Row, 1973)

P. Kotler, K. L. Keller(2009), "marketing management", 13th ed, Prentice Hall.

Rubin, P.H.(1978), "The theory of the firm and the structure of the franchise contract", *Journal of Law and Economics*, 21(1), 223-233.

Seltz, David D.(1982), " The Complete Handbook of Franchising," New York: Addison-Wesley Publishing Co., Inc.

Shane, S.(1998), "Explaining the Distribution of Franchised and Company-Owned Outlets in Franchise Systems", *Journal of Management*, 24(6), 717-739.

Shane, Scott A and Maw-Der Foo(1999), " New Firm Survival: Institutional Explanations for New Franchisor," *Management Science*, Vol.45, No.2, pp142-159.

Spinelli, S. & Birley, S., "Toward a Theory of Confiict in the Franchise System", *Journal of Business Venturing*, 14(1), 1996, pp.35-67.

Thomas J. Peters and Robert H. Waterman Jr., In Search of Excellence: Lessons from America's Best-Run Companies (New York: Harper and Row, 1982), pp. 9-12.

Werner J. Reinartz and V. Kumar, "The Impact of customer Relationship Characteristics on Profitable Lifetime Duration," *Journal of Marketing* 67(January 2003)

William G. Nickels, James M. Mchugh, Susan M. Mchugh(2009), "understanding business", 8th ed, Mc Graw Hill.

찾 아 보 기

ㅇ

ㅈ

ㅎ

기타

저 자 소 개

최용훼 교수는 성균관대학교 무역학과를 졸업하고, 한양대학교 경영대학원에서 경영학석사(마케팅관리)학위와 세종대학교 일반대학원에서 경영학박사(마케팅전공) 학위를 취득하였고 현재는 백석예술대학교 경영행정학부 겸임교수로 재직하고 있다.

저자는 세종대학교 경영대학 초빙교수, (재)우편사업진흥원 우편연구실장, 우정사업본부(과학기술정보통신부)에서 마케팅담당관, 소상공인지원센터(현, 소상공인진흥공단) 상담사, (주)쌍방울 유통관리팀장 등 민·관·학(民·官·學) 부문에서 30년의 근무경험과 경영지도사(중소벤처기업부) 자격을 바탕으로 2016년 3월 창업과 경영컨설팅 및 강의를 전담하는 (주)미래에스엠컨설팅을 창업하여 대표이사로 재직 중이며, 2018년 1월에는 경영컨설팅 및 프랜차이즈와 기업교육 전문가 집단인 에스비즈전문가협동조합을 창업하여 이사장직을 맡고 있으며, 또한 현재 중소벤처기업부 비즈니스지원단 전문위원, 소상공인시장진흥공단 소상공인컨설팅 및 협동조합활성화사업 전문위원과 소상공인교육 강사, 장애인기업 종합지원센터 창업교육 강사 및 전문위원, 한국산업인력공단 대한민국산업현장교수, 한국생산성본부 유통 물류부문 지도교수, 대중소기업 농어업협력재단 시장전문가 등으로 활발하게 활동하고 있다.

저자는 (사)한국프랜차이즈경영학회 부회장, (사)고객만족경영학회, (사)마케팅과학회 평생회원으로 학회 활동을 하고 있으며, 연구 실적으로는 '가맹본부와 가맹점사업자간 문제점 및 동반성장에 관한 연구'(2015, 프랜차이즈경영연구), 'B2B 택배서비스 상황에서 고객만족이 충성도에 미치는 영향: 전환장벽의 조절영향 검증'(2007, 고객만족경영연구), '택배산업의 구조적 문제점 극복을 위한 새로운 대응전략'(2009, 우편산업동향)외 다수가 있으며, 저서로는 프랜차이즈 창업과 경영(2011, 한경사), 프랜차이즈 경영의 이해(2013, 한경사), 프랜차이즈 창업(2014, 한경사), 유통관리사 2급(2016, 크라운출판사), 우편 및 금융상식(2016, 크라운출판사)이 있다.

저 자 소 개

이강원 소장은 경기대학교 법학과를 나와, 고려대학교 경영대학원에서 마케팅을 전공했으며, 세종대학교에서 경영학(마케팅) 박사과정을 수료했다.

프랜차이즈 체인 7-Eleven 경영기획팀에서 근무를 시작으로, 유통컨설팅회사인 (주)글로벌매니지먼트 선임연구원과 중소기업청 소상공인지원센터 운영위원을 거쳐, 2004년부터 현재 (주)MFC컨설팅〈S-biz연구소〉를 운영하고 있다.

주요 활동분야는 프랜차이즈 시스템 구축 및 전략 수립, 수퍼바이저 시스템 구축, 매뉴얼시스템 구축, 소상공업 경영진단, S-biz 창업전략 및 사업타당성 분석, 상권분석 시스템, 사업활성화전략 등이다. 앞으로는 서비스산업이 국가 발전의 운동력이라는 믿음 아래 소상공업, 사회적경제, 프랜차이즈 발전을 위한 활발한 강의와 컨설팅을 수행하고 있다. 2018년 설립된 에스비즈전문가협동조합 이사로도 활동하고 있다.

- 중소기업청 경영지도사(마케팅)
- 소상공인시장진흥공단 소상공인/전통시장 컨설턴트/강사
- 소상공인시장진흥공단 협업화(협동조합)/사업정리 컨설턴트
- 소상공인시장진흥공단 프랜차이즈 수준평가 심사원 역임
- 소상공인시장진흥공단 신사업창업사관학교/재창업패키지 멘토
- 고용노동부 사회적기업진흥원 (예비)사회적기업 컨설턴트
- 서울시사회적경제지원센터/경기도 따복공동체지원센터 사회적경제 컨설턴트
- 보건복지부 자활공동체/사업단 컨설턴트/강사
- 서민금융진흥원/사화연대은행 등 마이크로크레딧 컨설턴트/강사
- 기업체 아웃플레이스먼트, 대학, 일반인 대상 창업/경영교육 운영 등

논문 및 저서로는 프랜차이즈 가맹선택시 평가기준과 만족에 관한 연구(2002, 고려대학교), 쉽게알자, 실전창업(2002, 더난출판), 45일만에 김과장 사장만들기(2004, 청림출판), 창업, 한 살이라도 어릴 때 시작하라(2005, 원앤원북스), 음식장사 초보자가 꼭 알아야 할 107가지(2006, 원앤원북스), 실전에 바로 써 먹는 사업계획서(2008, 원앤원북스), 실전창업의 신(2013, 상상예찬)이 있으며, 프랜차이즈 가맹점 창업 및 운영실무(2004, 산업자원부/한국프랜차이즈), 월간 창업&프랜차이즈에서 2년여간 '프랜차이즈시스템 구축전략'이라는 주제로 컬럼을 연재했다.